Hans Jonas
Erinnerungen

Nach Gesprächen mit Rachel Salamander
Vorwort von Rachel Salamander
Geleitwort von Lore Jonas
Herausgegeben und mit einem Nachwort
versehen von Christian Wiese

Insel Verlag

© Insel Verlag Frankfurt am Main und Leipzig 2003
Alle Rechte vorbehalten, insbesondere das der Übersetzung,
des öffentlichen Vortrags sowie der Übertragung
durch Rundfunk und Fernsehen, auch einzelner Teile.
Kein Teil des Werks darf in irgendeiner Form
(durch Fotografie, Mikrofilm oder andere Verfahren)
ohne schriftliche Genehmigung des Verlages
reproduziert oder unter Verwendung elektronischer Systeme
verarbeitet, vervielfältigt oder verbreitet werden.
Druck: Pustet, Regensburg
Printed in Germany
Erste Auflage 2003
ISBN 3-458-17156-8

1 2 3 4 5 6 – 08 07 06 05 04 03

Inhaltsverzeichnis

Bildteil

Anhang

Man hat mich gebeten, ein Geleitwort zu diesem Buch zu schreiben, und ich frage mich, was ich Hans Jonas' Gedanken hinzuzufügen vermag. Ich kann nur versuchen, einige Züge des Mannes darzustellen, mit dem ich mehr als fünfzig Jahre verbunden war.

Wenn das Sich-Wundern der Anfang aller Philosophie ist, wie die Alten sagten, so war dies bei meinem Mann sehr ausgeprägt. Er besaß, möchte ich fast sagen, eine Naivität, die es ihm erlaubte, die Dinge neu anzusehen, so als hätte sie nie jemand zuvor betrachtet. Das trug ihm bisweilen den Vorwurf ein, daß er nicht genügend zitiere. Er führte dann einen Ausspruch seines Freundes Gershom Scholem an: »Selber denken macht fett.«

Er betrachtete die Welt mit neuen, erstaunten Augen und war von dem tapferen Gehversuch seines anderthalbjährigen Enkels ebenso begeistert wie von dem großartigen Sonnenuntergang bei uns im Garten oder über die herrliche Poesie der großen Dichter, von denen er viele bis in sein hohes Alter auswendig zitieren konnte.

Er war ein liebender und stolzer Vater seiner drei Kinder Ayalah, Jonathan und Gabrielle.

Er besaß jene große humanistische Bildung, die seiner Generation eigen war und die jetzt allmählich verschwindet. Er konnte Homer auf griechisch und Cicero auf lateinisch zitieren, lernte als Oberschüler Hebräisch, und die Propheten waren ihm lieb. In Amerika wurde das Englische, das er sich spät in seinen Vierzigern aneignete, sein sprachliches Medium, und amerikanische Kenner bescheinigen ihm darin eine gewisse Meisterschaft. Erst in seinen Siebzigern, als er *Das Prinzip Verantwortung* schrieb, kehrte er zu seiner Muttersprache zurück.

Bezauberten andere Männer durch Schönheit oder Charme, so bezauberte er durch seine Rede. Ich erinnere mich noch, als ich ihn Ende der dreißiger Jahre in Palästina zum ersten Mal zum Abendessen einlud: Es gab unter anderem Oliven, und er hielt eine Olive hoch und hielt eine Preisrede auf sie, die beim Salben griechischer Helden bei Homer begann und über den Gebrauch von Öl bei den Hohepriestern im Alten Testament bis zum west-östlichen Diwan Goethes führte.

1940-45 meldete er sich bei der britischen Armee. Er wollte mit der Waffe gegen Hitler kämpfen. In seiner Militärzeit, fern von Bibliotheken, dachte er aus offensichtlichen Gründen – Verstümmelung und Tod waren nahe – über *Leben* nach, und daraus entstand sein Interesse an den Naturwissenschaften. Ich schickte ihm auf seinen Wunsch grundlegende naturwissenschaftliche Literatur ins Feld – Charles Darwin, Aldous Huxley, John Haldane und vieles mehr –, was immer in Palästina erhältlich war.

Das Ergebnis dieses Nachdenkens schlug sich zunächst in »Lehrbriefen« aus dem Feld nieder, aus denen später das Buch *Organismus und Freiheit* erwuchs, das in nachfolgenden Auflagen den Titel *Das Prinzip Leben* erhielt. Diese Liebe zu den Naturwissenschaften und die erworbenen Kenntnisse vertieften sich dann in Amerika, wo er vorwiegend mit Naturwissenschaftlern und Mathematikern Umgang pflegte. Von diesen gab es in New Rochelle, wohin wir 1955 zogen, recht viele. Es waren Göttinger Mathematiker, die auf Wunsch von Richard Courant nach New Rochelle zogen. Courant war der frühere Direktor des Mathematischen Instituts. Er hatte Deutschland 1933 verlassen und wollte in New Rochelle auch an Wochenenden mit seinen Mathematikern diskutieren.

Dann kam 1969 noch das Hastings Center dazu, wo Hans Jonas Fellow wurde, Freunde fand und Mitglieder der Geisteswissenschaften und der Naturwissenschaften einander begegneten, ethische Fragen diskutierten und, was erstaunlich war, einander zuhörten.

Er war ein begeisterter und leidenschaftlicher Lehrer – einer seiner früheren Schüler, Howard McConell, hat dies in einem Rückblick auf seine Studienzeit am Carleton College in Ottawa so ausgedrückt: »Einige meiner schönsten Erinnerungen sind mit Hans Jonas verbunden. In seinem Unterricht wurde Philosophie ein lebendiger, faszinierender Gegenstand. Er sagte uns, daß wir Teil der ewigen Suche nach der Antwort auf die großen moralischen und kosmischen Fragen seien, die Denker von Thales an beschäftigt hätten und mit denen sich jede Generation aufs neue auseinanderzusetzen habe«.

Ich erkenne in der Arbeit meines Mannes drei Phasen: Seine Arbeit über *Gnosis und spätantiker Geist* nannte er sein »Gesellenstück« – eine historische Arbeit. In *Organismus und Freiheit* wandte er sich der Gegenwart zu, und im *Prinzip Verantwortung* brachte er seine Sorge um die Zukunft zur Sprache. Er war damals 75 Jahre alt – kein Nachlassen der Kräfte war zu spüren, und es war schön, zu sehen, wie die Streitbarkeit seiner jüngeren Jahre einer größeren Verbindlichkeit wich, aber auch die Dringlichkeit des Problems eine größere Arbeitskraft von ihm verlangte.

Daß er die besten Lehrer hatte, die es damals in den zwanziger Jahren in Deutschland gab, – Edmund Husserl, Martin Heidegger und Rudolf Bultmann –, ist bekannt. Das setzte ihm einen Maßstab, dem nachzueifern er nie müde wurde, der ihn aber auch nie zufrieden sein ließ. In einem Gedicht zu seinem 85. Geburtstag (er schrieb manchmal auch Gedichte) steht die Zeile: »You and I know I did sometimes, not always my best. / Now is the time for the long, long rest.«

Er hatte keine Angst vor dem Tod, sondern hielt es, wie er in seinem Aufsatz »Last und Segen der Sterblichkeit« schrieb: »Was jeden von uns betrifft, so könnte das Wissen, daß wir hier nur kurz weilen und daß unserer zu erwartenden Zeit eine unverhandelbare Grenze gesetzt ist, sogar nötig sein als Antrieb dafür, unsere Tage zu zählen und sie so zu leben, daß sie durch sich selber zählen.« Ich denke, er tat es.

Vorwort von Rachel Salamander

>»Eines ist klar, das ist das Buch, das der liebe
Gott mit dir im Sinne gehabt hat.«
(Hannah Arendt zu Hans Jonas nach Lektüre
eines Kapitels von *Das Prinzip Verantwortung*)

Als im Herbst 1979 sein Buch *Das Prinzip Verantwortung*
erschien, konnte selbst der Verleger Siegfried Unseld nicht ahnen, daß hiermit ein philosophisches Werk das Licht der Öffentlichkeit erblickte, dem ein ganz ungewöhnlicher Verkaufs-
erfolg bevorstand. Kein Buch eines akademischen Philosophen
hat wohl im 20. Jahrhundert im deutschsprachigen Raum eine
derart schnelle und weite Verbreitung gefunden, wie dieser
»Versuch einer Ethik für die technologische Zivilisation«. Wen
dieser Erfolg am meisten überraschte, war Hans Jonas. Als
Autor einer bedeutenden Arbeit über die antike Gnosis aus den
dreißiger Jahren nur dem interessierten Publikum bekannt, erlebt er, was keinem der deutsch-jüdischen Philosophen, die vor
Hitler in westliche Länder emigrieren mußten – genannt seien
Günther Anders, Hannah Arendt, Max Horkheimer, Alfred
Schütz oder Leo Strauss –, nach dem Krieg in der Bundesrepublik, bei aller Anerkennung, widerfahren war: Er wurde ein
Medienstar, der jeder Konferenz über die Zukunft der Welt erst
die eigentliche Attraktion verschaffte; man riß sich um Inter-
viewtermine mit ihm, und keine katholische oder evangelische
Akademie wollte ohne sein Erscheinen die Programme der
achtziger Jahre bestreiten.

Selten ist ein Buch zu so geeigneter Zeit erschienen. Sein
Thema traf den Geist der Zeit, und der war nach den »Grenzen
des Wachstums« und der Ölkrise ökologisch gestimmt, d.h.
fortschrittsskeptisch und voll bewußt der Gefahren einer stetig
expandierenden wissenschaftlich-technischen Welt. Das Pro-

jekt der Moderne, die Befreiung des Menschen durch fortschreitende Naturbeherrschung, die Utopie aller Avantgarden seit Beginn der Neuzeit verlor ihre bezwingende Suggestionskraft. Fortschritt wurde als Verhängnis erfahren. Diesem Fatalismus setzte Hans Jonas seine Verteidigung der Normalität des menschlichen Lebens entgegen. Ein an Platon und Kant geschultes Denken suchte die Fragen und Antworten zu geben, die ein vernünftiger Umgang mit dem gewaltigen Wissen und mit der alle bisherigen Grenzen überrennenden Macht der Naturwissenschaften provoziert. Technikfeindlichkeit genauso ablehnend wie Wissenschaftsgläubigkeit vertraute Jonas dem mittleren Weg. Seine Verantwortungsethik setzte auf vernünftige Abschätzung aller Handlungsfolgen, die eine technische Innovation oder ein neues Forschungsexperiment nach sich ziehen. Seine unprätentiöse Art, sich öffentlich zu präsentieren, der Verzicht auf alle Rhetorik und Aufmerksamkeitsgags unterscheidet sich wohltuend von der sterilen Aufgeregtheit gentechnologischer Debatten der letzten drei Jahre. Im heutigen Stimmengewirr fehlt die ruhige Stimme von Hans Jonas, der ohne Panikmache auf die inhumanen Potentiale heutiger Forschung verweist.

Wie lernte ich ihn kennen?

Hans Jonas fiel weniger durch seine Gestalt als durch seine einprägsame Sprache auf. Er war knapp achtzig, als wir uns in München begegneten. Keineswegs hoch aufgeschossen – wir waren fast gleich groß – stand ein Mann mir gegenüber, dessen geistige Wachheit bestach. Mit ungewöhnlicher Wortgewalt ausgestattet, sprach er druckreif. Auch ein halbes Jahrhundert Emigration und Schreiben und Lehren in fremden Sprachen vermochten seinem Deutsch nichts anzuhaben. Im Gegenteil, er hatte in seiner leicht rheinisch gefärbten Diktion ein Stück Deutschland bewahrt, das heute kaum mehr anzutreffen ist. Es war mit dem jüdischen Bildungsbürgertum der Vorkriegszeit auf der Flucht vor den Nazis ausgewandert, wenn nicht gar, wie geplant, vernichtet worden. Eine Bemerkung von ihm Mitte der 80er Jahre verriet mir, daß bei ihm selbst das Gefühl aufgekommen war, er habe den Anschluß an die Entwicklung der deutschen Sprache und die Vorgänge in der Bundesrepublik verloren. Er erwog, sein langjähriges Abonnement der Wochenzeitung »Die Zeit« abzubestellen, weil zu viel neue Ausdrücke und Sachverhalte darin vorkamen, die er nicht mehr so richtig verstand. *Das Prinzip Verantwortung,* das er im Alter von 70 Jahren niederzuschreiben begann, verfaßte er nach Jahrzehnten der Abstinenz erstmals wieder auf deutsch. Dazwischen hatte er sich als Dozent an der Hebräischen Universität in Jerusalem Ende der dreißiger Jahre mit großem zeitlichen Aufwand Vorlesungen in hebräisch abgerungen. Im Englischen hatte er es zwar als Professor für Philosophie in Kanada und den USA zur schriftlichen Meisterschaft gebracht – im Mündlichen konnte er mit seinem allzu deutschen Akzent seine Herkunft nicht verhehlen –, doch da er in seiner Muttersprache die Dinge so zum Sprechen bringen konnte, wie er es für adäquat hielt, und angesichts seines »vorgerückten Alters« die Zeit für ihn eine Rolle zu spielen begann, faßte er nach all dem Geschehenen trotzdem den Entschluß, *Das Prinzip Verantwortung* auf deutsch zu schreiben. Aber er nimmt im Vorwort eine mögliche sprachliche Kritik vorweg, »einen höchst zeitgemäßen Gegenstand« in nicht zeitgemäßem, ja sogar als »altfränkisch« bezeichnetem Stil erfassen zu wollen.

Das überwältigende Echo hat ihm recht gegeben. Dem alten Mann ist dann doch noch späte Anerkennung und große Ehre in Deutschland zuteil geworden.

Unsere Wege kreuzten sich 1983, als Hans Jonas auf die erste Eric-Voegelin-Gastprofessur an der Ludwig-Maximilians-Universität München berufen wurde. Die Voraussetzungen für ein Zusammentreffen waren günstig. Stephan Sattler, mein Mann, hatte bei Eric Voegelin studiert, einem nichtjüdischen Professor der Politischen Wissenschaft, der 1938 nach Amerika emigrierte, dann aber von 1958 bis 1969 in München lehrte. Stephan kannte Jonas' und Voegelins Kontroversen über antike und moderne Gnosis nur zu gut. Nach dem Besuch einer Vorlesung von Hans Jonas Ende Februar verabredeten sich Hans und Lore mit Stephan und seinem Bruder Florian in einem Schwabinger Lokal zum Essen. Wie mir Stephan erzählte, erkundigten sich beide »Jonasse« mit großem Interesse nach mir. Einen Tag später besuchten sie mich in der Literaturhandlung. Zum Glück hatte ich mich den Sommer zuvor durch beide Bände *Gnosis und spätantiker Geist* gearbeitet. Hans Jonas konnte sich gar nicht genug wundern, daß sich außerhalb der akademischen Zunft irgendein Mensch ernsthaft mit den geistigen Bewegungen der Spätantike beschäftigte, erst recht nicht »eine so junge Frau«, wie er sich ausdrückte. Stephans und Hans Jonas' Freundschaft begann mit der Verzweiflung über Plotin. Stephan saß an einer Arbeit über Plotin und besprach sich nur zu gerne mit Jonas, der seinerseits sein Plotin-Kapitel nie abgeschlossen hatte. Groß war das Entzücken des Philosophen, wenn Stephan bei dessen griechisch vorgetragenem Homer mit einzustimmen vermochte. Überhaupt verging kaum eine Begegnung mit ihm, ohne daß wir in den Genuß von ihm aufgesagter Gedichte oder einschlägiger Stellen aus der Literatur kamen. Wie in den kultivierten Vorkriegsgesellschaften üblich, beherrschte der jüdische Junge aus gutem Hause die Verse Goethes und Schillers in- und auswendig, seinen Heine ebenso. Hans Jonas sollte in den uns verbliebenen Jahren bis zu seinem Tod so manche gemeinsame Abendgesellschaft mit dem in seinem Gedächtnis gespeicherten deutschen Bildungsgut faszinieren.

Stephan und ich liebten es, wie er erzählte. Seine Erinnerungen ließen eine Welt wieder auferstehen, die schon lange nicht mehr existierte. Mit Hans Jonas waren sie wieder präsent, jene großen Geister des gelehrten einstigen deutschen Judentums, die es in alle Erdrichtungen verschlagen hatte und die sich fern der Heimat und angestammten Kultur in der Fremde zurechtfinden mußten, während sie uns hier fehlten. Hans Jonas als einer ihrer letzten Repräsentanten führte uns glanzvoll vor, was aus Deutschland ausgetrieben worden war. Wie die meisten seiner Weggefährten, über die er sprach, stammte auch er aus einem eher assimilierten, wenn auch der orthodoxen Tradition noch verbundenen Elternhaus, in dem man sich nicht scheute, patriotisch zu sein. Der Vater, ein angesehener Textilfabrikant in Mönchengladbach, gehörte dem Centralverein deutscher Staatsbürger jüdischen Glaubens an, während der Sohn Hans sich nach 1918 zu den Zionisten bekannte. Das sollte ihn später vor dem Schlimmsten bewahren. Sein Vater starb »rechtzeitig« 1938, seine Mutter wurde 1942 in Auschwitz ermordet. Von ihrem Tod erfuhr er erst nach dem Krieg. Es sollte die nie verheilende Wunde seines Lebens bleiben. Als Zionist hatte Hans Jonas die Zeichen der Zeit besser verstanden und verließ Deutschland bereits Herbst 1933 via England nach Palästina.

Dort traf er auf Schicksalsgenossen – in der Hebräischen Universität Jerusalem auf Gershom Scholem und Martin Buber, in den Straßen auf die dort herumirrende Else Lasker-Schüler. Um wieviel leichter war es ihm gefallen, im allwöchentlich stattfindenden Literaturkreis deutsche Texte im Stile Thomas Manns oder Goethes abzufassen als seine Vorlesungen auf hebräisch. Die intellektuelle Herrenrunde war hochkarätig besetzt: Gershom Scholem, der Physiker Shmuel Sambursky aus Königsberg, der Journalist George Lichtheim, dessen Vater Richard Lichtheim Mitbegründer des deutschen Zionismus war, der klassische Philologe Hans Lewy und der Ägyptologe Hans-Jakob Polotsky wetteiferten darum, wer am besten den Ton der deutschen Dichter traf. »Pilegesch«, wie der heitere Zirkel sich nach den Anfangsbuchstaben seiner Mitglieder nannte, zu deutsch »Tempelhure«, löste sich auf, als die Männer heirateten.

Die beiden philosophischen Lehrstühle an der Hebräischen Universität waren besetzt, seine philosophische Begrifflichkeit ins Hebräische zu übertragen blieb für Jonas mühsam, die politische Lage stellte sich zunehmend unsicher dar. Nach fünf Jahren als Soldat in der britischen Armee während des Zweiten Weltkriegs mußte Hans Jonas im israelischen Unabhängigkeitskrieg 1948/49 noch einmal einrücken. Danach reichte es ihm mit dem Kriegshandwerk. 1949 nahm er eine Professur an der McGill University in Montreal, 1950 an der Carleton-University in Ottawa an. Endlich war er New York näher gerückt. Dort lebte und lehrte der von ihm hoch geschätzte Karl Löwith, den er von allen Heidegger-Schülern für den begabtesten hielt. Dort lebte auch seine geliebte Studienfreundin Hannah Arendt. Schließlich erhielt er 1955 einen Ruf an die New School for Social Research in Manhattan. Mit dem dort bis 1959 auch Philosophie lehrenden Alfred Schütz verband ihn eine nicht immer spannungsfreie Kollegialität. Von der Husserlschen Phänomenologie geprägt war der eine, von Martin Heideggers Revolte gegen sie beeinflußt der andere, so setzten sich am Hudson River die deutschen philosophischen Kontroversen der 20er Jahre fort. Bis zu seiner Emeritierung 1976 führte er an der New School ein erfülltes Gelehrten- und Forscherleben.

In den 50er Jahren werden Hans Jonas und Hannah Arendt einander wieder Wegbegleiter. Das wurde nur möglich, weil beide ihre jeweiligen Ehepartner schätzten. Lore Jonas sollte nach dem gewaltigen Krach, der zwischen beiden über »Eichmann in Jerusalem« 1963 entstanden war, die innige Freundschaft nach längerem Stillstand retten. Schließlich kannten sich beide ja aus gemeinsamen Studienzeiten bei dem Neutestamentler Rudolf Bultmann und Martin Heidegger in Marburg. Hans Jonas bewunderte schon die junge couragierte Studentin, die Bultmann in einem Vorgespräch klarmachte, er solle erst gar nicht versuchen, sie in seinem Paulus-Seminar zum Christentum zu bekehren. Sie sei und bleibe Jüdin. Hans Jonas sah in ihr den Prototyp einer deutschen »Trotzjüdin«. Gewaltige Seelenstürme mußte er ertragen, als er erster Zeuge des Liebesverhältnisses zwischen Hannah Arendt und dem tief bewunderten »Herrn Professor Heidegger« wurde.

Kam Hans Jonas auf das Kapitel Heidegger zu sprechen, erfaßte ihn eine große menschliche Enttäuschung. Jonas war 1924 von Husserl zu Heidegger, von Freiburg nach Marburg gewechselt, zu dem neuen Star der Philosophie. Wer sich für Philosophie interessierte, war damals in seinen Bannstrahl geraten, darunter viele Juden: Günther Anders, Herbert Marcuse, Jeanne Hersch und Emmanuel Lévinas. Wenigen ist es gelungen, auch später, sich der Magie des Lehrers zu entziehen. Hans Jonas schaffte es. Hatte er für sein Gnosis-Buch Heideggers »existentialistische« Methode noch fruchtbar eingesetzt, so konnte er, der sich der Philosophie mit großem Enthusiasmus zugewandt hatte, gerade weil er davon ausging, die »Beschäftigung mit der Wahrheit adle die Seele«, nicht begreifen, wie schändlich sein Lehrer Heidegger sich mit dem Nationalsozialismus verbündet hatte. »Ein Philosoph durfte nicht hereinfallen auf die Nazisache«, einer der »größten Philosophen der Zeit« schon gar nicht. Jonas sah darin eine »Katastrophe der Philosophie« selbst. Nicht nur meinte er damit die berüchtigte Antrittsrede als Rektor der Freiburger Universität von 1933, unverzeihlich fand er auch Heideggers Verhalten seinem Lehrer Husserl gegenüber, der als Jude verunglimpft, die Universitätsbibliothek nicht betreten und benutzen durfte. Jonas betonte die politische Gefahr einer Philosophie in Umbruchzeiten, die den Einzelnen schicksalhaft in die jeweilige Bewegung des Seins hineingeworfen hat.

Als Hans Jonas 1945 wieder deutschen Boden betrat, wußte er, »daß er *einen* nicht besuchen kann«: Heidegger. Beim Abschied 1933 aus Deutschland hatte er sich geschworen, nur als Soldat einer siegreichen Armee zurückzukehren. Und so geschah es. Er kehrte als »ein seiner Würde bewußter Jude« stolz in der Uniform eines englischen Offiziers wieder. Freiwillig hatte er fünf Jahre in der Jüdischen Brigade gegen Hitler gekämpft. Über Italien und Österreich marschierte er mit den englischen Alliierten in Deutschland ein. Wen er gleich aufsuchte, war Karl Jaspers. Der hatte sich vorbildlich verhalten und Jonas nicht ganz verzweifeln lassen an den deutschen Philosophen. Den ganzen Krieg über war Jaspers in Heidelberg an der Seite seiner jüdischen Frau geblieben. Beide führten in dieser Zeit immer Gift mit sich, für den »schlimmsten Fall«. Das Wiedersehen schilderte Jonas mit großer innerer Rührung. Zur »heiligen Zeit« der Mittagsruhe, in der Jaspers nicht gestört werden durfte, läutete Jonas an der Tür. Frau Jaspers öffnete und führte ihn umstandslos zu ihrem Mann. Dessen Ausruf »Daß wir noch leben, ist unsere Schuld« wiederholte Jonas schluchzend.

Danach suchte er Rudolf Bultmann in Marburg auf, seinen Verleger Ruprecht in Göttingen, der ihm sogleich den Abschluß des zweiten Band der Gnosis abverlangte. Sehr viel später kam es dann doch zur Begegnung mit Heidegger. Abermals fühlte sich Jonas enttäuscht. Er hatte auf ein »erlösendes Wort« gewartet. Es kam nicht. Nach zwanzig Minuten brach er auf.

Diesen kostbaren Schatz gelebter Geschichte aufzubewahren und weiterzugeben wurde uns, Stephan und mir, immer mehr zum Bedürfnis. Doch Hans Jonas hielt wenig davon, wenn ein Philosoph sich in einer Biographie selbst darstellte. Dennoch gelang es mir, ihn im Hochsommer 1983 zum ersten Mal in die Literaturhandlung einzuladen. Seine Zweifel, ob das von ihm Erlebte wirklich von allgemeinem Interesse sein könne, konnte ich halbwegs zerstreuen. Im überfüllten, heißen Raum hingen die Zuhörer an seinen Lippen. Hans Jonas sprach frei, es hörte sich an wie vorformuliert. Plötzlich machte er die Erfahrung, daß über uns beide hinaus ein deutsches Publikum begierig seine Lebensgeschichte aufnahm.

Die »Jonasse« kamen fortan jedes Jahr nach Deutschland, meistens im Juni. Lore Jonas tut das noch heute. Viel Zeit verbrachten wir zusammen, unternahmen Ausfahrten ins oberbayrische Land und besuchten vornehmlich Gaststätten, die Steinpilze anboten, weil Hans Jonas sie über die Maßen gern aß und in Amerika nicht bekam. Bei diesen Unternehmungen fiel mir auf: Er hatte sich ein kindliches Staunen bewahrt, so, als sähe er Dinge zum ersten Mal. Sein »Donnerwetter, so?, so?« beflügelte unsere Gespräche. Wir brachten die »Jonasse« mit unseren Freunden und Familien zusammen und suchten sie immer auf, wenn wir uns in New York aufhielten. Eine halbe Stunde mit dem Zug nördlich davon bewohnten sie in New Rochelle eines jener vielen Holzhäuser mit Garten, die das Bild dieses Ortes prägen. Hier lebten einige Mathematiker und Naturwissenschaftler, die in New York oder am Hastings-on-Hudson Institute lehrten und mit denen reger Austausch herrschte. Betrat man das weißgestrichene Haus der Familie Jonas, so fühlte man sich in eine andere Zeit und an einen anderen Ort versetzt. Die mit herrlichstem Biedermeier eingerichteten gemütlichen Zimmer, die vollgestellte Bibliothek mit hauptsächlich Werken aus der deutschen und jüdischen Geistesgeschichte ließen einen vergessen, daß man gerade in Amerika war. Im oberen Stock überraschten schöne Zeichnungen des jungen Kunststudenten Hans Jonas. Wir lernten ihre Kinder kennen, feierten Feste zusammen, große Geburtstage und – als Höhepunkt – die Überreichung des Friedenspreises des deutschen Buchhandels im Oktober 1987. Wir waren zu ihren jüngeren Freunden geworden. Diesen Umstand umschrieb Hans Jonas einmal so: Wir wären ihnen wie »zwei junge Hunde zugelaufen, ans Herz gewachsen«.

Der Gesprächsstoff ging uns nie aus. Alles wurde Thema, vor allem das Hans Jonas in den letzten Jahren beherrschende Problem der Bewältigung unserer modernen Lebenssituation. Sein Denken kreiste wie auch in seinen Büchern um eine der entfesselten Technologie gemäße Ethik. In ihr mußte der Mensch gegenüber der verletzlichen Natur und gegenüber der gefährdeten Zukunft Verantwortung übernehmen. »Der Mensch ist das einzige uns bekannte Wesen, das Verantwortung haben kann. Indem er sie haben kann, hat er sie.« Dieser Imperativ (»Das Können selbst führt mit sich das Sollen«) begleitet mich täglich. Mit einer wunderbaren Photographie von Hans Jonas hängt dieser Satz als Plakat von vielen Menschen gelesen und bewundernd kommentiert in der Literaturhandlung.

Es ging aber auch um etwas ganz Profanes, unser Glück zum Beispiel. Hans Jonas hatte immer wieder großen Wert darauf gelegt, daß wir, Stephan und ich, unser langjähriges Zusammenleben legalisieren sollten. Seinen bohrenden Fragen war irgendeinmal nicht mehr auszuweichen, und so heirateten wir im Juni 1990 unter der Obhut von Hans und Lore Jonas. Neben meinem Bruder zeichnete Hans als Trauzeuge. Die »Chuppa«, der Hochzeitsbaldachin, stand in Jonas' Kirschgarten in New Rochelle. In seiner Rede beim Hochzeitsessen, immer wieder von Tränen der Rührung unterbrochen, beschwor Hans Jonas die Höhen und Tiefen deutsch-jüdischen Zusammenlebens.

Im September 1989 hatten wir die intensivste Zeit miteinander verbracht. Endlich war es mir gelungen, ihn dazu zu bringen, seine Lebensgeschichte, die wir in vielen Versionen über die Jahre hinweg gehört hatten, noch einmal zusammenfassend zu erzählen. Ich wollte sie auf Tonband aufnehmen. Nachdem Lore zugestimmt hatte, stand dem auch nichts mehr im Wege. Die »Jonasse« wohnten wie immer im Hotel Biederstein, unweit des Englischen Gartens. Über zwei Wochen trafen wir uns täglich in den beiden Parterrezimmern mit der Nummer 200. Abwechselnd befragten Stephan und ich Hans noch einmal zu seinem Leben, das mittlerweile auch ein Teil des unsrigen geworden war. Die Sitzungen dauerten nicht länger als eineinhalb Stunden. Hans Jonas plagte zu dieser Zeit schon ein Lungenemphysem. Trotzdem wollte er nicht auf den Genuß einer Zigarette verzichten. Er zündete in regelmäßigen Abständen eine an, rauchte vernünftigerweise aber nur einige Züge und schnitt den Rest mit einer kleinen, zu diesem Behuf in der Zigarettenschachtel sich befindlichen Schere ab. Lore servierte Kekse zu Tee oder Kaffee. Manchmal gestatteten wir uns ein Schnäpschen aus Hans Jonas' stets mitgeführtem silbernen Flachmann. Es entstanden 33 voll besprochene Tonbänder. Daraus ein Buch in der Sprache Hans Jonas' zu machen, wäre nicht möglich gewesen ohne seine druckreife Rede. Beim Lesen des verschriftlichten Textes hatten wir es schwarz auf weiß. Unsere Fragen wurden überflüssig. Hans Jonas allein sollte zu Wort kommen.

Für die von mir veranstaltete Reihe »Ende des Jahrhunderts« im Mai/Juni 1992 konnte ich mit Unterstützung von Lore Hans Jonas zu seinem letzten großen öffentlichen Vortrag bewegen. »Rückschau und Vorschau am Ende des Jahrhunderts« brachte ihm, der mit seinen 89 Jahren an seinen Kräften zweifelte, standing ovations im vollbesetzten Prinzregententheater in München. Die Rede liegt als Buch vor.

I. Erlebnisse und Begegnungen

1. Jugend im Mönchengladbach der Kriegszeit

Eines der prägenden Ereignisse meiner Jugendzeit war der Ausbruch des Ersten Weltkriegs. Ich war damals elf Jahre alt, Gymnasiast – ich glaube, ich war in der Quarta und hatte bereits gewisse Eindrücke vom Weltgeschehen aufgenommen. Schon in meiner Knabenzeit hatte es Kriege gegeben, über die man in der Zeitung las – etwa die Balkankriege, die dem Ersten Weltkrieg vorangingen. 1912/13 führten die Griechen, Bulgaren und Serben Krieg gegen die Türken, und nachdem letztere geschlagen waren, wurden aus Verbündeten Gegner – die Bulgaren gerieten sich mit Griechen, Serben und Rumänen in die Haare. Jedenfalls herrschte Krieg draußen in der Welt. Und da war noch ein großes Weltereignis, das in dem Maße, in dem es die Phantasie beschäftigte, noch über die Kriegsereignisse fern in der Türkei hinausging: Es war der Untergang der Titanic, dieses Riesenschiffes, das seine erste Reise über den Atlantik antrat, auf einen Eisberg auflief und unter großem Verlust an Menschenleben unterging. Ich erinnere mich lebhaft daran, welchen Schock dies auslöste, wie ich damals die Zeitung studierte und die Erwachsenen und alle Welt darüber sprachen. Im Ganzen allerdings hatte ich den Eindruck, daß es bei uns sehr langweilig zuging. Ereignete sich etwas Bedeutendes, so war es weit weg, und die andern erlebten es aus der Nähe. Entweder die Soldaten und die Bevölkerungen auf dem Balkan oder eben die Menschen fern auf dem Ozean. Ich aber beklagte mein Schicksal, in eine Zeit und eine Welt hineingeboren worden zu sein, in der alles in bester Ordnung war und man dem wirklich Aufregenden nur in den Geschichtsbüchern, gelegentlich auch in den Zeitungen begegnete.

Das Beste und Schönste, das Heroische, das Erhebende, das man erlebte, hatte sich in der Vergangenheit ereignet – zum Beispiel in der Griechen- und Römerzeit, auch in der deutschen, der europäischen Vergangenheit, der napoleonischen Zeit. Ich hatte damals die griechischen Mythen kennengelernt, insbesondere die homerischen Epen gelesen. Den Trojanischen Krieg kannte man natürlich ebenso wie die deutschen Helden- und Göttersagen. Doch die Antike hielt noch mehr bereit – so etwas wie die Schlacht bei Marathon, den Kampf der Griechen gegen die Perser, den Sieg der Freiheit über die Knechtschaft, den großen Punischen Krieg. Ich nehme an, daß ich das später las, denn ich weiß nicht mehr genau, womit der Geschichtsunterricht im Gymnasium begann. *Die schönsten Sagen des klassischen Altertums* von Gustav Schwab machten damals viel nachhaltigeren Eindruck auf mich als etwa die biblischen Geschichten, die ich im Religionsunterricht kennenlernte, die mir allerdings später in einer eigenen Entdeckung der Bibel aufgingen. Zunächst war das mehr ein mechanisches Wissen, das man erwarb – über Adam und Eva und die Schlange und die Sintflut, die Arche Noah und dann die Erzväter Abraham, Isaak und Jakob, vor allem dann über Josef und seine Brüder und die Königsgeschichte Davids und Salomons. Ich glaube jedoch, daß sowohl die griechischen als auch die deutschen Sagen in meiner früheren Jugendzeit meine Phantasie weit mehr beschäftigten. Jugendbücher wurden ja damals illustriert, und ich sehe noch jetzt bestimmte Bilder vor meinen Augen, etwa vom Kampf der Griechen vor Troja oder auch aus den germanischen Göttersagen mit Baldur, Thor, Wotan und dem Fenriswolf. Das war wohl für die Phantasie viel lebendiger.

Mein Bewußtsein der Weltereignisse setzte notwendigerweise am 1. August 1914 ein, als sich plötzlich das eigene Land im Krieg befand. Mit der dem Kinde eigenen Dummheit hatte ich das Gefühl, daß nun endlich etwas geschah. Bis dahin war ich unter bevorzugten Bedingungen aufgewachsen, in einem Land, das seit Jahrzehnten nur Frieden gekannt hatte, das wirtschaftlich blühte, als Kind eines Hauses, das gut gestellt war, wo der Vater ein geachteter Fabrikant und ein anerkanntes Mitglied der jüdischen Gemeinde war, wo man in den großen Ferien immer mit riesigen Koffern an die Nordsee fuhr und glaubte, das werde immer so weitergehen. Mit jedem Jahr kommt man dem Ziele näher, erwachsen zu sein. Man wird zwar vielleicht nicht dasselbe tun wie der Vater, aber es wird im wesentlichen alles beim alten bleiben – nämlich im Zustand der äußeren Welt und in der Sicherheit, mit der man darin eingebettet ist. Irgend so ein Gefühl hatte ich, denn ich erinnere mich noch heute mit einer gewissen Scham an das Gefühl des Bedauerns, das ich hatte, weil es mir versagt blieb, in einer großen Zeit zu leben, in der man Heldentum zeigen konnte, in der es Siege gab, eventuell auch Niederlagen, in der jedenfalls etwas Bedeutendes geschah, an dem ich hätte teilnehmen oder sogar eine Rolle spielen können, und wenn eine Rolle, dann natürlich eine Heldenrolle, eventuell sogar eine Opferrolle – ich mußte nicht ungeschoren dabei wegkommen. Aber es sollte etwas los sein.

Wir waren zu Hause, als in Sarajevo der österreichische Thronfolger ermordet wurde. Es folgten etwa vier Wochen, in denen sich die Lage stetig zuspitzte, und dann schließlich kam der 1. August, an dem – nicht unerwartet – der Krieg ausbrach. Mein erstes Kriegserlebnis fand an einem heißen Augusttag statt: Von Osten strömten die Truppentransportzüge, und es waren auch Truppen, die marschierten. Die Eisenbahn vermochte die Mobilmachung und den Aufmarsch an der Westgrenze nicht allein zu bewältigen. Die Infanterieeinheiten zogen auf dem Marsch durch Gladbach und wurden in Privathäusern einquartiert. Wir hatten drei, die aus der Mark Brandenburg kamen. Ich weiß nicht, wie weit die gegangen waren. Natürlich hatten sie den größten Teil der Strecke wohl mit der Bahn zurückgelegt, waren aber dann ausgeladen worden, um im Zug Platz zu machen, und mußten den letzten Rest – von Mönchengladbach, nahe der holländischen Grenze, nach Lüttich – zu Fuß gehen. Das war das erste militärische Ziel, an dem

Teil der Front, der unserem Heimatort nahe lag. Es war großer Betrieb. Aber ich ging wie gewöhnlich am Nachmittag zur städtischen Badeanstalt, in der ich vor nicht langer Zeit den Freischwimmer gemacht hatte. Als ich ankam, war das ganze Gelände in eine Auffangstelle für durchziehende Truppen umgewandelt worden, und der Direktor der Badeanstalt, der mich mit Badezeug und Badehose unterm Arm kommen sah, fragte:»Was willst du hier?«»Ich will schwimmen!« Darauf bekam ich eine gewaltige Ohrfeige, eine Maulschelle sozusagen.»Mach, daß du hier wegkommst! Wir haben hier anderes zu tun!« Das war der Kriegsanfang. Es schmerzte, es war ernst, ich bekam eine ungeheure Ohrfeige. Der Direktor war wahnsinnig aufgeregt, was er da alles plötzlich zu tun hatte, und ich störte. Ich erinnere mich auch an die Soldaten, die bei uns die eine Nacht verbrachten. Es waren zwei Infanteristen, zwei Riesenkerle aus der Mark Brandenburg, die sich gegenseitig die wundmarschierten Füße behandelten. Einer war ein Obergefreiter, der auch das beste Zimmer bei uns bekam, und erst später stellte sich heraus, daß er während dieses kurzen Aufenthalts mit unserem überaus schönen Kinderfräulein angebandelt hatte. Sie setzte große Hoffnungen auf diese Freundschaft, die sich dann aber nicht erfüllten. Später erlitt sie einen Nervenzusammenbruch, weil er ihr schließlich in einem Brief schrieb, er wolle die Sache doch nicht fortsetzen. Ich weiß nicht, ob er ihr mitteilte, daß er verheiratet war. Jedenfalls hat er sich brieflich von ihr getrennt. Die ganze Geschichte war eine Folge der ersten Kriegstage.

Ja, und dann natürlich ging das Leben doch in seiner Routine weiter – die Schule. Ich nehme an, in diesem Sommer fuhren wir eben nicht in die Ferien, jedenfalls habe ich daran keinerlei Erinnerungen. Wir waren alle zu Hause, als der Krieg ausbrach. Mein Vater fuhr sofort nach Köln zu dem für unsere Region zuständigen Hauptheeresbeschaffungsamt und legte seine Angebote für Zeltbahnen und andere Stoffe vor, die für die Armee wichtig sein könnten. Und er war wirklich einer der ersten, die da waren, und kam, wie ich später erfuhr, mit Riesenaufträgen zurück, so daß nicht nur alle etwa 120 mechanischen Webstühle unserer Fabrik ausgelastet waren, sondern noch andere Webereien in Mönchengladbach für die Ausführung seiner Aufträge arbeiteten. Es ging also geschäftlich sehr gut, und auch an den Fronten lief alles hervorragend. Lüttich fiel, wir hörten von ferne den Kanonendonner, als die »Dicke Berta« in Aktion trat, ein 22-Zentimeter-Steilfeuergeschütz, eine Geheimwaffe, die damals die Firma Krupp entwickelt hatte und die diesen Namen trug, weil Berta der Vorname von Alfried Krupps Frau war. Dieses war das schwerste Geschütz, das überhaupt bis dahin hergestellt und irgendwo verwendet worden war. Mit der Wucht dieses Steilfeuergeschosses, das fast senkrecht und mit großer Akkuratesse niederging, wurden die riesigen Eisenbeton-Forts der Festung Lüttich gesprengt. Belgien war nicht wirklich unvorbereitet: Lüttich war schwer befestigt mit Forts, die nach den damals modernsten Prinzipien angelegt waren, doch die wurden zu Pulver von den Geschossen der »Dicken Berta«. Und es folgte Sieg auf Sieg.

Eine Episode zeigt, wie ausgeprägt der Patriotismus in den ersten Kriegswochen auch unter den Juden war. Mein ältester Vetter in Mönchengladbach war Erich Haas, Sohn von Tante Berta, der ältesten der Schwestern meines Vaters – er wirkte später nach seiner Emigration als Psychoanalytiker in Birmingham. Bei Ausbruch des Krieges war er in der Oberprima und hatte wahnsinnige Angst, der Krieg könnte, weil die Siege so unmittelbar und schlagartig einsetzten, zu Ende sein, ehe er an die Reihe käme. Normalerweise hätte er erst das Abitur gemacht und wäre dann eingezogen worden. Diejenigen unter den Schülern, die beinahe 18 waren, hatten jedoch die Möglichkeit, das sogenannte Notabitur zu machen und sich freiwillig zu melden. Mein Vetter Erich, der übrigens in seiner Schülerzeit etwas kränklich gewesen und wegen irgendeiner Sache sogar einmal in ein Sanatorium geschickt worden war, durfte diese Möglichkeit natürlich nicht verpassen. Dem Alter nach fiel er, glaube ich, noch nicht so ganz in die richtige Kategorie, jedenfalls hegten er und sein Vater die ernsthafte Befürchtung, er würde, wenn er sich freiwillig meldete, nicht angenommen werden, zumal es ein ungeheures Überangebot an freiwilligen Meldungen junger Leute gab. Also fuhr sein Vater mit ihm nach Köln, wo es zu einer militärärztlichen Untersuchung kam. Um den Feldwebel, unter dessen Federführung sie stattfand, günstig zu stimmen, steckte ihm mein Onkel, Adolf Haas, ein Goldstück zu, worauf Erich für kriegsverwendungsfähig erklärt wurde. So kam er also zum Militär und diente vier Jahre, ohne daß ihm etwas passiert wäre. Damals wurde also bestochen, um jemanden in die Wehrmacht reinzukriegen, während man später Menschen durch Bestechung davor zu bewahren versuchte. Dafür, daß die freiwillige Beteiligung von Juden im Ersten Weltkrieg überdurchschnittlich hoch war, gibt es übrigens zwei Erklärungen. Einmal hing es damit zusammen, daß Juden sich nicht dem Vorwurf der Drückebergerei aussetzen, sondern zeigen wollten, daß sie gute Staatsbürger waren.[1] Es kann aber noch eine ganz andere und viel nüchternere Erklärung haben, nämlich die, daß die Juden sozial zu einer Schicht gehörten, in der man sich freiwillig meldete, während man in der Arbeiterklasse so etwas nicht tat. In gewissen gebildeten Schichten war sowohl die Idee des Patriotismus als auch des Sich-Freiwillig-Meldens irgendwie stärker verwurzelt als bei den arbeitenden Klassen, die sich schon von Standes wegen nicht vordrängten, sondern durchaus abwarten konnten, bis die Reihe an sie kam. Daß aber die Juden größtenteils nicht zur Arbeiterklasse, sondern zur gebildeten Mittelklasse zählten, die ideologisch für den Patriotismus am anfälligsten war, könnte auch erklären, warum sich prozentual mehr Juden freiwillig meldeten, als das bei anderen Bevölkerungsgruppen der Fall war.[2]

Während also die vaterländische Aufbruchsstimmung von 1914 auch uns ergriff, beklagte nur meine Mutter, die eine weiche Natur war, schon im voraus jeden Tod, die Verwundungen, Verkrüppelungen und alles, was mit dem Krieg verbunden war. Nicht aus einem theoretischen, grundsätzlichen Pazifismus heraus, sondern einfach aus Mitleid, aus überströmender Menschlichkeit: »Es ist furchtbar, es ist furchtbar!« Natürlich hat auch sie den deutschen Waffen Sieg und Heil gewünscht, aber gleichzeitig doch beklagt, daß es überhaupt Kriege gab. Während mein Vater in diesem Punkt naiver war und mit 99,9 Prozent der deutschen Bevölkerung eine große Kriegsbegeisterung teilte: Die Deutschen würden die Probe gut bestehen, und er war auch davon überzeugt, daß das Schicksal es eigentlich erfordere, daß Deutschland in Europa eine besondere Rolle spielen müsse. Die offizielle Lesart lautete allerdings, daß es sich um einen Verteidigungskrieg handelte: Wir sind eingekreist, wir führen den Krieg gegen ein großes Feindbündnis, das seit langem den Krieg gegen uns geplant hat, und wir setzen uns zur Wehr. Andererseits herrschten von vornherein Siegeshoffnungen, die über die bloße Verteidigung weit hinausgingen. Damit sage ich aber nichts Neues, steht doch wahrscheinlich in jedem Geschichtsbuch, daß hier infantile Gefühle – wie ich sie geschildert habe, daß Gott sei Dank endlich diese fade, langweilige Friedenszeit vorbei sei und wir nun mal endlich wieder zeigen könnten, wer wir sind und was wir können – mit dem Bewußtsein einhergingen, wir seien angegriffen und »eingekreist« worden. »Viel Feind, viel Ehr, aber wir müssen uns unserer Haut wehren.« Drittens winkte ein großer Siegespreis, und die Siegesmeldungen von der Front häuften sich ja auch zunächst, bevor sie dann aufhörten und es plötzlich still wurde. Nach vier Wochen stoppte der Vormarsch. Er erreichte Paris nicht. Dann kam der Rückschlag an der Marne.

Nun hatten wir einen in der Familie, der die ganze Trunkenheit nicht mitmachte – meinen Onkel Leo, den etwas älteren, damals noch unverheirateten Bruder meiner Mutter, der Arzt in Düsseldorf und zugleich der klügste und weiseste Mensch war, der in mein Leben hineingeleuchtet hat. In diesen Wochen, als der Krieg ausbrach, unterschied er sich durch zweierlei von den anderen: Erstens vertrat er die Auffassung, wenn England gegen uns sei, könnten wir den Krieg nicht gewinnen. In gewissen Kreisen Europas herrschte ja eine große Achtung vor England, und er hatte das Gefühl, wenn England gegen uns sei, sei der Krieg schon eine verlorene Sache. Zweitens tat er etwas ganz Praktisches. Er sagte sich sofort, der deutschen Presse sei von diesem Moment an nicht mehr voll zu trauen, und ihre Berichterstattung werde ihm ein einseitiges Bild liefern. Da er aber informiert sein wollte, abonnierte er den ganzen Krieg über eine Schweizer Zeitung – das war in Deutschland erlaubt. So bekam er aus dem neutralen Ausland Berichte, und er wußte, daß das Geschehen an der Marne eine große Wendung genommen hatte und der deutsche Vormarsch dort nicht nur zum Halten gekommen war, sondern daß etwas schiefgegangen war und man wieder zurückmußte. Und damit war seine ursprüngliche Skepsis schon bestätigt worden. Aber er war der einzige, der so dachte.

Onkel Leo war der einzige Sohn des Oberrabbiners Jakob Horowitz in Krefeld, der ursprünglich aus Krakau stammte, in Breslau aufs Rabbinerseminar gegangen und später in den Westen gekommen war.[3] Ein hochgebildeter Mann, der sich als liberaler Jude verstand. Dennoch wurden in seinem Haus natürlich die Gesetze der Kaschrut, die Speisegesetze, eingehalten. Meine Mutter mußte frühzeitig den Haushalt übernehmen, denn ihre Mutter, also meine Großmutter mütterlicherseits, die ich nie kennenlernte, weil sie lange vor meiner Geburt und der Eheschließung meiner Mutter gestorben war, hatte sie schon als junges Mädchen in die Rolle eingeführt, ihres Vaters Haushalt zu führen – einen Rabbinerhaushalt. Sie litt sehr darunter, und zwar nicht nur unter der tatsächlichen Bürde, sondern vor allen Dingen unter dem Schein, der dabei im Spiele war, weil sie genau wußte, daß ihr Vater gar nicht mehr so dachte, sondern daß nur aufgrund seiner Stellung alles strikt eingehalten werden mußte. Deshalb schwor sie sich: »Wenn ich heirate, wird es in meinem Haus nicht diese Art Küche und diese Form der Einhaltung des Gesetzes geben.« Aber lange Zeit heiratete sie nicht. Sie war schon Mitte zwanzig, was damals sehr spät war, und war immer noch Röschen Horowitz, die bei ihrem verwitweten Vater den Haushalt führte. Schließlich lernte ihr Bruder, mein Onkel Leo, an der Universität in Bonn beim Medizinstudium einen gewissen Otto Jonas kennen, einen Mitstudenten. Er war ein jüngerer Bruder meines Vaters. Mein Vater – als ältester von zehn Geschwistern in einem kleinen westfälischen Landstädtchen namens Borken, wo die Firma seit 1815 bestand – mußte frühzeitig ins Geschäft einsteigen und übernahm so eine Art Vaterstellung gegenüber den jüngeren Geschwistern. Er hatte oder fühlte die Pflicht, die er getreulich erfüllte, es den jüngeren Brüdern zu ermöglichen, was er selber sich so ersehnt hatte, nämlich studieren zu können. Zudem waren drei Schwestern da, die ausgestattet werden mußten, denn ohne Mitgift konnte man damals einer Tochter keine gute Ehe verschaffen. Er selbst dagegen mußte schon nach der Obersekunda die Schule verlassen und im Geschäft arbeiten, nicht einmal das Abitur konnte er machen. Das war der große Kummer seines Lebens, daß er den Traum von einer akademischen Ausbildung dem Dienst an der Familie und an der Firma hatte opfern müssen, deren Seniorchef er schließlich wurde. Seine jüngeren Brüder, meine diversen Onkel, hatten ein etwas zwiespältiges Verhältnis zu ihm, wie es eben ist, wenn man jemandem viel verdankt, der auch eine gewisse Autoritätsstellung ausgeübt hat. Es waren drei Brüder, die studierten. Zwei wurden Anwälte, einer Arzt, ein weiterer Bruder wurde Kaufmann und ging ins Ausland. Der zweitälteste Bruder wurde Juniorchef der Firma und führte die Fabrik weiter.

Die Firma siedelte erst Ende des letzten Jahrhunderts, um 1896 glaube ich, von Borken nach Mönchengladbach über, weil dort in der Zeit der Mechanisierung die Textilindustrie auf-blühte und Arbeitskräfte sowie auch verkehrsmäßig ein indu-strielles Umfeld vorhanden waren. Auch Krefeld übrigens, wo meine Mutter aufwuchs, war ein Textilzentrum, aber feiner als Gladbach, so wie Seide feiner ist als Baumwolle. Krefeld war das rheinische Lyon, Mönchengladbach das rheinische Man-chester. Hier produzierte man etwa »Genua-Cord«, diesen ge-rippten Stoff, der vielfach zur Arbeiterkleidung diente. Außer-dem wurde viel für den Kolonialhandel hergestellt, vor allem die bedruckten Baumwollstoffe von sehr schlechtem Ge-schmack, die man als »Gladbacher Schund« bezeichnete, mit denen man aber große Geschäft machte. Wir arbeiteten nicht mit Baumwolle, sondern mit Leinen und Damast. Das stand so-zusagen zwischen Baumwolle und Seide.

Mein Vater erzählte mir später, wie er seinen jüngsten Bru-der Otto, den er am meisten liebte und den er für den Begabte-sten hielt, einmal in Bonn besuchte, während dieser dort stu-dierte. Der führte ihn herum und zeigte ihm die Universität und die Kliniken – und mein Vater fing an zu weinen. Mit an-deren Worten: »Das ist die Welt, die ich mir habe versagen müssen.« Aber es geschah noch etwas. Als Otto Jonas und Leo Horowitz, die sich etwas anfreundeten, einmal über ihre Fami-lienverhältnisse sprachen, stellte sich heraus, daß Leo Horowitz eine jüngere Schwester hatte. Und da sagte Otto, der übrigens 17 Jahre jünger war als mein Vater: »Ich habe einen älteren Bruder, der hat noch immer nicht geheiratet. Der hat sich das Heiraten noch nicht erlaubt, ehe er nicht uns alle versorgt hat. Weil der Vater auch schon zu alt wurde, hatte er die Verantwor-tung übernommen.« Tatsächlich hatte mein Vater sich gewis-sermaßen verboten, in den Ehestand zu treten, ehe er nicht die drei Schwestern verheiratet und seine Brüder durch die kost-spielige Universitätsausbildung gebracht hatte. Er hatte insgesamt neun Geschwister, von denen eines noch als Kind gestorben war. Infolgedessen hatte ich fünf Onkel und drei Tanten von der Jonas-Seite, während ich von der mütterlichen Seite nur den einen Onkel hatte, über den noch mehr zu sagen sein wird. Es schauten sich also Leo Horowitz und Otto Jonas an: »Die sollte man miteinander bekannt machen.« »Ja, gute Idee!« Und so kam es zustande, daß Gustav Jonas aus Borken in Westfalen, seit wenigen Jahren aufgrund der Verlegung der Firma in Gladbach am Niederrhein ansässig, in Krefeld als Brautwerber erschien und meine Mutter kennenlernte. Und sie heirateten dann 1900, glaube ich, denn 1901 wurde der erste Sohn, mein älterer Bruder, geboren.

Röschen Horowitz wurde also Frau Gustav Jonas, und es war ein merkwürdiges Paar. Mein Vater war ein gedrungener, untersetzter, kurzbeiniger Mann mit mächtigem Oberkörper und breiten Schultern, einem großen Kopf mit schöner Stirn, aber breit, zur Korpulenz neigend, mit kurzen, strammen Beinen, die ein energisches Tempo einschlagen konnten. Er war spartanisch aufgewachsen und blieb sein ganzes Leben über immer bescheiden in seinen Ansprüchen, aber er aß gerne und konnte wirklichen Genuß finden an einem guten Braten, einer schönen Mahlzeit. Er war sehr klug, kannte seine Klassiker, besaß eine schöne Bibliothek, hatte aber nicht die Zeit gehabt, sich darin zu vertiefen, sondern ging ganz im Geschäft auf. Dennoch legte er großen Wert auf Bildung. Im Gegensatz zu uns Kindern, die wir – einfach durch unseren Umgang – einen rheinischen Tonfall annahmen, sprach er reines Hochdeutsch, übrigens ohne jüdische Ausdrücke, geschweige denn mit »judendeutschen« Elementen. Das Wort »Goj« kam uns nie über die Lippen. So ein Wort wie »meschugge« oder »Chuzpe« war natürlich bekannt, wurde aber ebenfalls nie gebraucht. Ich kann mich nicht erinnern, daß meine Eltern im Gespräch zu Hause von jemandem gesagt hätten, er habe große Chuzpe. Ich weiß nicht einmal, ob es verpönt war, es war einfach nicht gebildet, und bei uns wurde ein gebildetes, dialektfreies Deutsch gesprochen. Das hatte nicht einmal etwas damit zu tun, daß man nicht als Jude auffallen wollte, indem man ein bißchen jüdelte – nein, die Versuchung war gar nicht da, denn weder mein Vater noch meine Mutter hatten es zu Hause gelernt. Das war altes deutsches Judentum, das seit Generationen auf dem Lande lebte, und die Jonas dünkten sich wohl schon längere Zeit in ihrem Heimatstädtchen Borken als etwas Besseres als jene Gemeindemitglieder, bei denen womöglich etwas gejüdelt wurde. Sie trugen daher bei ihren Glaubensgenossen den Spottnamen »die Hohenzollern von Borken«. Das war natürlich eine nicht ganz freundlich gemeinte Mischung aus Achtung und Spott. Man sagte ihnen Hochmut nach, weil sie anscheinend die Lebensweise der meisten ihrer Glaubensgenossen nicht ganz mitmachten. So schlossen sie auch ihre Ehen nicht in Borken, sondern suchten ihre Partner in gewissen Entfernungen, etwa in Eschweiler. Alles, was mein Vater über seine Jugendzeit und über die Verwandtschaftsverhältnisse erzählte, wies über Borken hinaus.[4]

Ehen mit Nichtjuden waren aber dennoch vollkommen ausgeschlossen – Gott bewahre! Erst während des Ersten Weltkriegs geschah es, daß einer der Brüder meines Vaters, Onkel Max, eine Mischehe einging.[5] Er war als Kaufmann nach Italien gegangen und hatte gemeinsam mit jemandem anderen eine Strohhutfabrik aufgemacht, wurde bei Ausbruch des Krieges eingezogen, kam aber nicht an die Front. Er war schon in den mittleren Jahren. Als er schließlich Ende des Krieges demobilisiert wurde – er war zuletzt in Schlesien stationiert –, brachte er eine christliche Braut aus einer sehr guten christlichen Familie mit. Und er nahm es auf sich und unterrichtete alle seine Brüder und Schwestern davon, daß er sich mit einer Christin verlobt hatte. Damals habe ich mit eigenen Ohren gehört – und das war 1918, ich war also immerhin 15 Jahre alt –, daß eine meiner Tanten, nämlich Tante Elfriede aus Lechenich bei Köln, die Frau von Onkel Hermann Simon, aber eine geborene Jonas, den Ausspruch tat, den man gewöhnlich nur in erfundenen Geschichten vermutet: »Papa selig wird sich im Grabe umdrehen!« Das war ihr Kommentar. Ist das zu glauben? Aber ich habe es selber gehört. Dann mußte diese arme Braut Spießruten laufen durch die ganze Familie Jonas. Als sie zu jener Tante kam, legte ihr diese nahe, doch vielleicht jüdisch zu werden. Worauf sie wiederum eine Antwort gab, die im Grunde auch nur in der Literatur vorkommt, nämlich: »Ich wechsele meine Religion nicht wie ein Kleid!« Und dabei blieb es. Sie blieb Christin, er Jude. Sie war ihm eine gute Frau und folgte ihm in die Emigration nach Bolivien. Für mich war sie dann Tante Klara, doch zunächst erzeugte ihr Erscheinen einen großen Aufruhr.

Mein Vater, um zu ihm zurückzukehren, war also ein pflichtbewußter, arbeitsamer Mann, der sich nie geschont hat. Einfache Lebensgenüsse waren ihm gemäß. Daß er gerne gut aß, heißt nicht, daß das besondere Delikatessen sein mußten. So weiß ich nicht, ob er in seinem ganzen Leben jemals Austern gegessen hat. Wahrscheinlich nicht, denn er war orthodox aufgewachsen. In seinem Elternhause ging es, was die jüdischen Bräuche anbelangt, sehr streng zu, und das prägte ihn auch später. Zwar ging er gewöhnlich am Schabbat nicht in die Synagoge, sondern nur an den hohen Feiertagen. Auch meine ich mich zu erinnern, daß er am Samstag den halben Tag in der Fabrik arbeitete. Doch solange ich mit ihm am Versöhnungstag oder zu Rosch Haschana oder an anderen Festen in die Synagoge ging, war zu spüren, daß dies für ihn stets eine ernste Sache war, die er wirklich mit ganzem Herzen tat. An Jom Kippur fastete er streng. Meine Mutter, die Rabbinertochter, sorgte jedoch dafür, daß es weniger jüdisch in unserem Hause zuging, als es seinen eigenen Gepflogenheiten entsprochen hätte. Er hat mir oft erzählt, daß er sich, als er noch unverheiratet war, auf seinen Geschäftsreisen – er reiste viel für die Firma, um

Kunden bis nach Hamburg oder Berlin zu besuchen – streng an die Speisegesetze hielt, was bedeutete, daß er sich in den kleinen Orten tage- und wochenlang zum Beispiel nur von gekochten Eiern, Kartoffeln und Milchprodukten ernährte und auf Fleisch verzichtete. In manchen Städten gab es zwar jüdische Gasthöfe oder Hotels, doch meist mußte er in gewöhnlichen Hotels übernachten. Mehr als einmal kam es vor, daß er sich im Hotelrestaurant ein Abendessen aus gekochten Eiern, Kartoffeln und Butter auftischen ließ und dann jemand von einem anderen Tisch herüberkam und ihm seine Hochachtung für die Opfer ausdrückte, die er seinem Glauben brächte. Von dem Moment an, wo er einen eigenen Hausstand hatte, schaffte meine Mutter paradoxerweise die Einhaltung der Kaschrut ab. Schweinefleisch kam dennoch niemals auf unseren Tisch. Wir kauften das Fleisch natürlich beim jüdischen Metzger – Rindfleisch, Huhn oder auch Kalbfleisch. Aber das strenge Verbot etwa, bei derselben Mahlzeit Fleisch und Milchspeisen zu sich zu nehmen, galt bei uns nicht. Eine ganze Anzahl von Vorschriften habe ich schlicht nicht kennengelernt. Trotzdem besaßen wir zwei komplette Sätze Geschirr und Besteck, die wir zu Hause »milchig« und »fleischig« nannten. In anderen Gegenden oder bei anderen Leuten hieß das – schon mehr jiddisch – »Milchding« und »Fleischding«. Bei uns sprach man ja so nicht. Aber obwohl »milchiges« und »fleischiges« Geschirr und Besteck noch zur Ausstattung gehörten, wurde dennoch der Unterschied bei den Speisen nicht streng beachtet. Vor allem wenn wir verreisten, kehrten wir in nichtjüdischen Kurhotels an der Nordsee oder in der Eifel ein und aßen, was uns dort vorgesetzt wurde. Wo es möglich war, vermieden wir es natürlich, Schweinebraten oder gar Schinken zu uns zu nehmen. Ich glaube nicht, daß ich in meiner ganzen Kindheit jemals geräucherten Schinken gegessen habe. Statt dessen aß man Rauchfleisch – Neuenahrer Rauchfleisch, das, ähnlich wie Bündner Fleisch, vom Rind stammt. Aber nicht

Schinken. Gewisse Sachen schickten sich nicht bei uns: Man aß nicht vom Schwein.[6]

Die Persönlichkeit meiner Eltern war denkbar gegensätzlich. Mein Vater zeichnete sich – schon in seiner physischen Erscheinung – durch eine gewisse Robustheit aus. Er war für mich stets der Inbegriff männlicher Kraft, obwohl er klein war, was ich als Kind aber nicht bemerkte. Er besaß ein etwas autoritäres Auftreten und hatte sich wohl durch seine Stellung als Ältester in der eigenen Familie daran gewöhnt, eine gewisse Herrscherrolle zu spielen. Eigentümlicherweise war er jedoch trotz seiner Strenge ungeheuer weich. Er übte nicht nur Autorität aus, sondern besaß geradezu ein cholerisches Temperament. Wenn ihn etwas wirklich erzürnte, dann bekam er einen Wutanfall. Die Zornesadern schwollen ihm auf der Stirn, die Haare sträubten sich, und er konnte ungeheuer wütend sein. Wenn es vorbei war, war es allerdings auch voll und ganz überstanden. Es war stets eine Sache von Sekunden, und er hat eigentlich nie lange einen Groll gehegt. Er machte sich Luft durch wirklichen Jähzorn. Manchmal war sein Wutanfall so stark, daß meine Mutter Angst bekam, er könnte einen Herzschlag bekommen. Sie sagte: »Um Gottes Willen, reg' dich doch nicht so auf!« Doch er regte sich sehr schnell auch wieder ab, und dann war alles in Ordnung.

Bei meiner Mutter dagegen, die sich nicht auf diese Weise Luft machte, zehrte alles viel länger. Nun war sie ohnehin in vielerlei Hinsicht das Gegenteil meines Vaters. Erstens war sie schlank und behielt, solange ich sie kannte, eine mädchenhafte Figur. Zart, mit einem bezaubernden Gang, ein langes schmales Gesicht mit vorspringender Nase – zu ihrem Kummer, denn das war ja damals in der Zeit der Assimilation und des Antisemitismus eine Belastung, weil man zumindest subjektiv empfand, die große Nase repräsentiere das Jüdische. Doch sie hatte ein sehr schönes Profil. Wir hatten zu Hause eine Alabasterbüste stehen, etwas Klassisches, wie es zur Dekoration von guten

Bürgerhäusern gehörte. Vielleicht war es die Kopie eines Diana-Kopfes mit klassischem Profil. Und ich war, wie das so bei Kinderaugen ist, immer davon überzeugt, das sei ihr Porträt, eine Marmorbüste meiner Mutter. Der Künstler hätte lediglich die Nase ein wenig grader und weniger vorspringend gestaltet. Meine Mutter war hochmusikalisch, wie schon ihre eigene Mutter, die aus einer kultivierten Familie in Schlesien kam und schon früh leidenschaftlich musizierte. Mein Vater war dagegen völlig unmusikalisch. Das ging so weit, daß er selbst die einfachen hebräischen Gesänge am Freitagabend oder zu Pessach, wo er die Haggada vortrug, immer falsch sang. Ich habe ihn niemals richtig singen gehört, auch nicht wenn er »Heil dir im Siegerkranz« oder »Deutschland über alles« zum besten gab. Wohl hatte er viel für die Dichtung übrig, kannte Gedichte und rezitierte sie auch schon einmal. Aber in der Musik war er ein völliger Ausfall, so daß er einfach nicht teilen konnte, was meiner Mutter so viel bedeutete. Da er ein liebender Mensch war, hat mein Vater natürlich alles getan, um den musikalischen Neigungen meiner Mutter entgegenzukommen. Als die großen Gewinne von den Kriegslieferungen eingingen, war die auffälligste der großen Anschaffungen, die gemacht wurden, ein großer Blüthner-Flügel, der das bis dahin vorhandene Klavier ersetzte.

Meine liebevolle Mutter litt am Leben, und zwar nicht an den Welträtseln, sondern daran, daß es so viel Leid auf der Welt gab, so viel Armut und Unglück. Sie nahm daran ungeheuren Anteil und versuchte zu lindern, wo sie konnte. Mein Vater, der ja hart arbeitete und das Geld zusammenhalten wollte, mußte sie schon gelegentlich bremsen. Meine Mutter sparte daher manches heimlich vom Haushaltsgeld ab, um es irgendwelchen Notleidenden zuwenden zu können. Einmal hat sie mir das anvertraut und erklärt: »Dein Vater ist ja ein herzensguter Mann, aber er findet, daß ich zu weit gehe. Mir aber ist es ein Bedürfnis.« Oft schickte sie übrigens Geld an Verwandte von ihrer

Seite, die im Osten – in Galizien – geblieben waren und ihr Hilfebriefe schrieben, oder an eine Tante oder Cousine, die einen mißratenen Sohn hatte, der großen Kummer verursachte und dem eine Gefängnisstrafe drohte, wenn er seine Schulden nicht bezahlte. Das konnte sie doch nicht zulassen – also wurde Geld geschickt. Wenn es sich um größere Summen handelte, mußte mein Vater es natürlich wissen. Das schränkte dann wiederum ihre Möglichkeit ein, im Kleinen zu geben, da sie ja gewissermaßen die Wohltätigkeit meines Vaters sehr in Anspruch genommen hatte. Soweit ich vermuten kann – Eltern sprechen darüber mit ihren Kindern ja nicht –, waren sie auch, was ihre Sinnlichkeit anging, sehr verschieden. Da mein Vater seiner ganzen Körperlichkeit und auch seiner Freude an gewissen Vergnügungen nach ein sinnlicher Mensch war, stelle ich mir vor, daß er auch eine größere Freude an der sinnlichen Liebe hatte, während meine Mutter darin wohl scheu war. Andererseits hat meine Mutter gern Zärtlichkeit ausdrücken wollen, während mein Vater durch die Art, wie er aufgewachsen war, nicht gewohnt war, Gefühle zu zeigen. Ich sehe noch vor mir, wie sie auf dem Sofa saßen, meine Mutter sich an ihn schmiegte und er etwas verlegen seinen Arm um sie legte und sie auf die Schulter tätschelte und sagte: »Ja, ja. Es ist ja gut.« Er wußte nicht, wie er sich verhalten sollte, weil er aus einer Familie kam, in der man sich nicht so sehr seinen Gefühlen überließ, sondern strebsam und arbeitsam war und sich auch im Gefühlsleben große Disziplin auferlegte. Seine Mutter muß allerdings eine Frau von hoher Bildung gewesen sein, die ihren Schiller und ihren Goethe sozusagen bei sich trug. Das wird in einem Brief spürbar, den mein Vater aufbewahrt hatte. Da es in Borken kein humanistisches Gymnasium gab, wurde er damals zu Verwandten – ich glaube in das ebenfalls im Niederrheinischen gelegene Eschweiler – geschickt, um dort das Gymnasium zu besuchen. Er war ein so guter Schüler, daß er nach der Tertia gleich in die übernächste Klasse versetzt wurde. Aus diesem Anlaß schickte seine Mutter, die, obwohl sie zehn Kinder geboren hatte, noch immer Zeit zum Lesen fand, einen Brief, den auch die Frau Rat, also Goethes Mutter, geschrieben haben könnte. Der Brief einer hochgebildeten Frau in wunderschöner deutscher Prosa, in dem sie ihn einerseits beglückwünschte und lobte, dann aber – und an den Satz erinnere ich mich – auch ermahnte: »Daß Du Dich nicht überhebest und nun stolz wirst. Gott hat Dir diese Gaben gegeben, und ich freue mich, daß Du sie richtig einsetzt. Aber werde jetzt nur nicht zu stolz darüber.« Es war ein wunderschöner Brief, den er mir einmal gezeigt hat. Die Familie war gebildet, doch solche Gefühle, wie meine Mutter sie zeigte, gab es da eben nicht. Mein Vater und auch meine Onkel waren alle hochintelligent und erfolgreich im Beruf, aber irgendwie waren sie, verglichen mit meiner Mutter und ihrem Bruder Leo, etwas primitiver in ihren Trieben und wohl auch in ihren Lebenszielen. Ich selbst habe auch etwas von dieser willensstarken, sinnlichen, aufs Tun ausgerichtete Natur mitbekommen, glaube aber, daß ich in der Hauptsache ein Horowitz bin.

Was die schlesische Verwandtschaft betrifft, so hatte meine Mutter übrigens eine Tante oder Großtante, die bekannt geworden ist in Deutschland, nämlich Friederike Kempner – auch bekannt als die »schlesische Nachtigall«. Eine wohlhabende Frau, die auf einem Landgut in Schlesien lebte und sich der Angelegenheiten der Menschheit in dichterischer Form annahm, indem sie unfreiwillig komische, schwärmerische, sentimentale Gedichte über diese und jene Situationen schrieb.[7] Sie wurde berühmt, und als sie eine Sammlung ihrer Gedichte veröffentlichte, war die Familie so verlegen darüber, daß sie die ganze Auflage aufkaufte. Als ihr mitgeteilt wurde, das Werk sei vergriffen, beflügelte sie das jedoch so sehr, daß sie eine vermehrte Auflage herausgab, was übrigens dazu führte, daß ein gleichnamiger Theaterkritiker und Publizist, der sich in Berlin aufhielt, so geniert war, daß er den Spottnamen Kempner loswerden mußte und sich fortan Kerr nannte – Alfred Kerr! Ich erinnere mich zum Beispiel an ein Gedicht, das angeblich von ihr stammt, aber wohl eher eine Parodie auf ihre Dichtung ist. »Durch die Mitte der Natur / zieht sich eine Pappelschnur / links sind Bäume, rechts sind Bäume / und dazwischen Zwischenräume / und dahinter fließt ein Bach – ach.« Der Verdacht liegt nahe, daß ihr dies als satirisches Spottgedicht zugeschrieben wurde. Charakteristisch sind aber solche Gedichte wie »Der Tierbändiger«: Seine Tochter tritt auf der Bühne mit einer Riesenschlange auf, bis sie eines Tages vor den Augen der Zuschauer von einer Boa Constrictor verschlungen wird. Sie hieß mit Vornamen Johanna. »Sie ist tot«, so endet das Gedicht, »doch sie ist ganz.«[8] Zum Trost. Als ich später in Jerusalem den Büchersammler Gershom Scholem näher kennenlernte und erfuhr, daß er außer an der Kabbala auch an literarischen Verrücktheiten interessiert war, sagte ich: »Ach, ich habe in meiner Familie auch eine solche Verrückte, Friederike Kempner, eine Tante oder Großtante von mir.« Da sagte er: »Die ist eine Verwandte von dir? Verschaff' mir ein Buch von ihr, die fehlt mir in meiner Sammlung!« Ich schrieb damals, es war schon in der Nazi-Zeit, meiner Mutter aus Jerusalem: »Als mein Freund Scholem hier hörte, daß wir eine Tante Friederike haben, hat er sich dringend dafür interessiert. Haben wir zu Hause ein Buch von der? Hast Du noch eins? Er bittet sehr darum, es hierher zu schicken. Ich möchte es ihm gerne zum Geschenk machen.« Und ich drückte mich so aus: »Ein Buch von Deiner verrückten Tante Friederike.« Darauf schrieb meine Mutter mir einen Brief, wo sie, was ein seltener Fall war, einen strafenden Ton annahm: Nein, sie hat kein Buch mehr. Sie möchte auch nicht, daß ich sie »ihre verrückte Tante Friederike« nenne. »In meiner Kindheit war ich mehrmals auf ihrem Gut zu Besuch. Sie war eine edle Frau, die viel Gutes getan hat, und man soll sich nicht über sie lustig machen.« Und schließlich habe ich erfahren, daß sie wirklich eine edle Frau war und zum Beispiel die Abschaffung der Einzelhaft durchgesetzt hat. Sie fand diese absolut unmenschlich und entfaltete eine Propaganda dagegen mit Flugschriften – dichterisch, teils in Vers teils in Prosa.[9] Da sie nicht lockerließ, erhielt sie schließlich eine Audienz bei Kaiser Wilhelm I., und die Einzelhaft verschwand aus dem Strafvollzug.

Meine Mutter war ähnlich mitfühlend. Sie hatte sogar die Eigenart, daß das Elend in der Welt sie mehr anzog als das Schöne, und sie neigte zu der Ansicht, man müsse mehr leiden als sich freuen. Es ist ja eine alte Frage, was, wenn man wirklich einmal die Rechnung macht, größer ist in der Welt – die Summe des Unglücks oder die des Glücks –, und da bin ich sicher, daß meine Mutter recht hatte, wenn sie ersteres annahm. Mein Vater dachte darüber wohl weniger nach – ihm kam es vor allen Dingen darauf an, daß es den Menschen in dem Kreise, in dem er waltete, gut ging –, dafür tat er alles. Er war ein Familienmensch, und ich weiß, daß er mehrfach mit großen Summen eingesprungen ist, wenn in unserem näheren und entfernten Verwandtenkreis Geschäfte schiefgingen und Bankrotte drohten. Im Ganzen fand er, daß diese Welt sich durchaus dazu eignete, Erfolge zu haben, sofern man sich entsprechend anstrengte. Auch neigte er zum Optimismus, etwa im Krieg, wo er im Gegensatz zu meiner Mutter, ganz zu schweigen von ihrem Bruder, von dem ich noch erzählen will, lange noch an den Sieg glaubte. Aber auch in persönlichen Dingen war er optimistisch, während bei meiner Mutter stets die Neigung zum Pessimismus überwog. Das hing sicher auch damit zusammen, daß sie eine ungeheuer schwere Erfahrung gemacht hatte. Bei meinem älteren Bruder Ludwig wurde in den Kinderjahren eine Krankheit festgestellt, die sich in jahrelangen Versuchen bei zum Teil berühmten Ärzten als unheilbar erwies – eine fortschreitende Verknöcherung der Gelenke. Das war gewiß für beide Eltern schlimm, vor allem aber für meine Mutter. Sie richtete sich darauf ein, für den Rest ihres Lebens für und mit diesem Jungen zu leben, denn es war klar, daß er dauerhaft und immer stärker auf Hilfe angewiesen sein würde. Er starb dann aber mit 14 ½ Jahren nach einem Unfall, der deshalb tödlich endete, weil er ein so steifes Rückgrat bekommen hatte, daß er einen Sturz nicht mehr auffangen konnte. Zur Zeit der Schlacht bei Verdun, im März oder April 1916, glitt er in seinem Zimmer auf dem Boden aus, und der Sturz führte zu einer letztlich tödlichen Gehirnerschütterung. Meine Mutter versank danach in Schwermut und vegetierte ein ganzes Jahr lang in vollkommener Passivität auf dem Sofa. Und das geschah zu einer Zeit, da eine Hausfrau und Mutter sehr auf dem Posten sein mußte, um die Familie, vor allen Dingen ihre beiden heranwachsenden Söhne, zu versorgen. Es war ihr Bruder Leo, der ihr dann schließlich energisch zuriet, sie müsse sich aufraffen und wieder für die Welt da sein, dürfe sich nicht so ihrem Schmerz überlassen. Sie flüchtete sich dann zum Trost auch in die Musik. Später kam es dann zu einem guten und zärtlichen Verhältnis zwischen mir und meiner Mutter, aber während dieser Jahre habe ich sie im Grunde nicht so sehr vermißt. Mein älterer Bruder starb einen Monat vor meinem 13. Geburtstag, und als ich im Mai 1916 Bar-Mizwa wurde, kam ich ohnehin in das Alter, wo man am liebsten von den Eltern allein gelassen wird und gar nicht das Bedürfnis hat, das Auge einer Mutter über sich wachen zu sehen. Infolgedessen habe ich, anders als mein drei Jahre jüngerer Bruder, der darunter gelitten hat, das Fehlen der Mutter in diesem Jahr nicht wie er empfunden.

An meine Bar-Mizwa selbst kann ich mich gut erinnern, weil sie vom Tod überschattet war. Es sollte eine gemeinsame Bar Mizwa-Feier für meinen Bruder und mich sein. Als mein Bruder soweit gewesen war, war er wohl in einem Krankenhaus oder in einem Sanatorium zu einer Behandlung. Die Sache mußte oft verschoben werden, so daß man beschloß, wir sollten das zusammen machen. Wir hatten auch gemeinsam Bar-Mizwa-Unterricht. Als er dann so plötzlich starb, war es eine traurige Bar-Mizwa, das Fest eines Hauses in Trauer. Es war natürlich alles, was an Gladbacher Familie da war, dazu eingeladen. Wir waren nicht nur in der Synagoge, sondern haben auch bei uns im Haus abends ein Festessen veranstaltet, und es wurden Gedichte gelesen. Vor allem meine fünf Jahre ältere Cousine Lisl Haas – eine jüngere Schwester von Erich Haas, der durch Bestechung rechtzeitig in die Wehrmacht gekommen war, um nicht die große Zeit zu versäumen, und der an der Front vom Tode Ludwigs erfuhr (ich weiß noch, wie er beim nächsten Urlaub meine Mutter in die Arme schloß und sagte: »Es tut mir so leid um Ludwig«), eine hochintelligente Frau und meine beste Freundin unter meinen weiblichen Verwandten – trug bei dieser Gelegenheit ein größeres Gedicht vor, in dem alles an komischen oder bemerkenswerten Dingen aus meinem Leben vorkam, die es zu berichten gab.

Um diese Zeit zeichnete sich bereits ab, daß sich die begeisterten Kriegshoffnungen nicht erfüllen würden, und Ernüchterung machte sich breit. In jedem Fall nahm die Begeisterung überall in dem Maße ab, in dem die Not wuchs. Die hochgemute Zeit der ersten zwei Jahre kehrte sich durch das Ausbleiben von Siegen, die zunehmend schrecklichen Verluste und die völlige Erstarrung der Fronten, in der es nur gegenseitiges Morden gab, aber gar keine Bewegung mehr zu verzeichnen war, mehr und mehr ins Gegenteil. Es war kein Ende abzusehen, man fing an zu hungern, alles wurde knapp, vor allen Dingen Nahrungsmittel. Man war auf eine Existenzminimum-Ration herabgesetzt und fuhr aufs Land, um sich irgendwie auf Schleichwegen Eier oder etwas Butter zu verschaffen. Die Stimmung wurde immer schlechter. Der Durchhaltewille war zwar irgendwie da, zumal von oben her die Meinung verbreitet wurde, daß wir es doch noch schaffen und schließlich siegen würden, wenn wir nur durchhielten. Aber zunehmend gehörte es fast zum Straßenbild in unserer katholischen Gegend, daß da Prozessionen von Frauen mittleren und höheren Alters auf irgendeiner Wallfahrt vorbeigingen, und endlos hörte man die Litaneien »Heilige Maria Mutter Gottes, bete für uns Sünder jetzt und in der Stunde unseres Todes. Amen. Du bist gebenedeit unter den Weibern, und gebenedeit ist die Frucht deines Leibes Jesus. Amen.« Das waren Bittgänge für ein Ende des Krieges, in denen sich eine schreckliche Not ausdrückte.

Ich selbst habe zu meinem Schock bei folgender Gelegenheit zum ersten Mal gehört, daß mit den deutschen Kriegszielen etwas nicht in Ordnung war: Die schon etwas älteren Gymnasiasten wurden – für Kriegsanleihen, die ja im Laufe der Jahre immer häufiger wurden – ausgesandt, um als Werber in Häuser und Geschäfte zu gehen und die Männer zu überzeugen, Kriegsanleihen zu zeichnen. Bei einem solchen Gang kam ich zu einem jüdischen kleinen Geschäftsmann, der offenbar nicht zu der ursprünglich deutsch-jüdischen Gemeinde gehörte, sondern aus dem Osten zugewandert war. Er sprach deutsch, aber eben nicht wie ein gebürtiger Deutscher. Ich nehme an, daß er aus Polen stammte. Ich habe auch wieder vergessen, was für eine Art Geschäft es war, eine Fleischerei oder irgendein anderes kleines Geschäft, jedenfalls eine kleine Existenz. Jeder sollte ja irgendwelche Opfer bringen. Also kam ich zu ihm, nicht weil er Jude war, sondern einfach weil ich bestimmte Straßen in dieser Gegend zugeteilt bekommen hatte. Ich sagte ihm, daß mich die Schule schickte, hatte wohl auch irgendeine Art Ausweis bei mir und erklärte ihm, wie wichtig es sei, daß man jetzt unsere kämpfenden Brüder mit einer erneuten Kriegsanleihe unterstützte. Da sagte er zu mir in seinem etwas gebrochenen Deutsch: »Nix von mir, nix von mir!« Als ich fragte: »Warum denn nicht?«, zog er eine Münze aus der Tasche, zeigte mir die eine Seite und fragte: »Was ist das fir a Vogel?« Da habe ich gesagt: »Ein Adler.« »Nu, was ist der Adler fir a Vogel?« Darauf ging ich in seine Falle und sagte: »Ein Raubvogel.« Sagt er: »Richtig, a Raubvogel isses. Raffen wolln'se, haben wolln'se, das Land wolln'se haben, dafir kriegst kein Geld von mir.« Ich kam nachdenklich von dem Besuch nach Hause. Irgend etwas daran leuchtete mir ein, und ich war auch nicht ganz unvorbereitet, nur hatte ich es noch nie in solch dürren, klaren Worten ausgesprochen gehört. Das war etwa 1917, als uns in der Schule noch die ehrgeizigen Kriegsziele erklärt wurden: »Erst brauchen wir das Erzbecken von Briey und Longwy und die sich ausdehnende Industrie, und natürlich müssen wir im Osten neues Siedlungsland einnehmen.« Es wurden also die Grenzen des größeren Deutschland gezogen, die zwar nicht mehr ganz so weit wie in den ersten beiden Kriegsjahren gesteckt wurden, aber noch immer von gewissen unverzichtbaren Territorialgewinnen ausgingen. Und das zu einer Zeit, zu der die deutsche Sache im Grunde schon verloren war, zu der jedenfalls kein wirklicher Sieg mehr zu erwarten war, sondern die Beteiligten sich hätten miteinander verständigen müssen. Aber das wagte keiner der Kriegführenden dem eigenen Volk gegenüber.

Mein eigener immer die deutsche Seite bejahender Patriotismus bekam spätestens in der Untersekunda Risse. Unser Lateinlehrer, der alte Ordinarius Professor Ernst Brasse, der uns von der Sexta an betreut hatte, hatte den Brauch eingeführt, seiner Klasse jeden Tag zu Beginn die Frage zu stellen: »Was gibt's Neues vom Kriegsschauplatz?« Und dann meldete sich jemand und berichtete etwas aus den letzten Nachrichten. Es wurde kurz darüber gesprochen, und dann fing der Unterricht an. An diesem betreffenden Tag zeigte mein Mitschüler Karl Porzelt auf und sagte: »Im Kanal ist ein englischer Truppentransporter torpediert worden.« »Ja«, sagte Brasse, ein netter Mann, aber großer Patriot, ein Alldeutscher[10], »ja, sehr gute Nachricht. Hoffentlich sind dabei recht viele ertrunken.« In diesem Moment regte sich etwas in mir. Ohne nachzudenken, zeigte ich auf – man mußte ja um Erlaubnis bitten, etwas zu sagen – und stotterte: »Darf man das denn eigentlich wünschen?« Da sah mich der gute Brasse einen Moment lang etwas verdutzt an und sagte dann: »Ach so, du meinst, das wäre nicht christlich?« Worauf ich antwortete: »Ich meine nicht *menschlich*.« Darauf errötete er. Er merkte, daß er sich verhedderte, und wurde rot. Das werde ich nie vergessen. Er sagte zu mir: »Ja, Jonas, du hast ja vollkommen recht, es ist wirklich schlimm, aber man wird eben hart und grausam und muß es werden, denn sieh mal, wenn die rüberkommen auf den Kriegsschauplatz und dann eingesetzt werden an der Front, dann schießen die doch auf unsere Jungs – und die müssen dann dran glauben. Da ist es doch schon besser, wenn es den Feind trifft, als unsere Soldaten.« Was ja ein vollkommen unwiderlegbares Argument ist. Aber dieses war irgendwie ein Wendepunkt für mich. In der Pause nachher kamen einige Mitschüler zu mir und sagten etwas lächelnd: »Das war ja ein komischer Dialog zwischen dir und dem Brasse.« Ich war der einzige jüdische Schüler – und dann die Bemerkung »Ach du meinst, das wäre nicht christlich?«

Auf das Geschäft meines Vaters wirkte sich die Kriegswende nicht so sonderlich aus, aber auf die Lebensmittelversorgung, zumal meine Mutter ein Jahr lang auf nichts achtgab und alles in Händen von Dienstmädchen lag. Mein Vater gab Unsummen aus, um auf dem Schwarzmarkt zu hamstern, wie man das nannte, Konservenbüchsen oder was es sonst gab, aufzukaufen und in die Speisekammer zu stellen, und dennoch hatten wir nie genug zu essen. Später stellte sich dann heraus, daß die Dienstmädchen, während meine Mutter außer Gefecht war, von unserem Hause aus einen schwunghaften Handel mit Lebensmitteln trieben – sogar die Polizei kam ins Haus. Und wir hungerten, waren jedenfalls unterernährt, und meinem jüngeren Bruder ist das wahnsinnig schlecht bekommen. Er hatte schreckliche Hautausschläge in den letzten Kriegsjahren und ist irgendwie in seiner Entwicklung dadurch auch geschädigt worden.

In dieser Zeit begann ich nicht nur viel zu lesen, sondern

fing auch an zu malen. Ich nahm Malunterricht bei dem Haupt-
maler von Mönchengladbach, Karl Cohnen, der an der Düsseldorfer Akademie studiert hatte und ein guter Maler, auch ein
ordentlicher Portraitmaler war, und brachte es zu einem kleinen Œuvre in Ölbildern, von dem aber nichts erhalten geblieben ist. Später habe ich mich dann mehr auf die Grafik gestürzt
und war ein recht guter Zeichner und Grafiker. Eine Zeitlang
spielte ich sogar mit dem Gedanken, Maler zu werden, war mir
aber dann doch im klaren darüber, daß ich es nicht zu Bedeu-
tendem bringen würde. Außerdem wurde ich mehr und mehr
von der Philosophie gefangengenommen, vom Reich der Gedanken im Gegensatz zum bildnerischen Bereich. Dennoch hat
mich die Liebe zur bildenden Kunst mein ganzes Leben lang begleitet. Ich habe auch an der Universität Kunstgeschichte studiert – dies war eines meiner beiden Nebenfächer neben der
Philosophie, und ich kenne mich, glaube ich, auch in gewissen
Epochen gut aus und erkenne auf den ersten Blick, von wem ein
Gemälde ist. Meine erste Malstunde hatte ich vielleicht mit 13,
vor der Bar-Mizwa im Jahre 1916, und ich habe diese bis zum
Ende des Krieges genommen, mindestens zwei Jahre, wahrscheinlich länger. Im Atelier dieses Malers, in dem ich einmal
pro Woche einen Nachmittag verbrachte, lernte ich die Boheme
von Mönchengladbach kennen, darunter den bemerkenswerten Dichter Heinrich Lersch, einen Sohn der Stadt Mönchengladbach aus der Arbeiterklasse. Er war Kesselschmied und besaß seine eigene Schmiede, war aber zugleich ein begabter
Dichter, ein Autodidakt, der in Deutschland Bekanntheit als
Arbeiterdichter erlangte. Dieser Dichter, ein kleines Kerlchen
mit verwittertem Gesicht, las in dem Atelier manchmal seine
Gedichte vor. Das waren keine Veranstaltungen, sondern er
zog, wenn man beisammen war, das gleichsam noch warme
Werk heraus und las vor. Zu Beginn des Krieges war er mit einem Schlag zu einer deutschen Berühmtheit geworden, denn
er begrüßte den Krieg mit einem Gedicht, das seine Runde

durch ganz Deutschland machte. Das begann mit den Worten;
»Laß mich gehn, Mutter, laß mich gehn [nämlich an die Front]«
und hatte nach jeder Strophe den Refrain: »Deutschland muß
leben, und wenn wir sterben müssen. Laß mich gehn, Mutter,
laß mich gehn.«[11] Er veröffentlichte danach eine Sammlung
seiner patriotischen Gedichte, die inspiriert waren vom Krieg,
mit dem Titel: »Herz! aufglühe dein Blut!« Das war der Anfang eines seiner Gedichte.[12] Nun, er entwickelte sich weiter,
und die Gedichte, die er dann im Laufe der Jahre im Atelier des
Malers Cohnen vorlas, wurden anders, vor allem während der
ungeheuerlichen, immer sinnloseren Schlacht von Verdun, die
sich monatelang hinzog und zu den größten Aderlässen des
deutschen wie des französischen Heeres führte. Und da kam
Lersch eines Tages und las ein Gedicht vor mit dem Titel »Verdun«, ein Gedicht von schrecklichem Pessimismus angesichts
dieses Alpdrucks, dieses völlig sinnlosen gegenseitigen Nieder-
metzelns.[13] Ich brauchte also nicht auf diesen jüdischen Mann
zu warten, der sich weigerte, Kriegsanleihen zu zeichnen. Doch
das hier war etwas anderes: Der Lersch übte keine Kritik an
deutscher Politik, sondern gab dem Grauen und der Sinnlosigkeit dieses Krieges Ausdruck.

Meine Liebe zur Lyrik und zum Aufsagen von Gedichten
setzte übrigens früh ein. Ich weiß noch wie heute, daß ein Lehrer vom Gymnasium mich zu Hause besuchte, um mich zu fragen, ob ich bereit wäre, bei der Schulfeier in der Aula vor der
ganzen Schule ein Gedicht aufzusagen. Und er erklärte: »Du
kannst nun mal so gut Gedichte rezitieren.« Dieses Gedicht war
irgendein gräßliches zeitgenössisches Gedicht, das den Erfolg
eines deutschen Unterseebootes im Krieg gegen England feierte. Ich weiß noch, daß darin eine mißverständliche Zeile vorkam. In dem Gedicht wird geschildert, wie dieses U-Boot kreuzt
und von ferne ein feindliches Schiff sichtet – die U-Boote konnten ja mit den damaligen Antriebswerken meistens nur über
Wasser fahren und nur begrenzte Zeit unter Wasser bleiben –,

und dann kommt der Ausruf: »Das U-Boot sinkt!« Ein allgemeines Raunen ging durch die Aula: »Um Gottes willen, das U-Boot!« – gemeint war, daß es untertauchte, aber des Reimes wegen war es nötig zu sagen: »Das U-Boot sinkt.« Mein Verhältnis zur Dichtung begann also früh, und ich konnte Gedichte, die mir gut gefielen, schnell auswendig und sagte sie gern auf. Dabei handelte es sich nicht zwangsläufig um pathetische Gedichte über das Versenken eines feindlichen Schiffes. Ich konnte natürlich die Schillerschen Gedichte auswendig – »Die Glocke« und »Der Taucher«. In diesen Jahren las ich Theodor Storm und Adalbert Stifter, Stefan Zweig, die ersten Kurzgeschichten von Thomas Mann, und ich begeisterte mich für Franz Werfel, den ich damals für den größten Dichter aller Zeiten hielt, was ich mittlerweile anders sehe. Ich liebte Heinrich Heine und lernte einige Gedichte von Eduard Mörike auswendig, die mich durch mein Leben begleitet haben. Vom Augenblick der Novemberrevolution an erlangten dann die expressionistischen Dichter, die bis dahin wohl mehr für eine esoterische Leserschaft schrieben, weite Bekanntschaft. Ich erinnere mich vor allem an einen Sammelband von Kurt Pinthus mit dem Titel *Menschheitsdämmerung*[14], den ich irgendwann in der Originalausgabe geschenkt bekommen habe, mit der Widmung eines in mich verliebten Mädchens, einer Tanzstundengefährtin. Ich besuchte damals, so um 1919/20, auf Betreiben meiner Eltern – denn ich hatte gar keinen Drang dazu – die Tanzstunde in Rheydt, zwischen Gladbach und Odenkirchen, in die übrigens nur jüdische Jungen und Mädchen gingen. Viel wichtiger waren mir die Gedichte. Neben Franz Werfel waren da auch Walter Hasenclever und Johannes R. Becher und ein jüdischer Dichter, der nur eine kurze meteorische Laufbahn hatte – Ivan Goll –, er hatte ein großes jüdisches Gedicht von mehreren Seiten verfaßt, das ich von der ersten bis zur letzten Zeile auswendig kannte und das ich auf Zusammenkünften jüdischer Jugendvereine im Rheinland rezitierte.[15] Man begann

damals herumzufahren, um an solchen Versammlungen teil-
zunehmen, wo übrigens der Geist Martin Bubers mächtig
wehte.[16]

2. Dreams of Glory: Der Weg
   zum Zionismus

Der kriegskritische Onkel Leo, neben meiner Mutter der bemerkenswerteste Horowitz, war ein weiser, außerordentlich kluger, belesener, wissenschaftlich interessierter Mann. Er hatte Medizin studiert und sich als Arzt auf Magenleiden spezialisiert, erzielte aber mit seiner Düsseldorfer Praxis keinen besonders großen Erfolg, weil er nicht über die erwünschten »bedside-manners« verfügte. Da er ein Skeptiker war, konnte es vorkommen, daß jemand mit einem Leiden zu ihm kam und er ihm erklärte: »Das ist etwas, wo sich die Medizin noch nicht so recht auskennt. Ich kann ihnen etwas verschreiben, doch es handelt sich um eine von uns noch nicht erkannte oder beherrschte Sache.« Patienten gingen dann wohl lieber zu Ärzten, die ihnen Mut und Zuversicht einflößten, während er tief von dem Ausmaß dessen durchdrungen war, was wir noch nicht mit Gewißheit wissen, und dies auch zum Ausdruck brachte. Dennoch hat er sich gut gehalten und schließlich auch geheiratet, und gewiß führte er ein auskömmliches Dasein. Seiner Begabung nach hätte er eine große Rolle spielen können, doch merkwürdigerweise richtete sich sein Ehrgeiz weniger auf öffentliche Geltung als auf das Wissen-Wollen. Als zum Beispiel unmittelbar nach dem Krieg, ich glaube im Frühjahr 1919, anläßlich einer Expedition, die zum Zweck der Beobachtung einer totalen Sonnenfinsternis von England nach Brasilien führte, plötzlich in riesigen Schlagzeilen Albert Einstein als neues Genie der Weltgeschichte in der Presse gefeiert wurde, stellte sich heraus, daß sich Onkel Leo seit 1913 mit Einsteins Relativitätstheorie beschäftigt hatte, ohne auch nur ein Wort davon zu erwähnen. Sie war ihm völlig geläufig. Seine Frau, Tante Dora, sagte: »Lötzchen (ihr Kosewort für ihren Mann Leo) ist schrecklich. Ich kann nirgendwo ein Stück Papier im Hause liegen lassen, denn nachher finde ich es mit Formeln bedeckt.« Er trieb Mathematik aus Lust an der Mathematik und beschäftigte sich aus reinem Interesse mit wissenschaftlichen Publikationen über Einsteins Theorien. Als er schließlich mit 92 Jahren in Santiago de Chile, wo er bei seiner ausgewanderten Tochter das Alter verlebte, starb, da schrieb ich einen langen Kondolenzbrief an meine Cousine – eine Würdigung meines Onkels Leo, in dem ich eine Art Bekenntnis ablegte, was er in meinem Leben bedeutet hat. Darin kommt etwa folgende Formulierung vor: »Er dachte hoch von der Vernunft, aber gering von ihrer Verteilung unter den Menschen.«

Bevor Onkel Leo – sehr spät – heiratete, kam er jedes Wochenende von Düsseldorf herüber zu uns nach Gladbach und verbrachte mindestens eine Nacht bei uns, um bei seiner einzigen Schwester und ihrer Familie zu sein. Er nahm Anteil an meinem Heranwachsen, versuchte aber nicht, mich zu belehren oder zu beeinflussen, sondern unterhielt sich mit mir und ging auf das ein, was in mir selbst vorging. Bei einem seiner Besuche fand er mich über der Lektüre von Felix Dahns dickem Schinken *Ein Kampf um Rom*, der über die Ostgotenzeit und Byzanz erzählt,[1] und fragte: »Interessiert dich die Epoche?« Ich sagte: »Ja.« »Dann werde ich dir demnächst etwas mitbringen, was du vielleicht statt dessen oder zusätzlich lesen kannst.« Das nächste Mal kam er mit einem Wälzer, gedruckt mit zwei Spalten auf jeder Seite, mit dem Titel *Geschichte des Verfalles und Unterganges des Römischen Reiches* von Edward Gibbon.[2] »Lies das mal«, sagte er, »da wirst du deine Freude haben an dem Geiste und der Prosa dieses Buches.« So brachte er mich bezeichnenderweise von Felix Dahn zu Gibbon, einem Anhänger Voltaires – und mit solchen Sachen hat er mich intellektuell beeinflußt. Zunächst bestand seine geistige Rolle jedoch darin, daß er selbsterfundene Geschichten erzählte, die von Woche zu Woche fortgesetzt wurden. Mag sein, daß er dabei auch aus irgendeinem literarischen Fundus schöpfte, doch das meiste dachte er sich selbst aus. Dazu kamen Unterhaltungen intellektueller Art. Komischerweise beschäftigte er sich eine Zeitlang mit der Geschichte der Hexenprozesse – das hing mit seinem Aufklärerinteresse zusammen, wie er sagte. Wenn man sagt, daß er ein Mann des 18. Jahrhunderts war, der Hochblüte des Rationalismus, so beschreibt das wohl am besten seinen intellektuellen Ort. Ihn interessierte, wie es überhaupt zu den Hexenprozessen gekommen war und was schließlich zu ihrem Ende führte. Anscheinend ist damals auch einmal ein größeres Werk darüber veröffentlicht worden.[3] Eines Tages sagte er folgendes zu mir: »Weißt du, Hans, ich habe bei meinen Studien über die Hexenprozesse herausbekommen, daß es keineswegs so ist, daß diejenigen, die Vernunftgründe gegen etwas anzuführen haben, stets die anderen überzeugen. Niemals. Die Sache geht anders vor sich. Gewisse Meinungen sterben nur deshalb aus, weil die Jüngeren mehr auf die Meinung der Aufgeklärten, Vernünftigen hören und nicht auf die der anderen. Die Generationsgleichen dagegen überzeugen sich gegenseitig nie. Auch sollte man nicht denken, daß jene, die die Hexenprozesse als Unsinn durchschauten, zwangsläufig immer die Gebildeteren und Klügeren gewesen sind. Vielmehr hatten die, die das Hexenwesen als real ansahen, dafür oft außerordentlich komplizierte Begründungen höchst gelehrter Art. Es war zwar alles Unsinn, aber, was das Aufgebot an Hirnkraft anbelangte, gewiß dem, was die Gegner zu sagen hatten, ebenbürtig, wenn nicht überlegen. Doch es wachsen dann Jüngere heran, die nicht mehr an diesen alten Zauber glauben. So setzen sich neue Meinungen durch, aber nicht etwa dadurch, daß die Argumente selbst überzeugen.« Dieser Gedanke hat sich mir später an anderen Beispielen bestätigt, etwa am Widerstand mittelalterlicher Denker, die so fest an das ptolemäische System glaubten, daß die Gründe des Kopernikus sie nicht zu überzeugen vermochten. Ich erinnere an den berühmten Fall, als Galileo 1610, immerhin schon einige Zeit nach Kopernikus, in Venedig seinen Widersacher, den Aristoteliker Ludovico delle Colombe, aufforderte, durch sein Teleskop zu schauen, um die Monde des Jupiter und andere Beweise zu sehen, dieser sich jedoch weigerte.

Ich konnte also von meinem Onkel Leo sehr viel lernen. Nur eines habe ich nicht von ihm gelernt, nämlich seine Skepsis gegenüber Ideologien. Statt dessen wurde ich recht bald stark von einer Ideologie erfaßt, und zwar nicht von der sozialistischen oder marxistischen, sondern der zionistischen. Onkel Leo war nicht gegen den Zionismus, sondern hegte einfach Mißtrauen gegen jegliche Ideologie. Das zeigte sich besonders bei der Novemberrevolution von 1918. Er hatte großes Verständnis dafür, daß es mit der kaiserlichen Herrschaft zu Ende war und nun neue politische Konzeptionen an der Reihe waren. Weil ihm aber der feste Glaube an eine Heilslehre zuwider war, trat er ihr mit derselben Skepsis, mit der er dem imperialen Traum von der deutschen Bestimmung zur Hegemonie und der ganzen kaiserlich-nationalen Romantik begegnet war, auch dem entgegen, was ihm als marxistische Illusion oder Romantik erschien. Er zeichnete sich durch diese Art weise Skepsis aus, die gar nicht den Versuch unternahm, andere zu bekehren oder zu belehren. Als es mit Rosa Luxemburg und dem Spartakusaufstand anfing, sagte er etwa lediglich: »So geht das nicht. Man kann nicht die Welt auf ein Rezept hin einfach umkrempeln.« Dieselbe kühle skeptische Ablehnung hegte er auch dem Zionismus gegenüber. »Ja, ich verstehe das sehr gut. Aber wenn du dir davon versprichst, daß das nun wirklich alle jüdischen Probleme lösen würde, bist du, glaube ich, im Irrtum.« Ich fürchte, er hat recht behalten. Aber damals wollte ich das natürlich nicht hören.

Meine zionistische Phase begann spätestens nach dem Ende des Ersten Weltkrieges, in meinen Primanerjahren, sehr zum Leidwesen meines Vaters. Ich war, von einem Vetter in Lechenich abgesehen, der einzige Zionist in der Familie. Nach der Ausrufung einer deutschen Republik, in einer Zeit, in der sich die Ansichten der Jungen im allgemeinen zwischen rechts und links verteilten, wäre es ganz natürlich gewesen, wenn ich etwa ein begeisterter Sozialdemokrat geworden wäre oder vielleicht den Marxismus für mich entdeckt hätte. Das hing damals, nach dem Spartakusaufstand und der Ermordung Rosa Luxemburgs und Karl Liebknechts, in der Luft. Auf der einen Seite waren da Figuren wie Friedrich Ebert und Gustav Noske, auf der anderen Seite fand der Kapp-Putsch statt, und es bildeten sich die rechten und die linken Bewegungen heraus. Aber ich war inzwischen schon längst auf etwas anderes gestoßen, denn ich hatte in meinen Lesejahren, als ich in die höheren Schulklassen ging, in denen man sich neben der Schullektüre seine eigenen Bücher aussuchte, mein Judentum entdeckt.

Meinen Mitschülern war natürlich längst klar gewesen, daß ich Jude war. Abgesehen von einer kurzen Zeit, in der auch ein anderer jüdischer Schüler in meine Klasse ging, war ich der einzige Jude. Ich hatte Freunde in der Schule, mit denen ich mich sehr gut verstand. Mir war aber bewußt, daß ich Jude war, und auch den anderen, denn es hatte deshalb einige Vorfälle gegeben. Ich hatte von meinem Vater das cholerische Temperament geerbt und war als Schuljunge ein richtiger Wüterich, jedenfalls wenn die Gelegenheit es erforderte und jemand eine falsche Bemerkung machte. Wenn man an die Zeit vor den Nazis zurückdenkt, so gab es so etwas wie einen gewohnheitsmäßigen Antisemitismus, der sich schon einmal in kleinen Hänseleien und Aggressionen äußerte, wie sie unter Jungen üblich sind. Aber wenn es sich um einen Witz auf Kosten von Juden handelte, dann überkam mich die blinde Wut. Wenn ich einen solchen Anfall bekam, wurde mir buchstäblich schwarz vor Augen, durch Blutandrang zum Kopf hin, nehme ich an, und ich stürzte mich auf den Betreffenden. Da galten keine Unterschiede von Körpergröße und Kraft, ich stürzte mich auf den Beleidiger – das wirkte, wie ich feststellte, so abschreckend, daß auch die Stärksten damit nichts zu tun haben wollten. Ich weiß noch, wie Karl Porzelt, Sohn des ersten Beigeordneten der Stadt Mönchengladbach, neben dem ich gesessen habe, zu den Klassenkameraden sagte: »Mit dem Jonas, da müßt ihr euch in acht nehmen. Wenn da einer eine unvorsichtige Bemerkung macht, der geht gleich darauf los.« Man hat sie also geradezu gewarnt vor meinem Zorn. Das hat mich auch später begleitet. Einmal traf ich dann aber doch auf eine solche Übermacht, daß ich den kürzeren zog. Das war in meiner Wolfenbütteler Zeit, von der ich noch berichten werde, als ich in der landwirtschaftlichen Ausbildung zur Vorbereitung auf Palästina war. Wir waren eine ganze Gruppe, und die Jungen der Umgebung wußten, daß dort Juden arbeiteten. An einem Feierabend ging ich allein die Straße entlang, als eine Gruppe von Burschen an mir vorbeikam, aus der irgendeiner eine antisemitische Bemerkung machte. Darauf kam wieder einmal der Makkabäerzorn über mich, und ich stürzte mich auf den Betreffenden und hätte ihn beinahe überrannt. Allerdings griffen dann die anderen zu, und ich bekam einen fürchterlichen Hieb, der mir tagelang ein geschwollenes Auge verschaffte, und landete auf dem Boden. Und die anderen gingen weiter. Immerhin hatte ich die Genugtuung, daß ich hörte, wie im Weggehen der eine zu dem, der die Sache angefangen hatte, sagte: »Warum mußtest du das machen, du Idiot? Hättest du nicht deinen neuen Anzug angehabt, dann wäre ich dir nicht zur Hilfe gekommen, dann wärst du auf dem Boden geendet.« Des neuen Anzuges wegen mußte also statt dessen ich auf dem Boden enden. Das waren so meine Zornesanfälle, aber eben in Sachen Judentum. Das war mir meine ganze Schulzeit hindurch bewußt: Ich gehöre einer Minderheit an, und man darf sich nichts gefallen lassen, wir gehören nicht ganz dazu. Dieser starke Abwehrstolz ist mir mein ganzes Leben geblieben.

Das Gefühl eines gewissen Außenseitertums wurde durch jede Spur der Judenfeindschaft noch verstärkt, auch wenn es sich um eine relativ milde Form handelte. In meinem Elternhaus wurde damals übrigens durchaus von jüdischen Problemen gesprochen, insbesondere über den Antisemitismus. Mein Vater hegte die Vorstellung, der werde im Laufe der Zeit immer weniger werden. Gewiß gebe es Rückschläge, doch im ganzen sei die Geschichte doch auf unserer Seite, weil die Toleranz wachse und Fanatismus und die Bedeutung von Glaubensunterschieden überhaupt im Schwinden begriffen seien. Er besaß jenen Optimismus, der mit der Emanzipationsideologie und den dazugehörigen Träumen seit Moses Mendelssohn zusammenhing, die Zuversicht, daß ungeachtet zwischenzeitlicher Unannehmlichkeiten letztlich alles auf Verbesserung hinauslaufe. Ich erinnere mich an den Augenblick – ich studierte schon in Berlin –, als Rathenau ermordet wurde. »Knallt ab den Walter Rathenau, die gottverfluchte Judensau«, so hatten vorher die Parolen gelautet.[4] Ich schrieb einen maßlosen Brief nach Hause, in dem ich meiner Empörung über diesen Mord Ausdruck verlieh und ihn mit als Beweis dafür sah, daß wir Juden in Deutschland eigentlich nichts zu suchen hätten. Wozu der Haß gegen uns doch führte. Ich weiß noch, wie mein Vater mir darauf geantwortet hat. Ich sollte doch nicht übersehen, daß die Arbeiterschaft wegen der Ermordung Rathenaus in einen großen Sympathiestreik getreten sei und daß doch das Volksempfinden dagegen sei. Mein Vater hatte leider unrecht, doch sein Brief veranschaulicht seine Art zu reagieren. So furchtbar dieser Vorfall sei und so gewiß dabei Antisemitismus eine entscheidende Rolle gespielt habe, so meinte er, sei doch das Gesamtbild gar nicht so schrecklich, wie ich es darstellte – die Reaktion von republikanischer wie linker sozialdemokratischer Seite und seitens der Arbeiter zeige doch das Gegenteil. Mein Vater war im Grunde immer geneigt, das Positive zu sehen, und das jüdische Problem lief für ihn darauf hinaus, daß man die besseren Zeiten abwarten müsse, die schließlich kommen würden, selbst wenn wir das nicht mehr erleben sollten. Das jüdische Problem war für ihn also das Problem des noch bestehenden Antisemitismus, mit dem es aber schließlich doch zu Ende gehen würde.

Dabei wurde er gewiß mit Antisemitismus konfrontiert, auf seinen Reisen, bei sonstigen Kontakten und in der Gesellschaft, in der er sich bewegte. Antisemitismus war schließlich eine Lebenstatsache, und er war – auch wenn er keine heftigen, aggressiven Formen annahm – als Attitüde doch immer gegenwärtig. Insgesamt war die jüdische Gemeinde in Mönchengladbach, die aus etwa 300 Familien – vielleicht 1200 Seelen – bestand (weitere Gemeinden gab es in Rheydt und Odenkirchen), wohlhabend und im Grunde gut integriert. Man konnte neben der jüdischen Volksschule ohne weiteres die allgemeine Schule besuchen, was ich ja auch tat. Eigenständige jüdische Kulturveranstaltungen außerhalb der Synagoge gab es nur im zionistischen Kreis. Wir Kinder wurden gelegentlich bei den nichtjüdischen Nachbarn eingeladen, so daß ich auch Weihnachten mit einem Weihnachtsbaum kennenlernte. Bei meinen Eltern war das dagegen kaum der Fall. Die nichtjüdischen Gäste, die wir hatten, luden meine Eltern nie ein, und auch sonst verlief alles fein getrennt. Nur ein Beispiel: Es gab gesellige Vereinigungen in Mönchengladbach für die katholischen und evangelischen Fabrikanten und Honoratioren einschließlich der Akademiker – und zwar die Gesellschaft »Kasino« für die Katholischen, die »Erholung« für die Evangelischen und die Gesellschaft »Verein«, in der die Juden zusammenkamen. Das war eine Trennung ohne Aggression, doch die Grenzen waren gezogen. Später, auf einem Empfang anläßlich meiner Ehrenbürgerschaft in Mönchengladbach, der in den Räumen der »Erholung« stattfand, fragte mich mein Vetter Erich Haas: »Weißt du, daß unser Onkel Jonas Mitglied der Gesellschaft der ›Erholung‹ war?« Da sagte ich: »Ausgeschlossen, da waren doch keine Juden drin.« »Doch, Onkel Jonas, Jonas Benjamin Jonas in Mönchengladbach war 50 Jahre lang Mitglied der ›Erholung‹. Als einziger.« Er war nämlich Stadtverordneter und wurde als solcher aufgefordert, der Gesellschaft »Erholung« beizutreten. Er hat es dann auch nominell getan. Ob er allerdings viel Gebrauch davon gemacht hat, bezweifle ich. Aber immerhin, er war Mitglied der »Erholung«.

Dieser Jonas Benjamin Jonas war ein Onkel meines Vaters, ein jüngerer Bruder meines Großvaters Herz Jonas, den ich nur noch in meinen ersten Lebensjahren erlebt habe. Er war in den 1830er Jahren geboren und war der Sohn von Benjamin Jonas, der 1815 die *Firma B. Jonas – Leineweberei* gegründet hatte. Seine Frau war, wie gesagt, bereits tot, als ich geboren wurde, er selbst ist 1907 gestorben. Da war er schon nicht mehr in der Firma tätig, sondern lebte im Ruhestand in einer schönen Villa in Mönchengladbach. Sein jüngerer Bruder nun, Jonas Benjamin Jonas, hatte ebenfalls einen großen Einfluß auf mein Leben, wenn auch in ganz anderer Weise als Onkel Leo. Letzterer war der große Aufklärer, der Intellektuelle, der Gelehrte – Jonas Benjamin Jonas dagegen das Urbild der Gläubigkeit, ein wirklich gläubiger Mann, der das Judentum zum wichtigsten Inhalt seines Lebens gemacht hatte. Als ich ihn kannte, war er schon lange verwitwet, Kinder hat er nie gehabt. Früher besaß er ein Ledergeschäft in Gladbach, ich nehme an noch mit eigener Senkgrube und Zubereitung des Leders. Später zog er sich vom Geschäft zurück und lebte in behaglichen Umständen als Rentner. In der Mitbürgerschaft hatte er sich frühzeitig große Achtung erworben, zunächst in der jüdischen Gemeinde, dann auch in der allgemeinen Bürgerschaft. Jahrzehntelang war er Stadtverordneter, wurde immer wieder gewählt, erhielt den Kronenorden dritter Klasse oder irgend so etwas – einen der preußischen Orden – und war 40 Jahre lang teils aktiver, teils Ehrenvorsitzender der Gemeinde. Von ihm habe ich gelernt, was ein wirklich religiöses Dasein ist. Erstens hielt er sich streng an die Lebensordnungen und -vorschriften, zweitens betete er wirklich. Während des Laubhüttenfestes lebte er die sieben Tage im Hinterhof seines Hauses, wo die nur mit Laub bedeckte Hütte aufgebaut wurde. Dort saß er, wenn er nicht von morgens bis abends in der Synagoge war, teils mit einem Petroleumöfchen, weil es schon spät im Jahr war. In der Synagoge, übrigens der einzigen in Gladbach,[5] war er allen Gemeindemitgliedern ein Vorbild, nach dem man sich zwar nicht richtete, das man aber verehrte und respektierte. Und das, obwohl die Gemeinde überwältigend liberal war! Ihm zuliebe, um ihn nicht zu verletzen, behielt man den orthodoxen Gottesdienst in hebräischer Sprache und mit traditionellem Ritus bei – nur die Predigt war auf deutsch. Eine Orgel gab es auch nicht, da man wußte, daß dies den alten Herrn Jonas über die Maßen kränken würde. Dafür hatten wir einen Kantor aus Polen, einen schönen jungen Mann, der herrlich sang. An Jom Kippur trug Jonas Benjamin Jonas wie alle frommen Leute weiße Sterbekleider. Er hielt es für geboten, nicht nur den ganzen Tag über zu fasten und ihn in der Synagoge zu verbringen, sondern sich auch nur gelegentlich hinzusetzen und fast die ganze Zeit zu stehen. Als die Jahre dahingingen, sorgten sich die übrigen Betenden deswegen immer mehr: »Wie wird der Herr Jonas das überstehen?« Schließlich hat man ihn beschworen, er möge sich doch wenigstens hinsetzen, denn die Aufmerksamkeit der anderen werde vom Jom Kippur-Gottesdienst abgelenkt, wenn sie um ihn zittern müßten. Und dann ist da der Augenblick der Liturgie, in dem man sich zu Boden wirft, und da hat der alte Mann gezittert, und man mußte ihm wieder aufhelfen. Er hatte etwas von einem Heiligen. Ich erinnere mich noch heute daran, wie mein immer bleicher werdender Großonkel Jonas Benjamin Jonas, der die Blicke der Gemeinde auf sich zog, zu Jom Kippur immer aufgerufen wurde, beim Mincha-Gebet die Haftara zu lesen – nämlich das Buch Jonas!

Als Junge fing ich an, auch in religiösen Dingen so meine aufrührerischen und kritischen Gedanken zu entwickeln, und ich fragte: »Onkel Jonas, wie machst du das eigentlich am Jom Kippur? Ich verstehe das nicht. Man kann doch nicht den ganzen Tag beten und seine Gedanken bei Gott haben. Die Gedanken schweifen doch zu etwas anderem ab. Man kann doch nicht die ganze Zeit immer nur an ihn denken!« Da sagte er zu mir: »Aber gewiß, das ist ja nur menschlich. Natürlich kommen einem andere Gedanken in den Sinn und man verliert die Konzentration. Aber da habe ich ein Mittel gefunden, wie ich mich dann doch immer wieder zurückbringe zur wirklichen Aufmerksamkeit auf das Gebet und auf den Sinn vom Jom Kippur.« Und dann zeigte er mir etwas, was ich niemals bestätigt finden konnte, obwohl ich viele Juden danach gefragt habe. Das war anscheinend seine ganz persönliche Erfindung. Er sagte: »Wenn ich mich dabei ertappe, daß ich an etwas anderes denke, dann drücke ich mir auf einen Fingernagel. Und was geschieht da?« Ich sagte: »Der wird weiß.« Da sagte er: »Ja, der wird weiß. Und das erinnert dann an den Tod, daß wir sterben müssen und dann vor Gott stehen werden. Und da bin ich dann wieder bei der Sache.« Das war ein großartiger, unvergeßlicher Augenblick, und mir kommen noch jetzt die Tränen in die Augen, wenn ich davon erzähle. Das war mein Großonkel Jonas Benjamin Jonas, der im Alter von 92 oder 93 Jahren im Spätherbst 1932 starb, zwei Monate bevor die Nazis an die Macht kamen, sechs Jahre bevor die Mönchengladbacher Synagoge brannte und schließlich niedergerissen wurde.[6] Er war die bedeutendste jüdische Figur in meiner Jugend, einfach ein Bild der Frömmigkeit, einer Frömmigkeit des Herzens. Er war kein großer jüdischer Gelehrter. Ich glaube nicht, daß er den Talmud studiert hat. Die westdeutschen Juden aus Westfalen waren streng observante Juden, aber ungelehrt. Sie haben aus dem Judentum kein Studium gemacht, wie es im Osten in den Jeschiwot der Fall war. In den Augen eines gelehrten »Ostjuden« war er ein *am ha-arez*, ungebildet, was das jüdische Wissen angeht, das man überhaupt nur durch permanentes Studium erwerben und wachhalten kann. Dieses Lernen aber gehörte nicht zur jüdischen Kultur dieser Nordwestdeutschen, und ich glaube, es war auch in Süddeutschland nicht anders.[7] Treu beobachten, was geboten ist, das war die Maxime. Natürlich kannte man die Bibel, die ja in den Schabbatgottesdiensten verlesen wurde, den *Chumasch*, den Pentateuch – dazu die Propheten, die nach der Tora gelesene Haftara. Neben meinen Eltern, die bewußte Juden waren, war es vor allem diese Form der schlichten Frömmigkeit eines Jonas Benjamin Jonas, die mich beeinflußte. Als ich an die Universität ging und meinen Abschiedsbesuch bei ihm machte, entließ er mich mit den Worten: »Bleibe ein guter Jude!«

Neben solchen Einflüssen inspirierte mich vor allem die Lektüre über die jüdische Tradition, mich mit dem Judentum zu befassen, was wiederum meinen Zionismus stärkte. Zunächst hatte ich eine Phase, in der ich die indische Philosophie und die allgemeine Religionsgeschichte, vor allem fernöstliche Religionen spannend fand, und ich las ein wenig Laotse und Buddha in deutscher Übersetzung. Dazu war ich als unreifer Jüngling natürlich an Friedrich Nietzsches *Also sprach Zarathustra* interessiert, was ich heute als das am wenigsten wertvolle seiner Werke erachte. Doch mehr und mehr trat dann das Judentum in meinen Blick. Ich war damals in meinem Denken und Fühlen stark von drei Lesekomplexen bestimmt. Zunächst stieß ich auf die Propheten Israels, und zwar nicht mehr als Teil des Religionsunterrichts, sondern unabhängig davon durch die Lektüre der Werke der sogenannten Religionsgeschichtlichen Schule, die von solchen Forschern wie Julius Wellhausen, Hermann Gunkel, Hugo Gressmann und anderen gegründet worden war.[8] Diese Bewegung innerhalb der evangelischen – vor allem der alttestamentlichen – Theologie, die aber wissenschaftlich-philologisch eingestellt war, gab im Göttinger Verlag Vandenhoeck & Ruprecht, der später eine Rolle in meinem Leben spielen sollte, ein Übersetzungs- und Kommentarwerk heraus, das ich mit größter Begeisterung las.[9] Ich entdeckte dort die Propheten Israels in ihrem historischen Kontext. Es ging also nicht einfach um die Heilige Schrift und eine gewissermaßen zeitlose Offenbarung der göttlichen Wahrheit, sondern um etwas, was sich in der Geschichte ereignet hatte, um Gestalten aus Fleisch und Blut, die in ihrer Welt aus innerer Eingebung und unter Einsatz ihrer Person ihr Wort ertönen ließen. Ihre Stimme sprach mich stark an und machte mir das Erbe Israels in einer Weise lebendig, wie es kein Gottesdienst oder Religionsunterricht bis dahin vermocht hatte.[10] Diese Lektüre führte zu meiner ersten wissenschaftlichen Schrift, einer mindestens 60-seitigen handschriftlichen Abhandlung über die Ethik der Propheten. Ich erinnere mich noch, daß ich sie später als junger Student in Berlin einer Freundin zu lesen gegeben habe, die sehr begeistert davon war. Das Manuskript ist natürlich bei meiner Auswanderung 1933 zu Hause liegengeblieben und verlorengegangen, was mir leid tut, denn es war mit der Begeisterung und Unreife eines Siebzehnjährigen geschrieben, allerdings mit wissenschaftlichen Ambitionen, denn es spiegelte nicht einfach meine Lektüre der Bibel wider, sondern beruhte auf den Befunden der Religionsgeschichtlichen Schule.

Ich las die Propheten damals durch die Brille der modernen historischen Forschung, aber Inspiration und geschichtliche Existenz schlossen sich aus meiner Sicht nicht aus: Was aus den Propheten sprach, war für mich das Wort Gottes, aber als Menschenwort. Ich war übrigens schon nicht mehr bibelgläubig, als ich die Bibel in dieser Ausgabe zu lesen begann, sondern war bereits durch eine kritische Aufklärungsphase hindurchgegangen und eher geneigt, das Ganze für veraltet zu halten. Bei mir war also kein Kinderglaube zu zerstören, im Gegenteil – das Studium der Prophetenbücher in der Wiedergabe durch die historisch-kritische Schule gab mir eher wieder ein positives Verhältnis zur Bibel. Daß in der Bibel etwas steht, was jetzt und hier ernst zu nehmen ist, habe ich gerade aus der realistischen, in die Zeit hineingestellten Darstellung der protestantischen Bibelkritiker und nicht aus einer zeitlos doktrinären Darstellung eines überzeitlichen Offenbarungsglaubens gelernt. Gerade der historische Aspekt hat mir die Bibel lebendig gemacht. Damals wuchs in mir die Erkenntnis, die mich mein Leben lang geprägt hat, daß das Wort Gottes nur durch Menschenmund erschallen kann. Die Stimme am Sinai, die das ganze Volk im Donner hörte, das, was Moses vernahm und dann in Worte faßte, vor allem aber was die Propheten hörten – ihre Aussagen beginnen ja immer mit den Worten: »So sprach Jahwe« – und die Art, in der sie verkündeten, waren für mich nun das Vorbild der Modalität, in der das Göttliche auf Erden zur Sprache kommt: in der Eingebung des Augenblicks, in der von Gott ausgewählte Geister seine Stimme hören und seinen Willen weitergeben. Dabei sagen sie nicht etwas, was die Menge hören will, sondern verkünden unter großer Gefahr, was niemand hören will und jeden schockiert. Sie kommen mit etwas Neuem, das gewöhnlich störend und nicht erbaulich ist, keine Sonntagspredigt, sondern etwas, was verstörend in den Gang der Dinge hineinbricht, um die Menschen aus ihrem verstockten oder gedankenlosen, hartherzigen Verhalten gegenüber ihren Mitmenschen herauszureißen. Erst später, nachdem das große Unheil hereingebrochen war und Trost und Ermutigung nötig wurden, änderte sich die Aufgabe des Propheten, war sein Wort nötig, um die Geister aufzurichten. Bis dahin aber war er der Unpopuläre, der vom Geiste Gottes erfüllte ekstatische Redner, der genau das Gegenteil des Erwarteten verkündete. Das ist etwas anderes als unsere Prediger in der Synagoge oder als der Geistliche in der Kirche heute. Das waren die echten Verkünder des Gotteswortes. Was mich damals faszinierte, abgesehen davon, was die Propheten über Politik, Krieg, Macht, soziale Ungerechtigkeit und Unterdrückung der Schwachen im Lande sagten, waren die Umstände, unter denen die Verkündigung erfolgte. Es gibt da die berühmte, unvergeßliche Szene, die zeigt, auf welche Weise Bücher zustande kamen und bewahrt blieben – jene Geschichte, in der Jeremia beschloß, alle seine über die Jahre verkündeten Sprüche schriftlich festzuhalten. Er diktierte sie seinem Freund und Schreiber Baruch und schickte die Schriftrolle zum Winterpalast von König Jojakim in Jerusalem. Baruch las darauf dem König, der neben einem Kohlenbecken mit einem Holzkohlenfeuer stand, um sich daran zu wärmen, sowie dem um ihn versammelten Hofstaat die Reden des Jeremia vor. Und jedesmal, wenn er an das Ende einer Seite kam, nahm der König ein Federmesser, schnitt sie ab und warf sie auf das Kohlenbecken, bis die Rolle durch das Feuer vernichtet war, ohne daß der König von Jeremias Worten erschrocken war. Baruch kehrte darauf zu Jeremia zurück, der im Versteck lebte, und erzählte ihm, was geschehen war, worauf Gott Jeremia befahl, alles noch einmal zu diktieren – und deshalb besitzen wir das Buch Jeremia [vgl. Jeremia 36]. Solche Erzählungen beeindruckten mich sehr – ich war stolz, aus dieser prophetischen Tradition zu stammen, fühlte mich ihr verpflichtet und war fasziniert davon, auf welche Weise Offenbarung zustande kommt, nämlich auf dem Umweg über das innere Hören des Menschen. Nicht, daß da draußen eine Stimme erschallt, begründet die Prophetie, sondern die Seele des Menschen, das innere Ohr, nur selten ist es das Auge, wie in Jesajas Berufungsvision [Jesaja 6]. Aber im allgemeinen sind es Worte, die die Propheten hören, etwa Jeremia, der sich dem Auftrag nicht gewachsen fühlt und doch unter dem Zwang der Verkündigung steht, oder Amos mit seinem großartigen Wort: »Der Löwe brüllt, wer fürchtet sich nicht? Der Herr spricht, wer sollte da nicht weissagen?« [Amos 3, 8]. Wer das hörte, konnte nicht umhin, er mußte verkündigen – das war für mich der Sinn von Offenbarung.

Mein Lesestoff waren also einerseits die Propheten als die von Gott Auserwählten. Außerdem entdeckte ich durch die Lektüre von Martin Bubers *Drei Reden über das Judentum* und *Die Legende des Baals Schem*,[11] die mich damals absolut begeisterten, das moderne Judentum als den weiteren Träger dieser göttlichen Mission. An dritter Stelle kam, was auf den ersten Blick nichts mit dem Alten Testament, dem Judentum oder der jüdischen Mission zu tun hat – nämlich Immanuel Kant, den ich schon als Schüler gelesen hatte. Ich weiß nicht mehr, wieso mir gerade Kant in die Hände fiel, ausgerechnet die *Grundlegung zur Metaphysik der Sitten* – ich nehme an, der anspruchsvolle Titel hat mich dazu verführt. Die *Kritik der reinen Vernunft* lag ja damals weit über meinem Verständnishorizont. Aber die *Grundlegung zur Metaphysik der Sitten* – letzten Endes ist ja die Kantische Moral doch irgendwie vom biblischen Geist abgeleitet, und es besteht keinerlei Zweifel, daß der kategorische Imperativ und das Wort vom Sinai auf irgendeine Weise zusammenhängen. Jedenfalls spürte ich eine Verwandtschaft.[12] Es war wohl Onkel Leo, der mir dieses Werk als Reclam-Bändchen brachte, als er merkte, daß sich mein Interesse solchen Dingen zuwandte. Die *Grundlegung zur Metaphysik der Sitten* beginnt mit einem Donnerwort, das ich mein Leben lang nicht vergessen habe: »Es ist überall nichts in der Welt, ja überhaupt auch außer derselben zu denken möglich, was ohne Einschränkung für gut könnte gehalten werden, als allein ein guter Wille.«[13] Das war das Brot, von dem ich mich damals ernährte, und die Jahre zwischen der Revolution im November 1918 und meinem Abitur im Frühjahr 1921 wurden die entscheidende Zeit, in der meine geistige Richtung bestimmt wurde.

Während auf viele aus meiner Generation der Sozialismus eine ungeheure moralische wie intellektuelle Anziehungskraft ausübte, führte Martin Buber mich zum Zionismus hin. Allerdings war er nicht die erste Ursache dafür, daß ich Zionist wurde. Am Anfang stand mein gestärktes jüdisches Bewußtsein, über das ich gerade erzählt habe, dazu kam der durch die Zeitereignisse geschärfte politische Sinn, und drittens wurde ich von der Virulenz des Antisemitismus geprägt, der im Zusammenhang mit dem Sturz des Kaiserreiches, der deutschen

Kriegsniederlage, der Errichtung der Weimarer Republik, dem Spartakusaufstand in Berlin, an dem überall Juden aktiv auf der radikal linken Seite beteiligt waren, einen neuen, haßerfüllten und aggressiven Charakter annahm.[14] Da ging es nicht mehr darum, daß man wie gewohnt Juden ein wenig karikierte, demütigte, verhöhnte oder sich von ihnen distanzierte, sondern um wirkliche aktive Feindschaft. Da merkte ich, daß wir nicht mehr dazugehörten, daß wir zu Sündenböcken wurden für die Niederlage und die Revolutionswirren und als Urheber des »Dolchstoßes« galten. Daß Hugo Preuss als Jude die Verfassung der Weimarer Republik entwarf, empfand ich selbst als nicht ganz passend: »Das sollen die Deutschen machen, da sollten wir uns nicht gerade mit exponieren.«[15] Kurz und gut, bei mir entwickelte sich ein jüdisches Nationalbewußtsein, wonach wir nicht einfach deutsche Staatsbürger jüdischen Glaubens, sondern eine Volksgruppe waren, die es zwar an Kenntnis deutscher Kultur mit allen anderen aufnehmen konnte – schon damals waren meine Kenntnisse Goethes und anderer Klassiker jenen der Mehrzahl meiner Klassenkameraden überlegen –, die aber dennoch nicht wirklich dazugehörten. Dieses Gefühl der Differenz im Zusammenwirken mit Stolz und der Vorstellung, daß die bisherige Argumentationsweise der Emanzipations- und Assimilationsbewegung versagt hatte, brachte mich zum Zionismus.[16]

Mit meinem Vater kam es darüber, daß ich mich zum Zionismus bekannte, zu fürchterlichsten Zusammenstößen. Er, der ein bewußter Jude war und auch niemals ein Hehl daraus machte, war über viele Jahre Vorsitzender des Centralvereins Deutscher Staatsbürger Jüdischen Glaubens, Ortsgruppe Gladbach-Rheydt-Odenkirchen gewesen. Drei blühende jüdische Gemeinden. Wer überhaupt von den Juden dieser Gegend Mitglied einer jüdischen Vereinigung außer der Gemeinde selbst war, gehörte dem C. V. an.[17] Politisch stand mein Vater der Deutschen Demokratischen Partei nahe, denn die Sozialdemokraten kamen für einen Fabrikanten nicht in Frage, und die Stresemann-Partei war ihm schon etwas zu rechts. Die DDP habe dann auch ich gewählt, sobald ich dazu berechtigt war. Darin blieb ich dem väterlichen Vorbild treu. Aber was meinen Zionismus anging, war er außer sich: Ausgerechnet sein Sohn, als einziger der jüdischen Jugend von Gladbach, Rheydt und Odenkirchen, wird von dieser Verrücktheit befallen, Zionist zu werden und dafür einzutreten, daß wir in Palästina einen eigenen Staat gründen und uns dort ansiedeln! Es gab schreckliche Kämpfe. Gleichzeitig geriet ich damals in den Bann des deutschen Expressionismus und war ein begeisterter Leser und Rezitierer unter anderem von Franz Werfel. Von ihm gibt es ein Gedicht mit dem Titel »Vater und Sohn« mit dem folgenden Vers: »Düster von erbosten Mittagsmählern treffen sich die Blicke stählern streitlich und bereit...«[18] Das war die Situation bei uns zu Hause, und meine Mutter zitterte. Mitten beim Mittagessen gab oft ein Wort das andere, und meine Mutter saß, ich weiß nicht ob weinend, aber jedenfalls zitternd, dabei, während mein Vater, den ich ja schon als jähzornig geschildert habe, in schrecklicher Wut aufbrauste und ich ihm darin nicht viel nachstand. Aber andererseits war mein Vater ein weicher und liebender Mann, und nachdem er schließlich eingesehen hatte, daß ich davon nicht abzubringen war, es inzwischen sogar zur Gründung einer zionistischen Ortsgruppe gebracht hatte, fragte er mich: »Erklär mir doch einmal, Hans, wie du überhaupt erfahren hast, daß es so etwas gibt wie den Zionismus.« Und da sagte ich: »Das will ich dir genau sagen – aus der Lektüre der Zeitschrift *Im Deutschen Reich.*« Das war die Verbandszeitschrift des C.V.,[19] deren Inhalt im wesentlichen aus einer Chronik des Antisemitismus und seiner Bekämpfung durch öffentliche Aufklärung, Proteste und Gerichtsprozesse sowie aus Berichten über den Kampf gegen zionistische Irrwege bestand. Diese Lektüre, so sagte ich zu meinem Vater, habe mich von der Wahrheit der zionistischen Botschaft überzeugt. Und mein Vater hatte in diesem Augenblick die Seelengröße zu sagen: »Da kann ich jetzt nichts mehr sagen.«

Schon als Unterprimaner war mir klar gewesen, daß es nicht nur darum ging, an die zionistische Sache zu glauben, sondern daß es sich um eine praktische Aufgabe handelte. Das bedeutete Politik, den Versuch, das zionistische Ideal zu verwirklichen und zunächst einmal Herzen und Geister zu gewinnen. Plötzlich verbreitete sich – etwa im Jahre 1919 oder 1920 – die Kunde, daß sich hier ein Nervenarzt aus dem rheinischen Vallendar niederlassen wolle, Dr. Sally Löb, dem der Ruf vorausging, er sei Zionist. »Es kommt ein jüdischer Nervenarzt. Und der ist ein Zionist!« Der Möbelwagen stand noch vor seinem Haus, da war ich schon dort und stellte mich ihm zur Verfügung. Und während noch ausgeladen wurde, besprachen wir die Gründung einer zionistischen Ortsgruppe Mönchengladbach-Rheydt. Sie nahm ihren Anfang mit Zusammenkünften in seiner Wohnung, an denen einige teilnahmen. Interessant ist übrigens, wer dabei war – natürlich niemand aus der jüdischen Oberschicht. Ich war das schwarze Schaf in dieser vorherrschenden Sozialschicht der jüdischen Gemeinschaft. »Also wie der Sohn von Gustav Jonas sich da hat verrückt machen lassen, was da wohl vorgegangen ist?« Der Haß gegen Sally Löb war so stark, daß, wie mir eines Tages berichtet wurde, irgendwo in einer Gesellschaft der feinen Juden – in der Schillerstraße gegenüber seiner Wohnung, in der die junge zionistische Ortsgruppe zusammenkam – jemand sagte: »Jetzt alle ans Fenster und herüberspucken!« Das wurde natürlich zum Spaß gesagt, aber es gab den Geist, die Stimmung wieder, die unter den assimilierten, wohlsituierten Juden Gladbachs herrschte. Außer mir gehörten der Gruppe einige aus der jüdischen Unterschicht meines Alters an. Bescheidene kleine Geschäftsleute, oft auch Juden, die ursprünglich nicht aus dem Osten gekommen waren, also Leute, mit denen man nicht verkehrte, die nicht voll gesellschaftsfähig waren. Mein Vater war selbstverständlich sehr unglücklich darüber, daß ich mich so deklassierte und mich durch meine zionistischen Ansichten selbst in eine niedrigere Gesellschaftsstufe eingruppierte. Es war übrigens in Mönchengladbach auch später völlig aussichtslos, in der höheren jüdischen Gesellschaft für die Zwecke des Zionismus zu sammeln. Ich erinnere mich noch, wie einer aus der jüdischen Haute Volée aus Rheydt (er war der jüngere Bruder von Else Benjamin, in die ich jahrelang hoffnungslos verliebt war) nach dem 1. April 1933, dem Judenboykott, als ich auf einer Zusammenkunft der jüdischen Jugend über Auswanderungsprobleme sprach, verkündete: »Wir deutschen Juden wollen nicht auswandern!« Er wies das weit zurück, da man damals den Zionismus noch als einen Verrat am Deutschtum ansah. Meine Mutter erzählte mir später, daß jüdische Damen sie auf der Straße ansprachen und ihr sagten: »Ihr Sohn hat recht gehabt, der war der wahre Prophet.« Dazu bedurfte es aber erst der Nürnberger Gesetzgebung und anderer Verfolgungen. Es ging den Gladbacher Juden einfach zu gut, um zu erkennen, wie ihre Lage wirklich war.

Wenn ich mich recht erinnere, zählte unsere Ortsgruppe nicht mehr als zehn Köpfe. Es waren nur zwei erwachsene Ehepaare dabei, wovon das eine besondere Erwähnung verdient, denn die Frau war eine geborene Berger, die Schwester des bekannten zionistischen Führers Julius Berger,[20] die aufgrund einer Heirat nach Mönchengladbach gezogen war. Sie kam mit ihrem Mann, und dann gab es noch eine Tochter des Hauptlehrers Fröhlich, die einen Mann aus der Unterschicht geheiratet hatte. Im übrigen waren es ein paar Jugendliche und ich. Wir trafen uns etwa einmal im Monat. Mit Löb persönlich habe ich mich dagegen viel häufiger getroffen. Wichtig war für mich, daß er dem Kartell Jüdischer Verbindungen (KJV), dem Dachverband zionistischer Studentenverbindungen an deutschen Universitäten angehörte – im Unterschied zum Kartell-Konvent Jüdischer Corporationen (K.C.),[21] dem die Assimilierten angehörten, was bei weitem die Majorität der Studenten waren.

In der Zeit meines Mönchengladbacher Zionismus kamen ab und zu Gesandte von der Zentrale der Zionistischen Vereinigung für Deutschland (ZVfD) in Berlin mit Vorträgen oder auch zum Geldsammeln. Wir hatten natürlich alle im Hause eine kleine blaue Büchse vom Jüdischen Nationalfonds stehen, mit der man Geld zur Unterstützung des jüdischen Siedlungswerks, zum Bodenankauf oder zur Aufforstung in Palästina sammelte.[22] Und zu meinem Abitur hat mir mein Vater auf meinen Wunsch zwölf Bäume geschenkt, die in Palästina für mich gepflanzt wurden. Die Urkunden davon habe ich lange noch besessen. Mit meinem Vater kam, wie dieses Geschenk zeigt, dann doch eine Versöhnung zustande. Insbesondere aufgrund des anwachsenden Antisemitismus begriff er doch mehr und mehr, was in mir vorging und was an dem Zionismus Positives war. Nur mit einer Sache blieb er unzufrieden. Er sagte: »Wenn man schon eine neue jüdische Gemeinschaft in Palästina, im Lande der Väter, aufbaut, dann muß es doch bitte mit Religion sein.« Nun war aber der Zionismus eine wirklich säkularistische Bewegung im Judentum. Der *Judenstaat* von Theodor Herzl,[23] aber auch die anderen vielzitierten zionistischen Schriften von Leon Pinsker,[24] Achad Ha-Am[25] und anderen waren völlig säkular eingestellt und achteten die jüdische Überlieferung als nationale Tradition, über die man Bescheid wissen mußte, so wie schließlich jeder gute Deutsche das Nibelungenlied zu kennen hatte. Sie gingen aber nicht davon aus, daß das Jude-Sein an den Glauben gebunden ist und das jüdische Volk sich gleichsam durch das Bekenntnis zur mosaischen Religion konstituiert. Das hat mein Vater nicht schlucken wollen. Obwohl er selbst kein wirklich religiöses Leben mehr führte, meinte er: »Wenn man nach Palästina zurückgeht, dann muß man das alles wieder ernst nehmen, sonst sehe ich nicht ein, warum wir eine Sonderexistenz führen sollen.«

Zionisten aus Osteuropa traten erst später in meinen Gesichtskreis, als ich in Berlin studierte. Ich bekam aber bei folgender Gelegenheit einen kleinen Vorgeschmack: Ich hörte, daß Georg Landauer, eine der führenden Figuren des Zionismus,[26] den ich später in Jerusalem gut kennenlernte, von Berlin aus ins Rheinland kommen wollte. Im Unterschied zu den meisten deutschen Zionisten vertrat er den Arbeiterzionismus, der in unserer Mönchengladbacher Ortsgruppe nicht vertreten war – ich glaube, es war Hapoel-Hazair.[27] Landauer, aus einer deutsch-jüdischen assimilierten Familie stammend, gebildet und klug, war einer der wenigen deutschen Zionisten, die dieser Richtung angehörten. Ich fuhr damals nach Köln, um ihm zu begegnen. Er hatte dort vorübergehend ein Büro aufgemacht, wo er sich mit durchreisenden Flüchtlingen aus Osteuropa traf, die infolge der Russischen Revolution und den Nachkriegsverfolgungen in Osteuropa in den Westen, nach Amerika oder Palästina emigrierten. Ich war dabei, wie ein schmächtiger polnischer Jude sich von ihm beraten ließ, wie er weiter nach Palästina kommen konnte. Da sah ich zum ersten Mal einen frisch aus dem Osten gekommenen Juden, aber keinen Orthodoxen mit Schläfenlocken, sondern einen Linken. Ich weiß noch, wie Landauer ihn erst ein bißchen auflaufen ließ: »Was willst du denn?« Da sagte dieser: »Ich will nach Palästina.« »Was willst du denn da?« »Ich will dort arbeiten.« Landauer beriet ihn dann und half ihm organisatorisch mit Papieren, einer Empfehlung oder auch finanziell. Zum ersten Mal begegnete ich hier jemandem, der frisch aus dem Osten kam und nicht nach Amerika auswandern oder in Deutschland bleiben, sondern nach Palästina wollte. Der machte sofort ernst damit, während ich auf die Universität kam und in meiner zionistischen Studentenverbindung lauter Menschen traf, die zwar von Palästina und der künftigen jüdischen Gemeinschaft redeten, aber sich nur in den seltensten Fällen wirklich darauf vorbereiteten, auszuwandern.

Um die arabische Bevölkerung hat sich damals in unserem zionistischen Kreis übrigens niemand den Kopf zerbrochen. Man sagte: »Denen kaufen wir das Land ab, schließlich bezahlen wir gut dafür, weit über dem Preis, den jeder andere bereit wäre, für diese Sumpfböden zu zahlen.« Wir waren der Ansicht, die Araber in Palästina würden schon irgendwie weiter dort leben können. Wir hatten die Vorstellung, wir würden sie aufkaufen.[28] Wirklich darüber nachgedacht hat man erst nach dem großen Massaker in Hebron im Jahre 1929.[29] Doch bevor die Araber nicht mit Gewalt auf die Balfour-Deklaration und die damit einsetzende jüdische Einwanderung und den Bodenaufkauf reagiert hatten, haben wir ihre Existenz großzügig ignoriert. Ich muß zu meiner Schande gestehen, daß ich auch nicht viel darüber nachdachte, daß ich sogar merkwürdige, militaristische Träume hatte. Man erträumt doch gern große Rollen für sich, das, was man auf amerikanisch dreams of glory nennt: Es gab einmal im »New Yorker« eine Serie von Cartoons unter diesem Titel, über das, was Jungen oder junge Heranwachsende sich über ihre künftigen Großtaten ausdenken. Mein erster »dream of glory« war, Arzt zu werden und ein Heilmittel für die Krankheit meines Bruders zu entdecken. Dieser Traum wurde aber noch weiter ausgesponnen: »Wenn mein Bruder gesund ist, könnten wir beide zusammen wie Castor und Pollux große Taten vollbringen.« Erst einmal mußte ich ihn heilen, dann aber würden wir zusammen die Welt in Staunen versetzen – und zwar womit? Ich würde etwas erfinden, womit man in den Weltraum fliegen konnte, und wir – mein Bruder und ich – würden die ersten Kosmonauten sein, die im Weltraum forschten und zur Erde zurückkehrten. Und dann natürlich ungeheuer gefeiert würden! Das malte ich mir damals aus, als mein Bruder noch am Leben war. Ich habe oft nachts wach gelegen und geschluchzt und geweint um meinen Bruder, denn ich konnte ja sehen, wie er kränker und kränker wurde. Mein durch mich zur vollen Lebensfähigkeit wiederhergestellter Bruder und ich (ich nehme aber an, daß in meinen Träumen hauptsächlich ich der Erfinder war) würden die ersten sein, die sich in den Weltraum hinauswagten. Ich erinnere noch, daß ich damals schon genug Physik gelernt hatte, um zu wissen, daß im Vakuum mit Propellern nichts zu machen war, sondern daß es nur ein Mittel der Fortbewegung gab, nämlich durch Rückstoß – das Raketenprinzip. Das war mir schon aufgegangen. Ich stellte mir aber vor, daß es nicht steil nach oben ging, sondern daß man erst allmählich Geschwindigkeit entwickeln und wie ein Flugzeug aufsteigen mußte, um dann spiralisch um die Erde herumkreisen zu können – immer schneller und schneller, bis man schließlich in eine Bahn gelangte, aus der man dann tangential in den Weltraum geschleudert wurde. Ich weiß noch, wie ich mir ausgemalt habe, daß man da tage- und wochenlang allein in einer Kapsel herumfliegt, welche schrecklichen psychischen Belastungen und Nöte sich einstellen, und wie man dann schließlich doch noch wie erlöst aus dem Weltraum wieder zur Erde zurückkommt. Davon habe ich geträumt – the first dreams of glory. In der Zeit nach dem Ersten Weltkrieg, als in Deutschland Verbände wie der Stahlhelm und die Nationalsozialisten aufkamen (die man zu Beginn noch nicht so sehr ernst nahm), aber auch die aggressiv antisemitischen sogenannten Freikorps, da habe ich mir schon gedacht, daß wir Juden in Deutschland direkt physischen Attacken ausgesetzt sein würden. Ich habe mir dann vorgestellt, wie wir uns, im Schießen ausgebildet und mit Waffen versehen, in unseren Häusern verschanzen und dem bewaffneten Angriff dieser Judenfeinde Widerstand leisten würden. Das war ein Traum, aber jedenfalls leistete man Widerstand: »Nur nicht einfach wehrlos sein!« Gleichzeitig ging es darum, sich auf diese Weise Achtung zu erringen. Als sich dann mein Zionismus entwickelte, war mir sofort klar, daß diese Strategie bestenfalls eine vorübergehende Sache sei und daß es in Wirklichkeit darauf ankam, nach Palästina auszuwandern. Ich stellte mir vor – und das war mein letzter dream of glory, denn dann wurde ich genügend Realist, um auf solche Träume zu verzichten –, daß ich mich an der Spitze einer bewaffneten jüdischen Armee, die sich in den verschiedenen Gegenden der Galut gebildet hatte, begleitet von Frauen und Kindern, durch ein feindliches Europa auf dem Landweg über den Bosporus durch Kleinasien bis nach Palästina durchschlagen würde. Ich sah mich in diesem Traum als Heerführer dieses Restes der jüdischen Verzweifelten, die sich nach schrecklichen Verfolgungen selbst retteten und nun im Land ihrer Väter ankamen, und ich war einigermaßen erstaunt, als ich Jahre später las, daß das auch der Jugendtraum von Ferdinand Lassalle war! Genau derselbe, daß er als der Führer eines bewaffneten jüdischen Zuges Palästina für einen jüdischen Staat erobern würde.[30] Ebenso wie ich erfreulich erstaunt war, als ich viel später, nämlich erst vor wenigen Jahren, las, daß der Jugendheld von Sigmund Freud Hannibal war, und zwar aus demselben Grund, aus dem Hannibal in meiner Schulzeit auch mein großer Geschichtsheld war – der große semitische Feldherr, der es den »Ariern« aufs Dach gegeben hatte, der gezeigt hatte, daß man mit den »Semiten« nicht einfach so umspringen kann.[31] Das sind allerdings sehr freimütige Assoziationen, und ob sie sich eignen, meinem Andenken Ehre zu machen, weiß ich nicht.

3. Zwischen Philosophie und Zion:
Freiburg – Berlin – Wolfenbüttel

Für meinen Vater war von Beginn an klar: »Hans wird studieren.« Er hat nicht einen Augenblick daran gedacht, daß ich in der Firma mitarbeiten sollte. »Zu schade fürs Geschäft!« Da er selbst den Ehrgeiz, die Sehnsucht und die Eignung gehabt hatte, zu studieren, wollte er, daß nun sein begabter Sohn Hans dies verwirklichte. Ob ich einen Brotberuf studierte oder nicht, spielte gar keine Rolle. Die Firma würde immer genug abwerfen, um jemanden mit einem brotlosen Beruf, wie zum Beispiel dem des Philosophen, tragen zu können. Darüber sollte ich mir keine Gedanken machen – das kann Gustav Jonas sich leisten, einen Sohn zu haben, der Philosophie studiert und vielleicht Privatdozent wird. Privatdozenten konnten bekanntlich damals ihren Lebensunterhalt nicht selbst verdienen, sondern mußten entweder eigenes Vermögen besitzen oder eine reiche Frau heiraten. Für meinen Vater lag in dem Gedanken, daß ich studieren würde, eine eigene tiefe Befriedigung. Und je reiner das Studium war, das heißt je weiter entfernt von dem ordinären Interesse am Geldverdienen, was Anwälte und Ärzte ja immerhin taten, desto besser. Es lebte darin irgend etwas von einer alten jüdischen Tradition fort, wonach der gelehrte Sohn der beste war. War es doch früher der Ehrgeiz eines wohlhabenden jüdischen Kaufmanns, daß seine Tochter einen *talmid chacham* heiratete, jemanden, der sich der Gottesgelehrsamkeit widmete und dann vom Schwiegervater mit ernährt wurde. Das bedeutete Ruhm für die Familie. »Das Geldverdienen, das können wir schon.« Also irgend etwas davon, vor allem die verfehlte eigene Sehnsucht, studieren zu können, spielte bei meinem Vater mit, dazu einfach eine große Liebe zu mir, eine große Vaterzärtlichkeit. Er bot mir infolgedessen an, mein Studium frei zu wählen und so lange zu studieren, wie ich wollte. Und ich habe davon reichlichen Gebrauch gemacht, denn ich fing 1921 an und promovierte 1928. Das sind sieben Jahre, die ich an deutschen Universitäten verbrachte.

Eigentlich wurde mir in den letzten Jahren vor dem Abitur klar, daß ich Philosophie, Kunstgeschichte und Religion studieren wollte, wobei Religion Judaistik ebenso umfaßte wie die Weltreligionen – so etwas wie vergleichende Religionsgeschichte. Freiburg wählte ich als Studienort, weil es den Ruf hatte, sehr schön zu sein, vor allem aber, weil ich davon gehört hatte, daß dort der berühmte Philosoph Edmund Husserl lehrte. Auf die Frage, warum ich nicht statt dessen nach Heidelberg oder Marburg gegangen bin, kann ich nur mit dem jüdischen Spruch antworten:»Bin ich a Vogel, daß ich kann sein an zwei Plätzen zur gleichen Zeit?« Ich wollte zu Husserl, und da konnte ich eben nicht nach Heidelberg. Marburg kam nicht recht in Frage, denn Paul Natorp war damals schon emeritiert und Hermann Cohen war 1918 gestorben. Hätte er noch gelebt, so wäre Marburg eine ernsthafte Alternative gewesen.[1] Und Heidelberg war etwas ganz anderes, es gab dort die sogenannten»Crêpes de Chine« – Alfred Weber, Friedrich Gundolf und so weiter. Da gingen die reichen jüdischen Mädchen aus Berlin hin, aber die Philosophie wurde nicht so ernst genommen. Heinrich Rickert war damals schon im Ruhestand, und Karl Jaspers, der von der Psychologie kam, war erst dabei, sich einen philosophischen Ruf zu erwerben. Auch später wurde er, obwohl er eine eindrucksvolle Gestalt von ungemein fesselndem und anregendem Denken war, niemals ein so ursprünglicher Philosoph wie Heidegger, und auch nicht ein so kraftvoller Denker wie Husserl. Nein – für mich gaben Husserl und der südliche Schwarzwald den Ausschlag. Daß ich der Freiburger zionistischen Verbindung beitreten würde, war schon vorher klar. Der Name dieser Verbindung war IVRIA, die Hebräische.[2] Mein Vater hielt mich noch für so schutzbedürftig, daß er auf einer seiner Geschäftsreisen alles in Freiburg vorbereitete. Ich weiß nicht, ob die Stadt auf seiner Route lag, aber er hatte im

Elsaß Kunden. In Freiburg hatte er einen Geschäftsfreund, der ihn dort mit einem Doktor Levy in Verbindung brachte, dessen Sohn an der Universität Medizin studierte und der Vorsitzende der Verbindung IVRIA war. In seine Obhut hat mein Vater mich gewissermaßen empfohlen. Auch hatte er schon in einem anständigen Hause, in dem ein pensionierter Arzt mit seiner Frau wohnte, ein möbliertes Zimmer für mich gemietet, eine sogenannte Studentenbude. Als ich nach Freiburg kam, hatte mein Vater also längst den Boden für mich bereitet und konnte beruhigt sein. Und ich erinnere mich, wie eben dieser Levy, der später als Arzt nach Palästina ging, mich einmal etwas spöttisch fragte, wie ich es hätte zulassen können, daß mein Vater vorher für mich in Freiburg ein Quartier besorgt und sich nach dem besten Verkehr für mich erkundigt hätte.

An der Universität belegte ich so viel, wie man überhaupt im ersten Semester belegen konnte. Also in erster Linie eine Einführungsvorlesung von Husserl über die Geschichte der Neueren Philosophie. Der Kurs begann mit Descartes, umfaßte auch die englischen Empiristen, Wolff und Leibniz, endete aber vor Kant. Husserl, damals schon recht betagt, war der Begründer einer neuen Methode in der Philosophie, der berühmten Phänomenologie,[3] und entsprechend lehrte er auch die Geschichte der neueren Philosophie. Wenn er etwa dargestellt hatte, wie weit John Locke, David Hume oder George Berkeley bei der Erforschung des Bewußtseins oder der Erkenntnistheorie gekommen waren und welche Probleme sie noch nicht hatten lösen können, erfolgte regelmäßig der Satz: »Erst die neuere Phänomenologie hat gezeigt, wie man diese Probleme in Angriff nehmen kann.«[4] Jeder Philosoph der neueren Zeit seit Descartes war aus seiner Sicht an einem Punkt gescheitert, den erst die Phänomenologie zu bewältigen vermochte. Aber man las auch Bücher, vor allen Dingen Husserls berühmte logische Untersuchungen, die ein wirklich großes Werk darstellen.[5] Seine Ideen über eine phänomenologische Philosophie waren die Klassiker, an denen man sich abmühte. Übrigens saß in seinen Vorlesungen Frau Husserl und paßte wie ein Luchs auf, ob die Studenten aufmerksam waren. Wenn sie dasaß, mußte man eifrig schreiben und zuhören, und wenn man dudelte, so meldete sie es. Husserls Seminar durfte ich als Student im ersten Semester noch nicht besuchen, so daß ich statt dessen das Anfängerseminar des jungen Privatdozenten Martin Heidegger belegte. So kam ich gleich im ersten Semester zu Heidegger, der natürlich viel schwieriger war als Husserl, aber auch ein glänzender Pädagoge. Das Thema war, so wollten es Gott und der Zufall, Aristoteles' *De anima* oder *Peri psyche*,[6] und die erste Frage, als ich mich bei Heidegger anmeldete, lautete: »Können Sie Griechisch?« Ich erwiderte: »Ja.« »Dann ist es gut.« Das war meine erste Begegnung mit Heidegger – gleichsam eine Schicksalsbegegnung. Bei Husserl war klar, daß er ein bedeutender alter Meister war, aber sein Denken war gewissermaßen abgeschlossen, und er glaubte sich im Besitz der Methode, welche die Philosophie befolgen mußte, um der Wahrheit immer näherzukommen. Er ging jede Frage auf die gleiche Weise an und war insofern wenig aufregend, eher belehrend. Heidegger dagegen, in dessen Vorlesung ich damals wenig verstand, war in seinem Seminar sehr verständlich und bezog als guter Lehrer die Studenten mit ein. Er ließ die Studenten einen Satz des Textes lesen und fragte dann: »Wie verstehen Sie das? Was sagt Aristoteles da? Was bedeutet dieses Wort, das er da verwendet?« Das war ausgezeichnet und auch für mich verständlich.

Heideggers Vorlesung behandelte die *Confessiones* des Augustinus, wenn ich mich recht entsinne.[7] Er kam mit einem riesigen Folianten unter dem Arm ins Auditorium und hatte den lateinischen Text vor sich, und ich erinnere mich, daß ich von seiner Auslegung so gut wie nichts verstand, aber das zwingende Gefühl hatte, daß es hier ums Ganze ging und er tiefschürfend mit der Sache rang. Da ereignete sich etwas in mir.

Ich schrieb damals einen Brief über Heidegger und diese Erfahrung, wie ungeheuer schwierig das war. Ich folgte ihm ein Stück, verlor aber dann den Anschluß und wußte nicht mehr recht, was er eigentlich meinte. Was ich aber nie verlor, war das Gefühl, daß das ungeheuer wichtig war, auch wenn ich es nicht verstand. Und da kam es zur ersten Begegnung mit Karl Löwith, der mir damals weit voraus war und bereits promovierte. Der hielt einmal bei Heidegger einen Vortrag, der an Unverständlichkeit mit Heidegger wetteiferte, aber denselben Eindruck von Tiefsinn machte. Löwith, der im Ersten Weltkrieg einen Lungenschuß erlitten hatte,[8] sprach mit leiser Stimme, aber in ähnlich grüblerischer Weise wie Heidegger. Ich weiß noch, wie dieser ihm mit großer Aufmerksamkeit und Achtung zuhörte und sich dann zu seinem Vortrag äußerte. Das alles überstieg mein Verständnis, doch etwas davon ging durch meine Seele, nämlich die Überzeugung: Das ist Philosophie auf dem Wege – mein Ohr war Zeuge der philosophischen Bemühungen, während mein Bewußtsein Zeuge der philosophischen Resultate war. Dabei war Heideggers Tiefsinn zutiefst schöpferisch, und man konnte keinen Augenblick den Verdacht hegen, das sei nur vorgespiegelt. Wenn ich sage, daß ich kein Wort verstand, so ist das natürlich eine leichte Übertreibung, denn manchmal begriff ich ja doch etwas. Insgesamt allerdings fühlte ich mich vor einem Geheimnis stehend, wenn auch mit der Überzeugung, daß es sich lohnte, Mitwisser zu werden. Das war nicht nur mein Instinkt, sondern auch die anderen Studenten waren gebannt von seiner suggestiven Sprache, wobei ich gar nicht sicher bin, ob sie so viel mehr verstanden als ich. Es griff aber damals der Eindruck um sich, daß das hochbedeutend war. Heidegger hatte bereits vor *Sein und Zeit* eine Art Kryptoberühmtheit erlangt, und unter den Eingeweihten hatte sich herumgesprochen, daß hier ein Philosoph auf neuen Wegen wandelte: »Da muß man Philosophie lernen!«

Neben Husserl und Heidegger gab es in Freiburg noch einen

Philosophen – Jonas Cohn, ein tüchtiger Mann, aber kein großer Philosoph. Er litt zum einen darunter, daß er im Schatten Husserls stand, vor allem aber litt er an seinem Namen, den zu ändern er zu stolz war, der ihn aber als Juden abstempelte und eine Jüdischkeit heraufbeschwor, von der bei ihm geistig überhaupt keine Spur mehr vorhanden war.[9] Sein Sohn, der ein bißchen älter war als ich und auch bei ihm im Seminar saß, hatte sich in ›Gottschalk‹ umbenannt. Ich nehme an, daß das der Name seiner Mutter war, denn es ist ja auch ein jüdischer Name – aber immerhin nicht Cohn! Mit Jonas Cohn verdarb ich es mir gleich von Anfang an, denn ich war damals der naiven Ansicht, daß man, wenn man etwas gefragt wird, die Wahrheit antworten soll. Eine vollkommen irrige Vorstellung! Ich suchte Jonas Cohn auf, weil ich bei ihm ein Seminar über den platonischen Dialog »Theaitetos« belegen wollte. Er empfing mich freundlich und fragte mich: »Und was führt Sie gerade nach Freiburg?« Ich antwortete: »Edmund Husserl.« Nach diesen beiden Worten merkte ich zu meinem Erstaunen und meiner Betroffenheit, wie ein leichtes Zucken über sein Gesicht ging und seine Freundlichkeit erstarb. Er wurde nicht etwa garstig, aber ich merkte sofort, daß von seiner anfänglichen Liebenswürdigkeit keine Rede mehr war, und meine Teilnahme an seinem Seminar war dann auch von etwas unglückseliger Art. Meldete ich mich zu Wort und sagte etwas, dann merkte ich an seinem Gesicht, daß ihm meine Gegenwart im Grunde ziemlich zuwider war. Ich habe mir nachher überlegt, daß ich das nicht hätte sagen sollen, aber ich dachte damals, das verstünde sich doch von selbst, daß man wegen Husserls Philosophie nach Freiburg kam. Er war der berühmte Mann, während niemand je behauptet hatte, daß Jonas Cohn ein berühmter Philosoph sei.

Daß Husserl Jude war, spielte übrigens keine Rolle, für ihn am allerwenigsten. Eine Geschichte bezeugt das besonders schön. Als ich einige Jahre später, nach einem Zwischenspiel in Wolfenbüttel, von dem ich noch erzählen werde, wieder nach

Freiburg kam, hatte ich mich inzwischen mit Günther Stern angefreundet. Er war mir schon in meinem ersten Semester aufgefallen, doch damals hatte ich mich noch nicht an ihn herangewagt, sondern ihn von ferne bewundert. Ich wußte, wer er war, und fand ihn großartig. Er war ein Jahr älter als ich und hatte daher auch ein Jahr vor mir zu studieren begonnen. Außerdem war er der Sohn des berühmten Hamburger Professors William Stern und ein sichtlich genialer junger Mann, so daß ich mich ihm gegenüber sehr schüchtern verhielt. William Stern und Edmund Husserl kannten einander, so daß Günther Stern in Husserls Haus verkehrte. Wirklich lernte ich ihn dann in Berlin kennen, wo wir gemeinsam ein Seminar von Eduard Spranger über Kants Kritik der reinen Vernunft besuchten. Nach einer Seminarsitzung, in der ich mich an der Diskussion beteiligt hatte, sprach Günther Stern mich draußen an und machte mir irgendein Kompliment zu meinem Beitrag. Und so begann unsere Freundschaft. 1923 in Freiburg wurden wir dann enge Freunde. Eines Tages erzählte er mir scherzhaft, Husserl habe ihn vor mir gewarnt. Er hatte nämlich erfahren, daß ich in der zionistischen Studentenverbindung IVRIA war, und aus seiner Sicht war die Mitgliedschaft in einer jüdischen Studentenverbindung gleichbedeutend mit Orthodoxie. Ich war also ein ein auf den Glauben festgelegter Jude, und das war unverträglich mit der Philosophie. Als Philosoph durfte man nicht einem bestimmten Glauben hörig sein, der sozusagen die Wahrheit für sich beanspruchte. Stern sollte sich davon ja nicht anstecken lassen. Das also war seine Vorstellung vom Zionismus. Das zeigt, wie weit sein Verständnis für jüdische Fragen reichte und wie weltfremd er war. Nicht nur, daß er als getaufter Protestant von seinem eigenen Judentum nichts wissen wollte, er dachte auch, wer auf seinem jüdischen Glauben beharrte, könne kein Philosoph sein – merkwürdigerweise war ihm der Gedanke, auch sein angenommenes Christentum könne mit der Philosophie unverträglich sein, fremd.[10]

Derselbe Husserl hat auch sonst gezeigt, daß er in Dingen des öffentlichen Lebens und der Politik im Grunde ein primitiver Mensch und darin für das deutsche Professorentum insgesamt eine symbolische Figur war. Er stammte übrigens gar nicht aus Deutschland, sondern aus Proßnitz in Mähren, wo er – wie ich später in New York auf einem Empfang des mit uns befreundeten Germanisten Ludwig Kahn von der Columbia University aus dem Munde eines Politologen vernahm, der ebenfalls aus Mähren stammte – als »verrückter Onkel Edmund« galt. Dieser Politologe bereitete eine Studie über Thomas Hobbes vor und war im Zettelkatalog der Widener Library in Cambridge, Massachussetts, auf eine ganze Abteilung Edmund Husserl gestoßen. Er fragte mich: »Sagt Ihnen der Name etwas?«, was ich bejahte. Darauf er: »Bei uns zu Hause wurde immer vom ›verrückten Onkel Edmund‹ gesprochen, der irgendwo in Deutschland Professor für Philosophie geworden war. Man hat im übrigen nie etwas von ihm gehalten und auch nie viel von ihm gehört. Und zu meinem Erstaunen habe ich gesehen, daß der halbe Kasten voll ist mit Titeln von und über Husserl. Der muß doch von einiger Bedeutung sein.« Da dachte ich mir: »Hier ist ein Mann, der die deutsche Philosophie auf den Kopf gestellt hat, ganze Zeitschriften widmen sich der Weiterführung seiner Philosophie, unzählige Philosophen richten ihr Lebenswerk nach seinen Ideen aus, und hier ist ein Großneffe von ihm und fragt, ob der ›verrückte Onkel Edmund‹ es in der Philosophie zu etwas gebracht habe!« Husserl wurde aber, wie eine bezeichnende Geschichte zeigt, ein vollkommen deutscher Geheimrat und Professor. Damals studierte bei ihm ein amerikanischer Student namens Marvin Farber, der später Herausgeber der Zeitschrift The Journal of Phenomenology und gleichsam das Sprachrohr Husserls in Amerika wurde.[11] Da sich dieser bewußt war, daß das die Bestimmung Farbers sein würde, protegierte er ihn, so daß er schließlich in Husserls Haus ein und aus ging. Farbers Bruder, der in Freiburg Medizin studierte, war nicht nur hoch gewachsen, sondern auch ein Athlet und ausgebildeter Boxer. Als ihn einmal ein Farbcouleur tragender Student auf der Brücke über die Dreisam anrempelte und mit antisemitischen Sprüchen beleidigte, ergriff er ihn und warf ihn in den Fluß. Kurz vor Pfingsten bereiteten sich alle Studenten in Freiburg auf die Ferien vor, in denen man etwas unternahm, etwa eine größere Wanderung in den Schwarzwald oder eine Fahrt zum Bodensee oder in die Schweiz. Die Brüder Farber aber beschlossen, nach Paris zu fahren. Als Husserl davon erfuhr, sagte er zu ihnen: »Fahren Sie doch nicht in diese verruchte Stadt!« Für ihn, den patriotischen Deutschen, war Paris die Stadt des Feindes und des Versailler Vertrag. So waren die deutschen Professoren und Geheimräte.[12]

Ich blieb zunächst nur ein Sommersemester in Freiburg, was wunderschön war. Man konnte dort aber nicht Judaistik studieren, woran mir sehr viel lag. Dafür gab es nur einen Platz in Deutschland – die Hochschule für die Wissenschaft des Judentums in Berlin, die ein hohes akademisches Niveau besaß.[13] Im 19. Jahrhundert hatte sich ein liberales Judentum herausgebildet, das auch auf theoretischem Gebiet den Anschluß an die Zeit halten wollte und das Studium des Judentums statt in der überlieferten Form des jüdischen Lehrhauses im Geiste der modernen philologischen und historischen Wissenschaft gestaltete. Ich immatrikulierte mich also zum Wintersemester 1921/22 gleichzeitig an der Universität Berlin und an der Hochschule für die Wissenschaft des Judentums, an der mehrere ausgezeichnete Leute lehrten, darunter Leo Baeck und Ismar Elbogen. Dies war die einzige Zeit in meinem Leben, in der ich ein wenig Talmud gelernt habe.[14] Außerdem belegte ich Vorlesungen und Seminare bei Harry Torczyner, einem unter Fachleuten bekannten Gelehrten auf dem Gebiet der modernen jüdischen Bibelexegese. Persönliche Bedeutung hat für mich jedoch vor allem Julius Guttmann gewonnen. Er war ein Fachmann für die jüdische Philosophie des Mittelalters, insbesondere der spanisch-arabischen Epoche, in der das Zusammenleben von Moslems und Juden im ganzen recht harmonisch war, so daß sich das jüdische Leben frei entfalten konnte. Neben der arabisch-aristotelischen Philosophie entstand damals auch ein jüdischer Aristotelismus, als dessen bedeutendste Gestalt Maimonides zu nennen ist. Ich erinnere mich noch an einen Kurs bei Guttmann über Juda Halevis *Sefer Kusari* – eine historische Fiktion über eine Disputation zwischen Juden, Christen und Moslems am Hof des chazarischen Herrschers in Südrußland, die dem Verfasser als literarisches Mittel zum Erweis der philosophischen Überlegenheit des Judentums diente.[15] Guttmann, in dessen Haus ich später in Jerusalem häufig verkehrte, war ein philosophischer Geist, ein liebenswürdiger Mann und ein wahrer Gelehrter. Er war philosophisch nicht selbst schöpferisch, aber als Kantianer ein angesehener jüdischer Gelehrter, der die moderne Philosophie auf die Interpretation der jüdischen Philosophen des Mittelalters anwandte. [16]

An der Berliner Universität studierte ich weiter Philosophie, vor allem bei Eduard Spranger, der ein feiner Geist war, wenn er auch nicht an Husserl und Heidegger heranreichte. Zudem gab es an der evangelisch-theologischen Fakultät sehr gute Alttestamentler der bibel- und religionsgeschichtlichen Schule, vor allem Hugo Gressmann und Ernst Sellin,[17] bei denen ich Vorlesungen und Seminare belegte. Auch hörte ich Ernst Troeltsch und selbstverständlich den angesehenen Althistoriker Eduard Meyer, der allerdings Antisemit war. Ich belegte bei ihm griechische Geschichte und hörte eine Vorlesung über die nachalexandrinische Zeit, in der es auch um den Makkabäer-Aufstand ging; ich weiß noch, wie negativ er die Makkabäer im Gegensatz zu den hellenistischen Syrern darstellte und den jungen Hasmonäerstaat als so eine Art Räuber-Staat beschrieb, der gleichsam durch Straßenraub großen Stils zustande gekommen sei.[18] Später habe ich übrigens von Eugen Täubler einmal eine sehr nette Geschichte über Meyer gehört.

Täubler war ein vor allem in der römischen Geschichte bewanderter Althistoriker, ein preußischer Jude, zugleich aber auch jüdischer Nationalist, der später nach Amerika emigrierte und am Hebrew Union College in Cincinnati Alte Geschichte lehrte.[19] Zeitweise war er Assistent bei Meyer, und ihm war klar, daß dieser Antisemit zugleich ein anständiger Mann war. Er hegte sozusagen eine Abneigung gegen das jüdische Element in der Weltgeschichte, behandelte Täubler aber dennoch durchaus korrekt und anständig. Eines Tages sagte Täubler zu Eduard Meyer: »Herr Geheimrat, ich bin gerade auf etwas Interessantes gestoßen, das Sie interessieren wird.« Dann berichtete er ihm aus irgendeiner Quelle einen Vorfall aus der karthagischen Geschichte: Es war eine römische Gesandtschaft gekommen, deren Forderungen die Karthager so erbitterte, daß sie die Gesandten töteten und ihre Leichen an die Stadttore von Karthago nagelten. Darauf sagte Eduard Meyer: »Ja, ja – typisch semitische Grausamkeit. Eine bemerkenswerte Geschichte.« Da fuhr Täubler fort: »Verzeihung, Herr Geheimrat, jetzt habe ich doch tatsächlich etwas verwechselt. Das war ja gar nicht Karthago, sondern eine Gesandtschaft der lombardischen Städte an Barbarossa, und der hat sie an die Stadttore von Mailand genagelt.« Ob die Geschichte wahr ist, weiß ich nicht. Aber so hat sie mir Täubler selbst erzählt. Es war ihm gelungen, Eduard Meyer gründlich reinzulegen.

Berlin als Großstadt und Weltstadt war damals kolossal, wenn auch durch Unruhen, Konflikt und Not und die widerstreitendsten Bewegungen geschüttelt. Es war dort wirklich etwas los, was keineswegs immer behaglich, aber ungeheuer spannend war. Die finanzielle Unterstützung von zu Hause ermöglichte es mir, in einer anständigen möblierten Studentenwohnung im Tiergartenviertel zu leben, und es ging mir dort recht gut. Ich war aber psychologisch auf das Phänomen Berlin in keiner Weise vorbereitet gewesen, wie eine komische Begebenheit illustrieren mag. Als ich einmal mit meinem Vetter

Erich Haas, der damals in Berlin Medizin studierte, durch die Stadt ging, sagte ich zu ihm: »Also, ich finde das Straßenbild fabelhaft, was man an Menschen auf dem Kurfürstendamm passieren sieht, alleweil flanieren Sie. Guck mal hier – diese schick angekleideten Damen!« Und er sagte: »Hans, das sind Huren!« Ich fiel aus allen Wolken. Ich dachte, es wären elegante Damen, die ihre schicken und attraktiven, wenn auch für die damaligen Verhältnisse recht kurzen Röcke vorführten, wie man sie weder in Mönchengladbach noch in Freiburg im Breisgau trug, dazu Pelzborten um den Hals und Hüte. Ich dachte: »Das ist die große elegante Welt« – und mußte erst von meinem Vetter darüber aufgeklärt werden, daß das Straßendirnen waren.

Atemberaubend war damals in Berlin das politische Leben. Meine drei Berliner Semester – vom Winter 1921/22 bis zum Frühjahr 1923 – waren eine wilde Zeit. Da war die Ermordung Walter Rathenaus im Sommer 1922, nach der Hunderttausende protestierender Sozialdemokraten durch die Straßen Berlins zogen und zum Protest ein Generalstreik ausgerufen wurde. Die Nachwirkungen des verlorenen Weltkrieges machten sich überall bemerkbar – die Verkehrsmittel funktionierten nicht immer, man ging ungeheure Wege zu Fuß, es war kalt, und die Straßenbeleuchtung war schlecht. Es war klar, daß um einen herum Hunger und Not herrschten, aber auch die Heftigkeit und Frische neuer politischer Konzeptionen und Experimente waren zu spüren. An der Universität herrschte allerdings die Reaktion vor, und es war keine Frage, daß unsere Professoren auf der Seite der gestürzten Monarchie standen, das Versailler Diktat verurteilten und alle linken Ideen ablehnten. In den zionistischen Kreisen, in denen ich mich bewegte, war der Versailler Vertrag dagegen kein Thema. Wir hatten das Gefühl, daß uns das nicht wirklich betraf, sondern das deutsche Volk. Jedem war natürlich klar, daß es kein vernünftiger Vertrag war und daß vor allem die Reparationszahlungen zur Inflation und zu jenen Wirtschaftszuständen geführt hatten, unter denen wir alle litten. Doch das einzige, was uns am Versailler Vertrag wirklich interessierte, war, daß die Balfour-Deklaration von 1917 gewissermaßen ein Teil der neuen Weltordnung und der Grundlagen des Völkerbunds war, der infolge des Ersten Weltkriegs gegründet wurde. Der Völkerbund betraute England in aller Form damit, Palästina als Mandatsgebiet zu verwalten, und zwar mit der Maßgabe, dort unter Wahrung der Rechte der einheimischen Bevölkerung eine jüdische nationale Heimstätte zu errichten. Das wurde gewissermaßen Teil des internationalen Rechts. Insofern bejahten wir natürlich den Versailler Vertrag – nicht so sehr in dem, was davon Deutschland betraf, sondern vor allem was die Legalisierung eines im Kriege einseitig von England gegebenen politischen Versprechens an die Juden anging. Wir alle waren daher natürlich pro-englisch, weil England uns die Tore Palästinas geöffnet hatte.

Mein privates und gesellschaftliches Leben spielte sich ganz im Umkreis der zionistischen Studentenschaft ab, und ich bewegte mich fast ausschließlich in meiner Verbindung Makkabäa. Es gab, glaube ich, vier verschiedene Verbindungen in Berlin – eine Makkabäa, eine Hasmonäa, einen Ruderverein für jüdische Studenten, die auf der Spree und Havel ruderten und die wir »Muskel-Juden« nannten, während die Makkabäer mehr die »Intelligenz-Juden« waren, sowie den Blau-Weiß, eine stark durch das Vorbild der deutschen Wandervogelbewegung geprägte jüdische Wanderbewegung.[20] Ich hatte im Grunde keinerlei Verkehr mit nichtjüdischen Studenten – es gab in Berlin eine so große, vielgestaltige jüdische Welt, daß man darin vollkommen verbleiben konnte, ohne das als eng zu empfinden. Die starke jüdische Präsenz bedingte natürlich einen ausgeprägten Antisemitismus, auch in der Studentenschaft, was in Freiburg nicht der Fall gewesen war. Abgesehen von diesem jüdischen Milieu und der Universität gab es in Berlin ein Theaterleben der größten Mannigfaltigkeit und Erneuerungskraft, das ich so nie wiedergefunden habe. Da ging man ins Schauspielhaus oder an die Volksbühne oder in eines dieser Theater, in denen schöpferisch neue Regie geführt wurde – etwa von Erwin Piscator. Es war großartig, und man konnte als Student mit relativ wenig Geld daran teilnehmen, wenn man bereit war, oben in der Galerie zu sitzen oder sogar stundenlang zu stehen. Das waren wirkliche Kulturerlebnisse. In diesem Berlin mit seinen diversen utopischen, politischen und weltanschaulichen Gruppen entstand ein künstlerisches Leben von höchster Klasse, neuartiger Experimentierlust und Modernität. Und es gab eine ganze Anzahl moderner, links-intellektueller Stücke, etwa Ernst Tollers *Masse Mensch*,[21] daneben andere mit propagandistischem Charakter. Andererseits konnte man ungeheuer interessante Shakespeare-Aufführungen sehen oder so etwas wie Max Reinhardts Inszenierung von Jacques Offenbachs *Orpheus in der Unterwelt* im großen Schauspielhaus in der Silvesternacht 1921/22 oder 1922/23, eine der schönsten Aufführungen, die ich überhaupt je gesehen habe – mit Max Pannenberg, Eugen Klopfer und Käthe Dorsch. Ich sah Fritz Kortner, man bekam alle bedeutenden deutschen Schauspielerinnen und Schauspieler zu sehen. Man kann sagen, daß es wild zuging, aber es war vielleicht einer der fruchtbarsten Momente des deutschen Kulturlebens, in dem alles, was – wie der Expressionismus – bis dahin mehr ein Dissidentendasein geführt hatte, nun durch die Revolution öffentlich zum Ziel gefunden hatte.

Innerhalb meiner zionistischen Umwelt war ich als Philosoph eher eine Ausnahmeerscheinung. Die meisten meiner Bundesbrüder studierten Medizin oder Jura, andere Nationalökonomie. Doch es gab noch einen anderen Philosophen, der schon einige Jahre älter war als ich und kurz nach unserer ersten Begegnung bereits zu promovieren begann: Leo Strauss. Der Unterschied zwischen uns war groß, aber wir entdeckten einander gegenseitig. Für ihn war sehr interessant, daß mal wieder ein junger Philosoph unter seinen Bundesbrüdern gelandet war, und wir freundeten uns an. Er war ein philosophischer Geist ersten Ranges, einer der stärksten Charaktere unter dem philosophischen Nachwuchs der damaligen Zeit, der früh seinen eigenen Weg ging. Er war nie ein Heidegger-Schüler in dem Sinne wie ich, der einen größeren Teil seines Studiums bei ihm absolvierte, aber er hatte ihn in Freiburg kennengelernt und war von vornherein davon überzeugt gewesen, daß er wahrscheinlich die wichtigste philosophische Figur unserer Zeit sei. Er stammte aus dem kleinen Örtchen Kirchhain in Hessen, unweit von Marburg. Sein Vater war ein richtiger Landjude, der zwar nicht selber Land bestellte, aber mit Getreide handelte und nebenbei Kühe und Geflügel hielt. Ich habe ihn einmal in seinem Elternhaus besucht und seinen Vater kennengelernt – die Mutter war schon tot. Das Anwesen, auf dem er aufgewachsen war, war ein ländlicher Hof mit einem großen scheunenartigen Bau, in dem das Getreide gespeichert wurde. Sein Elternhaus war orthodox gewesen, und er hatte sich unter großen Seelennöten von der traditionellen Erziehung seiner Jugend losgerissen. Es war ihm nicht leichtgefallen, die Philosophie zu seiner Richtschnur zu machen, das heißt sich von allen vorgefaßten dogmatischen Festlegungen mit Blick auf die letzten Fragen von Gott und der Welt zu befreien. Diese Freiheit, die notwendig für das Philosophieren und unverträglich mit dem Glauben an eine bestimmte Religion oder Offenbarung oder überhaupt an einen Gott ist, diese geistige Notwendigkeit, Atheist zu werden, um Philosoph sein zu können, hat ihn sein Leben lang geplagt. Er hat diese Entscheidung zwar getroffen, sich aber nie von dem Gefühl befreien können, daß er damit etwas begangen hatte, dessen Richtigkeit niemals endgültig zu erweisen war. Das stürzte ihn immer wieder in einen gewissen grundsätzlichen Zweifel, ob der Weg der rationalen Aufklärung, der mit der Verneinung fester Glaubenssätze verbunden ist, der Wahrheit entspricht und für den Menschen heilsam ist. Er hat sozusagen an der Notwendigkeit gelitten,

Atheist zu sein. Das zeigte mir ein Erlebnis in der Emigration. Als ich 1933 nach England kam, war er auch dort, und wir haben uns in der Folge öfters gesehen. Leo Strauss lebte damals mit seiner jungen Frau und einem kleinen Söhnchen aus deren erster Ehe in London. Eines Herbsttages – das dürfte 1934 gewesen sein – gingen wir im Hyde Park spazieren. Wir waren eine Weile schweigend nebeneinander hergegangen. Plötzlich drehte er sich zu mir und sagte: »Ich fühle mich schrecklich.« Ich sagte: »Ich auch.« Und warum? Es war Jom Kippur, der Versöhnungstag, und wir waren beide nicht in der Synagoge, sondern gingen im Hyde Park spazieren. Das war bezeichnend. Für ihn viel mehr als für mich, denn bei mir war die Ablösung vom ursprünglichen Glauben eine viel leichtere Sache gewesen, weil eigentlich schon meine Eltern sie vollzogen hatten und ich in einem Klima aufgewachsen war, in dem man über solche Dinge frei dachte. Aber bei ihm war es etwas, was ihn quälte. »Ich habe so etwas wie einen Mord begangen oder einen Treueid gebrochen oder mich an irgend etwas versündigt.« Dieses »Ich fühle mich schrecklich« kam ihm so richtig aus der Seele. Doch dieses Thema beherrschte nicht unsere Freundschaftsgespräche. Er war entschlossener Zionist wie ich und verstand den Zionismus als säkulare Bewegung, die nicht mit der Aufrechterhaltung der jüdischen Religion verbunden war.[22] Vor allen Dingen aber führten wir wirklich philosophische Gespräche, war er doch einer meiner schärfsten und profundesten Gesprächspartner dieser Jahre. Als er von Berlin wegging, sahen wir uns allerdings nur noch in größeren Abständen. Da er von Hause aus finanziell knapp gehalten wurde und rasch mit seinem Studium fertig werden mußte, ging er nach Hamburg und promovierte 1921 bei Ernst Cassirer über irgendein neukantianisches Thema, womit er es sich in seinen eigenen Augen etwas leicht gemacht hatte.[23] Zwischenzeitlich arbeitete er am Freien Jüdischen Lehrhaus in Frankfurt, bevor er 1925 eine Beschäftigung an der Akademie für die Wissenschaft des Judentums in

Berlin fand. Er war dort an der Herausgabe der von Ismar Elbogen und Fritz Bamberger herausgegebenen Jubiläumsausgabe der Schriften Mendelssohns beteiligt. Das wurde dann 1933 natürlich alles abgebrochen.[24] Unsere Freundschaft setzte sich auch in der Emigration fort – Strauss lebte seit 1932 in Frankreich und England, bevor er in die Vereinigten Staaten auswanderte.

Die spannendsten Erlebnisse und Begegnungen hatte ich in meiner Berliner Zeit im Zusammenhang mit der zionistischen Bewegung. Eine interessante Begebenheit ergab sich, als 1924 eine Fusion zwischen dem Kartell Jüdischer Verbindungen und dem Blau-Weiß in die Wege geleitet wurde. Der Stil dieser beiden Organisationen – hier die aus dem deutschen Verbindungswesen hervorgegangenen Studentenverbindungen und dort der jugendbewegte Wanderbund – war doch sehr verschieden, aber irgendwie regte sich auf beiden Seiten das Bedürfnis, zusammenzuwirken. Ich trat als eine Art Verbindungsmann des KJV in den Blau-Weiß ein, machte dessen große Wanderungen mit und sang auch seine Lieder, die meiner heutigen Ansicht nach niemals wirkliche deutsche Volkslieder gewesen waren, sondern einem durch die Jugendbewegung inspirierten pseudo-archaischen deutschen Liedwesen zugehörten. Zum Beispiel das Lied: »Wir sind des Geyers schwarze Haufen / Hei a ho ho! / Und wollen mit Tyrannen raufen / Hei a ho ho!« Ich bin überzeugt, daß die Mannen des Ritters Florian Geyer in den Bauernaufstandsbewegungen des 16. Jahrhunderts nie so etwas gesungen haben, sondern daß das eine später nachgedichtete Kreation war. Wir waren damals jedoch alle überzeugt, dies seien alte deutsche Aufstands- und Landsknechtslieder. Warum das den meisten so gut gefiel, ist nur durch die Herkunft aus der deutschen Wandervogelbewegung zu erklären.[25] Man wollte etwas Eigenes haben, und die jüdische Tradition bot keinerlei solche Lieder – hebräische synagogale Gesänge paßten nun einmal nicht zu einem forschen Wanderwesen, und die jiddischen Kampflieder aus der jüdisch-sozialistischen Bewegung Osteuropas waren, was ihre politische Gesinnung anging, nicht angemessen.[26]

Damals kam es in Berlin zu einer großen Versammlung der Vertreter vom Kartell jüdischer Verbindungen, aller Universitäten und der Führungsschicht des Blau-Weiß. »Führungsschicht« bedeutete dort schon fast eine Organisation nach faschistischem Vorbild, denn das Führungsprinzip Mussolinis übte damals auf diese jüdische nationale Jugendbewegung und ihre fanatisierte Anhängerschaft eine gewisse Anziehungskraft aus. In unserer Studentenbewegung waren wir dagegen lauter kritische Einzelgeister, allesamt Akademiker, die durch eigene Überlegungen zum Zionismus gelangt waren und versuchten, die jüdische Geschichte verstehen zu lernen. Kurz und gut, diese beiden verschiedenartigen Partner sollten auf dem Kongreß zusammengeführt werden, und ich war von seiten des KJV beauftragt worden, den Antrag dazu einzubringen. Mein Bundesbruder Ernst Simon, der aus einem völlig assimilierten Elternhaus stammte, aber zum Judentum zurückgefunden und sein Denken zu einem religiösen Zionismus entwickelt hatte,[27] hielt eine große, aufsehenerregende Rede gegen die Zusammenführung. Es war eine der besten oratorischen Leistungen, die ich je gehört habe, und sie drohte vorübergehend eine Katastrophe herbeizuführen, bis die Rede dann geschickt von der Blau-Weiß-Seite pariert wurde. Simon donnerte gegen das vom Blau-Weiß verkörperte neue Heidentum und mahnte, wir müßten jüdisch sein, und zwar im Sinne der großen jüdischen Tradition, während die Romantik des Blau-Weiß ein Assimilationsphänomen und eine in sich unhaltbare Position sei. Es war eine meisterhafte Rede. Unter den Anwesenden befand sich auch Gershom Scholem, der ebenfalls seine Zwischenrufe machte und sich vehement gegen die Fusion wandte, obwohl er eigentlich nichts zu sagen hatte, weil er zwar bereits ein bekannter Zionist war, aber keinem der beiden Verbände angehörte, die sich da vereinigen sollten. Hier also sah ich ihn zum ersten Mal – mit seinen riesigen Händen und wie er in die Verhandlungen hineinschrie und versuchte, uns akademische Zionisten davor zu schützen, in diese verhängnisvolle Verbindung einzutreten, die nur die »Entjudungstendenzen« und den Entfremdungsprozeß der modernen assimilierten Juden weiter verstärken würde. Ich lernte ihn damals noch nicht persönlich kennen, sondern beobachtete ihn nur aus einer gewissen Distanz. Sein Aussehen, seine Art, zu sprechen, zu rufen, zu gestikulieren, hatte zugleich etwas Beeindruckendes und Groteskes. Aber er trug zweifellos den Stempel einer ungemein eigenwillig denkenden, originellen und aufs tiefste von geistigen Motiven durchdrungenen Persönlichkeit.[28]

Fragt man nach wichtigen Einflüssen, die damals für uns Berliner Zionisten prägend waren, so sind Martin Buber und Franz Rosenzweig zu nennen. Viele unter uns waren stark von Buber beeindruckt und teilten sein Interesse am Chassidismus.[29] Als Herausgeber der Zeitschrift Der Jude und gemeinsam mit Viktor von Weizsäcker Mitherausgeber der Zeitschrift »Die Kreatur« war er eine in der nichtjüdischen wie in der jüdischen Öffentlichkeit bekannte Persönlichkeit. Gleichzeitig verkündete er eine starke jüdische Botschaft, die zwar in keinerlei Hinsicht orthodox oder konservativ, aber doch positiv und enthusiastisch jüdisch war. Rosenzweig dagegen war schon eine viel esoterischere Gestalt, dessen Werk Der Stern der Erlösung als ernstzunehmende Lektüre galt,[30] das ich selbst aber damals ebensowenig gelesen habe wie Ernst Blochs Geist der Utopie.[31] Von Franz Rosenzweig wußte man vor allen Dingen, daß er zur Gründung des Jüdischen Lehrhauses in Frankfurt inspiriert hatte und mit Buber dort die eigentliche geistige Kraft war.[32] Auch seine Krankheit war bekannt – man wußte, daß seine Lähmung fortschritt und er schon kaum mehr sprechen konnte und dennoch weiter einen enormen Einfluß ausübte. Doch das beschränkte sich noch auf sehr kleine Kreise. Jemand wie Leo

Strauss beschäftigte sich ernsthaft mit Rosenzweig,[33] doch selbst ich, der ich dies doch schon aufgrund meiner ganzen jüdischen wie philosophischen Einstellung hätte tun sollen, fand es nicht so unbedingt nötig. Ich nahm damals nur zur Kenntnis, daß er mit Buber zusammen dieses sonderbare Unterfangen verfolgte, die hebräische Bibel neu ins Deutsche zu übersetzen. Sonderbar, weil dieses Deutschland, dem die Bibel durch diese Übersetzung neu geschenkt werden sollte, den Juden zusehends feindseliger gegenüberstand. Das Ganze war ja fast eine Tragikomödie, denn als das Werk beinahe vollendet war, war es mit dem deutschen Judentum zu Ende. Ich hatte schon damals das prophetische Gefühl, daß das deutsche Judentum keine Zukunft hatte und es daher nicht die vordringliche Aufgabe sei, die Bibel nochmals ins Deutsche zu übersetzen – irgendwie erblickte ich darin einen gewissen Anachronismus. Während Buber und Rosenzweig davon ausgingen, daß das deutsche Judentum auch weiterhin eine Bestimmung hatte, teilte ich eher die Vorstellung Felix Theilhabers und anderer, die einen Untergang des deutschen Judentums voraussagten, und zwar nicht durch Gewalt, sondern durch ein inneres Absterben aufgrund von Assimilation, Geburtenrückgang und Mischehen.[34] Im übrigen empfinde ich bis heute das Ansinnen der Bibelübersetzung Bubers und Rosenzweigs zwar als interessant, aber doch als recht fragwürdiges, wenig legitimes und sinnvolles Experiment und war mit ihren Entscheidungen, wie man die deutsche Sprache dem Urlaut der hebräischen Bibel anpassen könnte, keineswegs immer einverstanden. Vor allem aber erschien mir das Projekt nicht besonders wichtig, da ich die Zukunft des Judentums ganz woanders sah.[35]

Trotz starker Distanz befaßten wir uns im KJV auch mit der Bedeutung des osteuropäischen Judentums für den Zionismus. Es trat allerdings nur dann in den Gesichtskreis des deutschen Judentums, wenn es darum ging, zu helfen. Es hatten sich in Deutschland schon früh Hilfsvereinigungen gebildet, die den

Wanderjuden, die vor dem Ghetto und der Unterdrückung im zaristischen Rußland flohen, weiterhalfen und ihnen die Schiffsbillette kauften, um sie mit der Hamburg-Amerika-Linie weiter in die Neue Welt zu befördern. Diese Juden waren kein willkommener Zuwachs für das arrivierte und assimilierte deutsche Judentum. Blieben sie in Deutschland, besonders in den Großstädten und speziell in Berlin, wo im Scheunenviertel eine größere ostjüdische Bevölkerung lebte, so fürchtete man, daß man da ein fremdländisches, jüdisches Element ansiedelte, das durch seine Andersartigkeit auffiel. Die jiddische Sprache, die man als »Jargon« bezeichnete und als eine Verzerrung der deutschen Sprache betrachtete, mochte man ebensowenig wie ihre Kleidung und ihr Gebaren. Kurz und gut, sie galten als eine mindere Sorte Juden, denen man weiterzuhelfen bereit war – teils um ihrer selbst willen, teils aus jüdischer Solidarität, teils aber auch, um sie wieder loszuwerden.[36] Die deutsch erzogenen jungen Juden kamen kaum in Berührung mit ihnen, und die Kinder ostjüdischer Eltern waren nur selten Bundesbrüder von uns. Persönliche Berührungen gab es also kaum. Dennoch kam es zu einer zweiten Form der Entdeckung des Ostjudentums, die speziell für die Zionisten und infolgedessen auch für meine Erfahrung wichtig war: Während des Ersten Weltkrieges lernten die Zionisten aus Deutschland im Oberostkommando die Ostjuden kennen. Sammy Gronemann und andere kamen heim und berichteten von einem Volksjudentum, das sich auf völlig andere Weise als jüdisches Volk empfand, als dies bei den deutschen Juden der Fall war.[37] Die jüdischen Mitglieder der deutschen Armee, die selbst Herzlscher Prägung waren – eine Mischung aus wienerisch, französisch, liberal –, erlebten in den zeitweise besetzten Gebieten jüdischer Massensiedlungen den Schock und zugleich die begeisternde Entdeckung, daß es in Osteuropa ein volksmäßiges Judentum mit eigenen Bräuchen, eigener Kunst, eigenen Liedern, eigener Dichtung und einer eigenen, zum Teil zionistischen oder sozialistischen politischen

Bewegung gab. Kurz und gut, wir begegneten hier einem Judentum, mit dem wir zwar weiterhin nicht viel persönlich zusammenkamen, aber von dessen Bedeutung für die Besiedlung Palästinas wir mehr und mehr überzeugt waren, denn wir konnten nicht umhin, zu erkennen, daß das Gros des Aufbaus des neuen jüdischen Gemeinwesens in Palästina nicht von uns Akademikern aus West- und Mitteleuropa, sondern von den jüdischen Massen in Osteuropa ausgehen würde. Insofern war für uns das Ostjudentum ein im zionistischen Denken hoch zu veranschlagender Faktor. Dies bedeutete, wie gesagt, nicht, daß wir häufig mit ostjüdischen Gruppen in Berlin zusammentrafen, doch uns wurde bewußt, daß unser Zionismus viel abstrakter war als die blutvolle und vom eigenen Volksleben durchtränkte Zionssehnsucht und Zionsentschlossenheit der dortigen Bevölkerung.

Mit dem größtenteils antizionistischen jüdischen Großbürgertum in Berlin hatte ich mindestens ebensowenig Berührung wie mit den Ostjuden. Bis zuletzt blieben die Zionisten im deutschen Judentum eine Minorität, so daß ich mich durch meine Entscheidung für den Zionismus selbst von diesen Kreisen ausgeschlossen hatte. Allerdings gab es eine gewisse Zusammenarbeit zwischen Zionisten und Nichtzionisten: 1921 wurde mit dem Keren Hajessod [Jüdischer Nationalfonds] eine überparteiliche Organisation zu Unterstützung der Siedlung in Palästina gegründet, in der sich auch nichtzionistische Persönlichkeiten für den Ankauf von Böden und die Ansiedlung in Palästina einsetzten. Diese zum Teil durch die Initiative Chaim Weizmanns geförderte internationale Organisation hatte auch einen deutschen Ableger, dem unter Kurt Blumenfeld die überaus wichtige Mission zufiel, das finanzkräftige assimilierte und kulturell führende deutsche Judentum, das mehrheitlich immer antizionistisch gewesen war, zumindest für praktische Zwecke mit dem zionistischen Flügel zusammenzubringen. Ich selbst hatte einmal einen kleinen Anteil an diesem Unterfangen. Es fanden Versammlungen des Keren Hajessod statt, wo es sehr fein zuging und wo irgendwelche berühmten Leute auftraten. Da man nur auf persönliche Einladung zugelassen wurde, war es eine Auszeichnung, zu den Gästen zu gehören. Die jüdischen Studentenverbindungen stellten bei solchen Versammlungen stets das Ordnungspersonal. Eines Tages war ich auf einer größeren Versammlung, auf der Albert Einstein für die Sache der Besiedlung Palästinas sprechen sollte, als Ordner eingeteilt, und als ich im Vestibül stand, die Gäste empfing und die Einladungskarten kontrollierte, kam ein Mann mit loderndem weißgrauem Haar herein, das etwas unordentlich, aber imponierend um sein Haupt wehte. Jeder trug natürlich bei solchen Gelegenheiten einen schwarzen Anzug. Die Schultern bestäubt mit Schuppen – das war Albert Einstein. Ich empfing ihn und geleitete ihn zunächst an einen Tisch, der am Eingang stand, und bat ihn, sich in das dort ausliegende Buch einzutragen. Ich weiß noch, wie er sagte: »Was ist denn das? Ach so, das ist wohl das Gästebuch.« Und er unterschrieb mit der ihm eigenen politischen Unschuld, denn es war ihm in diesem Moment nicht ganz klar, daß seine Unterschrift dort weniger als eine Eintragung in ein Gästebuch gedacht war, denn als ein wichtiges Dokument dafür, daß er sich mit der Palästina-Sache identifizierte.[38]

Meine Studienzeit in Berlin war, neben meinen zionistischen Aktivitäten und meinem Studium, auch eine Phase, in der ich vieles aufnahm, was sich damals literarisch und intellektuell abspielte. Wir alle aus meinem zionistischen oder philosophisch-akademischen Freundschaftskreis hatten natürlich Thomas Manns *Zauberberg* gelesen; jeder konnte bei irgendwelchen Gelegenheiten daraus zitieren oder Anspielungen machen, die sofort verstanden wurden. Hier und in *Joseph und seine Brüder* steckt oft mehr als in der ganzen phänomenologischen Schule, von Husserl selbst einmal abgesehen – eine Seite Thomas Mann enthält tiefere Einsichten als ganze Abhandlungen über die Konstitution der Gegenstandswelt in intentionalen Akten des Bewußtseins. Ein großer Dichter! Ich las natürlich die *Weltbühne*, wenn auch zumeist mit Ablehnung, konnte man doch als Zionist die Rolle, die sich Kurt Tucholsky als Schiedsrichter deutscher politischer und kultureller Belange anmaßte, nicht gut ertragen. Wir hatten das Empfinden, daß es gewisse deutsche Streitigkeiten gab, aus denen wir uns besser raushalten und in denen wir nicht die Richter und Wortführer sein sollten. Eine überwältigende Lektüre war dagegen Karl Kraus' *Die letzten Tage der Menschheit* – ein großes Dokument, das während des Ersten Weltkriegs entstanden war, der wohl bedeutendste Kriegsprotest in deutscher Sprache, ein Pendant zu Henri Barbusse in Frankreich.[39] Mein Freund Gerhard Nebel war ein Bewunderer von Karl Kraus, während ich bei ihm durchaus auch manche Einseitigkeiten und Übertreibungen und auch eine wahnsinnige Selbstgerechtigkeit und Eitelkeit erblickte. Unsympathisch fand ich vor allem – obwohl ich ihm zubilligte, daß er nicht aus Karrieresucht übergetreten war, sondern sich zeitweilig wirklich vom Katholizismus angezogen fühlte – sein abtrünniges Verhältnis zum Judentum und seine Neigung zu einer Art jüdischen Selbsthasses.[40] Aber *Die letzten Tage der Menschheit* – das war ein großes Werk, das ich ganz gelesen habe, obwohl ich als Nicht-Wiener die ungeheuer vielen Anspielungen auf Lokal-Wienerisches nicht verstehen konnte. Auch manche der Essays von Karl Kraus in der *Fackel* fand ich wunderbar. Ich erinnere mich noch an den über einen Neger in Wien.[41] Aber auch an Gedichte. Er war sicher kein großer Dichter, doch einige Gedichte sind ihm auf eine Weise gelungen, wie es doch nur einem wirklich bedeutenden Geist möglich ist – etwa jenes über Immanuel Kants Traktat *Zum ewigen Frieden*. Nicht im Traktat selbst, sondern in irgendeinem Nachwort oder in einer späteren Aufzeichnung schreibt Kant, man dürfe sich beim Anblick des traurigen Ganges der menschlichen Angelegenheiten nicht der Hoffnung hingeben, daß Worte daran viel zu ändern vermöchten, doch die Pflicht gebiete, für die ferne Zukunft einen Weg zum Besseren aufzuzeigen, »und zwar mit uneigennützigem Wohlwollen«, weil man selbst diese Zeiten ganz gewiß nicht erleben werde. Eine Mischung aus Pessimismus, Erkenntnis des traurigen Weltverlaufs insbesondere in der internationalen Politik und einer völlig selbstlosen Hoffnung, man könne doch vielleicht etwas dazu beitragen, daß unsere Nachkommen es einmal besser haben werden. Karl Kraus schrieb nun mitten im Ersten Weltkrieg dieses Gedicht, das so lautet und das ich zu den großen Gedichten der Zeit zähle, die sich mir einprägten:

Nie las ein Blick, von Tränen übermannt / ein Wort wie dieses von Immanuel Kant. / Bei Gott, kein Trost des Himmels übertrifft / die heilige Hoffnung dieser Grabesschrift. / Dies Grab ist ein erhabener Verzicht: / »Mir wird es finster, und es werde Licht!« / Für alles Werden, das am Menschsein krankt, / stirbt der Unsterbliche. Er glaubt und dankt. / Ihm hellt den Abschied von dem dunklen Tag, / daß dir noch einst die Sonne scheinen mag. / Durchs Höllentor des Heute und Hienieden / vertrauend träumt er hin zum ewigen Frieden. / Er sagt es, und die Welt ist wieder wahr, / und Gottes Herz erschließt sich mir »und zwar«. / Urkundlich wird es; nimmt der Glaube Teil, / so widerfährt euch das verheißne Heil. / O rettet aus dem Unheil euch zum Geist, / der euch aus euch die guten Wege weist! / Welch eine Menschheit! Welch ein hehrer Hirt! / Weh dem, den der Entsager nicht beirrt! / Weh, wenn im deutschen Wahn die Welt verschlief / das letzte deutsche Wunder, das sie rief! / Bis an die Sterne reichte einst ein Zwerg. / Sein irdisch Reich war nur ein Königsberg. / Doch über jedes Königs Burg und Wahn / schritt eines Weltalls treuer Untertan. / Sein Wort gebietet über Schwert und Macht / und seine Bürgschaft löst aus Schuld und Nacht. / Und seines Herzens

heiliger Morgenröte / Blutschande weicht: daß Mensch den
Menschen töte. / Im Weltbrand bleibt das Wort ihr eingebrannt: / Zum ewigen Frieden von Immanuel Kant![42]

Nachdem ich vier Semester studiert hatte – eins in Freiburg
und drei in Berlin –, fand ich, es sei an der Zeit mit dem Teil
meiner Lebensziele Ernst zu machen, der sich auf meine Auswanderung nach Palästina bezog. Es gab eine Hachschara-
Organisation, die für junge Juden, die sich auf Palästina, die
Berufsumschichtung und die landwirtschaftliche Arbeit vorbereiten wollten, Möglichkeiten fand, bei Bauern oder Großgärt-
nern Lehrstellen zu finden. Meist war man dort nicht allein,
sondern arbeitete in Gruppen. Ich war unter meinen Bundesbrüdern der einzige, der sich zur Hachschara gemeldet hatte,
und man sandte mich für die Zeit von März bis Oktober 1923
mit anderen deutschen Juden aus verschiedenen Elternhäusern
nach Wolfenbüttel zu Richard Grabenhorst, Kälberanger 3. In
dieser Gegend gab es keine Bauern, die große Ackerwirtschaft
betrieben, sondern eher Großgärtner, die nebenher im kleinen
Umfang auch Getreide produzierten und Vieh züchteten, vor
allem Schweine, die dann für den Eigenbedarf geschlachtet
wurden und aus denen man geräucherte Schinken und Würste
machte, die dann für den ganzen Winter reichten. Die Hauptsache war jedoch der Garten mit seinen Obstbäumen, dem Ge-
müse und großen Erdbeerfeldern, Spargelbeeten und Obst-
sträuchern. Der Arbeitstag begann frühmorgens, lange vor
dem Frühstück, in der Spargelzeit sogar bereits im Morgen-
grauen. Und in der Zeit der Erdbeerernte rutschte man jede
Woche auf den Knien auf Sacktüchern durch die Beete und
pflückte die reifen Erdbeeren. Mein Chef saß oft mit mir hoch
oben in den Kirschbäumen und philosophierte mit mir, während wir Kirschen pflückten, über den Sinn des Lebens und
ähnliche Dinge, über die auch der einfachste Mann nachdenkt,
wobei dieser einen gelernten Philosophen häufig gern benutzt,

um sich weitere Klarheit zu verschaffen. Für mich war das eine Zeit sehr schwerer Arbeit, denn ich war diese Art körperlicher Beanspruchung überhaupt nicht gewohnt. Aber ich habe so gut wie alles gelernt, was zu lernen war. So konnte ich etwa den Pferdepflug führen und eine gerade Furche ziehen. Mein Lohn war ein kleines Taschengeld sowie Kost und Logis. Ich hatte ein kleines Zimmerchen unter dem Dachstuhl, eigentlich mehr eine Mansarde mit einem Bett und einem Stuhl. Ich arbeitete etwa 14 Stunden, sank dann ins Bett und fiel im Nu in tiefsten Schlaf.

Richard Grabenhorst war ein großgewachsener Mann, der während des Krieges unter den Goslaer Jägern, einem Elite-Infanterie-Regiment, gedient hatte. Von dem, was er mir von seiner Kriegslaufbahn erzählte, sind mir zwei Dinge im Gedächtnis geblieben. So verwendete er einmal die Redensart »In der Not schmeckt Wurst auch ohne Brot«, und ich lachte darüber. Da sagte er: »Das ist gar nicht so komisch, wie es klingt. Wurst ohne Brot bekommt einem nämlich auf die Dauer schlecht. Das ißt man wirklich nur in der Not. Während des rumänischen Feldzugs verlief der Vormarsch so schnell, daß der Proviantnachschub nicht nachkam. Da Rumänien eine reiche Landwirtschaft hatte, stachen wir einfach überall, wo wir hinkamen, ein Schwein tot und brieten das frische Fleisch. Nach einiger Zeit hatten wir alle schwere Magenschmerzen. Von Fleisch allein kann man nicht leben. Brot gehört notwendig dazu. Es ist also wirklich nur in der Not, daß Wurst auch ohne Brot schmeckt.« Ein anderes Mal waren wir auf dem Feld, und er sah von der Ferne ein Gewitter heraufziehen. Wir sahen Wetterleuchten, und es donnerte. Da sagte er: »Wir kehren jetzt besser heim.« Wir nahmen also unsere Sachen, das Pferd und den Pflug und gingen zurück ins Gehöft. Da erlaubte ich mir die Bemerkung, wieso er so nervös sei, denn ich fand es komisch, war er doch ein Hüne von einem Menschen. Da sagte er: »Soll ich es Ihnen sagen? Das ist seit dem Weltkrieg. Es erinnert mich zu sehr ans Artilleriefeuer. Seit der Zeit krieg' ich Angst beim Gewitter.«

Für die Bauern in der Gegend war die Hachschara ein großer Vorteil, denn sie bekamen dadurch kostenlose Arbeitskräfte. Es war bekannt, daß wir Juden waren, denn andere Verrückte gab es nicht, die unter diesen Bedingungen zu arbeiten bereit waren. Mein Chef brüstete sich den anderen Bauern gegenüber mit seinen Juden, worauf viele sagten: »Ich möchte auch gerne so einen Juden haben.« Wenn dann die Leute von der Hachschara-Organisation erneut nach Lehrstellen fragten, bekamen sie eine ganze Anzahl positiver Antworten. Wir waren bald eine stadt- und ortsbekannte Erscheinung und galten als eine der Merkwürdigkeiten der Zeit. Im ganzen wurden wir aber mit Achtung aufgenommen und genossen ein gewisses Ansehen. Man schätzte an uns, daß wir zwar ungelernte, aber eifrige und billige Arbeitskräfte waren. Das einzige, wo es üppig zuging, war das Essen. Wir bekamen besser zu essen, als es um diese Zeit in der Stadt möglich gewesen wäre. Ich weiß noch, die Würste und Schinken, mit denen man sich da das Brot belegen konnte, bekam man sonst nirgends. Und der Appetit war ja unersättlich. Der Bauer, bei dem ich arbeitete, hat mich natürlich ausgefragt, und als er hörte, daß mein Vater ein Fabrikant war, schüttelte er den Kopf und sagte: »Warum mußt du hier unsere schwere Arbeit machen, wenn du einen Vater hast, der dich studieren läßt?« Ich versuchte ihm das zu erklären, aber er mag sich wohl gedacht haben: »Na ja, es gibt in Gottes Garten alle möglichen Tierarten und also auch die, die – anstatt sich glücklich zu preisen, unter solchen Verhältnissen zu leben – sich in den Kopf setzen, unsere schwere Arbeit zu machen und dann nach Palästina zu gehen.« Er gab mir aber dennoch zum Schluß den Rat, lieber zur Philosophie zurückzukehren, und sagte: »Du hast dich ja brav gehalten und gut gearbeitet, aber so ganz deine Sache ist das nicht.« Und ich konnte ihm nur zustimmen. Ich hatte wirklich brav durchgehalten und war froh, daß ich diese Arbeit gemacht hatte und mit anderen aus der Gruppe in Berührung gekommen war. Es waren auch Mädchen dabei, und unter den Burschen waren einige richtige Kraftprotze – ich war erstaunt, was für eine Sorte von »Muskeljuden« ich da kennenlernte. Ich war allerdings der einzige, der von der Universität kam, und mir wurde in Wolfenbüttel klar, daß es, was immer aus meinen Palästina-Absichten würde, doch eine gewisse Verschwendung wäre, wenn ich in die Landwirtschaft ginge, und daß ich doch mit meinem Kopf etwas mehr leisten könnte als mit den Gliedern.

4. Marburg: Im Bannkreis Heideggers und der Gnosis

Von Wolfenbüttel aus ging ich dann zum Wintersemester 1923/24 noch einmal für ein Jahr nach Freiburg. Dort traf ich Günther Stern wieder, der bei Husserl promovierte, außerdem lernte ich Rudolf Carnap und Max Horkheimer kennen, der ein Semester lang an Husserls Seminar teilnahm und zu meinem Erstaunen die Hegelsche Philosophie dorthin brachte, die doch dort gar nicht hingehörte. Da aber Heidegger inzwischen nach Marburg berufen worden war und alle seine Schüler mit ihm abgewandert waren, wurde mir bald klar, daß auch ich jetzt die Hochschule wechseln mußte. Also erkundigte ich mich bei Gerhard Nebel, den ich aus meinem ersten Freiburger Semester kannte, was sich inzwischen ereignet hatte, was für Vorlesungen Heidegger gehalten hatte und was für das nächste Semester geplant war. Ich weiß noch, wie er mir damals von einem Seminar über *De ente et essentia* erzählte, in dem dieser Traktat von Thomas von Aquin sowie ein Kommentar des späteren Scholastikers Cajetanus auf lateinisch gelesen und ein Semester lang im Seminar diskutiert worden war.[1] Daraufhin studierte ich ebenfalls den Traktat, um den Anschluß zu halten. Im Herbst 1924 kam ich dann nach Marburg. An den Diskussionsstand fand ich rasch wieder Anschluß, doch die Heidegger-Kultgemeinde unter den Philosophiestudenten, die eine bigotte hochmütige Einstellung hatte und sich schon fast selbst den Besitz göttlicher Wahrheit attestierte, war mir schwer erträglich. Das war nicht Philosophie, sondern eine sektiererische Angelegenheit, fast wieder ein neuer Glaube, der mir im Tiefsten zuwider war. Viele dieser jungen Heidegger-Adoranten, die von weither kamen, darunter einige aus Königsberg, waren – und das kann, obwohl ich keine Erklärung dafür habe, kein purer Zufall gewesen sein – junge Juden. Diese Affinität war aber wohl eher einseitig. Ich weiß nicht, ob es Heidegger so ganz behaglich war, daß gerade junge Juden zu ihm strömten, aber er war an sich ganz und gar apolitisch. Darin hatte er in seiner späteren Selbstverteidigung sogar recht:[2] Er war keine politische Natur, erwog keine eigenen politischen Optionen, sondern wurde von der nationalen Erneuerungsbewegung einfach angezogen. Darüber wird noch zu reden sein. Was sich damals in Marburg entwickelte, war jedenfalls keine gesunde Atmosphäre, vielmehr so etwas wie das Verhältnis der Gläubigen zum Lubawitscher, so als sei Heidegger ein Zaddik, ein Wunderrabbi oder ein Guru. Selbst Hannah Arendt, die bald in ein sehr viel näheres Verhältnis zu Heidegger treten sollte als irgendeiner von denen, die in dieser Schwärmerei lebten, besaß genügend Distanzgefühl, daß ihr diese Art von Heiligenverehrung unangenehm war. Wir beide, die wir uns damals schnell gefunden hatten, schüttelten uns vor dieser Art von hochmütig exklusiver Heidegger-Ergebenheit.

Es gab noch eine weitere skeptische Natur, die diesen Rummel nicht mitgemacht hat: Walter Bröcker. Er war ein intelligenter Student, für den Heidegger ein gewisses Faible hatte, so daß er ihm sogar etwas nachsah, was er niemandem sonst hätte durchgehen lassen. Bröcker konnte nämlich kein Griechisch und hielt es auch nicht für nötig, es zu lernen. Wie man bei Heidegger Aristoteles studieren konnte, ohne ein Wort Griechisch zu können, ist mir noch heute schleierhaft. Aber Bröcker hat es fertiggebracht. Als ich Heidegger nach Jahrzehnten unter eigentümlichen Umständen wiedersah und wir Erinnerungen austauschten, erzählte er mir, was sich im mündlichen Examen zugetragen hatte, als Bröcker, der sich wie ich Zeit mit dem Studium genommen hatte, schließlich promovierte. Heidegger legte ihm einen Text aus der Metaphysik vor, den er interpretieren sollte. »Und da«, erzählte Heidegger, »stieß Bröcker mich unter dem Tisch mit dem Fuß an. Ich hatte völlig vergessen, daß er ja gar kein Griechisch konnte und ich ihm den Text gar nicht hatte vorlegen dürfen. Da nahm ich ihn schnell weg und gab ihm etwas anderes.« Bröcker wurde später ein angesehener Professor in Kiel. Er wollte mich nach dem Krieg als Kollegen dorthin holen, aber ich habe alle Berufungen an deutsche Universitäten – auch eine noch viel attraktivere nach Marburg – abgelehnt. Nun, mit Bröcker stand ich recht gut, denn er war kein Schwärmer und Sektierer, sondern ein kluger, kühler, nüchterner und zugleich humorvoller Kopf. Er blieb mit Heidegger stets in Verbindung, da er ja auch sehr viel weniger Grund als ich hatte, mit ihm zu brechen. Als Heidegger dann starb, fragte ihn Günther Anders in einem Brief, ob er zu Heideggers Begräbnis nach Meßkirch gefahren sei. Da antwortete Bröcker:»Nein, zu Heideggers christ-katholischem Begräbnis bin ich nicht hingefahren. Da hätte ich als alter Nietzscheaner und Atheist schlecht hingepaßt.« Mit Bröcker teilte ich übrigens eine Leidenschaft, der wir schließlich beide gleichzeitig um unseres Fortkommens willen entsagten, nämlich das Schachspielen. Wir spielten häufig zusammen, es war wie eine Ausschweifung, doch in irgendeiner Nacht zwischen ein Uhr und zwei Uhr morgens blickten wir einander an und erklärten plötzlich:»Das geht so nicht weiter. Wir werden niemals zu einer Doktorarbeit kommen, wenn wir das weitertreiben.« Und von einer Minute auf die andere hörten wir auf, Schach zu spielen, und haben danach auch nie wieder gespielt.

Man hat also das Studium sehr ernst genommen. Und einer Heidegger-Vorlesung oder einem Heidegger-Seminar folgen zu können, erforderte eine Menge Arbeit, so daß man geizig mit seiner Zeit war. Dennoch habe ich in Marburg zwei Freundschaften besonders gepflegt. Während Bröcker seiner ganzen Wesensart nach ein distanzierter Mensch war, der sich über innerliche und persönliche Dinge wenig äußerte, mit dem man sich aber intellektuell gut verstehen konnte, verband mich mit Gerhard Nebel ein wirkliches Freundschaftsverhältnis. Nebel kam auch mal zu uns nach Hause zu Besuch nach Mönchengladbach. Er hat meine Mutter sehr verehrt. Die einschneidendste Begegnung in Marburg war jedoch die mit Hannah Arendt, die ich 1924 kennenlernte – sie war damals 18 Jahre alt. Sie fiel mir natürlich sofort auf, doch für wen galt das nicht? Das will nicht viel sagen. Daß wir einander fanden, hing, abgesehen davon, daß wir uns sympathisch waren, damit zusammen, daß wir als einzige Juden Mitglieder des neutestamentlichen Seminars bei Rudolf Bultmann waren. Das Seminar war natürlich von evangelischen Theologen und garantierten Gojim bevölkert, während wir zwei, die wir erstens keine Theologen, sondern Philosophen, vor allem aber keine Christen, sondern Juden waren, dort eigentlich nichts zu suchen hatten. Hannah war eine bewußte Jüdin, ohne etwas vom Judentum zu wissen, also das, was man eine *am ha-arez* nennt. Sie war aber auch eine »Trotzjüdin«, und sie hatte sich, wie sie mir erzählte, folgendermaßen bei Bultmann eingeführt: Man mußte zu Beginn des Semesters persönlich in der Sprechstunde des Professors erscheinen, um die Erlaubnis einzuholen, an seinem Seminar teilnehmen zu dürfen. Hannah erklärte ihm, wer sie war und daß sie eben gerade Philosophie zu studieren begann, und Bultmann sagte ihr, sie sei ihm sehr willkommen. Darauf fuhr Hannah fort: »Aber eines möchte ich von vornherein klarstellen: Antisemitische Bemerkungen lasse ich mir nicht gefallen!« Worauf Bultmann, der unnachahmliche Oldenburger, ruhig antwortete: »Fräulein Arendt, ich denke, wenn so etwas vorkommen sollte, werden Sie und ich zusammen die Sache gut bewältigen.« Wunderbar – diese von vornherein zur Sprache gebrachte Kampfstellung der Jüdin gegenüber dem Professor! Sie wurde dann eine tolle Schülerin Bultmanns. Ich habe zwar viel ernsthafter bei Bultmann studiert als sie, doch sie war immerhin so sehr am Neuen Testament interessiert, daß sie doch mehrere Semester bei ihm studierte und Bultmann später nach dem Krieg noch besuchte und ihm stets mit Respekt begegnete.

Aus unserer Außenseitersituation im Bultmannschen Seminar ergab sich sofort, daß wir zusammenhielten. Nun brauche ich nicht viele Worte darüber zu verlieren, was für eine faszinierende, anziehende, bezaubernde Person sie war, was für ein Ausnahmewesen. Es gehörte kein besonderer Scharfblick dazu, das zu erkennen, stand es doch in ihren Augen und in ihren Zügen geschrieben. Außerdem war sie sehr anziehend, und ich gefiel ihr offenbar auch. Wir waren schnell vertraut miteinander. Ich war mit ihr so eng befreundet, daß mein Vater, der mich einmal in Marburg besuchte und dabei auch Hannah kennenlernte, unsere Beziehung anders deutete, als sie war, und durch eine Geschäftsverbindung in Königsberg Erkundigungen über die Familie Arendt einziehen ließ, was natürlich Hannahs Mutter sofort berichtet wurde. Hannah hat mir das mit großer Amüsiertheit erzählt – mein Vater bekam übrigens eine sehr positiv lautende Auskunft. Doch wenn ich von dem langen und liebevollen Verhältnis zwischen uns rede, gilt es zu betonen, daß es niemals eine physische Liebesbeziehung zwischen uns gegeben hat. Ich bin oft nach dem Grund gefragt worden, denn dafür, daß Hannah Arendt für Männer attraktiv war, gibt es Zeugnisse genug, und auch die Tatsache, daß ich für Frauen empfänglich bin, ist hinreichend bezeugt. Und dennoch – es war anders bei uns. Davon wird zu erzählen sein. Zunächst einmal gingen wir regelmäßig zusammen im selben Restaurant zum Mittagessen. Eine Mahlzeit am Tag nahm man im Restaurant zu sich, im übrigen wirtschaftete man selbst auf seiner Bude. Nach den ersten zwei oder drei Mittagessen sagte Hannah zu mir: »Ich möchte ein Abkommen zwischen uns vorschlagen.« Sie kam aus einem gutbürgerlichen Hause und war wohlerzogen. »Ich möchte mir das Privileg ausbitten, daß ich schon anfangen darf zu rauchen, während du noch ißt.« Davon hat sie ihr Leben lang Gebrauch gemacht, denn sie hatte ein großes Bedürfnis, zu rauchen, und ich bin immer ein langsamer Esser gewesen.

Auch verstand es sich, daß ich sie schützen würde. Hannah hatte ihre verletzliche Seite und fühlte sich des Schutzes ge genüber männlichen Zudringlichkeiten bedürftig. Ich erinnere mich noch an einen Vorfall, als wir in diesem Restaurant an unserem Tisch saßen, da kam von einem anderen Tisch ein Corps-Student zu uns herüber, stand stramm, schlug seine Hacken zusammen, stellte sich vor und sagte zu Hannah: »Gestatten Sie, daß ich bei Ihnen Platz nehme?« Hannah blickte mich mit erschreckten Augen an, und ich sagte: »Nein.« Worauf er wieder seine Hacken zusammenschlug, sich verbeugte und sich zurückzog. Hannah sagte: »Dankeschön!« Wir redeten viel, denn sie brauchte eine Vertrauensperson. Das ist mit ein Element, das dazu beitrug, daß es zu keiner erotischen Beziehung zwischen uns kam, da man nicht gleichzeitig Vertrauter und Liebhaber sein kann. Ich wurde ihr Confidant und habe das übrigens so streng genommen, daß ich gewisse Dinge zu Hannahs Lebzeiten nicht einmal Lore, meiner eigenen Frau, erzählt habe, denn ich sagte mir, daß ich das unter dem Siegel der Verschwiegenheit erfahren hatte. Andererseits entdeckte auch sie im Laufe der Zeit gewisse Schutzbedürftigkeiten bei mir – etwa, daß ich in gewissen Dingen irgendwie empfindlicher bin als sie. Oft sagte sie, beispielsweise wenn es um Berichte aus der Nazizeit oder über Konzentrationslager ging, zu meiner Frau: »Das ist nichts für den Hans.« Sie war nämlich, was man auf englisch *tough* nennt. Sie war von robuster Gemütsart und konnte den Schrecknissen der Welt in einer Weise ins Auge sehen, die sie mir nicht zutraute. Sie wußte, daß mich Dinge, die aufs tiefste verstörend sind, zu sehr aus dem Gleichgewicht brachten und man mich ein bißchen davor beschützen mußte.

Damals in Marburg sahen wir einander täglich. Wir trafen uns in den Vorlesungen, gingen zusammen essen, und ich habe sie auch besucht. Da sie wenig Geld hatte, wohnte sie in einem etwas kalten Dachzimmer. Sie hatte dort eine kleine Maus entdeckt und sie daran gewöhnt, regelmäßig zu einer bestimmten Tageszeit herauszukommen und sich füttern zu lassen. Hannah war, obwohl eine ganze Kohorte von Königsbergern in Marburg studierte, mit denen sie auch zum Teil gut stand, sehr einsam. Ich war ein naher Freund, aber der einzige ihr wirklich ganz nahestehende Mensch konnte sie nicht besuchen – und das war Martin Heidegger selbst. Ich weiß aus Hannahs eigenem Munde, wie ihre Beziehung zu Heidegger begonnen hatte. Es gehört zu den Geheimnissen, die ich jahrzehntelang mit mir herumgetragen habe, über die man aber jetzt, nach so langer Zeit, sprechen darf.[3] Hannah war im Wintersemester 1924/25 als frischgebackene Philosophie-Studentin wegen Heidegger nach Marburg gekommen, wie so viele jüdische Königsberger, die seinem geheimen Rufe gefolgt waren. Hannah vertraute mir folgendes an: Irgendwann in diesem ersten Semester hatte sie im Zusammenhang mit ihrem Studium einen Besuch bei Heidegger zu machen. Die Sprechstunde fand statt, als draußen bereits der Abend dämmerte, und im Zimmer verbreitete sich ein gewisses Dunkel, denn er hatte kein Licht angezündet. Als sie mit der Unterredung fertig waren und Hannah aufstand, um sich zu verabschieden, und Heidegger sie zur Tür begleitete, geschah etwas Unerwartetes – in Hannahs Worten: »Plötzlich fiel er vor mir auf die Knie. Und ich beugte mich nieder, und er streckte von unten aus dem Knien heraus seine Arme zu mir empor, und ich nahm seinen Kopf in meine Hände, und er küßte mich, ich küßte ihn.« So begann es. Das war nicht der gewöhnliche Beginn der Verführung einer Studentin durch einen Professor und auch keine Abenteuerlust einer Studentin, die einen Professor verführen wollte, sondern es spielte sich hochdramatisch auf einer emotionalen Ebene ab, die der Beziehung von vornherein einen absolut exzeptionellen Charakter verlieh. Heidegger hatte ein Auge auf sie geworfen. Sie war keineswegs die einzige, denn er hat sich, wie ich erst später erfahren habe, hin und wieder für Studentinnen interessiert, und ich habe von keiner gehört, die Widerstand geleistet hätte. Aber diese Bekanntschaften waren etwas anderes – sie begannen gewiß nicht mit einem Kniefall und haben sicher auch nicht diese lebenslangen Auswirkungen gehabt. Hier begann etwas, von dem beide Seiten im Grunde nie mehr loskamen. Als mich später einmal jemand nach einer Lesung fragte, wie ich es erklären könne, daß Hannah Arendt Heidegger nach dem Krieg seinen Nationalsozialismus so schnell verziehen habe, sagte ich: »Das kann ich mit einem Wort beantworten: Liebe. Und die verzeiht vieles.«

Meine Frau kann bezeugen, daß ich ihr, solange Hannah gelebt hat, dies nie erzählt habe, und man erzählt seiner Frau gewöhnlich alles. Aber weil Hannah mich mit dem besonderen Vertrauen geehrt hatte, mir diesen geheimsten Augenblick zu erzählen, fühlte ich mich zum Schweigen verpflichtet und habe es erst einige Zeit nach ihrem Tod erzählt. »Plötzlich fiel er vor mir auf die Knie.« Ob sie selbst sich bereits vorher von ihm angezogen gefühlt hatte, weiß ich nicht. Wenn jemand an eine erotische Beziehung gedacht hatte, dann war es wahrscheinlich Heidegger. Natürlich war sie im Banne Heideggers, wie wir alle, er war für sie, so stelle ich es mir vor, der faszinierende Denker und Lehrer, aber ich glaube nicht, daß von ihrer Seite auch nur so etwas wie der Gedanke an Liebe oder auch nur ein privates Verhältnis bestand. Aber ich kann darüber nichts Gültiges sagen, darüber haben Hannah und ich nie gesprochen. Sie hat mir diesen Vorfall einige Zeit später mitgeteilt – noch bevor der Winter zu Ende war, wußte ich es. Wie es dazu kam, gehört zu meinen ganz intimen Lebenserinnerungen. Ich besuchte Hannah in diesem Winter eines Tages auf ihrem Zimmer, weil sie krank war und leicht fieberte. Sie mußte im Bett bleiben, und ich leistete ihr etwas Gesellschaft. Und als ich an ihrem Bett saß, geschah dann, was beinahe unvermeidlich ist zwischen Menschen, die eine Zuneigung zueinander haben und verschiedenen Geschlechts sind. Hannah war schön, und ich war auch nicht abstoßend. Also ergab sich, daß wir uns küßten und ich sie ein wenig in den Armen hielt. Sie im Bette liegend, ich auf dem Bettrand sitzend, sie im Nachthemd – aber dann verabschiedete ich mich. Es war eine Abschiedszärtlichkeit zwischen uns, die außer Zärtlichkeit eben auch eine deutlich erotische Note besaß und als Anfang einer Änderung unserer Freundschaft hin zu einer Liebesbeziehung verstanden werden konnte. Aber ich war damals anständig oder fein genug, eine solche Situation nicht mißbrauchen zu wollen. Es handelte sich eigentlich nur um eine Abschiedszärtlichkeit. Aber als ich mich verabschiedete, ihr gute Besserung wünschte und zur Tür ging, rief sie plötzlich: »Hans!« Ich drehte mich zu ihr. »Hans, komme doch nochmal zurück. Setz dich hin. So geht das nicht, ich muß dir etwas erzählen.« Und ich ging wieder zurück, setzte mich auf einen Stuhl neben ihrem Bett, und sie erzählte mir von ihrem Verhältnis mit Heidegger. Von dem Augenblick an war besiegelt, daß es zwischen Hannah und mir keine erotische Liebesbeziehung geben durfte. Damit war sie für mich tabu. Eben das wollte sie erreichen – deshalb vertraute sie sich mir an, um zu verhindern, daß ich mir Hoffnungen machte. Sie hatte mich gern, und es war gar kein Zweifel, daß sich eine Liebesbeziehung hätte entwickeln können, wäre da nicht Heidegger gewesen. Es war aber auch nicht so, als ob ich das von nun an als eine mir versagte, aber ersehnte Möglichkeit betrachtete. Vielmehr war der Gedanke daran vollkommen ausgelöscht, und niemals in unserer Freundschaft – und selbstverständlich umarmten und küßten wir uns, wenn wir einander begrüßten oder uns verabschiedeten – verspürte ich auch nur die Versuchung, es über diese Grenze hinauszutreiben, die dadurch gesetzt war. Ich wurde dadurch, daß sie genötigt gewesen war, mir – um zu verhindern, daß unsere Freundschaft zerbrach – etwas zu erzählen, was sie mir sonst nicht erzählt hätte, zu ihrem vollkommen Vertrauten. Daraus entstand eine lebenslange Freundschaft.

In den Jahren 1925 bis 1933 liegen die Wurzeln meines ersten größeren wissenschaftlichen Werkes über *Gnosis und spätantiker Geist*, das aus meiner Dissertation erwuchs. Ich will

darüber nur kurz erzählen, da dies schon an anderer Stelle aus-
führlicher geschehen ist.[4] Möchte man über meine Philosophie
sprechen, so beginnt sie ohnehin nicht mit der Gnosis, sondern
mit meinen Bemühungen um eine philosophische Biologie.
Mein Werk über die Gnosis war demgegenüber lediglich mein
Gesellenstück – eine Anwendung von Heideggers Philosophie,
insbesondere der Existentialanalytik mit ihren Deutungsme-
thoden und ihrem Verständnis des menschlichen Daseins, auf
einen bestimmten historischen Stoff, in diesem Fall die spätantike Gnosis. Das war ein interessanter, einmaliger Versuch, der
bis dahin noch nicht unternommen worden war, zumal sich
noch kein Philosoph für dieses Phänomen interessiert hatte.
Also kam etwas Originelles heraus, das einen besonderen Beitrag auf dem Gebiete der Erforschung der Spätantike darstellte.
Ich würde aber nicht sagen, daß hier eine unabhängige Jonas-
sche Philosophie am Werke war, sondern ich wandte das, was
ich gelernt hatte, an, um einen bestimmten historischen Stoff
neu zu beleuchten, zu durchdringen, und in einer Weise zu interpretieren, wie es erst durch Heideggers Existentialanalytik
möglich geworden war. Ich hatte, um es kurz zu erzählen, in
Bultmanns neutestamentlichem Seminar eines Tages die Aufgabe übernommen, ein Referat über den Begriff der Gotteser-
kenntnis, der *gnosis theou* im Johannesevangelium zu halten,
und drang dann im Zuge dieser Arbeit (zum Teil schon angeregt durch Bultmanns eigenes Interesse an der Gnosis) in
die weiteren religionsgeschichtlichen Hintergründe dieser Be-
griffswelt vor. Daraus ergab sich plötzlich, daß mein Thema
weit über das spezifisch Neutestamentliche hinausging, und so
wurde ein Monstrum von Seminarreferat daraus, von dem
Bultmann jedoch so beeindruckt war, daß er mich ermunterte,
es zum Thema meiner Dissertation zu machen. Als ich ein-
wandte, ich wolle ja nicht Neutestamentler werden, sagte er:
»Lassen Sie mich das mit Heidegger besprechen!« Damit war
klar, daß ich bei Heidegger über das Phänomen der Gnosis pro-

movieren würde. Es war übrigens nicht außergewöhnlich, daß eine Promotion bei Heidegger stark auf Originalquellen bezogen sein mußte, denn seine ganze Arbeit im Seminar war quellenbezogen. Heideggers Philosophie-Unterricht war historisch orientiert, aber nicht philosophiegeschichtlich, sondern in dem Sinne, daß die Quellen als Herausforderungen zu einer philosophischen Reflexion ernstgenommen wurden. Die eigentümlich durchdringende und lebendig machende Art Heideggerscher Textinterpretation war etwas ganz Besonderes und Anregendes. Insofern lag die Notwendigkeit des intensiven Quellenstudiums nicht außerhalb dessen, was eine Dissertation bei Heidegger auch sonst verlangt hätte.

Ob Heidegger sich für meine Arbeit interessierte, habe ich allerdings nie herausgekriegt. Er war sehr karg mit Äußerungen. Von Zeit zu Zeit ließ er sich über den Fortgang der Arbeit berichten, doch die Initiative dazu ging immer von mir aus. Das fand gewöhnlich in den Ferien statt. Ich besuchte Heidegger ein oder zweimal während der Sommerferien im Schwarzwald in Todtnauberg und stellte dar, wie weit ich gekommen war und welche Richtung die Arbeit nahm. Er nickte dann und sagte: »Doch, das klingt recht gut. Fahren Sie so fort. Das scheint mir durchaus in Ordnung zu sein.« Er hatte im Grund wenig zu dem Thema zu sagen, denn ich wußte viel mehr darüber als er, und er verließ sich, was die Solidität meiner Untersuchungen betraf, auf seinen Freund Rudolf Bultmann. Zweifellos fühlte er sich aber von meinem Versuch philosophisch angesprochen. Daß man einen philosophischen Text mit Heideggerschen Augen betrachtete, verstand sich für einen Heidegger-Schüler von selbst. Aber daß ich eine solche Erscheinung, etwas so Wildes und gegenüber philosophischem Denken grundlegend Fremdartiges mit Heideggerschen Mitteln bearbeiten wollte, um ihm einen Sinn zu entlocken, den man ihm eben nur mit dieser Methode zu entlocken vermochte, das erfreute ihn wohl und erfüllte ihn mit einer gewissen Genugtuung. Allerdings glaube

ich nicht, daß er sich deshalb nun selbst für die Gnosis besonders interessiert hat. Im übrigen erblickte ich damals zwar in
der Gnosis ein antikes Pendant zu Heidegger, nicht aber umgekehrt. Der Gedanke, daß nicht nur gewisse Existenzeinsichten
Heideggers bereits bei den Gnostikern vorabgebildet waren,
sondern Heidegger selbst in seinem Denken eine Art gnostisches Phänomen der Gegenwart darstellte, wurde mir erst viel
später bewußt, als ich von der Heidegger-Verehrung viel freier
geworden war.[5]

Im Herbst 1928 reichte ich bei Heidegger die fertige Doktorarbeit ein – alles handschriftlich und mit einer Fülle griechischer und lateinischer Texte. Der Zweitkorrektor der philosophischen Fakultät, ein besserer Gymnasialprofessor, äußerte
sich ablehnend und konnte überhaupt nichts damit anfangen.
Darum kümmerte sich aber Heidegger nicht, sondern schrieb
dann ein Gutachten, das den anderen vollkommen beiseite
drängte. Aber bis dahin verging Monat um Monat, und ich
hörte einfach nichts von Heidegger. Ich wartete auf ein Urteil
von meinem Lehrer und Richter, mindestens auf ein Wort,
irgendeine Resonanz. Ich war in diesem Winter wieder nach
Marburg zurückgekehrt, das ich zwischenzeitlich verlassen
hatte. Nachdem ich genügend Vorlesungsscheine gesammelt
und mein Promotionsthema gefunden hatte, war ich nach Heidelberg, später auch nach Bonn und Frankfurt gegangen. Ich
wollte und konnte nicht dauernd in Marburg sitzen – das ging
einem auf den Kopf. Nun war ich also wieder in Marburg und
wartete auf ein Wort von Heidegger. Eines Abends ging ich in
ein Konzert und saß bereits auf meinem Stuhl, da kam Heidegger und mußte sich an mir vorbeizwängen, um auf seinen Platz
in derselben Reihe zu kommen. Während er das tat, sagte er:
»Ihre Arbeit ist ausgezeichnet.« Und ging weiter. So also behandelte er einen wartenden Kandidaten, und ich glaube, es beschäftigte seine Phantasie in gar keiner Weise, daß hier jemand
saß und zitternd darauf wartete, wie eine jahrelange Arbeit be-

urteilt würde. Mein mündliches Schlußexamen fiel auf den 29. Februar 1928 – denn es war ein Schaltjahr, so daß sich der Tag meines Doktorexamens nur alle vier Jahre jährt. Als mir das Endresultat mitgeteilt worden war, ging ich aufs Postamt und verschickte zwei Telegramme mit gleichem Wortlaut – eines an meine Eltern und eins nach Königsberg an Hannah Arendt: »Summa cum laude promoviert.« Und ich weiß noch, daß in dem Augenblick, in dem ich am Schalter mein Formular abgab, ein Student, der mir über die Schulter geschaut hatte, sagte: »Ich beneide Sie glühend!« Am selben Nachmittag kam ein Antworttelegramm aus Königsberg mit dem Wortlaut: »Summis cum gratulationibus. Hannah.« Seither haben wir uns bei gewissen feierlichen Gelegenheiten stets auf lateinisch gratuliert. Als sich etwa im Herbst 1974 zum fünfzigsten Mal der Beginn unserer Freundschaft jährte, schrieb ich ihr von Israel aus auf lateinisch ein Telegramm – der einzige lateinische Text, den ich je verfaßt habe: »Amicissimae quinquagenta annorum amicus semper dedictus. Hans.«

Über Martin Heidegger als Lehrer habe ich in meinem Essay »Wissenschaft als persönliches Erlebnis« geschrieben,[6] aber wie er im persönlichen Umgang war, kann ich nicht erzählen, weil ich fast keinen mit ihm hatte. Bei Gadamer und Löwith mag das anders gewesen sein. Aber einmal habe ich in Todtnauberg auf seiner Hütte übernachtet. Ich kam auf einer Wanderung dorthin, und er lud mich ein, über Nacht zu bleiben. Er hatte da irgend so eine Koje, in der man schlief. Heidegger fühlte sich wohl da oben, war auch recht aufgeschlossen, und man unternahm vielleicht eine Wanderung mit ihm. Ich bin aber nie – wie viele andere seiner Studenten – im Winter mit ihm Ski gelaufen. Auf diesem Besuch auf Heideggers Hütte habe ich übrigens das einzige Mal mit ihm über den Zionismus gesprochen. Ich kam gerade von Basel, wo im Sommer 1929 der 16. Zionistenkongreß stattgefunden hatte. Als ich ihm von dem Kongreß erzählte, ließ er sich von mir in ein paar Worten erklären, was Zionismus überhaupt sei. Er hatte keine Ahnung und sagte: »Zionistenkongreß – was tut man da? Das spielt sich wohl alles in einem großen Zelt ab?« Worauf ich erwiderte: »Nein, es gibt ein Kongreßgebäude, in dem man auch wohnt, ein Hotel.« Er hatte also ganz eigentümlich primitive Vorstellungen und malte sich einen Zionistenkongreß irgendwie als eine Art Heerlager mit Zelten aus. Er hatte keine Ahnung, was ein politischer Kongreß ist! Dabei hat es doch außer dem Zionistenkongreß auch Sozialistenkongresse und alle denkbaren anderen Versammlungen gegeben. Aber von so etwas wußte Heidegger nichts. Ich weiß auch nicht, ob es überhaupt in sein Bewußtsein gedrungen ist, daß einer seiner Schüler eine Bewegung bejahte, welche die Juden aus Deutschland heraus nach Palästina führen wollte. Er hat wohl auch nicht darüber nachgedacht, daß dies theoretisch bedeutet hätte, daß sich seine Schule, die zum Großteil aus jüdischen Philosophen bestand, durch Auswanderung auflösen könnte. Immerhin war ich unter seinen jüdischen Schülern der einzige Zionist. Jedenfalls ist mir nicht bekannt, daß irgendein anderer der jüdischen Heidegger-Schüler dem Zionismus anhing – im Gegenteil. Ich bin zwar einigen von ihnen später in Palästina begegnet, doch die haben das keineswegs von sich aus in der Zeit gewählt, in der man noch wählen konnte. Wahrscheinlich dachte sich Heidegger, es gebe eben unter den Juden solche Träumer, und sein Schüler Hans Jonas, dem er ja das höchste Lob gegeben hatte, das ein akademischer Lehrer seinem Schüler geben kann, indem er meine Arbeit *summa cum laude* beurteilte, gehörte halt dazu und würde schließlich nach Palästina gehen. Na gut, dann würde sich eben ein Heidegger-Schüler in Palästina etablieren und vielleicht dort seine Lehre verbreiten. Der Gedanke, es könnte seine Stellung in Deutschland womöglich darunter leiden, daß so viele Juden aus Deutschland weggingen oder weggehen mußten, kam ihm damals nicht. Heidegger war darauf in gar keiner Weise vorbereitet. Nebenbei bemerkt, hat er in dem einen oder anderen Fall jüdischen Schülern sogar geholfen. So erzählte später Paul Oskar Kristellar in New York, er habe Heidegger nichts vorzuwerfen, denn dieser habe ihm, als er auswanderte und nach Italien ging, den Weg bereitet und mit Empfehlungen dazu beigetragen, daß er dort eine Stelle fand.[7] Nein – Heidegger war kein persönlicher Antisemit. Vermutlich war es ihm ein klein wenig unheimlich, daß so viele Juden unter seinen Schülern waren, aber wohl mehr in dem Sinne, daß das ein bißchen einseitig war, daß nicht genügend da waren, die mehr von seiner Art waren. Von Antisemitismus war im Umkreis von Heidegger nur insofern die Rede, als bekannt wurde, daß seine Frau aus der völkischen Jugendbewegung stammte. Die mag ihm manchmal zugesetzt und zu ihm gesagt haben: »Martin, was stellst du dich so taub, warum bist du dauernd von jungen Juden umgeben?« Man hörte munkeln, daß Elfriede Heidegger antisemitische Neigungen habe, ohne daß ich sagen könnte, woher man das wußte. Immerhin hatte sie jeden Grund, eifersüchtig zu sein auf eine Jüdin, denn irgendwann wird sie vom Verhältnis ihres Mannes erfahren und kaum mit freundlichen Gefühlen darauf reagiert haben.

Ein auffälliges Kennzeichen des Kreises, der sich in diesen Jahren meiner Promotion in Marburg um Heidegger scharte – etwa 12 bis 15 Philosophen, darunter neben Hannah Arendt, Gerhard Nebel und mir noch Karl Löwith, Hans-Georg Gadamer, Gerhard Krüger und Günther Stern –, bestand darin, daß wir alle apolitisch waren. Eine Ausnahme bildete Günther Stern, der bei Husserl promoviert hatte und nun bei Heidegger studierte und philosophisch von ihm beeinflußt war, sich aber politisch zum linksgerichteten gesellschaftskritischen Denker entwickelte. Das allein entfernte ihn von Heidegger, von dessen Warte aus zu den brennenden Problemen der Sozialgeschichte und des politischen Geschehens der Zeit nichts zu sagen war.[8] Für mich dagegen kam der Sozialismus nie wirklich in Frage, weil er meiner Vernunft nicht einleuchtete. Als Jugendlicher, zur Zeit der Russischen Revolution, übte er eine gewisse Faszination auf mich aus, so daß ich mir nach der Novemberrevolution ausmalte, wie in Deutschland eine sozialistische Republik aussehen könnte. Aber ich kann nicht sagen, daß ich jemals eine ausgeprägte Phase hatte, in der ich glaubte, die Geschichte könne nur durch eine gewaltsame Revolution, den totalen Umsturz der Gesellschaft und die Diktatur des Proletariats weitergehen. Daß mir die Ziele der Sozialdemokratie sympathischer waren als jene von Gustav Stresemanns Deutscher Volkspartei und der Deutschnationalen, verstand sich von selbst. Hätte ich nur diese Wahl gehabt, so hätte ich natürlich sozialdemokratisch gewählt. Tatsächlich habe ich die Deutsche Demokratische Partei gewählt, war liberal oder sogar links-liberal. Viel stärker sorgte mich das Schicksal der Juden. Das war vielleicht gelegentlich eine Engführung, doch ich bemühte mich eben nicht um eine Formel für die Lösung der Weltprobleme, sondern konzentrierte mich darauf, daß die jüdische Galut-Existenz – menschlich, psychologisch und politisch – auf die Dauer unhaltbar war und mit Hilfe der zionistischen Lösung überwunden werden mußte. Damit war im großen und ganzen mein politischer Bedarf gedeckt, und der wachsende Antisemitismus und der Aufstieg der Hitlerbewegung in Deutschland konnte mich darin nur noch bestärken.

Auch Hannah Arendt bildete, was das Apolitische betraf, keine Ausnahme, und das, obwohl sie aus einem politischen Hause stammte – ihre Mutter war eine frühe Sozialistin und Bewunderin von Rosa Luxemburg gewesen.[9] An sich hatte sie also alle Voraussetzungen dazu, sich politisch – und zwar sozialistisch – zu engagieren. Für sie bedeutete aber die Macht des Philosophischen in ihrem Denken und Sein gleichsam den Ausschluß dieser ganzen Sphäre. Man könnte einen Vergleich zu den frühen Christen anstellen, die sich von der Welt abwandten oder in die Wüste gingen, um vor der Welt zu flüchten und im direkten Austausch mit Gott ihre Vollendung zu finden – so war Hannah Arendts Philosophie. Das war ein geistig-seelischer Bereich, der von sich aus von dem Gewimmel und der Geschäftigkeit des realen Lebens wegführte. Sie mußte – auch beeinflußt durch ihren Mann, Günther Stern – das Politische unter dem Zwang des Hitler-Phänomens überhaupt erst wiederentdecken: Erst als die Realität auf die rauheste Weise in dieses entrückte und staubfrei philosophische Dasein einbrach, eröffnete sich ihr die politische Sphäre.[10] Mein politisches Engagement, den Zionismus, hatte sie mit amüsierter Toleranz, sozusagen als liebenswerte Schwäche ihres guten Freundes Hans, betrachtet: »Laß dem Kind seine Bu-letten. Der hat es nun mal mit dem Zionismus, und Männer müssen so etwas haben«. Diese ganze Welt, auch die jüdische Welt, interessierte sie nicht – ein politisches Interesse am Judentum zu nehmen, lag ihr ebenso fern wie ein Interesse am Schicksal der Arbeiterklasse oder der deutschen Nation oder was sonst auf der Tagesordnung stand. Das war einer Philosophin nicht würdig, deren Denken sich in einer anderen Sphäre bewegte. Mein Dissertationsthema »Gnosis« war potentiell tausendmal politischer als Hannah Arendts Arbeit »Der Liebesbegriff bei Augustin«.[11] Man kann sich gar nicht vorstellen, wie fern der Welt man sich in Marburg bewegen konnte, ohne dem Zeitgeschehen überhaupt Beachtung zu schenken. Eine verhängnisvolle Sache.

Als ich nach meiner Promotion nach Heidelberg kam, war die Sache schon anders. Da blühte immerhin die Soziologie, und man konnte weder Schüler von Max Weber noch von Karl Mannheim sein, ohne sich zumindest grundsätzlich auch für die Realitäten der gesellschaftlichen und politischen Welt zu interessieren. So weitete sich in dieser Zeit mein Horizont, und ich stieß auf die Soziologie, insbesondere auf Max Webers Studie *Die protestantische Ethik und der Geist des Kapitalismus*,[12] die damals den Blick auf die moderne Welt vollkommen veränderte. Ich kann aber nicht sagen, daß ich jemals ein Max Weber-

Kenner geworden bin. Besonders interessierten mich seine ge-
sammelten Aufsätze zur Religionssoziologie, in denen er auch
über das antike Judentum schrieb,[13] während mich etwa seine
Theorie der Wertfreiheit der Wissenschaft, die ich als philosophisch unzulänglich empfand, niemals besonders beeindruckte.
Immerhin, Themen der sozialen oder der politischen Philosophie beschäftigten mich auf einmal, zumal ich in Heidelberg
zum Kreise von Karl Mannheim gehörte, der eine gewisse
Hoffnung auf mich setzte und froh war, einen Philosophen gewonnen zu haben, der vielleicht zum Sprachrohr für seine Wis-
senssoziologie werden konnte. Ich machte das ein oder zwei Semester brav mit und besuchte – schon als junger Doktor – 1929
den internationalen Soziologentag in Zürich. Auf dieser Tagung, auf der ich öffentlich auftrat,[14] ging es ziemlich streitbar
zu, zumal Mannheims Heidelberger Kollege Alfred Weber diesen dort ungeheuer abkanzelte, weil er sich schon die ganze
Zeit über die Schulbildung geärgert hatte, die Mannheim sozusagen vor seiner Nase vorantrieb.[15] Das war aber die einzige
Gastrolle, die ich jemals auf dem Gebiet der Soziologie gespielt
habe, aus Anhänglichkeit Mannheim gegenüber, den ich zeitweise für einen wichtigen Geist hielt. Persönlich fand ich ihn
immer liebenswert, aber was seine Arbeiten betraf, die er selbst
für ungeheuer wichtig hielt, so kamen mir dann doch bald
Zweifel.

Ich strebte übrigens in dieser Zeit nicht nach einer Assisten-
tenstelle, sondern lebte als Privatgelehrter. Das konnte sich ein
Sohn von Gustav Jonas leisten – weiter an dieser oder jener
Universität zu leben. Zunächst galt es, meine Dissertation für
die Veröffentlichung auszuarbeiten, so daß ich vor allem eine
gute Bibliothek und eine Umgebung mit geistigem Austausch
brauchte. Ich war dann abwechselnd in Heidelberg, Paris,
Frankfurt und Köln, wo ich im Winter 1932/33 den Sieg Hitlers
erlebte. In Paris war ich – als eine Art Belohnung nach meiner
erfolgreichen Promotion – im Winter 1928/29. Ich wollte an

der Sorbonne studieren, vor allen Dingen aber Paris kennenlernen – die »verruchte Stadt«, wie Husserl sie genannt hatte. In
meiner Pension in der Rue de la Sorbonne Nr. 10 begegnete ich
Hans Yorck von Wartenburg, mit dem ich Zimmer an Zimmer
wohnte. Ich hatte den Namen seines Onkels zu Beginn meines
Studiums gehört, als der Briefwechsel zwischen Wilhelm Dilthey und Graf Paul Yorck von Wartenburg erschienen war.[16]
Diese Korrespondenz war seinerzeit als große Enthüllung empfunden worden, weil erkennbar geworden war, daß die origi-
nellsten und bedeutendsten Gedanken in Diltheys Werk, insbesondere seine Hermeneutik, von Graf Yorck von Wartenburg,
einem hochgebildeten Mann aus dem schlesischen Klein Oels,
stammten. Das schlug damals wie eine Bombe ein. Jemand
sagte: »Die größte posthume Blamage in der Geschichte der
Philosophie.« Mit dem Neffen des besagten Grafen Yorck von
Wartenburg, der ein wenig jünger war als ich und noch studierte, freundete ich mich also an. Unsere Verbindung hat zwar
nicht über unseren gemeinsamen Aufenthalt in Paris hinaus
gedauert, doch während dieser Zeit haben wir uns viel unterhalten. So verdanke ich ihm etwa in meinem Verhältnis zur
Dichtung eine bedeutende Erkenntnis. Er erzählte mir von seiner Kindheit, seiner häuslichen Umgebung. Sein Vater war in
der Tradition großer literarischer Bildung und Geistigkeit aufgewachsen, wie sie anscheinend im Hause Yorck üblich war.
Einmal, als er aus der Schule gekommen sei, erzählte Hans,
habe ihn sein Vater gefragt: »Was hast du heute gelernt? Was
habt ihr in der Deutschstunde gehabt?« »Wir haben das Gedicht ›Der Fischer‹ von Goethe besprochen.« »Nun, kannst du
das?« »Ja, ja, ich kann es.« Als sein Vater ihn aufgefordert habe,
das Gedicht aufzusagen, habe er zu rezitieren begonnen: »Das
Wasser rauscht, das Wasser schwoll, ein Fischer saß da mit seiner Angel ruhevoll ...« Da habe sein Vater gesagt: »Nun warte
mal, so liest man das nicht!« Und dann habe er es aufgesagt,
ganz langsam, und da erst sei ihm aufgegangen, was das für

ein Gedicht sei. »Seit der Zeit«, sagte Yorck von Wartenburg, »zähle ich dieses Gedicht zu den kostbarsten, unvergänglichsten Schätzen der deutschen Sprache.« Hans Yorck von Wartenburg war ein empfindsamer junger Mann, der mir damals viele persönliche Dinge anvertraute. An seiner Zimmerwand in diesem gemieteten Zimmer hingen zwei Bilder, die er offenbar auf die Reise nach Paris mitgenommen hatte. Eines war natürlich von seinem Vorfahren Graf Yorck von Wartenburg von Tauroggen, der den berühmten Vertrag von Tauroggen abgeschlossen hatte, mit dem sich Preußen plötzlich nach Napoleons Rückzug aus Moskau auf die Seite der Russen schlug. Der Beginn der Befreiung – ein alter Stich. Das andere war – man höre und staune – Napoleon Bonaparte auf der Brücke von Arcoli, eines der großen Bilder des jungen Generals. Der junge Graf Yorck von Wartenburg war nämlich Napoleon-Verehrer. Und nun hingen in seinem Zimmer sein Vorfahre und dessen großer Gegner! In den Jahren meiner Emigration habe ich von Zeit zu Zeit gedacht: »Was mag wohl aus Hans Yorck von Wartenburg geworden sein? Wie hat er sich benommen? Wie ist der durch die Nazizeit gekommen?« Sein älterer Bruder Paul Yorck von Wartenburg, das wußte ich, war am Attentat des 20. Juli 1944 beteiligt und wurde hingerichtet. Erst sehr viel später erfuhr ich dann, was aus Hans geworden war. Die Witwe von Paul Graf Yorck von Wartenburg, Marion Yorck von Wartenburg, erzählt in ihrem Buch *Die Stärke der Stille,* ihr junger Schwager sei gleich in den ersten Tagen des Zweiten Weltkrieges in Polen gefallen.[17] Er war anscheinend der Lieblingssohn der Mutter, die darüber untröstlich war. Er war einer der vielen Toten dieses furchtbaren Krieges.

In den Jahren vor Hitlers Machtergreifung strebte ich im Grunde eine Stellung als Privatdozent an. Nur durch eine Habilitation und eine akademische Karriere hätte ich mich schließlich von den Zuwendungen des Elternhauses unabhängig machen können. Ich habe auch einmal mit Karl Jaspers darüber gesprochen, doch er lehnte ab, denn es gab vermutlich andere, die ihm philosophisch oder persönlich viel näher standen. Ich hatte niemanden, der sich meiner Sache angenommen hätte. Husserl war schon zu alt und hätte sich wohl ohnehin nicht für diejenigen eingesetzt, die von ihm zu Heidegger gewechselt hatten. Heidegger selbst war sehr zurückhaltend in dieser Beziehung. Er war im übrigen 1928, als Husserl emeritiert worden war, in seinen eigentlichen Wirkungskreis nach Freiburg zurückgekehrt. Ich konnte offiziell ohnehin erst an eine Habilitierung denken, wenn ich eine neue Habilitationsschrift angefertigt hätte. Da ich aber noch an der Publikation meiner Doktorarbeit arbeitete, war es überhaupt zweifelhaft, wo meine Dissertation aufhören und meine Habilitationsschrift beginnen sollte, denn ich wollte an der gleichen Thematik weiterarbeiten. Da es jedoch ungeschriebenes Gesetz war, daß das Thema der Habilitationsschrift ein neues, eigenständiges zu sein hatte, war ich mir während dieser letzten Jahre in Deutschland, von Mitte 1928 bis Januar 1933, nicht darüber im klaren, woran ich eigentlich arbeiten sollte. Im Grunde mußte ich mir ein neues Thema suchen. Aber die Weltereignisse machten diese Frage schließlich überflüssig, denn nach Hitlers Machtergreifung stand ohnehin fest, daß es zu keiner Habilitation mehr kommen würde.

5. Emigration, Zuflucht und Freunde in Jerusalem

Die Bedrohung durch die Nazis wurde mir erst allmählich bewußt, als Hitler im Zuge der großen Weltwirtschaftskrise von 1929 ab erste Wahlerfolge erzielte. Jeder nahm das wahr, aber trotzdem behielt »man« – denn das galt nicht nur für mich allein, sondern war leider typisch für die Intellektuellen – eine gewisse Verachtung für Hitler und das, was er vertrat, einschließlich der ganzen Pöbelhaftigkeit der nationalsozialistischen Bewegung, der Sturmtrupps, der Goebbels-Versammlungen und der Fahnenmeere. Man nahm das in seiner Gefährlichkeit nicht richtig ernst.[1] Es war zu spüren, daß das nationalsozialistische Denken insgesamt zunahm, doch ich war eher geneigt, an eine rechtskonservativ-reaktionäre Regierung zu glauben als daran, daß diese Burschen tatsächlich an die Macht kommen würden. Ende 1932 allerdings wurde mir klar, daß die Nazis einmal an die Regierung kommen mußten. Wenn ein so großer Teil des deutschen Volkes sie mehrfach und in steigendem Maße wählte, dachte ich, war es gemäß dem demokratisch-parlamentarischen Prinzip unvermeidlich, daß sie dann auch einmal drankamen und zeigen sollten, was sie konnten. In der Nacht vom 30. auf den 31. Januar oder vom 31. Januar auf den 1. Februar fand in der Kaiser-Friedrich-Halle in Mönchengladbach ein großer Karnevalsball mit Kostümen statt – es war die Faschingszeit. Ich war dabei, weil Karneval jenseits aller Konfessions-, Partei- und Klassenunterschiede gefeiert wurde und ich um die Zeit schon zu schätzen wußte, wie schön es ist, die Freiheit, die eine Maske einem bietet, zu genießen und mit den hübschen Mädchen zu tanzen. Und während wir dort feierten, tranken und tanzten, verbreitete sich im Saale die Kunde, Hitler sei zum Reichskanzler ernannt worden. Ich weiß noch, wie ich nach Hause kam und zu meiner Mutter sagte: »Gott sei dank. Endlich ist es soweit. Das ist die einzige

Art, wie wir diese Pest wieder loswerden. Die werden innerhalb weniger Monate abgewirtschaftet haben. Sie mußten mal
rankommen, und da es Wahnsinnige sind, werden sie also binnen kurzem Bankrott machen.« Ich sprach damals von einigen
Monaten. Eine falschere Voraussage konnte man wohl nicht
machen. Und schnell merkte ich dann, daß sie nicht zutraf.
Die Art und Weise, in der die Nazis eine Machtposition nach
der anderen an sich rissen, wie sie Alfred Hugenberg und
Franz von Papen an die Wand drückten und die Macht immer
stärker monopolisierten und festigten, änderte meine Perspektive. Vor allem der 1. April machte mir klar, daß in diesem
Lande, ganz gleich wie lange die Sache dauern würde, kein Jude,
der etwas auf seine Ehre hielt, bleiben könne. Ich dachte gar
nicht an eine Bedrohung unserer leiblichen Existenz, zumal der
Plan, uns alle umzubringen, damals ja auch noch nicht bestand.
Hitlers *Mein Kampf* hatte von uns damals niemand gelesen.
Lediglich Günther Stern hat viele Jahre später gesagt: »Ich war
einer derer, die *Mein Kampf* gelesen und schon erkannt hatten,
daß das die große Gefahr ist.« Aber da ich das damals nie aus
seinem Munde gehört hatte, so habe ich meine Zweifel, inwie-
weit ich seinen Worten glauben kann und ob ihn seine Erinnerung da nicht täuscht. Ich jedenfalls hielt es absolut für unter
meiner Würde, so etwas zu lesen. Niemand, der geistig etwas
auf sich hielt, stieg so weit herab, sich einen solchen Mist zu
Gemüte zu führen. Das war natürlich ein Fehler. Als ich dann
aber die SA-Leute vor den jüdischen Geschäften und den An-
waltsbüros und den Arzt-Wohnungen stehen und diese Schil-
der mit der Aufschrift »Jude«, »Kauft nicht bei Juden«, »Juden
den Boykott erklärt«, »Tag des Juden-Boykotts« halten sah,[2] da
beschloß ich, Deutschland zu verlassen und – selbstverständlich – nach Palästina zu gehen. Ich faßte den Beschluß am
1. April und brauchte ihn nicht überstürzt in die Tat umzusetzen, denn man konnte damals ja noch völlig ordnungsgemäß
auswandern und sogar einen – wenn auch nicht großen –

Betrag des eigenen Vermögens mitnehmen. Ich verschaffte mir also ein Einwanderungszertifikat nach Palästina, und zwar ein sogenanntes »Kapitalistenzertifikat« oder »Tausend-Pfund-Zertifikat«. Diese Anträge wurden unabhängig von der Einwanderungsquote behandelt. Wer den Besitz von 1000 Palästinapfund, also den Gegenwert von 1000 britischen Pfund (nach damaligem Kurs etwa um die 12000 Reichsmark), nachweisen konnte, bekam von der nationalsozialistischen Regierung die Transfer-Erlaubnis. Darin wurde Palästina als Auswanderungsland für Juden von den Nazi-Behörden sogar bevorzugt, denn dieselbe Erlaubnis für einen solchen Betrag für die Emigration nach Amerika war viel schwerer zu bekommen. Wenn gegen den Betreffenden nichts vorlag, er also kein politisch Verfolgter war, dann durfte er das Geld direkt auf eine Bank ins Ausland überweisen. Mit einem solchen Zertifikat und ebendiesen berühmten 1000 Pfund ausgestattet, bin ich erst einmal nach England gegangen, weil damals der 1. Band meines *Gnosis und spätantiker Geist* in Göttingen im Druck war und ich noch ein/zwei Kapitel davon abschließen mußte.[3] Ich wollte für das Hin und Her der Korrekturen näher an Deutschland sein, vor allem aber an einem Ort leben, wo die Bibliotheksverhältnisse so gesichert waren wie in London, so daß das, was ich noch an textlicher Arbeit zu erledigen hatte, unter guten Bedingungen geschehen konnte. Demgegenüber konnte ich voraussehen, daß die Umgewöhnung an die Verhältnisse in Palästina wahrscheinlich meine Aufmerksamkeit stark in Anspruch nehmen würde und ich meine Kräfte auf die Hebraisierung würde konzentrieren müssen; vor allem aber wußte ich nicht, welche Bücher die Bibliothek der Universität Jerusalem überhaupt besaß. Also ging ich für anderthalb Jahre nach England und habe von dort aus die Drucklegung meines Buches überwacht. Das war dann 1934. Deutschen Boden habe ich in dieser Zeit nicht mehr betreten – ich erledigte alles per Post. Ich reiste einmal nach Holland, wo ich mich mit jemandem aus Gladbach traf, einmal nach Paris, wo ich Hannah und Günther Stern besuchte, die dort in der Emigration lebten, und bevor ich weiter nach Palästina fuhr, verabredete ich mich mit meinen Eltern in der Schweiz. Nach Deutschland bin ich erstmals im Juli 1945 zurückgekehrt.[4]

An den Tag, als ich Deutschland verließ, erinnere ich mich genau. Es war ein wunderschöner Spätsommertag Ende August, und meine Eltern und ich gingen in unserem Garten auf und ab. Es war alles vorbereitet: Ich hatte das Eisenbahnbillett, die Papiere, die Koffer waren gepackt, und auch die spätere Möbelsendung nach Palästina, die um die Zeit, zu der ich dann von England dahin reisen würde, erfolgen sollte, war geregelt. Wir gingen dort – unser letztes Zusammensein – im Sommer durch den Garten, und plötzlich, wie auf ein Signal, brachen wir alle in fürchterliches Schluchzen aus. Bis dahin war keine Träne über alle Geschehnisse vergossen worden, auch nicht über den Beschluß der Auswanderung, aber als es dann soweit war und die letzte halbe Stunde, die letzten zehn Minuten anbrachen, da fingen wir schrecklich an zu weinen. Und ich tat einen heimlichen Schwur, ein Gelöbnis: Nie wiederzukehren, es sei denn als Soldat einer erobernden Armee. Ich habe bereits erwähnt, daß meiner Phantasie ein gewisser militaristischer Zug zu eigen ist, und ich meinte, Juden könnten, gerade weil sie als Weichlinge, Feiglinge und Schwächlinge galten, Ehrenbeleidigungen überhaupt nur mit Blut abwaschen. Und hier – ganz abgesehen von der Bedrohung unserer ökonomischen Existenz, die der Judenboykott ja klar signalisierte, und von der drohenden Ghettoisierung, auf die die Ereignisse hindeuteten – erfaßte mich das Grundgefühl, daß man meine Ehre beleidigt hatte, daß man durch die Absprechung unserer Bürgerrechte und die anderen rechtlichen Schikanen, die wir Juden nun mehr und mehr von Staats wegen erfuhren, unsere Ehre als Menschen verletzte. Ich hatte instinktiv das Gefühl, das könne nur mit der Waffe in der Hand wieder ausgeglichen werden. Darauf konnte es nur eine bewaffnete Antwort geben, zu der wir im Moment nicht imstande waren, zu der es aber kommen mußte. Mit diesem spezifisch Jüdisch-Persönlichen verband sich eine allgemeinere Einsicht oder Ahnung, daß auch für die Welt, auch für Deutschland und Europa, diese Pest nur auf dem Weg eines Krieges wieder aus der Welt geschafft werden konnte. Von dem Augenblick an habe ich, schon als ich in England ankam, immer deutlicher die Auffassung vertreten, daß letzten Endes entweder der Nationalsozialismus das endgültige Schicksal Europas sei oder es aber unausweichlich zu einem europäischen Krieg kommen müsse. Und im Laufe der Jahre meiner Emigration in England und Palästina gelangte ich immer mehr zu der Überzeugung, daß dieser Krieg, je länger man ihn hinauszögerte, immer schwerer sein würde und daß man mit einem rechtzeitigen militärischen Einschreiten unter Umständen dem Spuk schon frühzeitig ein Ende machen könne – damals etwa bei der Wiederbesetzung des Rheinlandes 1936. Und es gab ja immer wieder solche Anlässe, bei denen ein eindeutiges Verhalten der Westmächte oder der übrigen europäischen Mächte einschließlich Sowjetrußlands vielleicht das ganze Unheil hätten abwenden können. Als der Krieg schließlich begann, war es für mich daher selbstverständlich, daß ich mich sofort meldete, doch ich war da schon gar nicht mehr sicher, ob er noch zu gewinnen war. Zumindest aber, so dachte ich, mußte man kämpfend untergehen. Ich gehörte zu denen, die den Krieg herbeisehnten und der Ansicht waren, je früher er komme, um so besser – mit um so weniger Opfern und um so größerer Sicherheit sei er zu gewinnen. Als es schließlich so weit war, war ich froh, daß England nicht noch einmal zurückgewichen war, aber gleichzeitig dachte ich mir: »Jetzt sind die Deutschen schon die Überlegenen. Viel besser vorbereitet. Und wenn es nur danach ginge, wie der Kriegsgott belohnt und bestraft, dann müßten eigentlich die Deutschen siegen, denn sie haben sich wirklich die Mühe gemacht, sich auf den Krieg vorzubereiten, während die anderen blauen Dunst verbreitet und es unterlassen haben, sich darauf einzustellen.« Chamberlain mit seiner Appeasement-Politik war für mich ein Alpdruck, eine Katastrophe. Statt dessen setzte ich auf Winston Churchill und war bereits zu einer Zeit sein Anhänger, als er in England noch allgemein verpönt war. Daß er sich schließlich durchsetzen würde, war meine einzige Hoffnung. Damit habe ich nun wahrhaftig recht gehabt. Ich habe übrigens mehrere historische Voraussagen gemacht, die sich bewährt haben, mich aber auch mehrmals wahnsinnig verhauen – etwa damals, als ich dachte, der Hitlerzauber werde sich nach sechs Monaten von selbst totgelaufen haben. In manchen Punkten jedoch habe ich bis in die Einzelheiten hinein ins Schwarze getroffen, zum Beispiel während des Krieges, als Amerika bereits eingegriffen hatte und nach der Kapitulation in Stalingrad 1943 die Initiative auf die Seite der Alliierten übergegangen war. Da war die Frage, wo schließlich eine alliierte westliche Invasion stattfinden würde, und ich dachte sofort an Nordafrika: Algerien, Marokko – da würden die ersten Landungen von Amerikanern erfolgen. Und ich weiß noch genau, ich war in einem Militär-Camp, als ich die Nachricht von der Invasion bekam, und ich rief in Jerusalem oder Haifa an, um zu sagen: »Was sagt ihr nun? Habe ich es denn nicht gesagt?«

Doch noch einmal zurück zu der Abschiedsszene im sommerlichen Garten und zu meiner Familie. Daß meine Eltern sich damals nicht entschlossen haben, mit mir wegzugehen, hing mit einer Vielzahl von Zwängen zusammen. Ich habe darüber mit meinem Vater gesprochen: »Könntet ihr nicht verkaufen? Könnt ihr nicht die Fabrik zu Geld machen, noch rechtzeitig einen Käufer finden und ins Ausland gehen? Oder wie wäre es, wenn wir eine Weberei in Palästina aufmachen würden?« Aber mein Vater erklärte mir, daß er dazu nicht imstande sei. Es stellte sich dann heraus, daß er da schon ein kranker Mann war. Er war alt und starb schließlich im Januar 1938 an Krebs. Aber selbst wenn er in einem besseren physischen Zustand gewesen

wäre, wäre es ihm kaum möglich gewesen, diesen Schritt zu gehen. Ein Neuaufbau eines Textilunternehmens in Palästina, die
Liquidierung unter den in Deutschland herrschenden Verhältnissen, das war ja für Juden nichts Gewohntes, und es wäre
überhaupt nur unter irrsinnigen Verlusten zu realisieren gewesen. Aber natürlich wäre es das Richtige gewesen, immer noch
besser, als in diesem Deutschland zu bleiben oder nachher umgebracht zu werden. Wir haben darüber gesprochen, und mein
Vater hat mir gesagt: »Ich will dir soviel Geld nach Palästina
nachschicken, wie ich kann.« Das ist ihm dann noch mehrmals – mit immer größeren Verlusten – gelungen. Nur ein
Bruchteil dessen, was in Deutschland eingezahlt wurde, wurde
dann schließlich in Palästina ausgezahlt. Unterwegs haben sich
die Nazis ihren Anteil immer unverhohlener genommen. Dennoch kamen noch eine ganze Weile Hilfssendungen von zu
Hause an. Aber leider nicht meine Eltern in Person. Einmal
sind sie zu Besuch nach Palästina gekommen. Wir haben Pessach 1936 in Jerusalem zusammen verbracht. Mein Vater und
meine Mutter kamen per Schiff via Marseille oder Triest nach
Palästina, blieben etwa drei Wochen und fuhren wieder nach
Hause. Mein Vater ging schon mühselig und zitternd am Stock.
Er hatte die Krankheit in sich sitzen, war aber dennoch tief
ergriffen von dem Wiedersehen mit seinem Sohn und davon,
Palästina, das Land der Väter, doch noch gesehen und einen
Sederabend in Jerusalem gefeiert zu haben. Wir feierten bei einem Vetter von mir, bei Heinz Simon, einem Sohn seiner
Schwester Elfriede aus Lechenich, der ebenfalls in Jerusalem
lebte und dessen Eltern auf demselben Schiff zu Besuch gekommen waren. Beide Elternpaare fuhren wieder zurück – die Si-
mons in ihr Verderben, denn sie sind später deportiert worden,
und in meinem Fall ist mein Vater 1938 gestorben, und meine
Mutter wurde später ermordet. Also herauskommen konnten
sie noch, doch sie hatten kein Einwanderungszertifikat. Das hätten sie sich aber damals noch besorgen können – je eher man es

versuchte, das heißt mit je mehr Geld man das Einreisegesuch nach Palästina oder sonstwohin unterstützen konnte, desto bessere Chancen bestanden. Je länger man wartete, desto schwieriger wurde es, und die Leute, die schließlich doch noch rauskamen, taten dies mit 10 Mark oder mit völlig leeren Taschen.[5]

Nach dem Tod meines Vaters lebte meine Mutter eine Weile bei meinem Onkel Leo. Er hatte eine bezaubernde und hochbegabte, aber etwas kränkliche Frau geheiratet und war inzwischen Witwer geworden. Seine Kinder waren erheblich jünger als ich. Sein Sohn – Hans Horowitz – hatte den Beruf des Kaufmanns ergriffen und war nach Holland ausgewandert; dort erreichte ihn schließlich sein Schicksal, und er wurde in den Osten deportiert. Seine Tochter Lotte hingegen, die schon als junges Mädchen als Gouvernante zu einer Familie nach Lissabon gegangen war und Portugiesisch gelernt hatte, heiratete einen jungen Mann aus Düsseldorf. Sie wanderten aus und ließen sich in Santiago de Chile nieder. Onkel Leo, vor dessen Haus am 1. April 1933 ebenfalls die SA-Stoßtrupps gestanden hatten, gab seine Arztpraxis auf und zog nach Mönchengladbach. 1938 lebte meine Mutter dann eine Zeitlang bei ihm. Er wurde dann aber von seiner Tochter noch rechtzeitig unmittelbar vor Kriegsausbruch nach Santiago geholt und verbrachte dort seinen Lebensabend bis ins höchste Alter bei seiner Tochter und seinen Enkeln und Urenkeln. Ich bin nach dem Krieg wieder mit ihm in Verbindung getreten, und es gab noch einen Briefwechsel.

Meine Mutter blieb allein in Deutschland zurück und erlitt, weil ihr die Auswanderung nicht mehr gelang, ein furchtbares Schicksal. Es war mein Bruder, der – ohne daran schuldig zu sein – die Ursache von sehr viel Unglück wurde. Er war drei Jahre jünger als ich und stets ein Sorgenkind gewesen, und so erwies er sich in der Emigration schlicht als nicht erwerbsfähig. Zwar hatte er vorher durchaus immer anständige Arbeitsversuche unternommen, doch konnte er sich nie erfolgreich in einer Stelle behaupten, außer in Palästina schließlich, wo er bescheiden etwa als Hotelportier und von ähnlichen Tätigkeiten lebte. Davon will ich gar nichts Näheres erzählen – nur daß er, nachdem er in Frankreich und Italien nirgendwo eine Beschäftigung oder einen Lebensunterhalt gefunden hatte und sich unglücklich und einsam fühlte, ins Elternhaus zurückkehrte, das für ihn immer das Nest gewesen war, in dem er Zuflucht fand, wenn es in der Welt draußen nicht klappte. Während der Kristallnacht wurde er geschnappt und nach Dachau transportiert. Um diese Zeit war meine Mutter zur Auswanderung bereit. Mein Vater war im Januar 1938 gestorben, meine Mutter besaß ihr Einwanderungszertifikat nach Palästina sowie ihre Schiffskarte, und der sogenannte Lift, das große Holzgehäuse, in dem sich eine ganze Wohnungseinrichtung befand, mit allem was dazugehört, lag im Hamburger Hafen einschiffungsbereit. Und da ließ meine Mutter mich im November 1938 wissen, sie weigere sich, ihr Zertifikat zu benutzen und auszuwandern, solange ihr Junge in Dachau sei. Denn die Nazis hatten wissen lassen, daß nur der aus Dachau herauskäme, der eine Einreiseerlaubnis in ein anderes Land vorweisen konnte, die es ihm ermöglichte, binnen einer Woche nach Entlassung aus dem Konzentrationslager Deutschland zu verlassen. Meine Mutter forderte mich deshalb auf, das von der Mandatsregierung ausgegebene Zertifikat für Palästina auf den Namen Georg Jonas umschreiben zu lassen, so daß mir nichts anderes übrigblieb, als das zu tun. Im Januar 1939 traf mein Bruder in Palästina ein, wo er fortan lebte. Ich unternahm sofort die nötigen Schritte, um auch meiner Mutter wieder ein Einwanderungszertifikat zu verschaffen, doch das war aus zweierlei Gründen schwierig geworden. Einmal waren die Engländer nach der Herausgabe des sogenannten Weißbuches aus dem Jahre 1939 zurückhaltend geworden und schränkten die Zahl der jüdischen Einwanderer nach Palästina stark ein – ausgerechnet zu der Zeit, als die Zertifikate am allerdringendsten benötigt wurden. Aber die

Engländer hatten ihre Gründe, die keineswegs antijüdisch oder antisemitisch waren, sondern mit der aktiven Revolte der Araber gegen das zionistische Programm in Palästina zusammenhingen. Es ging ja sehr blutig zu.[6] Ich war damals in der Hagana bereits aktiv in der Abwehr arabischer Angriffe auf jüdische Siedlungen tätig, und die Engländer, die große Interessen in der ganzen arabischen Welt hatten, ließen ihre Politik, die dem Colonial Office und dem Foreign Office unterstand, von diesen Faktoren bestimmen. Und dazu gehörte eben auch die Einschränkung der jüdischen Einwanderung. Dazu kam nun noch, daß ich mein Pulver gewissermaßen verschossen hatte, denn ich hatte meine Mutter nur aufgrund des Kapitals, mit dem ich eingewandert war, anfordern können. Sie fiel unter die Sonderquote, die außerhalb der Allgemeinquote behandelt wurde, und hatte auf diese Weise das Zertifikat erhalten. Nachdem sie es aber an ihren Sohn abgetreten hatte, war mein Privileg als 1000-Pfund-Einwanderer erschöpft, so daß ich nun durch die normale Antragsmühle mußte. Und es war nicht abzusehen, wann meine Mutter an die Reihe kommen würde. Ich habe natürlich alles Mögliche versucht, um den Prozeß auf illegalem Wege zu beschleunigen, indem ich kleine, vergebliche Bestechungsversuche unternahm oder irgendwelche Leute traf, die versprachen, man könne in Persien oder in Kuba oder sonstwo mit Geld ein Einreisevisum kaufen. Diese Agenten glaubten entweder selbst daran, sie könnten etwas bewirken, oder nutzten die Verzweiflung von Menschen in Palästina aus, die eben für ihre nächsten Angehörigen irgendeine Auswanderungsmöglichkeit suchten. Ich habe zweimal recht beträchtliche Summen an jemanden bezahlt, der mit versprach, im Lande X oder Y könne man etwas machen. Ich habe nie wieder etwas von ihm gehört. Am 1. September 1939 aber, mit der Kriegserklärung Englands, die ich sehr begrüßte, waren alle Möglichkeiten, für meine Mutter noch etwas zu tun, dahin. Ich konnte noch eine Weile über Holland brieflich mit ihr verkehren. Man schrieb an eine Mittelstelle in Holland, in diesem Fall war es mein Vetter Hans Horowitz. Dem schickte ich Briefe, und der sandte sie in einem neuen Couvert an meine Mutter. Mit der deutschen Invasion in Holland im Mai 1940 hörte diese nur zwischen neutralen Ländern mögliche Korrespondenz aber auf, und es gab keine direkte Verbindung mehr. Später, als ich schon bei der britischen Armee war, erhielt ich noch durchs Rote Kreuz die Nachricht, meine Mutter sei in Lodz, im Ghetto Litzmannstadt, wie es damals hieß. Das war das letzte, was ich von ihr hörte. Über ihr Ende erfuhr ich erst, als ich nach 1945 nach Gladbach kam. Ja, das ist eine dunkle Geschichte, der große Kummer meines Lebens. Diese Wunde hat sich nie geschlossen – das Schicksal meiner Mutter. Darüber bin ich nie hinweggekommen. Meine Kinder haben es erlebt. Es war schrecklich. Die Stürme von Schluchzanfällen, die mich bei bestimmten Anlässen überkamen, wenn die Rede auf etwas kam, das mich erinnerte, oder ein Film gezeigt wurde. Darüber ist nicht hinwegzukommen. Meine Mutter war das liebevollste Wesen, das es geben konnte. Und mein Onkel Leo, mein verehrter und geliebter Onkel Leo, schrieb mir seinerzeit nach dem Krieg aus Lima: »In diesem Scheißkrieg habe ich die zwei mir liebsten Menschen verloren – meine Schwester und meinen Sohn.«

Ansonsten, von der Sorge um meine Mutter abgesehen, atmete mein Leben in Jerusalem von einem frohen Geist. Es war ein wunderbarer Ort, an den ich 1935 kam, zu Pessach, ins Land meiner Väter, erwartet von Freunden. Daß ich zu Pessach eintraf, hatte sich aufgrund der Abfahrtszeiten der Messagerie Maritime von Marseille via Alexandria nach Jaffa zufällig so ergeben. In Alexandria hatte das Schiff sogar zwei Tage Aufenthalt, und ich nutzte die Gelegenheit, dort Bettina Strauss, die Schwester von Leo Strauss, und meinen alten Heidegger-Studienfreund Gerhard Nebel zu treffen; mit ihm fuhr ich dann für einen Tag nach Kairo. Nun kam ich also an. Am Hafen – Jaffa hatte natürlich keinen richtigen Hafen, es war eine offene Reede, und man wurde auf einem Boot wieder ausgeladen – befand sich zu meiner Begrüßung George Lichtheim, ein junger Freund von mir, der sich mir verbunden fühlte und den auch ich recht gern hatte. Er war erheblich jünger als ich, etwa zehn Jahre, der Sohn eines hochgeachteten deutschen Zionistenführers aus der ersten Generation der Herzl-Anhänger in Deutschland, Richard Lichtheim, der in der Werdezeit des deutschen Zionismus eine herausragende Rolle gespielt hatte. Er war ein echter Herzl-Zionist, ohne jegliches Streben nach religiöser Erneuerung oder sonstige mystischen oder sozialistischen Verzierungen. Nichts dergleichen. Es ging ihm klipp und klar um die nationale Sache der Juden und ihre Wiederherstellung als souveräne Nation in Palästina. Er ist aber schließlich aus dem Hauptstrom des deutschen Zionismus, der zu der politischen bürgerlichen Mitte angehörte, nach rechts abgeschwenkt und wurde ein Anhänger von Vladimir Jabotinsky, das heißt des sogenannten Revisionismus, der eigentlich in Polen und Rußland heimisch war.[7] Jedenfalls hatte Richard Lichtheim bereits in meiner zionistischen Werdezeit einen großen Einfluß auf mich ausgeübt, denn von ihm stammte eine Schrift der Zionistischen Vereinigung für Deutschland, in der das Programm des Zionismus in klassischer deutscher Prosa und wunderbarer Klarheit meisterhaft dargestellt wurde.[8] Richard Lichtheim hatte darüber hinaus während des Ersten Weltkrieges in der Geschichte des Zionismus eine überaus wichtige Rolle gespielt, doch das gehört nur insofern zu meinen persönlichen Erinnerungen, als ich erzählen möchte, daß er eine wirklich wunderschöne Frau hatte, die aus Konstantinopel stammte. Lichtheim hatte während des Krieges ganz offiziell als Vertreter der zionistischen Weltorganisation in Istanbul gelebt und so eine Art Gesandtenrolle übernommen. Er war der Botschafter des Zionismus in der Türkei, und das war eine gewisse Schlüsselposition, weil die Türkei die Herrschaft über Palästina hatte, bis am 9. Dezember 1917 die Engländer unter General Edmund

Allenby in Jerusalem einrückten. Von dem Augenblick an, in dem England in der Palästinafrage die führende Rolle übernahm, hatte Lichtheim in der Türkei keine Aufgabe mehr. Er hat aber noch rechtzeitig das Guthaben der zionistischen Organisation in der Türkei in Gold umgetauscht und es vor dem allgemeinen Debakel der Mittelmächte gerettet.[9] Als er nach Kriegsende nach Berlin zurückkehrte, brachte er eine Frau aus der Istanbuler sephardischen Gemeinde mit, deren Muttersprache übrigens nicht Spaniolisch war, sondern Griechisch. Es gab in Istanbul eine Bürgerschicht, deren Verkehrssprache Griechisch war. Ob in ihrem Hause jemals Ladino gesprochen wurde, habe ich nie herausgekriegt. Irene Lichtheim war eine wirklich wunderschöne Frau. Sie hatten zwei Kinder. Einen Sohn, den sie George nannten, und eine Tochter namens Miriam. Beides hochaufgeschossene langgliedrige Windhunde, die irgend etwas Überzüchtetes und Aristokratisches an sich hatten. George besaß einen brillanten, analytischen Intellekt und war ein ausgezeichneter Redner und Autor. Er war Marxist – im Gegensatz zu seinem Vater, der ein distinguierter Großbürger und daher in der glücklichen Lage war, nie einen Beruf ausüben zu müssen, sondern sich den Luxus erlauben konnte, ein unbezahlter zionistischer Staatsmann, ein Staatsmann des werdenden Judenstaates zu sein. George war allerdings ein Edel-Marxist, ein Mensch, der von der marxistischen Lehre überzeugt war, der auf der Seite der Arbeiterklasse stand und sogar die Diktatur des Proletariats bejahte, obwohl jede Blutrünstigkeit und jede Anwendung von Gewalt seinem Wesen fremd war. Aber er billigte alles, was ihm als notwendig erschien, um dem Sozialismus zum Sieg zu verhelfen.[10] Und nun kam ich doch aus der Industrie. Ich hatte immerhin bei uns in der Fabrik gesehen, was es heißt, Fabrikarbeiter zu sein. Ich kannte die Arbeitertypen. Und so fragte ich ihn einmal: »George, jetzt sag mir mal: Du sprichst also vom Los der arbeitenden Klasse, du hast Marx und Engels studiert. Bist du eigentlich schon einmal in einer Fabrik gewesen? In einem Industrieunternehmen?« Da sagte er: »Nein, nie!« »Das solltest du, um etwas von der Arbeiterklasse kennenzulernen, für die du dich und dein ganzes Sinnen doch einsetzen willst.« Da sagte er: »Das habe ich nicht nötig. Alles, was darüber zu wissen wäre, steht in Statistiken.« Und das war typisch für ihn – diese völlig entwaffnende zynische, selbst-satirische Offenheit. Alle seine Einsichten entstanden auf dem Wege der Abstraktion. Er kannte die Menschen, die das Los des Proletariats tatsächlich verkörperten, überhaupt nicht. George war ein überaus intelligenter, im übrigen aber für das Leben nicht so gut ausgerüsteter Mensch, weil er in seinen menschlichen Beziehungen – insbesondere zum anderen Geschlecht – Probleme hatte und, sagen wir einmal, an einem Überschuß an Skepsis und Ironie gegenüber dem Triebhaften litt. Er lebte in einer gewissen Distanz zur Welt, die er zwar betrachtete, zu der er aber kein richtig erdhaft ursprüngliches Verhältnis fand. So verliebte er sich auch immer wieder in Frauen, die garantiert unerreichbar waren. Diese Unerreichbarkeit war gleichsam eine Vorbedingung dafür, daß er von großer Liebe erfüllt wurde. Er hatte sehr viele Liebesaffären, doch keine davon führte zur Erfüllung. Das war irgendwie mit seiner Person verbunden. Seine Schwester Miriam, die ich in Jerusalem kennenlernte, als sie bei ihrem Lehrer, dem großen Ägyptologen und Koptologen Hans Jakob Polotsky, studierte, ist eine ausgezeichnete und international anerkannte Ägyptologin geworden.[11] Aber auch sie ist unverheiratet geblieben. Sie war immer eine »Spinster«, gleichsam von Geburt an, und ich konnte mir kaum vorstellen, daß sie jemals einen Ehemann haben würde, denn das paßte nicht zu ihrem Stil. Und dem Stil ist sie auch treu geblieben.

George Lichtheim hatte ich in London kennengelernt, als ich in meinen ersten Emigrationsjahren dort in einer Pension lebte, die von Annie Rosenblüth geführt wurde, der Frau von Felix Rosenblüth, einem der zionistischen Führer aus derselben

Generation wie Richard Lichtheim. Die gesamte Familie von Felix Rosenblüth, der später Pinchas Rosen hieß und der erste Justizminister des Staates Israel wurde, gehörte der Führungsschicht des deutschen Zionismus an, aber er war wohl ihre bedeutendste Gestalt.[12] Er war mit einer außerordentlich attraktiven, geistreichen und charmanten Frau verheiratet, die aber zu seinem Unglück Antizionistin war. Sie fand den Zionismus völlig verfehlt und weigerte sich, nach Palästina mitzugehen, obwohl ihr Mann schon seit Anfang der dreißiger Jahre dort lebte. Als sie nun 1933 in die Emigration gehen mußte, zog sie nicht etwa nach Palästina, wo ihr Mann schon war – sie waren nicht geschieden, sie lebten einfach nur getrennt –, sondern ging mit ihren beiden heranwachsenden Kindern nach London. Übrigens mit Zwischenstation in Mönchengladbach, Mozartstraße 9, wo sie auf der Durchreise bei uns übernachtete, denn ich hatte mich mit ihr angefreundet und schwärmte für sie. Ich war etwas verliebt in sie, wollen wir mal sagen. Sie war eine bezaubernde und charmante Frau – aber mit Zähnen. So blieb sie etwa im Verhältnis zu ihrem Mann unnachgiebig und beharrte auf ihrem eigenen Standpunkt, und der war: »Nein, nicht Palästina!« In London eröffnete sie eine Pension in Golders Green. Dort lebten zeitweilig auch Karl Mannheim und andere Persönlichkeiten der intellektuellen akademischen Emigration, die nach London kamen, wie etwa Adolf Löwenstein und andere. Und dort verkehrte dann als Freund des Hauses auch George Lichtheim. Dort lernte ich ihn kennen. Ich besuchte auch seine Mutter, der ich, da ich für weibliche Schönheit sehr empfänglich war, meine Huldigung sichtbar bezeugte. Und es ist für eine schöne Frau in den mittleren Jahren wohl recht angenehm, von einem so jungen Mann verehrt und bewundert zu werden. Allerdings war sie in erster Linie Mutter und machte sich meine Verehrung folgendermaßen zunutze: Sie lud mich eines Nachmittags zum Tee ein und teilte mir mit, sie wünsche sich, daß ich mich mit ihrem Sohne George befreunde. Sie sagte zu mir: »Ich weiß, er ist viel jünger als Sie. Aber ich weiß, er verehrt Sie. Er hat von Ihnen gesprochen, und Sie liegen ihm. Und ich weiß, er hat einen Freund so nötig. Er ist ein einsamer Junge, und es wäre für ihn ein großer Gewinn, wenn Sie bereit wären, sein Freund zu werden.« Zunächst einmal aus Liebe zu Irene Lichtheim, die ich nicht etwa mit irgendwelchen erotischen Absichten, sondern einfach als Bewunderer einer schönen und übrigens gemütvollen und feinfühligen Frau verehrte, erwiderte ich: »Sehr gerne und mit großem Vergnügen!« Diese Freundschaft zwischen George und mir wurde also unter dem Segen der Mutter geschlossen. Ich fand dann allerdings schnell heraus, daß ich da einen außergewöhnlichen jungen Freund gefunden hatte. Wir verbrachten viel Zeit in London zusammen, bevor er dann etwa ein halbes Jahr vor mir nach Palästina ging. Und er war es, der mich in Jaffa bei der Ausschiffung erwartete.

Soweit ich mich erinnere, bin ich dann gleich von Tel Aviv nach Jerusalem heraufgefahren, wo ich schon erwartet wurde. Ich traf am Tag vor Pessach in Jerusalem ein und meldete mich sofort bei meinem zionistischen Gesinnungsgenossen und späteren Freund Hans Lewy aus Jerusalem. Er war kein KJV-ler, kein Bundesbruder, so daß wir uns nicht duzten. Er war aber im Blau-Weiß aktiv gewesen, war also ein alter Zionist wie ich, und zwar seit seiner Schülerzeit. Er war klassischer Philologe, ein Schüler von Werner Jäger, von Ulrich von Wilamowitz-Möllendorf und des großen klassischen Philologen in Berlin, Eduard Norden, und war bereits mit einer Anstellung an der Hebräischen Universität in der Tasche nach Jerusalem gekommen. Inzwischen hatte er mein Buch *Gnosis und spätantiker Geist* gelesen, das vor mir den Weg nach Jerusalem gefunden und mir den Zugang zu diesem Kreis von Intellektuellen geebnet hatte. Lewy hatte mir vorher geschrieben und mir angeboten, ich könnte die ersten Nächte bei ihm wohnen, bis ich eine eigene Wohnung gefunden hätte. So wohnte ich also gleich bei Hans Lewy. Kurz darauf machte ich meinen Besuch bei dem

Philosophen Hugo Bergman, Philosophieprofessor der Hebräischen Universität, der aus Prag stammte und noch bei Franz Brentano, einem Vorläufer Husserls, studiert hatte.[13] Bergman, der mein Buch ebenfalls schon kannte, empfing mich mit großer Hochachtung. Wer mich dort ebenfalls geradezu erwartete, war Hans Jakob Polotsky, den ich nie gesehen hatte, der aber aus Göttingen kam und führend an der Herausgabe der koptischen Manichaica beteiligt war. Zu den Papyrusfunden des ersten Drittels des 20. Jahrhunderts gehörte auch ein Korpus von manichäischen Schriften, darunter eigene Schriften Manis, deren Originale unwiederbringlich verschollen sind, die aber nun in koptischer Übersetzung wieder zum Vorschein kamen. Diese Schriften befanden sich in der Preußischen Staatsbibliothek in Berlin. Und als die Preußische Akademie der Wissenschaften eine Edition dieser Texte plante, engagierte der damals schon etwas ältere Fachmann für Koptisch in Deutschland, ein gewisser Carl Schmidt (zur Unterscheidung von anderen Schmidts kurz der »Kopten-Schmidt« genannt), das junge neue Talent in der Koptologie, nämlich Hans Jakob Polotsky, als seinen Hauptmitarbeiter in der Edition dieser Manichaica.[14] Dieser wurde berühmt durch seine Arbeiten an den koptischen manichäischen Schriften, die erstmals Originalschriften des Religionsgründers selbst und nicht nur Schulschriften der späteren Generation enthielten, aber auch dadurch, daß er sich in einer vorzüglichen Einführung in den Manichäismus mit dessen Lehre selbst und nicht bloß mit philologischen Fragen beschäftigt hatte.[15] Polotsky aber war im Jahre 1934, während ich in London war, noch in Göttingen und erhielt als einer der ersten vom Verlag *Gnosis und spätantiker Geist* von Hans Jonas. Er hatte natürlich keine Ahnung, wer Hans Jonas war. Er gehörte nicht zur philosophischen Welt der deutschen akademischen Gesellschaft, sondern zum abseitigen Fach der »Ägyptologie«. Da erfährt man nicht, was in der Philosophie los ist. Es war im Seminar in Göttingen, wo sein Professor, dessen Assistent er wohl war, ihm dieses Buch zeigte: »Hier, das ist soeben abgeliefert worden.« Und sie sahen sich an: »Ob Hans Jonas wohl Jude ist?« Und da sagte der Professor zu ihm: »Ach, das können wir leicht rauskriegen.« Hob den Hörer ab und rief Vandenhoeck & Ruprecht an und fragte nach Hans Jonas: »Ist er Jude?« Worauf die Antwort lautete: »Ja, er ist Jude, aber ein durch und durch anständiger.« Ich habe also ein Ehrenzeugnis als ein besonders Anständiger, ausgestellt von meinem Verleger.

Polotsky, der das Buch dann las, anscheinend mit Bewunderung, war also gespannt darauf, mir zu begegnen. Er erschien bald bei Hans Lewy, mit dem er befreundet war, da er mittlerweile ebenfalls an der Hebräischen Universität lehrte, nämlich Ägyptologie, um meine Bekanntschaft zu machen. Da sagte er zu mir: »Ich habe Sie mir ganz anders vorgestellt nach Ihrem Buch.« »Wie denn?«, fragte ich. »Wie man sich einen Talmud-Studenten, einen Jeschiwe-Boche vorstellt. Ganz in sich vergrübelt.« Was ihn erstaunte, war die Art von Jugendlichkeit, die ich damals ausstrahlte und die mir lange anhaftete, zu meinem eigenen Kummer, weil ich immer für jünger gehalten wurde als ich war, was natürlich der Achtung ein wenig Abbruch tat. So wurde ich ungeheuer lang von meinen Freunden im Diminutiv »Hänschen« genannt, was mich ärgerte, denn ich hatte etwas Jungenhaftes an mir zu einer Zeit, zu der man eigentlich wie ein Mann wirken mußte. Polotsky dagegen wirkte sehr männlich: eine ungeheuer tiefe, mächtige Baßstimme und ein Gesicht, wie es Hans Sambursky in seinem Gedicht »Porträt eines Philologen« geschildert hat:

Er schweigt. Sein Wunsch, er bliebe ungeschoren,
belastet ihn so wie ein Gewicht,
das dann in seiner tiefen und sonoren Stimme
sich kundgibt, wenn er plötzlich spricht.

Sein Antlitz, scharf wie das von einer Eule,
durchstrahlt von schwarzer Augen dunklem Glanz,
ruht auf des Körpers höchst massiver Säule,
dem Abbild seiner geistigen Substanz.

Ihm fehlt nur eines noch: ein dichter
und schwarzer Bart um sein Gesicht gespannt,
er gliche einem Kaiser oder Richter
aus einem fernen, unerforschten Land.

Demgegenüber hatte ich ein Kindergesicht. Jahre später, um einen kleinen Sprung zu machen, nachdem inzwischen ein Weltkrieg durchlebt worden war und ich lange verlorene Freunde wiedersah, begegnete ich, als ich Karl Jaspers in Heidelberg besuchte, auch Dolf Sternberger, der mir folgende Geschichte erzählte: »Weißt du«, sagte er zu mir, »dein Name ist in der Zwischenzeit einmal aufgetaucht. Im Jahre 1943, glaube ich, bin ich auf einem Vortrag in Paris gewesen, wo es unter der deutschen militärischen Besatzung ein deutsches Kulturleben gab. (Ich muß hinzufügen, daß Dolf Sternberger mit seiner jüdischen Frau den ganzen Krieg über in Deutschland geblieben und es ihm auch gelungen ist, seine Frau zu retten.) Nach dem Vortrag gab Ernst Jünger, der im Hotel George V. in Paris residierte, wo sich das Kulturhauptquartier der deutschen Militäradministration von Paris befand, einen Empfang für mich. Ich kam in den Saal und sah hinten auf einem Sofa jemanden breitbeinig in Fliegeruniform sitzen, ich weiß nicht, ob Gefreiter oder Obergefreiter oder so – jedenfalls kein Offizier. Und der sah mich so erwartungsvoll an, daß ich zu ihm ging und sagte: ›Wir sind uns doch irgendwo schon begegnet. Ich muß Sie doch kennen!‹ Sagte der zu mir: ›Natürlich, bei Hänschen Jonas in Heidelberg haben wir uns kennengelernt.‹« Das war mein Freund Gerhard Nebel, der mich wohl irgendwann in Heidelberg besucht und da durch mich Dolf Sternberger getroffen hatte. Aber ich erzähle das eigentlich nur wegen des »Hänschen«. Aber zurück zu Jerusalem. Polotsky sagte also zu mir: »Ja, so habe ich Sie mir gar nicht vorgestellt.« Er war dann sehr erfreut, mich kennenzulernen, und so begann die Freundschaft Polotsky-Jonas-Lewy – »PIL«. Wir bildeten sofort einen Club, der sich regelmäßig traf und sich nach den Anfangsbuchstaben »PIL« nannte. PIL ist das hebräische Wort für Elefant, und wir hatten den Elefanten als unser Zeichen. Noch heute gibt es in unserer Wohnung in New Rochelle eine ganze Anzahl an Elefantenfiguren, die verewigen, was wir damals ins Leben riefen. Diesem Club schlossen sich schnell weitere an: George Lichtheim, der Physiker Hans (Shmuel) Samburely und unvermeidlicherweise natürlich Gershom Scholem. Als letzterer als regelmäßiges Mitglied aufgenommen wurde, sagte er: »Das muß sich auch im Namen ausdrücken.« Wir fragten ihn dann, was er als geeignete Abwandlung von »PIL« vorschlage, und er hatte gleich einen Namen parat: ›Pilegesch‹ – ein hebräisches Wort, das in der Bibel eine sakrale Tempelprostituierte bezeichnete.

Auch Gershom Scholem gehörte mit zu denen, die meine Ankunft in Jerusalem erwartet hatten. Ich hatte ihn schon einige Jahre zuvor während einer Englandreise mit meiner Mutter in London kennengelernt, noch vor der Hitlerzeit. In meinen späteren Studentenjahren und in der Zeit als junger Forscher in Deutschland war das Verhältnis zwischen mir und meiner Mutter sehr eng, und wir sind, da mein Vater nicht mehr reiselustig war, wiederholt zusammen verreist. Wir haben uns vorzüglich verstanden. Es war wirklich ein bezauberndes Verhältnis zwischen einer Mutter und ihrem erwachsenen, aber noch ungebundenen Sohn. Wie die Begegnung mit Scholem genau zustande kam, habe ich vergessen. Ich wußte, daß er von Palästina aus in London zu Besuch war, und irgend jemand, ich glaube es war Martin Buber, war nun auf die Idee verfallen, daß es doch eine wunderbare Gelegenheit sei, einmal zusammenzukommen, wenn ich schon nach London fuhr und Scholem gerade da sei.

Also lernte ich zusammen mit meiner Mutter Scholem kennen. Er stattete uns in unserem Hotel einen Besuch ab, wo er sowohl mich als auch Rosa Jonas zum ersten Mal sah. Wir sprachen miteinander, und er war vom ersten Augenblick an höchst interessiert an meinem Vorhaben. Das war nach meiner Promotion, aber noch lange vor dem Abschluß des ersten Bandes von *Gnosis und spätantiker Geist* – vielleicht um 1930. Und er war der einzige, soweit ich mich erinnere, den ich wirklich über den Fortschritt des Werkes auf dem laufenden hielt, der sich zunächst die Einleitung und das erste Kapital ansah und mir dann beifällig dazu schrieb. Ich habe ihm dann Kapitel für Kapitel zugesandt, und er war hingerissen von dem Buch und schrieb mir dann ein ausgezeichnetes Gutachten darüber, das mir später einmal sehr nützlich war. Unter anderem schrieb er darin, er habe den Werdegang dieses Werkes mit steigendem Interesse verfolgt, und mit jedem Kapitel, das ich ihm sandte, sei sein Eindruck positiver geworden. Er habe es mehr und mehr als ein Werk schätzen gelernt, dem er nur seinen vollen Beifall und seine Achtung zollen könne. Ich erinnere mich noch an den Satz: »Mit jedem folgenden Kapitel stieg meine Bewunderung für dieses Werk und seine Originalität.«[16]

Martin Buber, dem ich den Kontakt verdankte, hatte übrigens zu den ersten gehört, die mein Buch lobten, obgleich ich es ihm nicht einmal hatte zuschicken lassen. Er war damals – 1934 – noch in Deutschland. Da er ein großer Büchersammler und Leser war, muß er das Buch sofort erworben haben, denn noch im selben Jahr, also bevor ich nach Palästina ging, erhielt ich in London einen äußerst ermutigenden Brief von ihm, in dem er mir schrieb, er habe mein Buch mit dem größten Interesse gelesen, und dann kam der Satz: »Ich halte es für eines der wichtigsten geistesgeschichtlichen Bücher der Zeit.« Wörtlich. Ich besitze den Brief noch heute.[17] In dieser Zeit traf auch ein

Brief von Oswald Spengler ein, dem ich das Buch zugesandt hatte. Ich hatte seine Aufmerksamkeit auf einen bestimmten Paragraphen der Einleitung gelenkt, in dem ich ihm die Ehre zollte, die ihm gebührte, nämlich daß er, ein Außenseiter der Wissenschaft, mit genialer Intuition gewisse Züge dieser Epoche erkannt hatte, die innerhalb der historischen und vor allem auch kirchengeschichtlichen Bearbeitung dieser Zeit nie erkannt worden waren. Im zweiten Band seines Buches *Der Untergang des Abendlandes – Probleme der arabischen Kultur*,[18] den ich verschlungen hatte, zählte er nämlich die Erscheinungen des damaligen Vorderen Orients, die in den gnostischen Spekulationen zum Ausdruck kamen, zu der Frühzeit einer neuen Kultur, die er die »arabische Kultur« nannte, weil sie später im Islam gipfelte, und die er im Unterschied zu der faustischen Kultur des germanischen Westens als »magische Kultur« bezeichnete. Unabhängig von diesen Begriffen hatte er erkannt, daß dies nicht einfach der Ausklang der Antike war, sondern daß sich damals etwas Neues formierte. Das war ja auch das Grundmotiv meiner Deutung der Gnosis, nämlich zu zeigen, daß sich hier ein neues Bewußtsein Bahn brach, das wirklich entscheidende Unterschiede zum antiken und klassischen Bewußtsein aufwies. Ich habe ihm also meine Hochachtung bezeugt und erhielt einen Brief von ihm aus München, in dem er sich für das Buch bedankte und sagte: »Es handelt sich um eine der wichtigsten Epochen der Weltgeschichte. Und doch ist sie nie genügend beachtet und bearbeitet worden. Was ich darüber gesagt habe, hat außer Ihnen niemand verstanden. Ihr Oswald Spengler.« Das war das höchste Kompliment, das er zu vergeben hatte.

Nach Jerusalem war mir also ein gewisser Ruhm vorausgeeilt, und der Freundeskreis formierte sich schnell. Ein wichtiges gemeinsames Kennzeichen dieses Freundeskreises war, daß alle unverheiratet waren – entweder waren sie überhaupt noch nie verheiratet gewesen oder hatten sich gerade scheiden lassen oder lebten, wie im Falle von Sambursky aus sehr traurigen Gründen – seine Frau war gemütskrank und lebte in einer Anstalt –, getrennt von ihren Partnern. Ich glaube sogar, er ließ sich dann von ihr scheiden. Scholems erste Ehe war gerade in die Brüche gegangen. (Sein Nachfolger war Hugo Bergman, der später Scholems geschiedene Frau Escha heiratete.) Daß wir nicht gebunden waren, war förderlich, denn so fand sich ein Männerbund zusammen, der viel Zeit hatte. Es warteten keine Frauen zu Hause, die darauf bestanden, daß man den Sabbatnachmittag lieber ihnen widmete als dem endlosen Geschwätz der Männer. Als dann im Laufe der Jahre einer nach dem anderen heiratete oder wieder heiratete, stellte sich heraus, daß das dem Gedeihen des Kreises ziemlich abträglich war. Wir trafen uns mindestens einmal die Woche, am Nachmittag des Schabbat. Mit Hans Lewy dagegen traf ich mich täglich, weil wir gemeinsamen Mittagstisch hatten, meist bei ihm zu Hause, weil dort jemand für ihn kochte, zeitweise auch bei mir – dann kochte meine Vermieterin, Frau Erlanger. Hans Lewy war mein engster, vertrautester Freund. Hans Jakob Polotsky dagegen war ein Mensch, der niemanden allzu nahe an sich heranließ. Diese Art von Kameradschaft, in der man sich alles gegenseitig erzählte, lag ihm einfach nicht. Scholem hatte einen viel zu ausgedehnten Bekannten- und Freundeskreis, als daß er sich so intensiv einer bestimmten Verbindung hätte anschließen können. Ich muß sagen, daß das geistige Klima in Jerusalem in diesen Jahren großartig war. Wir alle waren Menschen in der Blüte ihrer Jahre und ihrer geistigen Entwicklung. Jeder von uns war auf seine Weise interessant, und alle waren wir verschieden. Und wir alle verstanden uns wunderbar. Daß wir viel Spaß hatten, dokumentieren die Gedichte, die in unserem Kreis entstanden, häufig aus der Feder Hans Samburskys, und in denen manches humorvolle Portrait gezeichnet wurde. Eine Reihe dieser Gedichte galten Scholem, der aufgrund seiner Persönlichkeit und seines Forschungsgebietes ein besonders dank-

bares Objekt unserer Dichtkunst darstellte, wie folgende drei
Beispiele zeigen mögen.

An Scholem (15.1.1940)

Du fischer in dem Pfuhl der finsterlinge
Entrücktes stammeln deutest du als form
Und wendest einen wirren wust von worten
In kunstvoll langgefügter sätze sinn
Verschwendend so des geistes hehren hort
An stoffe die von niedrer ordnung sind.
Du sollst aus Sohars schwelend schwarzen dünsten
In den bereich des wahren lichtes tauchen
Eh der frankisten faulig giftige früchte
An dir ihr dunkles werk vollzogen haben.

Der Grosse Krumme (G. S.) – (September 1943)

Wenn er gebietend spricht mit einer Stimme,
die Widerspruch nicht duldet, und den Berg
erstürmt, besorgt, daß keiner nach ihm klimme,
und, wenn es jemand wagt, mit Macht den Zwerg

sich vornimmt und mit ihm in raschen Zügen –
bis jener nicht mehr kann, so wie im Sport –
herumspielt, ist ringsum nur ein Vergnügen,
bis dann ein achtlos hingeworfenes Wort

so wie ein Kurzschluß wirkt, und fassungsohne
er noch den Mund bewegt, der völlig stumm
nur mit den Muskeln spricht, gleichsam als lohne
sich nichts mehr. Seine Augen gehen um

und blicken scheu und schwelen wie ein Feuer,
das langsam immer weiter um sich frißt

und nicht gesund ist und nicht ganz geheuer.
So wie mitunter ein Frankist

Vielleicht erschien, den jählings jenes fade
Theater ekelt, das er täglich mimt,
und plötzlich zeigt er hinter der Fassade
ein Wissen, das nur Eingeweihten ziemt.

DER PROFESSOR DER MYSTIK (November 1947)

Das Leben war mit seinen Widersprüchen
selbst seinem Hirn so hoch und so entrückt
jedem Verstehen, daß, damit verglichen,
ihm die Absurdität und der Konflikt

obskurer Geister aus dem Mittelalter
fast rational erschien. Er legte Sinn
in jeden Wust und wurde zum Verwalter
des lange abgetanen Erbes, drin

er Ruhe fand. Denn die verhexten
Ideen waren weicher als die Wucht
des Daseins, und es war wie eine Flucht
ins Kloster, wenn er aus korrupten Texten

den Sinn heraushob wie aus einer Kruste.
in jenen fernen, abgelegenen Zonen
war er geborgen, weil er wußte,

daß das Unfaßbare des Lebens nie
erreicht wird von den frömmsten Perversionen
und dem Exzeß okkulter Häresie.

Abgesehen von solchen humorvollen Momenten, in denen wir uns solche Gedichte vortrugen, konnten wir endlos diskutieren – es ging um alles und jedes. Gewiß, da waren bestimmte Themen, die besondere Sachkompetenz erforderten und die vor allem Scholem, Polotsky und mich verbanden – etwa wenn Kenntnisse der kabbalistischen und gnostischen spätantiken Welt vorausgesetzt wurden. Sambursky dagegen war Physiker, im übrigen ein hochgebildeter Mann, der auch von vielen anderen Dingen etwas wußte. Hans Lewy, der klassische Philologe, spezialisierte sich auch auf spätantike Erscheinungen der griechisch-römischen Kultur. Sein großes Werk, über dem er leider gegen Ende des Krieges aufgrund eines Herzinfarkts starb, beschäftigte sich mit den sogenannten *Oracola Chaldaica*, einer pseudepigraphischen Sammlung religiöser Erbauungsschriften, bei denen es sich angeblich um chaldäische Orakel aus dem zweiten oder dritten nachchristlichen Jahrhundert handelte.[19] Kurz, wir hatten uns alle was zu sagen und taten das höchst ausgiebig. Es gab niemals einen langweiligen Moment oder einen Mangel an Themen, ganz abgesehen von den Tagesereignissen, die wir in unseren Gesprächen kommentierten. Und das alles auf deutsch! Hier waren wir, hatten uns zusammengefunden in Jerusalem, der Heiligen Stadt, in dem vom Zionismus zur Erneuerung eines jüdischen Volkslebens ausersehenen Palästina mit seinen jüdischen Siedlungen. Außer mir und George Lichtheim, der schnell zu diesem Kreise zugelassen wurde, waren alle an der Hebräischen Universität tätig und – wenn auch in unterschiedlichem Grade – sehr gute Hebraisten, vor allem Scholem und Sambursky. Aber in unseren privaten Gesprächen hielten wir am Deutschen fest – nicht etwa aus Verbindung mit dem Deutschtum, sondern einfach, weil das die uns natürliche Sprache war, in der wir uns am besten auszudrücken vermochten. Selbst ein so eifriger Zionist und Judaist wie Scholem hat niemals gefordert, man müsse eigentlich hebräisch sprechen. Vor der Torheit, man dürfe nicht deutsch sprechen, da Deutschland jetzt das verruchte Land und unser größter Feind sei, waren wir vollkommen gefeit. Wenn man es sich recht überlegt, so haben ja jene, die ehrenhalber geschworen hatten, nie wieder, auch nicht im privaten Kreis, deutsch zu sprechen, in gewisser Weise Hitler ein Monopol auf die deutsche Sprache eingeräumt, das ihm nicht zustand, und ein Erbe ausgeschlagen, auf das sie jedes Recht hatten, nämlich sich in ihrer eigenen Sprache auszudrücken.

Ich selbst habe mich mit dem Hebräischen sehr gequält, obwohl ich nicht schlecht vorgebildet war. Ich hatte schon in den letzten Schuljahren angefangen, modernes Hebräisch zu lernen und hatte das in meiner Studentenzeit fortgesetzt – doch eben so, wie man sich eine Fremdsprache mit bloßem Lesen und Grammatiklernen aneignet. Von diesem Punkt bis zum Verfassen von hebräischen Vorlesungen über die Gnosis war es jedoch ein großer Schritt. Als ich schließlich mehrstündige Lehraufträge an der Hebräischen Universität bekam – es war zwar kein Platz frei für eine Ernennung zu einer Professur, aber immerhin gab es genügend Leute, die an meinem Beitrag interessiert waren –, da kostete mich die Vorbereitung einer Vorlesungsstunde eine ganze Woche, ein halber Tag für den Inhalt, die restliche Zeit für die Hebraisierung. Ich nahm noch einmal Unterricht und hatte einen sprachlichen Berater, einen hochbezahlten hebräischen Stilisten, der mit mir zusammen meine Vorlesungen vorbereitete, das heißt das Hebräische meiner Vorlesungen korrigierte. Im Jahre 1938 hielt ich meinen ersten hebräischen Vortrag, denn dies war das Todesjahr Edmund Husserls. Die Kunde von seinem Tod drang natürlich sofort nach Jerusalem, und man sagte, an der Hebräischen Universität müsse ein Gedenkvortrag gehalten werden, und es gebe doch einen Husserl-Schüler – Hans Jonas. Und so übernahm ich den Auftrag, auf einer akademischen Gedenkfeier für Edmund Husserl an der Hebräischen Universität in Jerusalem die Gedenkrede zu halten. Niemals habe ich an der Vorbereitung ei-

155

nes einstündigen Vortrags so gearbeitet, gelitten und gekämpft wie vor dieser ersten öffentlichen hebräischen Rede über »Husserl und das Problem der Ontologie«, ging es doch darum, seine gesamte Philosophie zu würdigen.[20]

Ich war übrigens nicht auf ein festes Gehalt angewiesen und kam mit meinem Geld, das ich angelegt hatte, spielend zurecht, denn nirgendwo konnte man so billig leben wie damals in Palästina. Ich war ein reicher junger Mann und konnte sechs Pfund im Monat ausgeben, während meine spätere Frau Lore, die als Dienstmädchen arbeitete, mit zwei oder drei Pfund zurechtkommen mußte. Man lebte eben anspruchslos und primitiv. Die Möbel mancher Leute bestanden aus leeren Orangenkisten. Wir waren genügsam hier in Jerusalem. Hans Lewy bekam natürlich ein richtiges Professorengehalt, das aber auch nicht üppig ausfiel, ebenso Polotsky und Scholem. George Lichtheim bekam schnell einen passenden Posten bei der englischen Tageszeitung in Jerusalem, der Palestine Post, die später in Jerusalem Post umbenannt wurde. Beruflich ging es ihm also ganz ordentlich. Er unterhielt eine lebhafte, stark intellektuell betonte Freundschaft mit verschiedenen geistigen Größen in Jerusalem, hatte aber dennoch eine gewisse Außenseiterrolle. Das hing einmal damit zusammen, daß er ja eigentlich selber nichts Rechtes gelernt hatte, sondern ein hochbegabter Autodidakt war, der durch eigenes Lesen und Nachdenken eine wirklich geistig hochinteressante Persönlichkeit aus sich gemacht hatte. Allerdings besaß er auf keinem Gebiet irgendeine solide Wissensbasis, außer vielleicht im Bereich der Geschichte der marxistischen Bewegung, speziell der marxistischen Ideologie, die er durch unaufhörliches Lesen der Quellen beherrschte. Sein Privatleben stand unter einem Unglücksstern, unter dem er wohl geboren war, nämlich der vergeblichen Beziehung zu der einen oder anderen Frau, in die er sich verliebte, mit der es aber niemals zu einer natürlichen Begegnung der Geschlechter kam. Als etwa unser Freund Sambursky zum zweiten Mal heiratete, eine schöne, ihrerseits geschiedene junge Frau, Miriam Sambursky, verliebte sich George Lichtheim prompt in sie. Miriam mochte ihn gerne, aber das, was er sich nun in den Kopf gesetzt hatte, sie könne die Frau sein, die ihn endlich aus seiner sexuellen Einsamkeit erlösen würde, ging nicht in Erfüllung. Ich erwähne das nicht, weil sie eine einzigartige Rolle in seinem Leben gespielt hätte, sondern weil es typisch für ihn war. Wir alle erlebten das mit einem gewissen Mitgefühl mit. Ich stand gut mit Miriam Sambursky, und sie erzählte mir: »Ich bin in einer eigentümlichen und peinlichen Lage. Ich habe ihn gern. Ich würde auch wirklich liebend gern sehen, daß er die richtige Frau wählt. Aber ich stehe ja nicht zur Verfügung.« Man kann sagen, sie war ihm zugetan. Aber er bildete sich ein, sie sei die große Erfüllungsmöglichkeit, die sich ihm erst bot und dann versagte. Und das war gleichsam eine exemplarische Situation, ein archetypisches Erlebnis, das er sich immer wieder neu verschaffte. Er traf stets genau die Liebeswahl, bei der bereits im voraus feststand, daß sie nicht zu einer Erfüllung führen konnte. Er blieb den ganzen Krieg über in Jerusalem und arbeitete als außenpolitischer Redakteur bei der Palestine Post. Später ließ er sich als Korrespondent für internationale Politik nach London versetzen. Er wurde dann ein zusehends erfolgreicher Spezialist für die Geschichte des Marxismus und veröffentlichte Bücher über die Entwicklung der marxistischen Ideologie, etwa über die Geschichte der sozialistischen und marxistischen Programme und Parteien in Frankreich, die als das beste gelten, was auf diesem Gebiet geschrieben wurde.[21] Insofern verlief sein Leben erfolgreich. Doch er blieb ein ungeheuer einsamer Mensch, der lebhafte freundschaftliche, intellektuelle Beziehungen zu Männern pflegte, in Frauen aber immer nur unglücklich verliebt war. Das war sicher mit ein Grund, warum er immer depressiver wurde. Außerdem meinte er, daß plötzlich der schriftstellerische Quell in ihm versiegt war. Er hatte irgendwo ein neues Buch angefangen und stellte fest, daß ihm, der mit begnadeter Leichtigkeit schrieb, nichts Rechtes mehr einfiel. Das hat wohl mit zu seiner Schwermut beigetragen. Aber es kam noch etwas anderes hinzu, was sehr bedenklich wurde: Er litt an einer solchen Schlaflosigkeit, daß auch immer stärkere Dosen von Schlafmitteln ihm nicht mehr zur richtigen Nachtruhe verhalfen. Als erfolgreicher freier Schriftsteller bekam George dann auch Einladungen. So verbrachte er mindestens ein Jahr lang in Amerika, zeitweise an der Ostküste, sogar in New York, wo er an der Columbia University einen befristeten Lehrauftrag hatte. Danach ging er an die Westküste und war eine Weile in San Francisco beschäftigt. Dort begegnete er Susan Sontag, einer seiner letzten großen Lieben, die ihn aufs tiefste schüttelte. Zwar erhielt er, obwohl sie ihn gern hatte, eine deutliche Abfuhr, doch er war eine Zeitlang so in ihrem Bann, daß er sogar in einem vertraulichen Gespräch mit mir beredete, wie er sie in seinem Testament bedenken könnte und ob ich bereit wäre, der Vollstrecker zu sein, was ich ihm versprach. Allerdings hat er dann später offenbar sein Testament wieder geändert, denn als schließlich sein Ende kam, tauchte ihr Name nirgends mehr auf. Auch das sei erwähnt, um zu illustrieren, wie hier ein glänzend begabtes Leben mit einem Fluch beladen war und auf die Verzweiflung zusteuerte. Er ging dann, als er nach England zurückgekehrt war, seine letzte Verbindung mit einer Frau ein. Es war eine Rückkehr zu seiner ersten Liebe. Eine russische Jüdin, Inna Arian, die, wenn ich nicht irre, eine Schulkameradin seiner jüngeren Schwester gewesen war und in die er sich schon damals verliebt hatte. Wo immer er wohnte, stand ein Jugendbild dieser übrigens nicht semitischen, sondern slawischen Schönheit. Ich bin dennoch ziemlich sicher, daß sie Jüdin war. Sie war die romantische Figur in seinem Leben und trat auf folgende Weise wieder in sein Leben, nachdem sie durch viele, viele Jahre getrennt gewesen waren. Sie lebte in England und hatte inzwischen geheiratet, während er in Palästina war und seinen Weg durch die Welt und durch die Gefilde weiblicher Freundschaften antrat. Als er sie in England wieder traf, war sie frisch verwitwet. Sie lebte nicht in London, sondern in Cambridge oder Oxford. Und er fuhr natürlich häufig hin, um sie zu besuchen, und sie nahm ihn als ihren Freund an. Er änderte dann im Laufe von Jahren wohl alle seine testamentarischen Verfügungen, die er getroffen hatte. Es ergab sich, daß auch sie einer tödlichen Krankheit verfiel. Mir sind die Einzelheiten nicht mehr gegenwärtig, doch er sprach schon davon, was ihr Tod für ihn bedeuten würde: »Dann sterbe ich. Wenn sie stirbt, bedeutet das auch meinen Tod.« Es war vorauszusehen, daß er dann an ihrem Krankenbette und ihre Hand haltend sein letztes Liebeserlebnis mit einer Frau haben würde. Und diesem ist er treu geblieben, nachdem sie gestorben war. In unseren Briefen und persönlichen Begegnungen in London oder in Amerika war viel die Rede davon, daß er es nicht mehr aushielt und sich umbringen wollte. Und da beging ich den unverzeihlichen Fehler, zu denken, wer davon so rede, der werde keine Hand an sich legen. Aber da war ich völlig im Irrtum. Er hatte eine schöne Wohnung in einem Haus, wo gute Freunde von ihm wohnten. Sie fanden ihn eines Morgens bewußtlos im Bett, und ein Brief bezeugte seinen Selbstmordversuch. Aber er wurde zu zeitig entdeckt, und man pumpte ihm den Magen aus, rief ihn wider Willen wieder ins Leben zurück. Ein Jahr darauf glückte es ihm dann, mit der Duldung von Menschen, die er quasi auf eine Reise geschickt hatte. Sie wußten, daß sie ihn bei ihrer Rückkehr tot vorfinden würden. Er hatte sie beschworen, nichts mehr zu seiner Rettung zu unternehmen, und sie konnten das Versprechen nur dadurch halten, daß sie nicht da waren. Und so ist also George Lichtheim aus dem Leben geschieden, in dem er immer unglücklich war.[22] Viele Menschen haben ihn gern gehabt, aber er hat sich immer einsam und am Rande der Gesellschaft als ein Beobachter gefühlt, der niemals mit dazugehörte. Für mich war es ein großer Schlag, zumal ich mir auch Vorwürfe machte.

Später erfuhr ich, daß sich eine Freundschaft zwischen ihm und Jürgen Habermas entwickelt hatte und er mehrfach bei ihm zu Besuch war. Und Frau Habermas erzählte mir: »Ja auch hier bei uns, wenn er zu Besuch war, hat er davon geredet, daß er immer verzweifelter würde über seine Schlaflosigkeit und daß er sich umbringen wolle. Da habe ich ihm gesagt: ›Bitte nicht bei uns. Das verbitte ich mir.‹ Also habe ich es ihm verboten.« Sie war übrigens davon überzeugt, daß seine Selbstmordstimmung psychologischer Natur war und nicht etwa ein medizinischer Zustand vorlag, der ihn dazu verurteilte – es war eben Verzweiflung, allgemeine Verzweiflung am Leben. Ich habe bei keinem anderen Menschen erlebt, daß ihm nichts helfen konnte, weil es tief in ihm selbst lag und er am Leben litt, an dem vergeblichen Versuch, wirklich zu leben.

Im übrigen haben meine Jerusalemer Freunde sich normal ins Leben eingeordnet. Sie waren ungewöhnliche Persönlichkeiten, aber in der Gestaltung ihres Lebens sind sie durchaus normale Wege gegangen. Alle haben geheiratet oder wieder geheiratet, manche haben Kinder bekommen. Unser Kreis lockerte sich dadurch allmählich. Es gibt ein schönes Gedicht von Sambursky vom Juni 1945 darüber, wie unsere Samstagnachmittage allmählich verödeten, der Gesprächsstoff ausging und unsere Zusammenkünfte einfach nicht mehr so erfüllt waren, wie man es gewohnt war:

Die Sabbate verrannen wie ein Wasser,
das immer schwächer fließt und dann nicht mehr.
Die späten Jahre waren nur ein blasser
Reflex der ersten Zeit, die schon so sehr

Zurücklag, daß sie heimlich sie verklärten,
denn seltener nur kamen unverhofft
die blendenden Duelle und gelehrten
Disputationen. Doch sie übten oft

Das Stummsein, welches ihnen nie verdorrte,
und wo sie fruchtbar waren und gescheit.
Und in dem Ring des Schweigens und der Worte
schritt Eines unerbittlich fort: die Zeit.

Zum Niedergang unseres Kreises trug natürlich bei, daß jeder
mehr und mehr in seinen eigenen Arbeitsaufgaben und seinem
eigenen Familienleben versank. Es war eine Phase, so etwa zwischen 1935 und 1945, in der dieser Kreis blühte. Als ich zurückkam, bestand er noch, hatte sich sogar erweitert, weil manche
dazu kooptiert worden und auch die Frauen aufgenommen
worden waren, die allerdings – außer Miriam Sambursky –
meistens nicht kamen. Dennoch war es nicht mehr das, was es
einmal war – mit dem Ende des Krieges hatte unser Kreis seinen Höhepunkt überschritten, wie überhaupt die große Zeit zu
Ende war. Zwar fing für den Jischuw in Palästina eine neue
spannungsreiche Zeit an, und meine Sehnsucht, mit der ich aus
dem Krieg zurückkehrte, nun einmal für eine Weile die Weltgeschichte los zu sein und in eine langweilige Umgebung zu
kommen, erfüllte sich nicht, weil das Werden des Staates Israel
in diesen Jahren bekanntlich sehr stürmisch verlief. Aber es ergab sich fast von selbst, daß unsere Jerusalemer Zusammenkünfte nicht mehr stattfanden.

6. Liebe in Zeiten des Krieges

Kehren wir zurück in die Zeit vor dem Zweiten Weltkrieg. Während Lichtheim bei der Zeitung arbeitete und meine anderen Freunde an der Universität lehrten, meldete ich mich beim Militär. In der Pessachzeit 1936, während meine Eltern zu Besuch waren, begann der arabische Aufstand gegen die Mandatsregierung und das jüdische Siedlungsprogramm. Unmittelbar nach ihrer Abreise trat ich freiwillig der Hagana bei, der illegalen jüdischen Untergrund-Selbstverteidigungsorganisation, die zwar über einen sehr guten Kommandostab verfügte, aber schlecht bewaffnet war. Wir benutzten nur Waffen, die man verbergen, also auf dem Leibe, unter den Kleidern, bei sich führen konnte: Handwaffen, Pistolen, Revolver und Handgranaten. Der Transport dieser Waffen von einem Stützpunkt oder von einem Haus zum anderen wurde meist durch Mädchen besorgt, weil in dieser Gegend, in der das islamische Gesetz das Leben so stark beherrschte und sogar die Sicherheitskräfte der Mandatsregierung band, eine Leibesvisitation von Frauen lediglich durch Frauen durchgeführt werden durfte. Es war undenkbar, daß Polizisten oder britische Armeekräfte ein Mädchen durchsuchten, und so wurden Pistolen, Handgranaten und Sprengstoff von Mädchen und Frauen unter ihren Kleidern transportiert. Die Aufgabe der Männer bestand darin, nachts die Angriffe der Araber auf Kibbuzim und im Land verstreute jüdische Siedlungspunkte abzuwehren. Innerhalb der Städte passierte wenig, da die arabischen Guerillas sich in den Bergen oder in ländlichen Zufluchtsstätten verborgen hielten und nur nachts Angriffe gegen exponierte Siedlungen ausführten.[1] Ich habe viele Nächte auf den flachen Dächern von Siedlungen um Jerusalem verbracht, wo man morgens – selbst im trockensten Sommer – völlig vom Tau durchnäßt aufwachte. Ich bin während meiner gesamten Hagana-Zeit, die sich über mehrere Jahre hinzog, kein einziges Mal in ein Gefecht geraten. Man mußte nur immer bereit sein. Dadurch ermöglichten wir es den Siedlern, nachts schlafen und tags arbeiten zu können. Man nahm wohl an, daß wir Städter unsere Tagesarbeit trotzdem leisten konnten oder daß sie nicht so wichtig war wie das, was wir da zu schützen hatten. Natürlich litt meine Weiterarbeit am zweiten Band von *Gnosis und spätantiker Geist* darunter. Dennoch war es etwas, was mir entsprach. In meiner Waffenausbildung lernte ich eigentlich nicht mehr, als gut mit Pistolen verschiedener Konstruktion umzugehen und auf Zielscheiben zu schießen sowie Handgranaten entsichern und werfen zu können. Dabei bedeutete das Eingeordnetsein in eine bestimmte militärische Kommandostruktur ja an und für sich eine soldatische Ausbildung. Aber alles war illegal, geheim, vollzog sich im Untergrund. In meinem Kreis war ich der einzige, der in der Hagana aktiv war.[2] Sambursky oder Polotsky haben wohl auch in Jerusalem Dienst getan, waren aber nicht Mitglieder der mobilen Hagana, die man ins offene Land hin- und herschicken konnte. Ich war also, was das anging, in meinem Kreis eine gewisse Ausnahme. Übrigens gab es in Jerusalem vom Beginn der Unruhen an ein aus Sicherheitsgründen von der Mandatsregierung auferlegtes Ausgehverbot, das von sieben oder acht Uhr abends an bis fünf Uhr morgens dauerte. Das erleichterte den Sicherheitskräften natürlich die Kontrolle der Straßen, hatte aber zur Folge, daß man die Abende zu Hause verbringen mußte. Im Fall von Polotsky führte das zu einer Ehe, denn in dem Hause, in dem er zur Pension wohnte, lernte er das Mädchen kennen, das er dann heiratete. Wir hatten immer das Gefühl, die Ehe der Polotskys sei eine »Nebenwirkung« des arabischen Aufstandes und des Ausgehverbots, unter dem wir lebten.

Während dieser Zeit in Jerusalem war mir klar, daß der eigentliche Krieg woanders stattfinden würde. So wie sich die Dinge in Europa entwickelten, wuchs in mir die Überzeugung, daß entweder alles auf einen Krieg hinsteuerte oder, sollte es nicht zum Krieg kommen, jeder weitere Machtzuwachs Hitlers die Gefahr für uns vergrößerte. Ich befürchtete zudem, daß das Siedlungswerk in Palästina zugrunde gehen würde, sollte Hitler in Europa und über Europa hinaus die Macht erlangen, nach der er strebte. So wartete ich auf den Augenblick, in dem die Alliierten endlich nicht mehr zurückweichen würden. Dieser Moment war dann bekanntlich im Spätsommer 1939 gekommen, nachdem die Tschechoslowakei bereits gefallen war. In der wachsenden Bedrohung Polens durch Deutschland zeichnete sich erneut ein entscheidender Moment ab, in dem Hitler Einhalt geboten werden mußte, sollte dieses Land ihm nicht auch zum Opfer fallen. George Lichtheim sagte noch im August angesichts der Entwicklungen zu mir: »Wenn es hart auf hart kommt, wird England wieder zurückweichen«, und er kannte England viel besser als ich, war er doch zum Teil dort aufgewachsen. Hier schloß ich zum ersten Mal eine geschichtliche Wette ab, nachdem Scholem unbedingt George Lichtheim beigepflichtet hatte. England und Frankreich hatten sich in einem Hilfsversprechen verpflichtet, die Souveränität und die Integrität Polens, wenn nötig, zu schützen und zu verteidigen. Als die Situation heranrückte, war man sich in meinem Jerusalemer Freundeskreis einig, daß die Herren Chamberlain und Daladier im letzten Augenblick dennoch wieder kapitulieren würden. Also wettete ich mit Scholem, der sehr wettfreudig war. Er, der ein großer Süßigkeitenliebhaber war,[3] sollte, falls er gewönne, ein Pfund Marzipan oder Schokolade bekommen, ich dagegen eine gebratene Ente, zubereitet von Fanja Scholem, die er inzwischen geheiratet hatte. Fanja Scholem, geborene Freud, aus einem galizischen Elternhaus stammend, in dem modernes Hebräisch gesprochen wurde, war seine zweite Frau. Ich lernte sie, als ich nach Jerusalem kam, noch als Fanja Freud kennen, und jeder sagte mir, sie sei ein großartiges Mädchen. Sie war zwar nicht weiblich anziehend, hatte aber Charakter und war dazu eine blendende Hebraistin. Das war ein ungeheures Plus damals. Ich nahm bei ihr zeitweise Hebräischunterricht. Sogar Scholem erkannte ihre Überlegenheit im Hebräischen an. Es waren da verschiedene, von denen man annahm, sie könnten ihr Mann werden, doch es wurde dann Scholem. Um die Zeit, von der ich jetzt spreche, bestand diese Ehe schon einige Jahre, und Fanja war gewissermaßen Teil der Wette, denn sie schuldete mir schließlich eine gebratene Ente. Es ist ja bekannt, wer gewonnen hat – nämlich ich: England hat in diesem Augenblick doch nicht versagt. Inzwischen kam ich zum Militär, beharrte aber auf der Erfüllung meiner Wette. Während eines Urlaubs wurde ich bei Scholems eingeladen. Allerdings fühlte ich mich trotzdem um den Genuß meines Gewinns ein wenig betrogen, denn sie hatten eine ganze Anzahl Leute aus ihrem Freundeskreis eingeladen, und ich bekam kein sehr großes Stück von der gebratenen Ente. Aber immerhin! Diese Episode über den wettfreudigen und Süßigkeiten liebenden Scholem ist im übrigen in einem heiteren Gedicht aus unserem Pilegesch-Kreis eingefangen, das am 5. Dezember 1939 entstand:

Scholem hält sich einige Dämonen,
die bei ihm als Untermieter wohnen.
Diese sind ihm sehr zu Dank verpflichtet,
weil er häufig über sie berichtet.
Und so ihren sichern Ruhm begründet,
was man dort sehr angenehm empfindet.
Zwar die Kosten seiner Süssigkeiten
Können sie unmöglich ihm bestreiten.
Doch stattdessen liefern ihm die Wichte
Über alles Kommende Berichte,
über Ehe, Scheidung, Krieg und Frieden,
und was sonst den Menschen noch beschieden.
Daraufhin schließt Scholem seine Wetten,
weiss: der Gegner ist nicht mehr zu retten.
So ersparen ihm die finstren Wesen

Unruh, Ärgernis und sonstige Spesen.
Mit der Zunge auf dem Rand des Zahnes
Spürt er schon den Schmelz des Marzipanes.

Doch nun wieder zu ernsten Dingen und noch einmal einige
Jahre zurück. Im Februar 1937 geriet ich zufällig auf einen Pu-
rim-Ball. Auf dem Heimweg kam ich an der von deutschen Juden geführten Pension Hagelberg vorbei, jenem schönen arabischen Haus, in dem ich meinen Mittagstisch hatte. Ich selbst
lebte bei einer deutsch-jüdischen Familie, dem Zahnarzt Dr. Erlanger und seiner Frau, die allerdings nicht eine deutsche, sondern eine südafrikanische Jüdin war. Sie kam aus einem zionistischen Elternhaus und wurde als junges Mädchen von ihrem
Vater zu einem Besuch nach Palästina geschickt, wo sie Erlanger kennenlernte, der gerade erst – im Zuge der deutschen
»Hitler-Alija« – eingewandert war. Sie vermieteten ein schönes
großes Zimmer in ihrem arabischen steingebauten Haus, das
mit seinen dicken Wänden und hohen Decken für ein günstiges
Klima sorgte, weil es im Sommer nicht so heiß wurde. Ihr Haus
befand sich in der Rechov Ha-Chabaschim, der Abessinienstraße, unweit der Rechov Ha-Neviim, der Prophetenstraße,
im Abessinierviertel. Dort gab es lauter arabische Häuser, in
denen aber keine Moslems, sondern christliche Araber wohnten. Das waren nicht etwa von christlichen Missionaren be-
kehrte Moslems, sondern Reste einer christlichen Bevölkerung, die sich seinerzeit bei dem großen Siegeszug des Islams
nicht hatten bekehren lassen und sich für besser hielten als
ihre islamische Umgebung. Sie waren auch oft gebildeter und
natürlicherweise etwas mehr nach Europa orientiert, denn
Frankreich oder andere christliche Mächte waren, solange das
ottomanische Reich bestand und sie als Minderheit in einer
moslemisch beherrschten Gesellschaft lebten, ihre Schutz-
macht. Die Christen des vorderen Orients, vor allem im Liba-
non, aber auch in Palästina, besaßen also von ihrer Bildung her

eine stärkere Affinität zu Europa als die anderen Araber. Sie hatten Häuser an Juden verkauft oder vermietet, so daß eine ganze Menge Juden in Jerusalem in arabisch gebauten Häusern und mit arabischen Nachbarn lebten. In derselben Abessinienstraße, in der ich wohnte, lag also diese Pension Hagelberg. Als ich am Purimabend dort vorbeikam, konnte ich durch die erleuchteten Fenster sehen, daß da getanzt wurde. Ich sah ein Mädchen in roter Bluse tanzen und dachte: »Da gehe ich auch herein.« Ich hatte diese Frau vorher schon einmal gesehen. Eines Tages war ich mit meinem Freund Hans Lewy durch die Prophetenstraße gegangen, als uns ein junges Mädchen mit einer Tscherkessenmütze begegnete, das uns mit einem bißchen Scheu in den Augen anblickte. Lewy zog förmlich seinen Hut, und ich fragte: »Wer ist denn das?« »Ach, sie ist in meinem Lateinseminar an der Universität – eine Studentin, ein Fräulein Weiner.«

Dies war ein entscheidender Moment in meinem Leben. Um ihn zu verstehen und das, was danach geschah, muß ich etwas zurückgreifen und über meinen damaligen gefühlsmäßigen Zustand erzählen. Ich hatte, bevor ich Deutschland verließ, eine große Liebesgeschichte erlebt, mit Gertrud Fischer, einer jungen schwäbischen Studentin aus Stuttgart, die ich 1929 – also bereits nach meiner Promotion – in Heidelberg kennengelernt hatte. Die bis dahin größte Liebe meines Lebens hatte mich unter den Augen von Hannah Arendt und Günther Stern überfallen, die einander in Heidelberg begegnet waren. Hannah war in Heidelberg, weil sie bei Karl Jaspers promovieren wollte, und Günther verbrachte dort ein Semester, weil er auf eine Universitätsbibliothek angewiesen war. Als ich 1928/29 den Winter in Paris verweilte, erhielt ich eines Tages die Nachricht, sie hätten beschlossen, zu heiraten, und ich war so begeistert – schließlich handelte es sich um meinen besten Freund und meine beste Freundin! Als ich nun im Herbst 1929 erneut eine Zeit in Heidelberg zubrachte, aß ich mit den beiden zu

Mittag in einem Restaurant, und da kam ein junges Mädchen herein, grüßte scheu in die Richtung unseres Tisches, wo Hannah und Günther saßen, die freundlich zurücknickten, und setzte sich an einen Tisch, um ihr Essen zu bestellen. Vollkommen allein, einsam, in sich gekehrt, senkte sie sofort ihre Augen auf irgendein Buch. Ich fragte: »Oh, wer ist denn das?« Und Hannah sagte: »Ein sehr nettes Mädchen, eine gewisse Gertrud Fischer.« Ihr Vater, Johannes Fischer, war ein bekannter demokratischer Politiker in Stuttgart, der von unten aus dem Handwerkerstand aufgestiegen war und sich als Journalist und politischer Wanderredner für die Demokratie einsetzte, ein Anhänger Friedrich Naumanns und Mitarbeiter des späteren deutschen Bundespräsidenten Theodor Heuss. Gertrud Fischer war ein zauberhaftes Mädchen, und ich war sofort vollkommen hingerissen. Während des Essens habe ich unaufhörlich zu ihr hinschauen müssen. Wenn sie gelegentlich die Augen aufschlug, mußte sie meinem Blick begegnen, und schaute sofort wieder weg. Und als sie aufstand und wegging, sagte ich zu Hannah und Günther: »Ihr müßt mich entschuldigen. Auf Wiedersehen.« Und folgte ihr. Ich sah sie von weitem vor mir hergehen, sie bog ab und überquerte die Neckarbrücke. Dann stieg sie auf der anderen Neckarseite den Berg mit dem gewaltigen Wald hinauf. Da geht es im Zickzack hoch, und ich folgte ihr immer mit einem gewissen Abstand. Schließlich bog sie vom Weg ab und suchte etwas zwischen den Zweigen im Unterholz. Und ich rief vom Weg aus zu ihr hinab: »Kann ich Ihnen vielleicht helfen? Es ist jetzt Advent. Da werde ich Ihnen doch helfen.« Und so sammelten wir zusammen geeignete Tannenzweige für einen Adventskranz. Dann stiegen wir den Berg wieder herunter. So begann eine große Liebesgeschichte, die sich über die nächsten Jahre hinzog. Zwischen der Adventszeit 1929 und Anfang 1933 warb ich um sie mit allen meinen Kräften. Sie befand sich allerdings in engen Banden. Sie war eine sehr christliche Natur, und zu ihren Madonnenzügen gehörte es eben auch, daß sie einen psychisch furchtbar geplagten jungen Mann retten wollte und deswegen von ihm das Schrecklichste erduldete. Später ist sie dann mit Hilfe einer Psychoanalyse von ihm weggekommen, aber das war lange nachdem ich schon nach Palästina ausgewandert war und sie aus den Augen verloren hatte. Wir hatten dennoch ein leidenschaftliches Verhältnis – bei mir leidenschaftlich, bei ihr nachgebend und immer herzlicher werdend, allerdings immer mit dem Vorbehalt, sie sei ja nicht frei, sie dürfe der Aufgabe der Seelenrettung dieses schrecklichen Mannes nicht untreu werden. Sie studierte deutsche Literatur, hatte aber das Gefühl, das sei nicht das Rechte für sie, und sie kam auf die Idee, statt dessen Fotografin zu werden. Da sagte ich: »Hör mal, ich habe eine Cousine in Gladbach, Lisl Haas, die ist Berufsfotografin, vielleicht nimmt sie dich zur Lehre an«. Und so kam sie nach Gladbach, verstand sich sehr gut mit Lisl Haas, die ihr anbot, sie auszubilden. Meine gutherzigen Eltern, seligen Angedenkens, die mich sehr liebten, waren bereit, sie für ein Jahr bei uns wohnen zu lassen, obwohl das für sie schwer war, besonders für meine Mutter. Erstens war Gertrud keine Jüdin, und das war für sie ein Problem, obwohl sie ihnen sympathisch war. Zweitens hatte sie eine leichte Tuberkulose, und meine Eltern, die nun mit Krankheit genug zu tun gehabt hatten, zitterten davor, daß ich nun ein krankes Mädchen heiraten würde. Und selbst Lisl Haas, die ihr sehr zugetan war, sagte immer: »Ob sie eine wirklich gute, erfolgreiche Fotografin werden wird, weiß ich nicht, denn ihre Finger sind leicht feucht durch Schweißausbrüche. Und wenn man Fotografenplatten (damals ging es alles noch mit Glasplatten) anfaßt, darf man keinen Schweiß an den Fingern haben. Das hängt mit ihrem Zustand zusammen.« Tatsächlich ist sie schließlich vollkommen geheilt worden.

Für mich und sie kam 1933 die große Frage, ob sie mit mir auswandern würde, doch sie lehnte dies ab. Sie wollte die Heimat nicht verlassen, und sie war auch nicht so an mich gebunden, wie ich an sie. Sie war meine Geliebte geworden, war aber noch immer in einer eigentümlich neurotischen Weise jenem anderen Mann hörig, der ein Sadist war, der sie seelisch quälte und auch sich selbst und andere peinigte. Aber das war nicht der Hauptgrund. Der wichtigste Grund dafür, daß sie nicht mit mir kommen wollte, war aber das wohl richtige Gefühl, daß sie nicht in eine jüdische Umgebung passen würde. Sie war Christin und ist es ihr ganzes Leben geblieben. Ich bin auch später mit ihr in Verbindung geblieben. Angenommen, sie hätte sich damals von dem Gefühl übermannen lassen, sie dürfe mich in diesem Moment nicht verraten, und hätte sich dazu gezwungen, mitzukommen, so wäre sie wohl zutiefst unglücklich geworden. Sie hätte sich in dieser robusten jüdisch positivistisch-nationalistischen Stimmung, die eben im palästinischen Judentum herrschte, einsam gefühlt. Aber ich ging weg mit dem Gefühl, daß ich nie wieder mit solchem Ernst eine Frau würde lieben können. Statt dessen hatte ich Liebschaften, die Gelegenheiten dazu fehlten mir nicht. Es war eine Zeit, wo mir die Frauen zulächelten und ich leicht Freundinnen finden konnte, wobei ich übrigens sagen muß, daß es fast immer junge, verheiratete Frauen waren. Das war schon in den letzten Jahren meiner Mönchengladbacher Zeit so. Nachdem ich lange ungeheuer schüchtern und ängstlich gewesen war, bemerkte ich plötzlich meine Wirkung auf Frauen. Eine dieser Frauen hatte die Sache einfach entschlossen in die Hand genommen, mich verführt und mir damit meine Angst genommen – ich war da vielleicht 21 Jahre alt. Ich fand, daß das sehr spät war, denn meine Altersgenossen prahlten damals schon mit ihren Eroberungen und nächtlichen Abenteuern, und ich beneidete sie darum. Diese jungen Frauen waren immer etwas älter als ich, hatten vielleicht schon ein oder zwei Kinder, und irgend etwas zog sie dann zu diesem ungebundenen Jüngling hin. Kurz und gut, ich hatte eine Anzahl solcher Beziehungen, bevor sich die Beziehung zu Gertrud entwickelte, die alles andere in den Hintergrund drängte. Aber als Gertrud wieder aus meinem Leben verschwunden war, hatte ich das Gefühl, ich hätte nun die wahre Liebe kennengelernt und das könne man nur einmal erleben.

1933 war es zur Trennung gekommen. Bevor ich auswanderte, unternahmen wir zusammen eine Wanderung durch den Spessart: ein jüdischer junger Mann, der mit einem christlichen jungen Mädchen zusammen in Gasthäusern einkehrte und sich als verheiratet ausgab. Eines Tages kehrten wir mittags in einem Wirtshaus ein, um zu essen. In der Gaststube saßen andere Wanderer herum. Damals gab es den Automobiltourismus noch nicht, also wanderte man. Es saßen dort aber auch Familien mit Kindern und Einheimische, die aßen oder Bier tranken. An dem Tisch, an dem wir saßen, waren auch einige rüstige Männer, vielleicht Holzarbeiter aus der Gegend, und die stimmten Lieder an, darunter das Lied mit dem schönen Reim: »Wenn's Judenblut vom Messer fließt, dann geht' s noch mal so gut.« Sobald das erklungen war, sagte ich: »Bitte, zieht eure Messer heraus. Hier bin ich. Hier ist ein Jude.« Plötzliches Schweigen. Und dann ergriff einer von denen das Wort und sagte: »Ich bin hier der Ortskommandant. Ihr könnt von Glück sagen, daß ich hier den Befehl habe, sonst würde es euch schlecht ergehen. Ihr habt sofort mein Gebiet zu verlassen. Ich gebe euch hier jemanden mit, der euch bis an die Grenzen meines Reviers bringt und sich vergewissert, daß ihr dieses Gebiet sofort verlaßt.« Alle Gäste waren ungeheuer betreten. Es war ein vollkommener moralischer Sieg für mich, aber ungeheuer gefährlich. Ich sah es an den Gesichtern der anderen Gäste. Ich erinnere mich an ein Elternpaar mit halbwüchsigen Kindern, die auch auf einer Wanderung waren und die zwar schwiegen, aber betreten schauten und sich ungeheuer schämten, daß so etwas passierte. Gertrud sah glücklicherweise nicht germanisch aus, sondern hatte dunkle Haare und dunkle Augen und konnte als Jüdin passieren. Das hat uns gerettet. Gertrud zitterte am ganzen Leib, denn ihr war klar, daß sie in fürchterlicher Gefahr war. Ich dagegen fühlte mich so herausgefordert, daß ich ihnen direkt sagte: »Zieht eure Messer heraus. Hier könnt ihr das Judenblut haben, wenn ihr wollt.« Diese singenden Burschen waren offenbar völlig verblüfft. Ich weiß nur noch, wie einer sagte: »Ist doch nur ein Volkslied, was wir da gesungen haben!« Ich sagte: »Das ist kein Volkslied! Das ist ein Lied gegen mich und meinesgleichen.« Der Mann, der uns begleiten sollte, trottete wie ein begossener Pudel schweigend neben uns her. Meine Gertrud und ich marschierten ab im Triumphmarsch, und als er irgend etwas sagen wollte, bedeutete ich ihm: »Ich will nichts hören.« Schließlich sagte er: »So, bis hier muß ich mit euch kommen.« Dann fing er an, uns zu erklären, wie wir weiterwandern sollten. Es war klar, daß ihm das schrecklich unangenehm war und er sich schämte. Ich bekam hier eine Probe davon, wie eine Bevölkerung in so etwas hineingetrieben wird und mitmacht, ohne sich zuvor klargemacht zu haben, was sie damit eigentlich tut. Für die anwesenden Leute war das ein Augenblick der Klarheit. Jedenfalls war offensichtlich, daß dieser abkommandierte Mann seinen Auftrag höchst ungern ausführte. Nicht daß er Qualen dabei ausstand, aber es war ihm peinlich, und er hat sich kleinlaut von uns verabschiedet und uns einen guten weiteren Weg gewünscht. Sobald er weg war, sagte Gertrud: »Das hätte schrecklich ausgehen können.« Da wurde mir erst bewußt, daß ich sie in einer Weise gefährdet hatte, wie ich es nicht hätte tun dürfen. Das also war unsere Abschiedswanderung im Spessart. Wir haben uns dann, als ich schon in London war, noch einmal in Zürich getroffen, kurz bevor ich nach Palästina ging. Ich habe sie, nachdem sie gesagt hatte, sie könne sich nicht losreißen, nicht mehr gedrängt. Ich habe sie nur gefragt. Sie sagte: »Ich warte aber auf dich. Ich werde auf dich warten.« Ich besaß einen ganzen Kasten voll mit ihren Briefen und sie einen mit den meinen. Später, als wir uns nach vielen Jahren wiedersahen, sagte sie: »Alle deine Briefe sind verbrannt.« Aber nicht sie hatte sie verbrannt, sondern dies war bei einem Bombenangriff geschehen. Dagegen hat sie mich beschworen, ich möge ihre Briefe vernichten, weil es ihr Ende bedeuten würde, wenn sie jemals durch irgendein Mißgeschick den Nazis in die Hände fielen. Und mehr noch die Fotos – ich hatte wunderbare Aufnahmen von ihr, die ich um Gottes willen vernichten sollte. Und da habe ich mit Schmerzen irgendwann in Jerusalem eine ganze Serie herrlicher Bilder, die ich bei uns im Hause im Schlafzimmer von ihr gemacht hatte – sie hatte einen wunderbaren, göttlich schönen Körper – verbrannt. Ihre Briefe, die ich in einem Kasten verschlossen mit vielen meiner Bücher in Jerusalem gelassen hatte, sind dann später auf irgendeinem Umzug verlorengegangen.

Als ich nun in Jerusalem Lore Weiner, dieses junge Mädchen mit der Tscherkessenmütze und dem scheuen Blick sah, das seinen Professor grüßte, meldete sich eine innere Stimme, die mir sagte: »Hier ist wieder etwas von dem, was ich aufgegeben habe und wovon ich glaubte, es könne sich nicht noch einmal ereignen.« Daß dieser Typ Frau, dessen Physiognomie etwas Seelisches zum Ausdruck brachte – das längliche Gesicht, der tiefe Ernst der Augen mit einem leicht tragischen Zug und eine gewisse Scheuheit –, meine Bestimmung war, muß mit meiner Mutter zusammengehangen haben. Diese Frau also sah ich an dem Purim-Abend, als ich an dem arabischen Haus vorbeiging, aus dem Musik herausscholl, und ich ging hinein. Nach kurzer Zeit tanzte sie begeistert mit mir, wie man aus der Zärtlichkeit des Tanzens merken konnte, war aber keineswegs gewillt, mir jeden Tanz zu schenken, sondern tanzte, wenn sie aufgefordert wurde, auch mit anderen. Und dann stand ich an der Wand und schaute zu. Eine Bekannte von mir, eine junge verheiratete Frau, die auch in der Gegend wohnte, kam zu mir und sagte: »Jonas, nehmen Sie sich etwas zusammen! Machen Sie sich nicht lächerlich. Sie ist ja entzückend, aber gucken Sie nicht so unglücklich, wenn sie mit jemand anderem tanzt!« Ich habe mit keiner anderen getanzt in jener Nacht. Sobald sie frei war, habe ich sie aufgefordert. Und wir tanzten immer wieder zusammen. Auch sie hatte, wie sie mir später sagte, sofort das Gefühl: »Ach, das ist der Richtige.« Aber dann zum Schluß bekam ich einen kleinen Schock. Weit nach Mitternacht, so gegen zwei oder drei Uhr morgens, fingen die Leute an, nach Hause zu gehen, und da kam ein blonder junger Mann mit Brille, sehr gut aussehend, auf uns zu und sagte zu mir: »Darf ich Ihnen diese Dame anvertrauen, daß Sie sie nach Hause begleiten?« Ich erwiderte: »Was gibt Ihnen eigentlich das Recht dazu?« Und sobald wir draußen waren, fragte ich: »Wer war das, wieso maßt der sich an, daß er Sie mir anvertraut?« Da sagte sie: »Ach, ich bin mit ihm verheiratet.« Ich sagte: »Was?« Sie nickte. »Wie ist denn Ihr Name?« »Krause.« Sie sagte: »Aber das hat weiter nichts zu bedeuten.« Es gab nämlich damals die sogenannten »Zertifikatsehen«. Wer nur ein Besuchsvisum hatte und sich die lange Mühle eines Einwanderungsverfahrens ersparen wollte, konnte durch Eheschließung permanente, legale Immigrantin werden. Es gab daher eine ganze Anzahl junger Leute, meist Männer, die mit einem Zertifikat eingereist waren und bereit waren, mit einem jungen Mädchen die Ehe einzugehen, um deren Aufenthalt zu legalisieren. Solche Scheinehen wurden dann später irgendwann aufgelöst oder führten zu richtigen Ehen, wobei dann noch einmal eine richtige Hochzeit stattfand. Bei Lore war bei der Einwanderung ihrer Eltern etwas schiefgegangen, so daß sie lediglich eine temporäre Aufenthaltsgenehmigung besaß. Hans Krause, ein junger Mann, der auch im KJV war – Lores Vater war übrigens ebenfalls KJVler, ein alter Zionist, und ich hatte am ersten Abend herausgefunden, daß ich einmal in meiner Blau-Weiß-Jugendzeit im Büro ihres Vaters, Siegfried Weiner, in Regensburg übernachtet hatte –, erklärte sich bereit, Eleonore Weiner zu heiraten. So war also dieser Mann, der sich die Chuzpe herausnahm, sie mir anzuvertrauen, immerhin offiziell ihr Ehegatte.

Nach dieser durchtanzten Nacht sahen wir uns von Zeit zu

Zeit, und mir war klar, daß bei ihr eine Liebe zu mir erwacht war. Leider bildete ich mir ein, daß ich mich nicht mehr verlieben konnte, so daß ich keinen Versuch unternahm, es zu einer wirklichen Intimität kommen zu lassen. Denn ich wußte – das ist ein Mädchen, mit dem man nicht spielte. Wir machten lange Spaziergänge zusammen, auch im Mondschein in Jerusalem, wo ich sie dann bis an ihre Haustür brachte und sie zum Abschied küßte. Aber es kam, wie gesagt, zu keiner wirklichen sinnlichen Begegnung zwischen uns. Ich verbot es mir. Als ich merkte, daß sie auf einen ernsthaften Schritt meinerseits wartete, erklärte ich ihr, daß ich mich nicht mehr endgültig, dauerhaft und ausschließlich an eine Frau binden könne und daß eine Liebe, wie ich sie erlebt hätte, nicht ein zweites Mal im Leben möglich sei. Auf Lore hat das allerdings, wie sie mir später gestand, nicht abschreckend, sondern ermutigend gewirkt, denn sie dachte sich: »Wenn er es einmal gekonnt hat, kann er es auch ein zweites Mal. Ich muß nur abwarten.« Sie sagte mir später: »Dieses Gerede davon, daß du das Gefühl nicht mehr aufbrächtest, habe ich nicht einen Moment geglaubt, nachdem du mir erzählt hast, was du einmal gefühlt hast. Wer so fühlen kann, der verliert diese Fähigkeit nicht. Sie wird schon wiederkommen.« Und sie hatte recht.

Dann aber verließ ich Palästina für mehrere Monate, denn im Herbst 1937 wurde mir klar, daß ich den zweiten Teil meines Gnosisbuches nicht würde zu Ende führen können, wenn ich weiter meine beinahe allnächtlichen Dienste in der Hagana verrichtete. Also verließ ich im Herbst Palästina und verbrachte den Winter auf der Insel Rhodos, die damals unter italienischer Herrschaft stand. Dort sah ich die italienischen Truppen und das ganze Brimborium des prahlerischen faschistischen Kolonialregimes. Aber die Insel Rhodos ist ein wunderbarer Ort. Ich lebte dort in einer Pension. Es gab ein archäologisches Institut mit einer guten Bibliothek für die klassischen Altertumswissenschaften, in der ich einen Arbeitsplatz hatte. Dort erhielt ich im Januar 1938 die Nachricht vom Tode meines Vaters. Im Februar kehrte ich zurück nach Jerusalem. Meine Freunde wußten schon, daß mein Vater gestorben war, denn es hatte in der Jüdischen Rundschau gestanden, diesem deutsch-zionistischen Blatt, das auch in Palästina erhältlich war, und man kondolierte mir. Meine Wirtin, Frau Erlanger, teilte mir nach meiner Rückkehr mit, daß meine Freundin Lore Weiner inzwischen geheiratet habe. Tatsächlich hatte sie während dieses Winters einen erneuten, ernsthaften Antrag ihres Gatten Hans Krause – des blonden Hans – angenommen und nun eine richtige Hochzeit gefeiert. Sie war jetzt wirklich Frau Krause und nicht mehr nur auf dem Papier. Unter diesen Umständen war natürlich die Wiederaufnahme der Beziehung zu ihr schwierig, eigentlich unmöglich. Aber da geschah folgendes: Als Frau Erlanger mir dies erzählte, fuhr mir so heraus: »Ach du lieber Gott, nun habe ich sie mir entgehen lassen. Da kann ich nur mich selber tadeln.« Nicht lange Zeit danach gebar Frau Erlanger, die schon ein Töchterchen hatte, ein zweites Kind und engagierte als Säuglingsschwester Eleonore Krause. Sie war in der Hadassa ausgebildet worden. Frau Erlanger, die ein außerordentlich starkes Interesse an mir und meinem Lebenswandel genommen hatte, hatte nun nichts Eiligeres zu tun, als der Lore zu sagen: »Das hat Hans Jonas gesagt, als ich ihm erzählte, daß Sie geheiratet haben.« Und Lore hat mir später gesagt: »In dem Moment wurde mir schwach. Es schwindelte mir, und ich hatte Angst, daß ich ohnmächtig werde.« Das, worauf sie gehofft hatte, erfuhr sie nun auf dem Wege einer Indiskretion von Frau Erlanger. Daß sie bald von ihrem Mann enttäuscht war, ermöglichte es, daß wir uns wiederbegegneten. Noch dazu hatte sie durch diese Mitteilung eine Art Ermächtigung erhalten. Bis zum Ausbruch des Krieges trafen wir uns von Zeit zu Zeit zu langen Spaziergängen. Ich lieferte sie getreulich an der Türe ihrer Wohnung ab, wo sie dann den Fahrstuhl herauffuhr in ihr Stockwerk, wo oben ihr Mann auf sie wartete. Und so hätte es noch weitergehen können, wäre nicht der Krieg ausgebrochen und hätte ich mich nicht sofort freiwillig gemeldet. Da sagte sie sich: »Wenn er in den Krieg zieht, dann möchte ich mich ihm vorher hingeben.« Vorher hatte sie sich nichts dergleichen erlaubt, aber angesichts des drohenden Krieges wollte sie doch noch meine Geliebte werden. Und dazu kam es im Sommer 1940.

Erst nach der Niederlage Frankreichs waren die Engländer bereit, unsere Meldungen anzunehmen und die von uns geforderten jüdischen Einheiten aus Palästina zu schaffen. Nach einer Militäruntersuchung wurde ich dann angenommen, und ich kehrte aus dem englischen Übungslager Sarafant, das unten in der Ebene auf dem Weg von Jerusalem nach Tel Aviv lag, noch einmal nach Jerusalem zurück, um meine Sachen in Ordnung zu bringen. Als ich Lore traf, sagte ich zu ihr: »Also übermorgen fahre ich zur Ausbildung.« Und da kam sie zu mir aufs Zimmer, und wir gehörten einander von da ab, auch wenn ihre Ehe noch fortdauerte. Meine Kameraden sahen im Militärlager ihr Bild neben meinem Bett stehen. Eines Tages, als wir schon im Ausland waren, ging ein Kamerad, ein Kibbuznik aus der Nähe von Haifa, während seines Urlaubs nach Palästina. Als er in der Nacht durch Haifa ging, weil er erst am Morgen mit dem Milchauto seines Kibbuz zurückfahren konnte, sah er eine junge Frau auf der Straße und sprach sie an: »Sind Sie nicht die Lore?« Erst war Lore abweisend und fragte dann: »Wie – woher kommen Sie?« Er sagte: »Ich habe Ihr Bild neben dem Bett von Ihrem Hans Jonas gesehen.« Er hatte sie erkannt – ihr Gesicht. Und dann sind sie die ganze Zeit auf und ab gegangen durch die Straßen, bis gegen fünf Uhr morgens das Milchauto des Kibbuz kam. Diese Episode zeigt nur, daß sie schon damals – immerhin war sie ja noch mit einem anderen Mann verheiratet – bereits mit mir in Verbindung gebracht wurde. Jemand, der sie nicht kannte, erkannte sie auf der Straße: »Das ist doch das Mädchen, dessen Foto Hans Jonas neben sich stehen hat, das er in seinem

Soldatengepäck mit sich führt.« 1943 kam es dann zur Scheidung, gegen die sich ihr Mann sehr wehrte, weil er sie liebte. Schließlich erreichte sie seine Zustimmung, und wir heirateten – etwas übereilt, weil ich gerüchteweise gehört hatte, daß wir versetzt werden und das Land verlassen sollten. Wir konnten also die rituell vorgeschriebene Zeit von neun Monaten nach einer Scheidung nicht abwarten und haben, bevor ich außer Landes ging, mit einigen falschen Personalangaben schnell geheiratet.

Doch wie war es, nachdem ich Lore doch gesagt hatte, ich sei nicht mehr liebesfähig, dann doch noch zu einer festen Verbindung gekommen? Immer wenn ich Urlaub hatte, traf ich mich mit ihr. Aber ich hatte noch nicht das entscheidende Wort gesprochen. Immer noch nicht! 1942 trafen wir uns an einem Küstenplatz südlich von Tel Aviv, ich glaube in Bat Jam. Dort nahmen wir ein Zimmer in einer kleinen Pension. Am Vormittag des nächsten Tages gingen wir im Meer schwimmen. Was ich nicht wußte, war, daß es an dieser Küste gefährliche Unterströmungen gab. Das hatte uns niemand gesagt, auch nicht die Pensionsinhaber. Als wir schwammen, merkte ich plötzlich, daß ich herausgezogen wurde. Ich kämpfte dagegen an, doch die Strömung war stärker als ich. Ich verlor den Boden unter den Füßen und wurde immer kräftiger in den tieferen Teil hinausgetrieben. Da rief ich Lore, die noch stehen konnte, zu: »Lore, geh sofort zurück und ruf um Hilfe! Ich kann nicht mehr zurück!« In diesem Augenblick geschah etwas Entscheidendes in meinem Leben: Mit einem unbeschreiblichen Blick der Angst tat sie genau das Gegenteil von dem, was ich gesagt hatte, schwamm zu mir heraus, ergriff meine Hände und zog mich zurück. Sie hat mich unter Gefährdung ihres eigenen Lebens vor dem Ertrinken gerettet. Es stand klar in ihren Augen: »Wenn es sein muß, dann will ich mit dir ertrinken.« Später sagte sie mir, daß dies und noch etwas anderes durch ihren Kopf ging: »Ohne ihn ist alles nichts!« Zurück am Strand, lag ich erst einmal vollkommen erschöpft da – ich hätte überhaupt nur noch wenige Sekunden aushalten können. Dann gingen wir zurück ins Pensionszimmer, packten unsere Sachen und fuhren nach Jerusalem, wo ich im Hause Scholem übernachten wollte. Ich hatte mein Zimmer in Jerusalem aufgegeben und schlief im Urlaub immer bei einem meiner Freunde. Als ich ankam – man erwartete eine größere Abendgesellschaft –, sagte ich zu Fanja: »Fanja, ich kann nicht bei der Gesellschaft dabei sein. Es ist mir etwas Schlimmes zugestoßen. Ich muß mich hinlegen.« Und so lag ich da im Bett und hörte durch den Korridor den Gesellschaftslärm. Ich spürte eine unbeschreibliche Euphorie darüber, daß ich noch am Leben war. Ich lag da voller Glück, und zugleich war eine neue Klarheit über mich gekommen, die man mit den Worten ausdrücken könnte: »Du Esel, worauf wartest du denn noch? Es ist doch klar, wer deine Lebensgefährtin ist. Du Idiot, dessen bedurfte es, um dir die Augen zu öffnen?« Am 3. September 1942 machte ich ihr einen Heiratsantrag. Ich kam mit Blumen und guten Wünschen, denn es war ihr Geburtstag, und fragte sie: »Willst du meine Frau werden?« Und was antwortete Lore? »Das ist ja heller Wahnsinn!« Ich brauchte recht lange, sie zu überzeugen, hatte ich ihr doch allzu oft versichert, ich könne mich nicht mehr binden. Aber schließlich sagte sie: »Aber eine Bedingung stelle ich.« »Welche?« »Ich will Kinder haben.« »Versprochen.« Obwohl mir selbst der Gedanke an Kinder gar nicht gekommen war. Und dann sagte ich noch: »Von mir aus, bitte, habe ich zu sagen: Ich bin nicht der Typ, der sich scheiden läßt.« So also verlobten wir uns an ihrem Geburtstag und mit dem gegenseitigem Einverständnis: Kinder und keine Scheidung. Wir heirateten 1943 in Haifa, und 14 Tage nach der Hochzeit zog ich, wie im folgenden zu erzählen sein wird, in den Krieg – über Zypern und Ägypten nach Italien, von wo aus ich erst 1945 zurückkehrte. Diese Zeit der Trennung mag in einem Gedicht zur Sprache kommen, das ich Lore von Italien aus schickte – Worte aus dem Krieg, ein

Traum, wie ihn jeder Soldat träumte, der von seiner Geliebten oder Frau getrennt war.

> Ich liege wach und denk an dich,
> mein Geist füllt sich mit Ruh,
> mein Herz mit Glück,
> mein Aug mit Bild.
> Mein Leben ist in Dir gestillt,
> da sind nur ich und Du.
> Die Männer atmen um mich her,
> von Schlaf ist schwer das Zelt.
> Zur Nacht in Zelten tausendfach getrennt sein,
> träumend oder wach den Atem seufzend schwellend.
> Der Nachtwind in den Blättern spricht,
> die Zeltwand bauscht sich leis',
> wie süß winkt mir Dein Angesicht,
> wie schimmert auf im Sternenlicht
> Dein Leib so perlenweiß.
> Es klopft Dein Herz in meiner Hand,
> die sich ins Dunkel streckt.
> Geliebter, flüstert mir Dein Mund,
> was weckst Du mich zu dieser Stund?
> Ich denke Dein zu dieser Stund,
> was hast Du mich geweckt?
> Schlaf weiter, mein geliebtes Herz,
> noch ist die Stunde nicht.
> Auch ich will, da ich Dein gedacht,
> durchschlafen nun die kurze Nacht,
> die uns noch trennt vom Licht.
> Doch lächle ich den Sternen zu,
> ich weiß mich nicht allein.
> Denn ich bin niemals ohne Dich,
> und Du bist niemals ohne mich,
> getröstet schlaf ich ein.«

Ich kann diese Zeilen noch immer auswendig, sind sie doch für mich Ausdruck der Schönheit und Tiefe unserer Liebe, die mich mit Dankbarkeit erfüllt. Dem hat auch nichts anhaben können, daß wir in mancher Hinsicht sehr verschiedene Temperamente sind. Das zeigt sich etwa dann, wenn es darum geht, in der Rückschau auf unser Leben Dunkles und Helles gegeneinander abzuwägen. In einem Gespräch über meine Erinnerungen sagte Lore einmal: »Das läuft alles zu sehr auf eine Erfolgsgeschichte hinaus, in der alles so gut und glücklich verlief. In Wirklichkeit gab es doch in unserem Leben auch viel Schweres und Banges, bisweilen große Befürchtungen, wie es weitergehen sollte. Und das ist eigentlich nicht zum Ausdruck gekommen.« Und ich erwiderte: »Ich muß bei mir sehr suchen, um ein tragisches Element in meinem Leben wie in meinem Verhältnis zur Welt zu finden, wenn ich von dem Verlust meiner Mutter und von dem absehe, was jeder Jude mit dem Holocaust mit sich herumträgt. Aber die Welt ist für mich, obwohl auf ihr natürlich furchtbare Dinge geschehen, niemals ein feindlicher Ort gewesen.« Ich habe zwar auf meinem Lebensweg Unglück erlitten, aber das hat mein Gesamtverhältnis zum Dasein als solchem, das im Grunde immer bejahend war, niemals verändert. Natürlich gibt es im Leben jedes – auch des optimistischsten und bejahendsten – Menschen Zeiten tiefsten Unglücks, und so bin auch ich in der Pubertät durch eine Phase von Selbstmordgedanken hindurchgegangen. Aber das zählt nicht richtig, sondern gehört mit zu den von der physiologischen Entwicklung rührenden Aufwühlungen, die sich schließlich wieder glätten. Lore dagegen hat ein etwas schwermütigeres, tragischeres Welt- und Selbstempfinden. Diese Art freudiger Bejahung, die ich der Welt entgegenbringe und zu der ich mich einmal in dem Aufsatz über den »Adel des Sehens«, der mir sehr am Herzen liegt, bekannt habe,[4] beruht auf der Überzeugung, daß sich das Sein – trotz des Schrecklichen und Gräßlichen, das zum Leben dazugehört – den Sinnen erschließt und Bewunderung und Erstaunen im Betrachter erregt, so daß er es letzten Endes mit einem Ja entgegennimmt und damit einen inneren Zusammenhang zwischen der Fülle und dem Reichtum des Seins und seiner Sensibilität bezeugt. Damit meine ich keine besondere metaphysische Vorstellung von einer göttlichen Ordnung des Universums, sondern einfach die Tatsache, daß der wache, erlebende Organismus – das Fühlen, Sehen, Erkennen – sich mit dem trifft, was sehenswert, erkennenswert und fühlenswert ist und daß letzten Endes im fühlenden und bewußten Dasein schon ein Ja liegt. Dieses Entfremdungsgefühl, wonach der Mensch ungefragt in diese Welt hineingeworfen ist und sich einem fremden, feindlichen oder sogar absurden Universum gegenübersieht, hat bei mir niemals richtig eingeschlagen.

Aber Lore hat dieses Empfinden tief in sich. Sie hat als junges Mädchen sehr gelitten. Sie hatte einmal bei ihrem Vater einen Revolver gefunden, den er aus dem Krieg mitgebracht hatte. Er war Soldat im Ersten Weltkrieg gewesen. Als sie eines Tages zu dem Schluß gekommen war, daß sich das Leben nicht lohnte und sie den Maßstäben, die sie selber an ein sinnvolles Leben anlegte, nicht genügte, beschloß sie, sich umzubringen. Glücklicherweise versagte der Revolver, aber sie hatte ihn schon an ihre Schläfe angelegt, und er hat geklickt, glücklicherweise aber nicht geschossen. Ich erwähne das nur als Zeichen dafür, daß sie ihre Verzweiflungen hatte. Aber da das in ihrer Jungmädchenzeit war, ist das nicht ganz so relevant – es entspricht eher meinen Pubertätsstürmen. Aber als ich sie kennenlernte, hatte sie immer einen gewissen tragischen und schwermütigen Zug in ihren Augen. Das gehörte zu den Eigenschaften, die mich anzogen, denn es schwebte mir stets ein Frauengesicht vor – das meiner Mutter. Und das war ein tragisches Gesicht, denn sie hatte – völlig unabhängig davon, daß sie später ein tragisches Schicksal erlitt – im Grunde immer ein von Tragik geprägtes Daseinsgefühl. Lore war verwundbar. Dazu kam, daß sie es sehr schwer hatte. Ihr Vater, ein liebens-

werter Mann, hatte in keiner Weise dafür gesorgt, daß sie einigermaßen wohlausgestattet auswandern konnten, sondern kam
wie ein Flüchtling und als armer Mann in Palästina an,[5] so daß
Lore schuften mußte, um ihren Eltern zu helfen, und aus einem
geschützten Dasein in die rauhe palästinische Auswanderer-
wirklichkeit geriet.

Und dann kam also die Liebe zu mir und das Glück unserer
Ehe. Mir ist klar, daß eigentlich ich es bin, der das große Los gezogen hat und daß das Zusammenleben mit mir gewiß kein reines Zuckerschlecken war. Anscheinend bin ich doch irgendwo
ein tyrannischer Mensch. Vieles ging in unserem Leben danach,
was für mich, für mein weiteres Fortkommen, für meinen geistigen Werdegang, für meinen intellektuellen menschlichen
Umgang das Richtige und Beste war. Das hat nach unserer Emigration nach Amerika, von der noch zu erzählen sein wird, leider dazu geführt, daß sie sich oft allein fühlte, denn sie mußte
ihre Freunde in Israel zurücklassen. In New Rochelle, wo wir ab
1955 lebten, war ihr Leben beherrscht von einem Mann, der nie
richtig da war, sondern entweder in New York lehrte oder zu
Hause am Schreibtisch saß, während sie unsere drei Kinder
aufzog. Deshalb konnte sie keinen Beruf ergreifen und darin
Selbsterfüllung finden. Obwohl es für sie eine große Genugtuung war, zu sehen, wie ich vorankam und daß es uns gelungen
war, eine Familie zu gründen und ein schönes Heim zu schaffen, und obwohl sie in meinem Freundeskreis viel Hochachtung und Zuneigung erfuhr, ist mir bewußt, daß sie im Grunde
genommen nicht selten ein einsames Leben führte. Ich war
zwar das Zentrum ihres Daseins, lebte aber nicht immer genügend mit ihr, sondern war, wie das bei einem Gelehrten- und
Schriftstellerdasein sein kann, auf das konzentriert, was ich zu
tun hatte. Oft saß ich, statt die Abende mit ihr zu verbringen,
bis tief in die Nacht gebannt und kämpfend und manchmal
auch mich quälend an meinen Texten. Das führte dazu, daß ich,
der ich ihr so viel verdankte und ohne sie wahrscheinlich gar

nicht die Kraft und Ausdauer gehabt hätte, mein Werk zustandezubringen, ihr gewiß nicht genügend zurückgab. Liebe ja, aber nicht genügenden Umgang. Sicher, sie bejahte, was ich leisten wollte, war mir sogar eine unbequeme Mahnerin, aber es war auch ein Opfer. Ich aber redete mir dann ein, daß sie ihr Glück gerade darin fand, daß ich so lebte, und das geradezu erwartete. Und so gehört zu unserer Liebesgeschichte auch das Bekenntnis, daß ich manchmal vergaß, daß zu einer Ehe auch das Miteinander gehört. Zudem ist mir über die Jahre klar geworden, daß es für Lore nicht immer leicht gewesen sein kann, an jemanden geraten zu sein, für den die Vernunft an der Spitze steht, an einen vernunftmäßigen Denker und Debattierer. Etwas in ihr hat sich wohl – neben aller Bewunderung – immer gewehrt gegen diesen einseitigen Vorrang des Rationalen in der Betrachtung der Dinge, im Erleben der Welt und des eigenen Lebens, und so hat sie sich ihre Gefühlswelt bewahrt, die aus Dunkel und Licht gemischt ist, während es bei mir stets hell, bisweilen vielleicht überhell war.

7. »Ein bellum judaicum in des Wortes tiefster Bedeutung«

Als Knabe saß gebückt er über Karten
der großen Schlachten, und im Geiste sah er
Ebenen, die voller Waffen starrten,
und dicht daneben, wie zum Greifen nah,

in Küstenwässern römische Trieren
mit Enterhaken aufgereckt an Bord,
die siegreich aus dem Seekampf heimwärts kehren.
Doch später riß den Jüngling etwas fort,

was aus der Welt durch mystische Ekstasen
einst Menschen trug zu einem höhern Licht.
Und er studierte alle jene Phasen
Des wahren Seins, von denen Proklus spricht,

und schrieb sie auf und schilderte sie bunter
noch als sie waren, rings vom Geist erhellt.
Dann kam der Krieg und warf den Mann hinunter
vom Nous zurück und in die Körperwelt.

Und in die Höhe nach dem Feinde lugend,
fern von dem Buch und dem Gelehrtensitz,
erfüllte er die Träume seiner Jugend
und wurde wieder Knabe am Geschütz.

Dieses Gedicht mit dem Titel »Das Schicksal des Philosophen«, das George Lichtheim mir anläßlich meines 40. Geburtstages widmete, bringt auf heitere Weise die ernsten Umstände zum Ausdruck, die mich für Jahre von meiner Forschung über die Gnosis entfernten. Die Kriegserklärung Englands an Deutschland im September 1939 war für mich ein Augenblick großer

Erleichterung. Ich wußte, daß wir jetzt wenigstens um unser Überleben kämpfen konnten und nicht mehr nur zuschauen mußten, wie die Sache aufgrund der Schwäche der anderen Seite unaufhaltsam ihren Lauf nahm. Als allererstes setzte ich mich hin und verfaßte einen Aufruf mit dem Titel *Unsere Teilnahme an diesem Kriege. Ein Wort an jüdische Männer.* Er begann mit den Worten: »Dies ist unsere Stunde, dies ist unser Krieg.« Ich setzte darin auseinander, es dürfe nicht sein, daß wir unser weiteres Überleben einfach den Anstrengungen und Opfern anderer verdanken sollten, und forderte, wir müßten selbst auf erkennbare Weise unseren Beitrag leisten. Ich sprach von dem, was uns angetan worden war, und von dem, was uns drohte, ohne schon an eine blutige Ausrottung zu denken. Es gab Menschen, die sagten: »Im Falle eines Krieges wird es allen Juden an den Kragen gehen.« Ich aber hatte im Auge, was schon geschehen war, und was unausweichlich geschehen würde, wenn Hitler siegte, und versuchte klarzumachen, daß Palästina kein sicherer Hafen sei, sondern im Gegenteil gerade ein Posten, von dem aus wir den Kampf aufnehmen könnten. Und so rief ich die jüdischen Männer zur Beteiligung am Krieg gegen Nazi-Deutschland auf – nicht nur jene, die gerade als Opfer der Vertreibung durch Hitler nach Palästina gekommen waren, sondern alle Söhne des jüdischen Volkes. Wörtlich lautete dieses Manifest folgendermaßen[1]:

Dies ist unsere Stunde, dies ist unser Krieg. Es ist die Stunde, auf die wir mit Verzweiflung und Hoffnung im Herzen diese tödlichen Jahre gewartet haben: die Stunde, da es uns vergönnt sein würde, nach dem ohnmächtigen Erdulden jeder Schmach und jedes Unrechts, jeder physischen Beraubung und moralischen Schändung unseres Volkes, endlich unserem Todfeind Auge in Auge, mit der Waffe in der Hand zu begegnen; Genugtuung zu fordern; bei der großen Abrechnung unsere Rechnung, die die erste war,

mit gleichzustellen; und an der Niederwerfung des Welt-
feindes, der zuerst der unsere war und es bis zuletzt sein
wird, aktiv mitzuwirken.

Dies ist der Krieg, durch den allein dies Übel wieder aus der
Welt geschafft werden kann; ohne den es fortgewuchert
wäre ohne Maß und Grenze, unsere Vernichtung in seiner
Spur: darum ist es unser Krieg. Wir haben ein Erstlings-
recht an ihm und eine Erstlingspflicht. Wir haben ihn mit-
zukämpfen, da er für uns mit gekämpft wird. Wir haben ihn
in unserm Namen, als Juden, mitzuführen, da sein Ergebnis
unsern Namen wiederherstellen soll. Unsere Opferbereitschaft in ihm darf nicht geringer sein als die der Söhne
derjenigen Staaten, die jetzt dem Hitlerismus den Krieg an-
gesagt haben. Individuelle Würde, nationale Ehre und politische Überlegung gebieten gleicherweise unsere volle Teilnahme an diesem Krieg. Sie ist uns Pflicht und muß einem
Manne, der diesen Namen verdient, Bedürfnis sein.

Nicht reden wollen wir von den Gefühlen des Einzelnen, die
sich aus seinem persönlichen Erleben dieser Jahre ergeben –
von der Verdüsterung unseres Lebens, von dem tief im Herzen brennenden Gefühl der uns angetanen Beleidigung,
von dem gerechten Durst nach Vergeltung. Reden aber wollen wir davon, wieso dieser Krieg gegen den Hitlerismus
eine Sache unseres Volkes ist, da es in ihm um seine Sache
im absoluten Sinne geht. Wenn irgendein Volk von Hitler
zum Kampfe herausgefordert wurde, dann ist es unseres.
Wenn irgendeines durch Ehre und Interesse verpflichtet ist,
den Kampf aufzunehmen und mit der Bereitschaft auch
zum höchsten Opfer zu führen, dann ist es unser Volk. In
unvergleichlich höherem Grade als irgendeiner der jetzt gegen Hitler verbündeten Staaten sind wir von ihm angegriffen und mit Vernichtung bedroht. In unvergleichlich höherem Grad geht es bei uns um unser *Alles*. Bei jenen steht
dies oder das Interesse, der oder jener Aspekt ihres natio-

nalen, kulturellen oder imperialen Daseins auf dem Spiel;
bedroht sind sie in einem, wenn auch noch so wesentlichen, *Teil* ihrer Stellung auf der Erde – bei uns zielt das
Naziprinzip, das sich zum Weltprinzip zu erweitern strebt,
ins Zentrum unserer Menschenwürde und zugleich unserer
nackten Daseinsmöglichkeit auf Erden. Wir sind sein metaphysischer Feind, sein designiertes Opfer vom ersten Tage
an, und keine Ruhe ist uns gegönnt, solange jenes Prinzip
oder wir, einer von uns beiden, noch lebt.

Bei uns steht daher nicht ein Teil, sondern das Ganze auf
dem Spiel. Gegen uns ist es wahrhaft der *totale* Krieg. Denn
wir sind *negiert als Menschengattung* schlechthin, gleichgültig welches unsere politische, soziale oder ideologische
Form sei. Da ist kein Arrangement, keine Anpassung möglich. Unser bloßes Dasein ist unvereinbar mit dem Dasein
des Nazitums. Ein ins Mythologische emporgetriebener
Gegensatz obwaltet hier und er kann nur mit der Vernichtung des Einen oder Andern enden. Kein anderes Volk ist in
dieser Lage. Bei allen ist irgendein Arrangement mit dieser
Macht – sei sie auch unsympathisch – denkbar, und es ist
lange versucht worden: wohl uns, daß jetzt die Konzes-
sionsbereitschaft an ihre Grenze gelangt ist und der Ruf
»Bis hierher und nicht weiter!« erscholl. Eben dies gibt uns
die ersehnte Möglichkeit, endlich in diesem Kampf anzutre-
ten.

Gäbe es heute einen jüdischen Staat, er hätte der erste sein
müssen, der jetzt im Gefolge Englands und Frankreichs dem
Deutschland Hitlers den Krieg erklärte. Daß es ihn nicht
gibt, ändert nichts an der Grundtatsache, daß wir uns mit
Deutschland als im Krieg befindlich betrachten müssen,
und entbebt uns nicht der Pflicht, uns wie die Bürger eines
kriegführenden Staates zu verhalten – d. h. unsern Anteil
an der *Front* zu leisten.

In Wahrheit stehen wir schon seit sechs Jahren in diesem

Krieg – passiv. Im Jahre 1933 ist er *uns* erklärt worden und
seitdem ist er ohne Pause, mit immer wachsender Erbar-
mungslosigkeit, in immer wachsendem räumlichen Umfang und demgemäß mit wachsendem Ruin auf unserer
Seite, gegen uns geführt worden. Bis zu dieser Stunde war
es ein *einseitiger* Krieg. Wir haben ohnmächtig zusehen
und erdulden müssen, was uns und unserm Namen angetan
wurde. Erinnern wir uns: Tausende jüdischer Existenzen
vernichtet, tausende jüdischer Herzen gebrochen, tausende
jüdischer Menschen geplündert, gequält, verjagt; in den
Selbstmord getrieben; wie Vieh verfrachtet und ins Nichts
gestoßen. Denkt an die Flüchtlingsschiffe mit ihrer Ver-
zweiflungsfracht, diese Höllenvision unseres Jahrhunderts.
Denkt an Schanghai. Zusehen mußten wir, wie unser Name
geschändet, unsere Werte erniedrigt, unsere Synagogen
verbrannt, unser Heiligstes entweiht wurde. Wo wir Bürger
waren, hat man uns unter das Tier erniedrigt und jeder
Bube durfte uns bespeien – wir mußten es dulden! Selbst
die wehrlosen Seelen unserer Kinder sahen wir als Opfer
dieses wahrhaft satanischen Hasses in ihrer Blüte geknickt.
Eingebrannt in unsere Seelen lebt dieser Schmerz und kann
nicht schweigen. Und keine Gegenwehr war möglich, nicht
einmal der Versuch eines Kampfes! Preisgegeben waren wir
der frechsten Macht, die zu unserm Elend noch den Hohn
fügte.

Was hier als menschliches Schicksal gezeichnet wurde, stellt
sich im kollektiven Maßstab als nationales Schicksal dar:
Ein Jahr des Grauens nach dem andern sahen wir große,
hochentwickelte Judenheiten in den Kernländern der Golah
[der Diaspora] zugrundegerichtet und vom Antlitz der Erde
vertilgt werden. Wir sahen den Vernichtungskrieg gegen
unser *ganzes* Dasein in aller Welt erklärt und in unaufhalt-
samem Fortgang. Eine Position nach der andern mußten wir
dem unversöhnlichen Feinde überlassen. Eine Welt begann

sich auszubreiten, in der *Judentum* nicht hätte sein, *Juden* nicht hätten leben können – und in der es auch für einen Juden nicht *wert* gewesen wäre zu leben. Die bloße Nachbarschaft des Nazireiches begann die Grundlagen der jüdischen Emancipation auch jenseits seiner Grenzen zu zersetzen, und selbst die entferntesten Teile der Judenheit erlernten ein Zittern, das ihnen noch lange in den Gliedern sitzen wird. Alle spürten sie den Boden unter ihren Füßen wanken. Aber nicht nur der *Emancipations*status der Juden war bedroht, auf den kein Nationaljude, kein Zionist verzichten darf, – selbst für ein *Ghetto*judentum, an dessen Wiederkehr mancher schon dachte, wäre in diesem System kein Raum: Den Rückzug ins Lehrhaus, den die Macht Roms einem politisch geschlagenen Judentum freiließ, würde der siegreiche Hitlerismus seinem Opfer nicht vergönnen, gesetzt selbst, daß dieses von sich aus dazu bereit wäre. Die verbrannten und gesprengten Synagogen sind Zeugnis dafür. »Pharisäisches« *und* »sadduzäisches« Judentum sind gleicherweise unmöglich in einer vom Nationalsozialismus bestimmten Welt. Unter dem Absatz der Gestapo wächst auch kein geistiges Leben mehr. Der totale Staat läßt in seinem Gefüge keine Lücken der Indifferenz übrig, in denen Eigenes gedeihen könnte; er verschont die Seele so wenig wie den Leib. Sein Antisemitismus kann daher nur Ausrottung bedeuten – oder jene letzte Entwürdigung, die noch schlimmer ist als sie.

Notwendig wird ferner dies »innenpolitische« Prinzip des Antisemitismus zum außenpolitischen Instrument: Wie ein dämonisches Schicksal die Hitlersche Expansion unfehlbar gerade in die Gebiete jüdischer Massensiedlung treibt und so der Vertilgungsmaschine ständig neuen Stoff zuführt – so ist der Hitlerismus durch das Gesetz, nach dem er angetreten, dazu *gezwungen*, auf *allen* Wegen seiner *Welt*politik immer wieder *uns* aufs Korn zu nehmen – und am meisten da, wo wir etwas bedeuten. Daher gilt denn, was von der Golah gesagt wurde, auch für Erez Israel, das wir so gerne als Ausnahme von dem tragischen Gesetz sehen möchten. Täuschen wir uns nicht: Noch unerträglicher als ein geducktes muß *diesem* Feinde ein aufrechtes Judentum sein; und soweit nur immer sein Einfluß reicht, darf er gerade eine politisch-nationale Selbsterfüllung, die souveräne Entfaltung eines *freien* Judentums, ein höchstes menschliches Gedeihen aus eigener Kraft nicht dulden, das die lebendige Widerlegung seines Bildes von jüdischem Unwerte wäre.

Auch realpolitisch mußte er hier auf uns stoßen, und das jüdische Palästina, weit entfernt, eine Ausnahme zu genießen, hätte früher oder später den vollen Anprall eines zur Weltmacht gewordenen Nazitums auszuhalten gehabt.

Niemand glaube also, daß dieser Keim unserer Zukunft hätte gedeihen oder auch nur sich erhalten können in einer Welt, in der *das Nazitum triumphierte*. Niemand gebe sich dem kleinpalästinischen Wahne hin, daß hier eine Oase jüdischen Blühens inmitten der *Wüste einer zugrundegerichteten Diaspora* – al chorban hagaluth [angesichts der Zerstörung der Diaspora] – noch dauern könnte; jüdische Freiheit sich regen könnte inmitten einer Welt, aus der die Freiheit verschwindet; eine Insel jüdischer Selbstständigkeit sich reservieren ließe in einer von feindlichen Kräften beherrschten Welt. Der Gegenbeweis ist uns im Verlauf dieser Unruhen geliefert worden, im Zurückweichen der Mandatsmacht vor der hinter ihnen sichtbaren *größeren Drohung*. Und dies war erst der entfernte Schatten Hitlers. Was wirklich »Hitler im Orient« für uns bedeuten würde, ist nur im Gleichnis des Armenierschicksals noch vorstellbar.

So sah die Welt aus, die unserer wartete, soweit sie nicht schon Wirklichkeit war. Eine Sintflut war im Steigen, die schließlich ebenso unsere Diaspora wie unsere nationale Existenz hier im Lande hinweggespült hätte. Und das Verzweiflungsvollste, innerlich Zerstörendste an alledem war das Bewußtsein absoluter Wehrlosigkeit, zu der wir uns verurteilt sahen. Kein Einzelmensch, kein Volk kann dies auf die Dauer ohne Schaden an seiner Seele ertragen. Aus dem Mißhandelten wird schließlich der Paria. Viele unter uns begannen sich schon an den Gedanken zu gewöhnen, daß dies Übel allmächtig sei, daß nichts seinen Fortgang aufhalten könne. Ein Gefühl des Fatalismus legte sich lähmend auf die Gemüter. Angesichts des unheimlichen Wachstums der Boa Constrictor, der fast magischen Lähmung der Opfer unter ihrem Blick, verbreitete sich eine fatalistische Gewißheit von der Unentrinnbarkeit dieses Schicksals, d. h. von der *Unabwendbarkeit des über uns als Volk verhängten Todesurteils.* Das Atmen wurde schwer in einer Luft voll mit Haß und dumpfer Untergangsahnung.

Aber manche waren auch unter uns, die auf ihre Stunde warteten und den Schwur getan hatten, nicht eher wieder sich in dieser Welt heimisch zu fühlen und an ihrem Schönen sich zu freuen, als bis ihnen das Schicksal Gelegenheit zu Kampf und Abrechnung gegeben haben würde. Diese Stunde ist jetzt gekommen. Sie ist unsere große Chance – eine politische und moralische Chance zugleich.

Politisch bedeutet sie, daß das jüdische Volk durch den Einsatz seiner Söhne das gegen es gerichtete böse Verhängnis zu seinem Teile mit abwenden kann und dadurch, d. h. indem es in der Front der gegen Hitler verbündeten Mächte sich sichtbar und mit gleichen Risiken und Opfern an seiner Niederwerfung beteiligt, sein Bürgerrecht auf Erden – und zwar sowohl sein Lebensrecht in aller Welt wie sein besonderes Anrecht auf Erez Israel – neu erkämpft. Moralisch bedeutet die Chance, daß wir für unsere Selbstachtung und die Achtung der Welt unter Beweis stellen können, daß wir nicht Parias sind, die nur ohnmächtig ihren Grimm herunterschlucken, sondern Männer, die ihr Leben in ihre Hand

zu nehmen und zurückzuschlagen wissen. Die uns vom Nationalsozialismus abgesprochene Ehre würden wir in dem
Augenblick wirklich verloren haben, da wir dem Gedanken
Raum geben würden, andere Völker unsere Sache ausfech-
ten zu lassen und aus ihren Händen dann das Geschenk der
wiedergewonnenen Gleichberechtigung oder auch nur der
Beseitigung unseres Todfeindes entgegenzunehmen.

Es ist der Sinn des Auftretens Herzls in unserer Geschichte,
daß er eine solche Ghettohaltung hinfort für uns unmöglich machte, – jene Haltung, in der wir den Kopf einziehen
konnten, um die Stürme der Völker über uns hinwegbrau-
sen zu lassen, abwartend, was dabei für uns herauskommen
würde. Indem der Zionismus das Ghettovolk zur Nation pro-
klamierte, hat er es als Subjekt in die Völkerarena geführt
und zum Wagnis *selbsthandelnder geschichtlicher Existenz
verpflichtet*. Und was die Diasporasituation dennoch bisher
an einseitiger Parteinahme in den Konflikten der Völker
verwehrte – diesen Rest außenpolitischer Entscheidungs-
hemmung hat der Nationalsozialismus beseitigt: er hat uns
mit unüberhörbarer Eindeutigkeit auf *eine* Weltseite verwiesen und uns damit die Front angewiesen, mit der wir
stehen und fallen. Kein Loyalitätskonflikt beeinträchtigt
diesmal die Klarheit unserer Stellung als nationaler Gesamt-
person.

Dies ist nicht der erste Krieg der Neuzeit, in dem Juden mitkämpfen. Aber es ist der erste, in dem das *jüdische Volk als
solches* mitkämpft. Der Unterschied ist klar: Seit der Emancipation haben Söhne unseres Volkes in vielen Kriegen der
europäischen Völker auf allen Seiten gefochten. Noch nie
aber *in unserer Galuthgeschichte überhaupt* hat das jüdische Volk in einem Kriege der Völker durch seine Söhne als
Ganzes auf einer Seite und für seine eigenste Sache kämpfen können. Dieser Fall ist jetzt eingetreten. Das ist das historisch Neue und Einmalige *dieses* Krieges. Darum ist dies

für uns ein »bellum Judaicum« in des Wortes tiefster Bedeutung – der erste seit dem Ende unseres staatlichen Daseins. Aber im Gegensatz zu jenem letzten bellum Judaicum ist dieser – so hoffen wir – nicht ein Krieg der Katastrophe, sondern ein Krieg unserer Rettung aus der jüdischen Katastrophe; nicht Juda gegen die Welt, sondern Juda mit der Welt gegen den Weltfeind.

Auch ist dieser Krieg in übertragenem Sinne der erste *Religions*krieg der Moderne. Diese seine *ideelle* Seite geht über alle Absichten und Kalküle der kriegführenden Regierung hinaus und ist in der Verteilung der Fronten an sich begründet. Notwendig – und unabhängig vom Grade der Bewußtheit – wird es ein Krieg zweier *Prinzipien*, von denen das eine in der Form der christlich-abendländischen Humanität auch das Vermächtnis *Israels* an die Welt verwaltet, – das andere, der Kult der menschenverachtenden Macht, die absolute Negierung dieses Vermächtnisses bedeutet. Der Nationalsozialismus hat dies zuerst begriffen, indem er das Christentum als Verjudung der europäischen Menschheit beurteilte und in seinen *metaphysischen* Antisemitismus einbezog. Die Kirchen haben es begriffen, als sie – zum ersten Mal – *diesen* Kampf gegen das Judentum als Angriff auf ihre eigenen geistigen Grundlagen jüdischer Wurzel empfanden. Auch die von der Religion losgelöste rational-humane Zivilisation des modernen Europa, mit ihrer Bändigung der Triebe, ihrer Ethik des Gewissens und ihrer Achtung vor dem Menschen, ist letztlich ein Ausläufer jenes großen Geisteserbes, dessen Quellpunkt die Offenbarung war. Daher hat der Nationalsozialismus, als Widersacher all dieser Werte, als *Heidentum* im tiefsten Sinne, das scheinbare Paradox zuwege gebracht, daß ein bellum christianum zugleich ein bellum judaicum sein kann. Die früheren Religionskriege Europas waren innerchristliche Kämpfe und gingen uns Juden nichts an; dieser ist ein antiheidnischer

Kampf schlechthin und läßt in seinen elementaren Verein-
fachungen plötzlich die gemeinsamen Grundlagen sichtbar
werden, die unser Judentum mit der christlich-abendländischen Kultur verbinden. Uraltes Geschichtsgut unseres
Stammes, unser unverjährter Beitrag zur Ethisierung der
Menschheit, ist in diesem Kampfe mitaufgerufen. Auch in
diesem Sinne also, der über die bloße Selbsterhaltung weit
hinausgeht, ist dieser Krieg ein bellum judaicum und ruft
uns auf unsern Posten.

Worin kann unsere Teilnahme an diesem Kriege bestehen?
Sie hat sich individuell natürlich auf allen Gebieten zu betä-
tigen, aus denen sich die moderne Kriegführung mittelbar
und unmittelbar zusammensetzt. Da hier aber vom Kollektiven und vom Absoluten die Rede ist, sei nur von der
äußersten Form der Teilnahme gesprochen – der militärischen. Wir wünschen und hoffen, daß *jüdische Formatio-
nen*, als solche in Erscheinung tretend, in den Reihen der
Alliierten mitfechten, und zwar dort, wo die Begegnung mit
unserm Feinde, mit den Heeren des Dritten Reiches, unmittelbar stattfindet. Mit einem Wort: wir wollen eine *jüdische
Legion an der Westfront*. Eine tschechische, eine polnische
Legion sind in verschiedenen Ländern in Bildung begriffen.
Ewige Schande wäre es für das jüdische Volk, wenn wir, die
mehr betroffen sind als jeder von diesen, unsere Fahne nicht
neben den ihren auf dem Haupttheater des Krieges zeigten.
Wir erwarten vom jüdischen Volk diese Tat, diesen Erweis
seiner Mannbarkeit, diesen Beitrag zur Meisterung seines
eigenen Schicksals.

Diese Legion soll eine alljüdische Legion sein, d. h. eine Legion des Weltjudentums. Ihre Rekrutierungsbasis ist die
ganze Diaspora außerhalb des Hitlerschen Machtbereichs,
insbesondere alle Sammelplätze der Vertriebenen der Hit-
lertyrannei. Diese werden – wenn wir uns nicht ganz im
Ehrgefühl des jüdischen Menschen täuschen – ein beson-

ders williges Ohr für diesen Ruf haben, ja ihn mit Ungeduld erwarten und mit Begeisterung aufnehmen. Hoffnung setzen wir ferner auf das größte und nach den Schlägen der letzten Jahre allein noch intakte jüdische Volksreservoir der Welt: Amerika.

In einer solchen alljüdischen Legion muß auch *Palästina* vertreten sein. Als politisch reifste Gruppe der Judenheit, als die einzige *national emancipierte,* hat die palästinensische gesteigerte Pflichten der Initiative und des Beispiels für die Gesamtjudenheit. Palästina ist nicht Asyl vor den Fährnissen der Golah, sondern Vortrupp der Golah. Zionismus ist keine kleinpalästinische Angelegenheit. Diese gesamtjüdische Pflicht Palästinas ist für den Jischuw eine *zusätzliche*: sie steht in keinem Widerspruch zum Schutz unserer hiesigen Positionen, sondern ergänzt sie aus einem höheren Gesichtspunkt. Die natürliche Priorität der lokalen Verteidigung ist unbestritten; aber sie darf nicht als Grund dafür dienen, daß die Manneskraft des jüdischen Palästina sich in diesem Völkerringen zur Gänze mit einer bloßen *Garnison*rolle begnügt, und daß das bloße Warten auf mögliche hiesige Entwicklungen dem Einzelnen zu einer bequemen Entschuldigung für die Limitierung seiner Opferwilligkeit verhilft.

Die wirkliche Front eines Landes kann unter heutigen Bedingungen weit entfernt liegen. Der rein lokale Aspekt würde weder der wirklichen Verflochtenheit Palästinas in die Weltentscheidungen noch seiner moralischen Aufgabe für die Weltjudenheit gerecht werden. Er wäre ein Versagen des wirklich nationalen Gedankens, ein Versagen Palästinas vor dem echten Sinn des Zionismus, der da heißt: Chaluziuth [Pionierexistenz] für Ganz-Israel. Die Entscheidung auch über Palästina wird auf den Schlachtfeldern Europas fallen. Eine neue Legitimierung unserer Ansprüche auf Palästina ist nur dort zu holen. Eine palästinensische Abteilung – über ihre Größe können wir nichts sagen – darf in der alljüdischen Legion des Antihitlerkrieges nicht fehlen. Ein zionistischer Kern muß in diesem militärischen Kibbuz Haggalujoth [Sammlung der Juden aus der Diaspora] vertreten sein.

Die Sorge für die richtige Verteilung der palästinensisch-jüdischen Kräfte ist Sache verantwortlicher Instanzen, die das Ergebnis dieses Appells – das nur zu klein, nicht zu groß ausfallen kann – nach ihrer Einsicht verwerten können; sie ist nicht eine Frage jener *persönlichen* Entscheidung für den *gefährlicheren* Posten, auf die der Appell zielt. Der Einzelne wird kaum beurteilen können, ob die Grenze vor oder hinter ihm verläuft; er hat sich nur zu fragen: wozu bin ich *bereit*. Seine Entscheidung ist letztlich eine menschliche, keine politische. Er wird sich von der Wahl der schwereren Aufgabe nicht durch die Befürchtung abhalten lassen, es könnten seinesgleichen *zu viele* sein. Ein Zuviel läßt sich leicht berichtigen: Wer sich für die weitergehende Sache gemeldet hat, wird sich immer für jede begrenztere kommandieren lassen. Das Umgekehrte ist weniger leicht.

Noch eins sei ausgesprochen, zur Klärung unserer inneren Haltung und unserer äußeren Stellung: Was wir auch immer an jüdisch-politischen Gewinnen, an Förderung uns teurer Ziele, vom Ausgang dieses Krieges erhoffen mögen – und jedem steht es frei, solche Hoffnungen zu hegen – dies darf nicht als *Bedingung* an unsere Teilnahme geknüpft werden. Wem gegenüber auch? Unser Axiom ist, daß dies in rein jüdischer Perspektive »unser Krieg« ist. Daher haben wir nicht unsere Teilnahme *anzubieten* an einer fremden Sache und dabei die Frage der Gegenleistung zu stellen, sondern das Unsrige zu leisten da, wo wir von vornherein und außer aller Wahl Beteiligte *sind*. Die »do ut des«-Haltung würde die ganzen Voraussetzung dieses Kampfes als einer eigensten Sache des jüdischen Volkes verfälschen. Wir sollen es wissen und auch draußen keine Mißverständnisse darüber aufkommen lassen: Indem wir kämpfen, helfen wir nicht Andern in Erwartung einer Belohnung, sondern uns selbst in Abwendung unserer Vernichtung – und in Wiederherstellung unserer Ehre. Die Anmeldung unserer Mitkämpferschaft würde durch die Verknüpfung mit Ansprüchen nur entwertet werden. Ohnehin ist in diesen Krieg unsere Sache elementar einbegriffen – und die ganze Welt weiß das. Mit gleicher Ursprünglichkeit wie die, an deren Seite wir kämpfen wollen, ja ursprünglicher noch, sind wir kriegführende Partei. Daher ist es schlechterdings nicht an dem, daß wir erst ihre Partei wählen und als Verbündete zu ihnen stoßen, sondern umgekehrt: ihre Kriegserklärung an Hitler gibt *uns* die Gelegenheit, den uns lange auferlegten eigenen Krieg nun auch unsrerseits zu *führen*. Die Basis unserer Bundesgenossenschaft ist die Erklärung des Prime Ministers, daß dieser Krieg dauern soll »till Hitlerism is destroyed«: Einer weiteren bedarf es nicht. Die Vernichtung Hitlers ist ein Zweck an sich selbst – im Augenblick *der* Zweck – und unsern *Anspruch* auf Teilnahme (nicht unser »Angebot« einer solchen) können wir nur mit unserm primären Interesse an der Vernichtung Hitlers begründen. Daher gibt es für das jüdische Volk als Ganzes kein anderes Kriegsziel als dieses, und der Einsatz dafür darf nicht bedingt, er muß unbedingt sein. Der Augenblick, da uns die Mitwirkung an diesem Ziel möglich gemacht wird, ja da dieses Ziel selbst überhaupt erst möglich geworden ist, ist nicht der Augenblick für Kalküle, beträfen sie auch unsere sonst berechtigsten Anliegen. Wir müssen also in diesen Krieg ohne Seitenblick gehen, ohne Berechnung eines anderen Ergebnisses als des einen. Nur dann werden wir sagen können, daß der erste Krieg, den das jüdische Volk in seiner neuen Geschichte geführt hat, ein reiner *Verteidigungskrieg* war.

Jüdische Männer! Eine Generation, die den Weltkrieg mit
Bewußtsein erlebt hat, ist davor gefeit, leichtherzig in einen
Krieg hineinzugehen, sich über seine Schrecklichkeit einer
Täuschung hinzugeben. Aber *mit* diesem Wissen, zu dem
das Wissen um die sechs Jahre Hitlerscher Schmach kommt,
schwören wir, daß dieser Krieg von Juden aufgenommen
und da mitgefochten werden muß, wo er am schwersten
ist – und wo wir unserm Hauptfeind ins Auge sehen können. Auch eine Sicherheit über den Ausgang brauchen wir
uns für unsern Entschluß zur Teilnahme nicht vorzutäu-
schen. Es genügt zu wissen, wie die Alternative ist: Siegen
die Westmächte – und daran glauben wir – so stürzt Hitler
und es gibt wieder eine Lebens*aussicht* für das jüdische
Volk. Siegt Hitler, so bedeutet dies unsern Untergang, hier
wie allerwärts: dann wollen wir wenigstens kämpfend untergehen. Müßig aber ist es, im Anfang eines so gewaltigen
Geschichtsvorganges über das Nahziel hinaussehen zu wollen und zu fragen, wie die Welt danach aussehen mag. Für
die Tat ist das Nahziel übergenug: die Niederwerfung Hitlers. Verhalten wir uns so, daß unsere Enkel dereinst sich
unserer nicht zu schämen brauchen.

Mir war klar, daß mein Aufruf, da er auf deutsch abgefaßt war,
im wesentlichen jene erreichen würde, die aus deutschsprachigen Gebieten eingewandert waren. Ich fing also an, damit hau-
sieren zu gehen. Zunächst veranlaßte ich, daß in Jerusalem eine
Sitzung einberufen wurde, die [am 6. Oktober 1939] in der
Wohnung eines der Prominenten aus dem deutsch-zionistischen Kreise, einem älteren Bundesbruder von mir namens
Gustav Krojanker, stattfand. Dort fanden sich eine ganze Anzahl Leute zusammen,[2] von denen zwar keiner selbst noch für
das Militär in Frage kam, aber deren moralische Unterstützung
und Einfluß ich nötig hatte, um diese Sache zu fördern. Alle
Anwesenden ließen sich gleich für den Gedanken gewinnen,

daß wir versuchen mußten, eine sichtbare jüdische Kriegsbeteiligung auf der Seite der Alliierten herbeizuführen, nach dem
Vorbild der aus amerikanischen jüdischen Freiwilligen gebildeten sogenannten »jüdischen Legion« im Ersten Weltkrieg, die
damals – schon im Zeichen der Balfour-Declaration – unter britischer Flagge bei der Eroberung Palästinas mitgeholfen hatte.[3]
In diesem Fall allerdings ging es um den Weltfeind, der auch
der Feind des jüdischen Volkes war und dessen Sieg unsere
Vernichtung bedeutet hätte. Einigkeit bestand vor allem auch
darüber, daß wir unbedingt aktiv an den Kriegsschauplätzen
zugegen sein mußten, nicht irgendwo an der Peripherie. Ich
dachte natürlich, daß das Zentrum der Kämpfe wie im Ersten
Weltkrieg in Frankreich liegen würde, denn ich setzte auf die
Qualität der französischen Armee und des britischen Expedi-
tonscorps, die, so hoffte ich, wirksame militärische Gegner
Hitlers sein würden. So etwas wie einen schnellen Zusammenbruch Frankreichs hat sich ja damals niemand vorstellen können.

Nachdem ich diesen Kreis überzeugt hatte, verbreitete ich
mit Hilfe anderer aus Deutschland stammender Juden einige
Abschriften meines Aufrufs. Ich glaube jedoch nicht, daß er damals sehr viele Menschen erreicht hat, weil er nicht auf hebräisch verfaßt war. Das Wichtigste war aus meiner Sicht, Zugang
zur Armee zu gewinnen, worauf ich eine Zeitlang meine Bemühungen richtete. Ich hatte eine Unterredung mit dem englischen Militärkommandierenden oder auch seinem Adjutanten
und trug unser Begehren vor: die Schaffung von Truppenein-
heiten der verschiedenen Waffengattungen, zu denen sich jüdische Freiwillige melden könnten, die nun unter britischem
Kommando, aber identifizierbar als jüdische Einheiten mit eigener Flagge, mitkämpfen könnten. Ich sagte sofort: »Wir denken daran, an der Westfront eingesetzt zu werden.« Die englische Reaktion war völlig kalt: »Wir werden die Sache auf
unsere Weise machen.« Außer Höflichkeiten wurde mir nicht

einmal ein ermutigendes Wort zuteil, etwa daß unser Begehren zumindest nach London weitergeleitet würde. Schließlich war es ja eine private Initiative, hinter der viel zu wenig Autorität stand. Die Jewish Agency (Sochnut), die sonst als Sprecherin des internationalen Zionismus und des Jischuw gegenüber den Engländern fungierte, war damals ja nicht beteiligt, und auch von dort erhielt ich keinerlei Ermutigung. Sie sagten: »Dies ist eine politische Angelegenheit, die wir zu passender Zeit auf richtige Weise mit den Behörden in Angriff nehmen werden«, und sie waren durchaus nicht damit einverstanden, daß man von unten her und unautorisiert so etwas versuchte. Mir war klar, daß die Jewish Agency spezielle palästinische Interessen im Auge haben und jede Idee einer jüdischen Streitkraft mit der zionistischen Sache verbinden würde. Allerdings war ich der Ansicht, daß dieser Krieg über das zionistisch-lokale Interesse hinausging. Wir waren bis dahin aktiven arabischen Angriffen ausgesetzt gewesen, die nur deshalb aufhörten, weil der Krieg begonnen hatte und die englische Militärmacht im Lande sich so verstärkte und größere Vollmachten zum Eingreifen erhalten hatten, daß der arabische Aufstand sozusagen abklang.[4] Palästina oder der Vordere Orient wurde nunmehr Kriegsschauplatz oder zumindest potentieller Kriegsschauplatz. Tatsächlich geschah dies erst, als Italien – bekanntlich noch nicht 1939, sondern erst 1940 – in den Krieg eintrat. Italien war ja die Kolonialmacht Libyens, während Deutschland im Vorderen Orient zunächst keine Basis hatte. Aber immerhin: daß der Nahe Osten ein potentieller Kriegsschauplatz sein würde, war klar, und obwohl ich die Pläne der Jewish Agency zu diesem Zeitpunkt nicht kannte, war ich mir dessen bewußt, daß sie – und das war das entscheidende Element von jüdischer Seite, das sie zum Zögern veranlaßte – keineswegs von der Idee begeistert war, unsere militärischen Kräfte in den Krieg fern von Palästina zu investieren, obwohl Situationen eintreten konnten, in denen gerade hier die Anwesenheit bewaffneten jüdischen Militärs wichtig sein würde. All diesen Überlegungen stellte ich gegenüber, daß unser Schicksal sich zunächst einmal durch den Ausgang dieses Krieges entscheiden würde, weil alles, was wir lokal in Palästina taten, im Falle eines Sieges Hitlers völlig nutzlos sein würde, während ein Sieg der Alliierten uns auch Bewegungsfreiheit für unseren Einsatz in Palästina böte. Die Priorität lag aus meiner Sicht eindeutig auf der Niederwerfung Hitlers, was allerdings von jüdischer Seite bestritten wurde. Ich führte einige Diskussionen mit jüdischen Stellen, die sagten: »Wir müssen uns vor allen Dingen hier im Lande stark machen und zusehen, daß wir gerüstet sind, wenn feindliche Kräfte hierherkommen.« Bei einer Diskussion in Tel Aviv etwa wandte jemand gegen mich ein: »Die Rote Armee steht gewissermaßen in Reichweite, sie kann sozusagen mit einem Sprung von der russischen Südwestgrenze her in Persien und am Schwarzen Meer landen. Das aber ist eine so akute Gefahr, daß es eventuell gar nicht Hitler ist, den wir in erster Linie zu fürchten haben.« Solche Dinge gingen durch die Köpfe.

Nachdem wir von den Engländern in höflicher und freundlicher Form abgewiesen worden waren, ersuchten Walter Gross und ich um eine Besprechung mit dem französischen Generalkonsul in Jerusalem und trugen ihm – ich hatte dies auf französisch vorbereitet – unseren Wunsch vor, dem französischen Oberkommando an der Westfront eine jüdische Streitmacht aus Freiwilligen zur Verfügung zu stellen. Dabei betonten wir, daß diese Truppen zwar unter französischem Kommando stehen, aber unter eigener Flagge kämpfen würden – »pour l'honneur du drapeau«. Der Konsul war höflich und freundlich und sagte: »Ja, es gibt einen Weg für freiwillige Meldungen von Angehörigen anderer Nationen – die Fremdenlegion.« Da erklärte ich ihm, daß das gerade nicht das war, was wir wollten. Nicht die Fremdenlegion, sondern jüdische Kampftruppen unter eigener Flagge! Französische Uniform – ja, französisches Kommando – ja, französische Offiziere – ja, aber nicht in der Fremdenlegion.

Doch das Angebot der Fremdenlegion war das Äußerste, was er uns zusagen wollte, und dabei blieb es. Unsere Bemühungen waren damit versandet. Sowohl die Jewish Agency als auch das englische und französische Kommando zeigten sich damals der Sache gegenüber taub. Andererseits war uns ziemlich klar, daß wir ohne die Unterstützung der Jewish Agency zunächst einmal nichts anderes machen konnten, als den Gang der Kriegsereignisse zu beobachten. Diese ließen ja dann auch nicht mehr lange auf sich warten, und so kam es zu den bekannten Vorgängen des Jahres 1940, die letztendlich dazu führten, daß England plötzlich allein dastand.

Hinter meinem Vorstoß stand nur eine kleine Gruppe begeisterter Dilettanten, die glaubten, man könne so etwas auch ohne große Organisation in Angriff nehmen und durchsetzen. Wir haben uns mit der Idee geschmeichelt und geglaubt, sie werde den jüdischen Stolz und die jüdische Opferbereitschaft unmittelbar ansprechen, so daß uns die Stimmen der jungen jüdischen Männer, die nur ungeduldig auf ihre Chance warteten, nur so zufliegen würden. Damit hatten wir uns jedoch verrechnet. Dazu kam, daß uns keine jüdische Organisation unterstützen wollte. Was hinter den Kulissen vorging, konnte ich nicht wissen. George Lichtheim hat mich mit seiner überlegenen politischen Kenntnis und seinem satirischen Temperament darüber aufgeklärt, daß ich wie Parzival, der tumbe Tor, in diese Sache hineinreite, während die politische Dynamik völlig anders verliefe. Und so war es auch. Meine Freunde waren höchst beeindruckt von mir, haben aber zunächst einmal – nicht meinetwegen, sondern um ihrer selbst willen – erleichtert aufgeatmet, daß aus der Sache nichts wurde. Als es dann doch so weit kam, stellte sich heraus, daß ich in der Tat der einzige war, der sich meldete, zunächst mit der Ausnahme von Walter Gross, der aber dann zwischen September 1939 und August 1940 auf der Strecke blieb, weil seine überaus entschlossene Frau Lola, die bereits ein Kind hatte, schnell und mit großem Vorbedacht schwanger wurde: Sie wollte verhindern, daß ihr Walter die Verrücktheit von Hans Jonas mitmachte.

Nach dem Zusammenbruch Frankreichs erreichte mich von der Jewish Agency und der Hagana die Kunde, daß mit dem englischen Oberkommando irgendwelche Vereinbarungen getroffen worden waren und nun palästinische Freiwilligen-Einheiten gegründet wurden. Man konnte nach Sarafant fahren und sich einer militärärztlichen Untersuchung unterziehen. Ich fuhr hin und wurde für diensttauglich befunden. Für die Infanterie war ich mit immerhin schon 37 Jahren nicht mehr jung genug, doch ich wurde in die *First Palestine Anti-Aircraft Battery* aufgenommen. Man konnte sich damals für die Infanterie, die Artillerie, die Engineers und für die Airforce melden, dort allerdings nur für den Bodendienst. Die Pilotenausbildung hätte man in England absolvieren müssen. Die Freiwilligen-Einheiten standen nicht unter einem einheitlichen Kommando, sondern wurden zerstreut: Die Infanterie-Einheiten wurden in Nordafrika eingesetzt, während die Anti-Aircraft-Batterien in Haifa gegen Luftangriffe aus Damaskus und Beirut aufgestellt wurden, wo die Vichy-Franzosen inzwischen auf der deutschen Seite mitkämpften. Die Batterie, in der ich ausgebildet wurde, bestand aus jungen Juden – einmal aus frischen Emigranten, die aus Deutschland, Österreich und der Tschechoslowakei vor Hitler geflüchtet waren,[5] aber auch aus Männern aus den Kibbuzim, die von der Hagana aufgefordert worden waren, sich freiwillig zu melden, damit wir für eine militärische Ausbildung der zukünftigen jüdischen Armee in allen Waffengattungen Erfahrung sammeln konnten. Das Interesse der jüdischen zionistischen Behörden richtete sich vornehmlich auf die Zeit nach dem Krieg. Infolgedessen disponierte die Hagana gleichsam, wer seine Ausbildung in der englischen Armee bekommen und wer in Palästina bleiben sollte. Lores Bruder Franz etwa wurde die Erlaubnis, sich freiwillig zu melden, versagt, weil man ihn vor Ort nötiger brauchte. Meine Batterie bestand also einerseits aus individuellen Freiwilligen, die sich – wie ich – aus eigenem spontanen Entschluß gemeldet hatten, und solchen, die insgeheim von jüdischen Organisationen dazu auserlesen worden waren. Die Kibbuzniks gehörten allesamt der zuletzt genannten Kategorie an. Unter ihnen befanden sich Sabres, die schon im Lande geboren und in der Landwirtschaft aufgewachsen waren, kräftige Burschen und ausgezeichnete Soldaten, für die Hitler und das deutsche Judentum eine ferne Welt waren. Auf der anderen Seite gab es jene, die sich unmittelbar betroffen fühlten, weil sie von dort kamen und das Schicksal ihrer eigenen Familien vor Augen hatten, die noch dort lebten. Unter ihnen befand sich ein aus Metz stammender Freiwilliger, der einzige Akademiker außer mir, der seine Stellung als Botaniker an der Hebräischen Universität aufgegeben hatte. Er hieß Michael Evenari, ursprünglich Walter Schwarz, ein Bewässerungsfachmann, der sich die Begrünung des Negev zur Lebensaufgabe gemacht hatte, ein ausgezeichneter Mann, ein bißchen jünger als ich. Auf militärischem Gebiet war er viel besser als ich und wurde schließlich Sergeant Major – das ist die höchste Position unterhalb des Offiziersrangs. Er weigerte sich, zur Offiziersausbildung nach England zu gehen, weil er – genau wie ich – zur Mannschaft dazugehören wollte.[6] Manche von den wirklich militärisch Begabten wurden im Laufe des Krieges auf einen Offizierskurs nach England geschickt, und als sie zurückkamen, hatten wir den italienischen Feldzug längst hinter uns. Unter ihnen befand sich einer, den ich besonders hoch schätzte und mit dem ich auch später in meinem weiteren Leben verbunden blieb: ein in Amerika geborener, aber schon als Kind mit seinen zionistischen Eltern nach Palästina gekommener Mann, ein Feldwebel, der schon auf Zypern und in Italien, später auch im Unabhängigkeitskrieg mein unmittelbarer Vorgesetzter war. Er hieß ursprünglich Josef Levin und nannte sich in Josef Nevo um. Er wurde später General in der israelischen Armee. An ihm habe ich den Unterschied gesehen zwischen einem, der wirklich das Zeug zum Kommandieren, und dem, der nur den guten Willen besitzt, ein anständiger Soldat zu sein. Zu den letzteren zähle ich mich. Josef Levin dagegen war jemand, der im Feuer wirklich kühl blieb, als empfände er keinerlei Furcht um sein Leben, und der imstande war, Anordnungen zu treffen und sich zugleich selbst der Gefahr auszusetzen. Diese beiden Menschen, Evenari und Levin, möchte ich speziell als Kriegskameraden erwähnen, mit denen ich die ganzen fünf Jahre über zusammen war. Beide habe ich nachher wiedergesehen, und wenn wir uns trafen, sind wir uns in die Arme gefallen. Eine gemeinsame Kriegserfahrung schmiedet unzerbrechliche Bande. Ich weiß noch, wie ich Josche Levin, inzwischen also Nevo, nach Jahren wiedertraf. Er hatte schon eine große militärische Karriere hinter sich und war im Sinai-Feldzug von 1956 und 1967 im Sechs-Tage-Krieg General gewesen, später dann in die Politik gegangen und Bürgermeister von Herzliya geworden. Einmal hatte ich ihn in Amerika getroffen, wo er zu Besuch war, aber dann hatten wir Jahre nichts voneinander gehört. Eines Tages, so erzählte er mir, stellte er das Radio an, und da sagte seine Frau plötzlich: »Das ist Hans Jonas. Diese Stimme.« Da war ich gerade auf einer Tagung in Israel, von der etwas im Radio übertragen wurde. Ich hatte dafür mein ganzes Hebräisch zusammengerafft und in Haifa an einer kleinen Penal-Diskussion teilgenommen, die übertragen wurde. Daraufhin bekam ich dann eine Einladung von ihnen, und es wurde eine herzliche Freundschaft.

In unserer Anti-Aircraft-Batterie sprachen wir im allgemeinen hebräisch, auch wenn sich die aus Mitteleuropa stammenden Mitglieder untereinander auf deutsch unterhielten. Unsere Vorgesetzten – richtige Offiziere – waren zunächst Engländer. Daß die militärisch Begabtesten unter uns nach England zur Offiziersausbildung geschickt wurden, diente dazu, die englischen Offiziere mehr und mehr durch hebräischsprechende jüdische Offiziere aus Palästina zu ersetzen. Wir waren zunächst zwecks Verteidigung der Ölraffinerien von Haifa im Lande stationiert, wurden aber dann nach Zypern verlegt, das ebenfalls bombardiert wurde. Der nordafrikanische Feldzug, in dem ja die Deutschen sehr erfolgreich waren, bildete eine dauernde Gefährdung der Mittelmeerschiffahrt für den englischen Nachschub, und Zypern war ein wichtiger Posten. Auf Zypern begann ich Neugriechisch zu lernen und erregte bei den zypriotisch-griechischen Bauern in den Weinschänken das höchste Entzücken, wenn ich aus Homer zitierte. Es war eine schöne Zeit auf Zypern, doch ich wurde ungeduldig, denn ich wollte dahin, wo es wirklich heiß herging. Ich gehörte zu einer Gruppe von Narren, die ihre Versetzung nach England beantragten, um von dort aus bei einer europäischen Invasion dabeisein zu können. Daraus wurde jedoch nichts. Statt dessen erreichten wir aber etwas anderes, sehr Entscheidendes, daß nämlich Churchill gegen den Widerstand seiner Generalität den moralischen Sinn der jüdischen Sache und unserer Kriegsbeteiligung erkannte und veranlaßte, daß wir aus den verstreuten Einheiten der verschiedenen Waffengattungen zu einem einzigen militärischen Gebilde zusammengefaßt wurden. So entstand im September 1944 offiziell die *Jewish Brigade Group*.[7] Das war nun ein großer Unterschied, ob es hier und dort jüdische Einheiten gab, die in Nordafrika, in Tobruk oder in der Western Desert mitkämpften, wobei die Artillerie ohnehin nur in den Heimatgegenden stationiert war, oder ob es eine eigene jüdische Brigade gab. Churchill verfügte dann sogar, daß wir eigene Abzeichen erhielten – blau-weiß mit einem goldbestickten Davidsstern. Darüber hinaus öffnete Churchill diese Brigade für Transfer-Gesuche aus anderen Teilen der britischen Streitkräfte, so daß wir plötzlich einen Zufluß junger jüdischer Soldaten aus England, Südafrika, Kanada, Australien und Neuseeland erhielten und nun nicht mehr nur palästinisch, sondern wirklich eine jüdische Brigade waren. Es war erstaunlich, wie viele von dieser Transfer-Möglichkeit Gebrauch machten.

Die *Jewish Brigade Group*, die außer der Luftwaffe alle Waffengattungen umfaßte, wurde schließlich dann doch im Endkampf eingesetzt, denn wir wurden nach Italien versetzt. Die Invasion Europas vollzog sich ja zunächst von Süden aus. Die entscheidende Phase fand in der Normandie statt, aber erst einmal kam es, wie von mir in der erwähnten Wette vorausgesagt, zur Landung in Nordafrika, und von dem Augenblick an wußte ich, daß wir nun auch drankamen. Die Brigade formierte sich an verschiedenen Punkten, bis wir alle verschifft wurden und 1944 in Süditalien erstmals vollständig zusammengeführt wurden. Ich war mittlerweile Fachmann für automatische Luftabwehrgeschütze geworden und hatte, nachdem ich speziell in Geschützmechanik und -reparatur ausgebildet worden war, die Stellung des Geschützmeisters meiner Batterie übernommen. Wir kamen zunächst nach Alexandria und von da aus in ein großes Ausbildungsheerlager am Rande der westlichen Wüste, wo wir Feldartillerie erlernten. Neben unseren Luftabwehrgeschützen – schwedischen Bofos-Geschützen – erhielten wir als wichtigste Waffe nun das Hauptfeldgeschütz der britischen Armee, ein 75-mm-Feldgeschütz. Im Unterschied zur schweren Artillerie ist das eine relativ leicht zu beherrschende mobile Artillerie, die an den vorderen Linien eingesetzt wird, unmittelbar hinter der Infanterie-Linie. Diese Umschulung hat einige Wochen gedauert, und dann bekamen wir Heimaturlaub, denn es war klar, daß dies von unserem Bestimmungsort aus nicht mehr möglich war. In dichter Folge erhielt also jeder drei Tage Abschiedsurlaub. Da man sich nicht brieflich ankündigen konnte, bekam der erste Schub, der verschifft wurde, von den Kameraden den Auftrag: »Bitte teil meiner Frau oder der soundso mit, daß ich dann und dann kommen werde.« So erhielt auch Lore die Nachricht über mein Kommen. Ich war lange nicht auf Urlaub gewesen, denn wenn man erst einmal aus dem Lande war, war das ohnehin nur noch selten möglich gewesen. Wir fuhren mit der Eisenbahn von Alexandria, ab Port Said über den Suez-Kanal in großen Transport-Viehwagen, rollten nordwärts durch den Sinai und kamen morgens früh um drei Uhr am Bahnhof in Haifa an. Von da aus stiefelte ich mit meinem Gepäck den Karmel hinauf. Auf etwa zwei- oder dreihundert Meter über dem Meeresspiegel lag am Abhang Hadar Har Karmel, ein Stadtteil von Haifa, der rein jüdisch war. Ich wußte, daß Lore ein Zimmer im dritten Stockwerk hatte, und als ich oben Licht sah, pfiff ich unseren Pfiff. Lore machte das Fenster auf und kam dann runter, um mir die Haustür aufzumachen. Weil wir wußten, daß dies der letzte Urlaub sein würde, hatte ich ihr vorher ausrichten lassen, sie solle für zwei oder drei Nächte im besten und teuersten Hotel auf dem Karmel ein Zimmer für uns nehmen. Und als Lore morgens aufwachte, lag ich nicht neben ihr im Bett, sondern auf dem Boden! Ich hatte mich im Laufe meiner Militärzeit so daran gewöhnt, auf harten Brettern zu liegen, daß ich auf einer weichen Bettmatratze gar nicht mehr schlafen konnte, und nachdem Lore eingeschlafen war, hatte ich mir so ein bißchen Zeug auf den Boden gelegt und schlief also auf einer etwas härteren Matratze – auf den Fliesen.

Und dann ging es – zurück über Alexandria – nach Italien. Wir landeten in Taranto, dem am Rist des italienischen Stiefels gelegenen antiken Tarent, von wo aus wir uns nordwärts bewegten. Wo wir auch hinkamen, tauchten Juden aus ihren Verstecken auf, denn es sprach sich schnell herum: »Jüdische Truppen nähern sich!« Wir hatten damals bereits Gerüchte über das Schicksal der Juden in Europa gehört. Denn es hatte einige Versuche gegeben, hinter dieses Geheimnis zu kommen, darunter die berühmte Mission des aus Italien stammenden Zionisten Enzo Sereni, der nach der Niederlage Frankreichs seinem Pazifismus abschwor, dem britischen Geheimdienst beitrat und im Mai 1944 mit einer Gruppe von Fallschirmspringern über Jugoslawien absprang, um Kontakt zu Partisanengruppen aufzunehmen. Sereni wurde dabei von den Deutschen gefangengenommen und später in Dachau ermordet, und die meisten seiner Gruppe kamen ums Leben.[8] Die Nachrichten, die aus Osteuropa durchdrangen, waren vage und ungenau, und wie authentisch sie waren, konnte niemand wissen. Klar war nur, daß in den von den Deutschen besetzten Gebieten schreckliche Dinge im Gange waren. Auch von Deportationen hatten wir gehört – es wurden ja ganze Gegenden von Juden evakuiert, und das war selbst im Krieg nicht geheimzuhalten. Aber wo sie hinkamen und was mit ihnen geschah, darüber bestand weitgehende Unklarheit. Wir wußten von den Ghettos, auch von Konzentrationslagern, aber über die Gasöfen hatten wir nichts gehört. Erst in Italien begannen unsere Augen geöffnet zu werden, denn je weiter wir vorrückten, desto schrecklichere Dinge hörten wir. Wir erfuhren aber auch, wie die italienische Bevölkerung in vielen Fällen Juden versteckt, versorgt, vor der Gestapo bewahrt und von einem Ort zum anderen geschmuggelt hatte. Meine schon immer bestehende Liebe zu Italien wandelte sich damals zu einer Liebe zu den Italienern, die sich gegenüber allen anderen europäischen Völkern, einschließlich den Holländern, dadurch auszeichneten, daß sie nie staatsfromm waren. Sie hatten sich nie so ganz an die von Rom ausgehenden Gesetze und Verfügungen gehalten, denn in ihrer Seele war ein tief verwurzeltes anarchistisches Element lebendig. Der einfache Italiener, ob Dorfbewohner oder Städter, war den Deutschen dadurch himmelhoch überlegen, daß er sich vom Staat in letzte menschliche Dinge wenig hineinreden ließ. Selbst der Faschismus, der doch schließlich eine italienische Erfindung ist, hatte es keineswegs erreicht, daß die Bevölkerung sich darüber täuschen ließ, was man einem Mitmenschen schuldig war. Wir hörten von Dingen, die uns die Tränen in die Augen trieben. Einmal trafen wir eine Mutter mit ihrer Tochter, die um diese Zeit vielleicht 17 oder 18 war. Beide – sie stammten aus Deutschland, einen Vater gab es nicht – waren nach Italien geflüchtet und jahrelang von Ort zu Ort gewandert. Zum Schluß, als sich die Deportationen auch auf Italien ausgedehnt hatten und direkt von der deutschen Gestapo überwacht wurden, gelangten sie in ein Dorf, wo sie illegal und ohne Lebensmittelkarten Unterschlupf suchten. Am Sonntag nach ihrer Ankunft – sie waren in einer Bauernfamilie untergekommen – sagte der Pfarrer in seiner Predigt in der Kirche: »Es leben jetzt unter uns einige Verfolgte. Sie haben sich unter unseren Schutz begeben, und unsere christliche Pflicht gebietet uns, sie zu schützen. Und keines meiner Gemeindekinder darf über ihre Anwesenheit sprechen und nach außen darüber berichten.« Das wurde dann auch eingehalten – man fütterte sie durch und versteckte sie. Es war oft der niedrige Klerus, der hier mithalf, während die hohen Kirchenautoritäten schwiegen.

Ende des Krieges, als die deutschen Truppen in Italien am 29. April 1945 kapitulierten, befanden wir uns nach der Schlacht am Senio, der einzigen größeren Schlacht, an der ich teilgenommen habe und die mit einem Durchbruch durch die deutschen Linien endete, auf dem Vormarsch und zogen als Befreier in Bologna ein, wo uns die Mädchen küßten. Die Verbindung mit Lore war übrigens über viele Monate, ja, über Jahre hinweg nur brieflich möglich. Ich schrieb zwei Arten von Briefen, die ich auch als solche kennzeichnete: Liebesbriefe und »Lehrbriefe«. In letzteren begann ich, während meines Dienstes im Felde meine Philosophie zu entwickeln. Fern von Büchern, ohne irgendwelche Mittel zur gelehrten Forscherarbeit, war ich auf das zurückgeworfen, womit es der Philosoph eigentlich zu tun haben sollte, nämlich die Frage nach dem eigenen Sein und dem Sein der Welt, die einen umgibt. Also begann ich darüber nachzudenken, was es für die Seinslehre bedeutet, daß es Organismen gibt, und welchen Sinn das Wesen des organischen Daseins, einschließlich des Bewußtseins, des Fühlens und des Geistes, für das Leben birgt – das alles entfaltete ich in Briefen.[9] Wo wir uns gerade befanden, durfte man in

Feldpostbriefen übrigens nicht mitteilen, da das ein militärisches Geheimnis war. Trotzdem habe ich es Lore oft verschlüsselt mitteilen können. Als wir in Rom waren (was ja auch kein besonderes Geheimnis war, weil längst erobert) und die vatikanischen Sammlungen besuchten, schickte ich ihr ein Bild.[10] Es gab dort Reste von Fresken, die einmal irgendeinen Teil des Vatikan geschmückt hatten, später aber abgebrochen waren: Melozzo da Forli – ein musizierender Engel. *Melozzo* ist der Name, *da Forli* bezeichnet den Ort, an dem er geschaffen wurde. Ein harmloses Bild. Herzliche Grüße. Dein Geliebter. Später waren wir zeitweise unweit von Ravenna stationiert, wo entlang dem Flüßchen Senio die Frontlinie verlief. Unser Hauptquartier war die Ortschaft Forli, und da habe ich einfach in einem meiner Briefe Lore daran erinnert, daß ich ihr aus dem Vatikan dieses Engelsbild geschickt hatte. Da wußte sie, daß wir bei Forli stehen. So kann man also mit Hilfe von Bildern auch mal die Zensur überlisten.

Schließlich wurden wir im norditalienischen Udine einquartiert. Dort hörte ich die schönste Geschichte, von der ich im Krieg überhaupt erfuhr. Auf dem Markt der Stadt wurden wir – einige Kameraden und ich, die wir an unseren blau-weißen Schulterabzeichen mit dem Davidstern erkennbar waren – von zwei älteren Jüdinnen angesprochen. Sie fragten, ob wir deutsch könnten, und wir setzten uns mitten im bevölkerten Udine, in dem gerade Markttag war, mit ihnen zusammen und ließen uns ihre Geschichte erzählen. Sie stammten aus Triest, das bis zum Ende des Ersten Weltkriegs zu Österreich gehört hatte, dann aber infolge der österreichischen Niederlage italienisch geworden war. Als die Judenverfolgung in Deutschland bereits in vollem Gange war, waren sie in Triest noch relativ geschützt, denn Mussolini hatte die antijüdische Politik Hitlers nicht gleich mitgetragen. Schließlich kam jedoch auch dort die Zeit der drohenden Deportationen, und sie beschlossen, weiter nach Süden zu gehen. Das war anscheinend die Parole unter den Juden – je weiter wir nach Süden, ins eigentliche Italien kommen, desto sicherer werden wir sein. Sie packten also nur ihr Handgepäck, den Schmuck und das Bargeld, und begaben sich zum Bahnhof, um einen Zug gen Süden zu nehmen. In dem Augenblick, als sie sich der Sperre näherten, durch die man unter Vorzeigen des Billetts auf den Bahnsteig gelangte, bemerkten sie, daß neben den Schaffnern Sicherheitsbeamte der Gestapo oder deren italienische Pendants standen. Während sie ratlos dastanden und überlegten, was sie tun sollten, sahen sie, daß einer der italienischen Eisenbahner ihnen zublinzelte und sie an eine Stelle dirigierte, wo sie ohne Kontrolle durch die Sperre auf den Bahnsteig kommen konnten. Es fiel kein Wort – er hatte einfach erkannt, was vor sich ging. In Udine stiegen sie dann aus, sahen sich nach einem Quartier um und fanden ein unmöbliertes Dachzimmer, in dem nicht einmal Betten standen. Immerhin konnten sie dort ohne irgendeine polizeiliche Anmeldung untertauchen. Doch in der Nachbarschaft blieb ihr Einzug nicht verborgen. Zwei Tage und zwei Nächte nach ihrer Ankunft hielt ein großes Lastauto vor dem Hause. Einige Männer luden zwei Bettgestelle mit Matratzen ab, trugen sie die Treppen hinauf und klopften an ihre Tür. Als die Frauen zitternd aufmachten, sagten ihnen die Männer, seine Eminenz, der Erzbischof von Triest, habe von ihren Umständen erfahren und schicke ihnen das, um ihnen das Leben etwas zu erleichtern. Sie lebten fortan in dieser Dachstube und veräußerten ein Schmuckstück nach dem anderen, um sich auf dem Schwarzmarkt ihre Lebensmittel zu kaufen, denn sie hatten natürlich keine Lebensmittelkarten. Eines Tages, ihre Mittel waren schon fast erschöpft, erfuhren sie, daß in einem anderen Stadtteil eine Schwarzmarkthändlerin Schweineschmalz verkaufte. Sie eilten dahin und kauften für einen horrenden Preis ein Kilo davon, das sie nach Hause trugen. Nach Einbruch der Dunkelheit klopfte es an ihrer Türe. Als sie voller Furcht öffneten, stand vor ihnen die Händlerin, bei der sie am Vormittag den Speck gekauft hatten, und sagte: »Ich bitte Sie um Verzeihung. Sie haben heute morgen bei mir eingekauft. Ich habe nicht gewußt, mit wem ich es zu tun hatte. Man hat mir nachher erzählt, wer Sie sind und wo Sie wohnen. Von Ihnen will ich kein Geld haben.« Sie gab ihnen das Geld in die Hand, wandte sich um und ging. Diese Geschichte erzählten mir die beiden Frauen, übrigens zwei Schwestern, und sagten zum Schluß: »Und jetzt verstehen Sie vielleicht, warum wir nicht nach Palästina gehen wollen, sondern unseren Lebensabend unter dem italienischen Volk verbringen wollen.« Natürlich machten wir uns überall, wo wir hinkamen, zur Aufgabe, den Überlebenden zu sagen, sie müßten nach Palästina auswandern, und sie zu beraten, an wen sie sich wenden und wie sie das bewerkstelligen konnten. Auch andere Mitglieder der Jüdischen Brigade hatten ihnen das offenbar schon nahegelegt – und nun erzählten sie uns als Begründung dafür, daß sie bleiben wollte, diese schöne Geschichte. Sie zeigt, warum ich den Italienern gegenüber ganz besonders warme Gefühle hege, denn ich habe viele solcher Geschichten gehört.[11]

Um so weiter wir uns nach kurzem Aufenthalt in Udine nach Norden bewegten, desto mehr Grauenhaftes kam uns zu Ohren. Die ganze Brigade, etwa zehn- bis zwölftausend Mann, überquerte mit ihrer gesamten Ausrüstung – dem Fuhrpark, den Geschützen und dem Munitionswagen – den österreichischen Teil der Alpen und betrat schließlich bei Garmisch-Partenkirchen deutschen Boden. Ende Mai oder Anfang Juni, auf dem Weg in Richtung Ulm, kamen wir, bevor wir in der Nähe von Augsburg auf die Autobahn fuhren, an einer Landstraße vorbei, die sich plötzlich mit Juden füllte. In der Nähe – in Landsberg – befand sich nämlich ein von den Alliierten befreites Lager, in dem nun displaced persons untergebracht waren. Dort hatte sich in Windeseile die Mär verbreitet, daß jüdische Truppen unterwegs zum Lager waren. Die Menschen strömten aus dem Lager heraus, standen entlang der Chaussee und jubelten uns zu. Wir hielten an, und sie umarmten uns und küßten den Davidstern. Sie waren von Amerikanern befreit worden, doch hier begegneten sie bewaffneten Juden – als Siegern, nicht als Märtyrern und Opfern! Wir fingen an, unsere Rationen Corned Beef, Erbsen, Kaffee, Schokolade und alles, was wir hatten, zu verteilen. Die Brigade kam ins Stocken. Nach zehn Minuten mußten wir um der militärischen Disziplin willen und aus verkehrstechnischen Gründen weiterziehen, und die Befreiten rannten uns noch eine Weile hinterher. Das war unsere erste Massenbegegnung mit Überlebenden. Das wenige, was sie uns unter Schluchzen erzählen konnten, war unsere erste wirkliche Konfrontation mit dem Schrecken, der in Osteuropa für die Juden geherrscht hatte. Deutsche Juden waren nicht dabei, sie kamen zumeist aus Polen und sprachen jiddisch. Bei uns gab es aber genug Leute, die Jiddisch verstanden. Obwohl nicht viel Zeit war, erfuhren wir erstmals konkret, was wir in Italien aufgrund von Gerüchten nur geahnt hatten, und hörten zum ersten Mal die Namen: Auschwitz, Treblinka und so weiter.

Auf unserer Weiterfahrt über Karlsruhe und Pforzheim fuhren wir durch die in Trümmern liegenden deutschen Städte oder sahen sie zumindest von der Autobahn aus. Später sah ich auf meinen Reisen durch Deutschland viele Orte, die Geister-städten glichen, vor allem Kassel, das wie eine Mondlandschaft aussah – voller Krater und aufragender Trümmer. Bei diesem Anblick empfand ich etwas, was ich nie wieder erleben möchte, aber auch nicht verschweigen will – das Gefühl jauchzender, befriedigter oder wenigstens halb-befriedigter Rache. Das ge-hört zu den unedlen Gefühlen des Herzens, aber ich war erfüllt von dem Gedanken, daß das Gräßliche, was hier geschehen, was an unseren Angehörigen verübt worden war, wenigstens nicht ganz ungerächt geblieben war. Es gab Jahre in meinem Leben, in denen ich auf die Frage, was der Augenblick des in-tensivsten Glücks in meinem Lebens gewesen sei, erwidert hätte: »Dieser Moment – der Anblick der zerstörten deutschen Städte, den man als Gerechtigkeit, als göttliches Strafgericht betrachten kann.« Heute würde ich das nicht mehr sagen, habe ich doch in meinem Leben weit glücklichere Momente erlebt. Aber es gab Jahre in meinem Leben, wo dies ohne Zögern meine Antwort gewesen wäre. Glücklicherweise ist es nicht da-bei geblieben.

Auf dieser Durchfahrt durch Süddeutschland und Südwest-deutschland erlitt ich beim morgendlichen Aufladen eines Lastautos meine einzige »Kriegsverletzung«. Ich beaufsichtigte am Morgen beim Aufbruch das Wiederaufladen. Da rollte ein runder Benzinkanister von oben herunter und schlug mir auf den Kopf. Ich bekam eine tiefe klaffende Wunde und wurde blutüberströmt ins nächste Feldhospital geschafft. Wir befan-den uns bereits auf der linken Rheinseite und auf dem Weg nach Saarbrücken. Ich blieb einige Stunden in diesem Feldhos-pital, wurde zusammengeflickt und dann mit einem großen weißen Verband um den Kopf, durch den noch ein wenig Blut sickerte, mit einem Auto nach Saarbrücken gefahren, wo ich wieder auf meine Einheit traf. Von dort zogen wir als große Autokolonne weiter durch Nordostfrankreich nach Lille. In jedem dieser Lastwagen saß oder stand vorne neben dem Chauffeur ein Kommandeur. Da ich vom militärischen Rang her Sergeant war, saß ich, anders als die einfachen Soldaten, neben dem Fahrer unseres Lastwagens. Wenn wir durch eine Stadt kamen, fuhren wir an einer jubelnden Bevölkerung vorbei, nicht als jüdische Brigade, sondern als alliierte Truppen. Da ich anstatt des Stahlhelms einen Verband um den Kopf hatte, war ich der Gegenstand großer Ovationen, einer, dem man noch ansah, daß er im Kampfe gewesen war und eine Kopfwunde erhalten hatte. Also zeigte man mit Fingern auf mich und applaudierte mir besonders, so daß ich mit ganz unberechtigtem Heldenglanz durch Nordfrankreich zog. Lille war dann eine unserer Raststätten, danach das belgische Tournai, von wo wir aber bald wieder aufbrachen. Und was tut Gott? Unser endgültiges Quartier fanden wir in Venlo, 20 km von meiner Heimatstadt Mönchengladbach entfernt, jenseits der holländischen Grenze. Venlo, das ich seit meiner Kindheit kannte – man konnte mit dem Rad hinfahren, kam dort über die Grenze und trank Kaffee oder kaufte holländische Schokolade. Von dort aus unternahm ich etwa anderthalb Monate nach der deutschen Kapitulation meinen ersten Besuch in meiner Vaterstadt.

Auf unserem Weg nach Holland hatten wir immer wieder Informationen über das Kriegsgeschehen erhalten. Unterwegs geschah es sogar, daß einige meiner Kameraden sich nachts fortstahlen, in ein deutsches Haus irgendwo auf dem Lande eindrangen und die Leute dort umbrachten. Das führte mit zu der Entscheidung des englischen Kommandos, uns nicht zu Besatzungsaufgaben in Deutschland heranzuziehen, sondern uns in Holland zu stationieren. Insgesamt gab es zwei Vorkommnisse. Auf dem Durchmarsch durch Österreich war es einigen aus unserer Infanterie gelungen, oben in den Bergen in einer Alpenhütte Leute von der Waffen-SS aufzustöbern, die sich versteckt hatten. Sie lieferten sie aber nicht sofort ab, sondern folterten sie eine Nacht lang, um aus ihnen Geständnisse herauszupressen. Sie haben sie zwar nicht umgebracht, aber doch in ziemlich schrecklichem Zustand übergeben. Ein anderer Vorfall spielte sich in Deutschland irgendwo auf einer nächtlichen Rast ab: Einige von uns stahlen sich weg und begingen an einer Familie, von der ich nicht die mindeste Ahnung habe, ob sie sich nun besonders schuldig gemacht hatte, einen Racheakt. Daraufhin wurde der Verwendungszweck der Brigade überdacht, und man quartierte uns in Holland ein. Wir konnten uns aber frei bewegen und nahmen natürlich Kontakt mit jüdischen Überlebenden auf, die aus den Lagern kamen. Einige von ihnen sprachen mit größter Verbitterung von anderen Überlebenden, die in ihrem Lager Kapos gewesen waren: »Wenn ich den finde und er noch lebt, werde ich es ihm heimzahlen.« Einige meiner Kameraden organisierten eine Art Nachforschungsdienst, der systematisch Daten sammelte und an irgendeine Sammelstelle weitergab. Dabei fiel der Name eines mir aus meiner Jugend bekannten Angehörigen einer jüdischen Familie aus Mönchengladbach. Ich sprach nicht selbst mit den Leuten, die Rache gegen diesen Mann schworen, der Paul Raffaelson hieß, doch man trug es mir zu, weil ich doch aus derselben Stadt stammte. Als ich nach Mönchengladbach kam, wovon ich im folgenden gesondert erzählen will, stattete ich dem englischen Stadtkommandanten einen Besuch ab. Da war ich nicht einfach der Sergeant Jonas, sondern ein ehemaliger Bürger dieser Stadt, die nun seiner militärischen Verwaltung unterstand. Der Kommandant hatte die Stadtkommandatur in der Mozartstraße im Hause von Hermann Aschaffenburg eingerichtet, dem besten Haus in dieser kurzen Villenstraße, in der auch unser Haus gewesen war. So fand meine Unterhaltung mit ihm in meiner heimischen Mozartstraße statt. Zwei Dinge sind mir daraus noch in Erinnerung. Einmal, daß er zu mir sagte: »Mister Jonas« – er redete mich mit »Mister« an, weil wir in diesem Augenblick kein militärisches Verhältnis hatten –, »you must know one thing which I can tell you: There never was a Nazi. Nobody ever was a Nazi. There was never such a thing as Nazis. You won't find anyone here who will freely confess that he had ever been a member of the party or been a Nazi.« Übrigens eine sehr britische Bemerkung. Ich höre noch die Stimme äußerster Verachtung, mit der er das sagte. Außerdem fragte er mich: »Tell me, Mister Jonas, do you know the name Raffaelson? Is he an old member of the Jewish Community of Mönchengladbach?« »Oh yes, I do.« »Can you tell me something about him?« Worauf ich erwiderte: »Not really.« Er hatte als junger Mann keinen guten Ruf und war vor dem Krieg wegen einer Betrügerei mit der Polizei in Konflikt gekommen. »He is one of the survivors who came back, and he is now a prominent spokesman of the Jewish Community here. I have certain suspicions.« Da sagte ich: »Exactly – did you probably hear something?« Da sagte er: »Yes, but I don't know whether it's true.« Ich bekundete ihm, daß ich nichts bestätigen könne, aber auch etwas über ihn gehört hätte. Ich könne aber meine Kameraden fragen und ihn wissen lassen, falls ich mehr in Erfahrung brächte. Inzwischen hatte aber Raffaelson erfahren, daß ich in Mönchengladbach war, und lud mich zum Mittagessen ein. Er erzählte, daß er bis zuletzt bei uns im Hause in der Mozartstraße den Garten in Ordnung gehalten hatte, und erzählte mir über die letzte Zeit meines Vaters: »Er saß in einem Stuhl im Garten, da er sich nur noch wenig bewegen konnte, sagte aber: ›Da ist noch dieser Busch, da ist noch dieses Stück Rasen zu pflegen.‹« Was er da schilderte, war genauso, wie ich es mir vorstellte, daß mein Vater, der im Januar 1938 starb, im Sommer und Herbst 1937 noch im Garten gesessen und mit Raffaelson gesprochen hatte, der sich mit der Gartenarbeit etwas Geld verdiente. Es gab bei Raffaelson ein vortreffliches Mittagessen, wie man es

219

sonst nirgends hätte bekommen können. Er hatte nach seiner Rückkehr eine Christin geheiratet. Ich fragte ihn zwar, wer in der Tschechoslowakei in diesem oder jenem Lager gewesen sei, doch ich konnte natürlich kein Verhör mit ihm anstellen. Für mich blieb es ein unentschiedener Fall. Aber immerhin hatte ich seine Gastfreundschaft und das beste Essen genossen, das ich in Deutschland überhaupt bekommen hatte, denn er hatte seine besonderen Quellen und bekam ausgezeichnete Lebensmittel geliefert. Einige Jahre später las ich in Kanada in der Zeitung von der Hinrichtung eines Paul Raffaelson, der in einem Kriegsverbrecherprozeß großer Brutalität in einem Konzentrationslager überführt worden, aber auf Verlangen der tschechischen Behörden von den englischen Besatzungsbehörden ausgeliefert worden und zum Tode durch den Strang verurteilt worden sei. Es ist unmöglich zu sagen, ob das gerecht oder nicht gerecht war, denn die Kapos haben ja gewissermaßen selbst um ihr eigenes Leben gekämpft, wenn auch unter Opferung des Lebens anderer – Primo Levi hat in seinem großen Essay *Die Untergegangenen und die Geretteten* schonungslos beschrieben, was Juden anderen Juden zugefügt haben.[1] Da mußte ich wieder an Raffaelson denken. Er hat anscheinend eine solche Rolle gespielt. Ich weiß noch, wie unheimlich mir der Gedanke war, daß ich vielleicht sogar mit zur Verurteilung Raffaelsons beigetragen habe, indem ich das Kommunikationsnetz herzustellen half, das schließlich schwere Beweise gegen ihn zusammentrug.

Persönlich viel schwerer als diese Begegnung mit einem Überlebenden, den schließlich sein Schicksal ereilte, wog natürlich die Nachricht vom Tod meiner Mutter. Als ich zum ersten Mal nach Mönchengladbach zurückkehrte, erkundigte ich mich, wo hier ein jüdisches Gemeindezentrum sei. Wo einst die Synagoge gestanden hatte, befand sich nun ein leerer Platz. Sie war in der Kristallnacht ausgebrannt und anschließend niedergerissen worden. Aber irgendwo hatte man ein Zentrum eingerichtet, in dem sich zurückkehrende Juden oder Juden auf der Durchreise melden und informieren konnten. Dort versuchte ich zu erfahren, was aus meiner Mutter geworden sei. Die letzte Nachricht, die ich in Jerusalem vom Roten Kreuz über sie erhalten hatte, besagte, daß sie in Litzmannstadt – also Lodz – im Ghetto lebte. Als ich beim Zentrum eintraf, wimmelte es von Leuten, die ich noch nie gesehen hatte, doch es war eine Frau dabei, die mir bekannt vorkam. Sie hörte, wie ich mich erkundigte und den Namen Jonas nannte. Da fragte sie: »Ach, Sie sind der Hans Jonas?« Dann brach sie in Tränen aus und sagte: »Ich war zusammen mit Ihrer Mutter in Lodz, aber sie ist dann 1942 nach Auschwitz weitertransportiert worden.« Das wußte man, was das hieß – nach Auschwitz –, und so erfuhr ich vom Tod meiner Mutter. Die Frau, die mir davon berichtete, hatte mit ihrer Tochter überlebt – sie waren erstens arbeitsfähig und zweitens jung genug, vom SS-Personal zu sexuellen Diensten gezwungen zu werden. Aber so etwas konnte man ja nicht fragen: »Wie kommt es, daß du und deine Tochter überlebt haben?« Diese Frau jedenfalls erzählte mir unter Tränen, was mit meiner Mutter geschehen war. Bemerkenswert war in diesen Tagen, daß die Leute in Mönchengladbach mir einfach nicht glauben wollten, daß man den Juden etwas angetan hatte. Als ich unser Haus in der Mozartstraße 9 besuchte, sagte der neue Besitzer zu mir: »Ach, Sie sind Hans Jonas. Wie geht es denn Ihrer Mutter? Haben Sie etwas von Ihrer Mutter gehört?« Ich erwiderte: »Die hat man umgebracht.« »Umgebracht? Wer soll sie denn umgebracht haben? Man bringt doch keine alte Dame um.« »Man hat sie in Auschwitz umgebracht.« »Aber nein«, sagte der Mann, »man hat sie umgesiedelt. Das kann doch nicht sein.« Er weigerte sich einfach, den Tatsachen ins Auge zu sehen. Ich weiß noch, wie widerlich es mir erschien, als er mir seinen Arm um die Schulter legte und sagte: »Aber ich bitte Sie! Sie dürfen das doch nicht alles glauben! Nein, ich weiß, es war eine Umsiedlung. Und wenn sie verstorben ist, tut mir das furchtbar leid. Aber das, was Sie da sagen, von Umbringen und von Gasöfen, das sind doch Greuelmärchen.« Das war in der Mozartstraße im Sommer 1945. Da sah ich sogar noch einen sehr schönen Schreibtisch meines Vaters stehen, und als er fragte: »Wollen Sie ihn haben? Wollen Sie ihn mitnehmen?« sagte ich: »Nein, nein, ich will ihn nicht haben.« Ich bin dann auch bald weggegangen. Ich konnte den Mann nicht ausstehen. Aber ich war drin im Haus – das war das letzte Mal.

Ich besuchte dann einige meiner christlichen Freunde, von denen ich wußte, daß sie nicht nur an nichts beteiligt waren, sondern daß sie dem Nazi-Regime zutiefst feindlich gegenübergestanden hatten. Der Maler Kurt Beyerlein, den ich vor allem zu treffen hoffte, war leider zwei Monate vor Kriegsende umgekommen. Er war ein Jahr jünger als ich. Ich hatte mich in den letzten Jahren vor Hitler mit ihm angefreundet und großartige Gespräche mit ihm geführt. Er war eine reine Seele, ein guter, wenn auch kein großer Maler. Seine religiöse Suche führte ihn zu Sören Kierkegaard und, obwohl er katholischer Herkunft war, zu einer Art evangelischer Frömmigkeit. Ich erfuhr, daß er bei einem Fliegerangriff beim Rangieren von Lokomotiven und Güterwagen am Bahnhof zwischen zwei Wagen zermalmt worden war. Ein Kollege von ihm, Hans Lünenburg, ein talentierter Maler aus einer vollkommen unbescholtenen Familie, erzählte, er habe ihn kurz vor seinem Tod gefragt, ob er nun, da die Amerikaner nahe waren, nicht einfach türmen könne. Aber Beyerlein habe erwidert: »Ach, das lohnt sich jetzt nicht mehr. Sowieso ist der Zauber bald zu Ende, und dann sind wir alle frei!« Und dann habe er hinzugefügt: »Und dann wird Hans Jonas wiederkommen, und wir werden die Nächte durch in der Laube sitzen und über den Sinn des Lebens sprechen.« Seine Frau hat später die Briefe ihres Mannes herausgegeben, und was er während des Krieges seiner Frau geschrieben hat, zeigt eindrücklich, was für ein Mensch das war. So schrieb er etwa am 29.6.1943: »Der vollständige Untergang aller Städte in unserem schönen Heimatgebiet ist Tatsache – eine Tatsache, die mir unfaßbar bleibt. Nach dem, was ich von den Zerstörungen der letzten Zeit gesehen habe, kann ich mir eine Vorstellung davon machen, wie das köstliche Köln aussieht. Ja, ein Volk, das die Zerstörung der Kirchen der Juden zugelassen hat, verdient auch nicht den Besitz der eigenen überlieferten Kirchen.« Geschrieben in einem Feldpostbrief im Juni 1943: »Den Sinn sehe ich darin: Die Abrechnung hat begonnen, und da ist ja so vieles abzubüßen. Ich rechne nun jede Nacht damit, daß Gladbach in Schutt und Asche fällt. Daß in einer Nacht zerfällt, was in 50 Jahren entstanden ist. Ach mein Liebes, bleibe geschützt, Gott bewahre uns vor diesem immer größer werdenden Verderben.« In einem späteren Brief: »Bericht von Köln wirst Du ja auch gehört haben. Da kann man wirklich trauern. In welch' großes Unglück sind wir hineingetrieben worden! Wer wird uns wann und wie daraus befreien? Ehe wir nur die geringsten besseren Aussichten haben werden, muß noch unendlich viel Leid geschehen. Ich meine immer, die meisten Menschen hätten die Auffassung, das Schreckliche stände nur am Rande des Geschehens, und dabei ist es Mittelpunkt, nur mit dem einen Sinn – Verderben und Untergang. Die teuflischen, verlogenen Ideologien wirken noch zu stark und geben den Menschen die Einbildung, von positiven Kräften getragen zu werden« und so weiter. Mitten in der Nazizeit wurde das geschrieben, und er spricht von teuflischen, verlogenen Ideologien. »Armes, blödes deutsches Volk. Aber nicht unschuldig. Ich denke jetzt, wann und wie sich die Bürger in Gladbach ihre durch Rauch entzündeten Augen reiben und in Aschenhaufen kein Hab und Gut mehr finden werden. So werden sie es sich dann nicht gedacht haben mitten im Geschehen. Aber ich fürchte, diese wird langsam sein, nämlich die Abwicklung, denn den Satan, den man so gefeiert hat, wird man nicht so schnell vertreiben können.« Es sind unglaubliche Stellen drin.

Auch über die Bibel, und zwar über die Psalmen im Alten Testament. »Welch ein Volk. Nur das Volk Israel hatte solch ein Gottesverhältnis.« Er bekannte sich gerade in dieser Zeit zu den Juden. Großartig.[2]

Als ich nachforschte, wer meine Mutter zuletzt noch in Mönchengladbach gesehen hatte, sagte mir jemand, ich solle zu Frau Hetty Gier-Lünenburg, einer Schwester des erwähnten Malers gehen, da sie meine Mutter noch in der Nacht vor der Deportation gesehen habe. Also ging ich zu ihr. Eines Abends, so erzählte sie mir, war ihr Bruder zu ihr gekommen und hatte gesagt: »Du mußt zu Frau Jonas gehen. Ich habe gehört, daß sie morgen früh in den Osten verschickt werden soll. Ich kann nicht gehen, ich bin sowieso unter Gestapo-Beobachtung (Hans Lünenburg wurde als »Volksschädling« mit großem Mißtrauen betrachtet).« Sie hatte vielen Juden Trost gespendet und geholfen, etwa indem sie ihnen Lebensmittel brachte, und so kam sie zu meiner Mutter und verbrachte die letzte Nacht bei ihr. Sie konnte nur versuchen, sie ein wenig zu trösten, und gab ihr ein Medaillon eines katholischen Heiligen mit auf den Weg, das sie schützen sollte. »Es hat leider nicht geholfen«, sagte sie, »aber das war alles, was ich tun konnte.« In ihren Armen habe ich meine Mutter beweint, und sie hat mich wie ein Kind getröstet. Ich weiß noch, wie ich damals sagte: »Das kann ich dem deutschen Volk niemals verzeihen.« Und sie erwiderte: »Nein, das kann man auch nicht verzeihen.«

Vielerlei wäre zu erzählen über meine damaligen Begegnungen mit Freunden in Mönchengladbach, doch ich will mich auf eine Begebenheit beschränken. Ich traf ein junges Mädchen aus einer katholischen Familie wieder, das, als ich auswanderte, gerade im frühen Schulalter war. Sie hieß Brigitte, war jetzt 18 Jahre alt, hatte gerade ihr letztes Schuljahr hinter sich und lebte im Haus ihrer Tante, mit der ich vor 1933 befreundet gewesen war. Ich fragte sie, was sie denn in der Schule von deutscher Dichtung gelernt habe und ob sie Conrad Ferdinand Meyer kenne. Sie hatte diesen Namen nie gehört. Nun lebte sie in einem Haus mit einem großen Bücherschrank, und ich sah, daß dort eine Ausgabe seiner Werke stand. Also sagte ich: »Da will ich dir doch mal etwas von Conrad Ferdinand Meyer vorlesen.« Ich schlug ein Gedicht auf mit dem Titel »Die Füße im Feuer«. Ein großartiges, langes Gedicht aus der Hugenottenzeit in Frankreich, das von Religionsverfolgung und Folter handelt. In einer stürmischen Nacht kommt ein Bote des Königs auf ein Schloß irgendwo in Südfrankreich und begehrt ein Nachtquartier. Der Schloßherr weist ihm ein Zimmer zu. Am anderen Morgen, als er ihn verabschiedet, fragt er ihn: »Erkennst du mich?« Der andere weiß nun, mit wem er es zu tun hat. Jahre vorher hatte er während der Religionsverfolgung aus dessen Frau das Versteck ihres Mannes erpressen wollen. Als sie sich weigerte, steckte er ihre Füße in die Glut, bis sie starb. Nun hat er sich, ohne es zu wissen, in die Hände seines Feindes begeben, doch des Nachts geht es ihm wie in einer Vision auf – die Füße im Feuer. Dann, als der Schloßherr ihn entläßt, ohne ihm Harm anzutun, sagt der Bote: »Herr, Ihr seid ein kluger Mann und voll Besonnenheit / Und wißt, daß ich dem größten König eigen bin. / Lebt wohl. Auf Nimmerwiedersehn!« Worauf der Schloßherr erwidert: »Du sagst's! Dem größten König eigen! Heute ward / Sein Dienst mir schwer ... Gemordet hast du teuflisch mir / Mein Weib! Und lebst! ... Mein ist die Rache, redet Gott.« Ein großartiges, fürchterliches Gedicht! Später besuchte ich Brigitte einmal in Cambridge – ein englischer Soldat der Besatzungsarmee hatte sich in sie verliebt und sie nach England entführt. Als ich sie anrief und sagte: »Hier ist Hans. Erinnerst du dich noch?«, da antwortete sie: »Aber wie – natürlich, du hast mir doch damals das Gedicht ›Die Füße im Feuer‹ vorgelesen.« Und sie erzählte mir, sie arbeite als Deutschlehrerin, und alle Schüler müßten bei ihr das Gedicht »Die Füße im Feuer« lernen.

Natürlich besuchte ich in Gladbach auch die Hofstraße, wo

unsere Fabrik gestanden hatte, denn ich war neugierig, was aus ihr geworden war. Ich fand ein großes Trümmerfeld vor. Die Firma war nach dem Tode meines Vaters arisiert worden. Wäre sie nach dem Krieg noch ein funktionierender Betrieb gewesen, so hätte ich aufgrund der unter den Alliierten geltenden Verordnungen seinen Wert schätzen und eine Zahlung verlangen können. Aber von einem Mann, der selbst bankrott bombardiert worden war, war ja nichts zu holen. Einige Jahre später lernte ich übrigens in Ottawa unter meinen Studenten einen ehemaligen Flieger der kanadischen Luftwaffe kennen. Bei einem Zusammensein in meinem Haus fragte er mich: »Aus welchem Teil Deutschlands kommen Sie denn, Professor Jonas?« Und ich sagte: »Von der Stadt werden Sie wahrscheinlich nie gehört haben – aus Mönchengladbach.« Darauf er: »Mönchengladbach? Das war das Ziel der letzten Bombermission, die ich am 13. März 1945 geflogen bin.« Von diesem Großangriff hatten mir Freunde in Gladbach mit Schaudern erzählt – es war die schrecklichste Nacht dieses Krieges gewesen. Also fragte ich ihn: »Wissen Sie denn auch etwas von dem Schaden, den dieser Angriff angerichtet hat?« Und er erwiderte: »Ja, denn am Tag darauf flogen immer Aufklärungsflugzeuge, die Luftaufnahmen machten, um herauszufinden, wie wirksam unser Angriff gewesen war.« Da sagte ich: »Jetzt werde ich Ihnen einmal zeigen, wie es vom Boden aussah.« Ich ging an meinen Schreibtisch und zog ein großes Couvert heraus, gefüllt mit Fotografien, die mein Gladbacher Anwalt mir geschickt hatte, um mir noch einmal vor Augen zu führen, daß da nichts mehr zu holen war. Die Bilder von unserer ehemaligen Fabrik zeigten, daß das nichts als Trümmer waren, einschließlich des Maschinenparks und der Webstühle. »Da sehen Sie«, sagte ich, »das war einmal meine väterliche Fabrik. Und Ihre gründliche Arbeit führt dazu, daß ich keine Entschädigungszahlung für unser Eigentum erhalten konnte.« Darauf sah mich dieser reizende junge Mann bedauernd an und sagte: »I am sorry, Professor Jonas.«

Und ich erwiderte: »Don't be sorry. Ganz im Gegenteil, ich danke Ihnen für das, was Sie getan haben. Auch ich hätte das getan, wenn ich ein Flieger gewesen wäre.« Das war einer dieser merkwürdigen Zufälle – ein emigrierter Philosophieprofessor trifft ausgerechnet auf einen Studenten, der die eigene Vaterstadt bombardiert hat.

Mein düsterer, finsterer Europaaufenthalt streckte sich ziemlich lange hin. Die Demobilisierung vollzog sich nur langsam, und es wurde November, bis ich nach Palästina zurück verschifft wurde. Bis dahin blieb ich in Europa weiter als Soldat. In unserem Militärlager bei Venlo hatte ich kaum militärische Pflichten, sondern meistens Freizeit und viel persönliche Bewegungsfreiheit, sofern ich mir selbst die Transportmittel verschaffte, um im besetzten Deutschland, aber auch in Belgien und Nordfrankreich herumzufahren. Gelegentlich hatte ich Wachdienst, aber ich hatte zum Beispiel nichts mit dem Verhör von Kriegsgefangenen zu tun. Es gab damals bei der amerikanischen, englischen und französischen Militärverwaltung besondere Abteilungen, in denen sich Leute mit dem beschäftigten, was man später als Entnazifizierung bezeichnete. Mir blieb diese Arbeit erspart. Ich selbst hatte damals keinerlei Konzept für eine Reinigung oder Erneuerung Deutschlands. Von mir aus konnte das deutsche Volk einfach zum Teufel gehen. Meinem Gefühl nach war die deutsche Schuld so ungeheuerlich, daß die einzige angemessene Haltung öffentliche Bußgänge und allgemeine Zerknirschung gewesen wäre, doch ich sah, daß, von den Freunden abgesehen, die meisten Deutschen, mit denen man in Berührung kam, entweder nicht wahrhaben wollten, was geschehen war, oder unaufhörlich versicherten, selbst nicht beteiligt gewesen zu sein. Niemand wollte es gewesen sein. Was man von den Deutschen hörte, war meist auf abstoßende Weise liebedienerisch – sie wollten sich bei denen einschmeicheln, die nun als Sieger über sie herrschten und Gunst zu vergeben hatten, und so versicherten sie immerzu: »Er war ja schrecklich dieser Hitler, dieser Narr, der hat uns ja alle ins Unglück geführt. Uns blieb gar nichts anderes übrig, als mitzumachen.« Ich vernahm nicht ein einziges Mal ein Bekenntnis der Verblendung, sondern lauter Unschuldsbeteuerungen und Leugnungen dessen, was ans Tageslicht kam: »Nein, das kann man doch nicht glauben.«

Ich reiste ziemlich viel herum in diesem unterlegenen, eroberten, besiegten Deutschland. Das waren keine Dienstreisen, sondern ich erbat mir Urlaub dafür, der ohne weiteres bewilligt wurde. Für kleinere Abstecher stand mir unser eigener Militärtransport zur Verfügung. Längere Reisen unternahm ich nach Göttingen, Marburg und Heidelberg. Eisenbahnen fuhren keine, aber wenn man eine britische Uniform hatte, konnte man mit Fahrzeugen der Alliierten fahren, und so fuhr ich mit amerikanischen oder britischen Wagen, was ich eben so ergattern konnte, von Ort zu Ort. Dabei ergab sich die Reihenfolge beinahe einzig aus verkehrstechnischen Zufällen. Zuerst kam ich nach Göttingen, wo ich nie zuvor gewesen war. Ich hatte nie einen meiner Verleger aus dem alten Hause Vandenhoeck & Ruprecht, das seit 1735 in Göttingen existierte, zu Gesicht bekommen, sondern nur mit dem Seniorchef – damals Wilhelm Ruprecht – korrespondiert und mein Manuskript und die Korrekturen hin- und hergesandt. Nach der Veröffentlichung des ersten Bandes von *Gnosis und spätantiker Geist* war mit dem Verlag vereinbart gewesen, daß ich für den zweiten Teil von Jerusalem aus weiter Texte liefern würde – er sollte den Untertitel »Die philosophisch-mystische Gnosis« erhalten und sich mit dem Neuplatonismus und der stark von diesem beeinflußten frühchristlichen Mönchsmystik befassen, die sich in der ägyptischen Wüste ausgebildet hatte. Die Anachoreten waren aus meiner Sicht Erben oder christliche Transformationen des gnostischen Geistes. Der letzte Denker, den ich zu behandeln gedachte und über den ich schon viele Notizen angefertigt hatte, war ein gewisser Euadrius Ponticus, einer der Meister der frühchristlichen Mönchsmystik, der zweifellos neuplatonisch beeinflußt war, sich aber, was seine ekstatischen Zustände und seine Anweisungen zum Aufstieg in die höheren Sphären des Seins betraf, auch sehr gut in einen allgemeinen gnostischen Zusammenhang einfügen ließ – insofern man den Begriff »Gnosis« nicht mehr nur als Name einer bestimmten Gruppe frühchristlicher Häresien, sondern als ein allgemeines Seelen- und Daseinsprinzip verstand, gleichsam als existenziale Kategorie dieser ganzen Epoche. Nur aufgrund dieser Ausweitung des Begriffs war ich ja imstande, einen Mann wie Plotin, der heftig gegen die Gnostiker polemisiert hatte, und Porphyrios, seinen Hauptschüler, mit in dieses Gesamtbild von *Gnosis und spätantiker Geist* einzubeziehen. Ich sollte also von Jerusalem aus Kapitel um Kapitel schicken, und der Verlag wollte weiterdrucken. Als ich von England nach Palästina übersiedelte, hatten sie bereits mit dem Druck des zweiten Bandes begonnen. Mit anderen Worten, da lagen die Bogen schon gestapelt. Weiteres wurde gesetzt, blieb dann aber im Satz stehen, weil ich nach der Kristallnacht jeden Kontakt mit dem Verlag abgebrochen und keine Korrekturen mehr geschickt hatte. Wahrscheinlich waren sie mir dafür sogar stillschweigend dankbar, weil eine Weiterführung sie voraussichtlich in Verlegenheit gebracht hätte. Sie haben mir niemals von sich aus mitgeteilt, die Sache könne nicht weitergeführt werden. Mir selbst dagegen war klar, daß ich nun in Deutschland nichts mehr erscheinen lassen konnte und wollte. Und dennoch begleitete mich in den Kriegsjahren das Bewußtsein, daß in Göttingen ein Teil meines geistigen Werkes lag, auf das ich Jahre verwendet hatte. Auf Rhodos hatte ich das Origenes-Kapitel geschrieben, das ich nur in handschriftlicher Form besaß. Das war eine größere eigenständige Abhandlung, die ich damals Scholem widmete und die kurz nach Ende des Krieges in der Schweiz in der von Oscar Cullmann herausgegebenen Theologischen Zeitschrift erschien.[3] Sie war aber nie an Ruprecht gelangt. Nun beschäftigte während des Krieges ab und zu der Gedanke meine Phantasie, was aus den ausgedruckten und im Satz stehenden Bogen geworden sei. War alles verbrannt? War alles eingestampft worden? Immerhin waren dies 32 Seiten eines kostspieligen Handsatzes, bei dem jede Seite etwa sechs verschiedene Typen erforderte, so daß ich mich nicht gewundert hätte, zu hören: »Alles verlorengegangen, alles weg.« Mit diesem eigentümlichen Gefühl fuhr ich also nach Göttingen.

Ich erinnere mich noch an einen Teil der Fahrt in einem Jeep an der Seite eines amerikanischen Militärfahrers. Dieser schlug ein so halsbrecherisches Tempo ein, daß ich dachte: »Mein Gott, fünf Kriegsjahre habe ich nun überstanden, und jetzt soll es mich erwischen?« Ich erinnere mich noch heute, wie unheimlich mir sein Fahrstil war, doch es stellte sich heraus, daß er ein glänzender Fahrer war und genau wußte, was er tat. In Göttingen meldete ich mich sofort als britischer Soldat bei der Ortskommandantur und ließ mir ein Quartier zuweisen. Danach machte ich mich auf den Weg zum Verlagshaus Vandenhoeck & Ruprecht. In diesem Zusammenhang muß ich einen Traum erzählen. Ich hatte seit meiner Emigration Träume, die sich über die Jahre hartnäckig wiederholten. Einer bezog sich auf Hitler und sein Verhalten. In einem anderen Traum kam ich in englischer Uniform nach Göttingen, um meine Verleger zu besuchen. Es war aber noch mitten im Krieg, und plötzlich sagte ich mir: »Um Gottes willen, was für ein Wahnsinn, du bist ja ohne weiteres erkennbar.« Wie ich im Traum nach Göttingen kam, ob mit dem Fallschirm oder auf eine ähnliche halsbrecherische Weise, weiß ich nicht. Aber jedenfalls war ich plötzlich da, als Angehöriger einer feindlichen Armee, und ich wußte, sobald ich erkannt würde, würde ich als deutscher Jude von den Nazis verhaftet werden. Doch dann sagte ich mir: »Ach, hier wimmelt es von Uniformen. Das wird gar nicht auffallen, daß da noch jemand mit einer Uniform ist, die etwas anders aussieht. Vielleicht erkennt niemand, daß ich die englische

Uniform trage.« Und dann irrte ich durch die Straßen und suchte vergeblich Vandenhoeck & Ruprecht. Als ich Hans-Jakob Polotsky, der ja in Göttingen gelebt hatte, in Jerusalem diesen Traum erzählte, lächelte er und sagte: »Nichts einfacher als das. Es ist in der Theaterstraße. Jeder in Göttingen weiß, wo das Verlagshaus ist.« Die Tatsache, daß ich mich daran erinnern kann, was Polotsky mir sagte, zeigt, daß mich die Suche nach meinem halbfertigen, halbgedruckten oder eventuell verlorenen Manuskript während des Krieges stark beschäftigte und mich deswegen bis in die Träume verfolgte. Zugleich zeigt dieser Traum, daß ich mir eine Wiederkehr nach Deutschland so vorstellte, daß ich als Soldat einer anti-deutschen Armee auftrat – und so kam es im Traum zu dieser schrecklichen Unvorsichtigkeit, daß ich nicht vorher wenigstens meine Uniform kaschiert hatte.

Nun also kam ich in das wirkliche Göttingen, und es war gar nicht schwer, das Verlagshaus zu finden. Ich klingelte – im britischen Kampfanzug mit meinen Ehrenabzeichen auf der Brust, die mich als hochdekorierten Soldaten erscheinen ließen, obwohl ich sie nicht durch besondere Heldentaten, sondern durch mein bloßes Dabeisein erworben hatte –, wurde vorgelassen und sagte, ohne meinen Namen zu nennen: »Ich möchte Herrn Wilhelm Ruprecht sprechen.« Als man mir sagte, er sei zwei Jahre zuvor gestorben, verlangte ich nach seinem Nachfolger. Es verging eine kleine Pause, während der ich in einem schönen Zimmer des altmodisch möblierten Verlagshauses wartete. Dann öffnete sich die Tür, und der junge Helmut Ruprecht – er hatte etwa das gleiche Alter wie ich – trat herein, schaute mich fragend an und fragte: »Womit kann ich dienen?« Nicht unterwürfig, aber zögernd und etwas unsicher – es war in der damaligen Situation klar, daß der Chef sofort kam, wenn ihn jemand in englischer Uniform zu sprechen wünschte. Darauf sagte ich: »Herr Ruprecht, ich bin einen langen Weg gekommen, um sie endlich zu treffen. Mein Name ist Hans Jonas.« Das hatte nun eine kolossale Wirkung. »Sie sind Hans Jonas? Auf den wir seit Jahren gewartet haben!« Was er mir dann erzählte, gehört zu den Geschichten meines Leben, die es wert sind, aufbewahrt zu werden. »Ja«, sagte er, »Ihr Werk *Gnosis und spätantiker Geist* ist eines unser wichtigsten Bücher. Erst während des Krieges (er nannte mir ein Jahr, 1940 oder so) hielten wir es für klüger, es aus dem Buchhandel zurückzuziehen und die Bestände in Sicherheit zu bringen.« Sie waren also in irgendwelchen Berghöhlen ausgelagert worden. Da fragte ich: »Und die Teile von Band 2?«, worauf er erwiderte: »Auch ausgelagert.« Damit meinte er zunächst einmal die schon ausgedruckten Bogen. »Und das, was ich noch nicht korrigiert hatte, was schon gesetzt war?« »Ja, das war ein großes Problem für uns. Jahr für Jahr wurde auf einer Verlagssitzung die Frage aufgeworfen, was mit dem Satz dieser beiden Bogen geschehen sollte, denn wir wurden sehr knapp mit Typen. Doch jedes Mal gelangten wir zu der Einscheidung: ›Nein – das wird doch einmal ein Ende nehmen, und dann wird Dr. Jonas wieder erscheinen, und wir können die Sache weiterführen.‹« Also das war – schon wegen der Risiken und der Kosten – ungewöhnlich, vor allem aber ein wirklich großer Akt der Treue.

Gewiß, Helden sind sie auch nicht gewesen. Später haben mich alte Göttinger wie Helmuth Plessner darüber aufgeklärt, daß auch Vandenhoeck & Ruprecht Kompromisse geschlossen und Zugeständnisse an die damalige Literatur gemacht hatte. Ohne das hätte man vielleicht auch gar nicht im Geschäft bleiben können. Doch den Kompromiß auf Kosten von Hans Jonas' *Gnosis und spätantiker Geist* haben sie eben nicht gemacht. Sie sagten: »Wir wollten das nicht gefährden. Und wir wollten es erhalten. Wir waren der Ansicht, daß die Hitlerzeit nicht andauern würde, sondern daß das zu Ende geht.« Diese Sitzungen fanden ja während der Kriegsjahre statt, in denen allmählich sichtbar wurde, daß das tausendjährige Reich doch nicht tausend Jahre währen würde. Helmut Ruprecht war ein Ehrenmann, Mitglied der Bekennenden Kirche, ein tiefgläubiger Mann, und seine Frau stammte aus einer noch gläubigeren protestantischen Sondergemeinschaft aus dem Sächsischen und Ostpreußischen, den Herrnhutern. Sie sagte einmal zu mir: »Als die Synagogen brannten, hat meine Mutter gesagt: ›Das wird der Herrgott an uns heimsuchen. Dafür werden wir alle bezahlen müssen.‹« Jedenfalls wurde ich sofort mit offenen Armen empfangen und zu ihm nach Hause eingeladen. Auch bei so wohlhabenden und gutsituierten Leuten wie den Ruprechts, deren Haus wunderschön mit alten Biedermeiermöbeln eingerichtet war, ging es damals recht karg zu. Nun, als Helmut Ruprecht recht schnell vorschlug, mit dem Druck meines Werkes fortzufahren, mußte ich ihm einen großen Schmerz zufügen. Ich sagte zu ihm: »Ich komme gerade aus meiner Vaterstadt Mönchengladbach und habe dort erfahren, was mit meiner Mutter passiert ist. Mit diesem Wissen und dem, was ich sonst über das Schicksal der Juden erfahren habe, kann ich nicht mehr bei einem deutschen Verlag veröffentlichen.« Ich weiß noch, wie sein Gesicht von tiefem Kummer gezeichnet war: »Das ist aber ein schwerer Schlag für uns. Wir haben Ihnen doch in all den Jahren die Treue gehalten. Können wir nicht erwarten, daß sie nun Ihr Werk weiter bei uns herausbringen?« Und ich erwiderte: »Als das Haus Vandenhoeck & Ruprecht – ja. Aber als deutscher Verlag – nein. Das kann ich nicht, in dem Land, das meine Mutter ermordet hat.« In den Unterhaltungen, die darauf folgten, wurde jemand vom technischen Stab des Verlages hinzugezogen, der mich fragte: »Ja, was stellen Sie sich eigentlich vor? Was soll denn mit dem Werk geschehen?« Ich sagte: »Das weiß ich nicht. Es wird woanders erscheinen, aber nicht in Deutschland.« Darauf sagte er: »Wie wäre es, wenn ein befreundeter Verlag in der Schweiz, Gebrüder Francke in Bern, das übernähme? Es müßte ja in unserer Druckerei weitergedruckt werden, weil der Druck dort begonnen hat. Aber die würden eine solche Zusammenarbeit mit uns akzeptieren und wohl als die Verleger des Buches signieren.« Und ich sagte: »Ja, darüber läßt sich sprechen.« Dabei beließ ich es zunächst. Aber ich machte noch eine andere Abmachung mit Ruprecht. Es stellte sich heraus, daß von der Erstauflage noch etwa 300 Exemplare vorhanden waren. Da ich die Bücher durch eine andere Stelle außerhalb Deutschlands vertreiben lassen wollte, ließ ich diese Bände zunächst zu einem weitläufig Anverwandten in Holland schicken, der überlebt hatte. Dann nahm ich Kontakte mit der Firma Brill in Leiden auf, die sich bereit erklärte, den Vertrieb des Restbestands des ersten Bandes von *Gnosis und spätantiker Geist* zu übernehmen. So wurden nach einiger Zeitverzögerung die restlichen Bücher durch Brill verkauft, und ich bekam meinen Anteil.[4]

Im übrigen begann damals in Göttingen eine persönliche Freundschaft mit dem Hause Ruprecht. Ich blieb ein paar Tage im Familienkreis mit den heranwachsenden Kindern und wurde als geehrter Gast aufgenommen. Dann wollte ich weiter südlich nach Marburg. Ruprecht sagte zu mir: »Ach so. Sie fahren jetzt nach Marburg und besuchen Bultmann. Da könnten Sie mir einen Gefallen tun. Bultmann wartet auf ein Buch, das wir ihm nicht zuschicken können.« Vandenhoeck & Ruprecht hatte während des Krieges Rudolf Bultmanns Kommentar zum Johannesevangelium herausgebracht.[5] Wenn ich mich recht entsinne, war das Buch, das er mir mitgab, weil es noch keinen zivilen Postverkehr gab, eine Neuauflage dieses Kommentars, die Bultmann noch nicht bekommen hatte. Ich kam also nach Marburg und mußte dort allerdings die Wohnung Bultmanns erst suchen, denn er war inzwischen umgezogen und wohnte jetzt auf dem Schloßberg in der Calvin-Straße, einer schönen Villenstraße. Dort klingelte ich eines Vormittags an der Haustür, und Frau Bultmann öffnete mir die Türe. Ich sagte kein Wort, blickte sie nur an. Da stand also ein Fremder, ein britischer Soldat, mit dem Barett auf dem Kopf und der khakifarbenen Uniform. Sie schaute mich ein oder zwei Sekunden lang an, und plötzlich erkannte sie mich und rief: »Herr Jonas, Herr Jonas, Sie sind es, Herr Jonas!« In einem Sturzflug von Tränen und Worten brach es da aus ihr heraus, und sie fing an, hemmungslos zu weinen und gleichzeitig zu reden. »Ach, daß Sie kommen, daß Sie da sind! Wir haben ja so oft von Ihnen gesprochen, so oft gehofft, daß Sie noch am Leben sind, daß Sie diesen Krieg überstehen! Es ist ja so eine schreckliche Zeit gewesen! Wir haben ja so Furchtbares durchgemacht! Das war ja entsetzlich. Und wir haben den Sieg nicht gewollt, wir haben um die Niederlage gebetet.« Und dann fügte sie hinzu: »Meine Tochter hat ja ihren Mann verloren in Rußland.« Das alles sprach sie durcheinander und sagte dann: »Und kommen Sie, kommen Sie herein! Mein Mann, er liebt Sie ja so. Er hat so oft von Ihnen gesprochen!« Es war eine höchst melodramatische Szene, in der ich selbst kein Wort zu sagen brauchte. »Ja kommen Sie, kommen Sie.« Und sie klopfte an die Tür ihres Mannes und sagte: »Rudolf, du hast Besuch!«

Ich trat in sein Arbeitszimmer. Er saß, wie immer, an seinem Schreibtisch. Er war alt geworden, durch Unterernährung in sich zusammengesunken. Der Kragen war viel zu weit, sein abgemagertes Gesicht war bleich, die Ärmel seiner Jacke schlotterten um seine Figur. Aber sein Gesicht schien friedvoll. Er erhob sich sofort von seinem Schreibtisch und humpelte – er hatte von Geburt an einen Klumpfuß – auf mich zu und sagte sofort: »Herr Jonas, Herr Jonas, willkommen!« Es war für ihn eine sichtlich große Freude, mich zu sehen. So standen wir in der Mitte seines Zimmers und tauschten die ersten unbeholfenen Worte der Begrüßung aus: »Wie geht es Ihnen denn?« »Ich sehe ja. Sie müssen ein sehr guter Soldat gewesen sein – die vielen Auszeichnungen.« Zwölf Jahre zuvor war ich das letzte Mal in dem Haus, in dem er damals wohnte, zum Mittagessen gewesen – es war mein Abschiedsbesuch vor meiner Auswanderung gewesen. Ich habe da noch an seinem Tisch gesessen mit seinen drei heranwachsenden Töchtern im Schulmädchenalter, und ich weiß noch, daß ich etwas erzählte, was ich auf der Reise nach Marburg in der Eisenbahn in der Zeitung gelesen hatte – nämlich, daß der Allgemeine Deutsche Blindenverein den Ausschluß seiner nichtarischen Mitglieder beschlossen hatte. Ich erinnere mich noch an sein Aussehen, wie plötzlich sein Gesicht leichenblaß wurde und er gar nichts sagte, sondern nur den Kopf schüttelte. Ich brach in Rhetorik aus und sagte: »Bitte, Herr Bultmann, angesichts der ewigen Nacht, das Verbindendste, das es unter Menschen gibt, dieses Los der Blindheit, und das hat nicht davon abgehalten ...«, und dann sah ich sein Gesicht und wußte, daß es gar nicht nötig war, zu reden, daß er begriffen hatte, was hier geschah. Jetzt stand ich also da, unter dem Arm das eingepackte Buch, das Ruprecht mir mitgegeben hatte. Und darauf geschah etwas Merkwürdiges. Er zeigte mit dem Finger auf das Buch und fragte: »Darf ich hoffen, daß dies der zweite Band der Gnosis ist?« In dem Moment geschah etwas in mir: Zum ersten Mal zog neben der schrecklichen Bitterkeit, die mich seit meiner Rückkehr nach Deutschland erfüllte, wieder so etwas wie Friede in mein Herz ein. Angesichts dieser Bekundung liebender Treue, die über den Untergang einer ganzen Welt, über die schrecklichsten Katastrophen und über die Zerstörung Deutschlands hinweg an der Hoffnung festhielt, das von seinem Schüler Jonas begonnene Gnosis-Werk könne doch noch fertig werden, spürte ich zum ersten Mal wieder die Chance einer Versöhnung, wozu ja ein Glaube an den Menschen gehörte, der bei mir bedroht und erschüttert war. Was sich in diesem Augenblick ereignete, war die Wiederherstellung eines Vertrauensverhältnisses zu einem Menschen deutscher Herkunft. Unzählige Male habe ich mir diese Szene in meinen Erinnerungen vor Augen gehalten: Wie wir da standen, noch ganz erregt von der seinerseits ja völlig unerwarteten Tatsache einer Begegnung, auch ich gebannt von der Erscheinung des bleichen, abgezehrten und verehrten Lehrers, der zunächst einmal nichts anderes hat sagen können als

die gefühlsträchtigen, aber nichtssagenden Worte der Begrüßung. Und dann dieser eine Satz: »Ich hoffe, daß dies der zweite
Band der Gnosis ist.«

Bis 1933 hatte uns das Verhältnis eines Schülers zu seinem
verehrten Lehrer und das eines Lehrers zu seinem von ihm
hochgeschätzten Schüler verbunden, auf den er nicht nur
große Hoffnungen setzte, sondern in dem er schon gewisse
Hoffnungen erfüllt sah. Aber von da an wuchs eine Freundschaft zwischen uns. Eines Tages sagte er, wir könnten uns doch
als Freunde anreden, und von da an schrieb er immer »Lieber
Freund«. Er ist später auch mit seiner Frau zu Besuch nach
Amerika gekommen und hat bei uns im Hause als Gast gewohnt. Bei zahlreichen Besuchen in Deutschland kam ich nach
Marburg und war immer ein willkommener Gast im Hause
Bultmann. Wir hatten großartige Gespräche. 1976 bin ich nach
der Gedenkfeier für Rudolf Bultmann mit seiner Tochter, Antje
Bultmann (die in der Nachkriegszeit nach Amerika ausgewandert war und Bibliothekarin an der Universität Syracuse im
Staate New York und später dann Professorin für Bibliotheks-
wissenschaft geworden war) zurück von Europa nach Amerika
geflogen. Wir sprachen damals über ihren Vater und sein Verhältnis zur mir. Sie wandte sich zu mir und sagte: »Er hat sie
geliebt! Oh, ein Besuch von Hans Jonas, das war immer ein
großes Ereignis im Hause Bultmann.« Und so hatte die Familie
Bultmann, als sie vom Dekan der Theologischen Fakultät gefragt wurde, wen sie sich als Hauptredner bei der akademischen
Gedenkfeier wünsche, »Hans Jonas« gesagt. Es mußte natürlich auch einer von Bultmanns theologischen Schülern dabei
sein – der bekannte Neutestamentler Erich Dinkler sprach über
das Werk des Verstorbenen.[6] Ich hielt einen Vortrag mit dem
Titel »Im Kampf um die Möglichkeit des Glaubens. Erinnerungen an Rudolf Bultmann und Betrachtungen über die philosophischen Aspekte seines Werkes«. Ich erwies dort dem Menschen Bultmann meine Huldigung, äußerte mich aber auch

philosophisch zu seiner These der Entmythologisierung und beleuchtete in einem posthumen Dialog die Frage, weshalb er – als Theologe – aus einer übermäßigen Anerkennung der Resultate der modernen Naturwissenschaften diesen Weg beschritten und diesen mehr Wahrheitskraft zugestanden hatte als die Philosophie. Es war eine paradoxe Situation, daß hier der Philosoph den Theologen vor einer zu weitgehenden Kapitulation vor den Ergebnissen und Methoden der modernen Naturwissenschaft schützte und ihm gleichsam Mut zusprach, sich in Sachen Metaphysik von deren Wahrheitsanspruch nicht allzu sehr imponieren zu lassen. Dieser Vortrag bringt viel über Bultmanns Bedeutung für mich zur Sprache, zeigt aber auch, was ich ihm philosophisch zu sagen hatte.[7]

Übrigens hatte Bultmann sich schon 1934, als der erste Teil von *Gnosis und spätantiker Geist* erschien, dazu bekannt. Das Buch erschien mit einer Einleitung aus seiner Feder, die außerordentlich mutig war und in der er schrieb, wie viel er aus meinem Werk über die Gnosis gelernt habe.[8] Er hatte dieses Vorwort dem Verleger bereits zugesagt, bevor die Nazis an die Macht kamen. Anlaß dazu war die öffentliche Rezeption meines Erstlingsbuchs *Augustin und das paulinische Freiheitsproblem. Ein Beitrag zur Entstehung des christlich-abendländischen Freiheitsbegriffs*, eine kleine Studie, die aus einem Referat in einem Augustin-Seminar bei Heidegger hervorgegangen war.[9] Heidegger war seinerzeit davon so beeindruckt gewesen, daß er Bultmann davon erzählte. Dieser erbat sich das Manuskript und schlug seinem Verleger Wilhelm Ruprecht vor, meine Arbeit in die Reihe *Forschungen zur Religion und Literatur des Alten und Neuen Testaments* aufzunehmen. Diese berühmte Reihe war von Julius Wellhausen gegründet worden, bevor sie dann zunächst Hermann Gunkel und später Rudolf Bultmann herausgab. Ich hatte schon frühzeitig Bücher aus dieser Reihe gelesen, ohne zu ahnen, daß sie einmal Hauptschauplatz einer eigenen Veröffentlichung werden würde. 1907 war darin eine religionsgeschichtliche Abhandlung des evangelischen Theologen Hans Schmidt über das Jona-Buch erschienen,[10] eine ausgezeichnete Studie, die mich schon deswegen interessierte, weil es sich um meinen biblischen Namensvetter Jonas handelte, aus der ich aber auch religionsgeschichtlich sehr viel lernte. Wenig später erschien dann Wilhelm Boussets Buch *Hauptprobleme der Gnosis*.[11] Und in dieser Reihe sollte ich zum ersten Mal öffentlich vorgestellt werden! Dann allerdings passierte folgendes. Die erste Besprechung von *Augustin und das paulinische Freiheitsproblem* in der Theologischen Literaturzeitung fiel vernichtend aus. Hugo Koch, ein angesehener evangelischer Kirchenhistoriker, hatte empört über die Zumutung geschrieben, daß dort jemand in einem unverständlichen Kauderwelsch – gemeint war die Heideggersche Sprache – über Augustinus schrieb. Hier wurde gleichsam auf meinem Rücken der erste Streit über Heideggers Sprachgewohnheiten ausgetragen. Die Rezension endete mit dem Satz: »Der neuzeitliche Jonas verdiente wegen seiner Widersetzlichkeit gegen den heiligen Geist der deutschen Sprache drei Tage und drei Nächte Haft im Bauche eines großen Fisches.« Auf den Inhalt ging der Rezensent überhaupt nicht ein, sondern zählte lediglich Sprachungeheuer auf wie »Geworfenheit«, über die sich heute niemand mehr aufregt, die aber damals, für die alten Verfechter der deutschen akademischen Prosa, ein großes Ärgernis bedeuteten.[12] Bultmann hatte vor Erscheinen der Augustin-Schrift vom Verlag das Einverständnis eingeholt, daß auch mein größeres Werk, das damals erst in einer kurzen Dissertationsfassung vorlag, dort gedruckt würde. Auf Kochs Rezension hin schrieb Ruprecht an Bultmann, er wolle von dem Versprechen, mein damals gerade im Werden befindliches Werk über die Gnosis ebenfalls in dieser Reihe herauszubringen, lieber zurücktreten, denn das scheine ihm nun doch zu bedenklich. Darauf schrieb Bultmann zurück: »Wenn Sie kein Vertrauen in mein Urteil haben, werde ich die Herausgeberschaft der Reihe

Forschungen zur Religion und Literatur des Alten und des Neuen Testaments niederlegen.« Das war 1930. Es hätte angesichts der Stellung Bultmanns in der theologischen Welt einen kleinen Skandal hervorgerufen. »Aber, wenn Ihnen das vielleicht etwas mehr Vertrauen gibt oder sie beruhigt, verspreche ich Ihnen hiermit, dieses Buch, wenn es erst vorliegt, mit einem Vorwort zu versehen.« Worauf Ruprecht meinte: »Also in Gottes Namen, wenn Sie so darauf bestehen.« 1934 also hat Bultmann dann sein Versprechen eingelöst.

In Marburg besuchte ich noch jemand anderen. Bultmann sagte zu mir: »Sie haben doch auch einmal bei Julius Ebbinghaus studiert?« Und tatsächlich, ich hatte bereits in Freiburg – kurz nach meinem landwirtschaftlichen Exkurs, als Heidegger schon in Marburg war – bei dem Kantianer Ebbinghaus Vorlesungen und ein Seminar belegt. Wir sind damals sogar aneinandergeraten. Er war ein streitbarer orthodoxer Kantianer, der von Hegel zur wahren Quelle der Wahrheit, zu Kant, zurückgefunden hatte. Ich stand zwangsläufig in einem etwas kritischen Verhältnis zu ihm, denn er ließ keine Meinung zu, die von der Kantischen abwich, und war ein etwas gewaltsamer, aber außerordentlich scharfer, klarer und präziser Interpret der Kantischen Lehre. »Den sollten Sie besuchen gehen«, sagte Bultmann, »das ist einer von denen, die sich wirklich großartig benommen haben.« Ich hatte zufällig einige Tage vorher in einer deutschen Zeitung einen Bericht über eine Radiorede von Julius Ebbinghaus gelesen, in der er sich zur deutschen Schuldfrage geäußert hatte. Und das mit Worten von großer sittlicher Kraft. Ich erinnere mich noch an eine Wendung daraus, wonach sich Deutschland im Kriege an einem Grundsatz der Kantischen politischen Ethik versündigt habe, wie sie in seiner Schrift »Zum ewigen Frieden« formuliert sei, nämlich daß in keinem Kriege etwas unternommen werden dürfe, was einen späteren Friedensschluß unmöglich mache. Dagegen, so Ebbinghaus – und das war damals eine ziemlich unpopuläre Aussage –, habe sich Deutschland durch seine Kriegstaten versündigt und sich somit außerhalb der internationalen Rechtsgemeinschaft gestellt. Es sei daher nicht daran zu denken, daß die Alliierten den Deutschen den Gefallen tun würden, Frieden mit ihnen zu schließen. »Das Recht auf einen Friedensvertrag haben wir verwirkt.«[13]

Wir begrüßten uns herzlich, und ich drückte ihm meine Hochachtung für seine Standhaftigkeit während der Nazi-Zeit aus, denn Bultmann hatte erzählt, er habe seine kompromißlose Haltung auch dann bewahrt, als man nicht so frei sprechen konnte. Ebbinghaus sagte daraufhin, was ich nie vergessen habe: »Ja, Jonas«, sagte er, »aber eines will ich Ihnen sagen – ohne Kant wäre es mir nicht möglich gewesen, diese Zeit so durchzustehen.« Das war, als ob ein Christ sagte: »Ohne den Herrn Jesus Christus hätte ich das nicht vermocht.« Da ging mir plötzlich auf, was gelebte Philosophie ist. Dagegen verschwindet Heidegger, der viel bedeutendere und originellere Denker und Philosoph. Daß Philosophie auch zu einer bestimmten Art von öffentlich bewährtem Leben und Verhalten verpflichtet, das hatte der Kantianer begriffen und nicht der Existenzial-Philosoph. Ich habe Ebbinghaus dann später, wenn ich in Marburg war, wiederholt besucht. Er hörte niemals auf, mir gegenüber der belehrende Kantianer zu sein. Als ich einmal in Marburg zu einem philosophischen Vortrag eingeladen war, war auch Ebbinghaus anwesend, uralt, aber mit völlig ungebrochener Kraft, ein kleiner Mann, kerzengerade mit feurigen Augen und blitzender Rede. Er begleitete Lore und mich zum Bahnhof. Er stand auf dem Bahnsteig, während wir schon im Abteil waren, und sagte zu mir als Abschiedsworte: »Jonas, das wollte ich Ihnen noch sagen, wenn Sie damals in meinem Kantseminar besser aufgepaßt hätten, dann hätten Sie das und das gestern in Ihrem Vortrag nicht gesagt.« Er blieb der etwas zurückgewiesene Lehrmeister, der das Gefühl hatte, ich hätte die richtige Lektion noch nicht gelernt und man könne vielleicht noch etwas aus mir machen. Er war ein einseitiger, in gewisser Weise sogar bornierter Denker, der, nachdem er einmal die Entscheidung für Kant getroffen hatte, nie mehr darüber hinausblickte, aber auf seine Weise ein bemerkenswerter Mann.

9. Von Israel in die Neue Welt: Anfänge akademischen Wirkens

Im November 1945 kehrte ich nach Jerusalem zu meiner Frau und in meinen Freundeskreis zurück und versuchte, mein Leben, wie ich es vor dem Krieg geführt hatte, wiederaufzunehmen. Es war ungeheuer schwer, eine Wohnung zu finden, da in Jerusalem in den vergangenen 5 Jahren keinerlei Häuser mehr gebaut worden waren. Lore hatte von einer niederländischen christlichen Krankenschwester gehört, daß in dem arabischen Dorf Issawyje, das in den judäischen Hügeln oberhalb Jerusalems lag, ein Haus freistand. Wir verhandelten mit Hilfe eines jüdischen Anwalts, der Arabisch sprach, mit dem Muchtar, einem würdigen alten Mann, der drei Frauen hatte, über den Mietpreis. »Es wäre mir eine Ehre, wenn ein solcher Gelehrter wie Sie in meinem Haus leben würde«, sagte der Muchtar und gab mir zu verstehen, daß er nicht bereit sei, Miete von mir zu verlangen. Nachdem ich ihn dann davon überzeugt hatte, er müsse Geld von uns annehmen, willigte der alte Mann ein und verlangte einen exorbitanten Preis, den unser Anwalt glücklicherweise zu senken vermochte. Als ich allerdings darauf beharrte, das Versprechen des Vermieters, die Handpumpe zu reparieren (mit der man Wasser aus der Zisterne auf einen Behälter auf dem Dach pumpen konnte, um duschen zu können), müsse in den Vertrag aufgenommen werden, war er ziemlich beleidigt. »Sie haben mein Wort«, sagte er, »wozu brauchen Sie es schriftlich?« Und auf einmal ging es nicht mehr nur um die Handpumpe, sondern auch um die Zisterne selbst. Wir durften sie benutzen, doch auch seine Familie sollte Zugang zu ihr haben. Und so kamen sie mit ihren Eseln, bisweilen auch mit einem Kamel zu unserer Zisterne, wobei sich herausstellte, daß die Hälfte der Dorfbewohner zur Familie des Muchtars gehörte.

Wir zogen unter den bewundernden Blicken der Dorfbewohner mit unseren Hunderten von Büchern in das Haus ein. Ich besaß einen Koran in arabischen Buchstaben, was der Muchtar bei seinen gelegentlichen Besuchen mit Befriedigung feststellte. Er besuchte uns auch zu den jüdischen hohen Feiertagen. Bei solchen Gelegenheiten pflegte ich gemäß arabischem Stil dreimal in die Hände zu klatschen, worauf Lore türkischen Kaffee in kleinen Tassen brachte und sich dann dezent zurückzog. Das war eine patriarchalische Welt. Die dritte Tasse signalisierte dann das Ende des Besuchs. Die Frau des Muchtars, die mit eiserner Hand über ihren Mann und seine beiden anderen Frauen herrschte, besuchte bisweilen Lore. Unser Haus war sehr schön, mit gewölbten Decken und doppelten Wänden, ganz anders als die modernen Betonbauten, die man in Jerusalem vor dem Krieg gebaut hatte und die im Sommer glühend heiß und im Winter eiskalt waren. Natürlich gab es weder Elektrizität noch fließendes Wasser. Aus unserem Fenster konnten wir die Hügel Judäas, manchmal sogar das etwa 90 Kilometer entfernte Tote Meer sehen. Ein Olivenhain umgab unser Haus, und während der Erntezeit schlief ein Nachtwächter im Schatten unseres Hauses, um Diebe vom Raub der reifen Oliven abzuhalten. Natürlich galt es als gefährlich, so fern von jeder jüdischen Siedlung zu wohnen, denn die Unruhen von 1938/39 waren noch nicht vergessen. Ein Freund versprach sarkastisch, zu unserer Beerdigung zu kommen, aber wir waren jung und glücklich und standen in bester Beziehung zu unseren Nachbarn.

Das Ende kam plötzlich. Als 1948 der Staat Israel ausgerufen wurde und der Krieg ausbrach, kam der Muchtar zu uns, um uns zu warnen. »Unsere Leute lieben und bewundern euch, aber ich kann nicht verhindern, daß andere von jenseits der Grenze kommen. Ich werde auf eurer Schwelle schlafen und euch mit meinem Leben verteidigen. Sollte mir das nicht gelingen, werde ich euer Blut rächen, wie ich es bei meinem eigenen Sohn täte.« Uns war klar: Er wollte, daß wir wegzogen. Also

mieteten wir einen Lastwagen, und fast alle Dorfbewohner –
Männer wie Frauen – halfen uns, die Bücher so schnell wie
möglich aufzuladen. Wir hatten nicht viel Zeit. Einer der Söhne
des Muchtars bot uns an, auf dem Trittbrett mitzufahren, so
daß die Araber während der Fahrt durch das arabische Viertel
Jerusalems nicht auf uns schießen würden. Ich lehnte ab.
Schweren Herzens beluden wir den Lastwagen, verabschiedeten uns von unserem Leben in Issawyje und erreichten schließlich das berühmte Mandelbaum-Tor, das Araber und Juden auf
lange Zeit trennen sollte. In Rechavia, in der Alfasi-Straße, fanden wir eine neue Bleibe.[1]

Das Jahr 1948 verlangte von uns eine existentielle Entscheidung. Ich hatte in Jerusalem nach dem Krieg nicht wirklich Fuß
fassen können. Zwar erhielt ich wieder Lehraufträge an der
Universität, aber ein fester Lehrstuhl für Philosophie war nicht
in Sicht. Eine ganze Weile hatte ich beim English Council of
Higher Studies in Jerusalem Geschichte und Philosophie unterrichtet, doch diese Möglichkeit fiel mit der Auflösung des
britischen Mandats weg. Dazu kam, daß ich, der ich fünf Jahre
in der britischen Armee gedient hatte und über Artillerieerfah-
rung verfügte, im Unabhängigkeitskrieg erneut eingezogen
wurde, diesmal von der israelischen Armee. Die Geburt unserer
Tochter Ayalah, die brennende Frage, wann ich jemals wieder
an meine geistige Arbeit würde zurückkehren können, der Tod
von Lores Bruder, der im Juni 1948 als Kompanieführer einer
jüdischen Truppe bei Dschenin gefallen war,[2] und die Befürchtung, die Araber würden sich niemals mit dem Staat Israel ab-
finden, es werde immer Krieg geben – all das veranlaßte mich,
unsere Lage zu überdenken. Ich schrieb an Leo Strauss, der damals schon in den USA lebte, ob er mir helfen könne, zumindest vorübergehend Israel zu verlassen, um in Kanada oder in
den Vereinigten Staaten in Ruhe forschen und Schritte hin zu
einem akademischen Leben machen zu können. Wenig später
erhielt ich eine Einladung der Lady-Davis-Foundation, die mir

ein einjähriges Stipendium von 5000 Dollar gewährte, damit ich in Montreal unterrichten und forschen konnte.

Im Sommer 1949 erhielt ich endlich die Beurlaubung von der israelischen Armee. Wir fuhren – nach kurzem Aufenthalt in der Schweiz – von Marseille aus mit unserem fast einjährigen Töchterchen mit dem Schiff nach Kanada und fanden uns in einem Land wieder, in dem ich niemanden kannte – in einem neuen Erdteil. Das war etwas ganz anderes als eine Wiederkehr von Israel nach Europa. Wir erlebten einen wunderbar warmen und herzlichen Empfang und lernten die Kanadier als Menschen kennen, die Einwanderer nicht als Eindringlinge, sondern als willkommenen Zuwachs für die Besiedelung ihres riesigen Landes empfanden. Als wir in Quebec ausgeschifft wurden, stand neben dem Quai ein Zug bereit, mit dem alle Passagiere nach Montreal weiterbefördert wurden. Während wir in unserem Abteil saßen, gingen draußen Damen am Zug entlang und riefen: »Gibt es hier irgendwo Mütter mit Babys?« Durchs Fenster wurden Flaschen mit Milch, Pakete mit Windeln und andere Dinge gereicht, die uns diese recht lange Eisenbahnfahrt erleichterten. Ich weiß noch, Lore war entzückt von dieser Aufmerksamkeit und Umsicht, die sich darin ausdrückte. Als wir am Bahnhof von Montreal ankamen, standen dort Samuel Risk, seine Frau und ihr etwa achtjähriges Töchterchen. Die hatten da ein bis zwei Stunden auf die Ankunft des Zuges gewartet. Sam Risk war Sekretär Samuel Bronfmans, des Vorsitzenden des Vereins der Freunde der Hebräischen Universität Jerusalem, und war in dieser Eigenschaft zu unserer Abholung beordert worden. Das Ehepaar Risk nahm sich unserer auf reizende Weise an und brachte uns zu unserer Wohnung, einem Sommerhäuschen, das uns ein jüdischer Lehrer die Ferien über zur Verfügung gestellt hatte.[3]

In Montreal erfuhren wir viel Sympathie wegen unseres Emigrantenschicksals. In der jüdischen Gemeinde hatte ich natürlich auch den Nimbus des frisch aus der israelischen Armee entlassenen Widerstandskämpfers, der sein Leben für die Neugeburt Israels im Heiligen Lande eingesetzt hatte. Von Beginn an gab es Leute, die sich sehr für uns interessierten. Ich begegnete Lady Davis, die ihre Stipendiaten – übrigens keineswegs alles Juden – persönlich kennenlernen wollte. Weit weniger flüchtig war die Bekanntschaft mit Samuel Bronfman, einem der reichsten Leute Kanadas. Er hatte seinen Reichtum durch das erlangt, was schon sein Name – Bronfman, also Branntweinbrenner – ausdrückte. Er war der Whiskeykönig von Kanada. Seine Firma hieß Seagram und ist heute noch einer der großen Whiskey-Produzenten auf dem amerikanischen Kontinent. Während der Zeit der Prohibition fand ein äußerst ertragreicher Whiskey-Schmuggel über die kanadische Grenze in die Vereinigten Staaten statt, durch den die Bronfman-Firma stark profitierte. Als ich ankam, beschränkten sie sich schon nicht mehr nur auf die Produktion von Whiskey, sondern hatten sich einen Teil der großen Ölquellen ergattert, die damals erschlossen wurden. Samuel Bronfman, der zumeist »Mr. Sam« genannt wurde, war kein unsympathischer Mann. Sicher war er ein brutaler Geschäftsmann gewesen, der sich in der Zeit der Prohibition und des Grenzschmuggels mit der Verbrecherwelt verbündet hatte. Obwohl ich nie Einzelheiten gehört habe, munkelte man doch, daß die Bronfmans da auch in alle möglichen zum Teil blutigen Sachen verwickelt gewesen waren. Inzwischen gehörten sie aufgrund ihres Reichtums zur führenden Schicht und legitimierten ihn mit großen Spenden.[4] Das ist gewiß nichts spezifisch Jüdisches, sondern Teil des amerikanischen Emporkömmlingtums. John D. Rockefeller etwa, der große Spenden machte, von denen ganze Universitäten lebten, ist ein Beispiel dafür, daß es bei einem solchen Aufstieg nicht immer friedlich und fein zugeht. Ohne die Spendenwilligkeit dieser »Räuberbarone«, die ihren Abenteurerreichtum durch die spätere Verwendung für wohltätige oder kulturelle Zwecke reinigten, wären das Metropolitan Museum, die Metropolitan

Opera und so viele andere kulturelle Einrichtungen gar nicht denkbar gewesen. Das gehört mit zum sozial-ökonomischen Bild Amerikas, und dies haben wir zuerst in Kanada in der Gestalt der Bronfman-Familie kennengelernt.

Wir wurden sofort ins Haus Bronfman eingeladen, wo uns ein Butler die Tür öffnete. Es ging dort überhaupt äußerlich sehr vornehm zu. Samuel Bronfman war außerordentlich wohltätig und spendete vor allem in jüdischen Angelegenheiten große Gelder. Er war ungeheuer aktiv in der zionistischen Bewegung und spielte eine große Rolle in der Entwicklung der Universität Jerusalem, in der ganze Gebäude seinen Namen tragen. Gleichzeitig war er wohl, was seine eigene geistige Bildung anbelangte, primitiv, man kann fast sagen vulgär. Wir waren mit dem Ehepaar Risk und noch einigen Freunden zu einem Mittagessen eingeladen. Danach trennten sich nach angelsächsischem Brauch die Geschlechter, und die Herren gingen, um zu rauchen, in ein anderes Zimmer. Kaum waren die Damen nicht mehr da, sagte Bronfman: »Jetzt werden Zoten erzählt, und jeder muß etwas dazu beitragen.« Das hatte ich noch nie erlebt – und das bei Juden! Das waren eben aus relativ primitiven Anfängen schnell emporgeschossene Neureiche von größter Tüchtigkeit und geschäftlicher Intelligenz, aber mangelnder geistiger Bildung. Der Ehrgeiz richtete sich, was dies betraf, auf die Kinder, die eine richtige Ausbildung genießen sollten, und so besuchte einer der Söhne, Edgar Bronfman, der spätere Präsident des World Jewish Congress, die Yale University, eine der führenden Universitäten Amerikas. Er hatte dort ein bestimmtes Examen zu bestehen, von dem abhing, ob er weiterstudieren durfte oder nicht, und eines seiner Prüfungsfächer war Philosophie. Für den schönen Empfang, der mir in Montreal auf Veranlassung von Bronfman zuteil geworden war, forderte dieser nun eine gewisse Gegenleistung ein und fragte mich, ob ich seinen Sohn auf das philosophische Examen vorbereiten könne, was ich natürlich bejahte. Bronfman hat mich dafür reich entlohnt, und so war Edgar M. Bronfman, der ein intelligenter, eifriger junger Mann war und seine Prüfung problemlos bestand, für eine Weile mein Privatschüler, und ich habe gleichsam mit zu seinem Aufstieg zu einer der führenden Figuren des amerikanischen Judentums beigetragen.[5]

Unser kanadisches Leben begann also zunächst in Montreal. Sehr bald stellte sich heraus, daß meine Frau schwanger war, was entweder in Paris oder auf der Überfahrt von Le Havre nach Quebec geschehen sein mußte. Das erhöhte natürlich die Dringlichkeit, sich eine akademische Stelle zu verschaffen, was aber nicht in der Macht der Lady-Davis-Foundation lag. Das mußte ich selbst regeln.[6] Ich erhielt dabei Hilfe von meinen neuen kanadischen Gönnern, unter denen ein Mann namens Siegel war, der ein größeres Schuhgeschäft in Montreal besaß. Sein Sohn hatte eine Zeitlang in Jerusalem im Hause meines Freundes Ernst Simon Gastfreundschaft genossen, so daß er eine besondere Dankesschuld gegenüber jüdischen Ankömmlingen aus Palästina empfand. Er gab sich große Mühe, etwas für uns ausfindig zu machen, und lud mich zunächst einmal zu einem Mittagessen in einen Club ein – es war, glaube ich, die Bnai Brith-Loge – und bat einen Professor von der McGill University dazu. Montreal besaß noch eine andere Universität, die französischsprachige, katholische L'Université de Montreal, während McGill sozusagen der intellektuelle und geistige Rückhalt des englischsprachigen Teils der Bevölkerung Quebecs war. Die Universität spielte eine besondere Rolle in der akademischen Welt des östlichen Kanada, in dem die französische, bildungsmäßig etwas unterlegene Bevölkerung die Majorität bildete. Es stellte sich heraus, daß McGill draußen auf dem Lande, in der weiten Ebene vor Quebec, ein ehemaliges Airforce-Camp in einen Universitätscampus umgewandelt hatte. Für die zahlreichen älteren, verheirateten Studenten, die jahrelang im Krieg gewesen waren und die nach kanadischem Recht als Kriegsteilnehmer Anspruch auf ein vom Staat finanziertes

Studium hatten, hatte man in den Baracken kleine Wohnungen eingerichtet. In anderen Gebäuden gab es Hörsäle und Laboratorien. Dawson College war eine Universität auf Zeit, die wieder aufgelöst werden sollte, sobald sie ihre Mission, der Veteranengeneration eine vom Staat finanzierte akademische Bildung zu ermöglichen, erfüllt hatte.

Der Herr, den der Schuhhändler Siegel zum Mittagessen einlud, war Professor für Chemie und der Direktor des Dawson College. Ich führte ein gutes Gespräch mit ihm und gefiel ihm sofort sehr gut. Am meisten sagte ihm wohl zu, daß ich Philosophie unterrichten konnte, und so schüttelten wir einander noch bei demselben Mittagessen die Hand und sagten: »Abgemacht.« Offenbar hatte er auch die Autorität, solche Abmachungen sofort zu beschließen, und als ich von diesem Mittagessen nach Hause kam, konnte ich Lore mitteilen, wo wir den Winter zubringen würden. Den Spätsommer über lebten wir außerhalb Montreals an einem See in einem Sommer-Cottage. Als das Jahr verging und es schon anfing, kalt zu werden, siedelten wir auf den Campus des Dawson College über. Damit begann eine wirklich schöne Zeit. Jeder hieß uns herzlich willkommen. Es sprach sich schnell herum, daß da ein kleines Kind aus dem warmen Palästina mitten in den kanadischen Winter gekommen war. Sofort besuchten junge Frauen Lore und sagten: »Your little girl needs a snow suit«, und dann schenkte man ihr einen dieser dick gefütterten Schneeanzüge, aus dem ein anderes Kind gerade herausgewachsen war. Jeder von uns bekam Geschenke, mit denen wir uns auf den Winter vorbereiten konnten. Wir wurden in einer der in Wohnquartiere umgewandelten Baracken untergebracht. Da ich nicht Student, sondern Professor war, bekamen wir zwei Appartements mit verbindender Tür dazwischen. Ich hatte also einen etwas privilegierten Status, aber im übrigen lebten wir mit verheirateten jungen Studenten zusammen.[7] Das gab uns den ersten Einblick in Mentalität, Lebensart, Gewohnheiten und Psychologie Kanadas, das sich von den Vereinigten Staaten, die wir später kennenlernten, durchaus unterschied. Vor allem aber waren die Einstellung zum Leben, die politische Gesinnung und auch die Form des Christentums anders als in Europa. Zum Beispiel fehlte, außer im römisch-katholischen Quebec, die Vorherrschaft der großen Kirchen. Die Studenten waren meist Presbyterianer oder Baptisten oder gehörten sonst einer kleineren Denomination an. Auf dem Campus lebten viele junge Familien mit kleinen Kindern, und da sich schnell herumsprach, daß Lore schwanger war, wurde uns alle mögliche Hilfe angeboten.

Am Dawson College gab ich eine Einführung in die Philosophie, und obwohl mein Englisch natürlich noch nicht das allerbeste war, waren die Studenten begeistert. Ich konnte es mir selbst nicht recht erklären. Aber Lore berichtete mir, eine der Frauen habe ihr gesagt, unter den Studenten heiße es, ich sei »the best teacher on the campus«. Ich verstand mich sehr gut mit meinen Kollegen, vor allem mit den Naturwissenschaftlern. Ich erhielt viele Einladungen zum Abendessen oder zu den Faculty Partys. Wir fühlten uns zu Hause. Und wir erlebten etwas, was einem wirklich nur einmal im Leben vergönnt ist – einen ersten kanadischen Winter. Immerhin kamen wir nicht aus Mittel- oder Nordeuropa, sondern hatten die letzten 15 Jahre unseres Lebens in einem Land zugebracht, in dem es keine richtigen Winter gibt. Für Lore war der harte Winter mit zugefrorenem Teich allenfalls eine Kindheitserinnerung. Ich hatte zwar in Europa Kriegswinter erlebt, aber so etwas wie ein kanadischer Winter war auch für mich völlig neu. Es begannen die Schneefälle, und wenn dort erst einmal Schnee fiel, dann schmolz er auch nicht wieder. Woche um Woche, Monat um Monat mußten Schneepflüge die Straßen, Fahrbahnen oder Fußgängerwege freischaufeln, und an den Seiten türmten sich die Schneemauern auf. Der Schnee knirschte unter den Füßen, und die Nächte waren lang und eisig kalt. Dawson College lag auf der Ebene vor Quebec, so daß der Wind über den Campus pfiff. In den Nächten konnte es immer wieder geschehen, daß das Nordlicht flammte. Davon hatte ich bisher nur gelesen und Bilder gesehen. Und nun sahen wir es, denn der östliche Teil Kanadas liegt relativ nahe am magnetischen Nordpol, so daß wir Zeuge der herrlichsten Nordlichter wurden. Wir waren begeistert von diesem Winter. Der eine oder andere meiner Kollegen fragte mich: »Nun, was sagst du zu unserem Winter?« Ich sagte: »Wunderbar!« »Was, wunderbar? Du kannst gerne meinen Teil dazu haben!« Sie waren völlig überrascht, daß wir das schön fanden. Später dachte ich dann auch eher wie meine Kollegen. Beim ersten Mal war das noch wunderbar, aber beim zweiten Mal seufzte man schon ein bißchen, wie lange das dauerte und wie kurz Frühling und Sommer waren. Und je länger man in Kanada ist, um so weniger liebt man den Winter oder beginnt sogar, ihn zu fürchten.[8]

Ich erinnere mich an eine Winterfahrt nach Montreal. Dawson College lag etwa 50 bis 60 km östlich von der Stadt, und es gab eine Busverbindung, die ich stets benutzte, wenn ich in die Stadt fuhr. Eines Tages fuhr ich nach Montreal, um mich mit Raymond Klibansky zu treffen, den ich von Heidelberg her kannte und der als Professor an der McGill University lehrte. Seine Schwerpunkte lagen im Bereich der klassischen griechischen Philosophie. Er war ein ehrgeiziger junger Mann, ein Anhänger Stefan Georges, der diesem mit seiner Haartracht und seinem ganzen Gebaren sehr ähnlich sah. Er war fähig, ein großer Streber, und arbeitete damals, als ich ihm in Heidelberg begegnete, schon an der Edition der lateinischen Schriften Meister Eckharts und der Schriften von Nikolaus von Kues, die er für die Heidelberger Akademie besorgte.[9] Nach der Machtergreifung Hitlers wurde ihm natürlich die Herausgeberschaft entzogen. Sein Emigrationsweg hatte ihn schon früh nach Kanada geführt, da er einen Ruf an die McGill University erhalten hatte.[10] Wir waren zwar nie befreundet gewesen, waren aber vom selben Fach und teilten das Schicksal, Flüchtlinge aus der

Hitlerzeit zu sein, so daß es selbstverständlich war, daß ich zu ihm Kontakt aufnahm, um Heidelberger Erinnerungen mit ihm auszutauschen. Als ich mich bei ihm meldete, sagte er: »Kommen Sie doch zum Tee in den Faculty Club.« Also nahm ich an besagtem Tag den weiten Weg nach Montreal auf mich und nahm mit Raymond Klibansky im Faculty Club Tee und ein wenig Gebäck zu mir. Es war offensichtlich, daß er mich nicht besonders herzlich willkommen hieß, sondern als fester Professor durch die Anwesenheit eines quasi stellungslosen Kollegen eher unangenehm berührt war. Wir hatten uns etwa um halb fünf verabredet, und als gegen sechs Uhr ein Glockenzeichen zu vernehmen war, sagte Klibansky: »Sie müssen mich jetzt entschuldigen. Hier wird jetzt zu Abend gegessen.« Damit war ich entlassen und machte mich in der hereinbrechenden dunklen Winternacht auf die Heimreise. Das gehört mit zu den Erinnerungen, die sich mir eingegraben haben. Man konnte eben keineswegs sicher sein, daß jemand, der schon einen Platz im Eisenbahnabteil gefunden hatte, zusätzliche Passagiere freundlich begrüßte. Das Merkwürdige war, daß er doch ein erfolgreicher Mann war, der im Grunde nichts zu fürchten hatte, dem alles geglückt war und dem stets die Wege auf irgendeine Weise geebnet worden waren. Nach seiner Emigration wurde er zum Honorary Lecturer des King's College der Universität London ernannt und war Mitglied des Warburg-Instituts, wo er maßgeblich das große Projekt betreute, das die Nachwirkung des Platonismus im Mittelalter erforschte.[11] Soweit ich weiß, hat er nie vor dem Nichts gestanden oder bangen müssen, was aus seiner beruflichen Zukunft werden würde – und dafür war er außerordentlich kleinherzig, sobald es um die befürchteten Hilfeersuche solcher ging, die nicht dasselbe Glück gehabt hatten.

Der andere, von dem ich mir eine Verbindung mit der akademischen Welt erhoffte – denn es war klar, daß ich im Dawson College lediglich eine vorübergehende Stellung gefunden

hatte, daß das College am Ende des akademischen Jahres aus fi-
nanziellen Gründen geschlossen werden und meine verspro-
chene Übernahme an der McGill University ins Wasser fallen
würde –, war ein Dominikanermönch, Père Faribault. Er hatte
in einer dominikanischen Zeitschrift 1935/36 eine große Arbeit
veröffentlicht und sich dort auf 50 Seiten vom katholischen
Standpunkt aus mit meinem Buch auseinandergesetzt – nicht
durchweg zustimmend, aber mit großer Intensität und Achtung.[12] Das war, allein dem Umfang nach, aber auch was die
Eindringlichkeit betraf, die größte Rezension, die ich überhaupt bekommen hatte. Die deutschen Zeitschriften schwiegen
sich ja damals aus, weil es eine heikle Sache war: Lobten sie
mein Buch, so hatten sie das Werk eines jüdischen Autors und
Emigranten gepriesen, tadelten sie es, so setzten sie sich dem
Verdacht aus, in das allgemeine Horn gegen die Juden zu bla-
sen. Lediglich die Zeitschrift Gnomon, eines der angesehensten
Besprechungsorgane, bat den berühmten Arthur Darby Nock
von der Harvard University, es zu rezensieren. Er schrieb eine
intelligente und kritische, zum größeren Teil respektvoll ableh-
nende Besprechung, in der er sich vor allem mit der historisch-
philologischen Seite beschäftigte, da er mit meinem philosophischen Ansatz nichts anfangen konnte.[13] Ansonsten gab es
nur einige kurze holländische und französische Rezensionen.
Nun schrieb ich also an das Dominikanerkloster in Ottawa, das
als Verlag dieser Zeitschrift angegeben war, und teilte Père Faribault mit, ich sei jetzt in Kanada und würde ihm, der sich so
eingehend, aufmerksam und gütig mit meinem Buch befaßt
habe, gerne persönlich begegnen. Ich bekam keine Antwort.
Später, als ich bereits ohne fremde Hilfe eine Stelle am Carleton
College in Ottawa gefunden hatte, rief ich eines Tages im Kloster an. Ich bekam den Abt zu sprechen, der sofort sagte: »Ah,
Sie sind Professor Jonas, Ihr Name ist mir wohlbekannt. Unser
Bruder Faribault hat sich ja damals so eingehend mit Ihrem
Werk beschäftigt.« Ich sagte: »Ja, deswegen rufe ich an. Ich

habe vor einiger Zeit Père Faribault einen Brief geschrieben,
aber keine Antwort erhalten. Ich hoffe doch, er ist nicht etwa
gestorben?« »Nein«, sagte der Abt nach einem gewissen Zögern, »gestorben ist er nicht, aber er kann Ihnen nicht antworten.« Und es stellte sich heraus, daß er geisteskrank geworden
war und in einem dominikanischen Heim lebte. Immer wenn
ich diese Geschichte erzählt habe, wurde ich übrigens gefragt:
»Er ist doch hoffentlich nicht über der Arbeit an Ihrer Gnosis
verrückt geworden?«

Das Dawson College war in gewisser Weise ein Traum. Man
lebte in einer warmen kleinen Welt, die sich nach außen gegen
den grimmigen Winter schützte und in der alle im Grunde Gefährten waren. Wir hatten in etwa tausend Studenten. Obwohl
Philosophie kein Hauptfach war, sondern zu den Wahlfächern
zählte, mit denen man seine akademischen Vorbedingungen
für den Baccalaureus artium erfüllen konnte, hatte ich ziemlich
große Kurse mit begeisterten Studenten, die eifrig mitschrie-
ben und lebendig diskutierten. Dort wuchs unser Töchterchen
Ayalah auf vom zweiten in das dritte Lebensjahr. Als wir ankamen, konnte sie noch nicht laufen, und wenn ich morgens in
das gemeinsame Männerbadezimmer ging, um mich zu rasieren, kroch sie auf allen vieren neben mir den Gang entlang und
sagte: »Shave, shave!« Dann rasierte ich mich und setzte ihr
immer einen Klecks Schaum auf die Nase, und es war ein großes Glück für sie, meinem Rasieren beizuwohnen. Während
dieser Wintermonate lernte sie Laufen. Und dann kam die Zeit,
wo wir unseren Sohn John erwarteten. Anfang Mai fuhr uns
einer der Studenten mit dem Auto ins katholische Krankenhaus in St. Jean in der Nähe des Colleges. Ich saß dort mit einem Buch, das ich mir mitgenommen hatte, weil bei der Geburt
Ayalahs, die ich noch während des Krieges in Israel miterlebt
hatte, eine ganze Nacht bis in die frühen Morgenstunden hin-
gegangen war. Es war ein Buch von Conrad Ferdinand Meyer,
und ich fing an, irgendeine der Geschichten zu lesen – ich

255

glaube, es war Jörg Jenatsch. Ich war noch beim ersten Kapitel, da kam der Arzt durch den Korridor und sagte: »Es ist ein Junge.« Er sagte dies so nebenbei, daß ich fragte: »Was? Meiner?« Er sagte: »Das weiß ich nicht. Aber es ist ein Junge.« Lore verbrachte eine Woche in diesem Hospital unter der wunderbaren Pflege katholischer Schwestern, und ich hatte nachher den lächerlichen Preis von 25 Dollar zu zahlen. Als wir zu Ayalah nach Hause kamen, die ja bis dahin mit ihrem Papa allein gewesen war, während Lore im Krankenhaus gelegen hatte, brachte ich ihr eine große Puppe mit. Ich sagte: »Mutter ist zurück – das bringt sie dir mit«, doch plötzlich erklang aus dem Nebenzimmer ein Kindergeschrei, worauf sie sofort aufhorchte, die Puppe fallen ließ und nach nebenan lief. Sie begriff sofort, daß das Baby ein neues Mitglied der Familie war.[14] Nach einigen Tagen hatten wir dann eine richtige Beschneidung. Ich ließ, da es auf dem Land weder eine jüdische Gemeinde noch eine Synagoge gab, einen Mohel aus Montreal kommen, und es fand eine kleine Feier mit jüdischen Freunden statt.

Als unser Sohn geboren wurde, hatte ich bereits am Carleton College in Ottawa eine Anstellung für die kommenden Jahre gefunden. Ich hatte von Quebec aus etwa 70 bis 80 Briefe an sämtliche Universitäten von der atlantischen bis zur pazifischen Küste geschrieben und meine Dienste angeboten. Meist erhielt ich die Antwort, daß zur Zeit keine Stelle offen sei und man meine interessante Bewerbung für eine eventuelle künftige Verwendung in den Akten behalten würde. Nur aus Ottawa kam das Angebot, ich möge auf ihre Kosten zu einer Besprechung mit dem Präsidenten Maxwell McOdrum reisen. Bei dem Gespräch zeigte ich meine Credentials vor, darunter einen Brief von Martin Buber, einen Brief von Scholem, einige Besprechungen von *Gnosis und spätantiker Geist* und eine Bescheinigung von der Universität von Jerusalem, daß ich dort Vorlesungen gehalten hatte. Ich hatte noch keinen allzu bedeutenden akademischen Werdegang vorzuweisen, doch vor

allem der Name Martin Buber machte großen Eindruck. Als
McOdrum sein Schreiben sah, war eigentlich schon alles entschieden. Das College war erst vor einigen Jahren gegründet
worden und befand sich noch im Stadium der Entwicklung, und
die Philosophie war noch nicht ausreichend besetzt. Ein Philosoph war jedoch bereits da, so daß nur eine Junior-Stellung frei
war. McOdrum sagte zu mir: »Sie sind eigentlich zu gut für die
Stelle, die ich anzubieten habe. Aber ich kann aus meinem Bud-
get nur die Position eines Assistant Professor bezahlen. Und ich
weiß nicht, ob ich Ihnen das anbieten darf?« Darauf erwiderte
ich: »Mister President, mir ist klar, daß ich als Neueinwanderer
gewisse Nachteile in Kauf zu nehmen und einen Preis dafür zu
zahlen habe, daß ich überhaupt auf so irreguläre Weise ins akademische Leben eintrete. Ich bin also dazu bereit, für ein gerin-
ges Gehalt zu arbeiten. Der Titel ›Assistant Professor‹ würde
aber meine akademische Laufbahn auf diesem Kontinent von
vornherein zerstören. Ich muß also einen anderen Titel haben.« Darauf sagte er: »Ja, aber ich kann Ihnen nicht den Titel
›Associate Professor‹ geben, denn dazu gehört das entspre-
chende Gehalt, das ich nicht zahlen kann.« »Vielleicht läßt sich
ein Titel schaffen.« »Woran denken Sie?« »Vielleicht Guest
Professor oder Visiting Professor, irgend etwas, was nichts über
den Rang als solchen aussagt.« Darauf sagte er: »Da muß ich
mich erst mal informieren, ob ich das rechtlich darf. Entschuldigen Sie mich bitte.« Er blieb für fünf Minuten weg, setzte
sich mit dem Anwalt der Universität in Verbindung und legte
ihm die Frage vor. Dann kam er zurück und sagte: »Ja, das
können wir machen. Wählen Sie sich Ihren Titel. Was wollen
Sie? Visiting Professor, Guest Professor?« Ich überlegte schnell
und sagte: »Visiting Professor.« Und so bekam ich meine erste
richtige akademische Stelle, die übrigens nach ein oder zwei
Jahren in die Stelle eines Associate Professor umgewandelt
wurde. Endlich hatte ich ein Entrée gefunden – das war im Mai
1950.[15]

Am Carleton College ging es mir, was mein Verhältnis zu den Lehrenden und Studierenden anging, sehr gut.[16] Mit meinem etwas hochnäsigen Kollegen, der wesentlich jünger war und seinen Doktor in Princeton gemacht hatte, verband mich keine besonders nahe Freundschaft, doch die Zusammenarbeit klappte reibungslos. Ich unterrichtete vor allem Philosophiegeschichte.[17] Interessanter als die kleine Welt des Colleges sind jedoch die Bekanntschaften, die ich in dieser Zeit machte. Am wichtigsten war die Begegnung mit Marta Wassermann, der Witwe des deutsch-jüdischen Romanciers Jakob Wassermann. Sie war seine zweite Frau gewesen und hatte nach seinem Tod bei C. G. Jung Psychologie studiert. Mit ihrer psychoanalytischen Erfahrung hatte sie sich, nach Jahren der Lehre an der McGill University, in Ottawa eine ordentliche Existenz geschaffen und war dort die führende Analytikerin geworden.[18] Sie bekam rasch Wind davon, daß da jemand Neues angekommen war, mit dem sie ihr eigenes gesellschaftliches Leben bereichern konnte. Sie hatte so etwas wie einen Salon, zu dem wir eingeladen wurden. Was in Ottawa an interessanten Leuten aus den Künsten oder den Wissenschaften aufzuspüren war, versuchte sie zu ihren Treffen, die stets am Sonntag stattfanden, zu bekommen. Eines Tages etwa erschien auf einer ihrer Gesellschaften ein auffallend schönes Ehepaar: ein großer, hochgewachsener blonder Mann mit Adlernase und eine hochbeinige, schlanke Frau. Es stellte sich heraus, daß es sich um den Prinzen Jussupow handelte. Und wer war das? Der Sohn des Mörders von Grigori Jefimowitsch Rasputin! Der Vollstrecker des 1916 in einem kleinen Adelskreis beschlossenen Attentatsplans war Fürst Felix Jussupow gewesen. Sein Sohn emigrierte später nach Kanada und wurde Chemiker am National Research Council.

Eine andere interessante Freundschaft verband mich mit Ludwig von Bertalanffy aus Wien, der ursprünglich aus dem ungarischen Adel stammte und ebenfalls mit Hilfe der Lady-

Davis-Foundation als refugee scholar nach Kanada gekommen war. Einmal erzählte er uns von seiner Familienherkunft und von irgendeiner Tante, die auf einem Schloß gewohnt und noch einen goldenen Nachttopf besessen hatte. Goldene Nachttöpfe – daß es so etwas gab, wissen wir nur durch Ludwig von Bertalanffy. Er war ein hervorragender Biologe, der eine Stellung an der von einem Orden geleiteten katholischen Université d'Ottawa gefunden hatte. Er war aber ein widerwilliger Katholik, der nun mit den Wölfen heulen mußte, weil die Universität streng darauf achtete, daß ihre Fakultätsmitglieder hinreichend oft die Messe besuchten. So entrichtete er also dem katholischen Glauben durch eifrigen Kirchenbesuch einen Mindesttribut. Seine Frau und er wurden uns wirkliche Freunde. Er war ein Mann von universaler Bildung und hatte starke philosophische Interessen. Vor allem aber spielte er eine wichtige Rolle in der Entwicklung der modernen theoretischen Biologie. Er hatte die Theorie der offenen Systeme erfunden und war imstande, diese neuen Ideen auch mathematisch zu formulieren.[19] Ein Beispiel für ein offenes System im Gegensatz zu einem geschlossenen System stellt etwa der lebende Organismus dar, weil er – durch den Stoffwechsel – im Austausch mit seiner Umgebung steht. Das war etwas, worüber ich selbst in meiner Philosophie des Organischen nachdachte, und er hatte sich dem von der biologisch-mathematischen Seite genähert. So tauschten wir einige wichtige Gedanken über die Natur, das Wesen biologischer Systeme und den Existenzmodus von Organismen aus. Daß er nebenbei eine Arbeit über Nikolaus von Kues geschrieben hat, zeigt, wie vielfältig seine Interessen waren.[20] Uns verband eine geistige Freundschaft, zumal ich in Ottawa keinen Philosophen gefunden hatte, mit dem sich ein Gespräch wirklich gelohnt hätte.[21] Daß ich einen Biologen zum Freunde gewann, war insofern ein besonderer Glücksfall, als ich in dieser Zeit ohnehin an der Ausarbeitung einer biologischen Philosophie arbeitete.

259

In diese Jahre fiel meine erste kleine Erkundungsreise von Kanada aus in den Nordosten der Vereinigten Staaten, unter anderem nach New York, dann mit der Eisenbahn nach Cincinnati, wo ein Vetter von mir aus Mönchengladbach wohnte.[22] In Cincinnati gab es das Hebrew Union College – Jewish Institute of Religion, das mir später einen Ehrendoktor verlieh, ein Rabbinerseminar der Reformbewegung mit ausgezeichneten Gelehrten.[23] Dort besuchte ich einige Leute, die ich von früher her kannte, und der Zufall wollte es, daß ich im Hause meines Vetters Leo Baeck traf, der ebenfalls zu Besuch war und einige Vorträge hielt. Er begrüßte mich freudig, und zwar nicht in erster Linie wegen meines Buches *Gnosis und spätantiker Geist*, sondern wegen einer alten Beziehung zur Familie Horowitz aus Krefeld. Er sagte zu mir: »Wissen Sie, daß ich beim Tode Ihres Großvaters, meines Freundes Jakob Horowitz, dabei war?« Ich sagte: »Nein, das weiß ich nicht. Ich kenne nur die Umstände, unter denen mein Großvater gestorben ist.« Er sagte: »Das kann ich Ihnen genau erzählen, denn ich war Augenzeuge. Ihr Großvater, der gerade kurz vorher sein Krefelder Oberrabbinat niedergelegt hatte, war nach Düsseldorf gezogen, um bei Ihrem Onkel Leo, dem Arzt, seinen Ruhestand zu verbringen. Und Ihr Großvater, der ein höchst geistreicher und brillanter Sprecher war, hielt in der B'nai Brith-Loge in Düsseldorf einen Vortrag. Ich saß vorne in der ersten Reihe.« Leo Baeck war nämlich damals Rabbiner von Düsseldorf und ging erst später nach Berlin.[24] »Ich weiß nicht mehr, worüber der Vortrag handelte. Aber schließlich sagte er: ›Und nun meine Damen und Herren, kommen wir zum Schluß.‹ Daraufhin sank er nach hinten. Sein Sohn war mit zwei Sprüngen auf dem Podium und fing ihn auf. Und wie er in den Armen seines Sohnes lag, war er tot. So starb Ihr Großvater.« Ich kannte diese Geschichte bereits von Onkel Leo, aber nun traf ich in Cincinnati den berühmten, verehrungswürdigen Rabbiner Leo Baeck, der Theresienstadt überlebt hatte, und hörte die Erzählung noch einmal. In Cincinnati begegnete ich auch dem Althistoriker Eugen Täubler wieder, den ich als preußischen Zionisten oder zionistischen Preußen in Berlin kennengelernt hatte. Er sagte zu mir – (typisch Täubler): »Sie haben also den Krieg mitgemacht, gegen Hitler gekämpft, und jetzt müssen Sie nach einer Stelle suchen. Das ist ja unerhört. Man sollte eine Fakultät mit einem Maschinengewehr dazu zwingen, Sie anzustellen!«

Auf meiner Reise besuchte ich auch Chicago, wo ich meine Freundschaft mit Leo Strauss erneuerte, die brieflich weiter bestanden hatte. Ich hatte ihn zuletzt in London gesehen, wo er sich zu Beginn seines Exils aufgehalten hatte. In den späten dreißiger Jahren hatte er dann den Weg nach Amerika gefunden. Er erzählte mir in drolliger Form, wie er – ein ungeheuer weltfremder und ängstlicher Mensch – sich auf die Überfahrt über den Atlantik vorbereitete, als sei noch die Zeit der Pilgrim Fathers. Er kaufte sich einen »Südwesten« und erschien, wie er mir lachend erzählte, auf dem modernen Seedampfer in völliger Seemannsausrüstung, um den Stürmen des Atlantiks zu trotzen. Er fand dann sein erstes akademisches Heim an der New School for Social Research in New York und war inzwischen nach Chicago gelangt.[25] Hier lernte ich übrigens auch etwas über die Hierarchie amerikanischer Universitäten, die ja meist private, gewöhnlich durch größere Stiftungen begründete Institutionen sind, die von freiwilligen Spenden erhalten werden. Die University of Chicago gehört zu den prominenten Universitäten des Landes. Die meisten der sogenannten ivy-league-Universitäten mit ihren efeuumrankten alten Gebäuden liegen an der Ostküste – etwa Harvard, Yale, Princeton oder die Brown-University in Rhode Island. Zu Beginn des 20. Jahrhunderts hatte der ungeheuer reich gewordene Rockefeller letzterer das Angebot einer großen Stiftung gemacht, doch als man ihm schrieb, man wolle Geld, an dem Blut klebe, nicht annehmen, unterbreitete er sein Angebot der University of Chicago, die nicht zur *ivy league* gehörte. Dort sagte man:

»Wir wissen, daß das Geld schmutzig ist, doch wir werden es schon sauber machen«, und nahm an, was sehr zum Wachstum der Universität beigetragen hat. Durch das Wiedersehen mit Leo Strauss ergab sich eine Verbindung zu einer Lehrstätte an der Ostküste, dem am Atlantischen Ozean gelegenen Anapolis. Dort saß ein Anhänger und Freund von Leo Strauss aus der deutschen Emigration, namens Jakob Klein, der mit ihm zusammen konservative politische Philosophie unter jüdischen Intellektuellen gepflegt hatte – immerhin war Strauss frühzeitig Mussolini-Anhänger gewesen, als dieser noch nicht antisemitisch war.[26] Der Antirevolutionär Strauss war so konservativ, daß er bei der Lektüre meines Gnosis-Buchs instinktiv spürte, daß sich in der Gnosis ein revolutionäres Element verbirgt, und mir schrieb, es sei ihm aus seiner persönlichen Bekanntschaft mit mir gar nicht so bewußt gewesen, daß ich eigentlich ein verkappter Revolutionär sei. Nun, dieser Jakob Klein, der sich durch eine hervorragende Studie über griechische Mathematik ausgezeichnet hatte,[27] war Dekan eines kleinen und originellen Colleges geworden, und ihm hatte Strauss meinetwegen geschrieben, so daß ich eine Einladung erhielt. Obwohl Klein an mir sehr interessiert war, wurde aber dann nichts aus einer Anstellung, weil man bereits zwei jüdische refugee scholars berufen hatte. Der Präsident erklärte mir: »Das können wir nicht so weiter machen, dann werden wir eindeutig als eine Auffangstelle für jüdische Flüchtlinge aus Europa abgestempelt.« Das war vielleicht mein Glück, denn das College war eine ganz auf mündliches Lehren eingestellte Institution, in der ich niemals die Freiheit gehabt hätte, meine Bücher zu schreiben.

Von Ottawa aus nahm ich auch wieder meine Kontakte in Europa auf. 1952 fuhr ich zu einem internationalen Kongreß der Philosophie nach Brüssel. Das war mein erster Besuch in Europa nach meiner Zeit als Soldat. Dort kam ich auch wieder mit deutschen Kollegen in Berührung. Auf dem Kongreß sprach mich Hans Blumenberg an, ein junger Mann, der damals aus Kiel kam und mir eine Botschaft meines alten Studienkollegen Walter Bröcker überbrachte: »Er kennt Ihr Buch *Gnosis und spätantiker Geist* und schätzt es sehr. Er läßt Sie fragen, ob Sie einen Ruf nach Kiel erwägen würden.« Da erhielt ich zum ersten Mal aus dem Lande, aus dem ich geflüchtet oder weggegangen, aus dem ich verbannt gewesen war, ein solches Angebot. Ich sagte: »Gut, ich werde es mir ernsthaft überlegen.« Später dann entwickelte sich daraus eine Korrespondenz mit Bröker, die schließlich mit einem ›Nein‹ von mir endete. Ich wußte von vornherein, daß ich den Ruf ablehnen würde, habe mir aber damit Zeit gelassen, auch um woanders zeigen zu können, daß mir hier eine Berufung angeboten worden war. Auf dieser Reise war ich nicht nur in Brüssel, sondern reiste herum. Ich weiß noch, wie Hans Blumenberg und einige andere junge Philosophen aus Deutschland mit mir zusammen dann nach Brügge fuhren, wo wir Spitzen einkauften. Und dann fuhr ich nach Deutschland, genauer nach München. Ich hatte damals erfahren, daß meine Jugendliebe Gertrud Fischer in München lebte, und ihre Adresse ausfindig gemacht. Hannah Arendt, die ich von Zeit zu Zeit sah, weil ich gelegentlich von Kanada aus nach New York fuhr, hatte mir von einem Vortrag erzählt, den sie in München gehalten hatte. »Nach dem Vortrag meldete sich jemand bei mir im ›Künstlerzimmer‹ – rate mal wer? Deine Gertrud Fischer! Inzwischen aber heißt sie Kröker. Sie kam zu mir und ist in Tränen ausgebrochen, hat geweint über das Wiedersehen mit mir.« Auch von meiner Cousine Lisl Haas, der Fotografin, die in Birmingham lebte, hatte ich gehört, daß Gertrud lebte. Ich schrieb ihr und sagte mich an, und so trafen wir uns am Bahnhof. Damals – 1952 – lag noch ein großer Teil Münchens in Trümmern, und auch der Bahnhof war noch zum Teil zerstört. Das Wiedersehen mit Gertrud war bewegend. Ich erklärte ihr, warum ich sie 1945 nicht besucht und gar nicht den Versuch unternommen hatte, eine Verbindung herzustellen. Dasselbe galt ja auch noch für verschiedene andere Menschen. Ich wußte nicht, ob ich jemandem, der hier gelebt hatte und unter der Zerstörung Deutschlands litt, eine Begegnung mit jemandem zumuten durfte, der sich über die deutsche Niederlage freute und die Zerstörung der deutschen Städte bejahte. Sie sagte: »Was für ein Unsinn! Das hättest du mir doch sagen können, denn ich war trotz allem auf der Seite derer, die die Bomben warfen und nicht auf der Seite derer, die sie abbekamen.« Ich wußte natürlich, daß Gertrud nie mit den Nazis sympathisiert hatte. Aber ich dachte, wenn es um die Verwüstung der eigenen Heimat ging, ihrer Städte, ihrer Kirchen, ihrer Bauten, gehörte ihre Solidarität vielleicht doch dem besiegten, zerstörten Deutschland. Gertrud war inzwischen verheiratet und hatte ein Töchterchen. Wir gingen in den Englischen Garten, setzten uns an den Chinesischen Turm auf eine Bank und erzählten uns, was wir in diesen Jahren erlebt hatten. Ich weiß nicht, wie viele Stunden wir da saßen und ununterbrochen erzählten. So ist also diese Verbindung wiederhergestellt worden. Lore kam ein oder zwei Jahre später nach Deutschland, weil ihre Eltern inzwischen von Israel nach Deutschland gezogen waren und der Vater in Deutschland wieder als Anwalt zu wirken begonnen hatte. Er arbeitete für eine Organisation, die für Wiedergutmachungszahlungen zuständig war und ließ sich schließlich als Rechtsanwalt in Regensburg nieder. Als ihre Mutter krank wurde, fuhr Lore von Ottawa aus für einen Monat nach Deutschland, um sie zu besuchen. Sie hatte sich aber auch vorgenommen, Gertrud kennenzulernen – und so begegneten sich Lore und Gertrud, jene beiden Frauen, die die Hauptrolle in meinem Leben gespielt hatten und spielten, ohne daß ich zugegen war. Gertrud schrieb mir nachher einen begeisterten Brief über ihre Begegnung mit Lore. Das war der Grundstein zu einer langen Freundschaft.

In die Zeit in Ottawa fiel schließlich meine endgültige Entscheidung, nicht nach Jerusalem zurückzukehren, sondern

meine Zukunft in den USA zu suchen. Ich hatte mich immer
mal wieder in Briefen bei Scholem über die Aussichten erkundigt, an der Hebräischen Universität einen Lehrstuhl zu bekommen oder die Nachfolge von Hugo Bergman antreten zu
können. 1951 erhielt ich auf Betreiben Scholems ein offizielles
Schreiben der Universität mit dem Angebot, im Herbst 1952
eine von zwei ordentlichen Professuren für Philosophie zu
übernehmen. Gleichzeitig teilte mir Scholem mit, er habe mich
vorgeschlagen, als die Vakanz eingetreten sei. Man habe gleich
die zweifelnde Frage an ihn gerichtet: »Wird der denn zurück-
kommen?« »Da habe ich mich«, schrieb mir Scholem, »stark
gemacht und für Sie gebürgt, daß Sie einem solchen Rufe folgen würden.« Denn er kannte mich ja als alten, treuen Zionisten. Das war nun eine Entscheidung, die ich erst nach innerem
Kampfe traf. Der Weggang von Israel war eine Sache der Op-
portunität gewesen, eine Gelegenheit, die mir völlige Freiheit
ließ, was ich in Zukunft tun würde. Aber mir war klar: Eine Ablehnung dieses Angebots würde einen endgültigen Schnitt bedeuten. Also überlegte ich mir die Sache sorgfältig. »Ich habe
jetzt zwei kleine Kinder, und die sollen in Frieden leben und
nicht in Lebensnöte geraten, die es in Israel noch auf längere
Zeit geben wird, wo die Dinge knapp sind, wo wir ein spartani-
sches, entbehrungsreiches Leben führen werden.« Also ökono-
mische und politische Überlegungen. Neben die Rücksicht auf
meine Familie traten aber auch noch weitere Gedanken, die
mich allein betrafen: »Jetzt habe ich endlich einen Hafen gefunden, zu dem ich zwar keine besonderen Gemütsbeziehun-
gen habe, aber wo ich endlich Ruhe haben und nicht in irgendwelche öffentlichen Angelegenheiten und Krisensituationen
verstrickt sein werde. Hier kann ich den Dingen einfach ihren
Lauf lassen. Alles geht vortrefflich auch ohne mich. In Jerusalem würde ständig irgend etwas Besonderes an mich herangetragen werden, wo man nicht Nein sagen kann.« Zudem begann ich gerade auf englisch zu publizieren. In Jerusalem

drohte wieder das Gespenst des Hebräischen, in dem ich es nie
sehr weit gebracht hatte. Ich hätte nun wieder mühselig stot-
tern müssen und wäre nur Schritt für Schritt zu einer ange-
messenen, gedankengerechten und einigermaßen achtbaren
Prosa gelangt. Ich dachte: »Um Gottes willen, inzwischen bin
ich 49 Jahre geworden und stehe gerade am Beginn meiner akademische Laufbahn. Nun noch einmal ein Wechsel? Zuviel.
Dafür ist das Leben nicht lang genug. Ja, wenn die absolute
Notwendigkeit da ist, dann muß man eben – aber ich brauche ja
nicht.« Und zuletzt schreckte mich auch der Gedanke, daß ich
irgendwann meinen Sohn würde ausziehen sehen in einen der
Kriege, die wir in Israel würden führen müssen, und das, nachdem ich meinen Schwager hatte sterben sehen in einem dieser
Kämpfe. Ich wollte nun in einer friedlichen Welt leben. Es war
also ein Gemisch von vernünftigen und sittlich richtigen, aber
andererseits auch egoistischen Erwägungen. Ich dachte: »Nicht
noch mal, nicht noch mal ein Neuanfang.«

Ich sagte also ab, und zwar mit einem ungeschickten, undi-
plomatischen Brief, wie Lore mir immer vorhielt. Die Unge-
schicklichkeit bestand darin, daß ich die Wahrheit sagte und erklärte, warum ich nicht annehmen könne.[28] Ich bekam darauf
einen empörten Antwortbrief von dem Sekretär des Rektors
der Hebräischen Universität. Und Scholem, der sich für mich
eingesetzt hatte, war völlig außer sich und hat mir nie verziehen, daß ich damals abgesagt habe. Aber Martin Buber, der in
solchen Dingen den anderen überlegen war, sagte zu mir: »Ihr
Antwortbrief hat mir sehr gut gefallen. Alle anderen, die auf
ein solches Angebot negativ antworten, finden alle möglichen
noblen Gründe, warum sie es zu ihrem unendlichen Bedauern
nicht annehmen können. Und sie haben schlicht und einfach
die Wahrheit gesagt, und die war völlig einleuchtend. Und Sie
hatten Ihr gutes Recht dazu.« Natürlich ist klar, weshalb die
Leute in Jerusalem so heftig reagierten, denn sie empfanden es
als Verrat eines alten Zionisten.[29] Die Hebräische Universität

hat sich in der Folge ausgiebig gerächt. Man stelle sich folgendes vor: 1977 fand in Jerusalem anläßlich des 300. Todestages von Baruch Spinoza ein internationaler Spinoza-Kongreß statt. Nun hatte ich über Spinoza gearbeitet und veröffentlicht, war also unter den zeitgenössischen Philosophen einer der wenigen, die Spinoza wirklicht ernst nahmen und über ihn forschten.[30] Zudem bot ich einen Vortrag an, an den niemand sonst gedacht hatte, der einzigartig im Programm gewesen wäre – nämlich zum psycho-physischen Problem bei Spinoza und in der Nachfolge von Niels Bohr.[31] Immerhin eine interessante Idee. Nathan Rotenstreich schrieb mir aber zurück, im Programm sei leider kein Platz mehr, es wären bereits alle Vorträge vergeben. Man würde es natürlich sehr begrüßen, wenn ich dem Kongreß als Zuhörer beiwohnte. Es waren noch einige Monate bis zu dem Kongreß, und man hätte das Programm ohne weiteres umstellen können.

Ich gehörte offensichtlich nicht auf einen Kongreß der Hebräischen Universität, denn schließlich hatte ich sie ja verraten und ihr Angebot abgelehnt. Leute, die nie etwas mit ihr zu tun gehabt, die nie wirklich in Palästina gelebt hatten, wurden ganz anders behandelt. Mein späterer Kollege Aron Gurwitsch etwa war in den dreißiger Jahren ein einziges Mal in seinem Leben für drei Monate in Jerusalem gewesen und hatte versucht, bei der Hebräischen Universität unterzukommen, doch man hatte ihm mit Bedauern, wie jedem anderen auch, gesagt: »Es geht nicht«. Er reiste weiter und landete schließlich in Amerika. Das einzige wirkliche Interesse, das er je für die Sache Zions oder die Hebräische Universität bezeugt hatte, war der Versuch, als Flüchtling eine Stelle zu bekommen. Als es darum ging, eine Festschrift für Hugo Bergman vorzubereiten, da hat man Aron Gurwitsch eingeladen, einen Beitrag zu verfassen, während ich, der ich mit Bergman in Korrespondenz stand, Schriften austauschte und mich seines größten Interesses an meinen Arbeiten erfreute, keine Aufforderung dazu erhielt. Später mußte ich Bergman bei einem Besuch erklären, daß ich es bedauere und daß es nicht an mir gelegen habe, daß ich nicht vertreten war. Denn er hatte mich gern, schätzte mich und hat alles von mir gelesen. Bei einer Schrift, die ich ihm schickte, und die ihm besonders gut gefiel, sagte er: »Ein Jammer, daß das nicht auf hebräisch erschienen ist.« Aber das war nun die Rache der Universität. Nirgendwo sollte ich im Zusammenhang der Hebräischen Universität zu Worte kommen. Das ging sogar soweit, daß ich auch bei der Festschrift für Scholem nicht dazu eingeladen wurde, einen Beitrag zu verfassen. Dabei hatte mich Scholem noch und noch zitiert, und mein Gnosiswerk spielte in seinem Werk eine gewisse Rolle. Bei dem nächsten Wiedersehen mit Scholem, entweder in Amerika oder in Israel, sagte ich zu ihm: »Herr Scholem, es tut mir leid, daß ich in Ihrer Festschrift nicht vertreten bin. Man hat mich nicht aufgefordert. Ich hätte Ihnen natürlich eine Würdigung zuteil werden lassen.« Da erwiderte er: »Herr Jonas, lieber Jonas, darüber dürfen Sie sich nicht wundern, nachdem Sie uns sitzengelassen haben!« »Nun warten Sie einmal Scholem«, gab ich zurück, »jetzt sagen Sie mir mal: Hätte eine Arbeit von mir zu Ihren Ehren Sie erfreut oder nicht?« Da war er ganz klein und sagte: »Ja, natürlich hätte sie mich erfreut.«

Trotz allem konnte man mit Scholem weiter verkehren. Er beschimpfte einen dann ab und zu, aber er hielt genauso an der Beziehung fest wie ich. Er kam gelegentlich nach Amerika und traf sich dann mit mir und besuchte mich in unserem Haus. Jedes Mal hob er den Finger und sagte: »Jonas, das verzeiht man Ihnen in Jerusalem nicht, das wird man Ihnen nie verzeihen. Und wissen Sie, was Sie mir damit angetan haben?« Das spielte für ihn offenbar eine besondere Rolle. »Ich habe mich blamiert. Ich habe gesagt: ›Der Jonas kommt bestimmt.‹ Und dann sind Sie nicht gekommen.« Und er fügte hinzu: »Noch bis heute hat sich die philosophische Fakultät nicht von Ihrer Absage erholt. Wir haben keinen Gleichwertigen gefunden bis heute, niemanden, der angemessen antike Philosophie bei uns unterrichtet. Das haben Sie uns angetan.« Worauf ich erwiderte: »Also gut Scholem, jetzt wollen wir weiterreden.« Er mischte also seinen Zorn zugleich mit einem großen Kompliment. Als ich das einmal Ernst Simon erzählte, sagte dieser: »Siehst du, das ist echt. Scholem hält wirklich viel von dir. Und das ist mit ein Grund, warum er dir so schwer verzeihen kann, daß du nicht gekommen bist. In seinem Zorn liegt zugleich Anerkennung.«

Doch obwohl er mir nie verzieh, brach er mit mir nicht auf ähnlich radikale Weise wie mit Hannah Arendt in der Eichmann-Kontroverse. Ab und zu zeigte er dann auch wieder, daß er mich gern hatte, selbst wenn er mir eigentlich böse sein mußte. Denn grollen mußte er, und er mußte mich das auch von Zeit zu Zeit wissen lassen. Und dann sagte ich »Allright«. Dieses zwiespältige Verhältnis hatte übrigens nichts damit zu tun, daß wir Rivalen gewesen wären, denn dafür war sein Selbstbewußtsein viel zu groß. Ich weiß nicht, ob er irgend jemanden als Rivalen ansah – schließlich war er so ungeheuer von sich überzeugt, daß ihm Selbstzweifel vollkommen fremd waren. In was hätte ich auch ein Rivale sein sollen? In Judaicis? Davon konnte selbstverständlich keine Rede sein. Daß ich von Philosophie mehr verstand als er, hätte er wohl ohne weiteres zugegeben. Dafür hielt er auch wieder nicht genug von der Philosophie an sich, als daß er diese Überlegenheit als etwas Bedrückendes empfunden hätte. Ein Beispiel: 1935 beging man in Jerusalem den 800. Geburtstag des Maimonides, und Julius Guttmann, den ich schon von Berlin her von der Hochschule für die Wissenschaft des Judentums kannte, hielt den Festvortrag in dem Amphitheater am Mount Scopus an der Hebräischen Universität – also unter freiem Himmel. Und ich erinnere mich noch, wie abfällig sich Scholem über den ganzen Anlaß und über Maimonides äußerte: »Das ist ein entfremdetes und verdünntes, durch ratio und Abstraktion blutlos gewordenes Judentum.« Dagegen war die Kabbala mit ihren Mythen, wie er sie interpretierte, Fleisch und Blut, während dieser Aristotelismus von Maimonides eine verwässerte Form des Judentums war, die ungefähr auf eine Stufe mit der Wissenschaft des Judentums, mit Abraham Geiger und Leo Baeck zu stellen sei. Das war für ihn kein echtes Judentum.[32]

Ob Scholem selbst ein gläubiges Verhältnis zum Judentum hatte, daran haben wir viele Jahre herumgerätselt, und niemand bekam es heraus, nicht einmal seine nächsten Freunde. Das gilt auch für unseren Pilegesch-Kreis, für George Lichtheim und mich. Was glaubte er, wie viel wollte er glauben, konnte es aber nicht? Niemals hat er sich darüber deutlich erklärt, so daß es eines der ungelösten Scholemrätsel bleibt. Aber er war davon überzeugt, daß, wenn das Judentum überhaupt etwas Interessantes, Kraftvolles, Lebendiges, Relevantes, Aufregendes und Schöpferisches bot, es in der Sphäre der Kabbala und nicht bei Maimonides und Genossen zu finden sei. Religiös war er sicher nicht, aber Atheist durfte man nicht sein, wenn man an der Hebräischen Universität unterrichtete. Ich erinnere mich, wie er mich nach dem Krieg, als es um die Frage eines Lehrstuhls für mich ging, fragte, ob ich an einen Gott glaube – irgendwie eine unangemessene Frage von Wissenschaftler zu Wissenschaftler. Auch meinte er, meine Gnosisforschung sei viel zu christlich geprägt, ich müsse mir dringend ein anderes Thema suchen. Das war eine alberne Frage von ihm, eine seiner vielen Entgleisungen. Scholem hatte ein großes Talent für Entgleisungen. Er konnte die unmöglichsten Sachen sagen und anrichten. Und wenn man ihn nachher darüber zur Rede stellte, leugnete er es entweder: »Ach, das habe ich doch nie gesagt«, oder er behauptete: »Das war doch als Scherz gemeint.« Ich habe die Frage dann irgendwie abgewimmelt – ich erinnere mich nur an sie, weil ich sie höchst ungehörig fand, aber nicht mehr an meine Antwort, die wahrscheinlich sehr lahm ausgefallen ist.

Jedenfalls hegte Scholem, wie gesagt, trotz meines »Verrats« weiterhin eine unterdrückte Zuneigung zu mir, wie eine kleine Episode zeigt. Bei einem seiner Besuche in Amerika erzählte er mir eine Geschichte über Jacob Taubes. Scholem empfand einen tiefen Haß auf Taubes oder hatte jedenfalls sein Verdammungsurteil über ihn ausgesprochen, und das keineswegs grundlos. Aus seiner Sicht war Taubes ein Hochstapler und geistiger Betrüger.[33] Er erzählte mir das Folgende: »Stellen Sie sich vor, was dieser Taubes gemacht hat in Jerusalem. Er hat mich in meinem Seminar eine neue Auslegung eines Textes vortragen hören, und keine Woche später gab er sie in einem öffentlichen Vortrag in Jerusalem als seine neue Entdeckung zu diesem Thema zum besten. Stellen Sie sich das vor!« Ich sagte: »Scholem, das ist doch ein Beweis dafür, daß man ihm nicht böse sein kann, daß er gar kein bewußter Betrüger ist. Ihre Auslegung in Jerusalem unter Ihrer Nase und vor denselben Leuten, die den Vortrag schon bei Ihnen gehört hatten, noch einmal vorzutragen – das zeigt doch, daß Taubes sich selber im Handumdrehen einredet, daß etwas, was er neu gehört hat, auf seinem eigenen Mist gewachsen ist. Ich würde diese Geschichte als Entschuldigung für ihn und nicht als Anklage verstehen.« Scholem war von meiner Deutung beeindruckt und sagte, und deswegen erzähle ich dies: »Ja, Sie sind immer ein Ritter gewesen für die Angeklagten.« Er hatte mir schon früher auf liebevoll kritische Weise mein liebenswert-ritterliches Wesen vorgehalten: »Also Jonas, Sie sind ein Don Quichotte.« Dieser Moment und die Art, wie er darauf reagierte, zeigten mir, daß er mich weiter gern hatte und Lobenswertes an mir fand.

Mit Jacob Taubes, der mir diese Anerkennung Scholems einbrachte, war ich erstmals 1949 in Berührung gekommen. Er hatte Wind davon bekommen, daß ich anläßlich des Jahrestreffens der American Philosophical Association, Eastern Division in Boston auch Karl Löwith in New York besuchen wollte. Er schrieb mir in einem Brief, daß mein Werk eine große Rolle für ihn spiele. Er habe mit einer Arbeit zur abendländischen Eschatologie promoviert, die entscheidend von meinem Gnosiswerk beeinflußt und inzwischen als Buch erschienen sei,[34] und er würde es sehr begrüßen, wenn wir uns in New York treffen könnten. Vor dem Treffen fragte ich Löwith: »Sagen Sie einmal, kennen Sie einen Herrn Jacob Taubes?« »Natürlich«, sagte er, »natürlich kenne ich den.« »Können Sie mir etwas über ihn sagen? Er hat mir einen Brief geschrieben. Ich habe nie etwas von ihm gehört, aber er beruft sich auf ein Buch, das er geschrieben hat, und hat den Wunsch ausgedrückt, mich zu treffen. Kennen Sie das Buch?« »Ja, ja« sagte er, »ich kenne das Buch.« »Sagen Sie, ist es gut? Taugt das etwas?« Da sagte er lächelnd: »Das ist ein recht gutes Buch. Und das ist nicht verwunderlich, die eine Hälfte ist von Ihnen und die andere Hälfte ist von mir.« Taubes hat es übrigens nie wieder zu einem Buch gebracht, aber seine Laufbahn gehört zu den großen Wundergeschichten unserer Zeit in academicis. Die größten und teuersten Institutionen fielen auf ihn rein – an der Columbia University hatte er eine Professur, und später wurde er Ordinarius an der Freien Universität Berlin – auf eine Doktorarbeit hin, die im Jahre 1947 erschienen und allerdings sehr gut war. Ich glaube, er war begabt und hätte es auch auf ehrliche Weise zu etwas bringen können. Das war ihm aber entweder zu mühsam oder zu langweilig.

Es gibt eine schöne Geschichte, wie er in Harvard, wo er sich um eine Anstellung bemühte, mit Hilfe von Arthur D. Nock und dem deutschen Historiker und Politologen Carl J. Friedrich, einem Marburger Professorensohn, hereingelegt wurde. Friedrich hat mir davon erzählt. Taubes trat in Harvard auf, machte sich ungeheuer wichtig und wußte über alles Bescheid, gleichgültig, welches Thema bei der Abendunterhaltung oder in einem intellektuellen Kreis diskutiert wurde – er hatte stets etwas dazu zu sagen, und seine Beiträge waren originell. Einige von denen, die Verdacht geschöpft hatten, fingen an, sich darüber zu ärgern und sagten sich: »Dem legen wir einmal das Handwerk.« Und so kam eines Tages bei einem dieser Treffen die Rede auf die Seelenlehre des Bertram von Hildesheim, eines mittelalterlichen Scholastikers, der einer interessanten Zwischenform zwischen thomistischer und scotistischer Schule angehörte. Taubes zeigte sich nach dem ersten Gedankenaustausch, dem er schweigend zugehört hatte, absolut im Bilde, sprach brillante Beiträge zur Seelenlehre des Bertram von Hildesheim und überraschte die Anwesenden durch seine profunde und umfassende Kenntnis, bis man ihm mitteilte, daß es den Mann gar nicht gegeben habe, sondern daß er zum Zwecke dieser Unterhaltung erfunden worden sei. Das war das Ende von Taubes' Laufbahn in Harvard. Aber er fiel immer wieder auf die Beine, wie eine Katze.

Ich muß aber hinzufügen, daß ich zu einem großen Teil Jacob Taubes verdanke, daß während der Zeit am Carleton College die Aufforderung an mich erging, eine englische Version meines Gnosis-Buchs zu verfassen. Er bewirkte, daß die Beacon Press in Boston, ein Verlag der Unitarischen Kirche, bei mir ein Buch über die Gnosis in Auftrag gab. Später hat er einmal gesagt: »Jonas, ich weiß, viele Leute haben Grund, mir etwas nachzutragen. Ihnen gegenüber habe ich aber wirklich ein gutes Gewissen. Ich glaube, es gibt nichts, was ich Ihnen gegenüber bereuen oder wofür ich mich schämen müßte.« Ich habe ihm das bescheinigt und geantwortet: »Taubes, ich habe auch nichts gegen Sie auf dem Herzen.« Der andere Beteiligte, der sich für eine englische Version meiner Thesen über die Gnosis einsetzte, war Philip Rief, der erste Mann von Susan Sontag, ein intelligenter Mann, der philosophisch über die Psychoanalyse nachgedacht und ein gutes Buch über Freud geschrieben hat.[35] Er war ein achtbarer Intellektueller, obgleich natürlich seine Frau die viel Berühmtere wurde. Er war damals hauptberuflich Lektor bei der Beacon-Press, und Taubes hatte ihn auf das Projekt aufmerksam gemacht. Eine wichtige Rolle bei der Entstehung des Buches, das 1958 erschien,[36] spielte Jay MacPherson, mit der ich den englischen Text erarbeitet habe und die mir eine lebenslange Freundin wurde. Sie war mir in meiner philosophischen Vorlesung aufgefallen, ein junges Mädchen mit schwarzem Haar, das straff zu einem Knoten gebunden war. Obenherum war sie kuttenhaft in eine Art Mönchsumhang gehüllt, aber unten, wo man ihre Beine sehen konnte, hatte sie zwei farblich unterschiedliche Strümpfe und zwei verschiedene Schuhe an. Es war offensichtlich, daß sie auf ihre äußere Erscheinung ein Minimum an Aufmerksamkeit verwandte, aber sie war eine intensive Hörerin, und es stellte sich bald heraus, daß sie eine außergewöhnliche Person war. Sie war eine hochbegabte Dichterin und brachte ein kleines Gedichtbändchen heraus, dem sie einige Jahre später ein weiteres folgen ließ.[37] Sie erhielt einen nationalen Preis für Poesie. Jay, deren Kindheit schwierig gewesen war, war ein in mancher Hinsicht emotionell verängstigtes Wesen geworden. Aber in der Atmosphäre unseres Hauses fühlte sie sich besonders wohl und schloß sich meiner Frau und mir an. In ihr nun fand ich eine Meisterin der englischen Sprache, die zudem noch geistige Sympathien für dieses gnostische Thema hegte. Ihre Begabung war nicht philosophisch, doch diese Mythenwelt lag ihr. Die leitende Lehrerfigur wurde für sie später ein bedeutender kanadischer Literaturtheoretiker: Northrop Frye, der ein berühmtes Buch über William Blake geschrieben hat.[38] Sie promovierte bei ihm und wurde dann Professorin für englische Literatur an der Universität Toronto.

10. Freundschaften und Begegnungen in New York

1955 nahm ich schließlich einen Ruf der New Yorker New School for Social Research an. Ich weiß noch, wie ich dies meinem Präsidenten McOdrum mitteilte und er sagte: »Mit den amerikanischen Institutionen kann ich nicht konkurrieren. Ich möchte Sie gern hier halten, aber ich weiß, soviel kann ich Ihnen nicht bieten.« Mein Gehalt hatte sich in Ottawa von 2500 erst auf 5500 Dollar gesteigert und betrug nun 8000 Dollar, wobei sich herausstellte, daß 8000 Dollar in New York weniger wert waren als 5500 in Ottawa. Wie war es zu meiner Berufung nach New York gekommen? Die New School hatte mich mehrmals für eine summer school engagiert. Es war bald klar, daß das eine Art Brautschau war. Sie waren darauf aus, jemanden anzustellen, und wußten durch zwei Quellen von mir – durch Leo Strauss, der bei ihnen gelehrt hatte, inzwischen aber nach Chicago gegangen war, und durch Karl Löwith, der nach Heidelberg ging und den es zu ersetzen galt. Also hielt ich dort Vorlesungen. Es war für mich klar, daß dies eine viel interessantere Fakultät war als das nette Carleton College und daß die Studentenschaft in New York eine weit größere Herausforderung darstellte als die braven, netten, fleißigen kanadischen Schüler.[1] Nach meinen beiden Probe-Engagements gab es dort eine starke Jonas-Fraktion. Alfred Schütz allerdings, der sich als Vertreter der Phänomenologie verstand,[2] befürwortete die Besetzung der durch Löwiths Fortgang frei gewordenen, aber finanziell noch nicht gesicherten Professur durch Aron Gurwitsch, der sein Freund und Geistesbruder *in phenomenologicis* war. Dieser hatte damals eine Stelle an der Brandeis University, war russisch-jüdischer Herkunft und hatte in Freiburg bei Husserl studiert. Später war er nach Paris gegangen und hatte dort in einer Zeit, in der sich in Frankreich das Interesse für Phänomenologie erst formierte, unter anderem mit Maurice

Merleau-Ponty zusammengearbeitet.[3] Später kam er für einige Monate nach Jerusalem, stellte aber bald fest, daß er an der Universität nichts würde finden können. Von Paris aus führte ihn sein Weg dann nach Amerika, wo er mit zum Freundeskreis von Hannah Arendt gehörte. Hannah war in ihren Freundschaften gegenüber denen, die im Exil in Paris mit ihr gelebt, gelitten, gehofft und gefürchtet hatten, von großer Treue, so daß ihr auch Aron Gurwitsch, der ihr mit seiner russischen Phänomenologie und der damit verbundenen Orthodoxie – er war ein engstirnig-orthodoxer Husserlianer – philosophisch fern stand, persönlich willkommen war. Gurwitsch kam jedoch erst nach dem Tod von Schütz an die New School, denn zunächst erging der Ruf als Full Professor am Department of Philosophy der New School for Social Research an mich.[4] Wir wurden dann später enge Kollegen.[5] Als wir einige Zeit danach gemeinsam mit dem Department of Political Science die Möglichkeit hatten, eine weitere Professur zu schaffen, und Hannah Arendt ins Gespräch kam, war Gurwitsch dagegen, während ich ihre Ernennung befürwortete. Hannah hatte nirgendwo einen festen akademischen Posten, weil sie eigentlich freie Schriftstellerin bleiben wollte. Schließlich nahm sie eine halbe Stelle an, die nur die Hälfte ihrer Zeit und Energie in Anspruch nahm, und verbrachte einige Monate am Committee on Social Thought in Chicago, während sie in der übrigen Zeit in New York lebte.[6]

Dieses Committee on Social Thought, das unkonventionell arbeitete und seiner Konzeption nach ein interdisziplinäres Komitee war, engagierte auch mich zeitweise für eine Gast- oder Teilprofessur und bot mir später eine volle Stelle an. Das war das einzige Mal, wo ich in großer Versuchung war, die New School zu verlassen, denn für mein akademisches Ansehen wäre eine Stellung an der University of Chicago förderlich gewesen, und ich hätte dort wohl auch eine noch bessere Studentenschaft gehabt. Ich war aber damals bereits sechzig Jahre alt und näherte mich dem obligatorischen Ruhestandsalter von 65 Jahren, das durch einen Sonderbeschluß der Universität maximal auf 68 Jahre verlängerbar war. Da ich spät in den akademischen Betrieb eingetreten war und auch spät Kinder bekommen hatte – 1955 war ich mit 52 Jahren ein drittes Mal Vater geworden –, konnte ich mir eine Emeritierung mit 68 Jahren nicht leisten. Bei den Verhandlungen über den Ruf nach Chicago gab daher die Ruhestandsfrage den Ausschlag. Mein guter Freund Adolph Lowe, eine der Säulen der Graduate Faculty, zehn Jahre älter als ich und entschlossen, alles zu tun, um mich in New York zu halten, überzeugte die Leitung der New School davon, mir ein spezielles Angebot zu machen. Er selbst, der damals gerade in Ruhestand ging, hatte eine Sonderprofessur, den Alvin-Johnson-Chair, der etwas außerhalb der normalen Fakultätsbestimmungen stand. Er schlug vor, mich zu seinem Nachfolger zu ernennen und mir Sonderbedingungen zu bewilligen, die man gewöhnlich einem normalen Fakultätsmitglied nicht bewilligen konnte. Man sagte mir zu, ich könne meine Professur so lange über das normale Amtsalter hinaus ausüben, wie ich wolle, es sei denn, ein Dreierkomitee komme zu dem Schluß, daß ich geistig dazu nicht mehr in der Lage sei. Chicago konnte mir das nicht garantieren, so daß die Entscheidung feststand. Ich trat dann schließlich erst 1976 mit 73 Jahren in den Ruhestand, lehrte also insgesamt 21 Jahre – von Januar 1955 bis zum Herbst 1976 – an der New School for Social Research.[7]

Die Übersiedlung nach New York bedeutete nicht nur, daß ich von einer kleinen Provinz in die Metropole und an eine so interessante und bewegte Institution wie die New School for Social Research kam, sondern auch ein neues Lebenszentrum für meine Familie. Eine Verflechtung von Zufällen führte dazu, daß wir uns in New Rochelle niederließen. Im Sommer 1952 waren wir anläßlich meiner Einladung zur summer school mit dem Auto von Ottawa nach Largemont im Westchester County gefahren, wo Karl Löwith uns den Sommer über sein Haus zur

Verfügung stellte. Von dort fuhr man mit dem Auto oder mit der Eisenbahn nach Manhattan herein. Löwith hatte Freunde gebeten, sich ein wenig um uns zu kümmern, und so machten wir die Bekanntschaft zweier Mathematiker deutscher Herkunft, die nicht nur dafür verantwortlich waren, daß wir uns, als ich die Stellung an der New School annahm, in New Rochelle niederließen, sondern auch den Kern unseres zukünftigen Freundeskreises bildeten. Da waren zunächst Kurt Friedrichs und seine Frau Nelly. Er war aus Göttingen gekommen, das bekanntlich einmal das Mekka der Mathematik war. Im 20. Jahrhundert war dort Geheimrat David Hilbert die mathematische Größe, und er sammelte einen Kreis jüngerer Mathematiker um sich. Leiter des mathematischen Instituts und Hilberts rechte Hand war Richard Courant, der jüdischer Herkunft war, obwohl er das Judentum am liebsten geleugnet hätte. Dieser entdeckte Friedrichs, der damals Gymnasiallehrer war, und holte ihn nach Göttingen. Friedrichs bewies sich so schnell, daß er mit 28 Jahren Professor für Mathematik an der Technischen Hochschule Braunschweig wurde. Im Februar 1933 lernte er auf einem Universitätsball Nelly Grün kennen, eine Jüdin mit auffallender Schönheit, die zwar in Braunschweig aufgewachsen war, aber ursprünglich aus Lyon stammte. Friedrichs forderte sie unentwegt zum Tanzen auf, und als sie schließlich zu ihrem Tisch zurückkehrte, sagte sie: »Ach, dieser junge Student wollte überhaupt nicht aufhören zu tanzen.« Worauf ihre Freunde sagten: »Student? Weißt du nicht, wer das ist? Das ist der jüngste Professor der Hochschule hier.« Diese Nacht besiegelte das Schicksal dieser beiden Menschen. Friedrichs verlobte sich mit ihr in einem Augenblick, in dem das bereits ein staatsfeindlicher Akt war und als »Rassenschande« galt. Zum Ruhm dieser christlichen Familie ist zu sagen, daß Nelly mit offenen Armen empfangen wurde und man sogar billigte, daß der Sohn ihretwegen seine Stellung als ordentlicher Professor der Mathematik an einer deutschen Hochschule hinwarf. Da Nelly die französische Staatsangehörigkeit besaß, konnte sie ihre Auswanderung ungestört vorbereiten. Sie ging nach New York, wohin er ihr kurze Zeit später folgte. Er fand dort eine Anstellung am Mathematischen Institut der New York University, das der besagte Richard Courant aufgebaut hatte. Allen Mathematikern, die er engagierte, erlegte er die Bedingung auf, sie müßten nach New Rochelle ziehen, da er dort Gesellschaft haben wollte. So kam es, daß dort eine ganze Anzahl bedeutender emigrierter jüdischer und nichtjüdischer Mathematiker lebten.

Zu diesem Kreis gehörte etwa Lippmann Beers, der aus Riga stammte, in Prag promoviert hatte, fließend russisch sprach und ein Faible für russische Literatur besaß. Er war ein hervorragender Mathematiker und wurde später Präsident der American Mathematic Association. Damals versuchte er mit großer Leidenschaft, Wissenschaftler aus dem Ostblock zu retten und nach Amerika zu bringen. Er reiste wiederholt in die Sowjetunion, um bedrängte Mathematiker herauszuholen, die, wie sich herausstellte, fast immer Juden waren. Er selbst war ein alter Linker. Ich weiß noch, wie ich einmal sagte, mein Held in diesem Jahrhundert sei Winston Churchill, und er bemerkte: »Also das wundert mich sehr, wie ein intelligenter Mensch, wie du es bist, jemanden, der so konservativ ist, überhaupt verehren kann.« Aus seiner Sicht mußte ein guter Mensch links eingestellt sein, insbesondere wenn er Intellektueller war. Die jüdische Religion bedeutete ihm nichts, vielmehr kam er ursprünglich aus dem Kreis der sozialistisch-antizionistischen Bundisten.[8] Ich habe ihn einmal gefragt: »Ich weiß, daß Sie Atheist sind – bedeutet Ihnen die Tatsache, daß Sie jüdisch sind, überhaupt etwas?« Seine Antwort lautete: »Alles!« Das war ein denkwürdiger Augenblick. Diese Bindung an das Judentum war etwas, wozu er wahrscheinlich gar keine Theorie zu formulieren vermochte, sondern einfach eine aus den Tiefen des Seins emporsteigende, nicht rational begründbare Tatsache. Ironischerweise geschah es dann, daß sich seine Tochter auf einer Reise nach Jerusalem, wo er an einem Kongreß teilnahm, in einen amerikanisch-jüdischen Mathematiker verliebte, der dem traditionellen Judentum verhaftet war. Nachdem er zurückgekommen war, sagte er: »Der alte Gott hat seine Rache an mir genommen und mich mit einem Schwiegersohn bedacht, der streng orthodox ist.«

Freunde wurden uns in New Rochelle vor allem Wilhelm und Trude Magnus, die wir im Hause Friedrichs kennenlernten und sehr sympathisch fanden. Sie selbst haben damals zunächst gezögert, uns einzuladen, weil sie glaubten, wir könnten vielleicht etwas gegen sie haben, da sie Christen aus Deutschland waren. Wilhelm Magnus stammte aus einer alten Professorenfamilie. Seine Mutter war eng mit Juden befreundet. Mitte der dreißiger Jahre erhielt er eine Einladung nach Princeton, wo er sich erkundigte, welche Möglichkeiten er habe, in Amerika zu bleiben, denn er war entschieden gegen die Nazis eingestellt. Man erklärte ihm: »Lieber Herr Magnus, Sie können zurückgehen. Sie sind schließlich Arier. Sie sind nicht bedroht. Wir müssen in erster Linie an die denken, die dort weg müssen.« Das leuchtete ihm ein, so daß er nach Deutschland zurückkehrte und eine Mathematikprofessur in Frankfurt übernahm, wo er früher studiert und den Mitbegründer der Gestaltpsychologie, Max Wertheimer,[9] und andere kennengelernt hatte, die dann später auswanderten und auch an die New School kamen. Im Krieg mußte er dann bei Telefunken kriegswichtige Arbeit leisten, blieb aber aufgrund einer Tuberkulose vom Militärdienst verschont. Während der gesamten Kriegszeit sagten er und seine Frau sich: »Wenn wir das überleben, gehen wir weg aus Deutschland.« Kurz nach dem Krieg holte ihn dann Richard Courant an sein Institut, und er landete ebenfalls in New Rochelle.[10] Als es darum ging, wohin wir ziehen sollten, hat uns vor allem die herzliche Freundschaft mit dem Ehepaar Magnus dazu bewogen, uns in New Rochelle ein Haus zu kaufen. Seitdem war unser ganzer Freundeskreis von Mathematikern beherrscht, was mir ungeheuer wohlgetan hat, da sie alle natürlich eine starke Affinität zu den Naturwissenschaften hatten. Mein starkes Bedürfnis, die Entwicklungen in den Naturwissenschaften mitzubekommen, konnte nicht besser erfüllt werden als in den langen Gespräche mit Wilhelm Magnus oder mit Kurt Friedrichs, der zudem noch eine alte, nie befriedigte Liebe zur Philosophie hegte und glücklich war, daß nun ein Philosoph in diesem Kreise auftauchte. Bei Wilhelm Magnus kam etwas hinzu, was über all dies hinausging, nämlich eine Freundschaft, wie ich sie seit Günther Stern und Dolf Sternberger in Deutschland nie mehr geschlossen hatte.

In Manhattan hatten wir es im Gegensatz zu New Rochelle vorwiegend mit Geistes- und Sozialwissenschaftlern zu tun. Zu ihnen zählte – außer Aron Gurwitsch und seiner Frau – das alte Streitroß der Graduate Faculty for Political and Social Science, Adolph Lowe, der mich unter seine Fittiche nahm. Er hatte sich in Amerika von Löwe in Lowe umbenennen müssen, eine Entscheidung des Einwanderungsbeamten: Er sagte: »Löwe? – das schreiben wir Lowe.« Ich hatte ihn und seine Frau durch Karl Mannheim in der Pension Rosenblüth in London kennengelernt. Ich hatte an sich vorher nichts mit Nationalökonomen zu tun gehabt, soweit sie nicht Bundesbrüder von mir waren. Aber er nahm von da an ein lebhaftes Interesse an mir und fühlte sich stets für mich verantwortlich, so als hätte er nie realisiert, daß ich erwachsen war. »Da ist der junge Jonas, den muß man auf den rechten Weg bringen, der hat alle möglichen Flausen im Kopf«, so mag er gedacht haben. Er regte sich immer auf, daß ich rauchte, und meinte, ich ruiniere mich damit. Auch daß ich mich freiwillig zum Krieg gemeldet hatte, empfand er wohl als völlig überflüssig, weil ich aus seiner Sicht doch was Besseres zu tun gehabt hätte. Das gleiche galt für Heiraten und Kinderkriegen. Und so stand er mir auch in New York mit Rat und Tat zur Seite.[11] In unseren späteren New Yorker Jahren tauchte im Kreis von Hannah Arendt als Freund und Gesprächspartner von Zeit zu Zeit Paul Tillich auf, der damals in Amerika wie in Europa große Berühmtheit erlangt hatte – ein gutaussehender Mann, ein schöner, großer Goj von beeindruckender seelischer Tiefe. Hannah gab regelmäßig zu Silvester eine große Freundesparty, zu der er sogar noch erschien, als er nicht mehr als Theologieprofessor am Union Theological Seminary wirkte, sondern nach Chicago gezogen war und – bis zu seinem Tod 1964 – viel in der Welt und in Amerika herumreiste.

Die wichtigste Freundschaft dieser New Yorker Jahre aber war natürlich jene mit Hannah Arendt, an die ich jetzt wieder anknüpfen konnte. Ich hatte sie während des Krieges von London aus in Paris besucht, als sie noch mit Günther Stern verheiratet war. Er hatte bereits den Schriftstellernamen Günther Anders angenommen, weil ihn der Name Stern sofort als Sohn des bekannten Psychologen William Stern abstempelte.[12] Man sagte ihm: »Du kannst dich ja anders nennen.« Da sagte er: »In Ordnung, ich nenne mich Anders.« Aus seinem nom de plûme wurde dann offiziell sein Name. Sie hatten in Heidelberg geheiratet, lebten aber in den letzten Jahren vor Hitlers Machtergreifung in Berlin. Die Zusammenarbeit zwischen ihnen war intensiv und freundschaftlich, obwohl Hannah eine etwas dienende Stellung einnahm und ihm bei seinen Arbeiten half, während sie gleichzeitig still an ihrer großen Arbeit über Rahel Varnhagen schrieb.[13] Günther bildete sich ein, er habe hier eine wunderbare Gefährtin gefunden, merkte aber nicht, daß sie über ihn hinauswuchs und sich unabhängig von ihm geistig weiterentwickelte. Das stellte sich dann in Paris heraus, wo Hannah unter den Pariser Emigranten schnell eine vielbeachtete Figur wurde. Sie arbeitete damals in jüdischen Organisationen, die deutschen Juden bei der Emigration halfen. Mehrere Jahre war sie für die Jugend-Alija (alijat ha-noar) tätig, deren Vorsitzende Henrietta Szold war.[14] Günthers Schwester Eva (Michaelis)-Stern siedelte nach London über und leitete von dort aus die Jugend-Alijah, während Hannah sozusagen an der Pariser Unterzentrale beschäftigt war. Günther stand da etwas abseits und begann, die Rolle des Prinzgemahls zu spielen, was ihm als ehrgeizigem und eitlem Mann nur schwer erträglich war. Zudem tauchte Heinrich Blücher auf, ein deutscher Flüchtling, der am Spartakusaufstand beteiligt gewesen war und eine Rolle im intellektuellen Flügel der Berliner links-marxistischen Bewegung gespielt hatte – ein hochbegabter Autodidakt, der sich selbst zu einem höchst interessanten Intellektuellen geformt hatte.[15] Später hielt sich Hannah im Zuge ihrer zionistischen Tätigkeit einige Wochen bei mir in Jerusalem auf. Nachdem das große französische Desaster stattgefunden hatte, erfuhr ich, daß sie mit Günther Stern unversehrt in Amerika angekommen war. Während der Kriegsjahre führten wir keinen Briefwechsel. Sobald ich nach Kanada gekommen war, im Winter 1949/50 – zwischen Weihnachten und Neujahr – reiste ich nach New York und hatte dort ein Wiedersehen mit Hannah und meinem Freund Günther. Inzwischen war ihre Ehe geschieden worden, übrigens zum großen Kummer Günthers, der sehr an Hannah hing. Dies zeigte sich, als Hannah starb. Die Briefe, die ich damals von ihm bekam, klangen, als betrauerte ein Mann seine Frau. Er war untröstlich. Dabei hatte er in der Zwischenzeit häßliche, feindselige Dinge über sie gesagt. Dennoch war er durch ihren Tod zutiefst getroffen und erlebte ihn als den nun endgültigen Verlust der von ihm am meisten geliebten Frau.

Als ich Günther um Weihnachten 1949 wiedersah, war die alte Freundschaft sofort wieder da. Allerdings sah ich, daß bei ihm etwas eingetreten war, was ich von früher her nie kannte – ein Zug von Bitterkeit. Alles hatte sich gegen ihn verschworen. Amerika hatte ihn schlecht behandelt, und er war in jeder Hinsicht allein. Er hatte inzwischen wieder eine Lebensgefährtin gefunden, die aber damals, als ich ihn in einem Hotel in New York City besuchte, nicht bei ihm war. Sie war wohl noch in Kalifornien, von wo er erst seit relativ kurzer Zeit zurückgekehrt war. Während des Krieges hatte er in Kalifornien Fabrikarbeit geleistet. Er hatte Versuche unternommen, doch noch Fuß in der akademischen Welt zu fassen. Eine Zeitlang hielt er Vorträge an der New School for Social Research, machte kunstgeschichtliche Führungen im Metropolitan Museum und veröffentlichte ein oder zwei Aufsätze, die ich ausgezeichnet fand.[16] Es war ihm aber nicht gelungen, irgendwo eine Anstellung zu finden, zumal er ein schwieriger und eigenwilliger Intellektueller war. So landete er schließlich als Fabrikarbeiter in Kalifornien. Seine Kenntnis amerikanischer Produktionsmethoden sind im wesentlichen durch seine Industrieerfahrungen in diesen Jahren geprägt worden. Über dieses von Ressentiment erfüllte Bild Amerikas, das von der Erfahrung der entfremdeten Stellung eines Arbeiters in diesem vollkommen seelenlosen, halbautomatischen, mechanischen Produktionsbetrieb herrührte, wie wir ihn aus Charlie Chaplins Film *Modern Times* kennen, ist er nie hinausgekommen. Er hat nie zur Kenntnis genommen, daß dies Teil der modernen Produktionsmethoden in allen westlichen Gesellschaften war. Für ihn blieb das mit dem Namen Amerika und seiner miserablen Kriegserfahrung verbunden.[17] Seine zweite Frau, die aus Wien stammte, sorgte später dafür, daß er nach Österreich ging. Er wollte sich auf keinen Fall in Westdeutschland niederlassen, obwohl man ihm vielfach Universitätsstellungen anbot. Ins Ulbricht-Deutschland zog es ihn aber auch nicht, so daß er sich in Wien niederließ, wo er sich dann später von seiner Frau trennte.

Bei demselben Besuch in New York sah ich auch Hannah wieder. Sie hatte inzwischen Heinrich Blücher geheiratet, der für mich dem ersten Eindruck nach nur ihr Anhängsel war. Später, als wir nach New Rochelle zogen, befreundeten Lore und ich uns auch mit ihm – Lore etwas mehr, weil Blücher ihr große Huldigungen zollte, ich etwas distanzierter, wahrscheinlich aus einer gewissen Eifersucht heraus. Im Vergleich zu

Günther Anders schien er mir nicht die allererste Wahl zu sein, doch im Laufe der Jahre merkte ich, daß er ihr viel bedeutete und es eine wirkliche Liebesehe war. Hannah hat einmal mit mir über ihr Verhältnis zu Blücher gesprochen und es so ausgedrückt: »Ich habe eigentlich nur zwei Männer in meinem Leben geliebt – Martin Heidegger und Heinrich Blücher.« Der Bruch mit Heidegger war ein äußerer Bruch gewesen, der sich vollzog, als sie sich zur Promotion entschloß und das Gefühl hatte, aus moralischen Gründen die Beziehung zu ihm beenden zu müssen. Sie ging mit seiner Zustimmung nach Heidelberg zu Karl Jaspers, weil sie nicht ihren Liebhaber zum Doktorvater haben konnte. Aber die Liebe zu ihm hat nie nachgelassen. Gewiß war sie Heidegger in den ersten Hitlerjahren, als sie erleben mußte, wie er sich benahm, innerlich entfremdet – ich habe aber niemals mit ihr darüber gesprochen. Ich weiß nur, daß sie ihm das relativ bald nach dem Krieg verziehen hat.[18] Heidegger besuchte sie, als sie in einem der ersten Nachkriegsjahre in Freiburg einen Vortrag hielt. Sie gehörte zu den ersten, die Deutschland besuchten[19] und große Beachtung fanden. Sie veröffentlichte in der von Dolf Sternberger, Viktor von Weizäcker und Karl Jaspers gegründeten Zeitschrift »Wandlung« erste Vorarbeiten zu ihrem späteren Werk über die Ursprünge des Totalitarismus.[20] Nach ihrem Vortrag in Freiburg klopfte es an ihrer Hoteltüre, und Heidegger stand da mit den Worten: »Ich komme, mich zu stellen.« Aber beide waren, wie sie mir freimütig erzählte, so von ihren Gefühlen überwältigt, daß ich bezweifle, daß es zu einem wirklichen Sich-Stellen gekommen ist. Ihr guter Heinrich mußte das in Kauf nehmen, denn sie verheimlichte es ihm nicht, zumal er selbst freizügig Gebrauch von der modernen Ehefreiheit machte. Er konnte sich ihrer Liebe sicher sein, doch die neu aufgenommene Beziehung zu Heidegger spielte in ihrem Leben nun wieder eine Rolle.

Im Grunde lag Hannah Blüchers Libertinismus nicht, denn sie war eine treue Seele – Heidegger war die eine Ausnahme.

Ansonsten hatte sie nie ein Verhältnis, obwohl es massenhaft Annäherungsversuche gab. Sie wurde sehr verehrt und erzählte mir gelegentlich amüsiert, was ihr so alles passierte. Eines Tages – sie hatte einen Vortrag am Union Theological Seminary gehalten – fuhr sie ein Mitglied der Fakultät im Auto nach Hause. »Plötzlich stürzte er sich auf mich und fing an, mich zu umarmen und zu küssen. Da habe ich ihm gesagt: ›Na junger Mann, nun nehmen Sie sich mal zusammen!‹« Sie hat das überlegen und humorvoll behandelt und ihn in seine Schranken gewiesen. Als ich sagte: »Nanu, das ist aber wirklich allerhand!«, erwiderte sie: »Er mußte halt irgendwie seiner Begeisterung für mich Ausdruck verleihen.« Worauf ich sagte: »Man kann doch schließlich seiner Begeisterung auch anderen Ausdruck geben.« Hannah schwieg einen Augenblick, sah mich verschmitzt an und sagte: »*Nur* so!« Das war Hannah. Sie war übrigens gegen die feministische Bewegung eingestellt und sagte mir einmal: »Ich bin durchaus dagegen. Ich möchte nicht meine Privilegien verlieren« – nämlich die Privilegien der Dame, der die Herren zu Diensten sind. In einer Hinsicht aber war sie doch feministisch, nämlich in der Ansicht, daß Frauen nicht nur kraftvoller, vitaler seien als Männer, sondern letzten Endes auch mehr über die menschlichen Dinge und die Welt wüßten und verstünden, während Blindheit, Irrtum oder Sich-Verrennen eher eine männliche Schwäche seien. Sie hegte zwar große Zuneigung zu Männern, verband dies aber immer mit einem gewissen Toleranzgefühl: »Denen muß man allerhand nachsehen. So sind sie nun mal.« In meinem Fall hatte sie auch frühzeitig Verständnis für meine Besonderheiten entwickelt, über die sie sich manchmal lustig machte. Aber immer sehr liebevoll.

Das Zentrum unserer gesellschaftlichen Beziehungen in Manhattan war der Kreis um Hannah Arendt, zu dem ich immer eingeladen war, häufig mit Lore. Hannah und ich hatten uns sehr gern. Sie war aber auch entzückt von Lore und erwies mir die zweifelhafte Ehre, mir mehrfach zu versichern: »Du hast ein Glück gehabt. Mensch, hast du ein Glück gehabt!« Mit der Implikation: mehr Glück, als ich verdiente und bei mir zu erwarten gewesen war. Sie hatte ja in der Vergangenheit mit teils amüsierter, teils besorgter Toleranz zugeschaut, welche Frauen mich entflammten, und fand, daß die Frau, die ich dann schließlich heiratete, alles übertraf, was bei mir zu befürchten gewesen war. Sie und ihr Mann mochten Lore sehr, so daß es zu einer engen Freundschaft kam. Sowohl meine Frau als auch Heinrich Blücher hielten sich aber etwas zurück, da sie wußten, daß Hannah und ich ab und zu auch gern für uns waren. Häufig lud sie mich zu einer Tasse Tee ein, und wir unterhielten uns wie in alten Zeiten. Dann aber kam es zu einer größeren Krise zwischen uns, und zwar anläßlich ihres Buches *Eichmann in Jerusalem*, das aus einer Artikelserie im New Yorker Magazine erwuchs, einer etwa seit den zwanziger Jahren existierenden Wochenzeitschrift mit intellektuellen Ambitionen.[21] Man hatte sie 1961 als Korrespondentin nach Jerusalem geschickt, um von dem Prozeß gegen Adolf Eichmann zu berichten. Ihre Berichte wurden nicht von Jerusalem aus gekabelt und als Tagesbericht veröffentlicht, sondern erschienen erst nach ihrer Rückkehr von Woche zu Woche in literarisch ausgearbeiteter Form. Sie hatte in Jerusalem ihre eigene Überzeugung entwickelt, nicht nur über Eichmann als Person und einzelnen Täter, sondern vor allem über das ganze System der Judenvernichtung, das gewiß von den Nazis geplant, aber von den Juden teils geduldet oder durch erzwungene, bisweilen auch bereitwillige Kollaboration mit ermöglicht worden war. Als sie wieder zurückkam, sagte sie:»Nun, ich glaube, ich werde mit dem, was ich zu berichten habe, im jüdischen Lager einen ziemlichen Aufruhr erregen.«[22] Das war ihr klar. Als sie mir das sagte, wußte ich nicht, was kommen würde, doch das sollte sich bald herausstellen. Vom ersten Artikel an war ich erschrocken – in erster Linie über den Tonfall, zweitens über die explizit antizio-

nistische Note ihres Beitrags und drittens über Hannahs Ignoranz gegenüber jüdischen Dingen. Letztere war mir bekannt
gewesen, denn sie hatte sich nie als Autorität in judaicis ausgegeben. Ihr Wissen vom Judentum war minimal. Ihre Kenntnisse jüdischer Geschichte reichten nicht weiter zurück als bis
zu Moses Mendelssohn. Für sie begann die Geschichte des Judentums – des modernen Judentums, des deutschen, assimilierten und emanzipierten Judentums – im Grunde erst gegen
Ende des 18. Jahrhunderts. Alles Vorherige lag in einem allgemeinen Nebel und verlor sich im Dunkel der Vergangenheit
und der Bibel, die sie nicht kannte. Das Neue Testament kannte
sie gut, hatte sie doch bei Bultmann darüber gelernt. Unsere Bibel dagegen hatte sie wohl nie gelesen. Und so kam etwas heraus, was mich sofort schockierte.

Da war zunächst, was Hannah über den Zionismus schrieb.
Dazu muß man sagen, daß sie einmal eine kurze Gastrolle im
Zionismus gespielt hatte. Als Hitler an die Macht kam, war ihr
klar, daß man nun nur noch von der zionistischen Seite her für
die jüdische Sache eintreten konnte, denn alles andere – das
Programm der jüdischen Assimilation, Emanzipation, des Aufgehens im Wirtsvolk und so weiter – hatte ja im Desaster geendet. Im Gegensatz zu ihrem damaligen Mann Günther Stern,
der sich als Kommunist verstand, war ihr klar, daß man eine
wirksame Antwort auf die Nazisituation nur noch im Kontext
des Zionismus geben konnte. Damit gab sie übrigens ihre Verbindung zur Linken in Deutschland, die ursprünglich durch ihren Mann zustande gekommen war, nicht sofort auf. Vielmehr
gewährte sie in ihrem Appartement in Berlin flüchtigen Kommunisten Unterschlupf – zur großen Angst ihres Mannes. Sie
war ihm an Mut weit überlegen. Aber das Wichtige dabei war
nicht, daß es sich um Kommunisten handelte, sondern es ging
ihr um verfolgte Menschen, denen man natürlich irgendwie
beistehen, ihnen also in diesem Falle auf der Flucht vorübergehend Nachtquartier bieten mußte. Ihr eigenes Engagement

richtete sich aber auf den Zionismus. Das lag weniger an mir, der ich nie versucht hatte, sie zum Zionismus zu bekehren, da mir klar war, daß sie dafür nichts übrig hatte. Ihr Engagement hing vielmehr mit Kurt Blumenfeld zusammen, dem ideologischen Führer des deutschen Zionismus.[23] Er war ein geistreicher, kluger Mann, der aus ihrer Gegend stammte, aber nicht aus Königsberg selbst, sondern aus Insterburg, also ebenfalls aus dem ostpreußischen Judentum. Er hatte ihre Familie, etwa ihren verstorbenen Vater, noch gekannt, und nun lernte er sie durch mich kennen, als er auf einen Vortrag nach Heidelberg kam. Er war einer der vielen, die sich in Hannah Arendt verliebten. Das verstand sich beinahe von selbst, daß Männer von höherer Intelligenz und Sensibilität von Hannah bezaubert wurden, und sie war das auch gewohnt. Oft waren es ältere Männer – so auch Kurt Blumenfeld. Er war allerdings kein Mann, der die Dinge in puncto Zionismus auf sich beruhen ließ, sondern bearbeitete sie. Doch erst Hitler brachte sie dazu, sich für den Zionismus einzusetzen.[24] Ich nehme an, daß es Blumenfeld war, der sie in das neue Netzwerk zionistischer Tätigkeiten einführte. Sie landete schließlich bei der Jugend-Alijah, nachdem sie zuvor schon in der Zionistischen Vereinigung für Deutschland, die mehr und mehr zum zentralen Organ aller deutsch-jüdischen Belange geworden war, Mitarbeitertätigkeiten übernommen hatte. Das war die Zeit, in der Hannah sich selbst »Zionistin« nannte. Sie dauerte nicht lange. Als sie mich – ich glaube 1936 – in Jerusalem besuchte, erklärte sie: »Ich bin jetzt Zionistin.« Aber bereits am Ende des Krieges war das erste, was ich wieder von ihr las, ein Aufsatz in einer jüdischen Zeitschrift in Amerika mit dem Titel »Zionism Reconsidered«, in dem sie sich bereits wieder von den Zielen des Zionismus distanzierte.[25] Und wir in Palästina, in diesen Jahren zwischen Kriegsende und Teilungsbeschluß der Vereinten Nationen und der darauffolgenden Gründung des Staates Israel, waren erschrocken über die Wendung, die ihr Denken in jüdischen Dingen genommen hatte. Es war eine Absage an den Zionismus, mit merkwürdigen Begründungen, über die wir – Freunde, die sie schätzten, darunter Scholem, aber etwa auch eine junge Frau, die mit ihr in der Jugend-Alijah gearbeitet hatte – entsetzt waren und nur die Köpfe schütteln konnten. Doch als wir uns wiedersahen, habe ich das nicht angesprochen.[26] Der Zionismus war eben eine Episode in ihrem Leben gewesen. Ich konnte das um so weniger mit ihr diskutieren, als ich ja schließlich selbst aus dem jüdischen Staat weggegangen war und mich somit nicht gut zum Wortführer des Zionismus machen konnte. Erst mit dem Beginn ihrer Artikelserie im New Yorker begann all dies in unserem Verhältnis eine Rolle zu spielen. Ich sagte: »So kann man über diese Sache nicht reden« – gemeint war sowohl ihre Kenntnis vom Judentum, die sich hier mal wieder als ungemein dürftig und zum Teil falsch erwies, als auch die schneidend sarkastische Art, mit der sie sich über die Rolle der Juden und den vorhitlerschen Zionismus äußerte. Sie brachte es fertig, in dem ersten dieser Artikel, der die Reaktion des deutschen Zionismus zu Beginn des Hitlerregimes behandelte, den berühmten Artikel von Robert Weltsch mit dem Titel »Trag ihn mit Stolz, den gelben Fleck«[27] in »Trag ihn mit Stolz, den gelben Stern« umzubenennen und zu insinuieren, Weltsch habe den Nazis die Idee des Judensterns eingegeben. Sie wußte nicht einmal oder zog es vor, zu vergessen, daß der gelbe Fleck eine Erfindung des Mittelalters gewesen war. Sie ließ es vielmehr so erscheinen, als hätten wir Zionisten die Nazis eigentlich erst auf solche Ideen gebracht. Jener Artikel, der darauf abgezielt hatte, das Selbstbewußtsein der verfolgten deutschen Juden zu stärken, spiegelte aus ihrer Sicht so etwas wie ein Einverständnis mit den Nazis in puncto Nationalismus wider, so als hätten Zionismus und Nationalsozialismus etwas miteinander gemein. Als ich das las, sagte ich ihr am Telefon, ich müsse mit ihr darüber sprechen. Ich bereitete das Gespräch vor, indem ich einen mehrseitigen Brief an sie schrieb und mit Zitaten aus ihrem Artikel einige ihrer Entgleisungen bereits namhaft machte. Nun erfuhr ich aber, daß Hannah nicht mit sich reden ließ, wenn sie sich erst einmal ihre Meinung gebildet hatte. Kein Argument, kein Zureden, keine Berichtigung faktischer Irrtümer vermochte sie in ihrer Grundkonzeption zu erschüttern oder auch nur zum Nachdenken zu bringen. Sie legte eine Rechthaberei an den Tag, die in diesem Falle verderblich war. Ich beschwor sie, diese Artikelserie nicht weiterzuführen oder aber etwas am Stil zu ändern und gewisse Fakten des Zionismus und der jüdischen Geschichte anders sehen zu lernen, sich größere Kenntnisse zu verschaffen. Ich erinnere mich noch, daß ich ihr sagte: »Deine unter den Freunden seit langem berühmte »am-ha-arazut« [Unwissenheit in jüdischen Dingen] spielt dir gefährliche Streiche.« Sie war tatsächlich imstande, zu sagen, die These von der Ewigkeit des Antisemitismus sei eine zionistische Erfindung, die vom Ende des 19. Jahrhunderts stammte.[28] Sie kannte nicht einmal die Pessach-Haggada, worin steht: »Von Geschlecht zu Geschlecht, seit Pharao stand man auf, um uns zu vernichten.« Daß sich dies wie eine Linie durch das jüdische Geschichtsbewußtsein zieht, war ihr nicht bewußt. Vielmehr versuchte sie sich und anderen einzureden, die Auffassung, der Antisemitismus sei gewissermaßen ein natürlicher Bestandteil jüdischen Daseins, verdanke sich lediglich einer zionistischen Erfindung und Besessenheit. Kurz und gut: Ich war erschrocken über solches Nichtwissen vom Judentum, vor allem aber über die Art, wie sie uns und insbesondere den Zionisten, aber auch den Juden im allgemeinen, die Mitschuld an der Shoah gab, anstatt die erzwungene Mitwirkung an der eigenen Vernichtung als tragischen, schrecklichen Tatbestand zu schildern. Hannah erzählte davon nicht wie Primo Levi, der selbst dabei gewesen war, sondern machte sich zur Richterin über das Verhalten von Menschen in dieser entsetzlichen Situation – sie war sich ihrer Sache ungeheuer sicher und ließ, ohne es ausdrücklich zu sagen, durchblicken, sie hätte sich, wäre sie da gewesen, ganz anders verhalten. Ich konnte ihr das weniger und weniger verzeihen, zumal sie dann auch noch die These von der »Banalität des Bösen« vertrat, als sei Eichmann im Grunde genommen ein Unschuldiger, der gar nicht recht wußte, was er tat, sondern einfach treu erfüllte, was ihm aufgetragen war. Von seinem eigenen Fanatismus war bei ihr überhaupt keine Rede, vielmehr war sie auf seine Selbstdarstellung reingefallen. Dabei war es doch aktenkundig, daß Eichmann etwa die Judenvernichtung in Ungarn auch dann noch weiter fortführte, als man schon längst von oben Einhalt geboten hatte. Er wollte dies Werk zu Ende führen. Er hatte gesagt: »Und wenn wir den Krieg verlieren – eines will ich doch erreichen, daß die Juden vernichtet werden.«[29] Hannah hat hier sowohl von der jüdischen als auch von der Nazi-Seite ein schreckliches Zerrbild gezeichnet.

Es kam dann der Augenblick, in dem ich ihr von gemeinsamen Freunden mitteilen ließ, daß ich leider unsere Beziehung abbrechen müsse, da die Grundlage, auf der wir uns menschlich verständigen könnten, das Fundament unserer Freundschaft, durch ihr Eichmann-Buch zerstört worden sei. Dazu kam, daß sie nicht willens war, auch anderen Warnungen Gehör zu schenken. Auch Scholem hatte ihr damals einen wunderbaren Brief geschrieben, den sie schnöde öffentlich beantwortete – schnöde deshalb, weil sie ihm unterstellte, er sei ein bezahlter Sprecher des jüdischen Establishments, das ihn beauftragt habe, sie öffentlich zurechtzuweisen. Scholem hatte Hannah seinerzeit durch mich kennengelernt, als sie während der Nazi-Zeit mit einem Kindertransport der Jugend-Alijah nach Palästina gekommen war, und es entspann sich sofort ein guter Kontakt zwischen ihnen, auch wenn es nie zu einer tiefen Freundschaft kam. Doch nun brach Scholem völlig mit ihr, und er konnte ihr auch später das Eichmann-Buch nie mehr verzeihen.[30] Aber auch Hannah war besessen in dieser Sache. Trat jemand öffentlich gegen sie auf, so war der Betreffende dumm oder von der anderen Seite bezahlt. Plötzlich brach alles zusammen, was mich persönlich mit ihr so vertraut gemacht und ermöglicht hatte, daß man sich alles gegenseitig zugestehen konnte: »Gut, du denkst über die Sache so, ich denke anders, aber wir beiden haben einen guten Grund, eine ernsthafte Haltung in dieser Sache, und gelangen dennoch zu verschiedenen Schlußfolgerungen.« Das konnte ich jedoch nicht mehr gelten lassen, denn ihr Verhalten war nicht mehr respektabel. Mir wurde dann zugetragen, daß Hannah sich jemand anvertraut und gesagt habe: »Selbst der Hans Jonas will nichts mehr mit mir zu tun haben.« Nicht sie hat mit mir, sondern ich habe mit ihr gebrochen. Und nun lebten wir 25 Kilometer voneinander entfernt, sie in New York City, ich in New Rochelle. Ich kam drei- oder viermal in der Woche nach Manhattan, wir hatten gemeinsame Bekannte und Freunde, doch wir sahen uns nicht wieder, wechselten kein Wort, keinen Brief, keinen Gruß. Dabei war klar, daß es nicht Hannahs Entschluß war, sondern meiner. Wie lange dieser Zustand andauerte, ist mir nicht mehr ganz erinnerlich, ich glaube fast zwei Jahre. Bis schließlich Lore ein Machtwort sprach und zu mir sagte: »Hans, das ist doch töricht, was du da tust. Man läßt doch eine solche Freundschaft, wie du sie mit Hannah hattest, nicht zerbrechen, nicht einmal an der tiefsten Meinungsverschiedenheit. Und schließlich ist es doch nur ein Buch. Du kannst sie doch als Mensch nicht einfach aus deinem Leben ausschneiden. Du solltest dich ihr wieder nähern.« Und das tat ich dann auch. Ich weiß nicht wie – ich nehme an, ich habe einfach mal angerufen, und Hannah hat gesagt: »Natürlich, komm her, komm her.« Und wir kamen wieder zusammen, aber mir war klar, daß ich auf eine Aussprache über unseren Konflikt verzichten mußte. Das hatte ich nun gelernt, daß Hannah nicht einlenkte und niemals widerrief. So bestand also die stillschweigende Übereinkunft, einfach nicht davon zu sprechen. Und so war unsere Freundschaft schnell wieder die alte – wenn auch mit dieser vermiedenen Lücke dazwischen. Das war dann doch zum größten Teil wieder vergessen, aber etwas hatte sich in meinem Bilde von ihr geändert. Ich hatte sie als scheues Mädchen kennengelernt. Inzwischen war sie eine überaus selbstbewußte Berühmtheit geworden, die sich sehr autoritativ äußern konnte und vor allen Dingen nicht bereit war, sich in irgend etwas belehren zu lassen. Im Persönlichen aber war sie dieselbe rührende, warmherzige Freundin, die sie vorher gewesen war.

Zu meinem Bild von Hannah Arendt, zu ihrer Art von Freundestreue und völlig unprätentiöser Hilfsbereitschaft gehören auch andere Dinge, von denen ich erst später erfuhr. Sie war, wie ich nach ihrem Tode in meinem Nachruf gesagt habe, ein Genie der Freundschaft.[31] Ein Beispiel, das mich betrifft, zeigt das auf schöne Weise. Ein oder zwei Jahre nach ihrem Tode trafen wir in der Schweiz ihren Vetter Ernst Fürst aus Königsberg, den ich schon von Marburg her kannte. Er war Jurist geworden, lebte in Tel Aviv, und war eine Zeitlang im Bankgewerbe tätig gewesen. Da er der einzige juristisch Ausgebildete in ihrer Familie war, hatte Hannah wiederholt ihr Testament mit ihm beraten und es ab und zu geändert. Und der sagte mir bei dieser Begegnung: »Wissen Sie eigentlich, daß Sie in ihrem Testament gestanden haben?« Sage ich: »Nein.« »Oh ja, eine ganze Zeitlang. Sie hat mir erklärt, da sei der Hans Jonas, verheiratet, drei Kinder, und sie kenne seine Umstände, sein Gehalt, vor allem seine schlechten Pensionsansprüche, und er müsse drei Kinder durchs College bringen. Dabei müsse man ihm helfen.« Sie hatte mir also ein größeres Legat in ihrem Testament zugesprochen, und ich habe nie etwas davon gewußt. Eines Tages bei einem Besuch in Tel Aviv hatte sie dann zu ihrem Vetter gesagt: »Das können wir jetzt ändern. Das ist nicht mehr nötig. Er hat jetzt eine deutsche Pension zugesprochen bekommen, deren Höhe ich genau kenne, weil ich sie auch bekomme.« Diese deutsche Pension war aufgrund einer Neuauslegung des Wiedergutmachungsgesetzes für Akademiker durch das Bundesverfassungsgericht zustande gekommen und hieß bei den wenigen, die davon profitierten, die »Lex Arendt«. Denn Hannah hatte sieben Jahre lang mit Hilfe eines Anwalts durchgefochten, daß wir, die wir in der Nazi-Zeit kurz vor der Habilitation gestanden hatten, so behandelt wurden wie jene, die bereits habilitiert waren und infolgedessen unter das Wiedergutmachungsgesetz für entlassene Beamte fielen. Sie fiel darunter, ich fiel darunter, eine Handvoll anderer Leute. Sie wußte also genau Bescheid. Aber das zeigt eine wichtige Seite ihres Wesens – ihr Mitsorgen für andere, für Menschen, die sie gern hatte. Nur ließ sie nichts darüber verlauten. Eine zweite Geschichte läßt diese Menschlichkeit noch sichtbarer werden. Sie hatte eine Aushilfe, eine Schwarze aus New York namens Sally, die einen Sohn hatte, ein kleines Bübchen, das sie manchmal mit zur Arbeit brachte. Hannah entdeckte schnell, daß das ein hochintelligenter kleiner Junge war. Und sie sagte: »Der sollte nicht auf die öffentliche Schule gehen.« Und so lange sie lebte, hat sie – völlig unabhängig vom Lohn, den sie bezahlte – dafür gesorgt, daß er auf einer Privatschule ausgebildet wurde. Auf ihrer Totenfeier war diejenige, die am meisten schluchzte, ihre Sally. Hannah war ein ungewöhnlicher Mensch. Aber sie hatte eben trotz ihrer großartigen Eigenschaften auch gewisse schwer erträgliche Schwächen, die sich erst herausstellten, als sie zur öffentlichen Person wurde. Am schwersten fiel es mir, ihr zu verzeihen, daß sie die Motive derer, die ihr widersprachen, in Frage stellte. Daß das redliche Überzeugungen waren, die in manchen Fällen eventuell ja auch richtig sein konnten, ließ sie nicht gelten.

II. Philosophie und Geschichte

11. Abschied von Heidegger

Mein Philosophieren nach dem Krieg stand zunächst im Zeichen der Abkehr von Heideggers Philosophie des Existentialismus, der ich meine Philosophie des Lebens entgegenstellte. Einer der Anstöße dazu war sicherlich der Schock über Heideggers Verhalten während der Nazizeit, über seine Freiburger Rektoratsrede am 27. Mai 1933[1] und darüber, wie schäbig und schändlich er sich gegenüber Husserl verhalten hatte.[2] In meiner Londoner Zeit hatte ich gehört, daß er Nazi geworden war, und als ich mich fassungslos mit Freunden darüber unterhalten habe, wie das möglich war, sagte mir jemand, der sich auskannte, ich hätte die Entwicklung einfach nur nicht bemerkt, und er fragte mich: »Wieso bist du zu dem gegangen? Das kann ich immer noch nicht begreifen. Und weshalb wundert dich das so? Dazu waren doch die Anlagen erkennbar in Heideggers Denken. Das ist keine wirkliche Überraschung, denn viele Züge des Heideggerschen Denkens, zum Beispiel die Blut- und Bodenromantik und ähnliche Dinge, machen ihm das nationale Erwachen bejahenswert.« Ob diese Leute nur mit Nachwissen sprachen oder ob es wirklich stimmte, was sie sagten, daß das schon vorher für sie erkennbar gewesen war, kann ich nicht beurteilen. Für mich jedenfalls, auf den Heidegger großen Einfluß genommen hatte,[3] war dies eine grausame, bittere Enttäuschung, und zwar eine Enttäuschung, die sich nicht nur auf seine Person bezog, sondern auch auf die Kraft der Philosophie, Menschen vor so etwas zu bewahren. Heidegger ist, was die Originalität des Denkens betraf, eine gewaltige Figur der Geistesgeschichte, ein Bahnbrecher, der Neuland erschlossen hat. Das Einschwenken des tiefsten Denkers der Zeit in den tosenden Gleichschritt der braunen Bataillone erschien mir als katastrophales Debakel der Philosophie, als welthistorische Blamage, als Bankrott philosophischen Denkens. Ich hegte damals die Vorstellung, vor so etwas sollte die Philosophie schützen, dagegen sollte sie den Geist feien. Ja, ich war sogar überzeugt, daß der Umgang mit den höchsten, wichtigsten Dingen den Geist eines Menschen adelt und auch die Seele besser macht. Und nun erkannte ich, daß die Philosophie das offenbar nicht getan, diesen Geist nicht vor dem Irrweg geschützt hatte, Hitler seinen Beitrag zu zollen, ihn sogar offenbar, wenn die Leute recht hatten, mit denen ich sprach, dazu prädisponiert hatte. Das durfte nicht sein. Alles Mitläufertum, alles Umfallen damals, alle Gleichschalterei – überall konnte man Dummheit, Verblendung, Schwäche, Feigheit als Gründe anführen, aber daß der bedeutendste, originellste philosophische Denker meiner Zeit da mitmachte, das war ein ungeheurer Schlag für mich – nicht nur persönlich, sondern im Sinne eines ernstzunehmenden Ereignisses in der Philosophiegeschichte selbst.

Ich habe daher nach dem Krieg keinerlei Verbindung mehr zu Heidegger gesucht und auch philosophisch mit ihm gebrochen. 1945 bei meinem Besuch in Marburg habe ich kurz mit Rudolf Bultmann über ihn gesprochen. Er sagte lediglich, seit 1933 bestehe keinerlei Verbindung mehr zwischen ihm und Heidegger. Zunächst spielte dieses Thema in unseren Unterhaltungen kaum eine Rolle. Es wurde aber später wieder zum Thema, und zwar bei folgender Gelegenheit: 1959/60, als ich mit meiner Familie ein Sabbatical in München verbrachte, aber viel herumfuhr und an einigen deutschen Universitäten Vorträge hielt, kam ich auch nach Heidelberg. Der Vortrag dort wurde gemeinsam von der philosophischen und theologischen Fakultät veranstaltet, was häufig geschah, weil ich mir einerseits durch die Gnosis-Arbeit bei den Theologen einen Namen gemacht hatte, andererseits aber Philosoph war und um jene Zeit bereits philosophische Arbeiten veröffentlicht hatte, die nichts mit der Thematik der Gnosis zu tun hatten.[4] Ich war inzwischen zur säkularen Philosophie zurückgekehrt. Unter denen, die mich in Heidelberg begrüßten, befand sich der evangelische Theologe Günther Bornkamm, ein alter Kollege aus Marburg, der auch bei Heidegger Vorlesungen gehört, vor allem aber bei Bultmann studiert und promoviert hatte. Wir kannten einander ganz gut. Er war inzwischen Ordinarius für Neutestamentliche Theologie an der Universität Heidelberg. Nach meinem Vortrag kam er zu mir, und nach einer herzlichen Begrüßung sagte er:»Ich muß einen Auftrag ausführen, der mir ans Herz gelegt worden ist. Vor 14 Tagen hielt Martin Heidegger einen Vortrag hier in Heidelberg. Ich erwähnte ihm gegenüber, daß wir Sie erwarten, worauf er mir auftrug, Sie herzlich von ihm zu grüßen, und er machte mir klar, daß er großen Wert darauf legt, daß ich das auch nicht vergesse. Ich habe ihm also versprochen, ich würde Ihnen seine Grüße ausrichten.«

Da verschlug es mir den Atem, denn darauf war ich nicht im mindesten vorbereitet gewesen. Ich hatte nach dem Krieg nie den Versuch unternommen oder auch nur den Wunsch gehegt, wieder mit Heidegger persönlich in Kontakt zu kommen. Anders als Hannah hatte ich ihm nicht verziehen. Und nun mußte ich in diesem Augenblick buchstäblich stante pede entscheiden, wie ich darauf reagieren sollte! Ich erinnere mich, daß ich eine halbe Minute lang schwieg. Es ging mir vieles durch den Kopf. Mir war klar, daß dies keine oberflächliche Geste war, wie wenn jemand so dahin sagte:»Ach, grüßen Sie den doch bitte.« Da Heidegger nichts spontan, ex tempore und unüberlegt machte, verbarg sich dahinter eine klare Absicht: Er gab mir zu verstehen, daß er es begrüßen würde, wenn wir wieder in Kontakt träten. Die Frage aber war, ob ich die ausgestreckte Hand ergreifen sollte oder nicht. Nach längerem Überlegen gab ich schließlich meine Antwort, die aus einem Wort bestand: »Danke.« Mit anderen Worten, ich dankte Bornkamm für die Überbringung dieser Botschaft, ließ aber das »Nein« mitklingen. Damit war die Sache allerdings nicht zu Ende. Sie ließ mir keine Ruhe, sondern ging mir immer wieder im Kopf herum. Es befielen mich sogar Zweifel, ob ich richtig gehandelt habe. Immerhin war es keine leichte Entscheidung, vieles in mir sprach gegen sie, denn es war schließlich nicht aus der Welt zu schaffen, daß Heidegger in meinem Leben etwas Wesentliches bedeutet hatte.

Also legte ich wenig später bei einem Besuch in Marburg Bultmann die Frage vor. Ich schilderte ihm die Szene mit Bornkamm und sagte: »Lieber Freund, sagen Sie mir bitte, was denken Sie: Habe ich richtig gehandelt oder nicht? Ich möchte gern Ihren Rat hören, denn ich bin mir selbst nicht sicher.« Darauf erwiderte Bultmann: »Da möchte ich mit einer Geschichte antworten. Im Jahre 1948 oder 1949, also einige Jahre nach Ende des Krieges, kam ich nach Zürich. Ich war dort eingeladen, um mehrere Vorträge zu halten. Es war meine erste Auslandsreise nach dem Kriege, und ich wohnte in einem Hotel. Und plötzlich kam eines Nachmittags von der Rezeption ein Anruf, und man teilte mir mit: ›Es ist ein Herr Professor Heidegger hier unten im Vestibül, der anfragen läßt, ob er heraufkommen darf, Sie zu besuchen.‹« Es hatte sich so getroffen, daß auch Heidegger um diese Zeit in Zürich einen Vortrag zu halten hatte und von Bultmanns Anwesenheit wußte. Und Bultmann sagte: »Bitte schön, senden Sie den Herrn herauf.« »Und dies war das erste Mal«, fuhr Bultmann fort, »daß wir uns seit 15 Jahren wiederbegegneten. Denn seit 1933 hatten wir – auch brieflich – nie mehr ein Wort gewechselt. Er kam also herauf, und wir unterhielten uns. Und nach einiger Zeit sagte ich folgendes zu ihm: ›Martin, es ist jetzt an der Zeit, du kannst es nicht länger aufschieben, eine öffentliche Erklärung abzugeben. Das erwarten wir von dir, das bist du dir selbst und uns schuldig. Du mußt dich auch jetzt öffentlich zu dem äußern, was du damals 1933 ebenfalls öffentlich verkündet hast, und einen wirklichen Widerruf leisten.‹ Und Heidegger versprach mir, das zu tun. Und lieber Herr Jonas, lieber Freund: Inzwischen sind zehn Jahre vergangen, und er hat es nicht getan. Und solange er das nicht getan hat, sich öffentlich zu distanzieren von dem, was er damals gesagt hat, ist Ihre Reaktion die einzig richtige gewesen.

Das ist meine Antwort.« Er wollte damit auch sagen, daß es bei mir – als Jude – etwas anderes war als bei ihm und daß er an meiner Stelle auch den Kontakt verweigert hätte. An Bultmann hatte Heidegger ja keine besondere Untat begangen, während er sich sowohl durch seine allgemeine Zustimmung zur deutschen nationalen Erhebung und zum nationalsozialistischen Programm als auch durch seine Behandlung Husserls und ähnliche Dinge an der Verfemung der Juden beteiligt hatte. Bultmann konnte leichter wieder mit ihm in einen brieflichen Verkehr treten. Später kam es dann sogar zum »Treffen der alten Marburger«: Einmal im Jahr versammelten sich in Marburg die Leute von damals aus den zwanziger Jahren, Theologen und Philosophen, welche die Heidegger-Bultmann-Epoche zusammen erlebt hatten. Heidegger kam regelmäßig dorthin, ebenso eine ganze Anzahl meiner alten Mitstudenten, die inzwischen alle wohlbestallte deutsche Akademiker waren, und selbstverständlich ging auch Bultmann hin, so daß sie sich dort wiederbegegneten. Gewiß, es war nicht mehr die alte Freundschaft, aber jedenfalls bestand wieder eine Beziehung. Aber Bultmann hatte das Gefühl, bei mir liege das anders, ich hätte ein Anrecht darauf, vor einer neuerlichen Begegnung erst einen Widerruf Heideggers zu fordern.

An diesen Rat habe ich mich viele Jahre lang gehalten. Erst als Heideggers achtzigster Geburtstag allmählich näher rückte, sagte ich mir: »Er ist nicht nur einer der bedeutendsten Denker unseres Jahrhunderts, sondern der Mann, von dem ich wie von keinem anderen Philosophen gelernt habe und philosophisch mitgeprägt wurde – eine große, nicht auszulöschende Tatsache in meinem Leben, in meiner philosophischen Existenz. Bevor er stirbt, möchte ich ihm doch noch einmal begegnen.« Und da schickte ich ihm, als ich auf einem Besuch in Deutschland und in der Schweiz war, aus Bern einen Brief nach Freiburg. Bald darauf erhielt ich einen Antwortbrief aus Zürich, wo er sich zufällig aufhielt. Mein Brief begann mit den Worten: »Sehr ge-

303

ehrter Herr Heidegger, ein Brief von mir kann wohl auf keine freundliche Aufnahme von Ihnen rechnen.« Diese Formulierung bezog sich darauf, daß ich in der Zwischenzeit auf einer internationalen Konferenz an der Drew University in New Jersey einen großen kritischen Angriff gegen Heidegger unternommen hatte. Anlaß war eine dreitägige internationale Tagung über Probleme der Hermeneutik, besonders über die Rolle des späteren Heidegger für die Sprache der evangelischen Theologie. Heidegger hatte erst sein Erscheinen zugesagt, dann aber doch abgesagt, und statt seiner war ich eingeladen worden, den Eröffnungsvortrag zu halten – unter der irrigen Vorstellung, daß ich als alter Heidegger- und Bultmann-Schüler eine ideale Person sei, dieses Symposium zu eröffnen. Ich nahm diesen Auftrag an. Es ist eines der wenigen Male, wo ich zugegebenermaßen nicht tadellos aufrichtig war, denn ich tat nichts, um den Eindruck zu zerstreuen, dies werde eine Heidegger bejahende, ihm freundlich gesonnene Einführung sein. Vielmehr dachte ich: »Dies ist meine Stunde, der Augenblick der Abrechnung.« Und so hielt ich einen Vortrag mit dem Titel »Heidegger and Theology«, der 1964 auf deutsch erschien.[5] Meine Einleitungsrede wurde eine Sensation. Ich bekam stehende Ovationen, alle erhoben sich von ihren Plätzen, und am anderen Tag brachte die New York Times auf der ersten Seite einen großen Bericht darüber, daß sich hier durch einen einzigen Vortrag der Ton der Konferenz vollständig verwandelt habe und von nun an weniger Heidegger als Jonas im Zentrum des Interesses stehe. Am Tag darauf mußte ich dem theologischen Berichterstatter der New York Times ein Interview geben, das dann auf der ersten Seite im kulturellen Teil erschien. Eine Frontkriegsache – mit großer Schlagzeile. Es war eine Sensation und ein Heidegger-Desaster. Die Heidegger-Schüler, die aus Europa, vor allem aus Deutschland und aus der Schweiz gekommen waren, waren vollkommen vor den Kopf gestoßen, während die amerikanischen Theologen mir zujubelten.

Einer der Hauptwortführer der deutschen Theologen war Heinrich Ott, der Nachfolger Karl Barths auf dem theologischen Lehrstuhl in Basel.[6] Es ging um folgende einfach zu benennende Frage: Stellt die Sprache Heideggers, nicht die von *Sein und Zeit,* die Bultmann in seinem interpretatorischen Werk so stark verwendete, sondern jene orakelhafte Sprache des späteren Heidegger, ein adäquates Ausdrucksmittel dar, um Theologie zu artikulieren? Das war die positive Grundannahme, von der die Konferenz ursprünglich ausgegangen war. Die deutschsprachigen Theologen, die es mit der Philosophie hielten, vertraten die Auffassung, daß ihnen hier philosophisches Denken wieder einmal die Möglichkeit bot, ihre christliche Theologie – anstatt in der veralteten Sprache des Neuen Testaments und der Bibel – in der allermodernsten Sprache der letzten und schicksten Philosophie zur Sprache zu bringen. So wie es einst mit Hegel gewesen war, so sollte es nun mit Heidegger geschehen. Diese Annahme zerstörte ich nun von vorneherein, und zwar mit der Gegenthese, Heideggers Philosophie sei, samt der Sprache, die sie erzeugt habe, ihrem Wesen nach zutiefst heidnisch, und die christlichen Theologen wüßten nicht, auf was sie sich da einließen. Zudem betonte ich, daß es paradoxerweise ein Jude sein mußte, ein nichtchristlicher Philosoph, der die Theologen hier vor einer Eheschließung oder einem Bündnis zurückhalten müsse, das der christlichen Sache nur verderblich sein könne. Ich illustrierte das an Redewendungen und Gedankengängen des späten Heidegger, denen ich die der biblischen Botschaft gegenüberstellte. »Läßt sich die Theologie«, so fragte ich meine Zuhörer, durch die Heideggersche Philosophie »vielleicht auf fremden Boden locken, der nur gefährlicher wird durch die Hülle des Geheimnisvollen, den Ton der Inspiration, der ein Heidentum so viel schwerer erkennbar macht als das von schlicht und unverblümt profanen Philosophien?«[7] »Meine theologischen und christlichen Freunde«, rief ich ihnen zu, »seht ihr nicht, womit ihr zu tun habt? Fühlt ihr nicht den tief heidnischen Charakter von Heideggers Denken? [...] Daß die Theologie diesen Feind, – zugegebenermaßen kein verächtlicher Feind, von dem sie so viel über die Kluft, die weltliches Denken und Glauben trennt, lernen könnte – in ihr inneres Sanktum einläßt, erstaunt mich. Oder, um mich ehrfürchtig auszudrücken: es übersteigt meine Vernunft.«[8] Auch deutete ich an, als ich von Heideggers »Ruf des Seins« sprach, wie zwiespältig dieser Ruf sein kann: »Heideggers eigene Antwort ist zur Schande der Philosophie aktenkundig und, ich hoffe, nicht vergessen.«[9] Und nicht zuletzt konfrontierte ich Heideggers Auffassung vom Menschen als dem »Hirten des Seins« mit der schlichten Forderung der Bibel und dem Versagen der Menschheit in unserer Zeit: »Der Mensch sei der Hirte des Seins – nicht etwa seiender Geschöpfe, sondern des Seins! Abgesehen von dem lästerlichen Klang, den dieser Gebrauch des geheiligten Titels für christliche und jüdische Ohren haben muß, ist es schwer verdaulich, den Menschen als Hirten des Seins gefeiert zu hören, wenn er eben so kläglich versagt hat, der Hüter seines Bruders zu sein. Dies zu sein, hatte die Bibel ihm zugedacht.«[10] Es war einer der rhetorisch wirksamsten, aber auch gedanklich am sorgfältigsten durchgearbeiteten Vorträge, die ich jemals gehalten habe.

Unter meinen Zuhörern an der Drew University befand sich auch ein jesuitischer Theologe namens William J. Richardson, der gerade um jene Zeit ein opus magnum über Martin Heidegger zum Abschluß gebracht hatte und zu dem entgegengesetzten Ergebnis gekommen war, Heidegger und das Christentum vertrügen sich sehr wohl miteinander. Ein berühmtes, höchst umfangreiches Buch.[11] Etwas mehr als einen Monat nach der Konferenz fand die alljährliche Suarez-Lecture an der Fordham University statt, einer der katholischen Universitäten New Yorks, an der Richardson lehrte. Er hatte für diese Vorlesungsreihe anläßlich des Erscheinens seines Buches einen Vortrag über Heidegger angekündigt, der, etwas satirisch ausgedrückt, die christliche Tauglichkeit seiner Spätphilosophie behandelte, sein Arrangement mit dem christlichen Gottesglauben. Nach meinem Vortrag hatte er sich hingesetzt und einen neuen Vortrag ausgearbeitet. Ich bekam zwar keine Einladung, hörte aber davon und erschien etwas verspätet zur Suarez-Lecture, weil ich keinen Parkplatz gefunden hatte. Als ich mit Lore den Saal betrat, war sofort das erste Wort, das ich hörte, »Jonas.« Richardson erzählte gerade, was er ursprünglich vorgehabt hatte – und dann fuhr er fort: »But Jonas changed all that.« Dann berichtete er, was sich kürzlich an der Drew-University ereignet hatte, und trug dann seine Antwort auf meine Thesen vor. Der Vortrag erschien später in einer philosophischen Zeitschrift unter dem Titel – und nie wieder bin ich in einer solch vornehmen Gesellschaft erschienen – »Heidegger and God: And Professor Jonas«.[12] Er warf mir darin vor, daß ich Heidegger völlig mißverstanden habe und der richtig verstandene Heidegger durchaus für die theologische Sprache der Gegenwart von Bedeutung sei. Wir pflegten dennoch weiter freundliche Beziehungen. Er hatte mich, nachdem er mich im Zuschauerraum gesehen hatte, nach seinem Vortrag noch in einen kleinen Raum eingeladen, wo man ein Glas Wein miteinander trank. Und er fragte etwas ängstlich, ob ich ihm das sehr übel genommen habe. Ich sagte: »Nicht im geringsten. Es hat mich sehr interessiert.«

Noch wirkungsvoller als in Amerika war mein Vortrag allerdings in Deutschland. Binnen kürzester Zeit verbreitete sich die Kunde davon auch dort, und ich erhielt Anfragen von deutschen Universitäten, ob ich nicht herüberkommen und den Vortrag auf deutsch halten könne. Bald wurde für mich ein Reiseplan von Universität zu Universität zusammengestellt. Ich nahm die Einladung an, schrieb eine deutsche Fassung und reiste los. Ich war unter anderem in Frankfurt und Heidelberg, während ich natürlich Freiburg mied, denn den Vortrag wollte ich nun doch nicht vor Heideggers Nase halten. Ich erinnere mich noch, daß Theodor W. Adorno begeistert war, während Gadamer aufgeregt wirkte, sich aber nicht an der Diskussion beteiligte und mir später sagte: »Ich wollte nicht unsere Freundschaft aufs Spiel setzen. Infolgedessen habe ich geschwiegen. Aber privat muß ich Ihnen doch sagen, daß Ihre Heidegger-Kritik vollkommen verfehlt ist.« Gadamer ließ nichts auf Heidegger kommen. In Tübingen verdankte ich meinem Vortrag meine erste und leider zugleich letzte Begegnung mit Ernst Bloch, der im Auditorium saß. Er war sehr davon angetan und hat meine Ausführungen gern gehört. Am nächsten Tag lud er mich zu sich ein, und ich verbrachte einen Nachmittag mit gutem Wein und einem schönen Gespräch. Er war damals ein alter, geistreicher Mann, mit viel Humor. Insgesamt fand mein Vortrag überall großen, zum Teil auch schadenfrohen Beifall. Endlich konnte man gewissen Ressentiments gegen Heidegger Luft machen. Es war wieder erlaubt und anständig, auch gegen Heidegger zu sein. Natürlich erfuhr Heidegger von meinem Vortrag, zumal davon auch in der Presse berichtet wurde. Im Herbst des Jahres kehrte Richardson von einem Sommerbesuch, bei dem er Heidegger in Todtnauberg besucht hatte – er war ihm willkommen aufgrund seines Buches – nach Amerika zurück. Er berichtete mir, Heidegger habe sich bei ihm beklagt: »Mein ehemaliger Schüler Jonas ist hier diesen Sommer oder dieses Frühjahr von Universität zu Universität gefahren mit einer großen Attacke gegen mich.« Die eigentliche Klage aber lautete: »Und niemand ist aufgestanden, um für mich Partei zu ergreifen.« Nun, das war natürlich eine Übertreibung, denn es ist sehr wohl hie und da jemand aufgestanden und hat die Heideggersche Seite vertreten. Meine Tournee mit dem Vortrag »Heidegger und die Theologie« gab dann hinterher einem ganzen Buch mit Abhandlungen zu dieser Thematik den Namen.[13]

Es kam dann 1969 doch noch einmal zu einer persönlichen Begegnung mit Heidegger, auf die ich mich einließ, weil ich eine Versöhnung herbeiführen wollte, die dann im Grunde auch erfolgte. An Bultmann schrieb ich damals: »Ich möchte Ihnen auch erzählen, daß ich mich mit Martin Heidegger nun endlich, im Herannahen seines 80. Geburtstages, ausgesöhnt und vor einigen Tagen ein schönes Gespräch in Zürich gehabt habe.«[14] Unsere Begegnung bestand allerdings im wesentlichen aus einem kurzen Austausch von Erinnerungen aus der Marburger Zeit, während die für mich entscheidenden Dinge nicht zur Sprache kamen. Sollte ich darauf gehofft haben, es könnte ein Wort fallen über die Geschehnisse nach 1933, über das Ergehen der Juden in Nazideutschland, über das Schicksal meiner Mutter, so wurde ich erneut bitter enttäuscht. Ich hatte mit diesem Treffen für mich das Ringen um meine Beziehung zu Heidegger zum Abschluß gebracht, aber eine Klärung von seiner Seite aus, geschweige denn ein Wort des Bedauerns, erfolgte nicht. Was uns beide auf Dauer trennte, blieb von Schweigen umhüllt.

12. Wert und Würde des Lebens: Philosophie des Organischen und Ethik der Verantwortung

Die ersten Schriften, die ich im angelsächsischen Bereich veröffentlichte – mit Ausnahme des Gnosis-Buchs und des im Anhang dazu gedruckten Aufsatzes »Gnosticism and Modern Nihilism«, in dem ich auf die Verwandtschaft zwischen der antiken Gnosis und dem existentialistischen Welt- und Daseinsverständnis hinwies[1] –, beschäftigten sich mit völlig anderen Themen als mit denjenigen, mit denen ich mich bis dahin auf deutsch befaßt hatte. Dabei war die Umstellung auf die englische Sprache, auf die ich mich durch die Lektüre der London Times und englischer philosophischer Literatur, darunter David Hume und John Stewart Mill, vorbereitet hatte, nicht zu vergleichen mit den Problemen, die ich seinerzeit beim Versuch der Hebraisierung in Palästina bewältigen mußte. Hilfreich war dabei die Tradition der englischen akademischen Prosa, in der Einfachheit und Verständlichkeit viel wichtiger sind als in Deutschland, wo das Kulturbewußtsein Tiefgründigkeit oft mit einer literarisch scheußlichen Komplexität verwechselt. So gab ich mir beim Schreiben jetzt viel mehr Mühe, meine Gedanken scharf und klar auszudrücken, als bei der Formulierung meiner deutschen Schriften, in denen ich mir noch die Freiheit genommen hatte, mich etwa im Jargon Heideggers oder Kants auszudrücken. Inhaltlich führte ich meine Beschäftigung mit den Naturwissenschaften fort, die während des Krieges begonnen hatte, konkret: mit dem, was die Naturwissenschaften über die Wirklichkeit und insbesondere über die Natur des Seins zu lehren hatten. Ich hatte bereits in Jerusalem bei einer vom British Council veranstalteten Vortragsreihe über das Verhältnis zwischen Philosophie und Naturwissenschaften gesprochen und war aus dem Krieg mit einem Plan zurückgekehrt, den ich in den wenigen stürmischen Jahren, die ich noch in Israel verbrachte, nicht recht in Angriff hatte nehmen können. Der erste Aufsatz, den ich in der Ruhe Kanadas auf englisch verfaßte, trug den Titel »Is God a Mathematician?« Ich setzte mich darin mit klassischen Schöpfungsvorstellungen sowie dem judäo-christlichen Transzendenzverständnis auseinander und formulierte Ansätze einer philosophischen Biologie. Der Aufsatz wurde später ein wichtiges Kapitel in meinem Buch *The Phenomenon of Life*.[2]

Von da an veröffentlichte ich in verschiedenen Organen Einzelaufsätze und beschäftigte mich vorwiegend mit der Philosophie des Organischen. Auf dem internationalen Philosophenkongreß in Brüssel, der den Anlaß zu meiner ersten Europareise nach 1945 bot, sprach ich über »Motivity and Emotion on the Animal' s Soul« – eine Studie darüber, was eigentlich das Tierische im Unterschied zum Pflanzendasein wie zum Menschlichen ausmacht.[3] Ein fast aristotelisches Thema, und ich weiß noch, wie mich Nathan Rotenstreich, der aus Jerusalem gekommen war (ein typischer Neukantianer und Nachfolger Hugo Bergmans an der Hebräischen Universität), fragte: »Wieso interessiert dich eigentlich die Tierseele? Ist das ein philosophisches Thema?« Sie war aus seiner Sicht völlig irrelevant. Der erste Vortrag, den ich auf einer Tagung der American Philosophical Association in Boston hielt, war bereits eine Auseinandersetzung mit Alfred North Whitehead, der für meine Philosophie zunehmend wichtig wurde. Da ich damals noch naiv und gläubig genug war, anzunehmen, man müsse sich an die vorgegebene Zeit halten, trug ich eine kurze, scharf durchformulierte Abhandlung über »Causality and Perception« vor, in der ich ein kantisches Problem mit den von mir neu erworbenen ontologischen Mitteln bearbeitete, die ich aus der Philosophie Whiteheads geschöpft hatte, in gewisser Hinsicht aber über sie hinausging.[4] Der Text war bereits vorher eingesandt und vervielfältigt worden, und in der ersten Reihe saß unter den etwa 20 bis 30 Zuhörern jemand, der den Text in der Hand hielt, meinen Vortrag aufmerksam verfolgte und mich nachher beglückwünschte. Es stellte sich heraus, daß das ein Schüler Whiteheads war, der um jene Zeit sozusagen der offizielle Vertreter der Whitehead-Schule in den Vereinigten Staaten war. Whitehead hatte zwar keinen nationalen Rang in der amerikanischen Philosophie gewonnen, denn ein Mann, für den die Metaphysik ein ernsthaftes philosophisches Thema war, war in diesem positivistischen und zugleich analytisch logischen Klima der amerikanischen Philosophie ein Fremdling. Dennoch war er eine gewaltige Figur, die einen in ganz Amerika verstreuten Schülerkreis hatte.[5] Ich selbst gehörte bald, als ich in New York war, zu den wenigen in Amerika, die Seminare und Kurse über Whitehead anboten.

Die Übernahme von Vorträgen bei akademischen Gelegenheiten in oder außerhalb von New York nutzte ich dazu, dem Puzzle meiner Philosophie des Organischen ein weiteres Stück hinzuzufügen. Ein wichtiger Wendepunkt ergab sich 1958, als das 25-jährige Jubiläum der University in Exile anstand, die ja 1933 dank der Initiative und schöpferischen Vision Alvin Johnsons gegründet worden war. Obwohl ich erst drei Jahre zuvor als jüngstes Mitglied an die New School gekommen war, trug man mir an, den akademischen Festvortrag zu halten, und es war wohl Alfred Schütz, Gott habe ihn selig, der die Idee hatte, ich sollte über »The Practical Uses of Theory« sprechen. Das Thema war also nicht meine Idee gewesen, doch ich hatte keinerlei Grund, es abzulehnen, sondern dachte im Gegenteil: »Darüber muß mal wirklich ernsthaft nachgedacht werden.« Und so machte ich mir anläßlich dieser feierlichen Gelegenheit zum ersten Mal begrifflich klar, was mir in einem allgemeinen Sinne natürlich nicht neu war, was ich jedoch nie durchgedacht und begrifflich akzentuiert hatte: den radikalen Unterschied zwischen der Rolle des Erkennens im antiken Sinne und jener im modernen Sinne. Mir wurde bewußt, daß an die Stelle der Würde des Betrachtens des Seins, wie es Aristoteles, Platon und die Stoiker entwickelt haben, etwas getreten ist, was von vornherein auf praktische Anwendung, und zwar auf die Beherrschung der Natur ausgerichtet ist: Das Erkennen des Seins zielt nicht mehr auf das Verständnis der Natur und die Kontemplation der zeitlosen Ordnung der Dinge, sondern befaßt sich ganz im Gegenteil damit, die Natur dazu zu nötigen, etwas zu tun, woran sie selbst gar nicht denken würde, wozu man sie aber bringen kann, wenn man ihr ihre eigenen Verfahrensweisen abgeschaut hat. Und so begann ich diesen Vortrag mit einer Gegenüberstellung zweier Zitate. Das erste stammte aus Thomas von Aquins Kommentar zu Aristoteles' *De anima*, wo er davon spricht, daß die unterschiedlichen Beschäftigungen der Menschen verschiedene Würde haben: Die einen – die praktischen – sind zum Nutzen und die anderen, die theoretischen Tätigkeiten, geschehen um ihrer selbst willen, weshalb ihnen die höhere Würde zukommt. Dem stellte ich ein Zitat von Francis Bacon gegenüber, der dreihundert Jahre später den Zweck des Wissens darstellte und feierte – nämlich daß es den Menschen Einblicke zum Zwecke der Herrschaft über die Natur verschafft. Man kann dieses Wissen allerdings nur gewinnen, wenn man der Natur auf die Finger schaut, um ihr dann im Experiment gewisse Verhaltensweisen abzuringen. Es befähigt den Menschen, zum Zwecke der Hebung des menschlichen Zustandes auf Erden über die Natur hinauszugehen. Das eigentliche Ziel des Erkennens, so Bacons Vision, besteht nicht in der Betrachtung des Ewigen, wie etwa bei Plato der Eros des Erkennens schließlich über das Zeitliche hinaus auf das Ewige verweist, sondern darin, die Herrschaft über die Natur zu gewinnen. Das Königreich des Menschen ist das einer von ihm beherrschten Natur, durch die das Elend unserer Angewiesenheit auf ihre kargen Schätze ersetzt wird durch den Überfluß, den wir der Natur abgewinnen können; dadurch wird die Herrschaft von Menschen über Menschen überflüssig, denn ihr Ziel lag stets darin, andere Menschen von den knappen Gaben der

Natur auszuschließen. In der Folge stellte ich dar, weshalb die moderne Wissenschaft zur Technik führt, daß das nicht eine Frage einer uns freigestellten Anwendung des Wissens auf die Natur ist, sondern daß sich das moderne Naturwissen seiner eigenen Tendenz nach in technischen Folgen auswirken muß. Damit leitete ich erstmals theoretisch das Wesen der modernen Technik aus dem Wesen der modernen Naturwissenschaft her und legte dar, daß damit eine unaufhaltsame Dynamik in Gang gesetzt worden ist, die dazu führt, daß nicht mehr zu unterscheiden sein wird, ob – mit einem antiken Beispiel gesprochen – der Mensch der Wagenlenker ist, der die Rosse antreibt, oder ob er lediglich von einer anderen Macht mitgeschleift wird. Damit war das Thema der Schicksalsbedeutung und Problematik der modernen Technik im Kontext der Eigenart der modernen Naturerkenntnis und Wissenschaft angeschlagen.[6]

Der Vortrag erregte Aufsehen. Leo Strauss, der damals aus Chicago zu der Feier angereist war, sagte zu mir: »Das ist das Philosophischste, was du je gesagt hast.« »Und übrigens«, fügte er hinzu, »das war so dicht und konzentriert, daß selbst ich nicht in allem folgen konnte. Es versteht sich von selbst, daß du das weiter ausarbeiten mußt.« Dieser Vortrag war gewissermaßen ein Markstein meines theoretischen Werks. Ein weiterer wichtiger Vortrag, den ich zu meinen bedeutendsten Arbeiten rechne, war »The Nobility of Sight. A Study in the Phenomenology of Senses«, über den Aron Gurwitsch ausnahmsweise einmal glücklich war, weil er zumindest in die Nähe der Phänomenologie führte. Ich verwies darin auf die organische Basis all unserer geistigen Leistungen und Möglichkeiten, auf die Verbindung von Organismus und höchster, selbst abstraktester Geistigkeit, denn ich erblickte in der Eigenart des menschlichen Sehens die Grundlage für Abstraktion und Begrifflichkeit, mehr noch als im Tasten und Hören.[7] Hannah Arendt, die den Vortrag las, als er fertig war, sagte zu mir: »Das ist schön. Da hast du nun ein ganzes Leben lang geschaut und gesehen und dich dessen erfreut, was deine Augen gesehen haben. Und nun hast du aufgeschrieben, was das Sehen eigentlich ist.« Aber Lore, die genau wußte, daß ich ein Buch über die Philosophie des Organismus schreiben wollte, war unzufrieden mit mir, weil immer nur Einzelaufsätze herauskamen, in denen ich immer nur Aspekte des Ganzen ausarbeitete, anstatt alles zu einem einheitlichen Werk zusammenzufügen. Als ich im Laufe der sechziger Jahre endlich das Buchmanuskript niedergeschrieben hatte, schickte ich es an die University of Chicago Press, die mehr als sorgfältig und bedächtig vorging, Gutachten einholte und das Buch erst nach zwei Jahren ablehnte. Diese Absage war nicht ungerecht, wie ich nachträglich zugeben muß, denn das Buch war unnötig schwierig, straff komponiert und in systematischer, philosophischer Sprache abgefaßt, so daß die Leserschaft dafür von vornherein beschränkt war.

Da ich nun so viel Zeit verloren hatte, entschloß ich mich, das Buch nicht etwa umzuschreiben, sondern jene Aufsätze – die Bearbeitungen von Einzelaspekten meiner inzwischen reichen und vielfältigen neuen Philosophie –, die bereits vorlagen und die wichtige Facetten der Theorie des Organismus darstellten, nach sachlichen Gesichtspunkten zu Kapiteln anzuordnen und unter dem Titel *The Phenomenon of Life. Toward a Philosophical Biology* zu veröffentlichen. Das Buch erschien 1963 in englischer Sprache, aber erst 1973 in einer deutschen Ausgabe unter dem Titel *Organismus und Freiheit*.[8] Obwohl das Buch auf schriftstellerisch unvollkommene Weise zustande gekommen ist, weil es nicht als Ganzes entworfen wurde, betrachte ich es als mein philosophisch wichtigstes Werk, weil darin die Ansätze zu einer neuen Ontologie entwickelt sind. Es ist gewissermaßen von demselben Ehrgeiz geleitet wie Whiteheads *Process and Reality*[9] und widmet sich derselben grundlegenden Thematik, die ans Herz der Dinge geht und nach der Natur des Seins fragt. Meine These lautete, daß das Wesen der Wirklichkeit sich am vollständigsten in der organischen Existenzweise des Organismus ausspricht, nicht im Atom, nicht im Molekül, nicht im Kristall, auch nicht in den Planeten, Sonnen und so weiter, sondern im lebenden Organismus, der zweifellos Körper ist, aber etwas in sich birgt, das mehr als das bloße stumme Sein der Materie ist. Von diesem Punkt aus ist es überhaupt erst möglich, eine Theorie des Seins zu entwickeln. Dabei war mir klar, daß man von da aus weiterfragen und den Konsequenzen nachspüren muß. Und so endet das Buch mit einem Nachwort, das darlegt, weshalb eine Philosophie des Organischen zwangsläufig zu einer Ethik führen muß, die im Grunde in ihr schon angelegt ist und der Entfaltung bedarf. Das war eine Art Versprechen, mich nun um eine vom Organischen her begründete Ethik zu bemühen.[10]

Die Einladung zu einem Vortrag brachte mich darauf, daß diese ethische Reflexion in Zusammenhang mit der Entwicklung der modernen Technik stehen mußte. 1967 bat mich die American Academy of Arts and Sciences in Boston – auf Veranlassung des in Harvard wirkenden herausragenden Juristen Paul Freund – anläßlich einer Konferenz über die Probleme medizinischen und biologischen Experimentierens am Menschen in Boston zum Thema »Philosophische Reflexionen über Experimente mit menschlichen Subjekten« zu sprechen. Also zog ich mich in die Catskills Mountains in der Nähe von New York zurück, wo unsere Freunde Magnus ein Sommerhaus hatten, und meditierte dort auf Waldspaziergängen über die neue ethische Thematik, auf die ich da gestoßen worden war. Dieser Vortrag, der bald darauf in der Zeitschrift Daedalus erschien,[11] verschaffte mir eine unerwartete öffentliche Wirkung: Einige Jahre später lud man mich ein, ihn auf einer medizinischen Tagung in Heidelberg zu halten, auf der auch Fragen der Medizinethik verhandelt wurden. In meinen Ausführungen vollzog ich sozusagen den Übertritt von meinen allgemeinen ontologischen Reflexionen zu einer konkreten praktischen Ethik. Die

Aufmerksamkeit, die mir zuteil wurde, hing unter anderem damit zusammen, daß wenige Monate vor dem Kongreß der Befund einer Sonderkommission der Harvard Medical School unter dem Vorsitz von Henry K. Beecher veröffentlicht worden war.[12] Man hatte diese Kommission eingesetzt, um die Definition des Todes neu zu überdenken und den Begriff des Gehirntodes zu klären, mit dessen Hilfe ein im irreversiblen Koma liegender Patient für tot erklärt werden konnte. Der Bericht machte geltend, eine Neudefinition des Todes sei durch folgende zwei Gesichtspunkte geboten: Problematisch sei, daß man jetzt aufgrund moderner medizinischer Hilfsmittel Komapatienten durch künstliche Aufrechterhaltung ihrer Atmung und Zirkulation unbegrenzt zwangsweise am Leben erhalten könne und daß die bisherige medizinische Ethik sowie die geltende Definition des Todes es verböten, eine solche Behandlung abzubrechen und so den Tod nach alter Definition herbeizuführen. Die Neudefinition erschien der Kommission aber auch wegen der großen Nachfrage nach menschlichen Organen nötig, denn in dieser Zeit entwickelte sich gerade die Transplantationstechnik. Der Bericht argumentierte, man könne ungezählte Menschenleben retten, indem man den Zeitpunkt des Todes so definierte, daß man diesen irreversiblen komatösen Patienten ihre Organe in gleichsam lebensfrischem Zustand entnehmen könne. In meinem Vortrag ging ich, von meinem eigentlichen Thema abweichend, auch kurz polemisch auf die von dem prestigereichen Komitee formulierte Neudefinition des Todeszeitpunkts durch den Hirntod ein und machte unter Hinweis darauf, daß hier ein äußeres Interesse – die Erleichterung der Organtransplantation – mitgewirkt hatte, meinen Widerstand dagegen deutlich. Ich malte die möglichen versteckten Folgen einer solchen Konzeption aus und formulierte die Regel, daß es kein absoluteres Recht gebe als das eines Menschen auf seinen Körper und daß niemand das Recht auf ein Organ eines anderen Menschen besitze.

Kurz nach der Veröffentlichung meines Beitrags wandte sich eine Gruppe von Ärzten aus San Francisco an mich, denen daran lag, doch noch meinen philosophischen Segen zu der für die Transplantationsmedizin bedeutsamen Hirntod-Definition zu erhalten. Es handelte sich um einen reizenden Kreis von Ärzten, die sich ernsthafte Gedanken über medizinische Ethik gemacht hatten und für die es ein Schlag war, daß ein Philosoph Bedenken gegen das vorbrachte, was sie als großen Fortschritt betrachteten. Meine Begegnung mit diesem Kreis begann mit einem Brief eines Mitemigranten aus der Hitlerzeit, Otto Guttentag, eines philosophisch gebildeten und gesinnten Mediziners, der für diese Gruppe bis dahin so eine Art philosophisches Gewissen verkörpert hatte und mir nun seine Einwände zu meiner Argumentation mitteilte. Da sie großes Interesse daran hatten, mich eines Besseren zu belehren und meine Bedenken zu zerstreuen, luden sie mich nach San Francisco ein, wo ich am dortigen Medical Center of the University of California eine ungeheuer lehrreiche Woche verbrachte. Ich wurde nicht nur zu Besprechungen zwischen Ärzten und Patienten oder Ärzten und Organspendern mitgenommen, sondern habe, desinfiziert und mit Chirurgenkleidung, auch einer Operation am offenen Gehirn beigewohnt – eine geisterhafte Sache. Ich lernte auch einen berühmten Meister der Nierentransplantation kennen, Dr. Samuel Kountz, einen Schwarzen, der, ein damals seltener Vorgang, zu beachtlichem Range in der Medizin und in der akademischen Medizin aufgestiegen war. Er ließ mich bei einer kompletten Nierenverpflanzung zusehen. Ich bekam zu sehen, wie die eingeflogene Niere eines toten Organspenders weiter durchblutet wurde, und konnte die Operation aus nächster Nähe verfolgen. In einem bestimmten Moment sagte er: »So, jetzt fühl mal dahin.« Er nahm meine Hand, führte sie in die offene Bauchhöhle, ließ mich die Verbindung zwischen der Niere und der Harnblase ertasten und sagte: »Siehst du, jetzt funktioniert sie!« Und tatsächlich konnte man fühlen, wie die Flüssigkeit hindurchrann. Wir führten lange Unterhaltungen, und sie gaben sich größte Mühe, mich davon zu überzeugen, daß das, was sie taten, richtig, gut und edel sei und im Grunde doch von mir gutgeheißen werden müßte. Es war eine sich ihrem Beruf hingebende Gruppe von Ärzten, denen daran lag, daß ihr Handeln sittlich in Ordnung war und sie nicht irgendwelche Fehlwege einschlugen. Ich habe dann schließlich einen zusätzlichen Aufsatz unter dem Titel »Against the Stream« verfaßt, in dem ich über die Verständigungsbemühungen zwischen dieser Gruppe und mir berichtete.[13] Daran, daß das, was sie machten, großartig war, bestand keinerlei Zweifel, doch mein wesentlicher Einwand blieb davon unberührt – das Interesse des bewußtlosen Patienten, der von Ärzten für tot erklärt wurde.[14]

Aufgrund meines Vortrags in Boston wurde ich wenig später zum founding fellow des Hastings Center ernannt, das 1969 als Institut für Bioethik gegründet worden war und in meiner weiteren öffentlichen Tätigkeit in Amerika eine wichtige Rolle spielte. Durch mein Wirken an diesem Institut wurde ich nun Teil einer öffentlichen Körperschaft, die zum ersten Mal eine Verbindung zwischen der Reflexion über die Ethik in der Forschung und höchst praktischen Entscheidungen bis in die Politik und Gesetzgebung hinein schuf. Das Institut hatte es sich zur Aufgabe gemacht, Klarheit über die Probleme zu schaffen, die sich aus den Fortschritten in der Medizin und Biologie ergaben, das heißt die ethischen Konsequenzen für die Praxis der Medizin, die Organisation des Gesundheitswesens und die Gesetzgebung zu formulieren. Es handelte sich um eine interdisziplinäre Gruppe aus Biologen, Medizinern, Juristen, Soziologen, Theologen und Philosophen, die in Arbeitsgruppen die anstehenden Probleme durcharbeiteten und Empfehlungen gaben – darunter Paul Freund aus Harvard, der Theologe Paul Ramsey aus Princeton, Robert S. Morison, der katholische Philosoph Daniel Callahan, der die Direktion übernahm, sowie der Präsident des Centers, der jüdische Psychologe und Psychoanalytiker Willard Gaylin von der Columbia University. Das war eine engagierte Gruppe selbsternannter Sachwalter eines öffentlich bedeutsamen Interesses an einer menschlichen Ethik. Für mich, der ich ein eifriges Mitglied wurde und als Sprecher der Philosophie in ihren Reihen galt, war es Liebe auf den ersten Blick, ein Beweis dafür, daß die Initiative von einzelnen tatsächlich etwas auf die Beine zu stellen vermag, was tief in die Öffentlichkeit hineinwirken kann. Mit der Zeit gewann das Hastings Center einen solchen Ruf, daß bestimmte Kommissionssitzungen des Kongresses in Washington über ethische Fragen nicht mehr stattfanden, ohne daß Sprecher von dort eingeladen wurden. Übrigens gehörte zu den ersten Mitgliedern des Hastings Centers auch Henry K. Beecher, der Vorsitzende der Harvard Kommission für die Neudefinition des Todes, gegen die ich mich gewandt hatte. Er war keineswegs ein forscher Draufgänger in Sachen medizinischen Fortschrittes und Experimentierens, sondern ein Mann, der sich mit der Aufdeckung von mißbräuchlichen Experimenten in Krankenhäusern höchste Verdienste erworben hatte. Noch zu seinen Lebzeiten – er starb kurz nach der Gründung des Instituts an Krebs – wurde ein Henry K. Beecher-Preis für Verdienste um die medizinische Ethik begründet, und der erste, der diesen Preis nach seinem Tode erhielt, war Hans Jonas, der den Beecher-Report angegriffen hatte – ein schönes Beispiel für den Geist dieses Instituts.

Erst das Hastings-Center, das meinen Blick auf die ethischen Probleme der modernen Technologie lenkte, brachte mir richtig zum Bewußtsein, daß die Medizin eine der Formen des technischen Fortschritts ist, die sachlich und ethisch in meine Thematik hineingehörten. Viele meiner späteren Aufsätze zur Medizinethik waren Frucht meines dortigen Wirkens und erschienen in den Hastings Center-Reports.[15] Die praktisch-ethische Relevanz meiner Philosophie war mir zu der Zeit, als ich *The Phenomenon of Life* schrieb, nicht gegenwärtig gewesen.

Mein Vortrag und die Reaktionen darauf änderten dies vollständig. Ich erinnere mich noch an einen Brief einer meiner Studentinnen aus Chicago, in dem sie mir begeistert über meinen Aufsatz schrieb: »Das ist Philosophie, wie ich sie mir immer vorgestellt habe, Philosophie, die ins Leben eingreift und Richtlinien dafür gibt, wie man leben soll oder was zu tun und was zu lassen ist.« Ich war also in eine Debatte hineingeraten, durch die erstmals in meinem Leben Philosophie zu einer in praktischer Hinsicht wichtigen Sache wurde, in der eine Gruppe praktisch tätiger Menschen sich von einer Philosophie entweder bestätigt oder angegriffen sah, sich aber zumindest Aufschluß von ihr erhoffte. Ich habe das Gebiet der theoretischen Vernunft nie ganz verlassen, aber seit dieser Zeit betrat ich, um mit Kant zu sprechen, den Bereich der Philosophie der praktischen Vernunft und habe dort auf meine Weise das Feld bestellt. Meine Vorstellung von der Rolle der Philosophie jedenfalls hat sich dadurch spät im Leben grundlegend geändert. Hatte ich bis dahin mit meiner Philosophie des Organischen und trotz meines Aufsatzes »The Practical Uses of Theory« doch im wesentlichen die ursprüngliche philosophische Einstellung vertreten, die Philosophie sei nur etwas für Philosophen, die für die Erkenntnis um ihrer selbst willen wirkten, so war ich nun unwiderruflich in die Rolle hineingeschlittert, als Philosoph nicht nur kommentierend, sondern eventuell sogar vorschreibend oder warnend zu aktuellen praktischen Angelegenheiten Stellung zu nehmen.

Die marxistischen Philosophen waren stets dieser Ansicht gewesen, aber sie waren aus meiner Sicht aufgrund der Marxschen Vorstellung vom sekundären Charakter des Geistes und der Philosophie als eines bloßen Überbaus praktischer Interessen keine souveränen Sachwalter eines philosophischen Führungsanspruchs. Bei ihnen war klar, daß die politische Entscheidung an erster Stelle stand und ihre philosophische Rechtfertigung und Artikulierung sekundären Charakter hatte. In meinem Fall aber bestand keine Bindung an eine bestimmte politische Auffassung. Bei einem katholischen oder evangelischen gläubigen Philosophen könnte man ebenfalls noch sagen, er sei – durch die Bindung an die Religion – zu einer gewissen Rolle verpflichtet. Aber bei mir ging es um etwas, was lange Zeit als unangemessen betrachtet worden war, nämlich daß Philosophie nicht einfach Ausdruck eines politischen Anliegens war, wie bei marxistischen Philosophen, sondern daß sie souverän vom Philosophischen her einen Beitrag zu den Dingen der Welt und den menschlichen Affären zu leisten hatte. Insofern verstehe ich diese letzte Phase meines theoretischen Wirkens zugleich als Wende meiner Vorstellung von der Rolle der Philosophie überhaupt. Ob meine einzelnen Schlußfolgerungen haltbar oder durchsetzbar sind, ist eine Frage für sich, doch entscheidend für mich ist, daß der Philosophie hier eine Mission zufällt, die zu beanspruchen sie sich lange Zeit selbst nicht mehr getraut hat. Zuletzt war das bei Kant der Fall gewesen. Es geht hier um eine Wendung im Selbstverständnis der Philosophie, von der ich nur hoffen kann, sie möge vielleicht von Besseren fortgeführt werden, als ich es bin.

Meiner Überzeugung nach, und damit bin ich bei einem philosophischen Thema angelangt, zieht die Lehre vom Sein eben auch eine Lehre vom Sollen nach sich. Aber stimmt das auch? Kann man aus irgendeiner objektiven Erkenntnis des Seins, die nicht schon von vornherein durch die eigenen Prämissen in eine bestimmte Richtung tendiert, sondern eine objektive, neutrale Lehre vom Sein darstellt, irgendeine Wertlehre oder sogar eine Lehre von Pflichten ableiten? Gibt es den Übergang vom Sein zum Sollen? Diese zentrale Frage wurde nun zum philosophischen Thema für mich. Ich habe mich seitdem vielfältig mit einer ontologischen Begründung der Ethik auseinandergesetzt. Gewiß kann ich nicht hoffen, etwas Zwingendes dazu gesagt zu haben, das die Menschen davon überzeugte, ich hätte bewiesen, daß sich aus dem Sein auch ein Sollen ergibt. Doch zumindest habe ich wieder etwas auf die Tagesordnung gebracht, was bereits entschieden schien und was die moderne analytisch-positivistische Philosophie mit zu den Irrtümern des Denkens zählte, mit denen man sich auf philosophischem Gebiet unmöglich machte. Aber ich mußte dieses Wagnis eingehen, Werte als etwas zu betrachten, was mehr als eine bloße subjektive Entscheidung ist, und aus einem Sein ein Sollen ableiten zu wollen, denn ich bin mir vollkommen sicher, daß ich im entscheidenden Kern recht habe, auch wenn ich in der Ausführung wahrscheinlich völlig unzulänglich geblieben bin: nämlich in der Beweisführung, daß das Sein einem etwas darüber zu sagen vermag, wie man leben soll, vor allem aber auch darüber, wofür Wesen wie wir Menschen, die wir mit Wissen und Freiheit handeln, verantwortlich sind. Daß diese Frage nun globale und planetarische Dimension angenommen hat, hängt mit der Ausdehnung unserer Macht zusammen, damit, daß wir die Macher geworden sind und die Verantwortung für höchst weitreichende Entscheidungen mit unabsehbarer Wirkung auf uns genommen haben. Die philosophische Grundlage der Problematik ist dagegen nicht so zeitbedingt, sondern besteht in einer reinen Seinslehre, aus der sich auch eine Lehre für ein »du sollst« und »du sollst nicht« und für ein »gut« und »böse« entnehmen läßt. Es bedarf einer neuen Ethik für das technologische Zeitalter, die sich den Herausforderungen der Zeit stellt. Heidegger etwa hat das gesehen und den Versuch gemacht, es in den Griff zu bekommen, wenn mir auch das, was er dazu zu sagen hat, die Spekulation über das Schicksal des westlichen Geistes, der sich seit den Vorsokratikern von der eigentlichen Wahrheit entfernt habe, völlig verfehlt erscheint.[16] Was allein notwendig zu erkennen ist, ist die veränderte Realität des Menschen und seines Umgangs mit der Welt einschließlich der Bedrohung seiner Zukunft – darauf zielt mein denkerischer Entwurf. Natürlich müssen noch Größere kommen, um schließlich jene Philosophie zu schaffen, die dem gerecht wird. Mein Ansatz ist ein erster Versuch dazu.

Die Formulierung der philosophischen Ideen, die zum theoretischen Herzstück meines Buches *Das Prinzip Verantwortung* werden sollten, veranlaßte mich seinerzeit, die mit Hannah Arendt ausgemachte Regel zu durchbrechen, uns nie gegenseitig unsere werdenden Manuskripte zu zeigen, sondern nur die fertigen Produkte. Doch als ich an das Kapitel über die Theorie der Verantwortung einschließlich der Behandlung des Eltern-Kind-Verhältnisses kam, in dem es um den Zusammenhang von Sein und Sollen, von Ontologie und Ethik ging, brauchte ich Rat.[17] Also gab ich ihr den Text und sagte: »Ich möchte gerne hören, was du davon hältst.«[18] Dann trafen wir uns eines Abends bei ihr, und da tat sie den denkwürdigen Ausspruch: »Bevor ich anfange, über Einzelheiten mit dir zu sprechen, will ich nur sagen: Soviel steht fest für mich, das ist das Buch, das der Herrgott mit dir im Sinn gehabt hat. Und es ist ja herrlich geschrieben.« Das war eine wunderbare Bestätigung. Im übrigen hatte sie allerhand auszusetzen, was von ihrem Standpunkt als politische Philosophin sehr begreiflich war. Daß die Grundverantwortung des Menschen biologisch von der Naturordnung her begründet sein könnte, lehnte sie etwa völlig ab. Das war aus ihrer Sicht ein frei gestiftetes Verhältnis, das aus der Polis, aus dem staatlichen oder politischen Zusammenleben erwuchs, nicht aus der Familie. Und sie berief sich auf Aristoteles, der klar zwischen der privaten Sphäre des Familienverbands und der öffentlichen Sphäre der Polisgemeinschaft unterschied. Daran hielt sie fest und war der Meinung, daß so etwas wie die Verantwortung für das Gemeinwohl dem Wesen nach künstlich und unnatürlich sei, daß sie sich gemäß der westlichen Überlieferung dem ›contrat social‹ verdanke. In der Schlußfolgerung, daß sich die moderne Technik zur Weltgefahr auswächst und wir Menschen für die Zukunft verantwortlich sind, waren wir uns einig, aber ihre philosophische Begründung hätte ganz anders ausgesehen. Darin unterschieden wir uns und sprachen auch darüber. Aber sie sagte:»Gewiß, das ist großartig.«

Mir war damals schon bewußt, daß ich mit meinem philosophischen Bekenntnis etwas allein stehen und wahrscheinlich von manchen belächelt werden würde:»Das ist sehr altmodisch, das hat man doch längst widerlegt. Das hat mal Aristoteles geglaubt – sicher, der hat das Sein auch so verstanden, daß es ein besseres und ein weniger gutes Sein gibt, Vollkommenheit und Unvollkommenheit, Gelungenes und Nicht-Gelungenes. Die teleologische Sicht, wonach die Natur selbst zum Ziel oder nicht zum Ziel kommen kann und wonach es überhaupt Ziele in der Natur gibt, ist aber doch schon lange überholt. Und nun kommt Jonas damit daher – aber nun ja, heutzutage kann ja jeder mit allem kommen, und warum soll es nicht auch einen Neo-Aristotelismus geben, wenn Jonas es nun einmal so gewählt hat? Es ist halt seine Liebhaberei.« Zwar hat Aristoteles in meinen eigenen Überlegungen keine große Rolle gespielt, aber es ist nicht zu verkennen, daß einige mir nach dem Erscheinen meines Buches *Das Prinzip Verantwortung* schon bald sagten:»In Ihrem Denken steckt ein aristotelisches Element.« Wobei rein anekdotisch hinzufügen wäre, daß einer der ersten, der sich zu meinem Buch bekannte, als es 1979 auf deutsch erschien, Gadamer war – er schickte mir eines Tages einen längeren Brief, der mit den Worten begann:»Lieber Herr Jonas, hierdurch möchte ich mich als dankbarer Leser Ihres Buches bekennen.« Und an einer Stelle heißt es:»Es ist mir dadurch klar geworden, daß eigentlich Aristoteles von neuem immer wichtiger für uns wird.« Daran ist durchaus etwas Wahres, und nachdem sich dann auch Robert Spaemann, der, wie sein gemeinsam mit Reinhard Löw veröffentlichtes Buch *Die Frage Wozu?* zeigt,[19] ein katholischer Philosoph mit klaren aristotelischen Neigungen ist, lobend zu mir geäußert hatte, konnte ich wenig gegen meine Einordnung in einen Neo-Aristotelismus ausrichten. Ich selbst hätte mich dort nicht eingereiht, aber man kann sich ja auch nicht dagegen wehren. Es ist ja jedenfalls keine schlechte Nachbarschaft, in die man da kommt. Allerdings hat das dazu geführt, daß ich unter denen, die sich zur Frankfurter Schule zählen, als konservativ gelte, zumal ich in keines der bestehenden Lager der deutschen philosophischen Szene einzuordnen bin und als Fremdling erschien. Symbolisch sichtbar wird das darin, daß Jürgen Habermas, der mir wohlgesinnt ist und mir eine gewisse Achtung entgegenbringt, verhindert hat, wie er mir selbst bekannt hat, daß ich den Adorno-Preis bekam, aber von der Idee angetan war, ich könnte den Geschwister-Scholl-Preis verliehen bekommen, und mir bei sich zu Hause anläßlich eines Abendessens sagte: »Ja, das paßt. Mit dem konservativen Geist, den Sie vertreten.«

Die enorme Wirkung von *Das Prinzip Verantwortung* hängt übrigens, wenn ich es richtig einschätze, nicht mit seiner philosophischen Grundlegung zusammen, sondern verdankt sich dem allgemeinen Gefühl, dem sich schon damals die einigermaßen aufmerksamen Beobachter immer weniger entziehen konnten, daß mit unserer Menschheit etwas schiefgehen könnte, daß sie sogar eventuell drauf und dran ist, in diesem übermäßig werdenden Wachstum technischer Eingriffe in die Natur ihre eigene Existenz aufs Spiel zu setzen. Mittlerweile hat sich herumgesprochen, daß wir, wie an dem sauren Regen, dem Treibhauseffekt, der Verseuchung der Flüsse und so vielen anderen gefährlichen Entwicklungen zu sehen ist, schon kräftig dabei sind, unsere Biosphäre zugrunde zu richten. Mir scheint, diese erwachende und höchst berechtigte Furcht vor den Bedrohlichkeiten der Zeit hat meinem Buch zu einem solchem Erfolg verholfen, während ich die Wirkung der Seinsphilosophie bezweifle. Ich appelliere in dem Buch ja klar und eindeutig an die Furcht, ja, ich bemühe mich sogar, geradezu eine »Heuristik der Furcht« zu formulieren.[20] Sie gehört zwar nicht zu den gepriesenen Gefühlen des Menschen, aber es ist notwendig, die rechte Angst und Furcht zu empfinden und sich ihr zu öffnen. Ich glaube, die Tatsache, daß sich so viele Menschen von dem Buch angesprochen fühlten, hängt mit gewissen Ängsten einer angesichts der eigenen Macht erschrockenen Menschheit nach dem Zweiten Weltkrieg zusammen. Die Nachkriegszeit begann schließlich mit dem Schock der Atombomben. Wieso mein Buch 1979 aber nicht zu spät erschien, verstehe ich noch immer nicht, denn im Grunde hätte jeder intelligente Mensch schon zehn Jahre vorher sehen können, wohin die Dinge steuerten. Ich weiß noch: Einer der ersten Kommentare, die ich erhielt, war der einer Freundin aus New Rochelle, die sagte: »Schade, daß das nicht schon vor zehn Jahren herausgekommen ist!« Womit sie recht hatte, denn die Gegebenheiten dazu waren schon da gewesen, und es hätte keiner prophetischen Begabung bedurft, um zu erkennen, wie die Dinge stehen, und ein solches Buch zu schreiben. Aber ich war damals noch nicht so weit. Was wirkte, war das, was in der Luft lag, während die Teile, die wirklich originell darin waren und gewisse Revisionen der philosophischen Sicht beabsichtigten, wenig Aufmerksamkeit erlangten.

Ich habe *Das Prinzip Verantwortung* seinerzeit weitgehend auf deutsch geschrieben, nahm aber einige ursprünglich auf englisch verfaßte Teile auf, die ich dann zu einzelnen Kapiteln umarbeitete. Die Entscheidung für die deutsche Sprache hatte damit zu tun, daß mich eine gleichwertige Formulierung in der erworbenen Sprache immer noch zwei- bis dreimal so viel Zeit kostete wie in der Muttersprache. Ich wollte nicht noch einmal, wie bei der Philosophie des Organischen, ein unvollkommenes Buchmanuskript abliefern. Ich trat damals in mein siebzigstes Lebensjahr und wußte nicht, wie viel Zeit mir noch beschieden war. Deshalb wählte ich den schnelleren Weg und glaubte, auf deutsch würde es mir aus der Feder fließen. Dennoch hat es fast sieben Jahre lang gedauert. 1972 zog ich mich zum ersten Mal in den Sommerferien zurück – und zwar nach Israel, das ich mir als Ruhepunkt ausgesucht hatte. Man hatte mich dort in eine Villa eingeladen, wo für mich gesorgt sein würde und ich vollkommen ungestört auf dem Lande würde leben können. Außerdem war es weit weg von Amerika und New York, wo ständig Dinge an mich herangetragen wurden. Die Besitzerin der Villa hieß Gertrud Feuerring – eine reiche Frau und die Witwe eines Mannes, nach dessen Vornamen Isaak der Ort benannt worden war: Bet Jizchak. Dieser Jizchak Feuerring war der Besitzer großer Erzvorkommen in Schweden gewesen, und seine Frau hatte sein Vermögen geerbt. Sie war eine tüchtige Geschäftsfrau und eine große Wohltäterin. Sie hatte dort ein Gästehaus für Intellektuelle errichtet – für Künstler und Gelehrte, die sich ungestört ihrem Werk widmen wollten. Sie hatte mich über Gershom Scholem kennengelernt, lud mich für einen Sommer ein, und ich habe angenommen. Da fing ich an zu schreiben, doch es bedurfte noch weiterer Aufenthalte mit behüteten Arbeitsklausuren in Israel und der Schweiz, bevor das Manuskript vollendet war.

Und dann kam der denkwürdige 70. Geburtstag meines Freundes Dolf Sternberger im Jahre 1978, einer größeren Festversammlung auf einem Gutsgasthof in Neu-Isenburg in der Nähe von Frankfurt. Es war im Freien, und Dolf stellte uns einander vor: »Das ist mein Verleger, Siegfried Unseld, und hier ist mein Freund Hans Jonas. Von dem sollten Sie mal was bringen.« Woraufhin Unseld mich fragte: »Arbeiten Sie gerade an etwas?«. Ich erwiderte: »Ja, tatsächlich, ich sitze an einer Arbeit über Technologie und Ethik.« Darauf sagte er: »Das würde mich interessieren.« Und als ich einen Monat später von dieser Sommerreise nach Hause kam, schrieb ich ihm einen Brief, erinnerte an unsere Begegnung und kündigte an, ich sei jetzt in der Lage, ihm ein oder zwei Kapitel sowie einen Aufriß des Ganzen zuzuschicken. Er ließ sich das dann zusenden, und da zeigte sich nun, was einen unternehmenden Unternehmer ausmacht, denn innerhalb einer Woche hatte ich die Antwort: »Ja, ich nehme das Buch.« Er war sofort davon fasziniert. Der Mann war kein Philosoph, aber er hatte einen Riecher. Und nicht nur bei Unseld, sondern auch bei den Mitarbeitern seines Verlagshauses herrschte eine gewisse Erregung über mein Buch. Bei meinem ersten Besuch im Verlag war der Druck schon im Gange. Unseld hatte uns eingeladen und im Frankfurter Hof untergebracht – so heißt dieses sehr teure Hotel. Er hatte einen äußerst fähigen Lektor für philosophische Texte, den ich zu ihm sagen hörte: »Dies ist unsere Ethik für den Rest dieses Jahrhunderts. Da muß man schon eine besondere Anstrengung machen.« Ich weiß nicht, ob er das im Zusammenhang mit der Schnelligkeit des Herausbringens oder mit der Höhe der Auflage sagte, aber ich dachte: »Nanu, nanu, das ist aber eine Lippe voll …« Bei der Gelegenheit fuhr Siegfried Unseld Lore und mich in seinem Jaguar durch Frankfurt, um uns die Sehenswürdigkeiten zu zeigen, darunter auch die Paulskirche. Da sagte er: »Dort findet alljährlich die Verleihung des Friedenspreises des Deutschen Buchhandels statt.« Davon wußten wir, denn unser Freund Paul Tillich hatte ihn dort bekommen, und als Karl Jaspers ihn erhielt, flog Hannah Arendt herüber, weil sie die Laudatio halten sollte, und sie erzählte mir später ausführlich davon. Als wir vorbeifuhren, fügte Unseld hinzu: »Da werden Sie auch einmal sprechen!« Wir kamen zurück ins Hotel, und nachdem er sich verabschiedet hatte, sagte Lore zu mir: »Hast du gehört, was er da gesagt hat bei der Paulskirche?« Und meine Antwort war natürlich: »Ja, das ist so Gerede.« Aber was tut Gott? Unseld hat recht behalten – wenn auch nicht mit der Paulskirche, so doch mit dem Friedenspreis des Deutschen Buchhandels.[21]

Im Zusammenhang der Verleihung dieses Preises am 11. Oktober 1987, bei der Robert Spaemann die Laudatio hielt und ich unter dem Titel »Technik, Freiheit und Pflicht« über die globale Verantwortung des Menschen sprach,[22] folgte ich einer Einladung der Stadt Mönchengladbach, mein altes Gymnasium zu besuchen. Man ehrte mich dort überschwenglich und machte mir eine große Freude, indem man mir meinen Abituraufsatz von 1921 überreichte, den man aus Archiven ausgegraben hatte, welche die Hitlerzeit und alle Bombardements überlebt hatten. In meiner Handschrift. Der war noch da! Mitsamt den Bemerkungen des Lehrers und der Endzensur »sehr gut«. Ich erinnerte mich, daß ich damals einen guten und geglückten Aufsatz geschrieben hatte. Das Thema war: »Du sehnst dich, weit hinauszuwandern, bereitest dich zu raschem Flug, sei selbst dir treu und treu den andern, dann ist die Enge weit genug« – Johann Wolfgang von Goethe. In diesen Aufsatz hatte ich alles hineingepackt, was ich bis dahin an Philosophie in mich aufgesogen hatte, einschließlich Arthur Schopenhauer, vor allem aber Kant. Der gesamte Gedankengang rankte sich um ein längeres Goethe-Zitat: die Rede des erblindeten Faust über das Neuland, das er schafft, genau jenes Zitat, mit dem ich meine Friedenspreisrede eröffnet hatte! Und im Zentrum stand die Verantwortung, die der Mensch als Herr der Erde besitzt. Da hatte ich den Begriff der Verantwortung schon mit großer Betonung verwendet, und dieser technische Triumph des Faust: »Im Innern hier ein paradiesisch Land, / Da rase draußen Flut bis auf zum Rand, / Und wie sie nascht gewaltsam einzuschießen, / Gemeindrang eilt die Lücke zu verschließen. / Ja diesem Sinne bin ich ganz ergeben, / Das ist der Weisheit letzter Schluß: / Nur der verdient sich Freiheit wie das Leben, / Der täglich sie erobern muß. / Und so verbringt, umrungen von Gefahr, / Hier Kindheit, Mann und Greis sein tüchtig Jahr. / Solch ein Gewimmel möcht ich sehn, / Auf freiem Grund mit freiem Volke stehn. / Zum Augenblicke dürft' ich sagen: / Verweile doch, Du bist schön! / Es kann die Spur von meinen Erdetagen / Nicht in Äonen untergehn«, und so weiter – das habe ich damals schon auswendig gekonnt. Diesen Teil zitierte ich in meinem Abituraufsatz, versah ihn aber mit einer ganz anderen Auslegung: Ich ging nämlich nicht nur auf die Ängste davor ein, zu welchen Krisen diese Naturbeherrschung führen könnte – das Grundthema des *Prinzip Verantwortung* –, sondern auch bereits auf das Motiv, daß den Menschen eine ungeheure Verantwortung auferlegt ist. Ich war etwas erschrocken, daß ich nach 66 Jahren genau auf dieselbe Klamotte zurückgegriffen hatte, und sagte zu Lore: »Mein Gott, bin ich denn stehengeblieben? Bin ich in all den Jahrzehnten gar nicht weitergekommen? Das habe ich damals schon gesagt?«

Im übrigen erfuhr *Das Prinzip Verantwortung* nicht nur einhellig positive Reaktionen. Zurückblickend war die Frage der politischen Implikationen meines Denkens – der Verzicht auf Utopien sowie die Skepsis gegenüber der Fähigkeit der Demokratie, den Herausforderungen der Zukunft zu begegnen – wohl am umstrittensten.[23] In diesem Zusammenhang sollte ich daher etwas über das Verhältnis von Philosophie und Politik sagen. Es gehört wohl seit jeher zu den Sehnsüchten der Philosophie, sich politisch auszuwirken (da die Politik schließlich die Sphäre ist, in der Ideen praktisch umgesetzt werden) und somit den Zustand des Menschen, soweit dieser eben auf den Ordnungen des Miteinanderlebens beruht, mitzubestimmen. Bekanntlich war dies schon Platons Traum, wenn er auch überaus skeptisch war, ob daraus wirklich etwas werden könnte. Berühmt ist aber sein eigener Versuch, den er unternahm, als er im Zuge der Erziehung eines sizilianischen jungen Mannes, des Tyrannen Dionysius von Syrakus, die Gelegenheit erhielt, einige seiner Ideen in politische Herrschaft umzusetzen. Dieser Versuch ist in klassischer Weise gescheitert, weil solche Versuche im Grunde stets zum Scheitern verurteilt sind. Mittelbar hat natürlich die Philosophie auf den Gang der Politik immer wieder Einfluß ausgeübt. Es gab sogar einen Philosophen auf dem Kaiserthron: Marcus Aurelius, ein Stoiker, der jedoch außer dem großen Ideal der Pflichterfüllung keine bestimmte politische Philosophie vertrat. Es ist eine sehr persönliche Philosophie, wie der Titel seines erhaltenen philosophischen Wer-

kes ausdrückt: *Eis emauton*.[24] Er meditierte über den Zustand
der menschlichen Seele sowie darüber, daß zu den Pflichten des
Menschen die Verantwortung für das Gemeinwesen gehört
und daß er selbst die ungeheuerliche Verantwortung für das
größte politische Gemeinwesen der Welt, das Imperium Roma-
num trug. Das ist ein eindrucksvolles Werk, aber man kann
nicht sagen, daß er darin eine politische Philosophie entwirft.
Seine abstrakten Reflexionen ergaben sich aus seinem sittli-
chen Gefühl und den moralischen Maßstäben, die er aus der
Stoa übernahm, wonach ihm bestimmte Pflichten oblagen.
Aber ein Nachsinnen darüber, welches die beste Form des
menschlichen Gemeinwesens sei – Demokratie, Tyrannis, Monarchie –, findet man in *Eis emauton* nicht. Wie sich die geheimen Auswirkungen von Philosophie auf die Regierungsfüh-
rung im Laufe der Jahrhunderte darstellen, ist für mich schwer
zu beurteilen, doch auch ohne politische Philosophie in besonderer Weise studiert zu haben, weiß ich, daß sich die Philosophen seit der Renaissance immer wieder zur Frage nach der
besten Herrschaftsform zu Wort gemeldet und zwar nie unmittelbaren Einfluß gewonnen, aber doch zumindest durch die
Nachwirkung ihrer Ideen politisch gewirkt haben. Niccolò Ma-
chiavelli einerseits, Jean-Jacques Rousseau andererseits – es
gibt eine lange Geschichte politischen Interesses bei Philosophen, der auf seiten der wirklichen Politiker oder Herrscher im
allgemeinen ein großes Desinteresse gegenüber den Denkern
entspricht.

Es hat aber innerhalb der Philosophiegeschichte immer
auch Stimmen gegeben, die sich gegen Platos Idee wandten, die
tatsächliche Macht solle beim Philosophen liegen. Es gibt eine
denkwürdige Aussage Kants darüber, die sinngemäß etwa so
anfängt: Daß Könige Philosophen oder Philosophen gar Herrscher werden, sei nicht zu erwarten, aber auch nicht zu wünschen, denn der Besitz der Macht korrumpiere notwendigerweise, und davor solle der Philosoph gewarnt sein. Daß es

Gemeinwesen gibt, in denen Philosophen leben können und Philosophie möglich ist, sei dagegen höchst wünschenswert. Das war gewissermaßen eine Verzichterklärung.[25] Hegel hatte da etwas andere Vorstellungen,[26] aber de facto bieten in der Moderne lediglich die Französische Revolution und die Geschichte der marxistischen Bewegung ein Beispiel dafür, daß man sich entweder auf Philosophen berief oder daß gewisse philosophische Gedanken Einfluß auf das Denken politisch tätiger Menschen gewannen und damit geschichtsmächtig wurden. Nun ist mir im Zusammenhang dieser langen und im großen und ganzen etwas wehmütig stimmenden Geschichte etwas Eigenartiges widerfahren. Man kann weder bei Rousseau noch bei Karl Marx behaupten, ihre politische Wirkung sei unbeabsichtigt gewesen. Im Falle von Marx besitzt das Politische ohnehin Vorrang, und auch im Fall Rousseaus kann man sagen, daß die Vorstellung, seine Ideen würden Einfluß auf die Realität gewinnen, grundlegender Bestandteil seines Denkens war. Bei alledem ging es stets um die Frage: Was ist die beste Erziehung? Was ist die beste Staatsform? Was sind die besten Gesetze? Welches ist die beste Herrschaftsform? Doch niemals ist bei jenen Philosophien, die sich vornehmlich damit beschäftigten, wie die Menschen zusammenleben sollen, seien sie nun Philosophen oder einfache Bürger oder Untertanen, die Frage aufgetaucht, wie der Mensch sich der Natur gegenüber verhalten solle. Von der Hochblüte der Mittelmeerkulturen im früheren Altertum an bis zur Schwelle der Neuzeit war dies eine der Philosophie fremde Frage. Wie Menschen sich untereinander verhalten sollten, war Gegenstand der Individualethik und wurde in einer gewissen Weise auch Gegenstand einer Kollektivethik, nämlich mittels einer utilitaristischen Besinnung darüber, welche die dem Menschen zuträglichste Form der Herrschaft und der Sozialbeziehungen sei.

Auch ich habe in meinem Buch ziemlich viele Gedanken auf die Frage nach politischen Systemen verwendet.[27] In einem

Punkt aber bringt mein Buch ein neues Element in die politische Philosophie hinein: Die Aufgabe der Frage, welches der Angebote politischer Ideologien und Programmentwürfe an sich das beste für den Menschen und für seine Zukunft sei. Vielmehr erklärte ich das für gleichgültig und postulierte, die Frage laute nun, welche von ihnen die besten Chancen bietet, mit der völlig neuen Herausforderung an die menschliche Gesellschaft fertig zu werden: wie wir mit der Natur leben können oder wie die Natur mit uns zusammen bestehen kann. Es geht in meinem Buch nicht mehr primär um die zwischenmenschlichen Beziehungen, sondern um diesen neuen Horizont ethischer Reflexion. Nicht daß ich ihn eröffnet hätte, denn ich war ja nur einer von vielen, die anfingen, sich Gedanken darüber zu machen, aber es schickte sich so, daß mein Buch offenbar das erste war, das die Frage explizit und präzise stellte. Eine Folge meiner Diskussion der relativen Verdienste und Chancen autoritärer und demokratischer Systeme, des Marxismus und der freien Marktwirtschaft, des Kapitalismus und des Kommunismus, bestand darin, daß ich jeweils von der einen oder anderen Seite bezichtigt wurde, entweder ein Fürsprecher der Linken oder der Rechten zu sein. Besonders kreidete man mir an, daß ich dem Marxismus ernsthaft einräumte, möglicherweise der bessere Sachwalter der menschlichen Geschicke zu sein – nicht im Hinblick auf die Vollendung des »neuen Menschen«, sondern in einem viel bescheideneren, defensiveren Sinne: der Bewahrung der Menschheit vor einer Katastrophe. Das wurde mein Kriterium, während die utopische Frage oder die innere Wertfrage, die natürlich Plato ebenso gestellt hat wie Kant oder jeder andere politisch interessierte Philosoph, zweitrangig war. Gewiß, Aristoteles war Realist genug, um bei der Diskussion der verschiedenen Staatsformen immer zu überlegen, welche die dauerhafteste oder welche einer anderen gemäß diesen oder jenen Kriterien vorzuziehen sei. Doch unter den Kriterien befand sich niemals dieses völlig Neue: Welche der Staatsformen,

Ideologien, Gesellschaftsentwürfe oder schon bestehenden Gesellschaftssysteme bietet die beste Aussicht dafür, daß wir uns – um der Bewahrung des bedrohten Lebens willen – dem schmerzhaften Prozeß des Verzichts auf die Verwirklichung des technologisch Möglichen unterziehen? Insofern habe ich mich nicht auf politische Philosophie an sich gemäß ihren eigenen Kriterien eingelassen, sondern nur dieses äußere Kriterium akzentuiert: Welche Staatsform bietet in dieser neuen Hinsicht die besten Aussichten? Und ließ die Frage offen! Natürlich ergab es sich ohne weiteres, daß ein diktatorisches System viel eher in der Lage ist, den Bürgern die Opfer, die wir dringend bringen müssen, aufzuerlegen. Aber gleichzeitig besaßen wir ja auch unsere Erfahrungen damit, was sonst von diktatorischen Systemen zu erwarten und zu befürchten ist – zumal die Grundfrage stets blieb, ob diejenigen, die an der Macht sind, die Lage auch richtig wahrnehmen.[28] Die neue Aufgabe der Philosophie wurde plötzlich eine, die gemeinsam mit Biologen, Physikern und Wirtschaftstheoretikern wahrgenommen werden mußte – im Hinblick auf eine Erhaltung des irdischen Haushalts. Nun, das war meine Einstellung, und das einzige, was ich an politischer Philosophie wirklich ablehnte, war Utopismus. Eine Utopie der Erfüllung des Menschen, des endlichen Erreichens einer idealen Gesellschaft, können wir uns nicht leisten, darin steckt selbst eine Gefahr: Erstens ist es ein Ziel des Übermuts, und zweitens kann es unter den heutigen Umständen gerade ins Verderben führen, insofern es die Erwartungen der Menschen vergrößert, anstatt sie zu dämpfen. Dies hielt ich Ernst Blochs *Prinzip Hoffnung* entgegen.[29]

Zur öffentlichen Wirkung meines Buches ist zu sagen, daß es in Deutschland zu einem überwältigenden Erfolg wurde, während es in Amerika nicht entfernt diesen Widerhall erzielte. Teilweise hängt das damit zusammen, daß man in Deutschland eher dazu bereit ist, philosophische Bücher zu lesen und Themen philosophisch vermittelt zu bekommen, was in dem pragmatisch-positivistischen Klima Amerikas selten ist. Die Philosophie beschäftigt sich dort auch eher mit Sprachanalytik und formaler Erkenntnistheorie und überläßt oft die Welt und ihre Verhältnisse den Naturwissenschaftlern. Ein Beispiel mag das veranschaulichen. Jo Greenbaum, damals Dekan der Graduate Faculty an der New School, erzählte mir einmal, er habe Kollegen an der Chicago University gefragt, was man dort von Hannah Arendts und meiner philosophischen Ausrichtung halte. Einer seiner Gesprächspartner habe gesagt, was wir betrieben, sei gar keine Philosophie, denn Philosophie sei eine positive Wissenschaft mit einem genau definierten Themengebiet – er meinte Sprachanalyse und formale Logik –, und keiner von uns beiden denke in diesen Bahnen. »Philosophie ist das nicht«, sagte er, »es ist interessant, auch wünschenswert, es soll auch Fakultäten geben, die so etwas pflegen. Ich bejahe das. Aber man muß dafür erst einen Namen erfinden. Ich wüßte nicht, wie man es nennen soll. Nur das weiß ich, es ist nicht Philosophie.« Ich brach in Gelächter aus, als ich das hörte – köstlich! Hier gab es also noch ein paar Fossile, die das betrieben, wofür der Begriff Philosophie ursprünglich überhaupt geprägt worden ist, nämlich bei den Pythagoreern, und jetzt war dieser Ur-Inhalt von Philosophie so außer Mode gekommen, daß jene, die sie nun betrieben, sich die amüsante Aufgabe stellten, einen geeigneten Begriff für das zu erfinden, was wir versuchten! Aber diese komische Episode hat durchaus ihren symbolischen Ernst: Man glaubt in Amerika nicht so recht an die Philosophie in dem Sinne, wie sie etwa in Deutschland oder Frankreich getrieben wird. Jedenfalls bin ich dort von den Fachphilosophen weit weniger ernstgenommen worden als im deutschen Diskurs. Dazu mag kommen, daß ökologische Themen in Amerika zwar diskutiert werden, aber offenbar lange nicht so vordringlich sind wie in Europa – schon gar nicht auf politischer Ebene.

Die für mich überraschendste Erfahrung mit dem *Prinzip*

Verantwortung bestand darin, daß fast von Anfang an die ersten zustimmenden Reaktionen auf mein Buch von politischer Seite erfolgten. Es waren Politiker wie Helmut Schmidt und Hans-Dietrich Genscher, die sich bald öffentlich äußerten. Eines Tages rief man mich von Bonn aus an, ob ich Egon Bahr empfangen könne. Ich hatte keine Ahnung, wer er war, da ich die bundesdeutsche Politik in gar keiner Weise verfolgte. Er kam zu mir und erzählte erst eine halbe Stunde über sich selbst, um sich bei mir einzuführen, und ich erfuhr, daß in Bundestagsdebatten mein Name von allen Parteien benutzt wurde und daß CDU und Sozialdemokraten der jeweils anderen Seite auf keinen Fall den Alleinanspruch auf Hans Jonas überlassen wollten. Ich mache mir nichts vor, wenn es darum geht, ob mein Buch nun auch zu tatsächlichen politischen Konsequenzen führte. Aber was Lippenbekenntnisse betraf, so war hier der merkwürdige Fall eingetreten, daß plötzlich ein philosophisches Buch nicht nur von Philosophen diskutiert wurde und Zustimmung, Ablehnung oder Kopfschütteln in Hörsälen und Seminarräumen fand, sondern in der wirklichen, öffentlichen Sphäre präsent war. Das, was sich jede Philosophie ihrem Wesen nach wünschen muß, nämlich mit gewissen Einsichten, die von dem Philosophen für wichtig gehalten werden, an Einfluß zu gewinnen, so daß sie bei den Spitzen der Macht, zu denen er selbst – darin stimme ich Kant unbedingt zu – nie gehören sollte, Gehör finden, ist mir völlig unerwartet zuteil geworden. Ich habe nicht im mindesten damit gerechnet.[30] Ich mache mir nicht vor, daß ein Gedanke bereits dadurch an Macht gewinnt, daß er viel besprochen wird, nur soviel steht fest: Wenn nicht darüber gesprochen wird, kann er gewiß keinen Einfluß gewinnen. Ist er dagegen in vieler Leute Mund, so besteht immerhin die Möglichkeit, daß er Wirkung entfaltet. Insofern war und bin ich – über jede Erwägung der Eitelkeit hinaus, die abzustreiten natürlich töricht wäre – über meinen »wachsenden Ruhm«, wenn man so sagen darf, sehr froh, läßt er mich doch hoffen, daß das *Prinzip Verantwortung* kein Exerzitium in Philosophie geblieben ist, sondern Widerhall gefunden und doch vielleicht manche Menschen bereitwilliger gemacht hat, auf meine Thesen zu hören und sie in ihre allgemeinen Denkgewohnheiten aufzunehmen. Und damit ist viel für die Sache gewonnen, auch wenn ich selbst skeptische, manchmal auch pessimistische Vorstellungen habe, wenn ich mich frage, ob das System, aufgrund dessen die westliche Welt jetzt so blüht, geeignet ist, die Bedrohungen der Zukunft zu meistern. Natürlich habe ich mich bei manchen unbeliebt gemacht, weil ich klar ausgesprochen habe, daß es ohne Eingriffe in die Freiheit nicht gehen wird. Um das nur an einem Beispiel zu illustrieren: Wir dürfen die Bevölkerungszahl nicht weiter so anwachsen lassen auf diesem Planeten, wie es in den letzten Jahrhunderten geschehen ist und jetzt in statistisch meßbarem Tempo weitergeht. Im Gegenteil, der Zustand der Übervölkerung ist – ökologisch gesehen – schon jetzt eine viel zu große Zumutung an die Biosphäre. Um zu einer Regulierung der menschlichen Fortpflanzung zu kommen, muß sich also das politische System in die privateste und persönlichste aller Sphären einmischen. Wenn das keine Beschränkung der Freiheit ist! Spricht man es aber offen aus, daß die Demokratie und der Individualismus nicht unter allen Umständen die den Herausforderungen der Gegenwart angemessenste Herrschafts- und Lebensform ist, macht man sich im Westen natürlich verdächtig, entweder faschistisch-diktatorische oder autoritär-hierarchische Positionen zu vertreten – und kein Geringerer als Karl Popper hat mich öffentlich dessen beschuldigt.[31]

13. » All dies ist Gestammel «: Auschwitz und Gottes Ohnmacht

Mein Verhältnis zum Judentum war von der Zeit an, in der ich eigenständig zu denken begann, von jener zwiespältigen Art, die wahrscheinlich generell das Verhältnis eines modernen zeitgenössischen Juden zur jüdischen Erbschaft kennzeichnet, jedenfalls dann, wenn man sie nicht einfach preisgibt und vergißt.[1] Ich war tief ergriffen von der Bibel und gleichzeitig nicht gläubig. Ich besaß nicht mehr den Glauben an den persönlichen Gott, den Schöpfer des Himmels und der Erde, der das Rote Meer gespalten und vom Sinai gedonnert hat, fand aber, daß gewisse Teile der Bibel etwas in sich bargen, was für den Menschen ungeheuer wichtig ist und dem ich mich als Erbe weiter verbunden fühlte. Im Zentrum stand für mich die Entdeckung des Ethos der Propheten. Sie sind für mich die eigentliche Verkörperung der Botschaft des Judentums, die in ihrer Verkündigung in die jeweilige Gegenwart hineinspricht, und zwar fast immer in Opposition zu dem, was herrscht und gilt. Damit hat das Judentum viel zur Gestaltung des religiösen Bewußtseins beigetragen, und das hat Zukunft, während mir bei dem Gedanken, der sein Haupt erhebende Fundamentalismus der neuen Orthodoxie könnte obsiegen, blümerant wird. Die biblische Tradition kannte ich also gut, und ich wußte einigermaßen über die geistige Weiterentwicklung des nachbiblischen Judentums Bescheid, doch ich habe niemals ernsthaft Talmud studiert, und das, was ich von der Weiterentwicklung jüdischen Denkens in der langen Geschichte der Diaspora wußte, war recht dürftiger und allgemeiner Natur. Etwas besser war ich mit den philosophischen Entwicklungen im mittelalterlichen Judentum – bei Maimonides, Juda Halevi, Salomo Ibn Gabirol – vertraut, und dann natürlich mit der Geschichte des modernen Judentums: einer Geschichte der Emanzipation, der Assimilation und der Aneignung der modernen Kultur, die zugleich bedeutete, daß man das Alte abstoßen mußte. Davor bewahrte mich mein zionistisches Bekenntnis, das zwar in erster Linie im Herzlschen Sinne politisch war, für mich aber immer auch die Verpflichtung einschloß, an der jüdischen Erbschaft festzuhalten. So war es für mich selbstverständlich, mein Söhnchen beschneiden zu lassen. Auch gab es nicht einen Moment lang ein Zögern darüber, daß unsere Kinder mit dem Bewußtsein aufwachsen sollten, jüdisch zu sein, und nach Möglichkeit etwas über diese Erbschaft erfahren sollten.

Wie weit diese Zugehörigkeit zum Judentum mit meinem allgemeinen Weltbild verbunden ist, ist mir selbst allerdings immer etwas unklar geblieben. Einerseits nahm ich Kenntnis von dem, was die moderne Naturwissenschaft über die Welt zu sagen hatte, andererseits war ich mehr und mehr von dem bindenden Charakter durchdrungen, den das Judenschicksal darstellte. Aber beides bestand nebeneinander. Das schma' jisrael, das »Höre Israel«, hatte für mich immer eine magische Kraft. Ich erinnere mich noch an ein interkonfessionelles Gespräch in New York, bei dem die damals im amerikanischen Protestantismus diskutierte »Gott-ist-tot-Theologie« verhandelt wurde,[2] und ich sagte: »Wenn ich das Schma' rezitieren höre, dann läuft es mir immer noch kalt über den Rücken hinunter.« Dabei hätte ich nicht angeben können, wem ich mich da verpflichtet fühlte. Die personale Angabe »der Gott unserer Väter« konnte ich nicht mehr richtig nachvollziehen – der Verweis auf den Glauben unserer Vorväter genügt ja im Grunde nicht. Es geht vielmehr um den Gehalt der Sache selbst: Ich sah immer wieder etwas Einzigartiges, Rätselhaftes, Mysteriöses und Bindendes in der jüdischen Geschichte und der zufälligen Zugehörigkeit des im Jahre 1903 in einer rheinischen Industriestadt geborenen Hans Jonas zu diesem Kontext – etwas, was sogar weit tiefer und endgültiger ist als mein zionistisches Bekenntnis. Ich könnte mir vorstellen, meinen Zionismus zu revidieren, aber mich wirklich vom ›brit‹ – vom Bunde zwischen Gott und Israel – loszusagen, erscheint mir undenkbar, selbst wenn mir die Vorstellung des göttlichen Partners dieses Bündnisses vollkommen nebelhaft geblieben ist. Es gibt ein Geheimnis, das uns alle über die zeitgebundenen, privaten, persönlichen Stellungnahmen hinaus, die wir geistig und bewußt vollziehen, bindet.

Diese Bindung empfand übrigens auch Hannah Arendt, die mir einmal, als wir darüber sprachen, sagte: »Sehr merkwürdig. Eine Welt ohne Juden kann ich mir nicht vorstellen. Natürlich, wenn wir Juden sind, werden wir es weiter bleiben.« Das Jude-Sein gleichsam als character indelibilis, den keiner von uns loswerden möchte. Sie hatte ihre großen Zweifel, ob der Staat in Israel überleben würde, aber mir gegenüber führte sie etwas an, was angeblich David Ben Gurion einmal gesagt hatte: »Selbst wenn das alles wieder kaputtgeht, was wir gegründet haben – denn es ist sehr gefährdet –, bin ich überzeugt, daß die Weiterexistenz des Judentums durch das, was da geschieht, für die nächsten tausend Jahre gesichert ist.« Das zitierte sie beifällig und sagte: »Ein Volk mit solchem Gedächtnis.« Sie zählte sich also dazu.[3] Und dann gab es einmal ein Gespräch bei ihr, das mir unvergeßlich geblieben ist. Lore und ich verbrachten einen Abend bei ihr, gemeinsam mit Mary McCarthy und einer Freundin von ihr, die in Rom lebte und, wie sich bald herausstellte, gläubige Katholikin war. Sie nahm ein lebhaftes Interesse an mir und forderte mich mit der Frage heraus: »Glauben Sie an Gott?« So direkt bin ich das noch nie gefragt worden – und das von einer fast fremden Person! Ich sah sie erst etwas ratlos an, dachte nach und sagte – zu meiner eigenen Überraschung: »Ja!« Hannah zuckte zusammen – ich weiß noch, wie sie mich fast erschrocken ansah. »Wirklich?« Und ich erwiderte: »Ja. Letzten Endes ja. Was immer das bedeuten mag, die Antwort ›Ja‹ kommt der Wahrheit näher als ›Nein‹.« Kurze Zeit später war ich mit Hannah allein. Wieder kam das Gespräch auf Gott, und sie sagte: »Ich habe nie an einem persönlichen Gott gezweifelt.« Worauf ich sagte: »Aber Hannah, das wußte ich gar nicht! Und dann verstehe ich nicht, wieso du neulich an diesem Abend so befremdet reagiert hast.« Und sie antwortete: »Ich war so erschüttert, das aus deinem Mund zu hören, weil ich das nie gedacht hätte.« Also hatten wir uns beide gegenseitig mit diesem Eingeständnis überrascht.

Eines Tages nun wurde eine Aufgabe an mich herangetragen, die mich fast nötigte, mich theologisch zu äußern. 1961 erhielt ich die Einladung, an der School of Divinity der Harvard University die alljährliche Ingersoll Lecture zu halten, eine berühmte Vortragsreihe, in der einmal jährlich jemand – sei es unter historischem, theologischem oder philosophischem Aspekt – über das Thema »Unsterblichkeit« reden sollte. Auch Paul Tillich, Alfred North Whitehead und viele andere berühmte Persönlichkeiten hatten hier gesprochen, und es bedeutete eine große Ehre, dazu eingeladen zu werden. Nun ist es klar, daß die Frage der Unsterblichkeit mit der Gottesfrage zusammenhängt. Also setzte ich mich hin und schrieb einen Text, in dem ich zunächst die nicht allein bei mir herrschende philosophische Ratlosigkeit gegenüber diesem Thema zur Sprache brachte, und nahm dann Zuflucht zu einem Mittel der Reflexion und Aussprache, auf das uns Plato gewiesen hat: den Mythos. Über gewisse Fragen, so Plato, kann der philosophische Logos nichts sagen, während der Mythos metaphorisch darüber zu sprechen vermag. Was das Mittel des Mythos betrifft, war ich durch meine Erfahrung mit dem gnostischen Mythos vorgebildet. Durch ihn war mir die Möglichkeit, eine nicht unmittelbar auszusagende Wahrheit letztlich doch auszusprechen, vertraut geworden. Und so habe ich für meinen Vortrag zum ersten Mal den Mythos von einem Gott erdichtet, der sich im Zuge der Schöpfung seiner eigenen Macht entkleidet hat und sich im Weltlauf wiederfindet, eine Lehre von einem Gott, der mit dem Experiment der Weltschöpfung auf seine eigene Machtvollkommenheit verzichtet und sich gleichsam in die Hände der werdenden Welt begeben hat, so daß dieses Weltabenteuer mit einem bereicherten Gottesdasein, aber auch im Scheitern enden kann. Ich ging also die Frage der Unsterblichkeit mit der theologischen Konstruktion eines freiwillig ohnmächtig gewordenen Gottes an, der erwartete, daß die Welt diesem großen Risiko gerecht werden und die Verantwortung auch für sein Schicksal und das seiner Schöpfung übernehmen würde. »Obwohl kein ewiges Leben unser wartet«, so lautete damals mein Fazit, »noch eine ewige Wiederkunft des Hier, kann uns doch Unsterblichkeit im Sinne liegen, wenn wir während unserer kurzen Spanne die bedrohten sterblichen Anliegen versehen und dem leidenden unsterblichen Gotte Helfer sind«.[4] Rudolf Bultmann war übrigens fasziniert von dem Vortrag,[5] und Hugo Bergman schrieb mir in einem begeisterten Brief: »Ein Jammer, daß das nicht auf hebräisch gesagt worden ist.«

Bereits in meiner Ingersoll Lecture hatte ich eine Verbindung zu Auschwitz hergestellt, indem ich andeutete, daß Gott selbst von diesem Geschehen verletzt war, daß wegen des Mordes am europäischen Judentum »Weinen war in den Höhen über die Verwüstung und Entweihung des Menschenbildes«.[6] Doch erst viel später, 1984, als mir der Leopold Lucas-Preis der Universität Tübingen verliehen wurde, griff ich in meinem Vortrag »Der Gottesbegriff nach Auschwitz« den von mir erdichteten Mythos und die Verbindung zur Schoa wieder auf.[7] Nun muß ich dazu sagen, daß ich bei diesen »Ausschweifungen«, in denen ich den erlaubten Boden der Philosophie verließ, Lore fast immer gegen mich hatte, weil ihr unwohl wurde bei dem Gedanken, daß ich mich auf dieses völlig unkontrollierbare Gebiet theologischer Spekulationen vorwagte. Sie hielt es für unerlaubt und irgendwie nicht verantwortlich, sich auf einem Gebiet öffentlich zu äußern, wo niemand einen Gegenbeweis antreten könne. Schon bei der Ingersoll Lecture hatte sie sich mit unserem Freund Adolph Lowe verbündet, um mich davon abzuhalten, bei der Diskussion des Unsterblichkeitsbegrif-

fes Auschwitz mit hineinzuziehen. Als ich dieses Thema nun
ganz programmatisch wählte, war ihr das etwas unheimlich,
weil sie meinte, darüber dürfe man zwar privat nachdenken,
aber nicht öffentlich. Und es gehört sich *in der Tat* nicht für
einen Philosophen! Deshalb ließ ich in meinem Vortrag die
Frage, ob sich dies für einen Philosophen ziemte, offen. Die
Hunderte von Zuhörern in der Tübinger Aula waren, wie ich
während des Vortrages spürte, wie in Bann geschlagen, aber der
Kollege, der mich für den Preis vorgeschlagen hatte, ein begabter jüngerer Philosoph namens Rüdiger Bubner, war wie vor
den Kopf gestoßen und sagte zu meiner Frau: »So etwas habe
ich nicht erwartet. Nein. Das habe ich nicht gedacht.« Er hatte
mich als Philosophen vorgeschlagen, und nun wurde plötzlich
dieser Gottesbegriff entwickelt! Und ich weiß noch, wie sich
derselbe Bubner ein oder zwei Jahre später bei einem Vortrag
über philosophische Anthropologie, den ich in Salzburg hielt,[8]
zu Lore wandte und sagte: »Das war ein guter Vortrag!« Worauf sie erwiderte: »Sie meinen, im Unterschied zu dem in Tübingen!«

Mit meinem öffentlichen Bekenntnis in Tübingen habe ich
mich im Grunde der Möglichkeit begeben, die Frage »Wie
stehst du zu Gott?« zurückzuweisen. Jetzt mußte ich Rede und
Antwort stehen, denn ich war so naseweis, das tiefe Bedürfnis,
an einen Gott oder etwas Göttliches in der Welt glauben zu
können, mit meinen philosophischen Einsichten und Überzeugungen in Einklang zu bringen. So wie ich meinen Vortrag mit
dem Satz »Meine Damen und Herren, das ist alles Gestammel«
schloß, habe ich später, wenn man mich herausforderte, meine
Position zu verteidigen, stets geantwortet: »Ich will niemanden
überzeugen und keine theologische Theorie vertreten, die ich
nun weiter durchfechten muß.« Ich bin nicht einmal sicher, ob
ich mich selbst überzeugt habe. Aber das ist das bescheidene
Maximum, was ich an Göttlichem – das früher einmal alles
überstrahlt hat und an das jetzt immer schwerer zu glauben

möglich ist – in Verbindung mit dem Gesamtbefund der Dinge, einschließlich meines wissenschaftlichen Wissens von der Welt, dem Universum und dem Leben auf Erden für mich noch akzeptieren kann. Ich bin jedoch zutiefst davon überzeugt, daß der reine Atheismus falsch ist, daß es darüber hinaus etwas gibt, was wir nun vielleicht nur noch mit Hilfe von Metaphern zur Sprache bringen können, ohne das jedoch die Gesamtsicht des Seins unverständlich wäre. Obwohl mir scheint, daß eine philosophische Metaphysik keinen direkten Gottesbegriff entwickeln kann, sondern daß dieser Weg seit der kantischen Vernunftkritik verschlossen ist – deshalb mein Rückgriff auf den Mythos –, glaube ich, daß es einer rationalen oder philosophischen Metaphysik nicht verboten ist, »Vermutungen« über das Göttliche in der Welt anzustellen.[9] Vielmehr scheint mir, daß die philosophische Seinslehre zumindest einen Raum für das Göttliche offenlassen darf. Es ist ein fragwürdig tastender Versuch, für den ich nie einen Wahrheitsanspruch gestellt habe und der für mich seine Gültigkeit nur dadurch besitzt, daß er es nicht einfach abstreitet, was einmal so ungeheuer in die Menschheitsgeschichte hineingewirkt hat und worin, etwa in den Worten der Propheten, eben doch die Inspiration aus einer Quelle zum Ausdruck kam, die mehr ist als bloß Welt und Natur. Der Mythos versucht zudem, einen Gottesbegriff zu entwickeln, mit dem zu ertragen ist, was sonst unerträglich wäre.

Auch ohne Auschwitz wäre meine Reflexion über den Gottesbegriff so ausgefallen, doch es hätte vielleicht die Dringlichkeit und Schärfe gefehlt, welche die Frage der Vereinbarkeit des Gottesglaubens mit dem Geschehen der Schoa erfahren hat. Bultmann hatte stets vor allem damit gerungen, wie der Glaube an Gott mit den Befunden der modernen Naturwissenschaft zu verbinden sei, und ich hatte versucht, in meiner Gedenkrede nach seinem Tod Wege dazu aufzuzeigen. Dabei bestritt auch ich, daß man von einem unmittelbaren Eingreifen Gottes im Sinne eines Wunders sprechen sollte, doch ein Eingreifen über

die Seele erschien mir denkbar: Gottes Stimme bei den Propheten – »So sprach der Herr zu mir« – konnte Seelen erwecken,
und das ist die einzige Art des Eingreifens Gottes in die Welt,
die mit der strikten naturwissenschaftlichen Erklärung des
stofflichen Verlaufs der Dinge vereinbar ist.[10] Insgesamt muß
man sich davor hüten, irgendwelche Ereignisse in der Welt als
Fingerzeig Gottes anzusehen. Ein Beispiel: Ich erinnere mich,
wie ein großer italienischer Passagierdampfer nahe der amerikanischen Küste sank. Eine Frau erzählte mir die Geschichte eines Freundes, der in jener Nacht nicht hatte schlafen können
und an Deck gegangen und infolgedessen gerettet worden war.
Wäre er in seiner Kajüte geblieben, er wäre wie die anderen ertrunken. Sie fragte:»Kann man das nicht als Eingreifen Gottes
ansehen?« Darauf bemerkte ich: »Und die anderen hat derselbe
eingreifende Gott ertrinken lassen?« Man muß sich davor hüten, Geschehnisse, die als eine wunderbare Errettung aus höchster Not erscheinen, als Tat Gottes darzustellen. Etwas anderes
ist dagegen die These, Gott könne sich hörbar machen in der
Welt. Das ist etwas anderes, als die Welt zu bewegen. Das ist
nur Menschen möglich, die physische Organismen sind und
die Dinge in der Welt zu bewegen vermögen. Gott kann in der
Welt nur über den Geist des Menschen wirken. Durch seinen
Geist kann Gott gleichsam Macht zurückgewinnen, ebenso wie
er auch scheitern kann durch das Versagen der Menschen. Es ist
nicht gesagt, daß Gott Gehör findet in den Seelen und daß die
von ihm erleuchteten Propheten sich durchsetzen – das ist, vor
allem nach Auschwitz, eine andere, viel beunruhigendere Ver-
einbarkeitsfrage als jene, mit der Bultmann kämpfte. Aber
grundsätzlich gibt es dieses Einfallstor, durch welches das
Überweltliche in das Weltliche hineinwirken kann – die einzige
Kausalität, die ich Gott noch einräume. Betrachtet man allerdings die Geschichte der Propheten, so sieht man, daß es keine
verächtliche Sache ist, auf diese Weise in der Welt zu wirken.
Natürlich weiß ich, daß Menschen wie mein alter Freund, der

Atheist Günther Anders, es nach Auschwitz als obszön empfinden, überhaupt von der Existenz Gottes zu sprechen.[11] Doch selbst er hat mir in einem Brief bekannt, daß ihn meine Spekulationen irgendwie gefangengenommen haben. Das ist vielleicht der einzige Weg, der uns noch offensteht, uns über diese Dinge zu äußern – andeutend, ohne Wahrheitsanspruch, und doch dem Überweltlichen in der Welt Raum lassend. Denn daß es ein Überweltliches im Weltgetriebe gibt, dafür scheint mir der Menschengeist ein Zeugnis zu sein.

Nr. I

30.1.44   PAL/8119 BDQ JONAS M
No 35   Ist PAL LAA BTY R. A. M. F. F.

Dein »philosophisch ungeschulter Geist« hat einen philosophisch sehr stichhaltigen Einwand gemacht. Du beanstandest
den Satz, daß es die Welt sei, die von dem Menschen verlange,
daß er für sie wach sei, sie widerspiegele und ihr darin eine
neue Existenz verleihe. Es will Dir scheinen, daß diese Forderung ein Postulat des Menschen an sich selbst, hinsichtlich seines Weltverhältnisses sei – ein Anspruch, mit dem *er* die Welt
ausstattet und der ihm von dorther zurückkommt; gewissermaßen, wie Du Dich ausdrückst, eine »doppelte Spiegelung«.
Für sich genommen vollkommen richtig, und ich würde nicht
zögern, es als Beschreibung der menschlichen Seite des Tatbe-
standes anzunehmen, wenn es nicht dem andern Gedanken
alternativ entgegengestellt wäre. In dieser ausschließenden Bedeutung gründet Deine Auslegung in der allgemeinen Voraussetzung, die seit einigen Jahrhunderten zur philosophischen
Denkgewohnheit geworden ist, daß so etwas wie »Forderung«
überhaupt nur vom menschlichen Ich ausgehen könne. Das
führt über die immanente Beschreibung des menschlichen Phänomens hinaus und rollt die ontologische Frage des menschlichen im gesamtweltlichen Sein auf. Hierzu folgende Anmerkungen.

Der Idealismus, der alles ans Bewußtsein knüpft und das
Subjekt zum Grunde der Welt macht, wenigstens soweit ihr
Bedeutung zukommt, ist mir seit längerem nicht mehr das
letzte Wort. Die Realität der Welt aber, wenn man sich auf Dualismus nicht einläßt, kreditiert die Materie mit der Leistung,
das Leben in seiner aufsteigenden Reihe, die Sinnestätigkeit,

den Menschen und damit auch die Intentionalität seines Bewußtseins auf sie – die Welt – selbst, aus sich hervorgebracht zu haben. Jene Stufenreihe des Lebens bis zum Menschen hin läßt sich exakt in Graden der Welt-Helligkeit, zunehmender Weltperzeption und schließlich freiester und damit treuester, umfassender Objektivation deuten. In diesem Prozeß wird die »Spiegelung« der Welt immer vollkommener, angefangen bei der dunkelsten Sinneswahrnehmung irgendwo im niederen Tierreich, ja bei der primitivsten Reizempfindung, in welcher irgendwie schon Welt und Objekt erlebt, d. h. subjektiv werden. Dieser so konsequente und sich jedes Mal höher versuchende Prozeß kann nun unmöglich blind in dem Sinne vor sich gegangen sein, daß er das Ergebnis mechanischer Permutation der stofflichen Elemente ist, welche die verschiedenen Substrate hervorbrachte und als zufälliges Nebenprodukt die an ihnen haftenden subjektiven Erscheinungen. Vielmehr, wenn sich denn doch die Materie so und in dieser Richtung organisiert hat, so ist ihr diese Möglichkeit primär zuzuschreiben und in den Begriff der Weltsubstanz ebenso aufzunehmen wie die dabei waltende dynamische (teleologische) Ursächlichkeit in den Begriff der Weltkausalität. Das verändert die ganze Ontologie. Hat die Substanz *sich* in dieser Richtung organisiert, so ist die Folgerung nicht zu vermeiden, daß sie sich *mit* dieser Richtung organisierte: d. h. daß das Ziel in ihr angelegt war und zu ihr gehört; d. h. daß die »Möglichkeit« eine positive, aber wirkende Eigenschaft an ihr ist; d. h. daß Leben, Empfindung, Wahrnehmung, Gedanke in ihr gemeint waren; d. h. daß in ihrer Objektivation durch den Menschen eine ursprüngliche Tendenz von ihr zur Erfüllung kommt; d. h. – da der Mensch ihr eigenes Produkt ist – daß sie selber sich darin erfüllt. Siehst Du nun schon etwas, daß es doch einen Sinn hat (und nicht *nur* Anthropomorphismus ist) zu sagen, daß die Welt vom Menschen verlangt ... Aber der Gedanke bedarf noch einer wesentlichen Vervollständigung, um den Begriff der Forderung zu rechtfertigen, wenn man schon den der Erfüllung oder Verwirklichung einer Möglichkeit zugibt. Aber nochmals zurück. (Fortsetzung folgt)

Nr. II

25.2.44   PAL/8119 JONAS H
No 40   I PAL L. A. A. BTY. R. A.

Das Infusorium, das auf einen andern Körper trifft, wird von diesem nicht nur mechanisch, sondern im Sinne der Empfindung afficiert, und entsprechend ist seine Reaktion keine physikalische, sondern eine biologische, oder eine solche des Verhaltens. Darin ist alles äußerliche (mechanische) Wirkungsverhältnis zwischen Körpern oder Kräften grundsätzlich überboten. In der Empfindung ist das affizierende Etwas mit repräsentiert. Damit öffnet sich ihm im schmalsten Spalt der Horizont einer neuen Existenz als Objekt, dämmernd im subjektiven Reflex, im Erlebnis der Berührung. Zugleich fühlt das Affizierte im Reiz sich selber. Im Reiz und im Reagieren, strebend oder fliehend, annehmend oder ablehnend, ist sein Selbst punkthaft dem Umkreis des Nichtselbst gegenüber aktiviert. Damit tritt schon keimhaft die Polarität des Lebensverhältnisses hervor. Die Voraussetzung für diese Erscheinungen ist, daß die lebende Substanz, Organismus oder kleinste Eizelle, sich ursprünglich aus der Welt und gegen sie vereinzelt und dem Stoffe gegenüber selbständig gemacht hat. Die Vereinzelung zeigt sich darin, daß dem Lebendigen, obwohl selber ein Stück Welt, alle übrige Welt das Andere ist, Äußeres, von außen auf es zukommend oder dorthin entweichend, in der einzelnen Begegnung Fremdkörper (als solcher fördernd oder beeinträchtigend), in der Gesamtheit und als Horizont Außenwelt, die nur für das überwältigende Interesse am eigenen Lebensprozeß in Betracht kommt, der sich in ihr zu behaupten hat und von konstitutivem Egoismus ist. Aber dies ist bereits Erscheinung eines elementaren Grundes, auf dem letztlich auch alle späteren Charakteristika des Lebens beruhen und dessen Auftreten im Kosmos eine ontologische Revolution bezeichnet, wiederholt nur noch einmal im Auftreten des Geistes: das ist die Tatsache der Freiheit gegenüber dem Stoffe.

Das lebendige Wesen, das als eine bestimmte Agglomeration von Materie da ist, ist mit dem Stoffe, aus dem es besteht, nicht identisch, und mit dessen Identität nicht verhaftet, sondern eine organisierende Form, die sich zum Zweck hat und ihrem stofflichen Bestande gegenüber in dem Grade selbständig ist, daß sie ihn fortwährend wechselt, ja nur durch diesen Wechsel überhaupt sich in ihrer eigenen Identität erhält. Mit diesem wunderbaren Tatbestand ist ein Prinzip in die Welt getreten, beispiellos in der physikalischen Welt der bloßen Materie.

Diese ist das Sein der einfachen, unvermittelten, an sich seienden Identität. Jeder in seiner Raum-Zeit-Stelle zu sondernde Massenteil ist, was er ist, schlechthin, ohne sein Zutun, in der leeren Selbstidentität der Substanzkategorie: Seine Dauer ist bloßes Beharren, seine Selbigkeit dabei eine Funktion der Kontinuität der Dimensionen Raum und Zeit, seine Form ein Akzidenz und ganz an dem Stoffe haftend, d. h. ohne eigene Realität. Er ist dieser und nicht jener, weil *er* jetzt hier und jener jetzt dort ist; er bleibt dieser, d. h. ist derselbe in einem späteren Zeitpunkt, weil von seinem jetzigen zu seinem neue Orte die stetige Folge aller Zwischenstellen führt, die ihn gewissermaßen von der einen an die nächste weitergibt und keinen Augenblick aus ihrem Bande entläßt. Die Diskontinuität der subatomaren Prozesse gemäß den Lehren der modernen Physik hebt nicht nur die Identifizierbarkeit der betr(effenden) Substrate in einem technischem Sinne auf, sondern stellt sie außerhalb des Geltungsbereiches des Identitätsbegriffes selber, indem sie die

Bedingung seiner Anwendbarkeit auf Unlebendiges: die Stetigkeit der Ausdehnungsform, in der die Veränderungen stattfinden, nicht erfüllt. Ein anderes als dieses äußere Prinzip der Identität, das ihm die *principia individuationis* (Raum und Zeit) entweder gewähren oder versagen können, haben Massenteile nicht. Das besagt, daß bei der Materie Identität ebenso wie Individuation ein äußerlicher Charakter ist, der den Einheiten aus dem Ganzen der physischen Welt, deren Teile sie sind, zukommt und von diesem determiniert wird.

Die Identität des Lebewesens hingegen ist seine eigene unaufhörliche Leistung, Ergebnis der tätig sich fortstiftenden Selbstkonstitution und Selbsterneuerung seiner Form.

Seine Existenz ist Funktion und nicht Substanz; seine Dauer Geschehen und gerade nicht Beharren, während das bloß Beharrende im Prozess seiner Selbststiftung ständig zurückgelassen wird. Wird es selber zum bloß Beharrenden, so hört es auf zu sein. Der fixierten, stofflichen Identität des Massenteiles steht die dynamische, funktionelle Identität des Lebenden gegenüber. Geschehen, dem die fixierte Identität unterworfen ist (das an ihr passiert), ist das eigene Element der dynamischen.

Ist somit die Existenz des Lebenden nicht ein an sich Gegebenes, wie die der Materie, sondern in jedem Augenblick seine eigene Schöpfung, so ist es zwar nach seiner körperlichen Vorhandenheit in jedem zeitlichen Querschnitt konkretes Produkt davon und nach dieser Seite wie ein Ding unter Dingen: sein Sein aber ist nicht dies Vorhandensein des Produktes, das es jeweils ist, sondern letztlich nur das laufende Sich-selbst-Schaffen selber und außer dessen Vollzug nichts: daher sich ganz überantwortet und auf sich gestellt; und sinkt in das An-sich-Sein oder die Indifferenz des Substrates, des bloß Vorhandenen zurück, wenn der Vollzug aufhört.

Das Sein als Vollzug erfordert ein Zentrum, von dem aus vollzogen wird, eine Mannigfaltigkeit, in welcher, und eine

Grenze, bis zu welcher – die seine Einheit nach außen konstituiert (seine Unterschiedenheit gegen die Welt) und innerhalb
welcher alles – eine endliche Quantität – und jedes nach seiner
Teilfunktion, Träger des einen Vollzuges ist. Mit dieser Ele-
mentargliederung (die in Zellkern, Protoplasma und Zellhaut
des Urtierchens vorliegt) ist das Prinzip des Organismus gegeben. In ihm ist das indifferente Nebeneinander von Massentei-
len aufgehoben und durch die Differenz der organischen Form
ersetzt, die in der verbleibenden Indifferenz der ersteren als
eine völlig neue Ebene des Seins, mit eigenen Einheits- und
Veränderungskategorien, fundiert ist. Ohne daß sich die fixierte Identität der Substrate als solche änderte, ist sie als Teil
der lebenden Substanz, des Organismus, in ihren Gruppierun-
gen einem Gestaltungsprinzip unterworfen, das mit ihnen nach
den Gesetzen seiner dynamischen Identität im Dienste der fun-
dierten höheren Form verfährt. Diese, als Produkt organische,
ist nach ihrem Sein organisierende Form.

Form also – und gemeint ist selbständige, für sich wirkliche
Form – ist ein Wesenscharakter des Lebens. Damit tritt zum ersten Mal im Reiche des Seins der Unterschied von Stoff und
Form, der dem Toten gegenüber eine Abstraktion ist, als realer
Unterschied hervor. Und zwar mit einer völligen Umkehrung
des ontologischen Verhältnisses: Die Form ist zum Wesen und
der Stoff zum Akzidenz geworden. Ontologisch ausgedrückt:
In der organischen Konfiguration hört das stoffliche Element
auf, die Substanz zu sein (die es in seiner eigenen Ebene weiterhin ist) und ist nur noch Substrat.

Die Eigenständigkeit der lebendigen Form zeigt sich primär
darin, daß sie ihren stofflichen Bestand nicht ein für allemal
hat, sondern ihn in ständigem Aufnehmen und Ausscheiden
mit der umgebenden Welt austauscht – und dabei sie selbst
bleibt. D. h. ihr stofflicher Bestand ist jeweilig, und diese Jewei-
ligkeit ist ihre eigene Funktion. Von der fixen Identität des
Stoffes aus gesehen ist die lebende Form nur ein Durchgangs-

punkt der Stoffe, die sie nach eigenem Gesetz passieren, und ihre scheinbare Einheit nichts als ein konfigurativer Zustand ihrer Vielheit. In Wirklichkeit aber, auf dem Standpunkt des Lebens als einer neuen kategorialen Ebene, ist die Form das Wirkliche in der Relation: Sie läßt nicht die Weltmaterie passiv durch sich hindurchströmen, sondern sie selbst ist es, die sie tätig in sich zieht und aus sich stößt und sich aus ihr aufbaut. Im Leblosen ist die Form nichts als ein wechselnder Zustand der bleibenden Materie. Bei der lebenden, die aktive, organisierende Form ist, sind umgekehrt die wechselnden Stoffinhalte Zustände ihres identisch bleibenden Seins; die Vielheit derselben ist der Wirkungsumfang ihrer Einheit; und es ist richtiger zu sagen, anstatt daß die Lebensform Durchgangspunkt des Stoffes ist, daß die Sukzession der Stoffbestände, die sie jeweils ausmachen, Durchgangsphasen für den Prozess des Seins der Form sind.

Im stofflichen Universum, in seiner unermeßlichen, stummen, gleichgültig-quantitativen Geschichte, die eine Geschichte von Atomen und ihren Verbindungen ist, ist natürlich auch das Leben nur ein »Zustand« der Materie, und ein sehr flüchtiger Zustand dazu: aber eben ein paradoxer Zustand, in dem die Materie sich selbst zum Zustand von etwas anderem macht, was in ihr fundiert ist – der lebenden Form – und einem qualitativen Prinzip Raum gibt, dem sie ihr quantitatives Sein unterstellt: kurz, ein Zustand, in dem sie sich selber transzendiert. Die Tatsache, daß das indifferente Sein der Materie dies aus seinem Schoße hervorgebracht hat, zeigt, daß Prinzipien in ihr verborgen sind, die wir mit ihrem Begriff nicht zu verbinden pflegen, aber in ihre vertiefte Interpretation aufnehmen müssen.

Die Selbständigkeit der Form bedeutet nicht getrenntes Sein: Die jeweilige konkrete Einheit von Stoff und Form, die ein unaufhebbarer Weltcharakter überhaupt ist, besteht natürlich auch hier, nämlich im Zusammenfall der Form mit der stofflichen Basis jedes Augenblickes. Der Organismus ist immer, d. h. jeweils, die Form einer bestimmten Mannigfaltigkeit

von Stoff. Aber während im Reiche der Materie, wie gesagt, die
Sonderung der beiden und die Für-sich-Setzung der Form eine
Abstraktion aus dem akzidentellen Sein der Form an der Substanz ist, ist auf der ontologischen Ebene des Lebens umgekehrt
der Unterschied der beiden das Konkrete, und ihre jeweilige
Gleichung, die im Querschnitt jedes Augenblickes tatsächlich
vollziehbar ist, auf das Lebensganze der Form bezogen nur eine
Abstraktion: Denn eben der einzelne Querschnitt selber durch
den Zeitverlauf der Existenz ist beim Lebendigen eine bloße
Abstraktion: Die Wirklichkeit seiner Form ist in der Sukzession
ihrer augenblicklichen Stofflichkeiten, die sie zu *ihrer* Dauer
macht, und diese allein ist die Konkretion ihrer Einheit, nicht
als eines logischen Attributes, sondern als produktiver Vollbringung. Während der Jetztpunkt einer stofflichen Totalität –
jeder Jetztpunkt – dieselbe vollständig gibt und als theoreti-
scher Index durch jeden anderen ersetzt werden kann, gibt der
materiell noch so vollständige Jetzt-Querschnitt eines Organismus alles außer dem Eigentlichen, dem Leben, dessen Form nur
im Zeitlichen und seinen Funktionsganzheiten zu finden ist.
Die Zeitlichkeit, nicht der simultane Raum, ist das Medium der
Formganzheit des Lebendigen; und diese Zeitlichkeit ist nicht
das indifferente Außereinander, das die Zeit für die Bewegungen des Stoffes, für die Folge seiner Zustände ist, sondern das
qualitative Element der Darstellung der Lebensform selber, sozusagen das Mittel der Verbindung ihrer Einheit mit der Vielheit ihrer Substrate – welche Verbindung in ihrem dynamischen Fortgang eben Leben ist.

Ebenso irrig also, wie es ist, von der Abstrahierbarkeit der
materiellen Form vom Stoffe sich zu ihrer Hypostasierung als
Sein an sich verleiten zu lassen, d. h. ihre elementare Unselb-
ständigkeit zu vergessen und abstrakte Momente zu konkreten
Entitäten umzudeuten (ein ontologisches Mißverständnis an
der Wurzel vieler Philosophie) – so irrig wäre es umgekehrt, die
jeweilige Koinzidenz der *lebenden* Form mit ihrem stoffl(i-

chen) Substrat als Identität zu verstehen. Selbstidentität aber, beim toten Sein ein bloß logisches Attribut, dessen Aussage nicht über eine Tautologie hinausgeht, ist beim lebenden ein ontologisch gehaltvoller, in eigener Funktion der stoffl(ichen) Andersheit gegenüber ständig geleisteter Charakter.

Nimmt man die bisher beschriebenen Strukturen zusammen und würdigt die dabei beobachtete Umkehrung ontologischer Verhältnisse gegenüber denen der allgemeinen Weltsubstanz, wenigstens in ihrer gegebenen Form, als Materie, zu deren Bereich doch auch die lebende *mit* diesen Umkehrungen wiederum durchaus gehört, so ist man berechtigt, von einer ontologischen Revolution zu sprechen, die sich mit dem Auftreten dieser neuen stofflichen Seinsform »Leben« in der Geschichte der Materie ereignet hat. Das Prinzip dieser Revolution ist die Verselbständigung von »Form« innerhalb der Materie, die Ermöglichung einer spezifischen, nach aller bloß stofflichen Weltstruktur »unmöglichen« Formselbständigkeit – deren Wesenszüge, Mittel und Spielarten zu beschreiben Sache der Biologie ist –, und die Entwicklung u. Steigerung dieser Selbständigkeit ist das Prinzip aller Entwicklungsgeschichte des Lebens, das in seinem Verlauf weitere Revolutionen zeitigt, jede ein neuer Schritt in der eingeschlagenen Richtung.

Emanzipation der Form von der unmittelbaren Identität aus dem Stoffe, Emanzipation von der fixen Selbstidentität des Stoffes, dynamische Eigenwirklichkeit der Form im Stoff und gegenüber dem Stoff: Ein Prinzip der *Freiheit* leuchtet zum ersten Mal in der ungeheuren Gebundenheit, In-sich-Verhaftetheit der physischen Welt auf, in den blinden Regungen urzeitlicher organischer Substanz, eine Freiheit, die Sonnen, Planeten und Atomen fremd ist – und ihre ursprüngliche elementare Äußerung ist der Stoffwechsel.

(Fortsetzung folgt)

Nr. III

31.3.44   Zum ersten Halbjahr unserer Ehe,
(No. 52)   mein Lieb. Mögen die folgenden
               so gesegnet sein!

Im Begriff der Freiheit besitzen wir einen Leitbegriff für die Interpretation des Lebens. Das Werdegeheimnis selbst ist uns unzugänglich: So bleibt es eine Vermutung – für mich persönlich eine starke Hypothese –, daß schon das gründende Prinzip des Überganges von lebloser zu lebender Substanz eine so zu bezeichnende Tendenz in den Tiefen des Seins selber war. Gewiß aber ist der Begriff sofort in der Beschreibung der elementarsten Lebensstruktur am Platze.[1] In diesem deskriptiven Sinn ist »Freiheit« also ein ontologischer Grundcharakter des Lebens als solchem; und auch, wie sich erweist, das durchgehende Prinzip – mindestens das jedesmalige Ergebnis – seines Fortschrittes zu höheren Stufen, in dem jedesmal Freiheit auf Freiheit sich baut, höhere auf niedere, reichere auf einfachere: In den Termini des Freiheitbegriffes läßt sich das Entwicklungsganze überzeugend interpretieren (wovon später einige skizzenhafte Proben gegeben werden sollen). Das Polaritätspaar dieser Freiheit in der Ausgangskonstellation des Lebens ist, wie gezeigt, Form und Stoff (später von zusätzlichen Polaritäten überlagert), und ihre vollständige Operation besteht anfangs im Stoffwechsel.

Es ist aber gleich zu erkennen, daß diese Freiheit dialektisch ist und konstitutiv ihre andere Seite hat. Wir bemerkten, daß die Selbständigkeit der Form nicht abgelöstes Sein bedeutet, ihre Nichtidentität mit dem Substrat nicht Unstofflichkeit (welche überhaupt in dieser ganzen Fundierungsskala, in der es sich um Grade funktioneller Freiheit in der Weltsubstanz handelt, nirgends antreffbar ist, da die untere Basis, wie hoch überboten, doch immer Basis bleibt). Die lebende Form, zeitlich existierend, ist jeweils stofflich konkret – aber kann in dieser einmaligen Konkretheit, d.h. in der Koinzidenz mit dieser bestimmten Stoffsumme, nicht verbleiben. Sie kann nicht: Denn ihre »Freiheit« ist ihre Notwendigkeit, das »Kann« ein »Muß«, da seine Vollziehung ausschließlicher Modus ihres »Ist«: der Stoffwechsel also, ihre auszeichnende Möglichkeit, souveräner Vorrang in der Welt der Materie, zugleich ihre unerläßliche Auferlegung. Dies ist die Antinomie der Freiheit des Lebens an seiner Wurzel und in seiner elementarsten Form. Um zu wiederholen: Die in der lebendigen Form sich manifestierende ontologische Freiheit ist das Vermögen, ihren Stoff zu wechseln – »sie kann«; aber sie kann ihn, sofern sie ist, nicht nicht wechseln; sie muß ihr Können vollziehen, um zu sein, da eben dies ihr Sein ist. Eine Freiheit des Tuns, aber nicht des Unterlassens.

Um aber ihren Stoff wechseln zu können, muß sie Stoff haben, finden, erreichen. Die Existenz der Lebensform erfordert unaufhörlichen Zugang neuer Materie, die nicht mit ihr gegeben ist, die in der fremden Welt ruht. Damit ist sie auf eine besondere Weise mit der Welt verbunden und an sie gewiesen. Bedürftig an die Welt gewiesen, ist sie ihr zugewandt; zugewandt (offen gegen sie) ist sie auf sie bezogen; auf sie bezogen ist sie bereit für Begegnung; begegnungsbereit ist sie fähig der Erfahrung; in der tätigen Selbstbesorgung ihres Seins, primär in der Selbsttätigkeit der Stoffzufuhr, stiftet sie von sich aus ständig Begegnung, aktualisiert sie die Möglichkeit der Erfahrung; erfahrend »hat« sie »Welt«. Das Welt-Haben, also die Transzendenz des Lebens, in der es notwendig über sich hinausreicht und sein Sein in einen Horizont erweitert, ist tendenziell schon mit seiner organischen Stoffbedürftigkeit gegeben, die ihrerseits in seiner formhaften Stoff-Freiheit gründet. So führt die Dialektik der Lebenstatsache von der Grundpositivität der ontologischen Freiheit (Form-Stoff) zum Negativum der biologischen Notwendigkeit (Stoffwechsel) und über sie wiederum zum höheren, beide vereinenden Positivum der Transzendenz, in der die Freiheit sich der Notwendigkeit bemächtigt und sie in das Vermögen des Welthabens aufgehoben hat.

Verweilen wir zunächst noch bei dem Moment der Notwendigkeit, das dem Leben eigentümlich ist und ebenso einzigartig seinen Charakter trägt wie die komplementäre Freiheit. Die Angewiesenheit auf Materie außer ihm, die Kehrseite der ontologischen Freiheit des Lebens, ist ein nicht minder neuartiges Phänomen im physischen Sein als jene Freiheit selbst. Der Stoff an sich kennt sie nicht. Die einzelne stoffliche Entität besteht aber in ihrer einfachen Selbstidentität und ist in ihrem Sein suffizient. Daß sie ist und was sie ist, mag zwar Funktion der stofflichen Totalität sein, die jedes als Teil des kosmischen Ganzen bedingt, daher ihre Isolierbarkeit nur eine vorläufige Abstraktion: Aber innerhalb dieser universalen Bedingtheit ist ihre partikulare Existenz selbstgenügsam und in aller Wechselwirkung mit ihren Nachbarn von diesen dauernd unterschieden und fremden Stoffes unbedürftig. Die Bedürftigkeit des Lebens hingegen geht über den eigenen stofflichen Bestand hinaus und bezieht sich auf fremden als potentiell eigenen, den eigenen als potentiell fremden nur bedingt besitzend. In dieser Selbsttranszendierung durch die Bedürftigkeit gründet die wesenhafte Transzendenz alles Lebens, die in den höheren Stufen dem Selbst eine immer weitere Welt eröffnet. Die Angewiesenheit verweist auf das Feld ihrer möglichen Erfüllungen und stiftet so die Intentionalität als einen Grundcharakter allen Lebens. Auf die Analyse dieser Transzendenz kommen wir später zurück.

Wir sehen nunmehr die Antinomien, die in der Dialektik der Freiheit des Lebens als eines Form-Stoff-Verhältnisses beschlossen sind und es zu einem tief paradoxen Sein machen. Sie seien folgendermaßen zusammengefaßt:

Mit der Emanzipation der Form ist die konstitutive Bedürftigkeit des Lebens in einem gegeben und bildet mit ihr einen unteilbaren Tatbestand. Die Freiheit im Verhältnis zur Materie, die im stoffwechselnden Sein der Form sich tätigt, bedeutet ipso facto zugleich Angewiesenheit auf Materie; und zwar eben nach dem Maße der Umsatzdynamik der Form, das doch andrerseits gerade der Index ihrer ontologischen Freiheit ist. Die Nicht-Identität mit dem eigenen Stoff – nach der positiven Seite Unterschiedenheit der als sie selbst existierenden Form, nach der negativen Insuffizienz jeder simultanen Stofflichkeit derselben – läßt das Leben mit um so mehr Stoff in der Zeit koinzidieren: verringert also nicht, sondern vermehrt in der Gesamtrechnung die Stofflichkeit der von der fixen Stoffgleichung entbundenen, als solche »freigewordenen« Form. Aus der Sicherheit (Fraglosigkeit) der physikalischen Identität in das Wagnis der Unterschiedenheit und Freiheit hinausgetreten, ist die Lebensform dem Stoffe überlegen – und zugleich allem Stoffe exponiert. Indem dies Heraustreten die simultane Vollständigkeit für die sukzessive Verwirklichung opferte, ist das Stoffverhältnis transitorisch, also jeweilig akzidentell, geworden – aber damit wiederum auch dringlich nicht weniger als ausgedehnt: in der Zeit sich vervielfachend durch die Sukzession der Verstofflichungen; in jedem Jetzt erweitert durch den zum aktuellen Stoff hinzugehörigen Horizont des potentiellen, der eben der benötigte ist; in der Qualität verschärft vom indifferenten Haben zum Erwerben-Müssen. Ähnlich doppelseitig sind alle echten Charaktere des Lebens, in welchen Begriffen wir immer den einen Tatbestand explizieren und welchen Aspekt wir an ihm hervorheben. So hat die Selbständigkeit gegenüber der Natur, gewonnen und behauptet in der Eigenkausalität des Organismus, einer außermechanischen Autonomie, ihren genauen Preis in existenzieller Abhängigkeit von ihr, die dem stabilen Sein des leblosen Stoffes durchaus fremd ist. Wiederum: Geschlossenheit der Funktionsganzheit nach innen ist im Vollzuge der Funktionalität selber korrelative Offenheit zur Welt. Das Selbst des einzelnen Lebens ist allem übrigen als

Außenwelt oder Fremdem entgegengesetzt – doch eben die Entgegensetzung aktualisiert sich durch die »Transzendenz« (die auf ihr beruht und das Verhältnis des Gegenüber vom Selbst her vollzieht) als Aufnahme des Äußeren – qua Äußeren – in das Innen oder Außer-sich-Sein des Innen beim Äußeren. Die Lebenseinheit ist als Individuum vereinzelt aus dem Zusammenhang der Welt – doch gerade die Vereinzelung bedeutet Vermögen des Kontaktes mit der Mannigfaltigkeit des Anderen, und zwar in direkter Proportionalität: Je entschiedener die Individualität, also die Vereinzelung sich im Fortschritt der Lebensformen herausbildet, um so mehr und im gleichen Verhältnis wächst der Radius seiner möglichen Kontakte, in Ausdehnung und Mannigfaltigkeit; d. h. also gerade je zentralisierter und punktueller das Lebens-Ich, um so weiter seine Peripherie, und *vice versa*, je eingebetteter noch im Naturganzen, je unbestimmter in seiner Differenz und je verwischter in seiner Zentralität, desto kleiner seine Peripherie von Weltkontakten. Das Leben hat prinzipiellen Abstand von der Welt, aus deren Homogenität die Form sich besondert und auf ihre Eigenheit zurückgezogen hat: Doch eben dieser Abstand bietet die Dimension für Bezogenheit auf Welt, die in den bezeichneten notwendigen Realbeziehungen wurzelt, aber sich mit ihnen nicht deckt, sondern sie bis zur Universalität überbieten kann.

Schließlich die Hinfälligkeit dieser Existenz, die die direkte Kehrseite der Souveränität ihrer Selbststiftung ist: Die sich konstituierende Identität, eben weil sie von Augenblick zu Augenblick funktionelles Erzeugnis und nicht bestehender Zustand ist, ist von prekärer, widerruflicher Dauer; die Schöpferischkeit, mit der sie ihre Fortsetzung bestreitet, eine unaufhörliche Abwendung des Verlöschens. Sie, deren Erhaltung nur in ständiger Erneuerung ist – die zum Stoffe hin freie, aber nicht von ihm freie Form –, steht von Anfang an im Zeichen der Vergänglichkeit, der Vernichtbarkeit und des Todes. Daß das Leben sterblich ist, ist zwar sein Grundwiderspruch, aber gehört unabtrennbar zu seinem Wesen und ist nicht einmal von ihm wegzudenken. Das Leben ist sterblich nicht obwohl, sondern weil es Leben ist, seiner ursprünglichsten Konstitution nach, denn solcher widerruflicher, unverbürgter Art ist das Verhältnis von Form und Materie, auf dem es beruht. Seine Wirklichkeit, paradox und ein ständiger Widerspruch zur mechanischen Natur, ist im Grunde fortgesetzte Krise, deren Bewältigung niemals sicher und jedes Mal nur ihre Fortsetzung (als Krise) ist. Sich selbst überantwortet und ganz auf die eigene Leistung gestellt, für ihre Vollbringung aber auf Bedingungen angewiesen, deren sie nicht mächtig ist und die sich versagen können; abhängig daher von Gunst und Ungunst äußerer Realität; ausgesetzt der Welt, gegen die und durch die zugleich sie sich zu behaupten hat; ihrer Kausalität gegenüber verselbständigt und ihr doch unterworfen; aus der Identität mit dem Stoffe herausgetreten, doch seiner bedürftig; frei, aber abhängig; vereinzelt, aber in notwendigem Kontakt; Kontakt suchend, aber durch ihn zerstörbar; nicht weniger bedroht andrerseits durch seine Entbehrung: gefährdet also nach beiden Seiten, von Übermacht und Sprödigkeit der Welt, und auf dem scharfen Grate dazwischen stehend; in ihrem Prozeß, der nicht aussetzen darf, störbar; in ihrer organisierten Funktionsverteilung, die nur als Ganzheit wirksam ist, verletzlich; in ihrem Zentrum tödlich treffbar, in ihrer Zeitlichkeit jeden Augenblick endbar – so führt die lebendige Form ihr vermessenes Sondersein in der Materie, paradox, labil, unsicher, gefährdet, endlich und tief verschwistert dem Tode. Die Gewagtheit dieser Existenz, voll Todesangst, stellt das ursprüngliche Wagnis der Freiheit, das die Substanz im Organischwerden unternahm, in grelles Licht. Der gewaltige Preis der Angst, der von Anbeginn vom Leben zu zahlen war und sich parallel mit seiner Höherentwicklung steigert, läßt die Frage nach dem Sinn dieses Wagnisses nicht zur Ruhe kommen. In dieser Frage des Menschen, vorwitzig wie die formversuchende Substanz im Dämmer des Lebens, gewinnt nur die ursprüngliche Fragwürdigkeit des Lebens an sich nach Jahrmillionen Sprache.

(Fortsetzung folgt)

Nr. IV

30.12.44   PAL/8119 BDR JONAS
No. 120   P BTy., The Jewish Field Regt. R. A. C.M.F.

Geliebte, Brief 120: Wenn ich nicht irre, macht das etwa 30 Briefe in den etwas über 2 Monaten, seit wir uns trennten. Ich finde das brav. Du nicht auch? Und morgen abend ist Neujahr, Abschied von 1944, das uns manches schuldig geblieben ist. Über 1945 will ich nichts schreiben – wir beide wissen, was wir von ihm wünschen. Diesmal, glaube ich, wird es in Erfüllung gehen. Für mich füge ich noch einen Wunsch hinzu: daß meine Mutter lebt und ihre Söhne noch wiedersieht. Mönchengladbach ist mal wieder groß bombardiert worden. Die deutsche Offensive, mindestens für den Augenblick, zum Stehen gebracht. 1918 war sie doch stärker. Über mich im Moment nichts zu berichten. Morgen wieder ein Ausflug, auf dem ich ein bestimmtes Ziel erreichen will.

Also: Geist und Tatsachen, und: Geist und Organisches. Ich kann leider Deinen betr(effenden) Brief nicht finden. Du schreibst: Nur der Geist ist das Besondere, das Animalische ist das Generelle. Und nur der Geist ist interessant: Tatsachen sind meist nicht berichtenswert und in sich unbedeutend; oder überflüssig. »Unter diesem Gesichtspunkt ist auch meine eigene Existenz überflüssig. Meine einzige Rechtfertigung ist, daß ich das Geistige liebe ...« Die nicht berichtenswerten Tatsachen sind z. B. das Zahnen eines Kindes – in diesem Fall das verbindende Glied zwischen »Tatsache« und »Animalisches«. Du hast natürlich recht, daß im Reiche des Menschen der Geist in höherem Grade individuell ist als sein animalisches Fundament, und vom einzelnen Individuum läßt sich sagen, daß es – nach menschlichen Maßstäben – dieses nur durch den Geist wird. Aber im Reiche des Lebens ist die organische Ausprägung »Mensch« etwas sehr Besonderes; und im Reiche des Seins ist wiederum die Tatsache »Leben« sozusagen etwas einzigartig Besonderes, die extreme Unwahrscheinlichkeit gegenüber den unzähligen Wahrscheinlichkeiten der mechanischen Natur. Das Qualitative gegenüber dem bloß Quantitativen. Und seinem Wesen nach individuell: Es ist die Grundstruktur des Lebens, daß es in selbstzentrierten Einheiten organisiert ist. Leben existiert nur in der Form von Individuen, primitivstes wie höchstentwickeltes: das beinhaltet der Begriff »Organismus«. Ich spreche vom organischen, nicht vom geistigen Individuum. Aber das eine ist die Vorstufe des andern, oder das andere der Überbau des einen. Und das Reich des Seins, in das das Leben eingebettet ist, aus dem es sich so extrem und ausnahmshaft besondert hat – das Reich der Materie? Wie reich an Besonderem auch dieses wieder in sich, und eine große Besonderheit als Ganzes, wenn wir den bloßen Tatbestand der Differenz und der ungeheuren Spannungen zwischen den geeinzelten Elementareinheiten als das Unwahrscheinliche gegenüber der allgemeinen Neutralisierung, der »Entropie« ansehen. Denkt man dies zu Ende, so kommt man zu dem Ergebnis, daß das gänzlich Nicht-Besondere, das schlechthin Generelle, eigentlich nur die differenzlose, hypothetische Ursubstanz oder das Nichts ist. Und dieses hat in seiner Indifferenz nicht beharren können, wie die Tatsache des Seins, d. h. der Welt beweist. Die Massenhaftigkeit der Besonderungen auf den elementaren Stufen darf hier nicht irremachen. Zwar macht die Massenhaftigkeit der Grundeinheiten, die endlose Wiederholung ihrer allein erkennbaren Selbigkeit, die stoffliche Welt für unsere Betrachtung zu etwas vorzüglich Quantitativem. Aber ich bin überzeugt, daß das einzelne Elektron, oder was immer die elementarste Einheit ist, in der ständigen Aufrechterhaltung seiner Sonderung gegen die Kräfte der Energienivellierung einen eminent qualitativen Tatbestand darstellt. Nur uns gänzlich entzogen. Schließlich ist seine Existenz ein Raub an der gleichmäßigen Ausbreitung, als dessen Resultat die immense Erstreckung *leeren* Raumes zwischen den einzelnen, so ungeheuer seltenen Verdichtungen zurückblieb. Ihre enorme Massenhaftigkeit verdeckt dies. Aber wir stoßen nun auf den interessanten Zusammenhang, daß diese Massenhaftigkeit mit höherer Besonderung, welche zugleich komplexere Organisation ist, abnimmt, daß das Individuellere auch das Seltenere ist: Alle Milliarden von Bakterien sind zahlenmäßig ein Nichts gegenüber den Atomen oder Molekülen oder sonstigen Bildungen der toten Natur; alle vielzelligen Organismen, in all ihrer Unzähligkeit, ein Nichts gegenüber jenen; alle Säugetiere ein Nichts gegenüber diesen; und alle geistigen Individuen … Tatsächlich tritt die Quantität, die alles beherrscht, zurück bei der höheren Ausprägung des Qualitativen – z. T. deswegen, weil hier für die Ausprägung im Einzelfall mehr Quantität benötigt ist (also der höheren qualitativen Organisation untergeordnet wird) – und es besteht ein progressiver Zusammenhang zwischen Individualität und Seltenheit. Im selben Grade werden die Bildungen auch zugänglicher, durchdringbarer – »interessanter«.

Nun das Verhältnis des Geistes dazu – und da das Organische nur ein Spezialfall des Seins ist, wollen wir die Frage in ihrer Allgemeinheit stellen: das Verhältnis des Geistes zum Tatsächlichen. Die Grundwahrheit hier ist nun, daß der Geist es zuerst und zuletzt mit Tatsachen zu tun hat. Mit allen Tatsachen? Mit mehr als allen: als erkennender mit den bestehenden, als schöpferischer mit den zu schaffenden. Mit allen bestehenden? Ja, aber nicht in gleichem Grade (wovon später). Nur mit Tatsachen? Zuerst und zuletzt mit ihnen, d. h. von ihnen muß er ausgehen und bei ihnen immer wieder anlangen: Dazwischen spannt er sein eigenes ideelles Reich, eine Tatsache neuer, aber nicht beliebiger Ordnung, denn es zielt auf Erkenntnis oder auf Darstellung des Seins, und diesem Ziele dienen noch seine abstraktesten oder metaphorischsten Symbole. Zu den Tatsachen muß er immer zurückkehren, um sich nicht in müßiges Spiel zu verlieren. Sind die primären Gegebenheiten, die Tatsachen erster Ordnung, die einzigen? Nein, denn die fortlaufende Auseinandersetzung des Geistes mit ihnen, die Summe ihrer ineinander reflektierenden Widerspiegelungen, konstitutieren eine zusätzliche Schicht – und in ihrer Folge Schicht auf Schicht sich über die ursprüngliche lagernd –, eine Realität, die sogleich selber zum Objekt des Geistes wird, der in ihr sich selbst begegnet und vorzüglich gerne in ihr als im Medium seiner eigenen, ihm vertrauten Natur verweilt; und um so mehr, je mehr dies Reich durch den steten Zuwachs neuer Schichten, an dem diese Selbstbezogenheit des Geistes mitwirkt, an Vielgestaltigkeit, Verschlungenheit und Ausdehnung zunimmt. Aber nicht vergessen darf der Geist über diesem gebannten Interesse an den eigenen Gebilden, daß *ihr* erstes und eigentliches Objekt die »Tatsachen« sind, die Wirklichkeit erster Ordnung: d. h. nicht vergessen darf er, daß sie primär nicht Objekt sind, sondern Objekt *haben* und *um des Objektes willen* sind; daß die ganze Schicht eine intentionale ist und daß die Vielzahl der Schichten, wie sie transparent füreinander sind so, daß die früheren durch die späteren durchscheinen, zuletzt und im ganzen transparent zum Grundobjekt sein muß. Verliert sie diese Transparenz (verdeckt sie, statt zu offenbaren, wie es oft geschah und geschieht), oder vergißt der Geist über ihr das Objekt, substituiert *sie* vollständig für das Objekt und kümmert sich nicht mehr um die Tatsachen selber – so verliert er das Verhältnis zur Wahrheit, zu den Dingen, er wird scholastisch oder rein ästhetisch. und es entgeht ihm *auch* die Wahrheit – der eigentliche Sinn – der Gebilde selber, in die er verliebt ist. Denn letztlich *wollen* sie an den Dingen, an der Wirklichkeit des Seins gemessen sein. Auf Tatsachen sind sie alle aus: Selbst die

kühnsten Visionen des Mystikers, selbst die abstraktesten Spekulationen des Metaphysikers wollen Tatsachen des Seins selber, die wahre Wirklichkeit – die »Welt« – in der möglichen
Umschreibung ausdrücken. Würde man ihn überzeugen, daß
seine Engelsordnungen, seine Himmelsreiche, pure Phantasie
seines eigenens Geistes sind – sie würden jedes Interesse für
ihn einbüßen und seine Beschäftigung mit ihnen würde ihm als
nichtiger Unfug erscheinen. Und wie ist es für uns, die wir das
meiste oder vieles davon wirklich als bloße Phantasie erkannt
haben? Ist es dadurch für uns, auf die Spiegelungen und Wahr-
heitsversuche rückgewandt, wertloses Zeug geworden? Nein,
es bleibt immer noch Zeugnis und Schlüssel zu einer andern
Wirklichkeit: der des Menschen und seines Geistes – eine der
größten Tatsachen selber und wohl die interessanteste, die sich
nur funktionierend, in ihren Manifestationen, erschließt: Ein
Stück Welt selber, doch zugleich alle Welt und sich selber zum
Objekt habend und in Annäherungen und Brechungen unendlich wiederholend. Dieser Prozeß für sich ist ein Thema aller
Themen. Doch auch indem wir den Geist in dem großen bewegenden Drama seiner Auslegungs(Objektivations)versuche
miterlebend begleiten und diese nur noch als Zeugnisse seiner
selbst auffassen, also im Ideellen verweilen, sind wir doch wieder gerichtet auf Wahrheit und Realität: auf Erkenntnis der
Tatsache Mensch, seiner Natur, seines Wesens und seiner
Wirklichkeit. Wieder haben wir es mit »Tatsachen« zu tun – in
diesem Fall in drei verschränkten Schichten: die Tatsache des
Zeugnisses, die mächtig stehen kann für sich, wie es bei großen
Werken ist; die Tatsache, von der es handelt, sein »Thema«, der
Intention nach letzten Endes immer »Welt« als Wirklichkeit
erster Ordnung; und die Tatsache Mensch in seiner Geschicht-
lichkeit, die dahintersteht. Dies letztere ein »Ding«, das zu seiner Erfassung das weiteste und aufmerksamste Dingverhältnis
von allen verlangt, da alle andern sich in ihm spiegeln – ihm erscheinen und in ihm zum Vorschein kommen – und er sie in al-

len Brechungen meint und in seiner interpretativen oder reproduktiven Tätigkeit mit wechselndem Glück umfaßt –, für uns ein Tor und oftmals verschlungener Pfad *zur Welt*. Dies Torsein mitsamt seinen Verfehlungen gehört zum Wesen des Geistes. Wollen wir daher zur Wahrheit, d. h. zur richtigen, sachtreuen Erkenntnis, des Subjektes qua Subjekt gelangen, so dürfen wir nicht bei der ästhetischen Anschauung und dem bloßen Nachgenuß seiner Schöpfungen stehenbleiben; noch weniger dürfen wir uns darauf beschränken, den Mechanismus seiner Funktion, das verborgene Triebwerk seines Hervorbringens, psychologisch zu »verstehen« (das hieße seine eigene Absicht mißachten, und wir hätten ihn zwar – in letztlich unernster Neugierde – »durchschaut«, doch seinem Anspruch uns entzogen; sicher wären wir ihm nicht gerecht geworden); vielmehr: *zur* Wahrheit des Menschen gehört, wie wir gerade hierbei finden müssen, *sein Verhältnis zur Wahrheit* – also *die Dinge selber*. Dies muß auch unser Leitfaden in unserer Wanderung durch die Gebilde des Geistes sein. Sie formen eine interpretative Schicht über dem Sein, eine große Wirklichkeit für sich selbst: Aber *was* sie interpretieren wollen, das objektive Sein, muß auch dem *sie* interpretierenden Geist noch wichtig sein, wie es ihnen wichtig gewesen ist.

Was also kann »das Geistige lieben« (oder: den Geist lieben) anderes bedeuten als: das Sein lieben? Und was bedeutet dies anderes als: die Tatsachen interessant, d. h. der Beachtung wert finden? Was dies anderes als: die Details wichtig nehmen, Ehrfurcht vor ihnen haben, sich in sie versenken? All dies faßt sich zusammen in dem Gebot, die Wirklichkeit zu ihrem Recht kommen zu lassen. Um ihretwillen ist der Geist, wie sie um des Geistes willen. Diese beiden dürfen sich nicht abwendig werden.

Der Kurzschluß aber, der nur das Geistige liebt und sich an seinen Schöpfungen erbaut, zu stolz für den langweiligen Umweg der Wirklichkeit, ist eine Leckerei, edler zwar als die umgekehrte Befangenheit im Stofflichen (oder Animalischen), aber irgendwie auch unmoralisch – und *keine* Rechtfertigung, deren *auch* der Geist bedarf: er findet sich im Messen an der Wirklichkeit, in der Treue. Über die Langweiligkeit aber später.

In der Tat ist aller Fortschritt und alle Erneuerung des Geistes auf Erden aus neuer Entdeckung oder Wiederentdeckung der Welt, der Natur, erwachsen. Nur aus der Berührung mit seiner Mutter gewinnt dieser Titan nach allem Himmelsstürmen, in allem Schweifen, immer neue Kraft – und Wahrheit. Das ist der Sinn der Renaissance – jeder »Renaissance«. Entdeckung, Beachtung und Durchdringung der Wirklichkeit, im Großen wie im Kleinen. Für die Wissenschaft liegt das auf der Hand. Aber auch in der Kunst: Wie viel tiefe Anschauung des Details steckt in einem homerischen Gleichnis. Wie viel geduldiges Studium der menschlichen Form, ihrer Anatomie und des mimischen Ausdrucks im Moses des Michelangelo. Wie viel stoffliche Kenntnis in jeder ästhetischen Transposition. Wie eingehend hat Leonardo, in der Wiegenzeit der neuen Kunst und Wissenschaft zugleich, ein Leben lang sich der Beobachtung, der optischen und funktionellen Erfassung der uns tausendfach umgebenden Natur, besonders der organischen, hingegeben – nicht sparend seinen großen Genius »zersplittert« in den vielen »unwichtigen« Kleinigkeiten, wie Du sagen würdest. Aber den Großen war das Kleine nie zu klein. Das ist eines ihrer Geheimnisse und sein Name Ursprünglichkeit. (Und gewiß war Leonardo mit all seinem Angefangenen, Unvollendeten größer als ein Scholastiker oder Aristoteliker seiner Zeit, der aus seinen fertigen Begriffen ein vollendetes System der Welt bauen konnte, wozu der Tatsachenbeobachter Leonardo nie gelangte.) »Gegenständlichkeit« ist aller geistigen Tat Gesetz. Nur die Musik macht hiervon eine Ausnahme: *sie* ist ausschließlich freie Schöpfung des Menschen; sie hat es nicht mit Gegenstand und Wahrheit zu tun; sie ist sozusagen die reine souveräne Gestaltung der Zeitdimension ohne den Raum, also ohne Welt.

In dieser infiniten Aufgabe, die der Geist der Wirklichkeit

gegenüber auf sich nimmt, erfüllt der Mensch eine seiner Bestimmungen, wenn nicht seine Bestimmung. Sie ist tief vorbereitet in der Geschichte des Seins und ward zum erstenmal sichtbar beim Erscheinen des Lebens, als die Materie zum erstenmal sich selber fühlte in der dunkelsten Reizempfindung der lebenden Substanz. Hiervon habe ich begonnen in meiner Philosophie zu handeln. Das Ergebnis, vorliegend im menschlichen Geist, drückt am vollkommensten Spinoza aus: Der *amor dei intellectualis*, die intellektuelle Anschauung des Seins, ist ein Teil der unendl(ichen) Liebe, mit der die Gottheit sich selber liebt. Ein Sinn der Existenz, der Substanz selber, wird hierbei von ihr selber vollstreckt, denn wir kommen aus ihr und sind Teil von ihr.

Zuerst also das Sein erfüllen und anschauen; dann es ergründen und lieben; zuletzt es widerspiegeln und bezeugen: das ist die ganze Weisheit, »alles übrige ist Kommentar«. Wie sie ausführen? Es ist kein Einwand, daß nicht alle es können – vollständig nur ganz wenige. Es ist ein Ideal – der anthropologische Imperativ. Aber den ersten Teil kann virtuell jeder erfüllen: Die Fähigkeit dazu gehört zur gattungsmäßigen Ausrüstung des homo sapiens. Den zweiten könnten bei echter Bemühung viel mehr als es versuchen – wenn »ergründen« nicht notwendig nur selbständiges Entdecken, sondern auch Lernen des schon Gedachten um ein mehr oder weniger großes Stück Weges einschließt. Der dritte Teil ist für die Erwählten, die Zeugen der Menschheit, die sich's auch am schwersten machen. Aber ist es ein Fehler für eine Ethik, auch ein Ziel für die Elite, winzig wie sie sein mag, zu enthalten? Die wahre *muß* darin gipfeln.

Wie nun den ersten Teil ausführen? Es ist das Fundament von allem. Ich kehre zu den Ausführungen des Anfangs zurück. (Fortsetzung folgt)

Liebste, soweit bin ich bis heute, 12. Januar, gekommen. Mit großen Unterbrechungen: Ich schreibe unter ungünstigen äußeren Bedingungen, und augenblicklich auch unter dem Druck für mich persönlich unerfreulicher Neuigkeiten. Aber all das berührt nicht das Zentrum der Existenz, das beim Freien immer frei ist für sein eignes Tun.

Ich küsse Dich innigst
Dein
Hans

Nr. V

26.1.45   PAL/8119 BDR. JONAS H.
No. 134   B-Troop, P-Battery
The Jewish Field Regt. R. A.
C. M. F.

Liebste, ich will heute bei den Ausführungen von Brief 120 fortfahren.

Alles Sein, so sahen wir, ist besonders. Gibt also Stoff der Anschauung und ist – an und für sich – wert der Anschauung. Aber hier tritt nun das Phänomen der Größenordnung und der Massenhaftigkeit ein. Die Elementareinheiten des Seins liegen in der Größenordnung weit unter der Schwelle unserer Sinnlichkeit und können so nie unmittelbares Objekt werden. Zugleich sind sie so massenhaft, daß wir beim einzelnen gar nicht verweilen könnten. Aus beiden Gründen können wir nur ihr Verhalten in Massen beobachten. D. h. wir erfassen nur ihre äußere Wechselwirkung statistisch nach dem Gesetz der großen Zahl, nicht ihr inneres Sein. Sie haben keine Individualität für uns und keine Unterschiede. Zwar hat, wie eingangs bemerkt, sicher auch das Elementarteilchen sein inneres qualitatives Wesen, und wenn wir in es eindringen und sein Agieren u. Reagieren von innen her begreifen könnten, so hätten wir wahrscheinlich in der Anschauung des einzelnen Elektron den Schlüssel zum Geheimnis des Seins in der Hand, und brauchten nicht dem Umweg und matten äußerlichen Ersatz der statistischen Menge. Aber wir können es nicht und müssen uns mit dem meßbaren Verhalten begnügen. Zwar bei Lebewesen führt uns die Beobachtung des sichtbaren Verhaltens (die aber auch über bloße Messung weit hinausgeht) oft zum Verständnis ihres inneren Lebensgesetzes – da wir den Schlüssel dazu aus unserm eigenen, mehr oder weniger verwandten Sein besitzen. Den Atomen gegenüber besitzen wir ihn nicht.

In die Größenordnung unserer Sinnenwelt treten die Atome nur in Gestalt ungeheuer zahlreicher Vergesellschaftungen ein, in charakteristischer Agglomeration, die als ganze für uns die elementaren Dinge sind: Sandkörner, Steine, Wassertropfen, Wolken ... wieder so zahlreich und gleichförmig, daß wir sie nicht als Individuen und nur mengenmäßig wahrnehmen (z. T. auch wieder durch ihre sinnlich – wenn auch nicht physikalische – Kleinheit bedingt); aber doch schon mit bedeutenden qualitativen Gattungsdifferenzen zwischen den großen Ähnlichkeitsgruppen – der ganze Reichtum der Stoffe und ihrer elementaren Erscheinungsformen in der Natur. Und hier beginnt schon die *Form* in vielen Fällen aus der gattungsmäßigen Gleichheit sich als etwas Besonderes herauszuheben. Die eigentümliche Gestalt, Färbung, Äderung eines Steins, die Reinheit eines Kristalls, Form und Beleuchtung einer Wolke, Bewegung und Farbenspiel des Meeres unterm Himmel – sie alle können unsere Aufmerksamkeit auf sich ziehen und unsere form- und qualitätshungrige Sinnlichkeit fesseln. Besonders sind es auch hier Vielheiten begrenzter Menge in charakteristischer Zusammenstellung, »Gruppen«, die der Anschauung quasi-individuelle Einheiten aus gattungsgleichen Vielen darbieten, und sich mit anderen ebenso charakteristischen in typischen Konstellationen zum Ensemble eines ganzen Naturausschnittes zusammenschließen – ein komplettes Stück Welt mit individueller Physiognomie. Jene Gruppen sind z. B. ein Gebüsch, ein Wald, eine Berggruppe. Ihr überschaubares und zusammenwirkendes Ensemble eine Landschaft. Ihr Rahmen umfaßt eine unendliche Menge kleiner, individueller Formen und wirklicher Individuen, deren jedes für sich ein selbständiges und vollgültiges Objekt der Anschauung ist, aber in der Betrachtung des Größeren nur als Teil des Ganzen und nicht für sich zur Geltung kommt. Doch dies ist Sache des Blickpunktes, sozusagen der Linsenweite der Aufmerksamkeit, die jederzeit von der weiteren Zusammenschau sich auf Einzelnes richten kann, das dann sogleich für sie ein Ganzes mit vielen Einzelnen wieder in sich wird; und aus einem generellen Komponens in einem homogenen Vielen ein Individuum für sich. Ein Wald ist sicher ein Ganzes weiterer Art, das die konstituierenden Teile, die einzelnen Bäume, sozusagen in sich absorbiert: Aber das hebt die Einzelheit des Baumes nicht auf, die in der scheinbar gleichen Wiederholung des Vielen nur untertaucht. Im »Ganzen« fungieren sie wirklich nur mit ihrer Gleichheit und nicht ihrer Einzelheit, so daß sie innerhalb desselben vertauschbar und sozusagen eliminierbar sind, ohne daß es den Charakter des Ganzen ändert. Aber richten wir uns auf den einzelnen, so hat *er* den »Charakter« und der Wald tritt zum allgemeinen Hintergrund zurück; und *er*, der einzelne, erscheint nun als vollkommenes Individuum, mit der ganzen Unerschöpflichkeit desselben, die basiert ist in der Unendlichkeit der Aspekte jedes Sinnendinges und in der zugleich typischen und einmaligen Zusammenstellung seiner großen, in den Grenzen des Typischen variablen, Vielteiligkeit. Beim einzelstehenden Baum ist diese Individualität ohne weiteres sichtbar, und wir erkennen ihm wahrnehmend Eigenbedeutung zu. Der Wald macht sie vergessen; so daß das Sprichwort statt »Vor lauter Bäumen den Wald nicht sehen« eher heißen sollte »Vor lauter Wald den Baum nicht sehen«. In der Vielteiligkeit des in seiner vollen Individualität gesehenen Baumes sind wieder die Blätter das gleichförmig Allgemeine, das nicht in seiner Einheit, sondern in seiner Menge das besondere Ganze mitkonstituiert. Aber das einzelne Blatt für sich wieder, in seiner Form, Farbe, Äderung etc., ist ein kleiner sinnlicher Kosmos und das Ganze vieler Teile. So geht es weiter. Das besagt: Jedes Objekt unserer Aufmerksamkeit in der Welt des Zusammengesetzten ist – als Teil von Größerem und Ganzes von Kleinerem – als das jeweils Besondere wesentlich akzentuiert (oder: integriert) zwischen zwei Horizonten der Abschattung ins Allgemeine: nach oben der Horizont der umfassenderen Gruppe, die vom Blickpunkt des gerade visierten Einzelnen nicht als Individuum, sondern als indifferenter Mengen-Hof erscheint, sich fortsetzend in immer größeren Seinsrahmen; nach unten der Horizont seiner eigenen, es bildenden Teile, die wieder nicht für sich, sondern als gleichförmiger genereller Baustoff erscheinen, sich fortsetzend in immer kleineren Unterteilungen. Diese Integrierung des Individuellen aus den zwei Dimensionen des Allgemeinen ist weitgehend (wenn auch nicht ausschließlich, wie wir später sehen werden) eine Funktion unserer morphologischen Aufmerksamkeit, d. h. phänomenologischer Charakter des Bewußtseins, Korrelat der zusammengesetzten Struktur der Wirklichkeit: Der Blickstrahl der Aufmerksamkeit wandert von Punkt zu Punkt, wo er trifft, objektiviert er u. *macht* zum Individuum, nach den Rändern verliert sich der Hof des Halb- und Unbelichteten und daher Allgemeinen.

Diese vielfache Ineinanderschachtelung von Ganzem und Teilen, und von Individualität und Allgemeinheit, jeweils relativ und von der Betrachtung bestimmt, erstreckt sich durch die ganze Spannweite der Größenordnung unserer sinnlichen Welt, wiederholt sich von Stufe zu Stufe des Komplexen und verliert sich erst über die Schwelle des mikroskopisch Kleinen ins ununterscheidbar Gleiche des Elementaren. Dies ist die untere Grenze.

Nach oben beschließt unsere Welt der Makrokosmos, der durch seine ungeheuren räumlichen, zeitlichen und mengenmäßigen Maße unsere Rezeptivität nicht weniger transzendiert als die Welt des elementar Kleinen. Durch eine sinnvolle Paradoxie der Sinnlichkeit erscheint uns die Welt des immens Großen in der Perspektive der ebenso immensen Entfernung, in der Gestalt infinitesimal kleiner Anschauungseinheiten: die Sterne, bloße fast stofflose Lichtpunkte. Ein Staubkorn gibt mehr Stoff der Anschauung. Ihnen gegenüber wiederholt sich das Verhältnis zum Winzigen, zu dem sie dialektisch sozusagen zurückkehren: das Phänomen der Massenhaftigkeit und der Gleichförmigkeit. Entsprechend beschäftigen wir uns nicht mit der einzelnen Sonne (unsere eigene ausgenommen), eine wie ungeheuerlich, überwältigende Realität sie auch in sich ist, sondern mit Klassen von Sonnen – blaue, weiße, gelbe, rote –, mit enormen und typischen Massenballungen von ihnen – Sternhaufen, Spiralnebel, Milchstraßensystemen: Nur auf diesem Wege kommen wir den übergroßen Maßen jener Welt bei, wie den infinitesimalen Maßen der kleinsten. Wieder also, fast wie bei der atomaren Welt, sehen wir von Erfassung des Einzelnen ab, verzichten auf Individuation und begnügen uns mit der Mengenmechanik, dem äußeren statistischen Integrationsresultat der großen Zahl, von Sternen redend, als ob sie Staubkörner, ja Atome wären. Wieder gilt auch hier: Hätten wir die Spannweite der Anschauung und der Dauer, das Leben einer einzigen dieser Sonnen zu verfolgen, könnten wir in ihr Inneres eindringen und ihre Prozesse und Dynamik mit unseren Vorstellungsmitteln uns gegenständlich machen – wir hätten wahrscheinlich in der Erfassung *eines* Sternes in allen Phasen seiner Existenzen *und* in seinen inneren Gesetzen (in denen natürlich das ganze ko-existierende Sternenall mitwirkt, also mit erscheint) den Schlüssel zum Geheimnis des Alls. Wir brauchten nicht die Denaturierung der großen Zahl. Aber hier wie dort können wir es nicht. Jedoch: die Kombination der beiden statistischen Mengenmethoden an den entgegengesetzten Ausdehnungsgrenzen des Seins, der unteren und der oberen, die jede für sich auf individuelle Objektivation ihrer Einheiten verzichten muß – die Kombination also von Atomphysik und Astrophysik –, gestattet uns ein ungeahntes Eindringen in das »Leben« der Sterne und gibt der Oberfläche der astronomischen Mengenmessung erst ihr erkenntnismäßiges Tiefenrelief. So ergänzt die eine generellste Seinserfassung die andere – aber beide zusammen, wie jede für sich, bleiben im Reich des rein Quantitativen, Qualitätslosen, bloß Meßbaren. Uns bleibt nur das mannigfache Funkeln des gestirnten Nachthimmels als Gegenstand qualitativer Anschauung.

Zwischen diesen beiden Extremen nun, zwischen Submikrokosmos u. Makrokosmos, ein kleiner Ausschnitt aus der Indifferenz des zahllosen Seins, liegt die Welt der irdischen Formen, das Reich *unserer* wirklichen Anschauung, das eigentlich morphologische Sein.

Fortsetzung bald. Für heute tausend Küsse
in Liebe
Dein
Hans

Nr. VI

III.

Die irdische Welt ist unsere Welt. Obwohl sie quantitativ nur ein winziger Ausschnitt aus dem Ganzen des Seins ist; obwohl unsere Größenverhältnisse, unsere Zeitdauer, unsere Sinnenkapazität uns in diesen verschwindenden Winkel und flüchtigen Moment des Alls bannen und selbst in ihm noch alle kleineren Elemente und Bewegungen uns vorenthalten; obwohl wir so abgeblendet nach oben und unten leben, soweit uns nicht Instrument und Abstraktion die Grenzen erweitern, ohne uns doch je die volle Gegenständlichkeit der Anschauung dort verschaffen zu können; obwohl also unser Umgang nur mit gröbsten summarischen Massen-Integrationen der Kleinwelt ist, die ihrerseits weniger als Atome, flimmernde Akzidenzien eines Atomes der Großwelt sind – so finden doch Wahrnehmung und Geist in dieser unserer Welt ihr wahrhaft unerschöpfliches Thema. Und in der Tat haben wir uns über keinen Verlust zu beklagen. In der Tat stellt diese irdische Welt an Mannigfaltigkeit der Formen, an Differentiation der Selbstausprägungen der Materie, alles in den Schatten, was die unermeßlichen Weiten des Weltraumes mit ihren unermeßlichen Mengen *als Regel* aufweisen können. Das Ergebnis ungeheuerlichster kosmischer Zufälle, ist dieser seltene Weltzufall Erde ein Schauplatz der Zufälle aller Zufälle: Alle 3 Aggregatzustände des Stoffes auf ihr realisiert und koexistent dank einer Temperaturspanne von kaum mehr als 100 Zentigraden um den Gefrierpunkt des Wassers (eine unschätzbare Ausnahme im Universum) und so fähig, aufeinander zu wirken und die Verschiedenheit der Elemente in signifikanten Ausprägungen zur Erscheinung zu bringen, die ihr physikalischer Rohzustand in den glühenden Gasmassen der Sonnen nicht verrät – eine unendliche Fülle der Qualitäten und Gestalten in Festigkeit und Wechsel, wo wenig mehr als eine Spektrallinie die Differenz ist, die der kosmische Nebel von der potentiellen Mannigfaltigkeit anzeigt: Wirklich ist unsere Welt *die* morphologische Welt schlechthin, eine zufällige Offenbarung der Materie, in der die Monotonie des Quantitativen und Vermischten in spezifischen Scheidungen und Einzelverdichtungen durchbrochen ist. Wir nennen dies »Natur«.

Dies ist nur eine andere Art zu sagen, daß unsere Welt, die irdische, eine Welt von *Dingen* ist. Damit tritt schon das Individuelle auf den Plan. Neben der Mannigfaltigkeit der Stoffgattungen an sich und ihrer Verbindungen haben wir, schon in der toten Natur, die unvorhersehbare Verschiedenheit der Konturen jeder sich vereinzelnden Agglomeration, in ihrer flüchtigen oder beharrenden Form, kaum wiederholbar in ihrer Einzelheit; und dann schlechthin einmalig ihre raumzeitlichen Konfigurationen im engeren oder weiteren Rahmen irdischer Natur; und diese Einmaligkeit nochmals in höhere Potenz erhoben durch die Unendlichkeit der mögl(ichen) Aspekte (Perspektiven), jede eine potenzierte Einmaligkeit des Einmaligen. (Diese Potenz der Natur hinzugefügt durch die Sinnlichkeit perzipierender Wesen.) All dies ist voll von Individualität.

Doch ist diese Individualität nicht von sich her: Sie ist für einen Betrachter. Früher sagte ich von der »Integrierung des Individuellen aus dem Allgemeinen«, daß sie – weitgehend – eine Funktion der morphologischen Aufmerksamkeit sei. Das trifft auf alle bloß morphologische Individualität zu (Unterschiedlichkeit der Form). Verschiedenheit ist an sich noch nicht Individualität. Die leblose Natur mit ihrem Differenzenreichtum bietet nur das Substrat dafür: Die eigentl(iche) Integrierung zu individuellen Einheiten wird vom Betrachter, anhebend von der Sinneswahrnehmung, geleistet – sie ist keine Eigenschaft des Dinges selber, kein *Faktor* seines Seins oder Werdens, nur ein Resultat seiner stoffl(ichen) Schicksale in Begegnung mit einem Blick (obwohl in den Kristallen die Natur bereits hart an die Grenze selbstgeleisteter Einheitsformen kommt). Mit anderen Worten: Wir haben es bisher mit dem *phänomenologischen* Begriff des Individuums zu tun (Integrierung durch's Subjekt). Der differenzierende Blick eines Betrachters ist für ihn wesentliche Bedingung.

Aber nun tritt im Reiche der Natur ein Neues auf, worin der Weltzufall des Irdischen auf die unvermutbarste Spitze getrieben wird: Stoffeinheiten, die Einheiten des Vielen nicht kraft einer Anschauung, sondern kraft ihrer selbst sind; Dingen, deren Dingsein und Diessein an ihnen selber liegt und von ihnen fortgesetzt unterhalten wird (*entelecheia*); Formen, die nicht Ergebnis, sondern Ursache (*arche*) der bestimmten Stoffagglomeration sind – Einheit, die sich selber setzt, Form, die sich selber integriert: Lebende Organismen. Diese *Selbstintegrierung* des Lebens in seinen Einzelträgern erst ergibt den *ontologischen* Begriff des Individuums gegenüber dem bloß phänomenologischen. Jedes Lebewesen als eine selbstzentrierte Einheit, deren Sein ihre eigene Funktion ist, ist seinem ursprünglichen Wesen nach, an und für sich, nicht erst der resultierenden Form nach, Individuum – Individuum im ontologischen und nicht nur im phänomenolog(ischen) Sinn. Das bedeutet nichts anderes, als daß erst das Leben Individualität in den Kosmos eingeführt hat, daß a) *nur* Lebewesen echte Individuen sind und b) daß *alle* Lebewesen als solche Individuen sind.

Wie um dies im Sinnfälligen zu demonstrieren, bringt diese ontologische Individualität, das Reich des Lebens in der Entfaltung seiner Formen, eine ungeheure Bereicherung an morphologischer Individualität in die Welt: Die Gestalten-Mannigfaltigkeit des Lebens stellt die der leblosen Natur so in den Schatten, daß wir eigentliche Artikulation und Strukturreichtum der Formen vergleichsweise nur dort finden. Und während der Strukturreichtum in jeder einzelnen Lebensform für sich seinen Sitz hat, als Erzeugnis – und Gradmesser – ihrer ontologischen Individualität, konstituiert die phantastische Formen-*Verschiedenheit*, die sich in den Lebens*arten* offenbart, einen Reichtum morphologischer »Individualität« mittelbarer Ordnung, die den einzelnen Träger durch die Spezies ersetzt. Es ist hier, wo die morphologische Anschauung die Differenzierung des Lebens am stärksten empfindet und genug an der Erfassung der charakteristischen Artausprägungen zu tun hat: Das ontologische Individuum tritt als solches nicht in den Blick, besonders wo Kleinheit und Massenhaftigkeit es für die Betrachtung, der Equalisierung der großen Zahl unterwirft. Wenn wir bedenken, daß es etwa 50000 verschiedene Ameisenarten gibt, die sozialen unter ihnen in Lebensgemeinschaften von jedesmal vielen tausenden, manchmal hunderttausenden Individuen organisiert; die einzelnen Individuen unserem Blick schwerlich unterscheidbar und an ihrem Verhalten nur das streng Artgemäße erkennbar, so wird klar, daß hier wesentlich oder ausschließlich die »Spezifität« der Natur unser Gegenstand ist. Aber die Mannigfaltigkeit derselben ist so unerschöpflich, daß das Typische für uns zum Individuellen wird, indem es in seiner eigenen Differenzierung unsere Intention auf Individualität mehr als befriedigt.

Es ist eine unbeweisbare, aber wahrscheinliche Vermutung, daß dies nicht nur die Beschränkungen unserer Anschauung und Unterschiedskapazität, sondern auch einen objektiven Tatbestand spiegelt, insofern auf den niederen Lebensstufen das arttypische Verhalten so dominiert, daß das »persönliche« Element des Einzelverhaltens keine Bedeutung als Eigenqualität besitzt. Jedenfalls ist es uns über den weiten Abstand, der unsere Lebensordnung etwa von der der Ameise trennt, durchaus nicht zugänglich, und keine Ähnlichkeit der Ausdrucksformen (Mimik), die nur bei biologischer Verwandtschaftsnähe statthat, ermöglicht eine Kommunikation des Verstehens.

Aber je näher wir in der Stufenleiter des Lebens unserer eigenen Ordnung kommen – um es genauer zu bezeichnen: im Reich der größeren Säugetiere –, um so mehr vermögen wir in Ansehen und Verhalten das Einzelwesen zu erfassen und mit sich selber zu identifizieren. Das läßt sich so ausdrücken, daß mehr und mehr für uns das ontologische mit dem phänomenologischen Individuum zusammenfällt.

Wenn unsere obige Vermutung richtig war, geht dieser subjektiven Annäherung der beiden parallel eine tatsächliche, objektiv wachsende Ausprägung von Individualität in den aufsteigenden Lebensstufen. Wer mit Pferden oder Hunden zu tun hatte, weiß, daß sie innerhalb ihrer Arttypik Individualität im

380

Sinne persönl(ichen) Charakters haben und ich nehme an, daß jeder Dompteur dasselbe von seinen Tieren sagen kann.

Machen wir uns den Tatbestand klar, so sehen wir, daß unmerklich hier ein nochmals neuer – dritter – Begriff von Individuum aufgetaucht ist: Im ontologischen Sinne ist das Pantoffeltierchen nicht weniger Individuum als das entwickeltste Wirbeltier – dieser Begriff ist nicht steigerungsfähig: Er beruht im organisierten Lebendsein und nicht im Besitz »individueller Eigenschaften«. Diese letzteren eignen einer Individualität, die sich progressiv in der Höherentwicklung und Differenzierung der Lebensformen herausbildet, vielleicht als einfache Folge größerer Zusammengesetztheit, und schließlich zu einem »persönlichen« Gesetz des Verhaltens gelangt, das im Menschen – und auch bei ihm in ungleichem Grade – seine volle Verwirklichung findet. Wir können diese Individualität vor dem Erreichen der geistigen Stufe die »charakterologische« nennen, und den Begriff »persönliche Individualität« dem Menschen auf der Stufe des geistigen Bewußtseins vorbehalten.

Diese Weiterentwicklungen des Individualitätsbegriffes fallen natürlich alle unter den *ontologischen* Begriff: Das Faktum ontologischer Individualität überhaupt, das im Organischen an sich vorliegt, trägt sie als höhere Stufen seiner fundamentalen Möglichkeit. Aber sie haben ihren Reflex auch in ausgesprochenerer phänomenologischer Individualität: Die unverwechselbare Selbsthaftigkeit in Aussehen und Habitus, die die Erscheinung eines solchen Individuums innerhalb der Art bestimmt, unterscheidbar und wiedererkennbar macht, ist das sinnfällige Zeugnis jener entwickelten Individualität höherer Stufe, die selber in einem inneren, ontologischen Prinzip liegt.

Schließlich gibt es noch eine dritte Beziehung zwischen Leben und Individualität, worin sich die beiden anderen tiefgründig verknüpfen. Nicht nur hat das Leben erst mit sich selber ontologische Individualität in den Kosmos eingeführt; und nicht nur hat es den Formenschatz möglicher phänomenologi-

scher Individualität angemessen vermehrt: Es ist auch dasje-
nige, *für* das allein Phänomenologie und damit phänomenologische Individualität ist. Es ließe sich wohl streng aufweisen,
daß die Individualitätsperzeption lebender Wesen im primär-
sten Grunde, und somit von den allerersten Anfängen, mit der
Ur-Tatsache verknüpft ist, daß das Lebewesen selber qua Lebewesen ontologisches *Individuum ist*. Ohne den Zusammenhang hier genauer zu analysieren, sei dies davon angedeutet:
daß die selbstzentrierte Einheit des Lebens-Es die Bedingung
der »Diesheit« seiner Außenreiz-Empfänge ist, d. h. ihrer Kon-
zentrierung zu abgesetzten Einheiten aus dem diffusen Horizont des allseitig einwirkenden Weltstoffes (oder der Weltener-
gien). Ungefähr so, daß der diffuse Reiz von der ausgebreiteten
sensitiven Oberfläche des Lebenskomplexes zum Zentrum geleitet und dort in einer Art Refraktion zu einer analogen Dichte
vereinigt wird, die in letzter Analyse nichts anderes als eine
Projektion oder Spiegelung der Selbstzentralität des empfin-
denden Es ist. Dies ist in der Weise allgemeines Gesetz, daß der
Grad der Distinktheit und Dinglichkeit der Außenweltsein-
drücke in direkter Proportion zu der Entwicklung zentraler
Selbstheit steht, die das Subjekt solcher Objektivität zu sein
hat. Über die lange Stufenleiter frei beweglicher und mit spezi-
ellen Sinnen begabter Tiere (die beiden Attribute bezeichnen die
Korrelation dieser beiden Seiten: größere Herausbildung der
Selbstheit – größere Distinktheit der Perzeption; oder: mehr
Individualität = mehr Individuierung der Objektivität) führt
diese Korrelation im menschlichen Geist, als der bisher vollkommensten Verwirklichung ontologischer Individualität, zu
dem, was Kant die »transzendentale (oder: »synthetische«) Einheit der Apperzeption« nannte, das subjektive Korrelat des
voll-kristallisierten »Gegenstandes« der menschlichen Welt-
sicht. Die Paradoxie, daß diese all-kristallisierende Objektivität
die höchste Individualisierung der Weltschau mit der Fähigkeit
zu höchster Verallgemeinerung paart, ist ein Index des zusätz-

lichen Elementes, das der Geist über die vollkommenste Sinnlichkeit hinaus in diesen Prozeß eingeführt hat. Es ist aber im
Auge zu behalten, daß der Mensch mit seinem transzendenta-
len Vermögen der Gegenständlichkeit, nicht weniger als mit
seiner extremen Selbst-Individuation, der Erbe aller Lebens-
entwicklung vor ihm ist und noch im Übertreffen erntet, was
vor Äonen dunkel begann und in unendlicher Selbstmühung
der organisierten Materie seinen Stamm bis an die Schwelle zu
ihm selbst gebracht hat. Keine Erbschaft verpflichtet mehr als
diese.

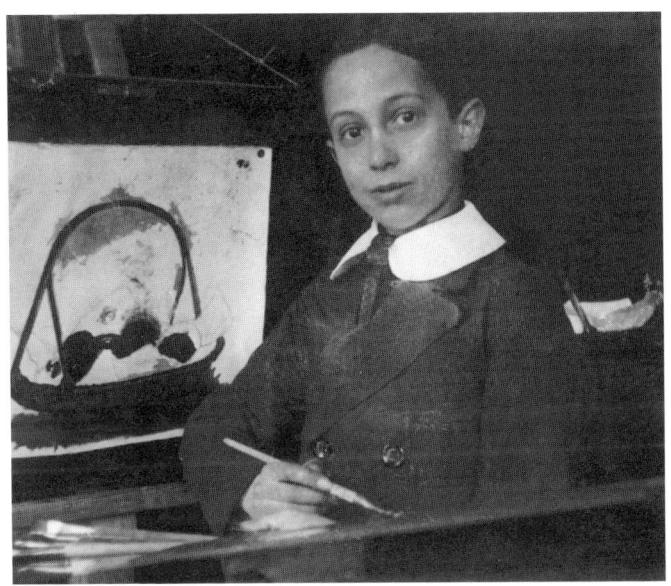

1 · *Hans Jonas in Mönchengladbach 1916 (Privatsammlung)*

2 · *Die Mutter, Rosa Horowitz, Zeichnung von Hans Jonas 1923
(Privatsammlung)*
3 · *Hans Jonas, Selbstporträt 1923 (Privatsammlung)*

4 · *Das Vaterhaus in Mönchengladbach (Privatsammlung)*
5 · *Die Synagoge in Mönchengladbach, Karlstraße 15/17,
heute Blücherstraße. Im Pogrom
1938 brannten SA-Trupps
das Gebäude bis auf die Grund-
mauern nieder.
(Gidal-Bildarchiv im Steinheim-
Institut)*
6 · *Der Rabbiner Jakob Horowitz,
Hans Jonas' Großvater mütterlicherseits (Gidal-Bildarchiv im
Steinheim-Institut, Bild Nr. 3143)*

7 · *Hannah Arendt 1927 (Hannah Arendt Estate)*

*8 · Günther Stern (Anders) und Hannah Arendt um 1929
(Hannah Arendt Estate)*

9 · *Edmund Husserl*
(Gidal-Bildarchiv im Steinheim-Institut, Bild Nr. 675)
10 · *Martin Heidegger 1933*
(J. B. Metzlersche Verlagsbuchhandlung und Carl Ernst Poeschel
Verlag, Stuttgart 1986)

11 · *Edmund Husserl und Martin Heidegger 1921*
(J. B. Metzlersche Verlagsbuchhandlung und Carl Ernst Poeschel
Verlag, Stuttgart 1986)

12 · Jonas Cohn
(Gidal-Bildarchiv im
Steinheim-Institut, Bild
Nr. 4176)

13 · Das deutsche Pro-Palästina-Komitee 1928. In der vorderen
Reihe stehen von rechts: der Vorsitzende Heinrich Graf Bernstorff,
Prof. Chaim Weizmann, Carl von Schubert. Links hinter Schubert
Albert Einstein, zwischen Schubert und Weizmann die Schrift-
führerin Katharina Oheimb. Links neben Bernstorff der Bankier
Oskar Wassermann, neben ihm Kurt Blumenfeld, der Präsident
der Zionistischen Vereinigung für Deutschland.
(Gidal-Bildarchiv im Steinheim-Institut, Bild Nr. 945)

14 · Hans Jonas in Mönchengladbach 1933 (Lisl Haas)

15 · *Gershom Scholem*
(Gidal-Bildarchiv im Steinheim-Institut, Bild Nr. 872)

16 · Richard Lichtheim
mit Familie
(Gidal-Bildarchiv im
Steinheim-Institut, Bild
Nr. 864)
17 · George Lichtheim
(Gidal-Bildarchiv im
Steinheim-Institut, Bild
Nr. 796)

18· Die jüdische Brigade 1944
(Privatsammlung)
19· Hans Jonas als Soldat
der jüdischen Brigade 1944
(Privatsammlung)

20 · *Rudolf Bultmann (Privatsammlung)*

21 · Hans Jonas in Jaffa 1946 (Privatsammlung)
22 · Hans Jonas 1953 (Lisl Haas)

23 · Hans Jonas 1953 (Lisl Haas)
24 · Martin Buber, Jacob Taubes und Hans Jonas in New York 1958
(Privatsammlung)

25 · Hans Jonas und seine Familie in New York 1966
(Privatsammlung)
26 · Hans Jonas mit seiner Tochter Ayala im Juni 1967
(Privatsammlung)

27 · Hans Jonas an der New School in New York 1968
(Peter Moore)

28 · *Hannah Arendt*
(Privatsammlung Käte und Ernst Fuerst, Ramat Ha-Sharon,
Israel)

29 · *Ernst Bloch*
(Gidal-Bildarchiv im Steinheim-Institut, Bild Nr. 4080)

30 · Hans Jonas im Garten in New Rochelle 1980
(Privatsammlung)

31 · Raymond Klibansky, Hans-Georg Gadamer und Hans Jonas
in Heidelberg 1986 (Archiv Dr. Michael Schwarz, Heidelberg)
32 · Richard von Weizsäcker und Hans Jonas bei der Verleihung
des Friedenspreises des Deutschen Buchhandels (Privatsammlung)

33 · *Hans und Lore Jonas in Frankfurt am Main 1987*
(Brigitte Seelbach, Königswinter)

34 · *Hans Jonas und der Oberbürgermeister von Mönchengladbach, Heinz Feldhege, 1988 (Udo Dewies, Mönchengladbach)*

35 · Hans Jonas 1988 (Privatsammlung)

Anhang

»Aber die Welt ist für mich niemals ein feindlicher Ort gewesen«

Nachwort von Christian Wiese[1]

Dieses Buch, soviel ist vorauszuschicken, ist keine Autobiographie. Aus dem Gespräch entstanden, möchte es vielmehr Erinnerungen verzeichnen, die sich mir besonders eingeprägt haben und in denen ich oftmals lediglich Zeuge von Begebenheiten oder Zeitereignissen gewesen bin. Mit anderen Worten: Es sollen Memorabilia sein. Manches davon hat anekdotischen Charakter, handelt von unterhaltsamen oder interessanten Episoden. Ich lasse mich von keinerlei systematischer Absicht leiten und orientiere mich weder an einem chronologischen noch einem thematischen Leitfaden, sondern erzähle ganz einfach was mir in den Sinn kommt. Und irgendwie läßt sich das vielleicht dann ordnen. Aber ich möchte sagen, das Unplanmäßige gehört hier mit zum Plan.

Mit diesen Worten begann Hans Jonas das Gespräch, über das Rachel Salamander in ihrem Vorwort anschaulich erzählt und aus dem nun – zehn Jahre nach Hans Jonas' Tod am 5. Februar 1993 – ein kostbares Buch entstanden ist. Die Fülle an Erinnerungen, die darin lebendig sind, spiegeln die Tiefe des Denkens des Philosophen wider, das bewundernswerte Gedächtnis, aus dem er während des Gesprächs in einer unübertrefflichen Klarheit persönliche Begebenheiten, Geschichten und philosophische Gedanken hervorzauberte und auf jede Frage hin neue Zusammenhänge entfaltete. Beim Hören der Tonbänder bestätigte sich, was bereits seine vielen anderen veröffentlichten Interviews und Gespräche auszeichnete: Hans Jonas war ein Genie des Erzählens, ein Mensch, der mit erstaunlicher Präsenz detaillierte biographische Details zu erinnern, dazu sein ganzes Wissen, die komplexesten Zusammenhänge, in einer klaren und ästhetisch bestechenden Sprache zu entfalten vermochte, ein humorvoller Erzähler, dessen Stimme den Zuhörer in ihren Bann zog. Was daraus entstand, sind »Memorabilia«, »Denkwürdigkeiten« im besten Sinne des Wortes, die eine ganze – der Erinnerung würdige – Welt erstehen lassen. Es ist die Welt eines in Deutschland geborenen, in die Emigration vertriebenen Philosophen, der nicht wenige biographische Umbrüche auf sich nehmen mußte, bevor seine Bücher und Gedanken in Deutschland Gehör fanden. Seine Erinnerungen, in seiner Muttersprache gesprochen, erscheinen nun, anläßlich der 100. Wiederkehr seines Geburtstags, zuerst in dem Land, das ihn geistig zutiefst geprägt und zugleich am tiefsten verletzt hat. Die Welt, die dieses Buch heraufbeschwört, ist die der deutsch-jüdischen Geschichte vor der Nazi-Zeit, der den Nazis entkommenen Jerusalemer Emigranten, der Intellektuellen im New Yorker Exil – alles ferne Welten, derer heutige Generationen allein durch das lebendige Erzählen und Interpretieren von Zeugen wie Hans Jonas ansichtig werden können. Schon deshalb sind diese »Denkwürdigkeiten« Kostbarkeiten, aber auch aufgrund der unterschiedlichen Genres, die aus dem Gespräch erwuchsen und sich in dem Buch zusammenfügen zu einem faszinierenden Ineinander von biographischer Erzählung, Exilliteratur, Liebesgeschichte, Philosophiegeschichte, historischer Reflexion und Philosophie *in actu*.

Einer der faszinierendsten Züge der Erinnerungen von Hans Jonas besteht darin, wie intensiv und offen, bisweilen ironisch oder kritisch, vor allem aber liebevoll er von Menschen zu erzählen wußte. Aus seinem Erzählen erwächst ein lebendiges Bild all jener Figuren, die in seinem Leben wichtig waren – Zeugnis der Aufmerksamkeit und des achtenden Blicks, mit denen er ihnen begegnete, ohne ihre Schwächen zu verschweigen. Die mit Blick auf die deutsch-jüdische Emigrationsgeschichte spannendsten Freundschaften des Philosophen, jene mit Hannah Arendt und Gershom Scholem, blieben auf je eigene Weise nicht von dramatischen Krisen verschont, die in Jonas' »Denkwürdigkeiten« eine bedeutende Rolle spielen: Die Passagen darüber zeigen ihn als einen zur Freundschaft begabten Menschen, der jedoch auch den leidenschaftlichen Konflikt nicht scheute, wenn es darum ging, sich selbst und seinen Überzeugungen treu zu bleiben. Die intensive, aber zwiespältige, von Jonas' »Verrat am Zionismus« – so die Perspektive seiner Jerusalemer Freunde – und von wachsenden Differenzen in wissenschaftlichen Fragen belastete Freundschaft mit Gershom Scholem, die vom Aufeinanderprallen zweier starker Charaktere zeugt, harrt noch der Interpretation.[2] Über die lange, innige Freundschaft, die Hans Jonas seit den Marburger Tagen »im Bannkreis Heideggers« mit Hannah Arendt verband, läßt sich dagegen wohl kaum Gültigeres und Treffenderes sagen als das, was er selbst in seinen Erinnerungen erzählt – liebevoll, manchmal liebevoll kritisch, voller Achtung für ihre Liebesbeziehung mit Heidegger und die Schnelligkeit, mit der sie ihm nach 1945 verzieh, voller Verehrung für ihre Menschlichkeit und Sensibilität, für ihre Begabung für Freundschaften, mit höchster Anerkennung für den Reichtum ihres Denkens und ihres Werkes.[3] Es ist charakteristisch für die unbedingte Ehrlichkeit, die den Philosophen auszeichnete, daß Jonas den einen dramatischen Streit nicht verschwieg, der ihre Freundschaft beinahe zerstört hätte, wäre sie nicht viel zu tief verwurzelt gewesen. Die Erinnerungen sprechen über diese schmerzliche Episode ausführlich und in einer Klarheit, die hier keiner weiteren Interpretation bedarf.[4] Gerade die Erzählungen über die Freundschaften oder über die Liebesgeschichte mit seiner Frau nehmen die Leserinnen und Leser in die Welt seines Erlebens von Beziehungen hinein und lassen den Philosophen, indem sie einen Blick auf die Menschlichkeit und Aufrichtigkeit seiner Gefühle gewähren, auf eine Weise als Menschen lebendig werden, die hoffen läßt, daß die Erinnerung an ihn nicht so schnell erlöschen wird.

Daß sich Jonas im Gespräch explizit das Unsystematische, Assoziative zum Prinzip machte und auf eine Hand vertraute, die das »dann vielleicht ordnen« werde, ist zwar übertrieben, weil er – gelenkt durch die Fragen von Rachel Salamander und Stephan Sattler – sehr wohl einem klaren Faden folgte. Es deutet aber an, daß das Unterfangen, aus dem Gesprochenen ein Buch zu schaffen, diesen ganzen Reichtum an Erinnerungen zu einem kohärenten Text zu machen – ohne die »Gesprochenheit« zu zerstören –, zu Beginn wie eine wahre Herkulesarbeit anmutete. Zugleich hilft diese Aussage, zu rechtfertigen, daß der Herausgeber eine Fülle an Eingriffen vorgenommen hat – angefangen von der Kürzung und sprachlichen Überarbeitung über die Gliederung des Textes in zusammenhängende, chronologisch aufeinander folgende Kapitel und die dazu erforderlichen Umstellungen von Erzählpassagen bis hin zu Notlösungen dort, wo – etwa im Kapitel über den »Abschied von Martin Heidegger« – das Tonband versagt hatte und der Text zum Teil durch Originalmaterial aus anderen Gesprächen und Essays angefüllt und ergänzt werden mußte. Das Urteil, ob dies alles im Sinne von Hans Jonas gelungen ist, steht anderen zu. Dazu trat eine umfangreiche Kommentierung, die den Lesern weitere Kontexte aufzeigen, Spuren zu weiterer Lektüre legen und unbekanntes biographisches Archivmaterial zugänglich machen will. Viele bisher weitgehend oder völlig unbekannte Texte von und über Hans Jonas sind in das Buch integriert worden, zum Teil aus Archiven, zum Teil aus dem Privatbesitz von Lore Jonas.[5] Dazu zählen insbesondere die Gedichte aus dem Jerusalemer PILEGESCH-Kreis, der Aufruf von Hans Jonas an die Jugend in Palästina, gegen Nazi-Deutschland zu kämpfen, und zahlreiche Briefe, die das Erzählte illustrieren und vertiefen. Nicht zuletzt gilt dies für ein wahres Kleinod in diesem Buch, die erstmals veröffentlichten »Lehrbriefe«, die der Soldat Hans Jonas 1944/45 an seine Frau nach Jerusalem schickte. Sie liefern einen intimen Einblick in eine entscheidende Zäsur seines Denkens und können – ähnlich wie im Falle Franz Rosenzweigs, der während der letzten Monate des Ersten Weltkriegs an der mazedonischen Front erste Skizzen seines Werkes *Der Stern der Erlösung* in Feldpostbriefen entwarf – als erster Ausdruck des »neuen Denkens« der »Philosophie des Organischen« gelten.

Dieses Nachwort kann unmöglich alle Zusammenhänge der Erinnerungen von Hans Jonas thematisieren und vieles, was zu illustrieren und zu deuten wäre, nur anklingen lassen. Der Akzent liegt auf den jüdischen Aspekten der Biographie und des Werkes von Hans Jonas, die durch das Erzählen des Philosophen vielfach in neuer Beleuchtung erscheinen. Nicht zuletzt geht dieser Essay Spuren nach, die sich in einer sehr persönlichen Passage des Textes finden. Bei dem Versuch, rückschauend Helles und Dunkles in seinem Leben gegeneinander abzuwägen, kommt Jonas zu dem Urteil: »Ich muß bei mir sehr suchen, um ein tragisches Element in meinem Leben wie in meinem Verhältnis zur Welt zu finden, wenn ich von dem Verlust meiner Mutter und dem absehe, was jeder Jude mit dem Holocaust mit sich herumträgt. Aber die Welt ist für mich, obwohl auf ihr natürlich furchtbare Dinge geschehen, niemals ein feindlicher Ort gewesen« (S. 181). Dieses bewegende Bekenntnis, ein *Grund-Satz* seiner Erinnerungen, weist über das rein Biographische hinaus und deutet auf eines der Grundmotive seines Philosophierens – die Bejahung des vom Tode wie von menschlich verursachten Verhängnissen bedrohten Lebens als eines hohen Wertes, dem die denkerische und ethische Bemühung entspricht, inmitten der modernen Zivilisation mit ihren Chancen und Gefahren verantwortlich zu leben. Die folgenden Ausführungen unternehmen daher den Versuch, dem vermuteten doppelten Sinn der zitierten Worte durch die unterschiedlichen Facetten des Denkens von Hans Jonas nachzuspüren und mit seinem erzählten Leben in Zusammenhang zu bringen.

Wider den »Kult der menschenverachtenden Macht«

Die seit dem 19. Jahrhundert kontrovers diskutierte Frage, ob es eine »jüdische Philosophie« gebe und wie sie zu bestimmen sei – als spezifische akademische Disziplin im Rahmen der Wissenschaft des Judentums, als besondere Gestalt des Philosophierens im Horizont jüdischer Tradition oder als Ausdruck der religiös-kulturellen Identität eines dem Judentum angehörenden Philosophen oder einer Philosophin[6] –, dürfte mit Blick auf das Selbstverständnis von Hans Jonas zunächst klar zu beantworten sein. Weder widmet sich sein umfangreiches Werk der religionsphilosophischen Deutung des Judentums als einer religiösen Gesamterscheinung, noch hätte er sich als *jüdischer* Philosoph einordnen lassen wollen: Er war überzeugt, sein wichtigstes Anliegen, die Formulierung einer Ethik globaler Verantwortung des Menschen für das gefährdete Leben auf diesem Planeten, müsse – in einer des Theologischen und des Glaubens entkleideten Zeit – ohne Rückgriff auf religiöse oder theologische Kategorien, zwingend und universal begründbar sein, um nicht dogmatisch oder irrelevant zu erscheinen. Theologische Spekulation galt ihm in kantianischer Tradition als »Luxus der Vernunft«, als das Stellen von Fragen, die der menschliche Geist sich zu fragen genötigt sehe, aber nur mit Konjekturen zu beantworten vermöge, im besten Falle hoffend, daß seine Aussagen über die Dimension des Transzendenten mit dem übereinstimmen, was er aus dem immanenten Zeugnis der Natur zu erkennen vermöge. Allerdings nahm Jonas diesen Luxus im Laufe seines Denkweges immer wieder in Anspruch. Ungeachtet der Gültigkeit der Aussage, er sei kein »jüdischer Philosoph« gewesen, bedarf es deshalb und angesichts seiner jüdischen Biographie einer sorgfältigen Interpretation der jüdischen Elemente seines Denkens. Das spannungsvolle Wechselverhältnis zwischen jüdischer Identität und seinem universalen Anspruch als Religionshistoriker und Philosoph, das sich in Jonas' Erinnerungen in Reflexionen über Nähe und Distanz zur jüdischen Tradition niederschlägt, charakterisierte er einmal selbst am treffendsten, indem er die tiefe biographische Verwurzelung im Judentum mit dem Ethos des der reinen Vernunft verpflichteten Philosophen konfrontierte:

> Der Philosoph muß sein eigentliches Geschäft, das Denken, völlig frei von solchen Bindungen und ererbten Voraussetzungen verrichten. Er ist dem Denken allein verpflichtet. Philosophie muß in der Methode »atheistisch« sein. Das heißt nicht, dogmatisch zu behaupten »Es gibt keinen Gott«. Aber es heißt, sich nichts vom Glauben darüber sagen zu lassen. Daß man zusammen Philosoph und Jude ist – darin liegt eine gewisse Spannung, das ist keine Frage. Mein erwählter Beruf war nun wirklich das philosophische Nachdenken, bei dem man gar nichts anderes gelten lassen darf, als was die Erkenntnismittel der Philosophie selbst einem zeigen können.[7]

Angesichts der von Jonas selbst hervorgehobenen engen Verschränkung von existentieller Erfahrung und Philosophie[8] kommt dem Biographischen bei der Erhellung der Dimension des Jüdischen in seinem Werk allerdings entscheidende Bedeutung zu. Die intellektuelle Zielrichtung seines Philosophierens mit ihren Brüchen, aber auch ihrer Kontinuität, die sich am zentralen Motiv der Verantwortung des Menschen für das Leben der als »Schöpfung« verstandenen Welt festmachen läßt, ist ohne den deutsch-jüdischen Erfahrungshintergrund und sein Schicksal als deutscher Jude in der Emigration nicht zu erfassen. Dazu gehört zunächst seine durch den Antisemitismus und das Gefühl der Fremdheit bedingte Entscheidung für den Zionismus: Die erste öffentliche literarische Frucht seiner Bibellektüre, sein Aufsatz über »Die Idee der Zerstreuung und Wiedersammlung bei den Propheten« (1922), läßt hinter dem

Religionsgeschichtlichen ein Leiden an der »Nacht des Galuth«
durchscheinen, betont die Hoffnung der Propheten auf die nationale Wiederherstellung der Juden – »so sehr sie sich auch
mit ihrem Gott identifizierten, so war doch die Vorstellung,
daß ihr Volk auf ewig als Zerrbild der Nationen zwischen Leben
und Sterben hangen sollte, für sie schlechthin unerträglich« –
und setzt die prophetischen Visionen vom Ende des Exils in Beziehung zu Theodor Herzls Programm der Schaffung eines
»Judenstaates«.[9] Ob nun seine jugendlichen *Dreams of Glory*,
seine mehrfachen Zusammenstöße mit Antisemiten oder die
sofortige Emigration 1933 – stets ist dahinter ein empfindsa-
mes Bewußtsein der Würde zu spüren, die er sich als Jude nicht
nehmen lassen wollte. Die Begegnung mit seiner neuen Heimat
Palästina und den zionistischen Pionieren, deren Leistungen
man, wie er rückschauend schrieb, »dieser ganzen schmachvol-
len Judenverleumdung, an die man vom europäischen Antisemitismus gewöhnt war und die ihren Höhepunkt in der Unter-
menschentheorie der Nazis fand, getrost entgegenstellen
konnte«,[10] bestimmte mehr als ein Jahrzehnt seines Lebens,
und seine freiwillige Meldung zum britischen Militär stellte
ihn für lange Zeit in den Kampf gegen Nazi-Deutschland,[11] von
dem sein bewegender und hellsichtiger Aufruf »Unsere Teilnahme an diesem Kriege. Ein Wort an jüdische Männer« in besonderer Weise zeugt.

Ungeachtet der, wie Jonas selbstkritisch eingesteht, mehr
als begrenzten Wirkung des Aufrufs handelt es sich um ein einzigartiges, faszinierendes Dokument, das persönliche Entschlossenheit mit einer außergewöhnlichen politischen Klarheit verbindet und die tiefe Verletzung der noch rechtzeitig
nach Palästina entkommenen deutsch-jüdischen Emigranten
angesichts der Entwürdigung des deutschen Judentums durch
Entrechtung und Terror, sein ohnmächtiges Ausgeliefertsein,
zur Sprache bringt. Jonas' Überzeugung, es sei ihre ureigenste
Pflicht, für die Rettung der europäischen Juden zu kämpfen,

sein Wissen darum, daß das Judentum als »metaphysischer Feind« des Nationalsozialismus bei einem deutschen Sieg zu existieren aufhören werde, spricht für die klare Illusionslosigkeit, mit der er nicht nur die bisherige Nazi-Verfolgung wahrgenommen hatte, sondern auch – lange vor der Wannsee-Konferenz – erahnte, mit welcher Zwangsläufigkeit sie auf eine Politik totaler Vernichtung hinauslief. Angesichts der Ohnmacht der Juden in Europa – »Erinnern wir uns: Tausende jüdischer Existenzen vernichtet, tausende jüdischer Herzen gebrochen, tausende jüdischer Menschen geplündert, gequält, verjagt, in den Selbstmord getrieben, wie Vieh verfrachtet und ins Nichts gestoßen« (S. 189) – forderte er um der jüdischen Selbstachtung willen, das jüdische Volk möge seine Ghettohaltung aufgeben und das Wagnis einer eigenständigen geschichtlichen Existenz eingehen und für das Lebensrecht des Judentums kämpfen. Wenn er von einem »>bellum Judaicum‹ in des Wortes tiefster Bedeutung« sprach, der im Gegensatz zu jenem der Antike »nicht ein Krieg der Katastrophe, sondern ein Krieg unserer Rettung aus der jüdischen Katastrophe, nicht Juda gegen die Welt, sondern Juda mit der Welt gegen den Weltfeind« (S. 194) sein sollte, so brachte er zudem unüberhörbar den tiefen Zusammenhang zur Sprache, den er zwischen dem Schicksal des jüdischen Volkes und den Interessen der westlichen Demokratien gegenüber einem Sieg des »Nazi-Prinzips« und des »Kults der menschenverachtenden Macht« erkannte.

In einem Brief an seinen Cousin Gerry, der auf Hawaii Zuflucht gefunden hatte, legte Hans Jonas im Sommer 1941 rückblickend Rechenschaft über die Motive ab, von denen er sich beim Entwurf seines Aufrufs hatte leiten lassen, über seine politischen Überzeugungen und seine seelische Verfassung seit dem Verlassen Deutschlands.[12] In diesem sehr persönlichen Schreiben (»so etwas wie ein Geständnis«), in dem sich Jonas »die Besessenheit der vergangenen Jahre von der Seele schreiben« wollte, kehren die Leitmotive des Textes von 1939 wieder – das Ringen um die Bewahrung jüdischer Selbstachtung, der Schmerz über das Leid des jüdischen Volkes und das Bewußtsein, daß in diesem Krieg die Grundlagen der westlichen Zivilisation auf dem Spiel standen, ergänzt durch Reflexionen über Haß, Rache, die Gewalt des Krieges und den Pazifismus. Es erschien Jonas zutiefst als eine Frage der Würde, daß der herbeigesehnte Krieg gegen Nazi-Deutschland nicht ohne die Juden geführt werde.

Ich sehnte mich geradezu danach, mit Deutschland abzurechnen. Ganz freimütig und persönlich gesprochen, kann ich sagen, daß in mir von 1933 an ein heftiger Wunsch nach Rache brannte, und ich schäme mich nicht des Geständnisses, daß – im Zuge des Fortschreitens des scheußlichen Alptraums Jahr für Jahr, mit dem zunehmenden Leid unseres gejagten Volks, verschärft durch das demütigende Gefühl der Ohnmacht, dieser Wunsch, zurückzuschlagen und es denen, die unsere Menschenwürde besudelten, heimzuzahlen, zur beherrschenden Leidenschaft meines Lebens wurde. Ich bekenne mich zu diesem Gefühl um so bereitwilliger, als ich niemals das Vorurteil meiner sanftmütigeren oder feineren Zeitgenossen ihm gegenüber geteilt habe. Es ist, so meine ich, nicht nur ein völlig natürliches, sondern auch ein ehrenwertes und moralisches Motiv, vorausgesetzt, man ist bereit, die eigenen Risiken und Lasten auf sich zu nehmen. Seine Vehemenz ist ein Spiegel der Tiefe der Verletztheit und der Wachsamkeit, die eine Verletzung der Ehre zurückweist. ... Schließlich gibt es Übel, die nach Vergeltung rufen, soll die Welt für den, der es erlitten hat, wieder annehmbar werden. Es gibt Verletzungen, deren Verursacher vernichtet werden muß, soll der Verletzte sein eigenes Leben wieder wertschätzen können. ... Und es obliegt dem, der das Böse erlitten hat, sein Leben und sein Glück aufs Spiel zu setzen im Kampf gegen die fortdau-

ernde Existenz des Bösen, der ihm beides bestreitet. Ihm
persönlich entkommen zu sein, bewahrt geblieben zu sein,
begründet die Pflicht, ihm besser entgegenzutreten, sobald
sich die Gelegenheit bietet. … Wer konnte, selbst wenn er
wollte, wirklich die Süße des Lebens genießen in der er-
stickenden Atmosphäre jener Vorkriegszeit, in der die
Krankheit sich weiter ausbreitete und bis zu unseren Zu-
fluchtsorten vorzudringen trachtete, selbst in unsere neue
Heimat – eine ständige Erinnerung für die Vergessenden,
daß es für uns keine Sicherheit gibt, solange die Macht noch
auf Erden besteht?

Jonas legte besonderen Wert darauf, daß er sich nicht in erster
Linie von den offen eingestandenen Gefühlen des Hasses und
der Rache leiten ließ, sondern vor allem von der Erkenntnis,
daß ein Sieg Nazi-Deutschlands weltweit die Grundlagen von
Demokratie und Humanität auf lange Sicht vernichten würde.

Sollten die Kapitulationen kein Ende haben? Sollte die Flut
ganz Europa ohne jede Gegenwehr überrollen? … Auf dem
Hintergrund eines beständigen Rückzugs der Demokratien
seit 1936 erlebte ich den Ausbruch des Krieges im September 1939 mit wahrer Erleichterung. Das klingt blasphe-
misch angesichts der unermeßlichen Schrecken und Zerstörungen, die dieser Krieg mittlerweile mit sich gebracht hat
und bis zum bitteren Ende verursachen wird (und bitter
wird selbst der Preis des Sieges sein). Und doch stehe ich zu
meinen Empfindungen jener Stunde, wie damals, als die
Niederlage nahe schien. Gott weiß, daß ich diese tragische
Entscheidung nicht mit leichtem Herzen begrüßte. Eine Generation, die während des letzten Krieges zum Bewußtsein
erwachte und zutiefst erfüllt war von dem Geist des ›Nie
wieder!‹, verfällt nicht leicht dem Kriegsfieber. Wir alle ran-
gen mit dem Pazifismus jener Zeit. Zudem hegte ich keine

Illusionen über einen leichten Sieg, ja ich war mir nicht einmal gewiß, daß der Sieg eintreten werde; allerdings konnte niemand die dramatische Plötzlichkeit und das verheerende Ausmaß der Katastrophen voraussehen, die noch kommen sollten. Doch ich vertrat die Auffassung, es sei selbst im Falle des Scheiterns, den derjenige, der sich der Laune des Kriegsglücks aussetzt, als mögliche Folge bedenken muß, besser, kämpfend unterzugehen, als ohne Widerstand in den Abgrund gerissen zu werden.

Ganz persönliche Passagen des Briefes bringen Jonas' der Trauer abgerungene Erleichterung darüber zum Ausdruck, daß sein Vater, der im Januar 1938 einem langen Krebsleiden erlegen war, von weiterer Verfolgung verschont bleiben werde – »aus dieser teuflischen Situation hinweggenommen zu werden, gefangen im Nazi-Land, ist in diesen Zeiten für unsere alten Menschen ein guter Ausweg, in vielen Fällen eine wahre Erlösung« –, zugleich die Verzweiflung über das Scheitern der Emigration seiner Mutter, die ihr Zertifikat für Palästina ihrem zeitweise in Dachau inhaftierten jüngsten Sohn Georg überlassen hatte und, wie Jonas erst nach dem Krieg erfuhr, 1942 ins Ghetto Lodz deportiert und später in Auschwitz ermordet worden war. Vor diesem Hintergrund bieten der Kriegsaufruf von Hans Jonas und sein interpretierender Brief weit mehr als einen zeitgeschichtlich interessanten Einblick in das Denken und Fühlen vieler deutscher Juden in Palästina während des »Dritten Reiches« und des Zweiten Weltkriegs. Sie sind vielmehr ein bewegendes *document humain*, ohne das die weitere Entwicklung seines Denkens und Philosophierens nach dem Krieg nicht in ihrer Tiefe zu verstehen ist. Die eindrucksvollen Zeugnisse entschlossenen Widerstands gegen den Sieg des »nationalsozialistischen Prinzips« und die Vernichtung des Judentums sowie der menschlichen Erschütterung über das Schicksal der Juden in Europa ergeben ganz neue Perspektiven für die Frage nach der Bedeutung von Jonas' jüdischer Existenz für sein Gesamtwerk. Das gilt etwa für die Passagen, in denen er den »bellum Judaicum« als »ersten Religionskrieg der Moderne« interpretiert. In klarem Wissen darum, daß dieser Krieg voller Schrecklichkeiten sein werde, befürwortete er ihn auch deshalb, weil er darin den »Krieg zweier Prinzipien« erkannte, »von denen das eine in der Form der christlich-abendländischen Humanität auch das Vermächtnis *Israels* an die Welt verwaltet, – das andere, der Kult der menschenverachtenden Macht, die absolute Negierung dieses Vermächtnisses bedeutet«. Der Nationalsozialismus, als nihilistisches »*Heidentum* im tiefsten Sinne«, habe dies begriffen, insofern er »das Christentum als Verjudung der europäischen Menschheit beurteilte und in seinen *metaphysischen* Antisemitismus einbezog«. Lange bevor christliche Theologie und Kirche, die sich in der Nazi-Zeit scharf vom Judentum distanzierten und die Juden in Europa zumeist schweigend der Verfolgung preisgaben, dies auch nur zu ahnen begannen, beschwor Jonas die – um der Bewahrung auch der säkularen »rational-humane(n) Zivilisation des modernen Europa« notwendige – wechselseitige Solidarität von Judentum und Christentum, das Paradox, »daß ein bellum christianum zugleich ein bellum judaicum sein kann«. In diesem Zusammenhang betonte er nicht nur den »unverjährte(n) Beitrag« des Judentums zur »Ethisierung der Menschheit«, zum Schutz der ethischen Tradition der Achtung vor dem Leben des Menschen, sondern ließ bereits hier mit dem Postulat der gemeinsamen jüdisch-christlichen Grundlagen der abendländischen Kultur ein Motiv anklingen, das z. B. in seinen späteren Reflexionen über den Beitrag der jüdischen Tradition für eine Ethik der Verantwortung eine wichtige Rolle spielen sollte.[13]

Das Bewußtsein der Zugehörigkeit zum »Schicksalsbund« des Judentums gewann – so zeigen diese Texte – für Hans Jonas in der Zeit des Kampfes gegen das nationalsozialistische Deutschland und nach 1945,[14] als die ganze Dimension der Ver-

nichtung des europäischen Judentums sichtbar wurde, einen
zutiefst existentiellen Sinn – im Emigrantenschicksal des Reli-
gionshistorikers, dessen Forschungen und akademische Hoffnungen jäh unterbrochen wurden, im Engagement des Soldaten, der 1944/45 in seinen »Lehrbriefen« an seine Frau die
Kerngedanken seiner – angesichts der Erschütterung nicht nur
der Welt, sondern auch der zeitgenössischen philosophischen
Denkmodelle – ganz neu entworfenen Philosophie des Lebens
konzipierte, im Schmerz des Sohnes um seine ermordete geliebte Mutter, deren Andenken er, fast vierzig Jahre später, sein
Nachdenken über den *Gottesbegriff nach Auschwitz* widmete.
Wie sehr er noch zur Jahreswende 1944/45 hoffte, »daß meine
Mutter lebt und ihre Söhne noch wiedersieht« (S. 363), zeigen
die wenigen persönlichen Passagen der »Lehrbriefe«, und ihr
Schicksal blieb der tiefe Kummer, der sein reiches und frucht-
bares Leben überschattete. Aber auch, daß Jonas sich von den
schweren Erfahrungen der Kriegszeit nicht entmutigen ließ
(»all das berührt nicht das Zentrum der Existenz, das beim
Freien immer frei ist für sein eigenes Tun«, S. 371), sondern
den Erschütterungen mit tiefgründigem Nachdenken über das
Wesen menschlichen Daseins begegnete, ist in diesen Briefen
an seine Frau spürbar. Die intellektuelle Erkenntnis der Kriegszeit inspirierte Jonas' lebenslange Auseinandersetzung mit
dem Nihilismus und seine philosophische Bejahung des gefährdeten, endlichen menschlichen Lebens inmitten einer
wertvollen und am Geist teilhabenden Natur – ein der Erfahrung des Inhumanen abgerungener Denkweg, der später in das
engagierte Plädoyer für die »Weiterwohnlichkeit der Welt«
unter den Bedingungen der von selbstverursachten Verhängnissen bedrohten hochtechnisierten Zivilisation mündete. Un-
übersehbar haben die antinihilistische Stoßrichtung, die Jonas'
gesamtes Denken seit 1945 bestimmte, und die philosophische
Leidenschaft, mit der er unablässig den Wert des menschlichen
wie geschöpflichen Lebens zu begründen versuchte, ihren Ur-

sprung in seiner intellektuellen Konfrontation mit der im
ungeheuren Geschehen der Schoa gipfelnden nationalsozialistischen Preisgabe alles Menschlichen. Sein Kriegsaufruf, persönlich bewährt in der Teilnahme am Kampf der »Jewish Brigade Group«, läßt sich mit einigem Recht als ein untergründig
fortwirkendes Ursprungselement seines in den Jahrzehnten
nach der Schoa entfalteten Denkens interpretieren. Noch in
seiner am 30. Januar 1993 – wenige Tage vor seinem Tod – ge-
haltenen letzten Rede in Udine, die ihn an den Ort zurück-
führte, an dem er das Ende des Krieges erlebt hatte, erinnerte
Jonas in bewegenden und eindrücklichen Worten daran, daß
sich in dem mit Blick auf die Zukunft von Menschlichkeit und
Toleranz so überaus trügerischen 20. Jahrhundert »in einem
der Herzländer unserer gerühmten Kultur« jene »höllische Offenbarung« ereignete, die mehr als alles Frühere »den Titel des
Menschen als Ebenbild Gottes in Frage stellt« – Zeichen dafür,
daß der Philosoph sein ganzes Leben von diesem Geschehen in
Atem gehalten wurde und darin die fundamentale ethische
Verantwortung erblickte, weit über seine eigene Lebenszeit
hinaus alle Kräfte der Moralerziehung und Wachsamkeit gegen
»diese kaum jemals schlafende Bestie« der Inhumanität zu mo-
bilisieren.[15] Es ist bezeichnend für sein Denken und sein gesamtes Werk, daß Jonas in jener Rede die Erinnerung an die
Menschenverachtung der Nazis als Bedrohung aus der Vergangenheit in einen inneren Zusammenhang mit der gegenwärtigen und zukünftigen Bedrohung des Lebens auf der Erde durch
die technologische Hybris des Menschen stellte.

»Last und Segen der Sterblichkeit« – *Wider den Nihilismus*

Die eindrucksvollen Passagen in den Erinnerungen über den
Bruch mit seinem Lehrer Martin Heidegger, den Jonas 1964
mit seinem Essay über »Heidegger und die Theologie« öffent-

lich machte, lassen ahnen, wie tief vor allem diese spannungsreiche Beziehung in das Denken des Philosophen eingegriffen
hat. Wenn Richard Wolin Jonas gemeinsam mit jenen jüdischen Philosophiestudenten, die sich um Heidegger scharten,
zu dessen »Kindern« zählt,[16] so zeigen Jonas' Erinnerungen
doch, daß er seinem philosophischen »Vater« schon bald entfremdet und entwachsen war. Bis zum Ende seines Lebens wür-
digte er ihn als überragenden, originellen Philosophen, doch er
hatte sich nicht nur von Beginn an eine gewisse kritische Distanz zum Marburger »Wunderrabbi« (S. 109) bewahrt, sondern sprach nach 1945 auch aus, daß gerade das, was ihn fasziniert hatte, das Umstürzlerische seines Denkens, die mit einer
völlig neuen Sprache einhergehende Infragestellung der hu-
manistischen, rationalen Tradition abendländischen Denkens,
1933 zu einer Affinität zum Nationalsozialismus führte. »Das
Einschwenken des tiefsten Denkers der Zeit in den tosenden
Gleichschritt der braunen Bataillone« (S. 299) – für Jonas zu der
Zeit noch ein »schreckliches Rätsel«[17] – bildete einen zentralen
Wendepunkt in Jonas' Biographie und legte, im Zusammenspiel mit der Erfahrung des Krieges und der Schoa, die Grundlagen für die radikale Neuorientierung auf eine naturalistische
»Philosophie des Organischen« nach 1945. »Als ich angewidert
erkannte«, schrieb Jonas rückblickend, »daß das nicht nur eine
persönliche Verirrung Heideggers war, sondern doch irgendwie
in seinem Denken angelegt war, ging mir die Fragwürdigkeit
des Existentialismus als solchem auf: nämlich des nihilistischen
Elements, das darin liegt. Das kam auch mit dem zusammen,
was ich als einen Grundzug der gnostischen Unruhe im Anfang
des christlichen Zeitalters erkannt hatte, wo auch ein stark nihilistisches Element mitschwang.«[18]

Es besteht eine eigentümliche Dialektik darin, daß Jonas
seine eigentliche philosophische Heidegger-Kritik ausgerechnet auf der Grundlage einer existentialistischen Interpretation
der antiken Gnosis entfaltete, zu der ihn dieser inspiriert hatte.

Auf dem Weg zu seinem frühen Meisterwerk *Gnosis und spätantiker Geist* hatte gerade die Heideggersche Existenzanalyse
diese fremde religionsgeschichtliche Erscheinung der Antike
für ihn neu zum Sprechen gebracht.[19] Die Kategorien aus *Sein
und Zeit* (1927) – Sichverlieren, Geworfenheit in die Nichtig-
keit der Welt, Verfallen-, Verloren- und Verfangensein, Grundbefindlichkeit der Angst – hatten ihm geholfen, die gnostischen
Mythen zu entschlüsseln und das Neue, Einmalige der Bewegung gegenüber anderen Religionen zu erfassen, ihr charakte-
ristisches Daseinsverständnis. Das Spezifikum seiner »existentialistischen Lesung« liegt in der Entfaltung des gnostischen
Selbst- und Weltverhältnisses, das durch das menschliche Empfinden von Entfremdung, Fremdsein und Leiden unter den ver-
sklavenden Mächten der Welt und des Kosmos gekennzeichnet
ist. Diese mit dem Existenzial der *Geworfenheit* vergleichbare
gnostische Grundbefindlichkeit – dem Daseinsverständnis der
griechischen Antike mit ihrer Wahrnehmung des Kosmos als
einer beseelten, harmonischen, vernünftigen und Geborgen-
heit gewährenden Ordnung diametral entgegengesetzt – ist
von einer schroffen dualistischen Stimmung geprägt, welche
die Welt wesentlich als Ort der Finsternis, Fremde und »Un-
Heimlichkeit« fürchtet und verachtet.[20] Der von Jonas ab-
strahierte »Grundmythos« erzählt von einer radikal gestör-
ten metaphysischen Situation der Welt, die als demiurgische
Schöpfung, als von bedrohlichen Archonten und *heimarmene*
tyrannisierter Kerker, den Menschen existentieller Verlassenheit preisgibt, und von einer Erlösungssehnsucht, die sich auf
eine absolut transmundane, gegenweltliche göttliche Macht
richtet, ein Reich des Lichts, an dem die Seele des Menschen
kraft des *pneuma* inmitten seines materiellen Exils, der
Knechtschaft unter dem Bann der Welt, teilhat. Die Befreiung,
imaginiert als Rückkehr der gefangenen Seele in die Welt des
Lichts, ist allein auf dem Weg der *gnosis* möglich, der geheimen, offenbarten Erkenntnis des Weges aus der eigenen Welt-

verfallenheit, und verlangt als ethische Konsequenz eine bewußte »Entweltlichung«, die Lösung aus allen weltlichen Bin-
dungen, sei es durch radikale Askese oder verächtlichen Indif-
ferentismus.[21]

In Jonas' Vermutung, Heideggers ethische Gleichgültigkeit
gegenüber der Inhumanität der Nazis hänge ursächlich mit seinem existentialistischen Weltgefühl zusammen, tritt die ge-
genwartsbezogene philosophische Sprengkraft seines späteren
Versuchs einer »gnostischen Lesung« zutage, mit der er – in
Umkehrung der Perspektive – den modernen Existentialismus
der Kritik unterzog. In den geistigen Strömungen, die er als
»kosmischen Nihilismus« bezeichnete, eine zur Weltangst, Resignation und amoralischen Weltflucht neigende Überzeugung
von der Gleichgültigkeit und Schweigsamkeit der kosmischen
Räume und der »Geworfenheit« in eine unfreundliche, be-
fremdliche Wirklichkeit, glaubte er eine säkularisierende Wiederaufnahme gnostischen Empfindens zu erkennen. In der
Nachkriegszeit entfaltete die In-Beziehung-Setzung von spätantiker Gnosis und modernem Existentialismus ihre kritische
Kraft gegen die politische Verantwortungslosigkeit einer ganzen Generation deutscher Intellektueller, aus der Heidegger besonders herausragte, indem sie den neugnostischen Mythen
der nationalsozialistischen Bewegung den Spiegel vorhielt.[22]
Jonas' kritische Wendung gegen die politisch verhängnisvolle
Wirkkraft des Weltgefühls seines philosophischen Lehrers
macht seine eigene Distanz zum Existentialismus deutlich, der
ihm zwar als hermeneutischer Schlüssel wertvolle Dienste leistete, zugleich jedoch zur zentralen Herausforderung und Ge-
genposition seines Denkens wurde.

Das unmittelbarste Bindeglied zwischen Gnosisforschung
und philosophischem Werk verkörpert die anti-existentialisti-
sche Naturphilosophie, die Jonas 1966 unter dem Titel *The
Phenomenon of Life. Toward a Philosophical Biology* vor-
legte.[23] Er zog damit die Konsequenz aus dem Zusammenhang,

den er zwischen dem zur nihilistischen Entwertung der Welt
führenden wertfreien, neutralen Naturbild der modernen Naturwissenschaft und dem menschenfeindlichen, geistfeind-
lichen Kosmosverständnis der Gnostiker zu erkennen glaubte.
In seiner Analyse des Verhältnisses von »Gnosis, Existentialismus und Nihilismus« spielt das Motiv eines dem Menschen gegenüber feindlichen, mindestens jedoch vollkommen indifferenten Universums, das Motiv der Fremdheit, Heimatlosigkeit
und Verlorenheit in einer gottfernen Welt, eine entscheidende
Rolle. Im modernen Nihilismus mit seinem überwältigenden
Gefühl der Verlassenheit des Menschen schien ihm die Situation – im Vergleich zum gnostischen Erleben einer widergött-
lichen, feindseligen Natur, dem der Mythos zuletzt wenigstens
die Hoffnung auf Überwindung der Verlorenheit aufgrund der
Teilhabe an der göttlichen Essenz ließ – noch einmal erheblich
radikalisiert: »Daß die Natur sich nicht kümmert, ist der wahre
Abgrund. Daß nur der Mensch sich kümmert, in seiner End-
lichkeit nichts als den Tod vor sich, allein mit seiner Zufällig-
keit und der objektiven Sinnlosigkeit seiner Sinnentwürfe, ist
wahrlich eine präzedenzlose Lage.«[24] Jonas hoffte, das aus dem
Bruch zwischen Mensch und Natur herrührende existentialistische Empfinden beängstigender Unbehaustheit durch eine
antidualistische Naturphilosophie oder Philosophie des Organischen überwinden zu können. Sie sollte es dem durch den
Geist ausgezeichneten Menschen ermöglichen, sich als integra-
ler Teil einer ganz und gar nicht gleichgültigen, seelenlosen,
sondern sich selbst bejahenden, wertvollen und am Geist teilhabenden Natur zu fühlen. In den »Lehrbriefen«, der Urzelle
seiner reifen Philosophie, klingt erstmals bis in die genaue Formulierung hinein an, was sich – als Bejahung des stets von seiner »Hinfälligkeit« bedrohten und doch in sich wertvollen Lebens – durch Jonas' Denken zieht: In seiner Leibhaftigkeit mit
der Welt verflochten, muß der Mensch die Welt nicht als un-
gastliche Fremde empfinden, sondern kann sie als Ort anneh-

men und verantwortlich gestalten, in dem alles organische Leben sein Überleben stets dem Nicht-Sein abringen muß und sein »vermessenes Sondersein in der Materie« führt, »paradox, labil, unsicher, gefährdet, endlich, und tief verschwistert dem Tode« (vgl. S. 362).[25]

Jonas' komplexe philosophische Argumentation[26] führt letztlich zur Bestreitung des »gnostischen« Dualismus zwischen Mensch und Welt, der leibfeindlichen Verzweiflung über die körperlich-materielle Existenz, des Beharrens auf einem »eigentlichen« Wesen des Menschen, das zum Leiden an der Gebundenheit an das Schicksal des Materiellen verurteilt ist. Später, in der nunmehr ethisch akzentuierenden Ausführung seines Denkens in den siebziger Jahren, entwickelte sich daraus – in Micha Brumliks glücklicher Formulierung – eine »Revolte wider die Weltflucht«,[27] das engagierte Plädoyer gegen jegliche Tendenz zur Entweltlichung oder Gleichgültigkeit gegenüber einer denkbaren Vernichtung der Welt; Jonas spricht sich vielmehr für das zerbrechliche Leben auf dieser Erde auch unter den vom Verhängnis überschatteten Bedingungen hochtechnisierter Zivilisation aus. Man wird nicht fehlgehen, wenn man diese Gedanken als die philosophische Grundlage von Jonas' existentieller Aussage, er habe die Welt nie als einen »feindlichen Ort« empfunden, interpretiert. In dem schönen Essay »Last und Segen der Sterblichkeit«, zwei Jahre vor seinem Tod verfaßt, gipfelt seine Deutung in einer tiefgründigen Zusammenschau der *meditatio mortis*, der Sinngebung der Sterblichkeit und der Reflexion über bioethische Themen. Die Bürde der Unentrinnbarkeit des Todes als des Wesensmerkmals organischen Leben, der Preis, den es für die Freiheit, Empfindungsfähigkeit und stetige Erneuerung zu bezahlen hat, durch die es sich gegenüber der Gefühllosigkeit des Anorganischen auszeichnet, ist »schwer und sinnvoll zugleich«. Ihr »Segen« besteht in ihrem Gegenstück, der »Gebürtigkeit« – ein Begriff, den Jonas von Hannah Arendt übernimmt. Mit ihm sagt er aus, daß der Tod im Kontext der Evolution Raum dafür schafft, daß sich das Leben erneuern und entfalten kann, mit Blick auf die menschliche Gesellschaft gesprochen: daß neue Generationen die Welt »mit neuen Augen anschauen, staunen, wo andere durch Gewohnheit abgestumpft sind, starten, wo andere angekommen sind«, und so die Menschheit davor schützen, in Langeweile und Routine zu versinken und die »Spontaneität des Lebens« zu verlieren.[28] Selbst wenn es den »Hexenmeistern der Biotechnologie« gelänge, das Leben endlos zu verlängern, wäre dies weniger Segen als Fluch: es ließe uns, beladen mit stetig wachsender Vergangenheit, »in einer Welt gestrandet, die wir nicht einmal als Zuschauer mehr verstünden – wandelnde Anachronismen, die sich selbst überlebt haben«. So gewiß es die Pflicht der Menschheit sei, die Ursachen vorzeitigen Todes – Hunger, Krankheit, Krieg und strukturelle Gewalt – zu bekämpfen, so wichtig erscheint es Jonas, das Grundfaktum der Sterblichkeit – zudem ohne jegliche Vertröstung auf eine jenseitige Existenz – nicht nur anzunehmen, sondern zu bejahen: »Was unsere Sterblichkeit als solche angeht, so kann unser Verstand keinen Streit darüber mit der Schöpfung haben, es sei denn, er verneint das Leben selbst.«[29] Die Welt ist, trotz aller Leiden, derer sich Jonas in vollem Maße bewußt ist, dann kein »feindlicher Ort«, vor dem es zu flüchten gilt, wenn der Mensch seine Fähigkeit, zu denken, zu fühlen und verantwortlich zu handeln, als Geschenk annimmt, das – als Tribut an diese Lebendigkeit – deren Negation, den Tod, unwiderruflich in sich trägt.

Verantwortung für die »Weiterwohnlichkeit der Welt«

Einst war es die Religion, die uns mit dem Jüngsten Gericht am Ende der Tage drohte. Heute ist es unser gemarterter Planet, der das Kommen eines solchen Tages vorhersagt,

ohne irgendwelches himmlisches Eingreifen. Die jüngste
Offenbarung – von keinem Berge Sinai, auch nicht von dem
der Bergpredigt und von keinem heiligen Feigenbaum des
Buddha – ist der Aufschrei der stummen Dinge selbst und
bedeutet, daß wir uns zusammentun müssen, um unsere die
Schöpfung überwältigenden Kräfte in die Schranken zu
weisen, damit wir nicht gemeinsam zugrunde gehen auf
dem Ödland, das einst die Schöpfung war.[30]

In diesen letzten öffentlichen Worten vor seinem Tod, am
Schluß seiner Rede anläßlich der Entgegennahme des Premio
Nonino in Udine, formulierte Hans Jonas drastisch, wie gefährdet das Dasein der Natur und des Menschen aufgrund seiner
langfristig wirksamen technologischen Eingriffe in das System
des Lebens auf dem Planeten Erde ist, und hielt ein leidenschaftliches Plädoyer für die menschliche Verantwortung für
das, was er theologisch die »Schöpfung« nennt. Es ist nicht
ohne Bedeutung, daß der Philosoph hier auf theologische Begriffe wie »Offenbarung« und »Schöpfung« rekurriert, die aus
seiner Sicht das Wesen und die auch in der Gegenwart unver-
lierbare religiös-moralische Substanz der jüdisch-christlichen
Tradition verkörpern. Als zentrales Element jüdischer Tradition, das in Jonas' Werk – bei aller programmatischen theologischen Selbstbegrenzung – immer wieder zum Tragen kommt,
gehört das Motiv der »Schöpfung«, mitsamt dem impliziten
Anspruch der dem »Geschöpf« Mensch aufgetragenen Achtung vor ihrer Integrität, zu den entscheidenden Elementen
seines Denkansatzes. In ethischer Hinsicht konzentriert sich
dieses Element auf die »Heiligkeit des Lebens«. In seinen späten Reflexionen über *Materie, Geist und Schöpfung* führt Jonas als entscheidendes, verborgenes Motiv seines Philosophierens das liturgische Gottesprädikat *rozeh ba-chajim* – »der das
Leben Wollende« – an, dem auf menschlicher Seite die Freiheit
und Verantwortung des Geschöpfs entspricht, die Würde und

Unversehrtheit jeglichen Lebens zu achten.[31] Er versteht dieses
Überlieferungselement, welches das Christentum dank des ihm
im Kern zugrunde liegenden Jüdischen aufgenommen und in
die westliche Philosophie hinein verlängert habe, als wertvoll-
stes Erbe des Judentums für die Epoche der technologisch-öko-
logischen Krise.

Dabei scheint die theologische Sprache seines Vermächtnisses zunächst in einer nur schwer verständlichen Spannung
zur Argumentation zu stehen, mit der Jonas in seinem so überaus einflußreichen ethischen Entwurf *Das Prinzip Verantwortung* – angesichts der Verletzlichkeit einer Weltgesellschaft,
die durch ihr Handeln die Lebensbedingungen künftiger Generationen, ja die Existenz von Leben überhaupt unwiderruflich zu schädigen oder zu zerstören vermag – das philosophische Fundament für eine ernsthafte Gegenwirkung gegen die
ökologische Krise liefern wollte. Sein Ansatz zielt auf nichts
Geringeres als eine tiefgreifende Revision des Sinns, der Gül-
tigmachung und Begründung der traditionellen Ethik, die aus
seiner Sicht zu stark auf die unmittelbare menschliche Interak-
tion begrenzt war. Sein »Versuch einer Ethik für die technologische Zivilisation«, die auf die Erkenntnis der kollektiven wie
personalen Verantwortung für die enormen langfristigen, ku-
mulativen Zukunftsfolgen gegenwärtigen gesellschaftlichen
Handelns zielt, verdichtet sich in dem kategorischen Imperativ:
»Handle so, daß die Wirkungen deiner Handlungen verträglich
sind mit der Permanenz echten menschlichen Lebens auf der
Erde.« Sie verlangt eine »Heuristik der Furcht«, die dazu befä-
higen soll, sich das nicht unmittelbar erfahrbare »Unheil kom-
mender Geschlechter« auszumalen und Strategien der Demut,
des Verzichts und der Selbstbegrenzung menschlicher Freiheit
und der Ehrfurcht vor dem Leben zu entwickeln, um der kata-
strophalen ungebremsten Ausbeutung und Verwüstung der
Erde durch die Menschen entgegenzuwirken.[32] Die Tendenz
seiner Argumentation läßt sich als Versuch charakterisieren, in

ethischer Zuspitzung früherer lebensphilosophischer Spekulationen, eine eingehende metaphysische Begründung des dem
Leben selbst innewohnenden objektiven Wertes zu leisten, die
als zwingende Konsequenz eine Haltung der Ehrfurcht vor dem
Leben fordert. Der für Jonas' Gesamtwerk kennzeichnende Widerspruch gegen jede Form der Weltverneinung, und trete sie
auch im Gewand der utopischen Sehnsucht nach einer jenseiti-
gen oder besseren diesseitigen Welt auf, richtet sich in seiner
nüchternen Verantwortungsethik gegen den marxistisch-uto-
pischen Traum von der Verbesserung der Welt, die aus seiner
Sicht in besonderer Weise Ernst Blochs *Prinzip Hoffnung* verkörperte. Er unterzog Blochs Ethik der Utopie vom neuen, eigentlichen Menschen, die ihm die gegenwärtige Wirklichkeit
zur bloßen Vorgeschichte des künftigen Daseins ohne Entfremdung zu reduzieren schien, einer grundsätzlichen Sinnkri-
tik und hielt ihr, getreu seinem Verständnis des Lebens, die
»Würde der Wirklichkeit« entgegen. Wollte Bloch seinen von
Lebensangst ergriffenen Zeitgenossen – ohne jenseitige Vertröstung – zu Tagträumen »eines besseren Lebens als des [ih-
nen] bisher gewordenen« führen, zur gestaltenden Hoffnung
auf den Idealzustand ohne Entfremdung, aus dem in der Welt
etwas entsteht, »das allen in die Kindheit scheint und worin
noch niemand war: Heimat«,[33] so wies Jonas darauf hin, die
»schlichte und weder erhebende noch niederdrückende, aber
[…] in ehrfürchtige Pflicht nehmende Wahrheit« sei, daß der
»eigentliche Mensch« seit je da war, »in seinen Höhen und Tiefen, in seiner Größe und seiner Erbärmlichkeit, seinem Glück
und seiner Qual – kurz, in aller von ihm unzertrennlichen
Zweideutigkeit«.[34] Hinter dieser postmarxistischen Wendung
gegen die utopische Ethik der Vervollkommnung des Menschen sowie im illusionslosen Eintreten für die Schonung und
Bewahrung des zerbrechlichen, fragmentarischen und fragli-
chen Lebens, insbesondere des in und mit der Natur lebenden
Wesens Mensch, verbirgt sich die tiefe Überzeugung, dem Le-

ben selbst komme ein höherer Wert zu als jedem utopischen Entwurf seines »eigentlichen« Wesens und Ziels. Interessanterweise korrespondiert die gegen Bloch gerichtete Fundamentalkritik utopischen Denkens mit einer eindeutigen Distanzierung von der jüdisch-messianischen Tradition, die Jonas – trotz seiner Liebe zur biblischen Prophetie – explizit als eschatologische Flucht vor der Bejahung der Zweideutigkeit und Fragilität menschlichen Seins verwirft.[35] Als Jonas 1987 anläßlich der Entgegennahme des Friedenspreises des deutschen Buchhandels in seiner Rede über *Technik, Freiheit und Pflicht* sein Auditorium mit der Frage konfrontierte, warum überhaupt Leben auf Erden und eine Menschheit sein solle, machte er – »gegen Schopenhauer, Buddha, Gnostiker und Nihilisten« – geltend, »daß die in endloser Werdemühe entstandene Vielfalt des Lebens als ein Gutes oder ein ›Wert an sich‹ anzusehen ist und die zuletzt daraus hervorgegangene Freiheit des Menschen als Gipfel dieses Wertwagnisses«.[36] Allerdings kennt auch Jonas' Verantwortungsethik eine Utopie – jene der Vernunft, die er immer wieder der Versuchung des Fatalismus entgegenhielt, die ihm als »Todsünde« erschien: »Das bevorstehende Schicksal, das uns droht, das wir uns selber bereiten würden, wenn wir die Erde weiter schlecht verwalteten, wie wir es im Augenblick tun, dieses Unglück werden wir nur um so sicherer machen, als je unausweichlicher wir es ansehen. Ich warne daher vor der inneren Gefahr des Fatalismus, die fast so groß ist wie die äußere Gefahr, die ohnehin durch unsere Schuld besteht. Fatalismus – d. h. das Schicksal für unausweichlich zu halten, nicht wendbar, ist selbsterfüllend und wird das gewiß zustande bringen, was eben der Rat der Verzweiflung als unabwendbar ansieht.«[37]

In seiner Friedenspreisrede zog Jonas eine Quintessenz seines ethischen Nachdenkens über das »Prinzip Verantwortung«. Die illusionslose Bestandsaufnahme habe bis heute nichts von ihrer Eindringlichkeit verloren: Aus der »Euphorie

des faustischen Traums« sei die Menschheit »ins kalte Tageslicht der Furcht erwacht«.[38] Ganz abgesehen von der Bedrohung der Erde durch das atomare Unheilspotential stehe die
Welt vor der weit schwerwiegenderen Herausforderung, ob es
noch gelingen könne, die Folgen technologischer Eingriffe in
die Natur zu beherrschen: »Das auf tausend Wegen sich Heran-
stehlende zu vermeiden, ist schwerer als die einmalig-eindeu-
tige Untat des Krieges.«[39] Auf die philosophische Begründung
der Ethik der Verantwortung ließ Jonas in den achtziger Jahren
eine ganze Reihe ethischer Konkretionen in so umstrittenen
Bereichen wie der Humanbiologie und der Medizinethik folgen, stets unter der leitenden Frage nach den Möglichkeiten
und Grenzen der technischen Kultur. Das Prinzip der »Ehrfurcht und Vorsicht« gilt nach Jonas' Überzeugung vor allem
auch für die praktischen Anwendungsmöglichkeiten der modernen Naturwissenschaft: für Bio- und Gentechnologie, für
die medizinische Praxis (Eugenik, pränatale Auslese, Organtransplantation nach Feststellung des Gehirntods, Todesauf-
schub und Beeinträchtigung des Rechts zu sterben). Hier hat
Jonas prinzipielle, wichtige ethische Leitlinien formuliert, die
von dem grundsätzlichen Recht des Fortschritts der Forschung
ausgehen, aber zugleich klare Grenzen ziehen. Der Maßstab
dafür liegt in der Bewahrung der Würde der Person und der
Integrität des Menschenbildes, in der Achtung vor der Natür-
lichkeit von Geborenwerden und Sterben, also den unantastba-
ren Grundphänomenen des Lebens. Ist die technologische
Macht des Menschen Ausdruck seiner Freiheit, so stehen aus
Jonas' Sicht vor allem die modernen Industriestaaten vor der
Pflicht, sich um der Zukunft willen Grenzen zu setzen und auf
kurzfristig vorteilhafte Errungenschaften zu verzichten. Die
Eindringlichkeit, mit der Jonas – gegen utopische Zukunftsbil-
der, aber auch gegen Technikfeindlichkeit und apokalyptische
Ängste – einen realistischen Umgang mit den Gefahren der
Zukunft fordert, gehört mit zu dem Vermächtnis des Philoso-

phen, das auch in der Gegenwart nichts an Aktualität einge-
büßt hat.

Ein auffälliger Zug der Ethik der Verantwortung besteht dabei darin, daß es ihrem Verfasser zwar selbst fraglich erscheint,
»ob wir ohne Wiederherstellung der Kategorie des Heiligen,
die am gründlichsten durch die wissenschaftliche Aufklärung
zerstört wurde, eine Ethik haben können, die die extremen
Kräfte zügeln kann, die wir heute besitzen«,[40] er aber dennoch
versucht, seine Zukunftsethik unter Verzicht auf jegliche theologische Argumentation zu begründen. Unabhängig von der
schwierigen Frage, was nach Jonas' Verständnis – sofern die im
Prinzip Verantwortung vorgelegte rationale Ontologie den
ethischen Imperativ hinreichend schlüssig zur Geltung bringt –
die in anderen Schriften reflektierte Existenz einer Gottheit
darüber hinaus philosophisch-ethisch für eine Wirkung erzie-
len soll, ist damit die Problematik nach dem Verhältnis des »Jüdischen« zum »Säkularen« in seiner Philosophie der Verantwortung angesprochen. Die Erinnerungen des Philosophen
bestätigen unbestreitbar, daß er angesichts des schwindenden
Vertrauens in die Selbstevidenz und ethische Relevanz des Religiösen eine universal plausible Ethik für die Weltgesellschaft
fundieren wollte; sie zeigen jedoch zugleich, daß ihn die Gottesfrage und die daraus resultierenden anthropologischen wie
ethischen Fragen spätestens seit den sechziger Jahren und der
Konfrontation mit der amerikanischen »Gott-ist-tot-Theologie« intensiv beschäftigten. Bereits vor seiner öffentlichen
Auseinandersetzung mit dem »Gottesbegriff nach Auschwitz«
entfaltete er in anderen Zusammenhängen, etwa vor jüdischen
Auditorien, Perspektiven seines ethischen Denkens unter
Rückgriff auf Elemente der jüdischen Tradition. Das Motiv der
Geschöpflichkeit allen Lebens – Gottes »siehe, es war sehr
gut« –, das die Forderung nach Achtung vor Geheimnis, Integrität, Freiheit und Würde allen Lebens in sich birgt, spielt dabei eine entscheidende Rolle. Diese Feststellung erlaubt zumin-

dest einen begründeten Widerspruch gegen die These von der Priorität seines Entwurfs einer autonomen Zukunftsethik, zu der die Verwendung theologischer Chiffren wie des Begriffs der »Schöpfung« erst später hinzugetreten sei – mit dem Ziel, für das Ausmaß der globalen Gefährdung und die Dringlichkeit einer Umkehr zu sensibilisieren.[41] Vielmehr scheinen die – im Gespräch mit der eigenen jüdischen Tradition entwickelten – Reflexionen über die Geschöpflichkeit allen Lebens und die persönliche Überzeugung, letztlich sei die erforderliche Ethik der Selbstbescheidung nur als Antwort auf die Erkenntnis der »Heiligkeit« des Lebens denkbar, am Anfang gestanden zu haben und später zurückgetreten zu sein, um die universale philosophische Plausibilität seines Entwurfs nicht zu gefährden. Anders gesagt: Jonas' Metaphysik bietet eine auf der Prämisse einer inneren Teleologie der Evolution basierende nichttheologische Interpretation des Schöpfungsgedankens in der jüdischen Tradition. Trifft dies zu, so ist es gerechtfertigt, die Substanz der jüdischen Überlieferung bei der Deutung des Jonasschen Werkes stärker zu gewichten und von einer intensiveren Wechselwirkung seiner persönlichen jüdischen Bindung und seines Philosophierens auszugehen.

In seinem Essay über »Aktuelle ethische Probleme aus jüdischer Sicht« geht Jonas von einer grundlegenden Kritik des »Glaubens« eines auf der Bestreitung der Idee der Geschöpflichkeit der Welt beruhenden pseudo-wissenschaftlichen Welt- und Menschenbildes aus. Durch die Entzauberung der Welt mittels einer modernen Wissenschaft, die keinen Raum für die Ehrfurcht vor dem kosmischen Mysterium lasse (»Die Himmel rühmen die Herrlichkeit Gottes, die Himmelsfeste verkündet das Werk seiner Hände« (Ps 19,2) – an seine Stelle trat das darwinistische »Seid erfolgreich im Kampf ums Dasein«), sei ein metaphysisches Vakuum entstanden, dem die moderne philosophische Ethik nichts entgegenzusetzen habe.[42] Vor allem die Bestreitung der Gottebenbildlichkeit des Menschen und der

Verlust der ethischen Konsequenz einer transzendenten Verantwortung (»Seid heilig, denn ich, der Herr, euer Gott, bin heilig« – Lev 19,2) führt gemäß Jonas dazu, daß der seiner metaphysischen Würde entkleidete moderne Mensch dem Zwiespalt zwischen der maßlosen Macht seiner Handlungsmöglichkeiten und einer fundamentalen ethischen Orientierungslosigkeit, zuletzt aber auch der Schutzlosigkeit einer Existenz in einem moralisch indifferenten Kosmos rettungslos ausgeliefert ist. Die Verbindung der »Erbärmlichkeit« des Menschen, der jegliche Ehrfurcht vor der Natur verloren habe, mit der technologischen Macht, die Ehrfurcht und Scheu vernichte und dem Menschen das Empfinden gebe, als Schöpfer und »Macher neuer Welten« in Gottes Fußspuren getreten zu sein, stelle die wichtigste philosophische Herausforderung der Gegenwart dar – »und das Judentum kann und darf dazu nicht schweigen«.[43] Aus Jonas' Sicht war es legitim, sich dem eigenen religiösen Erbe zuzuwenden und sich im Widerspruch gegen die rein naturwissenschaftliche Welterklärung auf das von der bloßen Vernunfterklärung unwiderlegbare, mythische Konzept einzulassen, wonach der unvollkommene, sterbliche Mensch »im Bilde Gottes« geschaffen sei. Ausdrücklich bejahte er den Wert der jüdischen Tradition als Widerspruch gegen den Nihilismus – »nicht in dem Sinne, daß man alle ihre Aussagen als absolut und für alle Zeit bindend betrachten muß, doch – allgemein gesprochen – kann uns das Judentum, so wie es dazu beiträgt, das Gefühl der Ehrfurcht vor der Natur und des tiefsten Wesens unserer selbst wiederzugewinnen, helfen, eine neue Ehrfurcht und Demut gegenüber der Tradition zu entwikkeln«.[44] Erscheint der Nihilismus als Ausdruck des von der Tradition entfernten Menschen, der das Hören auf den im Bild des »Bundes« erfaßten Dialog zwischen Gott und Mensch verlernt hat, so kann die jüdische Überlieferung Juden, gleichgültig ob liberal oder konservativ, lehren, mit Stolz zur Geltung bringen, daß »das Judentum Grenzen auferlegt« und der Ausbeutung der Erde wie der unbegrenzten Nutzung technologischer Macht den Respekt vor Geheimnis, Integrität, Freiheit und Würde allen Lebens entgegensetzt. Das Festhalten an der jüdischen Tradition bewahrt davor, die scheinbar archaischen biblischen Anschauungen preiszugeben, und könnte dem im verhängnisvollen Zusammenspiel von Selbstvergöttlichung und Selbstverachtung gefangenen Menschen mit der jüdischen »Weisheit« der Geschöpflichkeit zugleich seine Würde zurückgeben. Hier begegnet – in theologischer Sprache – die Warnung vor einer unkontrollierten Gentechnik, die Jonas »das Bild der Schöpfung selbst, einschließlich des Menschen« auf dramatische Weise zu gefährden schien: »Der ältere und tröstliche Glaube, daß die menschliche Natur sich gleich bleibt und daß Gottes Ebenbildlichkeit in ihr sie verteidigen wird gegen alle menschlichen Anstrengungen, sie zu ›entmenschlichen‹, wird unwahr, wenn wir diese Natur genetisch-technisch in den Griff bekommen und selbst zu Zauberern (oder Zauberlehrlingen) werden, die die Zukunftsrasse von Golems herstellen.« Vehement setzte er dem utopischen »Jonglieren mit den Genen« die schlichte biblische Einsicht in die Würde des Menschen entgegen, dem Gottebenbildlichkeit gerade in seiner Verletzlichkeit und Sterblichkeit zukommt.[45] Die philosophische Bejahung der Hinfälligkeit des Lebens begründet, gemeinsam mit dem Bekenntnis zur Geschöpflichkeit des Menschen, die Grenze gegenüber allzu eingreifenden Manipulationen zur Lebensverlängerung, gegenüber Unsterblichkeitsphantasien und gegenüber dem Traum von einer »Vervollkommnung« des Menschen auf dem Wege der Gentechnik. Die damit verbundenen Risiken verpflichten zu »äußerster, ängstlicher Behutsamkeit im etwaigen Anwenden der wachsenden Macht biologischer Kunst auf den Menschen. Verhütung von Unglück allein ist hier erlaubt, kein Probieren neuartigen Glücks. Mensch, nicht Übermensch sei das Ziel.«[46]

Verantwortung für das »Weltabenteuer Gottes«

Jonas' philosophische Reflexion über die ethische Relevanz jüdischer Überlieferung und jüdischer existentieller Erfahrung gewann zuletzt dort ihre größte Eindringlichkeit, wo er das, was er selbst in seinem Spätwerk als »metaphysische Vermutungen« bezeichnete – sein denkerisches Bemühen um die Frage nach Gott und der Geschöpflichkeit des Lebens –, nicht nur vor der neuzeitlichen Infragestellung aller Metaphysik, sondern zugleich vor der Erfahrung der Schoa zu verantworten versuchte. Die Erinnerungen des Philosophen spiegeln eindrucksvoll wider, wie er sich, mit der Trauer über das Schicksal seiner Mutter und dem Entsetzen über den Völkermord der Nazis im Herzen, über Jahrzehnte in verschlungenen Ansätzen an seine Interpretation herangetastet hat – eine »Ausschweifung«, wie er gesteht, mit der er den »erlaubten Boden der Philosophie verließ« (S. 343). In der vielstimmigen theologischen und religionsphilosophischen Diskussion über das Verständnis des jüdischen Glaubens nach Auschwitz[47] ist sein 1987 publizierter Essay *Der Gottesbegriff nach Auschwitz. Eine jüdische Stimme* ein ganz eigentümliches und besonderes Werk. Das Faszinierende seiner »mit Furcht und Zittern«[48] entworfenen Reflexionen, die er 1984 in Tübingen im Andenken an seine ermordete Mutter vortrug, liegt in der Mischung aus existentieller Erschütterung über Gottes Schweigen angesichts des einzigartigen Völkermordes (»Kein rettendes Wunder geschah; durch die Jahre des Auschwitz-Wütens schwieg Gott«),[49] philosophischer Strenge in der Destruktion der Vorstellung eines allmächtigen Herrn der Geschichte und der sprachlichen wie gedanklichen Schönheit und Tiefe des »hypothetischen Mythos« über den werdenden, leidenden Gott, der sich bei der Erschaffung des Lebens »seiner Gottheit [entkleidete], um sie zurückzuempfangen von der Odyssee der Zeit, beladen mit der

Zufallsernte unvorhersehbarer zeitlicher Erfahrung, verklärt oder vielleicht auch entstellt durch sie«.[50] Die nach Auschwitz offenbarte Undenkbarkeit eines Gottes, der »zugleich absolut gut und absolut allmächtig ist und doch die Welt duldet, wie sie ist«,[51] zwingt Jonas, Gottes Machtverzicht zu denken und den Menschen in die Verantwortung für den Ausgang des »Welt-abenteuers Gottes« zu rufen. Statt des Protestes der Theodizee, wie etwa Elie Wiesel,[52] bringt Jonas das Leiden am Schweigen Gottes angesichts der Vernichtung seines erwählten Volkes zur Sprache, verwandelt es aber auf dem Wege einer auf kabbalisti-sche Ideen zurückgreifenden kosmogonischen Spekulation ra-dikal in die Frage nach der Anthropodizee, der Rechtfertigung des von Gott zur Freiheit geschaffenen Menschen, und entwirft ein Gottesbild, das den Glauben an die Güte des Schöpfers als nach wie vor gültige Denkmöglichkeit erweist – ohne die Reali-tät des Bösen wegzudeuten, aber auch ohne den Schöpfer der Welt im gnostischen Sinne ins Unrecht zu setzen. Anders als etwa Theodor W. Adorno, der entschieden jeden Theodizee-versuch ablehnte, »weil, was geschah, dem spekulativen meta-physischen Gedanken die Basis seiner Vereinbarkeit mit der Erfahrung zerschlug«,[53] glaubte Jonas es den »Schatten« der Ermordeten »schuldig zu sein, ihnen so etwas wie eine Antwort auf ihren längst verhallten Schrei zu einem stummen Gott nicht zu versagen«.[54] Alle traditionellen jüdischen Antworten auf die Hiobsfrage, darunter auch die des *Kiddusch-Haschem*, des Martyriums um Gottes willen, schienen auch ihm ange-sichts des unvorstellbaren Ausmaßes der Entmenschlichung in den Vernichtungslagern der Nazis endgültig gescheitert. »Von alledem wußte Auschwitz nichts, das auch die unmündigen Kinder verschlang, [...] kein Schimmer des Menschenadels wurde den zur Endlösung Bestimmten gelassen, nichts davon war bei den überlebenden Skelettgespenstern der befreiten Lager noch erkennbar«.[55] Zerbrochen ist aber auch das Ver-ständnis Gottes als des Herrn der Geschichte. Angeregt von der lurianischen Kabbala und ihrer Vorstellung von der Selbstkontraktion Gottes (*Zimzum*), die überhaupt erst Raum für eine Schöpfung schafft, entfaltete Jonas in einem selbsterdachten Mythos einen Prozeß der Theo- und Kosmogonie, in dem sich Gott ganz in sich selbst zurückzieht, seine Allmacht preisgibt und die Welt, aber auch das Schicksal seiner eigenen werdenden, von Glück und Leid des Lebens zutiefst affizierten Gottheit dem Handeln des vollständig autonomen Menschen überläßt. Gott schwieg in Auschwitz. Weil er sich im Zuge des evolutionären Werdens des Lebens und der Heraufkunft des Menschen jeglicher Macht entäußert hatte, um ihm die Freiheit zu verantwortlichem Handeln zu eröffnen. Seither ist er selbst dem menschlichen Handeln ausgeliefert, begleitet die menschliche Geschichte »mit angehaltenem Atem, hoffend und werbend, mit Freude und Trauer«.[56]

Jonas verstand seinen Mythos vom ohnmächtigen, leidenden, seine Unverletzlichkeit preisgebenden Gott als »ein Stück unverhüllt spekulativer Theologie«, als »Gestammel«,[57] als tastenden Versuch, angesichts der vollendeten Sinn- und Trostlosigkeit der Schoa – gegen die denkbare Alternative des Atheismus – die Vorstellung eines gerechten, sich sorgenden Gottes zu bewahren. Jonas' kosmogonische Spekulationen erfolgten jedoch nicht um ihrer selbst willen oder um zu trösten, sondern mit klarer ethischer Zielrichtung. Es geht um die Erkenntnis, daß das »Schicksal des göttlichen Abenteuers« in die Hände des Menschen gelegt ist – und Jonas fügt skeptisch hinzu: »Da muß der Gottheit wohl um ihre Sache bange werden. Es ist kein Zweifel, wir haben es in unserer Hand, die Schöpfungsabsicht zu vereiteln, gerade in ihrem anscheinenden Triumph mit uns, und sind vielleicht kräftig daran.«[58] Die Spekulation über den ohnmächtigen Gott dient also dazu, dem Menschen seine moralische Freiheit einzuschärfen, die eine Freiheit zum Guten wie zum Bösen ist; sie will die Verantwortung gegenüber dem Leben dringlich machen und bringt zur Sprache, »daß wir jetzt die von uns gefährdete göttliche Sache in der Welt vor uns schützen, der für sich ohnmächtigen Gottheit gegen uns selbst zu Hilfe kommen müssen. Es ist die Pflicht der wissenden Macht – eine kosmische Pflicht, denn es ist ein kosmisches Experiment, das wir mit uns scheitern lassen, in uns zu Schanden machen können.«[59]

Der tiefe innere Zusammenhang zwischen Jonas' theologischem Ringen mit dem »Zivilisationsbruch« von Auschwitz und seiner philosophischen Ethik wird sichtbar, wenn man bedenkt, daß der Mythos ursprünglich im Kontext seiner antinihilistischen Reflexionen über die Sinnhaftigkeit menschlichen Lebens entstand: in dem Essay »Unsterblichkeit und heutige Existenz« (1963), in dem er die Funktion einer bildhaften Begründung eines ethischen Weltverhältnisses darstellt. Bereits hier, als Kern einer neuen, vor dem Plausibilitätsverlust religiöser Hoffnung auf ein Weiterleben nach dem Tode und der Anerkennung der definitiven Sterblichkeit alles organischen Lebens verantworteten Interpretation des Begriffs der »Unsterblichkeit«, trat der Mythos ins Gespräch mit Symbolen aus der jüdischen Überlieferung, um erstmals die Verantwortung des Menschen nicht nur für die Erde, sondern auch für ihren Schöpfer zu begründen. Die in der Symbolik der hohen Feiertage verwurzelte Vorstellung vom »Buch des Lebens«, in dem die Namen der Menschen und ihre Taten verzeichnet werden, erfuhr eine Umdeutung im Sinne einer »Unsterblichkeit der Taten«, die den Gedanken der über das individuelle sterbliche Leben hinausgreifenden transzendenten Bedeutung menschlichen Handelns auszusagen half. Interessanterweise griff Jonas darüber hinaus auf ein gnostisches Motiv zurück, das ihm aus mandäischen und manichäischen Quellen vertraut war: auf das Gleichnis »von dem transzendenten ›Bilde‹, das Zug um Zug aus unserm zeitlichen Tun ersteht«. Insbesondere die kollektive Spielart der Bildnissymbolik in solchen gnostischen Texten (»Zum Schluß, bei der Auflösung der Welt, wird der Gedanke des Lebens sich selbst einsammeln und seine Seele gestalten zur Form des Letzten Bildes«) – gleichsam eine Umkehrung der Gottesebenbildlichkeit – erlaubte es ihm, seine Spekulation über ein unsterbliches göttliches Wesen zu entfalten, das sich im Prozeß der Evolution an die »Dunkelheit und Gefahr des Werdens« des stofflichen Universums ausliefert. Im zeitlichen Geschehen der Welt tritt Gottes Antlitz langsam hervor, »wie seine Züge eingezeichnet werden von den Freuden und Leiden, den Siegen und Niederlagen des Göttlichen in den Erfahrungen der Zeit ... Nicht die Handelnden, die stets vergehen, sondern ihre Handlungen gehen ein in die werdende Gottheit und formen unauslöschlich ihr nimmer entschiedenes Bild«. Jonas bedient sich dieser gnostisch inspirierten Symbolik jedoch, um – gegen gnostische Weltverneinung und ethische Indifferenz – »die transzendente Wichtigkeit unseres Tuns, der Art, wie wir unser Leben leben«, zur Geltung zu bringen, die Verantwortung des Menschen nicht allein für das kreatürliche Leben, sondern auch für das Schicksal der Gottheit, dessen Antlitz durch menschliches Unrecht entstellt wird.[60] Angesichts der Erniedrigten und Ermordeten von Auschwitz, vor allem der vergasten und verbrannten Kinder, »die sich niemals in das Buch des Lebens eintragen konnten«, dachte Jonas bereits zwanzig Jahre vor *Der Gottesbegriff nach Auschwitz* über die transzendente Wirkung der Schoa nach – in der Hoffnung, daß das Leid der Opfer nicht einfach vergessen sei (»Und dies möchte ich glauben: daß Weinen war in den Höhen über die Verwüstung und Entweihung des Menschenbildes; daß ein Stöhnen dem aufsteigenden Schrei unedlen Leides antwortete – und Zorn dem entsetzlichen Unrecht, das an der Wirklichkeit und Möglichkeit jeden so frevelhaft hingeopferten Lebens begangen wurde«), verbunden mit der Mahnung, daß seither »die Ewigkeit finster auf uns niederblickt, selbst verwundet und verstört in den Tiefen«, und es die Pflicht der Menschheit sei, durch ethische Anstrengung und Ehrfurcht vor dem Leben den Schatten zu überwinden, der über ihr und über Gottes Antlitz liege.[61] Mit dem Gedanken des leidenden, verletzbaren Gottes wollte Jonas letztlich dem Zwang zur Flucht in manichäisch-dualistische Deutungen der Frage nach dem *malum*, die jüdischem Glauben radikal widerspräche, entgehen[62] und deutlich machen, daß die eigentliche Herausforderung nicht die Theodizee sei, sondern einzig die menschlich verschuldete »Schmach von Auschwitz«, die »wir durch ethische Anstrengung und Ehrfurcht vor dem Leben wieder von unserem entstellten Gesicht, ja vom Antlitz Gottes, hinwegwaschen müssen«.[63]

Bei aller Kritik, die seine bewußt subjektiv-meditativen Spekulationen über Gottes Ohnmacht aus christlicher wie jüdischer Feder erfahren haben,[64] wird man urteilen dürfen, daß es sich um einen eindrucksvollen Versuch handelt, an der Sinnhaftigkeit menschlicher Existenz festzuhalten. Sie stellen das Bemühen dar, den vernünftig-praktischen Sinn des Nachdenkens über Gott angesichts einer bedrohten Welt zur Sprache zu bringen. Für die gesamte Philosophie von Hans Jonas ist entscheidend, daß seine ethisch-philosophische Deutung der Herausforderungen der Gegenwart, inspiriert von einem in der jüdischen Tradition wurzelnden Glauben an die Geschöpflichkeit und Heiligkeit des Lebens, nicht isoliert von seiner existenziell-intellektuellen Auseinandersetzung mit dem in Auschwitz offenbarten Abgrund an Inhumanität und von seiner Überzeugung der transzendenten Verantwortung des Menschen zu verstehen ist. Daß mit der Existenz und humanen Gestaltung der Welt wie des menschlichen Lebens in einer Zeit der Genozide und der technologischen Selbstzerstörungskraft auch »Gottes Bild« in Gefahr sei, erweist sich als geheimes Leitmotiv der kosmogonischen »Vermutungen«, die Jonas' philosophisch-ethischem Entwurf mit ihrer bildhaft-beschwörenden Sprache eine so bezwingende Kraft verleihen. Jonas' Nachdenken über die Bedeutung der Schoa für das Gottesverständnis der Gegenwart stellt einen eindrucksvollen Versuch dar, an der

Sinnhaftigkeit menschlicher Existenz festzuhalten, ohne sich theologisch über die Erschütterung jeglicher Gottesrede durch dieses einzigartige Verbrechen hinwegzusetzen. Seine Formulierungen zielen letztlich darauf, seinen leidenschaftlichen Widerspruch gegen die diagnostizierte verantwortungslose Entwertung des Lebens und gegen jeglichen Fatalismus zur Sprache zu bringen, den er als Verrat an der mit der Gottesebenbildlichkeit des Menschen aufgetragenen Verantwortung für das »Weltabenteuer Gottes« verstand: »Daß hierbei, zusammen mit der zeitlichen, auch eine ewige Sache auf dem Spiel steht – dieser Aspekt unserer Verantwortung kann uns Schutz sein vor der Versuchung fatalistischer Apathie und vor dem schlimmeren Verrat des ›Nach uns die Sintflut‹. In unsern unsicheren Händen halten wir buchstäblich die Zukunft des göttlichen Abenteuers auf Erden, und wir dürfen Ihn nicht im Stiche lassen, selbst wenn wir uns im Stiche lassen wollten.«[65]

»Daß man Philosoph und Jude zusammen ist ...« – die in dieser Formulierung enthaltene Spannung ist nicht aufzulösen, ja, Hans Jonas wollte sie gerade nicht aufheben, sondern als Gegebenheit seiner Biographie ernst nehmen. Seine Erinnerungen zeugen ebenso wie sein Werk davon, wie er beide Grundtöne seiner Existenz – die Bindung an das Judentum (»Es gibt ein Geheimnis, das uns alle über die zeitgebundenen, privaten, persönlichen Stellungnahmen hinaus, die wir geistig und bewußt vollziehen, bindet«, S. 341) und das intellektuelle Streben nach autonomer Vernunft und Erkenntnis – zwar nicht in völligen Einklang zu bringen, aber doch so in seinem Denken und Fühlen zu vereinen vermochte, daß sie einander gegenseitig auf faszinierende Weise zum Klingen brachten. Die von den Brüchen des vergangenen Jahrhunderts bestimmte eigenwillige, nicht selten irritierend unorthodoxe Form des Zwiegesprächs von Elementen jüdischer Tradition und philosophischer Suche in Jonas' gesamtem Werk zeugt dabei nicht von einer rein privaten Bindung an eine im Grunde irrelevante religiöse Überlieferung, sondern davon, daß er dem Judentum die theologische und ethische Kraft zutraute, in einer Zeit höchster Gefährdung die Würde menschlicher Existenz bewahren zu helfen – als »Weisheit« von verdanktem Leben und bejahter Sterblichkeit, als Kraftquelle gegen die Anfechtung nihilistischer Verzweiflung, als symbolische Verdichtung für das Überleben der »Schöpfung« zentraler Einsichten, als Widerspruch gegen Unmenschlichkeit und als Erinnerung an die Verantwortung, so zu leben, daß es Gott nicht »um das Werdenlassen der Welt gereuen muß«.[66]

Der Philosophie schrieb Jonas am Ende seines Lebens die Aufgabe zu, unbeirrt von allen berechtigten Zweifeln an ihrer Wirksamkeit auf die Fähigkeit der Vernunft zu vertrauen, sich in verantwortungsvoller Selbstbegrenzung dem Verhängnis ihrer eigenen Machtentfaltung zu stellen: »Das kommende Jahrhundert hat darauf ein Recht!«[67] Zum bleibenden, über religiöse, kulturelle und ethnische Grenzen hinweg universal gültigen Vermächtnis von Hans Jonas, ganz abgesehen vom Reichtum seines Denkens, bleibt die Herausforderung, das Wissen auszuhalten, daß die Menschheit »wohl in alle Zukunft im Schatten drohender Kalamität [wird] leben müssen«, ohne der Resignation zu verfallen und die Welt – als »feindlichen Ort« – den Verhängnissen zu überlassen, die Menschen einander und dem Ökosystem der Erde zumuten. Wenn die Gegenwart etwas dringend braucht, dann Jonas' »Revolte wider die Weltflucht«, seine Überzeugung von der Sinnhaftigkeit des begrenzten, fragmentarischen Lebens und sein Plädoyer für jene nüchterne Hoffnung, die verantwortliches Handeln stiftet:

Sich des Schattens bewußt sein aber, wie wir es jetzt eben werden, wird zum paradoxen Lichtblick der Hoffnung: Er läßt die Stimme der Verantwortung nicht verstummen. Dies Licht leuchtet nicht wie das der Utopie, aber seine Warnung erhellt unseren Weg – zusammen mit dem Glauben an Freiheit und Vernunft. So kommt am Ende doch das Prinzip Verantwortung mit dem Prinzip Hoffnung zusammen – nicht mehr die überschwengliche Hoffnung auf ein irdisches Paradies, aber die bescheidenere auf eine Weiterwohnlichkeit der Welt und ein menschenwürdiges Fortleben unserer Gattung auf dem ihr anvertrauten, gewiß nicht armseligen, aber doch beschränkten Erbe. Auf diese Karte möchte ich setzen.[68]

Anmerkungen

1. Jugend im Mönchengladbach der Kriegszeit

1 Zur Situation der jüdischen Gemeinschaft am Vorabend des Krieges und zu ihrer Haltung 1914 vgl. Egmont Zechlin, *Die deutsche Politik und die Juden im Ersten Weltkrieg*, Göttingen 1969, bes. S. 86-100. Zur geistigen Haltung der jüdischen Intellektuellen zum Krieg vgl. Ulrich Sieg, *Jüdische Intellektuelle im Ersten Weltkrieg. Kriegserfahrungen, weltanschauliche Debatten und kulturelle Neuentwicklung*, Berlin 2001.

2 Zur antisemitisch motivierten »Judenzählung« des Jahres 1916, die auf dem Vorwurf beruhte, Juden hätten sich prozentual weniger freiwillig gemeldet, und ihre Wirkung auf die jüdische Gemeinschaft vgl. Egmont Zechlin, *Die deutsche Politik*, S. 516-567.

3 Zu Jakob Horowitz vgl. *Krefelder Juden* (Krefelder Studien Bd. 2), hrsg. v. Stadtarchiv Krefeld, S. 65. Zur Tradition des Breslauer Seminars vgl. Guido Kisch, *Das Breslauer Seminar (Jüdisch-Theologisches Seminar, Fraenckel'scher Stiftung) in Breslau 1854-1938. Gedächtnisschrift*, Tübingen 1963 (Bibliographie Horowitz S. 169). Vgl. Eleonore Stockhausen, »Zur Geschichte der jüdischen Gemeinde Krefelds im 19. Jahrhundert«, in: *Krefelder Juden*, Bonn 1981, S. 63-65.

4 Zur jüdischen Gemeinde in Borken vgl. *Leben und Schicksal der Juden in Borken. Eine Dokumentation aus Anlaß der Ausstellung im Stadtmuseum Borken vom 9. bis 27. November 1987*, hrsg. v. der Arbeitsgemeinschaft ›Jüdisches Leben in Borken und Gemen‹, Borken 1989.

5 Mischehen nahmen seit der Jahrhundertwende deutlich zu. Laut Monika Richarz, *Jüdisches Leben in Deutschland*, Bd. 2: Selbstzeugnisse zur Sozialgeschichte im Kaiserreich, Stuttgart 1979, S. 17 waren 1901-05 im Reichsdurchschnitt 18 % aller jüdischen Ehen Mischehen; 1906-1910 erhöhte sich die Zahl auf 23,7 %; ab 1911 kamen 38 Mischehen auf 100 jüdische Ehen. 1911-15 gingen 22 % aller jüdischen Männer und 13 % aller jüdischen Frauen eine Mischehe ein. Zur jüdischen Diskussion über Mischehen und zur Sozialgeschichte christlich-jüdischer Mischehen vgl. Kerstin Meiring, *Die christlich-jüdische Mischehe in Deutschland 1840-1933*, Hamburg 1998.

6 Einen anschaulichen Eindruck von der Lebensweise und dem Selbstverständnis assimilierter bürgerlicher jüdischer Familien in dieser Zeit vermittelt Gershom Scholem, »Zur Sozialpsychologie der Juden in

Deutschland 1900-1930«, in: Reinhold von Thadden (Hg.), *Die Krise des Liberalismus zwischen den Weltkriegen*, Göttingen 1978, S. 256-277.

7 Vgl. Gerhart Hermann Mostar, *Friederike Kempner, der schlesische Schwan. Das Genie der unfreiwilligen Komik*, München 1980.

8 Friederike Kempner, *Dichterleben, Himmelsgabe. Sämtliche Gedichte*, Berlin 1989, S. 193-196.

9 Vgl. Friederike Kempner, *Gegen die Einzelhaft oder das Zellengefängnis* (1869); ein gesellschaftspolitisches Gesamtprogramm entfaltete sie in ihrem *Büchlein von der Menschheit* (1885).

10 Zur Ideologie der alldeutschen Bewegung vgl. Alfred Kruck, *Geschichte des Alldeutschen Verbandes 1890-1939*, Wiesbaden 1954.

11 Vgl. Heinrich Lersch, *Ausgewählte Werke*, Bd. 1 (Gedichte), Jena 1965, S. 56.

12 Ders., *Herz! Aufglühe dein Blut*, Jena 1918; vgl. ders., *Deutschland! Lieder und Gesänge von Volk und Vaterland*, Jena 1918. Zu Lerschs späterer Affinität zum Nationalsozialismus vgl. ders., *Deutschland muß leben*, Jena 1935; zu seiner Biographie vgl. Fritz Hüser (Hg.), *Heinrich Lersch, Kesselschmied und Dichter 1889-1936*, Dortmund 1959.

13 Vgl. Heinrich Lersch, *Ausgewählte Werke*, Bd. 1, S. 127 f.

14 Kurt Pinthus, *Menschheitsdämmerung. Symphonie jüngster Dichtung*, Berlin 1920; vgl. dazu Horst Denkler, *Gedichte der »Menschheitsdämmerung«. Interpretationen expressionistischer Lyrik*, München 1971.

15 Es handelt sich um das Gedicht »Noëmi«, in: Kurt Pinthus, *Menschheitsdämmerung*, S. 306-310. Vgl. Margret A. Parmée, *Ivan Goll. The Development of his Poetic Themes and their Imagery*, Bonn 1981.

16 Zu den zionistischen Reden Bubers und seinem Einfluß auf die jüdische Jugendbewegung vgl. Klaus Dawidowicz, »Martin Buber und der deutsche Zionismus«, in: *Kairos* 34/35 (1992/93), S. 192-217; Maurice Friedman, *Begegnung auf dem schmalen Grat. Martin Buber – ein Leben*, Münster 1999, S. 47-66; und die Einleitung von Robert Weltsch in: *Martin Buber, Der Jude und sein Judentum. Gesammelte Aufsätze und Reden*, Darmstadt 1992, S. XIII-XL. Vgl. auch Eleonore Lappin, *Der Jude 1916-1928. Jüdische Moderne zwischen Universalismus und Partikularismus*, Tübingen 2000.

2. Dreams of Glory: Der Weg zum Zionismus

1 Felix Dahn, *Ein Kampf um Rom. Historischer Roman*, Würzburg 1990 [1876].

2 Edward Gibbon, *Verfall und Untergang des Römischen Reiches*, Frankfurt a. M. 1992 [1776].

3 Vermutlich Wilhelm Gottlieb Soldan, *Geschichte der Hexenprozesse. An den Quellen dargestellt*, 3. neubearbeitete Aufl., Stuttgart/Tübingen 1911 [1843].

4 Zur Persönlichkeit Rathenaus als eines Vertreters des assimilierten Judentums in Deutschland vgl. Peter Berglar, *Walther Rathenau. Ein Leben zwischen Philosophie und Politik*, Graz/Wien/Köln 1987.

5 Zur Gemeinde in Mönchengladbach vgl. Günter Erckens, *Juden in Mönchengladbach. Jüdisches Leben in den früheren Gemeinden M. Gladbach, Rheydt, Odenkirchen, Giesenkirchen-Schelsen, Rheindahlen, Wickrath und Wanlo*, 2 Bde., Mönchengladbach 1988/89.

6 Zur Synagoge vgl. *Feuer an Dein Heiligtum gelegt. Zerstörte Synagogen 1938 Nordrhein-Westfalen*, erarbeitet vom Salomon Ludwig Steinheim-Institut für deutsch-jüdische Geschichte, hrsg. v. Michael Brocke, Bochum 1999, S. 381 ff.

7 Zur Charakterisierung der deutsch-jüdischen Orthodoxie dieser Zeit vgl. Nordechai Breuer, *Jüdische Orthodoxie im Deutschen Reich 1871-1918. Die Sozialgeschichte einer religiösen Minderheit*, Frankfurt am Main 1986; zu Westfalen vgl. Thomas Kollatz, »Westfälisches Judentum zwischen Reform und Orthodoxie im 19. Jahrhundert«, in: Kirsten Menneken/Andrea Zupancic (Hg.), *Jüdisches Leben in Westfalen*, Essen 1998, S. 98-108.

8 Carsten Colpe, *Die religionsgeschichtliche Schule*, Göttingen 1961; Gerd Lüdemann, »Die Religionsgeschichtliche Schule«, in: Bernd Möller (Hg.), *Theologie in Göttingen. Eine Vorlesungsreihe*, Göttingen 1987, 325-361; ders./Martin Schröder, *Die Religionsgeschichtliche Schule in Göttingen. Eine Dokumentation*, Göttingen 1987. Zur Auseinandersetzung jüdischer Gelehrter mit der Religionsgeschichtlichen Schule vgl. Christian Wiese, *Wissenschaft des Judentums und protestantische Theologie im Wilhelminischen Deutschland. Ein »Schrei ins Leere«?*, Tübingen 1999, S. 140-172.

9 Gemeint ist der *Handkommentar zum Alten Testament*.

10 Zur Bedeutung der Prophetie für Jonas' Deutung des Zionismus vgl.

Hans Jonas, »Die Idee der Zerstreuung und Wiedersammlung bei den Propheten«, in: *Der Jüdische Student* 4 (1922), S. 30-43.

11 Martin Buber, *Die Legende des Baalschem*, Zürich 1993; ders., »Drei Reden über das Judentum«, in: *Der Jude und sein Judentum*, S. 3-140.

12 Zur Affinität jüdischer Intellektueller im 19. und 20. Jahrhundert zu Kant vgl. Julius Guttmann, *Kant und das Judentum*, Leipzig 1908; Heinz Moshe Graupe, »Kant und das Judentum«, in: *Zeitschrift für Religions- und Geistesgeschichte* 13 (1966), S. 308-333. In einem Passus des Interviews, der den Erinnerungen zugrunde liegt, beantwortet Jonas die Frage, ob Kant oder Plato wichtiger für ihn sei, folgendermaßen: »Die Antwort ist: Plato – natürlich. Kant hat uns zwar mit manchem sehr viel Unmittelbareres zu sagen, war er doch der Mensch des 18. Jahrhunderts, und die Verbindung zwischen Erkenntniskritik und Moralphilosophie bei Kant ist für uns weit handlicher. Da kann man direkt zitieren. Bei Plato dagegen muß man einen viel weiteren Weg zurücklegen, um ihn aktuell verwertbar zu machen. Aber natürlich ist Plato der Größte, der, den man immer wieder neu studieren, entdecken muß, während man sich bei Kant schließlich auskennen kann. Bei Plato kommt man nie zu einem Ende. Das ist die große Grundlegung der westlichen Philosophie.«

13 Immanuel Kant, *Grundlegung zur Metaphysik der Sitten*, hrsg. v. Bernd Kraft und Dieter Schönecker, Hamburg 1999, S. 11.

14 Vgl. etwa Werner Jochmann, »Die Ausbreitung des Antisemitismus«, in: Werner E. Mosse/Arnold Paucker (Hg.), *Deutsches Judentum in Krieg und Revolution 1916-1923*, Tübingen 1971, 409-509.

15 Vgl. Ernest Hamburger, Hugo Preuss. Scholar and Statesman, in: *Leo Baeck Institute Year Book* 20 (1975), S. 179-206.

16 Zum Phänomen des durch den Antisemitismus verstärkten »postassimilatorischen« Zionismus vgl. Jehuda Reinharz, »The Zionist Response to Antisemitism in Germany«, in: *Leo Baeck Institute Year Book* 30 (1985), S. 105-140.

17 Zum C. V. und seiner Ideologie vgl. Abraham Barkai, »*Wehr Dich!*« *Der Centralverein deutscher Staatsbürger jüdischen Glaubens (C. V.) 1893-1938*, München 2002; Jehuda Reinharz, *Fatherland or Promised Land. The Dilemma of the German Jew 1893-1914*, Ann Arbor 1975; zur zionistischen Auseinandersetzung mit diesem Identitätsverständnis vgl. ders., *The German Zionist Challenge to the Faith in Emancipation 1897-1914* (Spiegel Lectures in European Jewish History), Tel Aviv 1982.

18 Franz Werfel, *Das lyrische Werk*, Frankfurt a. M. 1967, S. 86 f.

19 *Im deutschen Reich. Zeitschrift des Centralvereins deutscher Staats-*
   bürger jüdischen Glaubens 1 (1895) – 28 (1922).

20 Julius Berger (1883-1948), führend in der »Keren Hajessod«-Arbeit in
   Mitteleuropa tätig, lebte ab 1924 in Palästina.

21 Vgl. Adolph Asch/Johanna Philippson, »Self-Defence at the Turn of the
   Century: The Emergence of the K. C.«, in: *Leo Baeck Institute Year*
   Book 3 (1958), 122-139.

22 Zum deutschen Zionismus und seiner vorwiegend philanthropischen
   Ausrichtung vgl. Yehuda Eloni, *Zionismus in Deutschland. Von den*
   Anfängen bis 1914, Gerlingen 1987 (zur ZVfD S. 73-219); Jehuda Reinharz (Hg.), *Dokumente zur Geschichte des deutschen Zionismus 1882-*
   1933, Tübingen 1981 (darin vor allem die Einleitung S. XIX-IL).

23 Theodor Herzl, *Der Judenstaat. Versuch einer modernen Lösung der*
   Judenfrage, Zürich 1996 [1896].

24 Leon Pinsker, »*Autoemanzipation!*« *Mahnruf an seine Stammesge-*
   nossen von einem russischen Juden, Berlin 1882.

25 Achad Haam, *Am Scheidewege*, 2 Bde., Berlin 1913; vgl. Steven Zipper-
   stein, *Elusive Prophet. Ahad Haam and the Origins of Zionism*, London 1993.

26 Georg Landauer (1895-1954), zionistische Führungsgestalt, ab 1929
   Leiter des Palästina-Amts in Berlin, siedelte 1934 nach Palästina über
   und wurde Leiter des Zentralbüros für die Ansiedlung deutscher Juden
   in Palästina der Jewish Agency in Jerusalem; vgl. Georg Landauer, *Der*
   Zionismus im Wandel dreier Jahrzehnte, hrsg. v. Max Kreutzberger, Tel
   Aviv 1957.

27 Hebräisch: »Der junge Arbeiter« – eine jüdisch-sozialistische, nicht-
   marxistische Arbeiterpartei, die 1906 in Palästina entstanden war; sie
   wollte die aufgrund der Bedingungen der Diaspora von der Landarbeit
   entfremdeten jüdischen Arbeiter als Bauern in Palästina ansiedeln, um
   sie durch die »Eroberung der Arbeit« moralisch zu erneuern. Seit 1917
   war die Bewegung in Deutschland tätig und übte einen starken Einfluß
   auf den deutschen Zionismus aus.

28 Vgl. Yosef Gorny, *Zionism and the Arabs 1882-1948. A Study of Ideo-*
   logy, Oxford 1987 und Gideon Shimoni, *The Zionist Ideology*, Hanover,
   NH 1995.

29 Zum Einfluß der blutigen Kämpfe in Palästina 1929 auf den deutschen
   Zionismus vgl. Jehuda Reinharz (Hg.), *Dokumente zur Geschichte des*
   deutschen Zionismus, S. 424-492.

30 Jonas bezieht sich wohl auf eine Eintragung Lassalles in seinem Tagebuch vom 2. Februar 1840, vgl. Ferdinand Lassalle, *Tagebuch*, hrsg. v.
Friedrich Hertneck, Berlin o. J., S. 31: »In der Tat, ich glaube, ich bin einer der besten Juden, die es gibt, ohne auf das Zeremonialgesetz zu achten. Ich könnte [...] mein Leben wagen, die Juden aus ihrer jetzigen
drückenden Lage zu reißen. Ich würde selbst das Schafott nicht
scheuen, könnte ich sie wieder zu einem geachteten Volk machen. Oh,
wenn ich meinen kindischen Träumen nachhänge, so ist es immer
meine Lieblingsidee, an der Spitze der Juden, mit der Waffe in der
Hand, sie selbständig zu machen.«

31 Vgl. Sigmund Freud, *Die Traumdeutung* (Studienausgabe, Bd. II),
Frankfurt a. M. 1972, S. 207 f.: »Als [...] das erste Verständnis für die
Konsequenzen der Abstammung aus landesfremder Rasse erwuchs und
die antisemitischen Regungen unter den Klassenkameraden mahnten,
Stellung zu nehmen, da hob sich die Gestalt des semitischen Feldherrn
noch höher in meinen Augen.« Mit Blick auf die Erzählung seines Vaters über einen antisemitischen Vorfall, auf den er gelassen reagiert
habe, schreibt Freud über seine Empfindung als Kind: »Ich stellte dieser
Situation, die mich nicht befriedigte, eine andere gegenüber, die meinem Empfinden besser entsprach, die Szene, in welcher Hannibals Vater, Hamilkar Barkas, seinen Knaben vor dem Hausaltar schwören läßt,
an den Römern Rache zu nehmen. Seitdem hatte Hannibal einen Platz
in meinen Phantasien.«

3. Zwischen Philosophie und Zion:
Freiburg – Berlin – Wolfenbüttel

1 Zum Marburger Neukantianismus und zur Rolle Cohens vgl. Ulrich
Sieg, *Aufstieg und Niedergang des Marburger Neukantianismus.
Die Geschichte einer philosophischen Schulgemeinschaft*, Würzburg
1994.

2 Zur zionistischen Organisation in Freiburg vgl. Ruben Frankenstein,
»Zionismus in Freiburg im Breisgau«, in: Heiko Haumann et a. (Hg.),
*Der Erste Zionistenkongreß von 1897. Ursachen, Bedeutung, Aktuali-
tät*, Basel 1997, S. 239-242.

3 Vgl. Rudolf Bernet, *Edmund Husserl. Darstellung seines Denkens*,
Hamburg 1996; Dermot Moran, *Edmund Husserl*, Oxford 2002; Fried-

rich Wilhelm von Hermann, *Hermeneutik und Reflexion. Der Begriff der Phänomenologie bei Heidegger und Husserl*, Frankfurt 2000.

4 Vgl. die Darstellung in Jonas' unveröffentlichtem Vortrag »Husserl und Heidegger« (Leo Baeck Institute Archives, New York, AR 2241/MS 75): »Der Eindruck Husserls als Lehrer [war] gewaltig, aber [...] mit gewissen komischen Zügen. Darf ich zunächst sagen, daß Husserl ein deutscher Professor war, wie er im Buche steht. Seine Lehren waren monologischer Natur. Seine Wahrheit stand fest für ihn, und eine wirkliche Auseinandersetzung mit anderen war für ihn von dem Augenblick an, wo er die seine gefunden hatte, nicht mehr vollziehbar, auch war sie für ihn völlig uninteressant. Die völlig einseitige, unbeirrbare Konzentration auf die eine Wahrheit, die er zu geben hatte, war seine Stärke und seine Schwäche, ein fast solipsistischer Zug, den er mit manchen deutschen Philosophen teilte, aber der bei ihm durch das moralische Pathos, mit dem sich der Glaube an die eigene Wahrheit verband, etwas Kühles hatte. Gewisse Züge, die eine Art Orthodoxie verliehen, etwas Jüdisches in seiner völligen Fremdheit von allem Jüdischen, war unverkennbar. In seiner Göttinger Zeit, die der Freiburger Zeit vorangingen, wurde er von seinen Studenten ›Der Rabbi von Göttingen‹ genannt. [...] Der deutsche Ordinarius hatte Pflichtvorlesungen zu halten, auch über Gegenstände, die er sich nicht selbst gewählt haben würde. Eine solche Pflichtvorlesung war eine Vorlesung über Geschichte der neueren Philosophie. Nichts lag Husserl ferner als Geschichte der Philosophie, denn die Wahrheit ist natürlich nicht interessiert an den Irrtümern der Vergangenheit. Aber die Vorlesung über die neuere Philosophie von Descartes an war außerordentlich dramatisch und ist mir unvergesslich. Die Behandlung jedes einzelnen dieser Philosophen [...] endete mit dem stereotypen Satz: ›Erst die neuere Phänomenologie hat die wirkliche Antwort auf diese Frage gefunden‹. [...] Er war völlig naiv darin. Es war die Naivität völliger Sicherheit in der eigenen Überzeugung, völlige Ignorierung alles anderen und völlige Weltfremdheit.«

5 Edmund Husserl, *Logische Untersuchungen*, 2 Bde. (unveränderter ND der 2., teilw. umgearb. Aufl.), Den Haag 1993.

6 Aristoteles, *Von der Seele*, München 1996.

7 Vgl. Martin Heidegger, »Augustinus und der Neuplatonismus« (Sommersemester 1921), in: *Gesamtausgabe, II. Abteilung: Vorlesungen 1919-1944*, Bd. 60 (Phänomenologie des religiösen Lebens), Frankfurt a. M. 1995, S. 160-299.

8 Vgl. Karl Löwith, *Mein Leben in Deutschland vor und nach 1933. Ein Bericht*, Stuttgart 1986, S. 1 ff.

9 Vgl. Margret Heitmann, *Jonas Cohn (1869-1947). Das Problem der unendlichen Aufgabe in Wissenschaft und Religion*, Hildesheim 1999; dies., »Jonas Cohn. Philosoph, Pädagoge und Jude. Gedanken zu Werdegang und Schicksal des Freiburger Neukantianers und seiner Philosophie«, in: Walter Grab/Julius H. Schoeps (Hg.), *Juden in der Weimarer Republik*, Stuttgart 1986, S. 179-199.

10 Zu Husserls Verhältnis zum Judentum vgl. Karl Schuhmann, »Edmund Husserl (1859-1938)«, in: Hans Erler/Ernst L. Ehrlich/Ludger Heid (Hg.), »*Meinetwegen ist die Welt erschaffen! Das intellektuelle Vermächtnis des deutschsprachigen Judentums*, Frankfurt a. M. 1997, S. 112-117.

11 Vgl. Marvin Farber (Hg.), *Philosophical Essays in Memory of Edmund Husserl*, Cambridge, MA 1940; ders., *The Foundation of Phenomenology*, Cambridge 1943.

12 Vgl. Hans Jonas' Vortrag »Husserl und Heidegger« (s. Anm. 4): Jonas erzählt darin, Husserl habe angesichts von Berichten eines Studenten über das Berliner Nachtleben, in denen »auch der Prostitution Erwähnung getan wurde« gesagt: »Aber doch nicht in der Stadt Hegels und Schleiermachers!« Mit Blick auf das Husserlsche Diktum von Paris als der »verruchten Stadt« fährt Jonas fort: »Aber Berlin war die Stadt Hegels und Schleiermachers, in der es keine Prostitution geben würde. All diese Unschuld und kindliche Naivität und Realitätsfremdheit war mit großer Reinheit, mit wirklicher Reinheit und Hingabe an das Ideal des Denkens gepaart. Es war eine Kombination, wie sie wahrscheinlich nirgendwo anders möglich ist und wahrscheinlich nicht mehr möglich sein wird. So viel Unwissen und Unschuld ist wohl selbst in der stärksten Selbstabschließung eines Theoretikers nicht mehr aufrechtzuerhalten.«

13 Marianne Awerbuch, »Die Hochschule für die Wissenschaft des Judentums«, in: Reiner Hansen/Wolfgang Ribbe (Hg.), *Geschichtswissenschaft in Berlin im 19. und 20. Jahrhundert. Persönlichkeiten und Institutionen* (Veröffentlichungen der Historischen Kommission zu Berlin), Berlin/New York 1992, S. 517-552; Heinz Hermann Völker, »Die Hochschule für die Wissenschaft des Judentums in Berlin 1900-1942«, in: Hartmut Walravens (Hg.), *Bibliographie und Berichte. Festschrift für Werner Schochow*, München 1990, S. 196-230.

14 Dozent für Talmud und Rabbinica an der Hochschule war Eduard Baneth (1855-1930).

15 Jehuda Halevi, *Der Kusari,* neue, vollst. rev. Ausg. der 1853 erschiene-
nen dt. Übersetzung, Zürich 1990.

16 Vgl. Julius Guttmann, *Die Philosophie des Judentums* (mit einer
Standortbestimmung von Esther Seidel und einer biographischen Einführung von Fritz Bamberger), Berlin 2000.

17 Vgl. die Darstellung der Theologie beider Gelehrter bei Ulrich Kusche,
*Die unterlegene Religion. Das Judentum im Urteil deutscher Alttesta-
mentler,* Berlin 1991.

18 Vgl. Eduard Meyer, *Ursprünge und Anfänge des Christentums,* 3 Bde.,
Stuttgart/Berlin 1921-1923. Zur Darstellung des Judentums bei Meyer
vgl. Christhard Hoffmann, *Juden und Judentum im Werk deutscher
Althistoriker des 19. und 20. Jahrhunderts,* Leiden 1988, S. 133-188;
ders., »Classical Scholarship, modern Anti-Semitism and the Zionist
project: The historian Eduard Meyer in Palestine (1926)«, in: *Studies in
Zionism* 13 (1992), S. 133-146.

19 Vgl. ders., *Juden und Judentum,* S. 200-245; David N. Myers, »Eugen
Täubler: The Personification of Judaism as Tragic Existence«, in: *Leo
Baeck Institute Year Book* 39 (1994), S. 131-150.

20 Zur jüdischen Jugendbewegung und ihren Organisationen vgl. Yehuda
Eloni, *Zionismus in Deutschland,* S. 405-459 (zum 1912 von Felix Rosenblüth gegründeten »Blau-Weiss« S. 449-459). Vgl. auch Chaim
Schatzker, *Die jüdische Jugendbewegung in Deutschland von 1900 bis
1933* [hebr.], Diss. Hebräische Universität Jerusalem 1969; Michael
Brenner, »Turning inward. Jewish Youth in Weimar Germany«, in:
ders./Derek Penslar (Hg.), *In Search of Jewish Community: Jewish Iden-
tities in Germany and Austria, 1918-1933,* Bloomington 1998, S. 56-73.

21 Ernst Toller, *Masse Mensch. Ein Stück aus der sozialen Revolution des
20. Jahrhunderts,* Stuttgart 1998 [1921].

22 Strauss verstand sich zu dieser Zeit als »politischer Zionist« und An-
hänger der »revisionistischen« Richtung Vladimir Jabotinskys, vgl. Leo
Strauss, »Why we Remain Jews: Can Jewish Faith and History Still
Speak to us?«, in: ders., *Jewish Philosophy and the Crisis of Modernity.
Essay and Lectures in Modern Jewish Thought,* hrsg. v. Kenneth Hart
Green, New York 1997, S. 311-356, bes. S. 319f. Zur biographischen
Entwicklung vgl. Kenneth Hart Green, »Leo Strauss as a Modern Je-
wish Thinker«, in: ebd., S. 1-84, bes. S. 3 ff.

23 Leo Strauss, *Das Problem der Erkenntnis in F[riedrich] H [einrich] Ja-cobis's philosophischer Lehre*, Phil. Diss. Hamburg 1922.

24 Vgl. David N. Myers, »The Fall and Rise of Jewish Historicism: the Evo-lution of the Akademie für die Wissenschaft des Judentums (1919-1934)«, in: *Hebrew Union College Annual* 63 (1992), S. 107-144.

25 Eine Gruppe der nichtzionistischen »Kameraden« nannte sich sogar »Schwarzer Haufen«, vgl. Stefanie Schüler-Springorum, »Jugendbe-wegung und Politik. Die deutsch-jüdische Jugendgruppe ›Schwarzer Haufen‹«, in: *Tel Aviver Jahrbuch für deutsche Geschichte* 28 (1999), S. 159-209.

26 Zum Liedgut der jüdischen Jugendbewegung vgl. Max Matter, »›...Stolz wollen wir aufrecht schreiten, in Treue für Juda streiten‹.... Jüdische Jugendbewegungen und ihre Lieder«, in: Freddy Raphael (Hg.), »*... Das Flüstern eines leisen Wehens ...*«. *Beiträge zu Kultur und Lebenswelt europäischer Juden*, Konstanz 2001, S. 133-148.

27 Vgl. Michael Bühler, *Erziehung zur Tradition – Erziehung zum Wider-stand. Ernst Simon und die jüdische Erwachsenenbildung in Deutsch-land*, Berlin 1986; Ernst Simon, *Entscheidung zum Judentum. Essays und Vorträge*, Frankfurt 1980; ders., *Sechzig Jahre gegen den Strom. Briefe von 1917-1984*, Tübingen 1998.

28 Bereits als Schüler und Mitglied einer kleinen Gruppe jüdischer Ju-gendlicher (»Jung-Juda«) hatte Scholem 1914 in Berlin gegen die jüdi-sche Substanzlosigkeit des Blau-Weiß gewettert, vgl. Gershom Scho-lem, *Von Berlin nach Jerusalem. Jugenderinnerungen*, Frankfurt 1977, S. 59-63. Vgl. ders., »Jugendbewegung«, in: *Die blauweiße Brille*, Nr. 1, im Ab 5657 (1914), hrsg. v. Erich Brauer und Gerhard Scholem (zit. in Yehuda Eloni, *Zionismus in Deutschland*, S. 455).

29 Vgl. Martin Buber, *Der Weg des Menschen nach der chassidischen Lehre*, Gütersloh 1999.

30 Franz Rosenzweig, *Der Stern der Erlösung*, Frankfurt 1988 [1921]; vgl. Stéphane Mosès, *System und Offenbarung. Die Philosophie Franz Ro-senzweigs*, München 1985; ders., *Der Engel der Geschichte. Franz Ro-senzweig, Walter Benjamin, Gershom Scholem*, Frankfurt a. M. 1994.

31 Ernst Bloch, *Geist der Utopie* (Werkausgabe Bd. 3), Frankfurt 1985. Zu Bloch vgl. Arno Münster, *Ernst Bloch. Eine Biographie*, Frankfurt a. M. 2003.

32 Zum jüdischen Lehrhaus vgl. Michael Brenner, *Jüdische Kultur in der Weimarer Republik*, München 2000, S. 81-113.

33 Vgl. etwa Leo Strauss, »Franz Rosenzweig und die Akademie für die Wissenschaft des Judentums«, in: *Jüdische Wochenzeitung für Kassel, Hessen und Waldeck* 13 (Dezember 1929).

34 Felix A. Theilhaber, *Der Untergang der deutschen Juden. Eine volkswirtschaftliche Studie*, Berlin 1921.

35 Vgl. Scholems Charakterisierung der Übersetzung als »Gastgeschenk, das die deutschen Juden dem deutschen Volk in einem symbolischen Akt der Dankbarkeit noch im Scheiden hinterlassen konnten«. Historisch gesehen sei sie nach Auschwitz jedoch nicht einmal das, sondern »das Grabmal einer im unsagbaren Grauen erloschenen Beziehung«. »Die Juden, die sie übersetzt haben, gibt es nicht mehr. Die Kinder derer, die diesem Grauen entronnen sind, werden nicht mehr Deutsch lesen. Die deutsche Sprache selber hat sich in dieser Generation tief verwandelt«; vgl. Gershom Scholem, »An einem denkwürdigen Tage«, in: ders., *Judaica 1*, Frankfurt a. M. 1981, S. 207-215, Zitate S. 214 f.

36 Vgl. Steven E. Aschheim, *Brothers and Strangers. The East European Jews in German and German-Jewish Consciousness, 1800-1923*, Madison, Wisconsin 1982; Trude Maurer, *Ostjuden in Deutschland 1918-1933*, Hamburg 1986.

37 Vgl. Sammy Gronemann, *Howdoloh und Zapfenstreich. Erinnerungen an die ostjüdische Etappe 1916-1918*, Leipzig 2000; ders., *Erinnerungen*, Berlin 2002.

38 Vgl. Peter A. Degen, »Albert Einstein. Ein deutsch-jüdischer Physiker zwischen Assimilation und Zionismus«, in: Ulrich Lilienthal/Lothar Striehm (Hg.), *Den Menschen zugewandt. Festschrift für Werner Licharz*, Osnabrück 1999, S. 147-158.

39 Karl Kraus, *Die letzten Tage der Menschheit. Tragödie in 5 Akten mit Vorspiel und Epilog*, Wien 1919.

40 Vgl. Sander Gilman, *Jüdischer Selbsthaß. Antisemitismus und die verborgene Sprache der Juden*, Frankfurt a. M. 1993; zu Kraus vgl. Robert S. Wistrich, »Karl Kraus. Jewish Prophet or Renegade«, in: *European Judaism* 9 (1975), S. 32-38.

41 Vgl. Karl Kraus, »Der Neger«, in: ders., *Grimassen. Ausgewählte Werke* Bd. 1 (1902-1914), Berlin 1971, S. 537 ff.

42 Karl Kraus, *Gedichte*, Frankfurt a. M. 1989, S. 267 f. Das Kant-Zitat, auf das sich das Gedicht bezieht, lautet: »Bei dem traurigen Anblick nicht sowohl der Übel, die das menschliche Geschlecht aus Naturursachen drücken, als vielmehr derjenigen, welche die Menschen sich unterein-

ander selbst anthun, erheitert sich doch das Gemüth durch die Aussicht, es könne künftig besser werden; und zwar mit uneigennützigem Wohlwollen, wenn wir längst im Grabe sein und die Früchte, die wir zum Theil selbst gesät haben, nicht einernten werden« (ebd. S. 267).

4. Marburg: Im Bannkreis Heideggers und der Gnosis

1 Thomas von Aquin, *Über Seiendes und Wesenheit* (Lateinisch-Deutsch), hrsg. v. Horst Seidl, Hamburg 1988.

2 Vgl. etwa Martin Heidegger, »Das Rektorat 1933/34 – Tatsachen und Gedanken (1945)«, in: ders., *Gesamtausgabe, Bd. 16: Reden und andere Zeugnisse eines Lebensweges (1910-1976)*, Frankfurt 2000, S. 372-391. Vgl. George Leaman, »Das politische Denken Martin Heideggers«, in: ders. (Hg.), *Heidegger im Kontext. Gesamtüberblick zum NS-Engagement der Universitätsphilosophen*, Hamburg 1993, S. 109-150; Gerhard Schmidt, »Heideggers philosophische Politik«, in: Gottfried Schramm (Hg.), *Martin Heidegger. Ein Philosoph und die Politik*, Freiburg 2001, S. 217-236.

3 Vgl. Elisabeth Young-Bruehl, *Hannah Arendt. Leben, Werk und Zeit*, Frankfurt a. M. 1991, S. 83-104; Elzbieta Ettinger, *Hannah Arendt, Martin Heidegger. Eine Geschichte*, München 1995.

4 Vgl. Hans Jonas, *Wissenschaft als persönliches Erlebnis*, Göttingen 1987, S. 16 ff.; zu Jonas' Beitrag zur Gnosisforschung vgl. u. a. Christian Wiese, »Revolte wider die Weltflucht« – Nachwort, in: Hans Jonas, *Gnosis. Die Botschaft des fremden Gottes*, S. 401-429 und Walter Beltz, »Der Religionswissenschaftler Hans Jonas«, in: *Zeitschrift für Religions- und Geistesgeschichte* 48 (1996), S. 68-80.

5 Vgl. Hans Jonas, »Gnosticism and Modern Nihilism«, in: *Social Research* 19 (1952), S. 430-452 [dt. »Gnosis und moderner Nihilismus«, in: *Kerygma und Dogma* 6 (1960), S. 155-171]. Vgl. die Interpretation von Micha Brumlik, *Die Gnostiker. Der Traum von der Selbsterlösung des Menschen*, Berlin 2000, S. 252-294.

6 Hans Jonas, *Wissenschaft als persönliches Erlebnis*, S. 14-19.

7 Vgl. den Text der Empfehlung in Martin Heidegger, *Gesamtausgabe Bd. 16: Reden und andere Zeugnisse eines Lebensweges (1910-1976)*, Frankfurt a. M. 2000, S. 89.

8 Vgl. die Beiträge in Günther Anders, *Über Heidegger*, hrsg. v. Gerhard Oberschlick, München 2001.

9 Vgl. Elisabeth Young-Bruehl, *Hannah Arendt*, S. 65 ff.

10 Zu Arendts späterem politischen Denken vgl. u. a. A. Dana Villa, *Politics, Philosophy, Terror. Essays on the Thought of Hannah Arendt*, Princeton 1999.

11 Hannah Arendt, *Der Liebesbegriff bei Augustin*, Berlin 1929. Vgl. Ronald Beiner, »Love and Worldliness: Hannah Arendt's Reading of Saint Augustine«, in: Larry May/Jerome Kohn (Hg.), *Hannah Arendt. Twenty Years Later*, Cambridge, MA 1997, S. 269-284.

12 Max Weber, *Die protestantische Ethik und der »Geist« des Kapitalismus*, Düsseldorf 1992 [Tübingen 1905].

13 Ders., *Gesammelte Aufsätze zur Religionssoziologie*, 3 Bde., Tübingen 1988.

14 Vgl. Hans Jonas, »Karl Mannheims Soziologie des Geistes«, in: *Schriften der Deutschen Gesellschaft für Soziologie* 1 (1929), S. 111-114.

15 Vgl. Reinhart Blomert, *Intellektuelle im Aufbruch. Karl Mannheim, Alfred Weber, Norbert Elias und die Heidelberger Sozialwissenschaften der Zwischenkriegszeit*, München 1999.

16 *Briefwechsel zwischen Wilhelm Dilthey und dem Grafen Paul Yorck von Wartenburg 1877-1897*, Halle 1923. Vgl. Karlfried Gründer, *Zur Philosophie des Grafen Paul Yorck von Wartenburg. Aspekte und neue Quellen*, Göttingen 1970.

17 Vgl. Marion Yorck von Wartenburg, *Die Stärke der Stille. Erzählung eines Lebens aus dem deutschen Widerstand*, München 1995.

5. Emigration, Zuflucht und Freunde in Jerusalem

1 Zur Situation der jüdischen Gemeinschaft in Deutschland in dieser Phase der Weimarer Republik vgl. George L. Mosse/Arnold Paucker (Hg.), *Entscheidungsjahr 1932. Zur Judenfrage in der Endphase der Weimarer Republik* (SchrLBI 13), 2. rev. u. erw. Aufl., Tübingen 1966. Zu den Ursachen der auch nach 1933 erst stufenweisen Erkenntnis der Bedrohung der jüdischen Gemeinschaft vgl. Marion Kaplan, *Der Mut zum Überleben. Jüdische Frauen und ihre Familien in Nazideutschland*, Berlin 2001, S. 11-15.

2 Zu den Anfängen der Verfolgung vgl. die entsprechenden Beiträge in Wolfgang Benz (Hg.), *Die Juden in Deutschland 1933-1945. Leben unter nationalsozialistischer Herrschaft*, München 1988; Arnold Paucker,

Die Juden im nationalsozialistischen Deutschland/The Jews in Nazi Germany 1933-1943, Tübingen 1986.

3 Hans Jonas, *Gnosis und spätantiker Geist. Erster Teil. Die mythologische Gnosis.* Mit einer Einleitung »Zur Geschichte und Methodologie der Forschung«, Göttingen 1934 [2., unveränd. Aufl., 1954; 3. verb. u. verm. Auflage, 1964. *Ergänzungsheft zur ersten und zweiten Auflage.* S. 377-456, 1964].

4 Vgl. Kapitel 8.

5 Vgl. Marion Kaplan, *Der Mut zum Überleben*, S. 187-208.

6 Zur Problematik der jüdisch-arabischen Gewalt und der Rolle der Engländer vgl. Anita Shapira, *Land and Power. The Zionist Resort to Force, 1881-1948*, Oxford 1992.

7 Vgl. Yaacov Shavit, *Jabotinsky and the Revisionist Movement 1925-1948*, London 1988; Joseph. B. Schechtman, *The Life and Times of Vladimir Jabotinsky*, Silver Spring 1986.

8 Gemeint ist Richard Lichtheim, *Das Programm des Zionismus*, Berlin 1911. Zu Lichtheim und dem deutsch-zionistischen Revisionismus vgl. ders., *Revision der zionistischen Politik*, Berlin 1930.

9 Vgl. Richard Lichtheim, *Rückkehr. Lebenserinnerungen aus der Frühzeit des deutschen Zionismus*, Stuttgart 1970 (zur Türkei S. 215-334).

10 Zu seiner Marxismusforschung vgl. George Lichtheim, *Ursprünge des Sozialismus*, Gütersloh 1969; ders., *Kurze Geschichte des Sozialismus*, München 1975.

11 Vgl. Miriam Lichtheim, *Ancient Egyptian Literature. A Book of Readings*, Berkeley 1973; dies., *Moral Values in Ancient Egypt*, Fribourg 1997.

12 Vgl. Ruth Bondy, »Der Dornenweg deutscher Zionisten in der Politik. Felix Rosenblüth in Tel Aviv«, in: *Menora* 9 (1998), S. 297-314.

13 Vgl. Eli Shai, »Samuel Hugo Bergman. A Partial Portrait«, in: *Ariel* 57 (1984), S. 25-36; William Kluback, *Courageous Universality. The Work of Shmuel Hugo Bergman*, Atlanta 1992; Hugo S. Bergman, *Jawne und Jerusalem. Gesammelte Aufsätze*, Königstein 1981; ders., *Tagebücher und Briefe*, 2 Bde., Königstein 1985.

14 Carl Schmidt, *Ein Mani-Fund in Ägypten. Originalschriften des Mani und seiner Schüler*, Berlin 1933.

15 Vgl. Hans Jakob Polotsky, *Manichäische Handschriften der Sammlung A. Chester Beatty*, Bd 1. (Manichäische Homilien), 1934; ders., »Manichäismus«, in: August F. Pauly/Georg Wissowa (Hg.), *Real-Encyclopä-*

die der klassischen Altertumswissenschaft Suppl. VI, Stuttgart 1935, S. 240-271. Vgl. Marcel Erdal, »Hans Jakob Polotsky (1905-1991). An Appreciation«, in: *Mediterranean Review* 8 (1994), S. 1-9.

16 Vgl. die Dokumentation in meinem Nachwort [C. W.].

17 Jonas war, wie er am 25. Juni 1938 in einem Brief an Gershom Scholem festhielt, seinerseits persönlich wie philosophisch von Buber beeindruckt: »Bubers Vorlesung war glänzend, inhaltlich und formal ein Genuß. Der Mann selbst macht stärkeren Eindruck auf mich, als ich es mir in der Distanz vorgestellt hatte, eben weil ich ihn bisher fast nur durch sein öffentliches Auftreten kannte, das ja immer seine zweifelhaften Seiten hat, während im ganz privaten Gespräch, zu zweit, alles Störende wegfällt und die ganz ungemeinen positiven Qualitäten rein zur Geltung kommen. Ich bin überrascht von der denkerischen Entwicklung dieses Sechzigjährigen, ganz zu schweigen von der erstaunlichen Weite seines Wissens. Er hat philosophische Kraft und Tiefe. Außerdem habe ich in ihm einen wirklich aktiven Förderer gefunden, auf dessen Bereitschaft, für mich einzutreten, ich zählen kann« (Nachlaß Gershom Scholem, JNUL, 4°1599).

18 Oswald Spengler, *Der Untergang des Abendlandes. Umrisse einer Morphologie der Weltgeschichte*, München 1998 [Wien 1918/23].

19 Hans Lewy, *Chaldean Oracles and Theurgy: Mysticism, Magic and Platonism in the later Roman Empire*, Paris 1978.

20 Vgl. Hans Jonas, »Husserl und das Problem der Ontologie« [hebr.], in: *Mosnajim* 7 (1938), S. 581-589. In einem Brief an Gershom Scholem vom 25. Juni 1938 schildert Jonas anschaulich die Mühen, unter denen er den Vortrag an der Universität (und einen Radiovortrag über Husserl) anfertigte: »Ich hatte [...] mein ›Debut‹ an der Universität, kurz vorher meinen ersten hebr[äischen] Radiovortrag [...], für alles dies viel sachliche und sprachliche Vorbereitungsarbeit – letzteres eine mir sonst unbekannte Erscheinung, aber hebräische *und* Universitäts-Jungfernrede in Einem, da kommt etwas viel zusammen. Ich begann meine Vorbereitung, als Bergmann mir die Einladung zu einer Gedenkvorlesung über Husserl an der Universität mitteilte, damit, daß ich im Zeitraum von 10 Tagen noch einmal sämtliche Werke Husserls durchlas. Dann machte und verwarf ich mehrere Entwürfe, tippte schließlich einen deutschen Text, der mit keinem von diesen etwas zu tun hatte und schwitzte eine Woche lang mit Jernensky [Jonas' Hebräischlehrer, C. W.] an der hebr[äischen] Ausarbeitung. Das

Resultat wurde dann über meine Erwartungen gut, soweit sich so was am unmittelbaren Vortragserfolg ablesen läßt, und hat mir einige Steine im hiesigen Brettspiel verschafft, die ich gut gebrauchen kann. Weiteren Auswirkungen sehe ich entgegen, mit hinreichender Klarheit über die Grenzen des vernünftigerweise Erwartbaren« (Nachlaß Gershom Scholem, Jewish National University Library (JNUL), 4°1599). Die Radiorede erschien unter dem Titel »In Memoriam Edmund Husserl« [hebr.] in der Zeitschrift *Turim* (1938) und begann mit folgenden Worten: »Anfang Mai starb Edmund Husserl, einer der Großen der Philosophie unserer Zeit. Er starb in Freiburg, an dessen Universität er bis zu seiner Emeritierung im Jahre 1929 als Haupt einer philosophischen Schule gelehrt und geforscht hatte, zu dem die Schüler strömten und von der ein tiefreichender Einfluß auf das philosophische Leben Deutschlands ausging. Er hat eine Generation im Denken erzogen, er hat den Ruhm gekannt und starb vereinsamt in einer verwandelten Umwelt, die ihm nicht einmal mehr Nachrufe widmet. Gegenüber diesem Schweigen im Lande seines Wirkens ist es eine Ehrenpflicht für uns, seiner hier zu gedenken. Er selbst, der das Judentum in jungen Jahren verlassen hatte, ein deutscher Professor war, sich ganz und gar als Diener der europäischen Wissenschaft, als Sachwalter des abendländischen Kulturerbes fühlte, hätte gewiß nie daran gedacht, daß in Jerusalem getan würde, was in Freiburg unterlassen wird. Die Tatsache, daß heute ein Schüler, der vor Jahren zu seinen Füßen gesessen hat, vom Jerusalemer Sender in hebräischer Sprache zu seinem Gedenken sprechen darf, ist für sich selbst ein Symbol für unsere Zeit.«

21 George Lichtheim, *Marxism in Modern France*, New York 1968.
22 Martin Jay, »The Loss of George Lichtheim«, in: *Midstream* 19 (1973), S. 41-49.

6. Liebe in Zeiten des Krieges

1 In einem Brief an Gershom Scholem berichtete Jonas am 25. Juli 1938 von einem blutigen Vorfall in Jerusalem: »Vorigen Monat war ich in Jerusalem Zeuge eines Vorfalls, der mich tief erschüttert hat. Sie haben sicher von dem ›blutigen Dienstag‹ gehört: eine der Bluttaten geschah unmittelbar unter meinen Fenstern, um 5 ½ Uhr morgens, ich war in

der gleichen Sekunde am Fenster und in der nächsten draußen und habe einen tödlich verwundeten Araber in meinen Armen zur Hadassa geschleppt. Ich versichere Sie, etwas Schrecklicheres ist kaum denkbar« (Nachlaß Gershom Scholem, JNUL, 4°1599).

2 Trotz seines Einsatzes für die jüdische Selbstverteidigung war Jonas, wie einige seiner Jerusalemer Freunde, darunter Gershom Scholem, Mitglied der auf einen Ausgleich mit den arabischen Interessen bedachten Friedensgruppe Brith Schalom. Zu dieser Organisation und ihrem deutsch-jüdischen Hintergrund vgl. Hagit Lavsky, »German Zionists and the Emergence of Brith Shalom«, in: Jehuda Reinharz/Anita Shapira (Hg.), *Essential Papers on Zionism*, New York 1996, S. 648-670; Shalom Ratzabi, *Between Zionism and Judaism. The Radical Circle in Brith Shalom, 1925-1933*, Leiden 2002.

3 Vgl. dazu den Briefwechsel von Gershom Scholem mit seiner Mutter, in dem Schokoladen- und Marzipanlieferungen von Deutschland nach Palästina eine nicht geringe Rolle spielen; *Betty Scholem – Gershom Scholem. Mutter und Sohn im Briefwechsel 1917-1946*, hrsg. v. Itta Shedletzky in Verbindung mit Thomas Sparr, München 1989.

4 Hans Jonas, »The Nobility of Sight. A Study in the Phenomenology of the Senses«, in: *Philosophy and Phenomenologic Research* 14 (1953/54), S. 507-519 [dt. unter dem Titel »Der Adel des Sehens. Eine Untersuchung zur Phänomenologie der Sinne«, in: ders., *Das Prinzip Leben. Ansätze zu einer philosophischen Biologie*, Frankfurt a. M. 1994, S. 233-264].

5 Vgl. Lore Jonas, »Mein Vater Siegfried Weiner (1886-1963)«, in: *Regensburger Almanach 1989*, S. 49.

7. »Ein bellum judaicum in des Wortes
   tiefster Bedeutung«

1 Vorentwürfe dieses Dokuments, die sich im Nachlaß von Hans Jonas im Philosophischen Archiv der Universität Konstanz befinden (handschriftlicher Entwurf HJ 5-9-32; Typoskripte HJ 5-9-1/2/3), lassen seine stufenweise Entstehung erkennen. Ursprünglich begann der Aufruf mit den Worten: »Als am 3. September England und Frankreich dem Deutschland Hitlers den Krieg erklärten, empfanden Juden über den ganzen Erdkreis augenblicklich: Dieser Krieg – was sonst er immer für

die an ihm Beteiligten sein möge – es ist auch *unser* Krieg. Was sonst an Welt- und Völkerschuld in dieser Stunde enthalten ist – jüdisches Schicksal stempelt sie zu *unserer* Stunde. Unmittelbar erkennt unser Gefühl sie als solche an: politisches Urteil bestätigt es und verlangt unsere volle Teilnahme an diesem Krieg. Wir haben ihn als Sache des jüdischen Volkes aufzufassen und in seinem Namen mitzuführen. Geben wir uns Rechenschaft über Voraussetzungen und Folgen dieser Haltung.« Ein Exemplar des endgültigen Textes liegt im Jonas-Nachlaß in Konstanz (HJ 5-9-40) und im Leo Baeck Institute New York unter der Signatur: AR 2241 addenda. Veröffentlicht ist er in: *Jüdischer Almanach 2001/5761 des Leo Baeck Instituts,* Frankfurt a. M. 2000, S. 79-91. Vgl. die Interpretation von Christian Wiese, »›Ein bellum judaicum in des Wortes tiefster Bedeutung‹. Hans Jonas' Kriegsaufruf 1939 im Kontext seiner Biographie und seines philosophischen Denkens«, in: ebd., S. 92-107.

2 Darunter zahlreiche wichtige Figuren des deutschen Zionismus, etwa Gershom Scholem, Sally Hirsch, Benno Cohn, Alfred Berger, Georg Landauer, Walter Gross, Max Kreutzberger, Robert Weltsch und Moshe Smoira.

3 Vgl. Elias Gilner, *War and Hope. A History of the Jewish Legion,* New York 1969; Matityahu Mintz, »Pinchas Rutenberg and the Establishment of the Jewish Legion in 1914«, in: *Studies in Zionism* 6 (1985), S. 15-26.

4 Zur Politik der Briten in Palästina während des Kriegs vgl. Bernard Wasserstein, *Britain and the Jews of of Europe, 1939-1945,* Oxford 1979; Ronald W. Zweig, *Britain and Palestine During the Second World War,* London 1986.

5 Zu den Motiven dieser Emigranten vgl. Yoav Gelber, »Central European Jews from Palestine in the British Forces«, in: *Leo Baeck Institute Year Book* 35 (1990), S. 321-332 – entscheidend war das Bestreben, »zu den Befreiern des überlebenden Restes zu gehören« (S. 321).

6 Michael Evenari, *Und die Erde trage Frucht. Ein Lebensbericht,* Gerlingen 1987.

7 Zur Vor- und Entstehungsgeschichte der Jewish Brigade Group vgl. Yoav Gelber, *Jüdische Freiwillige aus Palästina in der britischen Armee während des Zweiten Weltkriegs* [hebr.], Bd. 1 (Freiwillige Meldung und ihre Rolle in der zionistischen Politik 1939-1942), Jerusalem 1979, Bd. 2 (Der Kampf um eine Jüdische Armee), Jerusalem 1981. Zur Geschichte der

Brigade vgl. Morris Beckman, *The Jewish Brigade. An Army with two Masters 1944-45*, Staplehurst 1998, zu Churchills Rolle beim Sinneswandel in Großbritannien bes. S. 42-50.

8 Zu Enzo Sereni und der Entwicklung seines Denkens vgl. Ruth Bondy, *The Emissary: A Life of Enzo Sereni*, Boston 1977; Evelyn Wilcock, *Pacifism and the Jews*, Gloucestershire 1994, S. 61-71.

9 Die »Lehrbriefe« von Hans Jonas aus dem Jahre 1944 sind als Kapitel 14 erstmals abgedruckt.

10 In einem Brief an Gershom Scholem schrieb Lore Jonas am 12. März 1945 über ihren Mann: »Sonst geht es ihm gut. Er ist in der Nähe von Rom. Fährt alle 8 Tage fast hin und ist natürlich begeistert. Seine Briefe (unter anderem) sind Hymnen auf Michelangelo einerseits und das Quattrocento andererseits. Waren nicht Sie es, der einmal seine Beschäftigung mit Kunst klaren Sybaritismus schalt? Ich finde, jetzt ist es ihm zu gönnen. Nicht wahr?« (Nachlaß Gershom Scholem, JNUL 4°1599).

11 Noch in seiner letzten Rede, anläßlich der Entgegennahme des Premio Nonino am 30. Januar 1993 in Udine, erinnerte Jonas an seine Begegnungen in Italien und betonte, er habe diese Geschichten durch sein ganzes Leben getragen »wie ein heiliges, mir anvertrautes Gut«. Vgl. Hans Jonas, »Rassismus im Lichte der Menschheitsbedrohung«, in: Dietrich Böhler (Hg.), *Ethik für die Zukunft. Im Diskurs mit Hans Jonas*, München 1994, S. 21-29, Zitat S. 23.

8. Reisen im zerstörten Deutschland

1 Primo Levi, *Die Untergegangenen und die Geretteten*, München 2002. Vgl. Aleksandar Tisma, *Kapo. Roman*, München 1999.

2 Lore Beyerlein (Hg.), *Von drei Reichen. Briefe des Malers Kurt Beyerlein aus den Jahren 1941-1945*, Reinbek 1947.

3 Hans Jonas, »Origenes' Peri Archon – ein System patristischer Gnosis«, in: *Theologische Zeitschrift* 5 (1949), S. 101-119; ders., »Die origenistische Spekulation und die Mystik«, in: *Theologische Zeitschrift* 5 (1949), S. 24-45.

4 Erst 1954 erschien dann bei Vandenhoeck & Ruprecht unter dem Titel *Von der Mythologie zur Mystischen Philosophie* der zweite Teil von *Gnosis und spätantiker Geist* – mit der Widmung »Dem Andenken

meiner Mutter. Auschwitz 1942«. Eine spätere Auflage von Bd. 1 widmete Jonas dem Andenken seines Vaters.

5 Rudolf Bultmann, *Das Evangelium des Johannes*, Göttingen 1941.

6 Erich Dinkler, »Die christliche Wahrheitsfrage und die Unabgeschlossenheit der Theologie als Wissenschaft«, in: Otto Kaiser (Hg.), *Gedenken an Rudolf Bultmann*, Tübingen 1977, S. 15-40.

7 Hans Jonas, »Im Kampf um die Möglichkeit des Glaubens. Erinnerungen an Rudolf Bultmann und Betrachtungen zum philosophischen Aspekt seines Werkes«, in: Otto Kaiser (Hg.), *Gedenken*, S. 41-70. Es handelt sich um eine bewegende Rückschau auf Bultmanns Persönlichkeit und das »Zwiegespräch mit ihm, von Philosoph zu Theologe, von Jude zu Christ, vor allem aber: von Freund zu Freund«. »Für mein Leben gern würde ich dies vor so langer, langer Zeit begonnene Gespräch mit dem Lebenden fortführen und kann es nur mit dem teuren Schatten tun. Ein Mann von ergreifender Reinheit ist dahingegangen, ein vollendetes Leben, immer einig mit sich selbst. Er ist nicht zu beklagen, aber wieder einmal ist die Welt ärmer geworden um einen derer, an denen sie den immer bedrohten Glauben aufrichten kann, es sei ›der Mühe wert, ein Mensch zu sein‹« (ebd., S. 70).

8 Bultmann gibt seiner Hoffnung Ausdruck, »daß die inzwischen gereifte Darstellungskraft des Verfassers den Leser von selbst gewinnen wird«, und betont, daß er selbst Jahre seines Lebens dem Studium der Gnosis gewidmet, aber aus keiner der bisherigen Untersuchungen »so viel für eine wirkliche Erkenntnis des geistesgeschichtlichen Phänomens der Gnosis gelernt habe, wie aus dieser«, ja, daß ihm »hier die Bedeutung dieses Phänomens erst im vollen Umfang erschlossen wurde«. Er billigte ausdrücklich die Heranziehung der Existenzanalyse und zeigt sich gewiß, »daß dieses Werk die geistesgeschichtliche Forschung in mancher Hinsicht befruchten wird, nicht zum mindesten auch die Interpretation des Neuen Testaments« (Vorwort in: Hans Jonas, Gnosis und spätantiker Geist, Teil I – 1934). In einem Gutachten, das Rudolf Bultmann am 12. Dezember 1933 verfaßte, um Jonas eine Karriere in der Emigration zu ermöglichen, heißt es unter anderem: »Herr Dr. Jonas ist ein Gelehrter von hervorragender Begabung. Er vereinigt die Fähigkeit systematischen Denkens mit der Gabe historischen Forschens und ist daher besonders zur Analyse und Darstellung geistesgeschichtlicher Phänomene ausgerüstet. [...] Infolge seines Bildungsgangs ist er ebenso vertraut mit der geistigen Tradition des Alten Testaments, des Judentums und des Neuen

Testaments wie mit der geistigen Tradition der griechischen Antike. [...]
Ich halte [das Gnosis-Buch] für eine glänzende Leistung. Die Erforschung der Gnosis war bisher zunächst dadurch bestimmt gewesen, daß
man sie als ein begrenztes kirchen- und dogmengeschichtliches Phänomen verstand, sodann dadurch, daß man sie als ein Phänomen der hellenistischen Religionsgeschichte nahm, wobei das Interesse wesentlich
der in ihr aufgenommenen und umgestalteten mythologischen Tradition galt. Herr Dr. Jonas zeigt zum ersten Male, welche Bedeutung die
Gnosis im Zusammenhang der ganzen abendländischen Geistesgeschichte hat, wie in ihr das antike Verständnis von Gott und Welt – sowohl unter dem Einfluß orientalischer Tradition wie unter der Einwir-
kung der allgemeinen geschichtlichen Bedingungen am Ausgang der
Antike – umgestaltet wird, und zwar in einer Weise, die für die begriff-
liche Ausprägung des Christentums und zugleich für die ganze nach-
antike abendländische Geistesgeschichte von fundamentaler Bedeutung ist. Das Buch wird die Forschung in ungewöhnlicher Weise befruchten. Ich wünsche von Herzen, daß es Herrn Dr. Jonas ermöglicht
wird, seine wissenschaftliche Arbeit fortzusetzen; ich wünsche das
umso mehr, als ich Herrn J. auch als Menschen achten und schätzen gelernt habe« (Nachlaß Gershom Scholem, JNUL 4°1599).

9 Hans Jonas, *Augustin und das paulinische Freiheitsproblem. Ein Beitrag zur Entstehung des christlich-abendländischen Freiheitsbegriffs*,
Göttingen 1930.

10 Vgl. Hans Schmidt, *Jona. Eine Untersuchung zur vergleichenden Religionsgeschichte*, Göttingen 1907.

11 Wilhelm Bousset, *Hauptprobleme der Gnosis*, Göttingen 1907.

12 Hugo Koch, in: *Theologische Literaturzeitung* 55 (1930), Nr. 2, Sp. 466.
»Was Jonas in seiner Schrift an Fremdwortverschärfungen, an Haupt-
wortvorliebe, an Abgezogenheit und Bildlosigkeit, an Breitspurigkeit,
Gespreiztheit und Geschwollenheit bietet, übersteigt dann doch alles
Maß. [...] Die Schrift ist Herrn Prof. Bultmann gewidmet und er mag
an einer solchen Sprache seine Freude haben. Andere sehen darin mit
Recht einen groben Unfug, durch den deutsche Gelehrte sich und die
deutsche Wissenschaft vor der übrigen Welt lächerlich machen. [...]
Wenn der Inhalt der Schrift an Güte der Unverständlichkeit ihrer Sprache gleichkommt, dann muß er ganz hervorragend sein. Ich habe aber
keine Lust, diesen Kauderwelsch ins Deutsche und Verständliche zu
übersetzen« (ebd.).

13 Julius Ebbinghaus, *Zu Deutschlands Schicksalswende*, Frankfurt a. M.
   1946, S. 45 f.

9. Von Israel in die Neue Welt: Anfänge akademischen Wirkens

1 Diese Episode in Issawyje wurde nicht während des Interviews erzählt,
   sondern beruht auf dem Artikel von Eleanore Jonas, »Two Years in an
   Arab Village. Peace and Neighborly Contact During the British Man-
   date«, in: *Aufbau* 2000, Nr. 25 (14.12.2000).

2 Vgl. Hans Jonas, »Yiscor: To the Memory of Franz Joseph Weiner«, in:
   The Chicago Jewish Forum 9/1 (1950), S. 1-8.

3 Ein Brief von Lore Jonas an Fania und Gershom Scholem aus dem Jahr
   1949 vermittelt anschaulich die ersten Erfahrungen in Montreal: »Wir
   denken oft an Euch und reden von Euch und Ihr fehlt uns. Dieses neue,
   große Land ist auch ein sehr fremdes Land; und nachdem die erste Auf-
   regung des Ankommens vorüber ist und man ein bisschen zu sich
   kommt, fühlt man sich doch sehr alleine. Es gibt zwar eine Menge Juden – 75000 – aber die wir bis jetzt kennen, sind zwar alle sehr nett und
   freundlich (und reich), aber doch nicht ganz das Richtige. Neulich bei
   einer Gesellschaft folgender Dialog. Mrs. X: ›What is your husband
   doing?‹ Ich beschämt: ›Philosophy‹. Mrs. X: ›He will not make much
   money on that.‹ Ich: ›quite‹. Kollegen hat Hans noch kaum kennengelernt, weil alle noch in Urlaub sind. Der Empfang übrigens war für palästinensische Begriffe überwältigend. Man hat uns im Auto von der
   Bahn abgeholt und uns in eine 3-Zimmerwohnung gebracht, die man
   vorher für uns gemietet hatte. Frigidaire, Gasofen, Telefon natürlich alles inbegriffen. Außerdem hatte man uns ein Kinderbett als Einzugsge-
   schenk geschickt. Und Eier und Butter in den Eisschrank geschickt.
   Hans arbeitet viel, und ich bin sehr glücklich, daß er nach so viel Unterbrechung wieder dazu kommt. Aber als Gesellschaft fällt er dann so ungefähr weg. Aber schließlich ist ja das der Zweck unseres Hierseins«
   (Nachlaß Gershom Scholem, JNUL 4°1599).

4 Vgl. die Biographie von Michael R. Marrus, *Samuel Bronfman. The
   Life and Times of Seagram's Mr. Sam*, Toronto 1991.

5 Vgl. die Autobiographie von Edgar M. Bronfman, *The Making of a Jew*,
   New York 1996 (zu seinem Vater vgl. S. 1-16).

6 Vgl. Jonas' Brief an Gershom Scholem vom 1. September 1949: »Mein fellowship ist nämlich ein ›individual fellowship‹, d. h. nicht mit einem Universitätsposten verbunden und nicht an eine bestimmte Universität gebunden, sondern es ist mir überlassen, Kontakte herzustellen und schließlich bei einer Universität ›anzukommen‹ [...] McGill ist ein gutes Zentrum, von wo aus man Verbindungen anknüpfen kann. Hier selbst allerdings scheint mir das Department of Philosophy ziemlich komplett gefüllt zu sein, und obendrein ist einer der beiden Ordinarien [...] Raymund Klibansky, also schon ein deutscher Jude« (Nachlaß Gershom Scholem, JNUL 4°1599).

7 Vgl. die schöne Schilderung von Lore Jonas in einem Brief an Familie Scholem vom 1. Dezember 1949: »Hier in Dawson leben wir in einer Sorte von glorifiziertem Kibbuz, wir essen im common room, haben aber vier Zimmer statt eins, und gemeinsame Waschräume, oder wie Hans sich ausdrückt, ›es ist wie ein Mönchskloster, nur mit Nonnen‹. Wir sind weit von der Stadt und ihren dortigen Versuchungen entfernt (25 Meilen) und die örtlichen Versuchungen sind so gering, eine Snackbar und der Faculty Club, daß einfach nichts anderes übrig bleibt als zu arbeiten, worin wir uns dahingehend teilen, daß ich Wäsche wasche und Hans philosophische Essays schreibt [...] Wir haben uns als erstes hier einen Schreibtisch gekauft, daß Hans keine Ausrede hat, nicht zu arbeiten, und weil der sehr teuer war, will er ihn amortisieren und ist sehr fleißig. Sie sehen, alles trifft sich aufs günstigste. Liebe Fanja, das Los der Frau ist überall das gleiche, Bügeln, obenerwähntes Waschen, Strümpfe stopfen etc. Das muß man in Kanada genauso wie in Jerusalem. Am besten von den Errungenschaften dieses Kontinents gefällt mir die Waschmaschine, wenn ich so banausisch sein darf. Die Leute hier, die married student couples, unter denen wir leben, sind nett, einfach zumeist und unbeschwert. Im ganzen gefallen sie mir viel besser als die Vertreter jüdischer Bourgeoisie, die wir in Montreal kennen gelernt haben. Unsere Juden in Israel haben mehr mit diesen Gojim gemeinsam als mit den Golusjuden« (Nachlaß Gershom Scholem, JNUL 4°1599).

8 Vgl. den Brief von Lore Jonas an Familie Scholem vom 1. Dezember 1949: »Unterdessen ist der berüchtigte kanadische Winter eingesetzt, wir frieren schon Stein und Bein, aber Kenner versichern uns, das wäre noch gar nichts, es würde uns noch das Mark in den Knochen frieren. Nachträglich betrachtet war so ein kleiner Chamsin [heißer Wüstenwind] was sehr Schönes, aber man schätzt ja nie die Güter, die man hat« (Nachlaß Gershom Scholem, JNUL 4°1599).

449

9 Vgl. Cusanus-Texte I, *Predigten. Dies Sanctificatus,* hrsg. v. Raymond
   Klibansky (Heidelberger Akademie der Wissenschaften, Philoso-
   phisch-historische Klasse 1928-29), Heidelberg 1929; Magistri Eckardi
   Opera Latina, hrsg. v. Raymond Klibansky, Dasc. I, *Super oratione do-
   minica,* Lipsiae [Leipzig] 1934; Magistri Eckardi Opera Latina, Fasc. XII,
   Quaestiones Parisienses. Edidit Antonius Dondaine o. p., *Commenta-
   riolum de Eckardi Magisterio,* adiunxit Raymundus Klibansky, Lipsiae
   [Leipzig] 1936.

10 Vgl. Raymond Klibansky, *Erinnerung an ein Jahrhundert. Gespräche
   mit Georges Leroux,* Frankfurt a. M./Leipzig 2001.

11 Vgl. ders., *The Continuity of the Platonic Tradition,* London 1939 und
   Corpus Platonicum Medii Aevi, Auspiciis Academiae Britannicae [...]
   edidit Raymundus Klibansky.

12 Père Faribault, »Un livre Jonas: Gnosis und spätantiker Geist«, in: *Etudes et Recherches* 2 (1937). I-II,1.

13 Arthur Darby Nock, in: *Gnomon* 3 (1936), S. 605-612. In dt. Sprache
   wiederabgedruckt in: Kurt Rudolph (Hg.), *Gnosis und Gnostizismus,*
   Darmstadt 1975, S. 374-386.

14 Am 28. Juli 1950 schrieb Jonas an Gershom Scholem: »Uns geht es gut,
   wir verbringen einen ruhigen Sommer (soweit das mit einer so lebendig gewordenen Familie möglich ist) [...] Ayalah spielt im Garten, ist
   heiter und sehr aktiv an der Welt interessiert, aber spricht noch nicht.
   Da sie Freud noch nicht gelesen hat, ist sie sehr zärtlich zum Brüder-
   chen, küßt seine Händchen, streichelt sein Köpfchen (was wir in ihrer
   Gegenwart nie getan haben) und will ihm die Flasche reichen; und fühlt
   sich ungeheuer überlegen. Jonathan ist stiller als sie – er ist ja auch kein
   Sabre« (Nachlaß Gershom Scholem, JNUL 4°1599).

15 Vgl. Jonas' Brief an Gershom Scholem vom 24. April 1950: »Carleton
   College ist die unkonfessionelle, englische Konkurrenzgründung gegen
   die französisch-klerikale University of Ottawa, noch keine 10 Jahre alt
   und sehr ehrgeizig. Man hatte eigentlich nur einen neuen Dozenten für
   Philosophie gesucht, und als ich auf dem Markt erschien als eine Art
   bargain, aber natürlich nicht für einen Juniorposten, machte man eine
   Extra-Anstrengung [...] Es hat sich also gelohnt, daß ich hier gleich im
   ersten Jahr in die Lehrfrohn gegangen bin, obwohl ich es gelegentlich
   als Störung in meiner eigenen Arbeit empfunden habe« (Nachlaß Gershom Scholem, JNUL 4°1599).

16 Vgl. den Brief von Jonas an Gershom Scholem vom 18. Februar 1951:

»Uns geht es hier weiter gut, im Materiellen entschieden besser als es einem Israeli des Jahres 3 des Judenstaates zusteht. [...] Die Beziehungen zu meinen Kollegen sind ausgezeichnet, if not over-stimulating [...]. Die Studenten verwundern sich über Philosophie, *nicht* leicht gemacht, also unamerikanisch, und begrüßen die ungewohnte Anstrengung als ›something different‹, vom Erfolg (der fragwürdig ist) abgesehen. Es wird mir erst allmählich klar, daß ich etwas ganz Neues und Vereinzeltes im hiesigen Betrieb darstelle – meine intelligentesten Studenten haben es mir indirekt, und teils auch sehr direkt, beigebracht. Als ich in einer meiner Klassen die Frage, ob ich nächstes Jahr noch da sein würde, mit ›Ja‹ beantwortete, stieg ein Chorus von ›Ah‹ auf. 2-3 wirkliche Köpfe haben sich allmählich aus der stereotypen Schar ausgesondert, um deretwillen es sich lohnt, über die Fassungskraft der anderen hinauszugehen. Dies ›Antworterlebnis‹ ist eine große Befriedigung« (Nachlaß Gershom Scholem, JNUL 4°1599).

17 Jonas las im ersten Semester in Ottawa »Geschichte der alten Philosophie bis Aristoteles«, »Geschichte der neueren Philosophie von Descartes bis Kant« und »Religionsphilosophie« (vgl. Brief an Gershom Scholem vom 28. Juli, Nachlaß Gershom Scholem, JNUL 4°1599).

18 Marta Karlweis Wassermann (1889-1965) war zuvor durch mehrere Romane in Erscheinung getreten, dazu durch ihren Reisebericht *Eine Frau reist durch Amerika* (Berlin 1922) und die Biographie ihres Mannes – *Jakob Wassermann. Bild, Kampf und Werk* (Amsterdam 1935).

19 Vgl. Ludwig von Bertalanffy, *Theoretische Biologie*, Bd. 1: Allgemeine Theorie, Physikochemie, Aufbau und Entwicklung des Organismus, Berlin 1932; ders., *Biophysik des Fließgleichgewichts. Einführung in die Physik offener Systeme und ihre Anwendung in der Biologie*, Braunschweig 1953. Vgl. Lima Takao, *Der Begriff der Ganzheit und seine Anwendung bei Ludwig von Bertalanffy*, Kiel 2001. Als biographische Darstellung vgl. Gerhard Nierhaus, *Ludwig von Bertalanffy: 1901-1972*, o.O., o.J [1979].

20 Ludwig von Bertalanffy, *Nikolaus von Kues*, München 1928.

21 Vgl. den Brief vom 5. November 1950 an Gershom Scholem: »Hier habe ich nur einen philosophischen Disputanten, Prof. Ludwig von Bertalanffy (aus Wien), ein philosophierender Biologe [...], mit dem ich Duz-, Trink- und Streitfreundschaft geschlossen habe. Er nennt mich einen ›alten Aristoteliker‹, wofür ich bis jetzt noch keine passende

Gegenbeschimpfung gefunden habe« (Nachlaß Gershom Scholem, JNUL 4°1599).

22 Briefe an Gershom Scholem dokumentieren, daß Jonas in dieser Zeit hoffte, langfristig eine Stellung am liberalen Hebrew Union College in Cincinnati oder am konservativen Jewish Theological Seminary in New York zu finden (vgl. Brief vom 1. September 1949). Lore Jonas schrieb am 1. Dezember 1949 über die Reise: »Wir müssen uns doch das viel gepriesene Amerika mal ansehen. Kanada ist es noch nicht ganz« (Nachlaß Gershom Scholem, JNUL 4°1599).

23 Vgl. Samuel E. Karff (Hg.), *Hebrew Union College. Jewish Institute of Religion at One Hundred Years*, Cincinnati 1976.

24 Zur Bedeutung Baecks für das deutsche Judentum vor der Schoa vgl. u. a. die Beiträge in Georg Heuberger/Fritz Backhaus (Hg.), *Leo Baeck 1873-1956. Aus dem Stamme von Rabbinern*, Frankfurt a. M. 2001.

25 Zur geistigen Entwicklung von Leo Strauss in der Emigration vgl. u. a. Peter Graf Kielmansegg et al. (Hg.), *Hannah Arendt and Leo Strauss. German Émigrés and American Political Thought after World War II*, Washington 1995.

26 Aus der Fülle der Literatur zu Strauss' politischem Denken vgl. Kenneth L. Deutsch, *Leo Strauss: Political Philosopher and Jewish Thinker*, Lanham, Md. 1994; Shadia B. Drury, *Strauss and the American Right*, Basingstoke 1999; Harald Bluhm *Die Ordnung der Ordnung. Das politische Philosophieren von Leo Strauss*, Berlin 2002.

27 Jakob Klein, *Die griechische Logistik und die Entwicklung der Algebra*, 2 Bde., Berlin 1934/1936.

28 Der Wortlaut des hebräischen Briefes an den Rektor der Hebräischen Universität vom 3. Oktober 1951 (in Kopie an Gershom Scholem) ist folgender [in meiner Übersetzung, C. W.]: »Die Verspätung meiner Antwort auf Ihren Brief vom 3.9.51 ist dadurch begründet, daß ich meine Antwort längere Zeit abwägen mußte. Die Berufung durch die Universität, die eine Erfüllung eines alten Wunsches von mir bedeutet, kommt zu einem Zeitpunkt, der mich vor Fragen stellt, die außerhalb des akademischen Bereichs liegen und noch andere Menschen betreffen als mich. Als Prof. Bergmann mich im Sommer 1950 fragte, ob ich bereit sei, für eine Stelle in der Philosophie zu kandidieren, antwortete ich – ohne zu zögern – meinem Wunsche entsprechend. Mir war jedoch klar, daß die Annahme der Stelle gleichsam mit ernsthaften Verzichtsleistungen für all diejenigen einhergehen würde, deren Schicksal von

meiner Entscheidung mitbestimmt wird. Ein solcher Preis ist aus meiner Sicht gerechtfertigt, solange nicht zu viele Rechte anderer Menschen davon in Mitleidenschaft gezogen werden. Damals hatte ich den Eindruck, daß der Preis diese Grenze nicht überschreitet. In diesem Sinne habe ich der Kandidatur zugestimmt, und jede Erklärung stand unter dem Vorbehalt des *rebus sic stantibus*. Ich brauche Ihnen nicht zu sagen, wie sehr sich der Zustand im Lande seit damals verändert hat, und es ist auch nicht notwendig, die Anzahl der erschwerenden Gründe auf der Waagschale zu benennen – angefangen von dem Wohnungsproblem, das zu lösen die Universität nicht versprechen konnte. Wäre ich in Israel geblieben und hätte dort Fuß gefaßt, so hätten meine Angehörigen und ich heute unseren Anteil an den Leiden aller mitgetragen; hätte ich das Land als Mitglied der Universität für eine befristete Zeit verlassen, so stünde ich heute unter dem Zwang, meine Stellung wieder einzunehmen. In Anbetracht des Fehlens solcher Bezüge kann ich mich dieser Frage jedoch im Zustand der Wahlfreiheit nähern und das Für und Wider abwägen – aus den unterschiedlichen Perspektiven meiner Verantwortung. Ich habe den Zustand aus allen Blickwinkeln heraus und nach bestem Wissen und Gewissen überprüft und bin zu dem Schluß gekommen, daß es nicht gerechtfertigt ist, eine Familie, die unter normalen Bedingungen lebt, in Umstände zu versetzen, die so unnormal sind. Diese Einsicht ist erst in der letzten Zeit gereift – parallel zur Entwicklung der Umstände. Daher konnte ich Sie vorher nicht über meinen Gesinnungswandel informieren, und die negative Entscheidung ist Ausdruck des gegenwärtigen Zustands; sie bleibt abhängig von diesem Zustand und seinem Wandel in der Zukunft, sofern meine Seite für eine Entscheidung eine Rolle spielt. Praktisch bedeutet dies, daß ich auf jeden Fall nicht im Herbst 1952 kommen kann. Ob diese Entscheidung letztlich dazu führt, daß meine Berufung nur verschoben oder ganz aufgehoben wird, fällt nicht in meine Entscheidung. Ich hoffe jedoch, daß hierdurch meine Beziehung zu der Universität nicht beendet werden wird, und noch mehr, daß meine Freunde mich verstehen und es mir nicht übel nehmen. Ich habe diese Entscheidung nicht leichtfertig, sondern mit schwerem Herzen getroffen. Ich bitte darum, den leitenden Gremien der Universität und allen Beteiligten meinen aufrichtigen Dank für meine Berufung zu vermitteln und ihnen zu versichern, daß ich die Ehre, die sie mir haben angedeihen lassen, hoch schätze. Es tut mir sehr leid, daß die bekannten Umstände, die an und für sich schon traurig sind, sich so verschärft haben, daß sie jetzt meinen Herzenswunsch zunichtemachen und mich dazu zwingen, den Ruf für den jetzigen Zeitpunkt abzulehnen« (Nachlaß Gershom Scholem, JNUL 4°1599).

29 Zur zionistischen Prägung der Hebräischen Universität Jerusalem vgl. David N. Myers, *Re-Inventing the Jewish Past. The European Jewish Intellectuals Zionist Return to History*, New York 1995.

30 Vgl. etwa Hans Jonas, »Spinoza and the Theory of Organism«, in: *Journal of the History of Philosophy* 3 (1965), S. 43-57.

31 Vgl. H. Jonas, »Parallelism and Complementarity. The Psycho-Physical Problem in Spinoza and in the Succession of Niels Bohr«, in: Richard Kennington (Hg.), *The Philosophy of Baruch de Spinoza*, Washington 1980, S. 121-130 (dt.: in: *Macht oder Ohnmacht der Subjektivität*, 1981, S. 101-116).

32 Vgl. Gershom Scholem, *Die Wissenschaft vom Judentum* (Judaica 6), Frankfurt a. M. 1997.

33 Zu inhaltlichen Gründen für das spätere Zerwürfnis zwischen beiden Denkern vgl. Thomas H. Macho, »Zur Frage nach dem Preis des Messianismus. Der intellektuelle Bruch zwischen Gershom Scholem und Jacob Taubes als Erinnerung ungelöster Probleme des Messianismus«, in: Stéphane Moses/Sigrid Weigel (Hg.), *Gershom Scholem – Literatur und Rhetorik*, Köln 2000, S. 133-152.

34 Jacob Taubes, *Abendländische Eschatologie*, Bern 1947. Vgl. Richard Faber (Hg.), *Abendländische Eschatologie: ad Taubes*, Würzburg 2001.

35 Philip Rief, *Freud: The Mind of the Moralist*, New York 1959.

36 Hans Jonas, *The Gnostic Religion: The Message of the Alien God and the Beginnings of Christianity*, Boston 1958; vgl. die dt. Ausgabe *Gnosis. Die Botschaft des fremden Gottes*, Frankfurt a. M. 1999.

37 Vgl. u. a. Jay MacPherson, *O Earth Return*, Toronto 1954; dies., *The Boatman*, Oxford 1957; dies., *Welcoming Desaster*, Toronto 1974; vgl. Weir Lorraine, *Jay MacPherson and her Works*, Toronto 1989/90.

38 Northrop Frye, *Fearful Symmetry: A Study of William Blake*, Princeton 1947.

10. Freundschaften und Begegnungen in New York

1 Vgl. den Brief von Jonas an Gershom Scholem vom 10. Oktober 1951:
»Den Sommer über war ich als Visiting Profesor an der Graduate Faculty
der New School for Social Research in New York, gab einen Kurs über
›The Organism in the Theory of Being since Descartes‹, der zu meiner eigenen Überraschung großen Anklang fand. Ich selber war angenehm beeindruckt und angeregt von der Reife und dem Interesse meiner Studenten, darunter eine Anzahl sehr ernsthafter Ph. D. Kandidaten. Ottawa
liefert nicht solches, intellektuell waches Studentenmaterial« (Nachlaß
Gershom Scholem, JNUL 4°1599).

2 Vgl. Michael Hanke, *Alfred Schütz: Einführung*, Wien 2002; Alfred
Schütz, *Gesammelte Aufsätze*, 3 Bde., Den Haag 1971/1972.

3 Vgl. Ulrich Melle, *Das Wahrnehmungsproblem und seine Verwandlung
in phänomenologischer Einstellung. Untersuchungen zu der phänomenologischen Wahrnehmungstheorie von Husserl, Gurwitsch und Merleau-Ponty*, Den Haag 1983.

4 Vgl. Richard Grathoff (Hg.), *Alfred Schütz – Aron Gurwitch. Briefwechsel 1939-1959*, München 1985. In einem Brief vom 21. Januar 1954 teilt
Schütz seinem Freund Gurwitsch mit: »Wir hatten gestern *Commitee*
und *Faculty Meeting* und wider mein Erwarten kam es zur Abstimmung.
Leider haben wir ehrenvoll verloren. […] Jonas hatte die starke Unterstützung von Leo Strauss und seiner Clique. Ausschlaggebend war, daß
ich natürlich darauf hinweisen mußte, daß Du nur unter der Bedingung
zu kommen bereit bist, wenn Du volle *tenure* erhältst, während dies bei
Jonas nicht der Fall ist. Nach einer 1½stündigen Debatte schritt man zur
geheimen Abstimmung und Du erhieltest 7 Stimmen, aber Jonas 9. […]
Das Abstimmungsergebnis ist meiner Meinung nach wirklich nur auf den
vorerwähnten Umstand zurückzuführen. Ich kenne Jonas nicht persönlich und hoffe, daß man mit ihm arbeiten können wird. Wie ich mich erinnere, hast Du Dich über ihn selbst in sehr anerkennender Weise ausgesprochen« (ebd., S. 347 f.). In einem Brief vom 1. Mai 1956 redet Schütz
davon, daß er mit Jonas »persönlich gar nicht gut stehe« (ebd., S. 390).

5 Vgl. Hans Jonas, »Aron Gurwitsch«, in: *Social Research* 40 (1973),
S. 567-569.

6 Das 1941 u. a. von dem Historiker John U. Nef (1899-1988) gegründete
Committee on Social Thought ist ein interdisziplinäres geisteswissen-
schaftliches Institut an der University of Chicago, an dem Philosophen,

Historiker, Literaturwissenschaftler, Soziologen, Politikwissenschaftler und Religionswissenschaftler zusammenarbeiten.

7 Leider verzichtete Hans Jonas im Gespräch darauf, die interessante Geschichte seines Wirkens an der New School zu erzählen. Als Darstellung der Geschichte der New School sei verwiesen auf Peter M. Rutkoff, *New School. A History of the New School for Social Research*, New York 1986; Claus-Dieter Krohn, *Wissenschaft im Exil. Deutsche Sozial- und Wirtschaftswissenschaftler in den USA und der New School for Social Reearch*, Frankfurt a. M. 1987.

8 Der »Bund« war eine Bewegung, die auf die Integration von Juden in eine sozialistische Gesellschaft unter Bewahrung kultureller Eigenständigkeit zielte; vgl. Zvi A. Gitelman, »A Centenary of Jewish Politics in Eastern Europe. The Legacy of the Bund and the Zionist movements«, in: *East European Politics and Societies* 11 (1997), S. 543-559.

9 Vgl. Viktor Sarris, »Reflexionen über den Gestaltpsychologen Max Wertheimer und sein Werk: Vergessenes und wieder Erinnertes«, in: Marianne Hassler/Jürgen Wertheimer (Hg.), *Der Exodus aus Nazideutschland und die Folgen. Jüdische Wissenschaftler im Exil*, Tübingen 1997, S. 177-190.

10 Zu Magnus' Wirken vgl. William Abikoff, *The Mathematical Legacy of Wilhelm Magnus. Groups, Geometry and Special Functions*, Providence 1994.

11 Vgl. Claus-Dieter Krohn, *Die philosophische Ökonomie. Zur intellektuellen Biographie Adolph Lowes*, Marburg 1996.

12 Zu Stern vgl. Werner Deutsch, »Im Mittelpunkt die Person: Der Psychologe und Philosoph William Stern (1871-1938)«, in: Marianne Hassler/Jürgen Wertheimer (Hg.), *Der Exodus aus Nazideutschland und die Folgen*, S. 73-90.

13 Hannah Arendt, *Rahel Varnhagen. Lebensgeschichte einer deutschen Jüdin aus der Romantik*, München 1959.

14 Vgl. Eva Michaelis-Stern, »Zu Henrietta Szolds 25. Todestag«, in: *Das Neue Israel* 33 (1980), S. 288-291; zur Jugend-Alija vgl. Yoav Gelber, »The Origins of Youth Aliya«, in: *Studies in Zionism* 9 (1988), S. 147-171 und Sara Kadosh, »Youth Aliya Policies and the Rescue of Children from Europe 1939-1942«, in: *Twelfth World Congress of Jewish Studies*, Jerusalem 2001, S. 95-103.

15 Vgl. Bernd Neumann, *Hannah Arendt und Heinrich Blücher. Ein deutsch-jüdisches Gespräch*, Berlin 1988.

16 Etwa Günther Stern, »On the Pseudo-Concreteness of Heidegger's Philosophy«, in: *Philosophy and Phenomenological Research* 3 (1948), S. 337 ff. Vgl. die Bibliographie in Konrad Paul Liessmann, *Günther Anders*, München 2002, S. 203-207. Zu Anders' Biographie und Philosophie vgl. außerdem u. a. Gabriele Althaus, *Leben zwischen Sein und Nichts. Drei Studien zu Günther Anders*, Berlin 1989; Margret Lohmann, *Philosophieren in der Endzeit. Zur Gegenwartsanalyse von Günther Anders*, München 1996.

17 Vgl. Konrad Paul Liessmann, *Günther Anders*, S. 53-78; Günther Anders, *Die Antiquiertheit des Menschen. Über die Seele im Zeitalter der zweiten industriellen Revolution*, Bd. 1, München 1956; vgl. Helmut Hildebrandt, *Weltzustand Technik. Ein Vergleich der Technikphilosophien von Günther Anders und Martin Heidegger*, Berlin 1990.

18 Zur kontroversen Diskussion über die menschliche und philosophische Beziehung zwischen Hannah Arendt und Martin Heidegger vgl. u. a. Ingeborg Nordmann, »›Gegen Philosophie hilft nur Philosophie. Und ich habe keine eigene auf Lager.‹ Hannah Arendts Auseinandersetzung mit Martin Heidegger«, in: Jutta Dick/Barbara Hahn (Hg.), *Von einer Welt in die andere. Jüdinnen im 19. und 20. Jahrhundert*, Wien 1993, S. 266-285; Dana Villa, *Arendt and Heidegger. The Fate of the Political*, Princeton 1996; Reinhard Mehring, »Zwischen Philosophie und Politik. Hannah Arendts Verhältnis zu Heidegger«, in: *Zeitschrift für Religions- und Geistesgeschichte* 53 (2001), S. 256-273.

19 Vgl. Hannah Arendt, *Besuch in Deutschland*, Berlin 1993.

20 Vgl. dies., »Konzentrationsläger«, in: *Die Wandlung* 3 (1948), S. 309-330; dies., »Parteien und Bewegungen«, in: *Die Wandlung* 4 (1949), S. 459-473; dies., *Elemente und Ursprünge totaler Herrschaft*, Frankfurt 1955.

21 Dies., *Eichmann in Jerusalem. Ein Bericht von der Banalität des Bösen*, München 2001 (1. Aufl. 1963). Die Artikel in The New Yorker erschienen zwischen Februar und März 1963 in fünf Folgen.

22 Als Dokumentation der Kontroverse vgl. Friedrich Arnold Krummacher, *Die Kontroverse Hannah Arendt, Eichmann und die Juden*, München 1964. Aus der vielfältigen Literatur zur Diskussion über Arendts Eichmann-Buch vgl. Dana Villa, »The banality of Philosophy. Arendt on Heidegger and Eichmann«, in: Larry May/Jerome Kohn (Hg.), *Twenty Years Later*, S. 179-196; Richard J. Bernstein, »Did Hannah Arendt Change her Mind? From Radical Evil to the Banality of Evil«,

in: ebd., S. 127-146; Richard Wolin, »The Ambivalence of German-Jewish Identity. Hannah Arendt in Jerusalem«, in: *History & Memory* 8 (1996), S. 9-34; Gary Smith (Hg.), *Hannah Arendt Revisited. »Eichmann in Jerusalem« und die Folgen*, Frankfurt 2000; Steven E. Aschheim (Hg.), *Hannah Arendt in Jerusalem*, Berkeley/Los Angeles/London 2001.

23 Zu Blumenfeld vgl. Kurt Blumenfeld, *Erlebte Judenfrage. Ein Vierteljahrhundert Deutscher Zionismus*, Stuttgart 1962; Jochanan Ginat, »Kurt Blumenfeld und der deutsche Zionismus«, in: Kurt Blumenfeld, *Im Kampf um den Zionismus. Briefe aus fünf Jahrzehnten*, hrsg. v. M. Sambursky und Jochanan Ginat, Stuttgart 1976, S. 7-36 (darin auch die Briefe an Hannah Arendt).

24 Vgl. Ingeborg Nordmann, »Zwischen Paria und Zionist. Die Freundschaft zwischen Hannah Arendt und Kurt Blumenfeld«, in: *Babylon* 15 (1995), S. 86-98.

25 Hannah Arendt, »Zionism Reconsidered«, in: Menorah-Journal 33 (1945), S. 162-196 (dt.: »Der Zionismus aus heutiger Sicht«, in: dies., *Die Krise des Zionismus. Essays & Kommentare 2*, Berlin 1989, S. 7-60). Vgl. Richard J. Bernstein, »Hannah Arendt's Zionism?«, in: Steven E. Aschheim (Hg.), *Hannah Arendt in Jerusalem*, S. 194-202; Moshe Zimmermann, »Hannah Arendt. The Early Post-Zionism«, in: ebd., S. 181-193.

26 Daß Jonas Arendts Arbeiten bereits vor dem Streit über das Eichmann-Buch kritisch betrachtete, zeigt folgende Passage aus einem Brief an Gershom Scholem vom 10. Oktober 1951: »Viele, die ich gern getroffen hätte, waren natürlich im Hochsommer abwesend von New York. Aber Hannah war da, und unsere Freundschaft erneuerte sich nach 15jähriger Unterbrechung ungetrübt, obwohl ich ihrer Darstellung des jüdischen Problems in ihrem jüngsten, sehr geistreichen, doch darum keineswegs auch richtigen Buch ›The Origins of Totalitarianism‹ lebhaft (und ohne jeden Erfolg) widersprechen mußte« (Nachlaß Gershom Scholem, JNUL 4°1599).

27 Robert Weltsch, *Tragt ihn mit Stolz, den gelben Fleck. Eine Aufsatzreihe der »Jüdischen Rundschau« zur Lage der deutschen Juden*, Nördlingen 1988. Zu Weltsch vgl. Herbert A. Strauss, »Zum zeitgeschichtlichen Hintergrund zionistischer Kulturkritik. Scholem, Weltsch und die Jüdische Rundschau«, in: Peter Freimark/Alice Jankowsky (Hg.), *Juden in Deutschland. Emanzipation, Integration, Verfolgung und Vernichtung*, Hamburg 1991, S. 375-389.

28 Hannah Arendt, *Elemente und Ursprünge totaler Herrschaft*, S. 31.

29 Zur historischen Rolle Eichmanns vgl. Hans Safrian, *Eichmann und seine Gehilfen*, Frankfurt 1997.

30 Zur Korrespondenz zwischen Scholem und Arendt über das Eichmann-Buch vgl. Gershom Scholem, *Briefe*, Bd. 2 (1948-1970), hrsg. v. Thomas Sparr, München 1995, S. 95-111. Zur Interpretation vgl. Stéphane Mosès, »Das Recht zu urteilen: Hannah Arendt, Gershom Scholem und der Eichmann-Prozeß«, in: Gary Smith (Hg.), *Hannah Arendt Revisited*, S. 78-92.

31 Vgl. Hans Jonas, »Hannah Arendt, 1906-1975«, in: *Social Research* 43 (1976), S. 3-5 [dt. in: *Deutsche Akademie für Sprache und Dichtung Darmstadt. Jahrbuch 1975*, Heidelberg 1976, S. 169-171]; ders., »Hannah Arendt in memoriam. Handeln, Erkennen, Denken: Aus Hannah Arendts philosophischem Werk«, in: *Merkur 30*, Nr. 10 (1976), S. 921-935 [engl. Acting, Knowing, Thinking: Gleanings from Hannah Arendt's Philosophical Work, in: *Social Research* 44 (1977), S. 24-43].

11. Abschied von Heidegger

1 Martin Heidegger, »Die Selbstbehauptung der deutschen Universität« (1933, in: ders., *Gesamtausgabe*, Bd. 16, S. 107-117. Als Interpretation der Rektoratsrede und ihrer Wirkung vgl. u. a. Victor Farías, *Heidegger und der Nationalsozialismus*, Frankfurt a. M. 1987, S. 151-168. Aus der Fülle an Literatur über die Thematik des Verhältnisses Heideggers zum Nationalsozialismus vgl. Bernd Martin, »Universität im Umbruch. Das Rektorat Heidegger«, in: Eckard John (Hg.), *Die Freiburger Universität in der Zeit des Nationalsozialismus*, Freiburg 1991, S. 9-24; ders. (Hg.), *Martin Heidegger und das »Dritte Reich«. Ein Kompendium*, Darmstadt 1989; Rüdiger Safranski, *Ein Meister aus Deutschland. Heidegger und seine Zeit*, Frankfurt 1998.

2 Vgl. die Darstellung von Hans Jonas in seinem Vortrag »Husserl und Heidegger« (Leo Baeck Institute Archives, New York, AR 2241/MS 75): »Was das Verhältnis zu seinem Lehrer angeht, dem hochverehrten gealterten Husserl, der ihn auf diesen Lehrstuhl als seinen Nachfolger gebracht hatte, so hat Heidegger von dem Moment der Machtergreifung an Husserl nicht mehr gesehen, nicht mehr auf der Straße gegrüßt, kein Wort an ihn gelangen lassen und ihn in Freiburg, dieser

Stadt, die Husserl berühmt gemacht hatte für die Philosophie, bis 1938 einsam leben und ebenso einsam sterben lassen. Unter seinen Rektoratsakten befand sich ein Edikt, das Husserl und anderen Nichtariern das Betreten des Universitätsgebäudes und die Benutzung der Bibliothek untersagte. Dies, um genau zu sein, da hier schwere Anschuldigungen vorgebracht werden, hat Heidegger später in privaten Gesprächen als einen Akt bezeichnet, der mit Benutzung seines Unterschriftsstempels auf dem Routineweg erfolgt sei und von dem er nichts gewußt habe. Das ist möglich. Es besteht jedoch die Tatsache, daß Husserl 1938 auf den Tod erkrankte. [...] Bezeichnenderweise war es Frau Heidegger, die ursprünglich Völkische, die zu ihrem Mann sagte: ›Martin, Du mußt zu dem alten Mann hingehen, er ist krank und wird sterben‹. Und Heidegger, Martin, nahm die Flucht in die Krankheit. Er erkrankte mit Fieber und blieb im Bett, bis Husserl gestorben und die Beerdigung vorbei war. Und von dem philosophischen Katheder der Universität Freiburg wurde von dem amtierenden Philosophen, dem Schüler Husserls, dem Nachfolger, nicht mit einem Wort erwähnt, daß die bedeutendste Figur des philosophischen Lebens der vergangenen Generation in Deutschland dahingegangen war. Dies sind tragische Tatsachen.«

3 Vgl. Richard Wolin, *Heideggers Children. Hannah Arendt, Karl Löwith, Hans Jonas and Herbert Marcuse*, Princeton 2001, S. 101-133.

4 Dazu ausführlich Kapitel 12.

5 Hans Jonas, »Heidegger and Theology«, in: *The Review of Metaphysics* 18 (1964), S. 207-233 [dt. »Heidegger und die Theologie«, in: *Evangelische Theologie* 24 (1964), S. 621-642].

6 Vgl. Heinrich Ott, *Der Weg Martin Heideggers und der Weg der Theologie*, Zollikon 1959.

7 Hans Jonas, »Heidegger und die Theologie«, S. 624.

8 Ebd., S. 630 f.

9 Ebd., S. 630.

10 Ebd., S. 639.

11 William J. Richardson, *Heidegger: Through Phenomenology to Thought*, The Hague 1963.

12 Ders., »Heidegger and God – and Professor Jonas«, in: *Thought* XL (1965), S. 13-40.

13 Gerhard Noller (Hg.), *Heidegger und die Theologie. Beginn und Fortgang der Diskussion*, München 1967 (darin der Aufsatz von Jonas

S. 316-340). Als neuere Auseinandersetzung mit der Thematik vgl. Pero Brkic, *Martin Heidegger und die Theologie. Ein Thema in dreifacher Fragestellung*, Mainz 1994.

14 Brief von Hans Jonas an Rudolf Bultmann vom 19.11.1969 (Nachlaß Rudolf Bultmann, Universitätsbibliothek Tübingen). Hannah Arendt schrieb am 8. August 1969 in einem Brief an Jonas: »Von Heidegger hatte ich eine kurze Nachricht: ›Das Gespräch mit Jonas war sehr erfreulich‹« (General Correspondence, 1938-1976, n.d. Hans Jonas, Hannah Arendt Papers, Manuscript Division, Library of Congress, Washington, D.C.). Im Originalbrief Heideggers (2. August 1969) an Arendt hatte die Aussage noch eine Fortsetzung: »Er [Jonas] ist offenbar von der Theologie ganz abgekommen« – vermutlich eine Anspielung auf Jonas' Vortrag »Heidegger und die Theologie«. Arendt antwortete (am 8. August 1969): »Jonas war hier – überglücklich über das Züricher Treffen, von dem er so ausführlich, wie es seine Art ist, berichtete. Er ist von sehr viel mehr als der Theologie ›ganz abgekommen‹«; vgl. Hannah Arendt/Martin Heidegger, *Briefe 1925 bis 1975 und andere Zeugnisse*, Frankfurt a. M. 1998, S. 178.

12. Wert und Würde des Lebens: Philosophie des Organischen und Ethik der Verantwortung

1 Hans Jonas, »Gnosticism and Modern Nihilism«, in: *Social Research* 19 (1952), S. 430-452 [dt. »Gnosis, Existentialismus und moderner Nihilismus«, in: ders., *Gnosis*, S. 377-400].

2 Ders., »Is God a Mathematician?«, in: *Measure* 2 (1951), S. 404-426. Vgl. ders., »Ist Gott ein Mathematiker? Vom Sinn des Stoffwechsels«, in: ders., *Das Prinzip Leben*, Frankfurt a. M. 1997, S. 127-178.

3 Ders., »Motility and Emotion. An Essay on Philosophical Biology«, in: *Proceedings of the XIth International Congress of Philosophy*, Bd. 5, Amsterdam/Louvain 1953, S. 117-122. Vgl. ders., »Bewegung und Gefühl. Über die Tierseele«, in: *Das Prinzip Leben*, S. 179-193.

4 Ders., »Causality and Perception«, in: *The Journal of Philosophy* 47 (1950), S. 319-324. Vgl. ders., »Wahrnehmung, Kausalität und Teleologie«, in: ders., *Das Prinzip Leben*, S. 51-71. Hier auch Jonas' »Bemerkungen zu Whiteheads Philosophie des Organismus« (S. 176 ff.).

5 Vgl. Ivor Leclerc (Hg.), *The Relevance of Whitehead. Philosophical Es-*

says in Commemoration of the Birth of Alfred North Whitehead, London 1961.

6 Hans Jonas, »The Practical Uses of Theory«, in: *Social Research* 26 (1959), S. 127-166; vgl. ders., »Vom praktischen Gebrauch der Theorie«, in: *Das Prinzip Leben*, S. 313-341 (die Zitate von Aristoteles und Bacon S. 313).

7 Ders., »The Nobility of Sight. A Study in the Phenomenology of the Senses«, in: *Philosophy and Phenomenologic Research* 14 (1953/54), S. 507-519; vgl. ders., »Der Adel des Sehens. Eine Untersuchung zur Phänomenologie der Sinne«, in: ders., *Das Prinzip Leben*, S. 233-264.

8 Ders., *The Phenomenon of Life. Toward a Philosophical Biology*, New York 1963; dt.: *Organismus und Freiheit. Ansätze zu einer philosophischen Biologie*, Göttingen 1973 (später unter dem Titel *Das Prinzip Leben*).

9 Alfred North Whitehead, *Prozeß und Realität. Entwurf einer Kosmologie*, Frankfurt a. M. 2001.

10 Vgl. Jonas' Nachwort zu *Das Prinzip Leben*, S. 401-403 unter dem Titel »Natur und Ethik«.

11 Ders., »Philosophical Reflections on Experiments with Human Subjects«, in: *Daedalus* 98 (1969), S. 219-247 [dt.: »Im Dienste des medizinischen Fortschritts: Über Versuche an menschlichen Subjekten«, in: ders., *Technik, Medizin und Ethik. Praxis des Prinzips Verantwortung*, Frankfurt a. M. 1987, S. 109-145].

12 »A Definition of Irreversible Coma«, Report of the *Ad Hoc* Committee of the Harvard Medical School to Examine the Definition of Brain Death, in: *Journal of the American Medical Association* 205, Nr. 6 (5. August 1968), S. 337-340.

13 Ders., »Against the Stream: Comments on the Definition and Redefinition of Death«, in: ders., *Philosophical Essays. From Ancient Creed to Technological Man*, Chicago/London 1974, S. 132-140 (dt.: »Gehirntod und menschliche Organbank: Zur pragmatischen Umdefinierung des Todes«, in: ders., *Technik, Medizin und Ethik*, S. 219-241).

14 Vgl. den späteren Aufsatz »Techniken des Todesaufschubs und das Recht zu sterben«, in: ders., *Technik, Medizin und Ethik*, S. 242-268.

15 Vgl. das Schriftenverzeichnis von Hans Jonas. Zur Bedeutung von Jonas für das Center vgl. das Sonderheft des *Hastings Center Report* 25 (1995), Nr. 7 (»The Legacy of Hans Jonas«).

16 Zu den unterschiedlichen Konzeptionen Heideggers und Jonas' mit

Blick auf die technologische Zivilisation vgl. etwa Erik Jacob, *Martin Heidegger und Hans Jonas. Die Metaphysik der Subjektivität und die Krise der technologischen Zivilisation*, Tübingen 1995.

17 Vgl. Hans Jonas, *Das Prinzip Verantwortung. Versuch einer Ethik für die technologische Zivilisation*, Frankfurt 1983, S. 153-241 (Kapitel 4). Vgl. dazu Vittorio Hösle, »Ontologie und Ethik bei Hans Jonas«, in: Dietrich Böhler (Hg.), *Ethik für die Zukunft. Im Diskurs mit Hans Jonas*, München 1994, S. 103-125 und Bernd Wille, *Ontologie und Ethik bei Hans Jonas*, Dettelbach 1996.

18 Vgl. den Brief vom 23. Juli 1972 an Hannah Arendt: »Liebe Hannah, Willkommen! Ich bin glücklich, daß Du da bist, und wir beide rechnen darauf, Dich zu sehen! Beiliegendes völlig freibleibend für den Fall, daß Du zwischendurch Zeit hast oder nicht schlafen kannst. Die zwei ersten Kapitel meines ›Tractatus Ethico-Politicus‹ (strikt privater Titel), an dem ich hier wie im Fieber arbeite. Irgendeine erste Reaktion von Dir wäre mir von höchster Wichtigkeit. Noch niemand hat es gesehen und seit drei Monaten bin ich mit diesem verrückten Versuch allein. Ich brauche eine Stimme – Deine« (General Correspondence, 1938-1976, n. d. Hans Jonas, Hannah Arendt Papers, Manuscript Division, Library of Congress, Washington, D. C.).

19 Robert Spaemann/Reinhard Löw, *Die Frage Wozu? Geschichte und Wiederentdeckung des teleologischen Denkens*, München 1981.

20 Hans Jonas, *Das Prinzip Verantwortung*, S. 61-83; ders., »The Heuristics of Fear«, in: Melvin Kranzberg (Hg.), *Ethics in an Age of Pervasive Technology*, Boulder 1980, S. 213-221.

21 Die Paulskirche wurde damals renoviert und stand für die Preisverleihung nicht zur Verfügung.

22 Hans Jonas, »Technik, Freiheit und Pflicht. Dankesrede anläßlich der Verleihung des Friedenspreises des Deutschen Buchhandels am 11. Oktober 1987 in Frankfurt am Main«, in: ders., *Wissenschaft als persönliches Erlebnis*, Göttingen 1987, S. 32-46.

23 Jonas hat seine Ausführungen zu beiden Aspekten – seiner Skepsis gegenüber der Kraft der Massendemokratie, eine Ethik des Verzichts zu entwickeln, sowie zu seiner Wendung gegen Ernst Blochs utopisches Denken – in späteren Gesprächen fortentwickelt und differenziert; vgl. die Hörbuchausgabe »Revolte wider die Weltflucht. Reden und Gespräche«, hrsg. v. Christian Wiese, München 2000 (darin: Gespräch mit dem Philosophen Hans Jonas – Gesprächspartner Ingo Hermann).

24 Marc Aurel, *Wege zu mir selbst* (griechisch-deutsch), hrsg. v. Rainer Nickel, Düsseldorf 1998.

25 Immanuel Kant, *Zum ewigen Frieden*, in: ders., *Werke in sechs Bänden*, Bd. VI, Darmstadt 1983, S. 195.

26 Vgl. Gonzalo Portales, *Hegels frühe Idee der Philosophie. Zum Verhältnis von Politik, Religion, Geschichte und Philosophie in seinen Manuskripten von 1785 bis 1800*, Stuttgart/Bad Cannstatt 1994.

27 Vgl. Hans Jonas, *Das Prinzip Verantwortung*, S. 214-233 und S. 256-310.

28 Vgl. Jonas' Überlegungen zur demoralisierenden Wirkung der Despotie, ebd., S. 298 ff.

29 Ernst Bloch, *Das Prinzip Hoffnung*, 3 Bde., Frankfurt a. M. 1983; vgl. Hans Jonas, *Das Prinzip Verantwortung*, S. 313-393 (Kapitel 6: »Kritik der Utopie und die Ethik der Verantwortung«). Vgl. Horst Gronke, »Epoché der Utopie. Verteidigung des ›Prinzips Verantwortung‹ gegen seine liberalen Kritiker, seine konservativen Bewunderer und Hans Jonas selbst«, in: Dietrich Böhler (Hg.), *Ethik für die Zukunft*, S. 407-427.

30 Zu den Ursachen der Resonanz vgl. Christian Schütze, »The Political and Intellectual Influence of Hans Jonas«, in: *Hastings Center Report* 25 (1995), Nr. 7 (Sonderheft), S. 40-44.

31 Interview mit Karl Popper in: *Die Welt* 8. 7. 1987. Als Verhältnisbestimmung von Jonas und Popper vgl. Walter Szostak, *Teleologie des Lebendigen. Zu Karl Poppers und Hans Jonas' Philosophie des Geistes*, Frankfurt a. M. 1997.

13. »All das ist Gestammel«: Auschwitz und Gottes Ohnmacht

1 Vgl. die eindrucksvolle Selbstreflexion über das Spannungsverhältnis von philosophischem Denken und jüdischer Existenz in Hans Jonas' »Interview« in: Herlinde Koelbl, *Jüdische Portraits. Fotografien und Interviews*, Frankfurt a. M. 1998, S. 168 ff. Dazu die Interpretation von Christian Wiese, »›Daß man zusammen Philosoph und Jude ist ...‹ Zur Dimension des Jüdischen in Hans Jonas' philosophischer Ethik der Bewahrung der Schöpfung«, in: Johannes Valentin/Saskia Wendel (Hg.), *Jüdische Traditionen in der Philosophie des 20. Jahrhunderts*, Darmstadt 2000, S. 131-147.

2 Zur Gott-ist-tot-Theologie der sechziger Jahre vgl. u. a. Thomas J. J. Altizer/William Hamilton (Hg.), *Radical Theology and the Death of God*, Indianapolis 1966; Klaus Rohmann, *Vollendung in Nichts? Eine Dokumentation der amerikanischen Gott-ist-tot-Theologie*, Köln/Zürich 1977; zum Zusammenhang dieser Erscheinung mit der Herausforderung durch die Schoa vgl. Stephen R. Haynes/John K. Roth (Hg.), *The Death of God Movement and the Holocaust*, Westport, Conn./London 1999 (darin auch verschiedene jüdische Stellungnahmen zu dieser christlichen Deutung des Glaubens nach Auschwitz). Zu jüdischen Ansätzen eines Gott- und Weltverständnisses nach der Schoa vgl. etwa Christoph Münz, *Der Welt ein Gedächtnis geben. Geschichtstheologisches Denken im Judentum nach Auschwitz*, Gütersloh 1995. Als Quellenband aus den sechziger Jahren vgl. Albert H. Friedlander (Hg.), *Out of the Whirlwind. A Reader of Holocaust Literature*, New York 1968 (in diesem Band auch der Beitrag von Hans Jonas, »The Concept of God after Auschwitz«, S. 465-476).

3 Vgl. Edna Brocke, »›Treue als Zeichen der Wahrheit‹. Hannah Arendts Weg als Jüdin«, in: *Kirche und Israel* 11 (1996), S. 136-156.

4 Hans Jonas, »Unsterblichkeit und heutige Existenz«, in: ders., *Zwischen Nichts und Ewigkeit. Zur Lehre vom Menschen*, Göttingen 1963, S. 44-62, Zitat S. 62. Die englische Fassung erschien unter dem Titel »Immortality and the Modern Temper«, in: *Harvard Theological Review* 15 (1962), S. 1-20.

5 Vgl. den interessanten Briefwechsel zwischen Rudolf Bultmann und Hans Jonas, der teilweise im Anhang von *Zwischen Nichts und Ewigkeit* (S. 63-72) abgedruckt ist.

6 Hans Jonas, »Unsterblichkeit und heutige Existenz«, S. 61.

7 Hans Jonas, *Der Gottesbegriff nach Auschwitz. Eine jüdische Stimme*, Frankfurt a. M. 1987.

8 Ders., »Werkzeug, Bild und Grab. Vom Transanimalischen im Menschen«, in: *Scheidewege* 15 (1985/86), S. 47-58 [wiederabgedruckt in: ders., *Philosophische Untersuchungen und metaphysische Vermutungen*, Frankfurt a. M. 1992, S. 34-49]

9 Ders., *Materie, Geist und Schöpfung. Kosmologischer Befund und kosmogonische Vermutung*, Frankfurt a. M. 1988 (wiederabgedruckt in: ders., *Philosophische Untersuchungen*, S. 209-255). Vgl. Theodor Schieder, *Weltabenteuer Gottes. Die Gottesfrage bei Hans Jonas*, Paderborn 1998.

10 Jonas redet von einem »Einbruch der Transzendenz in die Immanenz« bei den Propheten: »Die solches erlebten und aussprachen, waren nicht Entdecker eines verborgenen Gottes, sondern Hörer eines sich kundtuenden und *durch* sie sich aller Welt kundtun *wollenden*. Die Initiative ist seine (wenn wir es nicht besser wissen wollen als sie) und das setzt voraus: *Wille* seitens des sich Offenbarenden (damit auch einen zeitlichen Aspekt in ihm selbst!) und *Macht*, sich zu offenbaren, d.h. in die Welt *hinein* zu handeln, und zwar auf dem Weg über die menschliche Seele« (ders., »Im Kampf um die Möglichkeit des Glaubens«, S. 67).

11 Zu seiner Deutung der *condition humaine* nach Auschwitz vgl. Günther Anders, *Besuch im Hades. Auschwitz und Breslau 1966. Nach ›Holocaust‹ 1979*, München 1979; zur Theodizeefrage vgl. ders., *Ketzereien*, München 1982, bes. S. 103 ff.; ders., *Die Antiquiertheit des Menschen*, Bd. II: Über die Zerstörung des Lebens im Zeitalter der dritten industriellen Revolution, München 1980, S. 385 f. Zu seiner Verhältnisbestimmung zum Judentum vgl. ders., »Mein Judentum«, in: Hans Jürgen Schulz, *Mein Judentum*, Stuttgart 1978, S. 58-76 und Evelyn Adunka, »Günter Anders und das jüdische Erbe«, in: Konrad Paul Liessmann (Hg.), *Günther Anders kontrovers*, München 1992, S. 72-80.

14. Lehrbriefe an Lore Jonas 1944/45

1 Der Schluß von deskriptiver auf ätiologische Geltung ist ein Wagnis der Spekulation. Wir werden zu ihm gedrängt, wenn wir die überwältigende Folgerichtigkeit, mit der sich das Prinzip nach vorwärts in immer kühneren, es vollkommener darstellenden Gestalten entfaltet, in sein erstes unentwickeltes Auftreten schon einrechnen – wie wir müssen – und damit auch dessen Antezedentien, die das Ganze tragen müssen, nach rückwärts mittreffen: Die produktive, sichtbare Zielstrebigkeit des weitgespannten Prozesses macht eine pure »Heterogonie der Zwecke« bezüglich seines Anfangs äußerst unwahrscheinlich. So finden wir uns mit dem ontologischen Freiheitbegriff an die Materie gewiesen, in der Ziele nicht sichtbar sind, die aber ihre geheime Potentialität in der tollen Eskapade des Lebens verrät. Ihre starre unfreie Selbstidentität, wie sie nach dem Zeugnis des Lebens nicht das letzte Wort des Seins ist, braucht auch nicht sein erstes zu sein. Eine metaphorische Geschichte

der »Substanz« mag sie nach beiden Seiten transzendieren ... So werden wir unvermeidlich zu einer spekulativen Interpretation des Seins überhaupt genötigt, in der der Stoff als Weise oder Zustand desselben, als ontologische Phase, seinen Platz findet. Bis jetzt haben wir es mit einer streng phänomenologischen des Lebens zu tun.

Anmerkungen zum Nachwort

1 Für eine ausführlichere Darstellung der hier angesprochenen Thematik vgl. demnächst Christian Wiese, Hans Jonas – »Zusammen Philosoph und Jude«, Frankfurt am Main 2003.

2 Vgl. ebd.

3 Jonas' Worte am Grabe seiner Freundin am 8. Dezember 1975 bringen das mit großer Tiefe zur Sprache, vgl. Hans Jonas, »Hannah Arendt, 1906-1975«, in: Social Research 43 (1976), S. 3-5 [dt. in: Deutsche Akademie für Sprache und Dichtung Darmstadt. Jahrbuch 1975, Heidelberg 1976, S. 169-171]. In einem Nachruf beschrieb er sie als »Passagier auf dem Schiff des 20. Jahrhunderts, Zeugin und Opfer seiner gewaltigen Erschütterungen, Freundin vieler Gefährten und Gezeichneten seiner Fahrt; eine magnetisch schöne Frau«, und erinnert sich an eine Begebenheit kurz vor ihrem Tod, als er sie fragte: »Sag mir bitte Hannah, hältst du mich eigentlich für dumm?« »Aber nein‹ antwortete sie mit beinahe entsetzten Augen – und fügte dann hinzu: ›Ich halte dich nur für einen Mann.‹ Und sie hatte keinerlei Wunsch, das zu verändern.« (Ders., »Handeln, Denken und Erkennen. Zu Hannah Arendts philosophischem Werk«, in: Merkur 30 (1976), S. 921- 935, Zitate S. 921 f.

4 Als Interpretation im Kontext der Eichmann-Kontroverse und der intellektuellen Beziehung der beiden vgl. Christian Wiese, »Hannah Arendt und Hans Jonas – Geschichte einer Freundschaft«, in: ders./Eric Jacobson (Hg.), »Weiterwohnlichkeit der Welt«. Zur Aktualität von Hans Jonas, Berlin 2003.

5 Ich habe Lore Jonas nicht nur dafür zu danken, daß sie mir einiges von diesen wertvollen Texten zugänglich gemacht hat. In erster Linie gilt mein Dank dem großen Vertrauen, das sie mir mit der Übertragung der Herausgeberschaft entgegengebracht hat – ich kann nur hoffen, ihm gerecht geworden zu sein. Dankbar denke ich auch an die vielen Gespräche, die Geduld, mit der sie in New Rochelle meine vielen Fragen beantwor-

tet hat. Als ich der Freude Ausdruck verlieh, die mir die Arbeit an den Texten ihres Mannes machte, erwiderte sie: »Ja, er war eben ein kostbarer Mensch.« Mein Dank gilt auch Rachel Salamander und Stephan Sattler, deren Freundschaft mit der Familie Jonas dieses Projekt erst ermöglichte und deren kenntnisreiche, zielsichere und einfühlsame Fragen – auch wenn sie nun scheinbar »unsichtbar« geworden sind – jede der Passagen inspiriert und »hervorgelockt« haben. Romy Langeheine danke ich für die sorgfältige Erfassung des Manuskripts.

6 Vgl. etwa Kenneth Seeskin, *Jewish Philosophy in a Secular Age*, Albany 1990, S. 1-29; Daniel H. Frank, »What is Jewish Philosophy«?, in: ders./Oliver Leaman (Hg.), *History of Jewish Philosophy* (Routledge History of Jewish Philosophy, Bd. 2), London 1997, S. 1-10.

7 Ders., Interview, in Herlinde Koelbl, *Jüdische Portraits. Fotografien und Interviews*, Frankfurt am Main 1998, S. 170 f.

8 Vgl. ders., *Wissenschaft als persönliches Erlebnis*, Göttingen 1987, S. 11.

9 Ders., »Die Idee der Zerstreuung und Wiedersammlung bei den Propheten«, in: *Der Jüdische Student* 4 (1922), S. 30-43, Zitate S. 41 und S. 35.

10 Ders., *Erkenntnis und Verantwortung*, Göttingen 1991, S. 59 f.

11 Sein Schreiben vom 7. September 1939 an die Leitung der britischen Streitkräfte in Palästina lautet: »In view of the fact that the British Empire is now engaged in a war against Nazi Germany which is bound to last – to quote the words of the Prime Minister – ›till Hitlerism is destroyed‹, as a Palestinian and former German Jew I am eager to take up arms against the enemy of my people and not only to assist the British Forces in Palestine but to fight as a soldier on the Western front in Europe. I should be grateful to you if you would let me know where I am to enlist for military training.« (Nachlaß Hans Jonas, Philosophisches Archiv der Universität Konstanz, HJ 13-40-37.)

12 Der Brief befindet sich im Nachlaß von Hans Jonas (HJ 13-40-38). Der im folgenden auszugsweise wiedergegebene Text wurde von mir aus dem Englischen übersetzt [C. Wiese].

13 Vgl. Hans Jonas, »Jüdische und christliche Elemente in der philosophischen Tradition des Westens«, in: *Evangelische Theologie* 28 (1968), S. 27-39.

14 Archivmaterial zeigt, daß Jonas, als sich die Niederlage Deutschlands abzeichnete und der Einsatz in Italien beendet war, große Sehnsucht

spürte, zu seiner Frau in ein »normales« Leben zurückzukehren und das Soldatendasein hinter sich zu lassen. Lore Jonas schrieb am 12. März 1945 an Scholem, der Versuch, ihren Mann nach Palästina anzufordern, sei gescheitert, und bat ihn, bei der Jewish Agency zu intervenieren und von Jerusalem aus etwas zu unternehmen. »Im ganzen weiß ich«, schrieb sie, »daß die Meinung dort vorherrscht: nun hat Hans Jonas sich das Militär eingebrockt, nun soll er es auch alleine auslöffeln. (Immerhin hat er 4½ Jahre lang ausgelöffelt.) Und ich weiß, daß Sie und Ihre liebe Frau nicht dazu gehören, darum wende ich mich an Sie.« Am 20. Juni 1945, bereits aus Deutschland, schrieb Hans Jonas selbst an Scholem und zog Bilanz des Opfers, das er gebracht hatte: »Von meinem gegenwärtigen Leben will ich Ihnen nicht berichten, da ich es als zu interimistisch betrachte. Ich will es nicht anders betrachten und das ist das einzig bemerkenswerte daran. Der Hauptgedanke ist: Wann geht es nach Hause? Noch immer enthält man den pal[ästinischen] Soldaten jede Mitteilung darüber vor, was eine ziemliche Nervenprobe ist. Aber ich rechne für mich persönlich doch ziemlich sicher, bis Ende August meine Entlassung zu bekommen. Nun, da alles hinter mir liegt und ich zurückschaue, kann ich in vollem Frieden mit mir selbst sagen, daß ich nicht bereue was ich getan habe. Daß ich es in gleicher Situation – in der ›ewigen Wiederkunft‹ – immer wieder tun würde. Aber ich bereue nie, was ich mit voller Überlegung getan habe – nur manchmal was ich unterlassen habe. Sie werden mich aber nicht unter denen finden, die von ›verlorenen 5 Jahren‹ sprechen, so gründlich ich auch damit Schluß zu machen gedenke und so entschieden ich mich Neuem, das ich kaum noch erwarten kann, zuwenden will« (beide Briefe im Nachlaß Gershom Scholem, JNUL 4°1599). Sein »düsterer, finsterer Europaaufenthalt« [vgl. S. 227] sollte jedoch noch bis November 1945 dauern.

15 Hans Jonas, »Rassismus im Lichte der Menschheitsbedrohung«, in: Dietrich Böhler (Hg.), *Ethik für die Zukunft. Im Diskurs mit Hans Jonas*, München 1994, S. 19-29, Zitat S. 24.

16 Richard Wolin, *Heidegger's Children. Hannah Arendt, Karl Löwith, Hans Jonas, and Herbert Marcuse*, Princeton 2001.

17 Vgl. den unveröffentlichten Vortrag über »Husserl und Heidegger« (Leo Baeck Institute Archives, New York, AR 2241/MS 75): »Für diejenigen, für die Heidegger einmal ein entscheidendes Ereignis im Verhältnis zur Philosophie überhaupt und in den Möglichkeiten des eigentlichen Philosophierens war, ist Heideggers Verhalten in der Nazizeit etwas

Unüberwindbares, und zwar nicht so sehr als menschliche Enttäuschung. Menschen haben massenhaft versagt, auch intelligente Menschen. Das, womit man nicht fertig wird, ist, daß dies eine Tragödie der Philosophie ist, oder sollen wir sagen eine Blamage der Philosophie. Denn es hat das Vorurteil bestanden, ich möchte sagen von Plato bis Husserl, daß der Aufenthalt im Geiste, daß das Bemühen um Wahrheit, daß die Entdeckung und die Hinwendung zum wahren Sein, die Seele besser macht, daß es adelt, daß es den Menschen vom Niedrigen, vom Gemeinen zurückhält. Heidegger hat den Beweis erbracht, der noch nie in der Geschichte der Philosophie erbracht worden ist, daß damit etwas nicht stimmt, daß man ein Denker sein kann und dabei ein niedriger Mensch. Wie das möglich ist, dieses Rätsel habe ich noch nicht für mich gelöst, aber es ist eines, und Heidegger läßt uns mit diesem schrecklichen Rätsel.«

18 Hans Jonas, »Heideggers Entschlossenheit und Entschluß«, in: Günter Neske/Emil Kettering (Hg.), *Antwort. Martin Heidegger im Gespräch*, Pfullingen 1988, S. 221-228, Zitat S. 228.

19 Vgl. ders., *Wissenschaft als persönliches Erlebnis*, S. 16.

20 Vgl. die Einleitung zu Hans Jonas, *Gnosis und spätantiker Geist*, Bd. 2, Göttingen 1993 (ND der 2. Aufl. 1966), S. 1-23, Zitat S. 10.

21 Als prägnante systematische Zusammenfassung seines Verständnisses des gnostischen Seinsverständnisses vgl. ebd., S. 328-346. Zum Spezifikum der Gnosisinterpretation von Hans Jonas vgl. Christian Wiese, »Revolte wider die Weltflucht«, in: Hans Jonas, *Gnosis. Die Botschaft des fremden Gottes*, S. 401-429; Walter Beltz, »Der Religionswissenschaftler Hans Jonas«, in: *Zeitschrift für Religions- und Geistesgeschichte* 48 (1996), S. 68-80.

22 Zur »gnostischen Signatur« der nationalsozialistischen Weltanschauung vgl. Harald Strohm, *Die Gnosis und der Nationalsozialismus*, Frankfurt a. M. 1997. Man vergleiche etwa die auf die intellektuelle Wirklichkeit der Zeit des Nationalsozialismus hin transparente Beschreibung der »Seinslage der östlichen Welt« bei Jonas: »Desinteressement der Ohnmacht, Todesgefühle einer Zivilisation, die sich mit Recht keine Zukunft mehr zugestand, nachdem sie ihren Trägern die Gelegenheit zu ihrer aktiven Mitgestaltung entzog, der Zusammenbruch des Humanitätsideals ... – alle Hoffnungslosigkeit dieser niedergehenden Welt wirkte in die Richtung jener Aufnahmebereitschaft«, nämlich für das gnostische »Bild der Welt, worin sie als ein Mechanis-

mus fremder Gesetzlichkeit erschien, der dem Menschen wohl Verhängnis, aber nicht positive Aufgabe und nicht der Ort der Freiheit sein
kann«, vgl. Hans Jonas, *Gnosis und spätantiker Geist*, Bd. 1, Göttingen
1988 (ND der 4. Aufl. von 1964), S. 69 f.

23 Dt.: *Organismus und Freiheit. Ansätze zu einer philosophischen Biologie*, 1973; danach unter dem Titel *Das Prinzip Leben*, Frankfurt am
Main 1994. Vgl. dazu Reinhard Löw, »Zur Wiederbegründung der organischen Naturphilosophie durch Hans Jonas«, in: Dietrich Böhler
(Hg.), *Ethik für die Zukunft*, S. 68-79.

24 Hans Jonas, *Gnosis. Die Botschaft des fremden Gottes*, S. 399.

25 Vgl. auch ders., *Das Prinzip Leben*, S. 21.

26 Vgl. die Darstellung von David J. Levy, *Hans Jonas, The Integrity of
Thinking*, Columbia/London 2002, bes. S. 35-61.

27 Vgl. Micha Brumlik, »Revolte wider die Weltflucht. Zum Tode des Philosophen Hans Jonas«, in: *Frankfurter Rundschau*, 8. Februar 1993, S. 8.

28 Hans Jonas, »Last und Segen der Sterblichkeit«, in: ders., *Philosophi-
sche Untersuchungen und metaphysische Vermutungen*, Frankfurt am
Main 1994, S. 81-100, Zitat S. 95 f. Zum Bezug auf Arendts Konzept der
»Natalität« als Komplementärbegriff zur »Mortalität« in ihrem Buch
Vita Activa oder Vom tätigen Leben, vgl. ders., »Handeln, Erkennen
und Denken«, S. 924 ff.

29 Ders., »Last und Segen der Sterblichkeit«, S. 98 ff.

30 Hans Jonas, »Rassismus im Lichte der Menschheitsbedrohung«, in:
Dietrich Böhler (Hg.), *Ethik für die Zukunft*, S. 25.

31 Ders., *Materie, Geist und Schöpfung*, Frankfurt am Main 1988, S. 57.

32 Hans Jonas, *Das Prinzip Verantwortung. Versuch einer Ethik für die
technologische Zivilisation*, Frankfurt am Main 1979, S. 36 und S. 63 ff.

33 Ernst Bloch, *Das Prinzip Hoffnung*, Bd. 1, Frankfurt am Main [8]1982,
S. 1 f.; Bd. 3, Frankfurt am Main [8]1982, S. 1628.

34 Hans Jonas, *Das Prinzip Verantwortung*, S. 364 und S. 382.

35 Vgl. seine Bemerkung in Herlinde Koelbl, *Jüdische Portraits*, S. 171:
»Ich teile nicht den messianischen Glauben. Im Gegenteil, ich bin überzeugt, daß der Mensch und die Zustände auf Erden immer unvollkom-
men bleiben werden. Immer eine Mischung von Gutem und Schlechtem, von Großem und Kleinem, von Erhabenem und Erbärmlichem.
Wie es die jüdische Religion ankündigt: das schlagartige Eingreifen einer solchen Gestalt, mit allen göttlichen Kräften, die ihm dann zur Verfügung stehen, so daß also, wie es bei Jesaja heißt, ›der Löwe neben dem

Lamm‹ grasen wird, nicht wahr. ›Und ein Knabe wird sie alle hüten.‹ Daß es so sein wird – daran glaube ich nicht. Das Christentum ist ja diesem Dilemma entgangen, nämlich einer Widerrufung des Messianismus, indem es die ganze Erlösung ins Jenseits verlegt hat. Und darüber läßt sich einfach nichts sagen.« Ein Vergleich der Ethik von Hans Jonas mit jüdischen Philosophien, die dem – innerweltlichen – Messianismus näherstehen, wäre gewiß ein spannendes Unterfangen.

36 Hans Jonas, »Technik, Freiheit und Pflicht«, in: ders., *Wissenschaft als persönliches Erlebnis*, S. 32-46, Zitate S. 40.

37 Ders., »Fatalismus wäre Todsünde«, in: Dietrich Böhler (Hg.), *Ethik für die Zukunft*, S. 456

38 Ders., »Technik, Freiheit und Pflicht«, S. 35.

39 Ebd., S. 33.

40 Ders., *Das Prinzip Verantwortung*, S. 57.

41 So Dietrich Böhler, »Hans Jonas – Stationen, Einsichten und Herausforderungen eines Denklebens«, in: ders. (Hg.), *Ethik für die Zukunft*, S. 45-67, bes. S. 45 f.

42 Hans Jonas, »Aktuelle ethische Probleme aus jüdischer Sicht«, in: *Scheidewege* 24 (1994/95), S. 3-15 (Zitat S. 7).

43 Ebd., S. 8.

44 Hans Jonas, »Contemporary Problems in Ethics from a Jewish Perspective«, in: Daniel. J. Silver (Hg.), *CCAR Journal Anthology on Judaism and Ethics*, New York 1970, S. 31-48, Zitat S. 37.

45 Ders., »Aktuelle ethische Probleme aus jüdischer Sicht«, S. 14 f.

46 Das Zitat stammt aus Jonas' Heidelberger Vortrag »Ethische Fragen an die modernen Naturwissenschaften« von 1986, der lediglich in einer Audiobook-Version vorliegt, vgl. ders., *Revolte wider die Weltflucht. Reden und Gespräche*, hrsg. v. Christian Wiese, München 2000.

47 Vgl. etwa Christoph Münz, *Der Welt ein Gedächtnis geben. Geschichtstheologisches Denken im Judentum nach Auschwitz*, Gütersloh 1995.

48 Hans Jonas, *Der Gottesbegriff nach Auschwitz. Eine jüdische Stimme*, Frankfurt am Main 1987, S. 7.

49 Ebd., S. 41.

50 Ebd., S. 16 f.

51 Ebd., S. 37.

52 Vgl. Reinhold Boschki, *Der Schrei. Gott und Mensch im Werk von Elie Wiesel*, Mainz 1994.

53 Theodor W. Adorno, *Negative Dialektik*, Frankfurt am Main 1970, S. 352.

54 Hans Jonas, *Der Gottesbegriff nach Auschwitz*, S. 7.

55 Ebd., S. 12.

56 Ebd., S. 23.

57 Ebd., S. 7 und 48.

58 Ders., *Philosophische Untersuchungen*, S. 246 f.

59 Ebd., S. 247.

60 Ders., »Unsterblichkeit und heutige Existenz«, in: ders., *Zwischen Nichts und Ewigkeit. Zur Lehre vom Menschen*, Göttingen 1963, S. 44-62, Zitate S. 53 ff und S. 59. »Wir können bauen und zerstören, wir können heilen und verwunden, die Gottheit nähren oder darben lassen, ihr Bild vervollkommnen oder entstellen: und die Narben des einen sind so dauernd wie der Glanz des anderen« (S. 59). Vgl. den spannenden Briefwechsel zwischen Jonas und Rudolf Bultmann über diesen Essay, in: *Zwischen Nichts und Ewigkeit*, S. 63-72.

61 Ders., *Der Gottesbegriff nach Auschwitz*, S. 60 f.

62 Ebd., S. 43. »Kein manichäischer Dualismus wird bemüht zur Erklärung des Bösen, aus den Herzen der Menschen allein steigt es auf und gewinnt es Macht in der Welt.«

63 Ders., »Materie, Geist und Schöpfung. Kosmologischer Befund und kosmogonische Vermutung«, in: ders., *Philosophische Untersuchungen und metaphysische Vermutungen*, Frankfurt a. M. 1994, S. 209-255, Zitat S. 243.

64 Vgl. u. a. Eberhard Jüngel, »Gottes ursprüngliches Anfangen als schöpferische Selbstbegrenzung. Ein Beitrag zum Gespräch mit Hans Jonas über den ›Gottesbegriff nach Auschwitz‹, in: Hermann Deuser (Hg.), *Gottes Zukunft – Zukunft der Welt. FS für Jürgen Moltmann zum 60. Geburtstag*, München 1986, S. 265-275; Arnold Goldberg, »Ist Gott allmächtig? Was die Rabbinen Hans Jonas entgegnen würden«, in: *Judaica* 47 (1991), S. 51-58; Hans H. Henrix, »Machtentsagung Gottes? Ein Gespräch mit Hans Jonas im Kontext der Theodizeefrage«, in: Johann B. Metz (Hg.), *Landschaft aus Schreien. Zur Dramatik der Theodizeefrage*, Mainz 1996, S. 118-143; Thomas Schieder, *Weltabenteuer Gottes. Die Gottesfrage bei Hans Jonas*, Paderborn u. a. ²1998.

65 Hans Jonas, »Unsterblichkeit und heutige Existenz«, S. 62.

66 Ebd., S. 60.

67 Ders., *Philosophie. Rückschau und Vorschau am Ende des Jahrhunderts*, Frankfurt am Main ²1993, S. 42 f.

68 Ders., »Technik, Freiheit und Pflicht«, S. 46.

Zeittafel

1903 Am 10. Mai wird Hans Jonas als Sohn des Textilfabrikanten Gustav Jonas und von Rosa Horowitz, der Tochter des Krefelder Oberrabbiners Jakob Horowitz, in Mönchengladbach geboren.

1916 Tod des jüngeren Bruders Ludwig. Bar-Mizwa.

1918 Novemberrevolution. Zuwendung zum Zionismus und zum Unwillen des Vaters Mitglied eines zionistischen Zirkels in Mönchengladbach.

1921 Abitur. Im Sommersemester Aufnahme des Studiums der Philosophie und Kunstgeschichte an der Universität Freiburg bei Edmund Husserl, Martin Heidegger und Jonas Cohn. Begegnung mit Karl Löwith. Mitglied der zionistischen Studentenbewegung IVRIA.

1921 Im Wintersemester Umzug nach Berlin. Bis 1923 Studium der Philosophie an der Friedrich-Wilhelms-Universität Berlin (u. a. bei Eduard Spranger, Ernst Troeltsch, Hugo Gressmann, Ernst Sellin und Eduard Meyer) und der Judaistik an der Hochschule für die Wissenschaft des Judentums (u. a. bei Julius Guttmann, Harry Torczyner und Eduard Baneth). Freundschaft mit Leo Strauss und Günther Stern (Anders). Engagement in der zionistischen Verbindung Makkabäa und im Kartell Jüdischer Verbindungen (KJV).

1923 März bis Oktober landwirtschaftliche Ausbildung (Hachschara) in Wolfenbüttel als Vorbereitung für die Auswanderung nach Palästina. Beschluß der Fortsetzung des Studiums in Deutschland. Studienjahr 1923/24 in Freiburg.

1924 Zum Wintersemester Wechsel an die Universität Marburg. Studium bei Martin Heidegger und Rudolf Bultmann. Beginn der Freundschaft mit Hannah Arendt. Beide bilden gemeinsam u. a. mit Gerhard Nebel, Karl Löwith, Hans-Georg Gadamer, Gerhard Krüger und Günther Stern den Kreis von Philosophiestudenten um Heidegger. Beginn der Beschäftigung mit der Gnosis. Nach der Entscheidung zur Promotion zwischenzeitlich Studien in Heidelberg, Bonn und Frankfurt am Main.

1928 Rückkehr nach Marburg. Promotion bei Martin Heidegger mit der Arbeit »Der Begriff der Gnosis«. Wintersemester 1928/29 Studium an der Pariser Sorbonne.

1929 Beginn der Liebesbeziehung zu Gertrud Fischer.

1930 *Augustin und das paulinische Freiheitsproblem. Ein philosophischer*

Beitrag zur Genesis der christlich-abendländischen Freiheitsidee.
Bis 1933 Privatstudien in Köln, Frankfurt am Main und Heidelberg.
Dort Zugehörigkeit zum Kreis um den Soziologen Karl Mannheim.
Freundschaft mit Dolf Sternberger. Plan einer Habilitation und Vor-
bereitung auf die Tätigkeit als Privatdozent.

1933 »Machtergreifung« Hitlers. Angesichts des antijüdischen Boykotts
beschließt Jonas, Deutschland zu verlassen. Ende August Emigration
nach London und Arbeit an der Publikation seines Gnosis-Werks.
Reisen nach Holland, in die Schweiz und nach Paris zu Hannah
Arendt und Günther Anders.

1934 Bei Vandenhoeck & Ruprecht in Göttingen erscheint *Gnosis und
spätantiker Geist. Erster Teil: Die mythologische Gnosis.*

1935 Zu Pessach Ankunft in Palästina. Beginn der Freundschaft mit Gershom Scholem, Hans Lewy, Hans-Jakob Polotsky, George Lichtheim
und Shmuel Samburcky. Gründung des Pilegesch-Kreises.

1936 Zu Pessach Besuch der Eltern in Jerusalem. Beginn der arabischen
Aufstände gegen das zionistische Siedlungsprogramm. Jonas tritt
freiwillig der Selbstverteidigungsorganisation Hagana bei.

1937 Zu Purim erste Begegnung mit Lore Weiner. Vom Herbst an Aufenthalt auf der Insel Rhodos und Arbeit am 2. Teil des Gnosisbuchs.

1938 Im Januar Nachricht vom Tod des Vaters. Rückkehr nach Jerusalem.
Nach dem Novemberpogrom überläßt Rosa Jonas ihrem in Dachau
inhaftierten Sohn Georg ihr Einwanderungszertifikat für Palästina.
Die Verschärfung der Begrenzung jüdischer Einwanderung durch
die Briten 1939 verhindert die Ausreise der Mutter aus Deutschland.
Lehraufträge an der Hebräischen Universität. Nach dem Tode Edmund Husserls hält Jonas dort die akademische Gedenkrede.

1939 Unmittelbar nach Ausbruch des Krieges am 1. September formuliert
Jonas den Kriegsaufruf *Unsere Teilnahme an diesem Kriege. Ein
Wort an jüdische Männer* und meldet sich freiwillig bei der briti-
schen Armee.

1940 Ausbildung im englischen Übungslager Sarafant. Mitglied der First
Palestine Anti-Aircraft Battery der britischen Armee. In der Folge-
zeit Einsätze in Haifa gegen Luftangriffe aus Damaskus und Beirut.

1942 Deportation der Mutter ins Ghetto Lodz, später nach Auschwitz, wo
sie ermordet wird.

1943 Heirat mit Lore Weiner in Haifa.

1944 Jonas wird Mitglied der neu gebildeten Jewish Brigade Group. Ausbildung u. a. in Alexandria. Von dort aus bis zum Ende des Krieges Einsatz in Süditalien. In dieser Zeit »Lehrbriefe« über seinen philosophischen Neuansatz an seine Frau.

1945 Im Juli zieht Jonas mit seiner Einheit durch Deutschland. Stationierung in Venlo und Wiedersehen mit Mönchengladbach. Erst hier erfährt Jonas von der Ermordung seiner Mutter. Reisen nach Göttingen, Marburg und Heidelberg. Wiederbegegnung mit Karl Jaspers und Rudolf Bultmann. Im November Rückkehr nach Palästina.

1946 Wohnung im arabischen Dorf Issawyje. Dozent an der Hebräischen Universität Jerusalem und Lehraufträge am English Council of Higher Studies.

1948 Unabhängigkeitserklärung des Staates Israel und Ausbruch des Krieges. Umzug nach Jerusalem in die Alfasi-Straße. Jonas wird als Artillerieoffizier der israelischen Armee zum Dienst herangezogen. Tod von Lores Bruder Franz bei Dschenin. Geburt der Tochter Ayalah.

1949 Beurlaubung von der Armee. Übersiedlung nach Kanada als Fellow der Lady-Davis-Foundation an der McGill University Montreal. Philosophische Lehrtätigkeit am dortigen Dawson College.

1950/51 Zunächst Gastprofessor, später Associate Professor für Philosophie am Carleton College in Ottawa. Geburt des Sohnes Jonathan. Freundschaft mit Ludwig von Bertallanfy. In dieser Zeit Reisen nach New York, Chicago und Cincinnati. Wiederbegegnung mit Hannah Arendt, Günther Anders und Karl Löwith.

1952 Ablehnung der Berufung als Philosophieprofessor an die Hebräische Universität Jerusalem. Auseinandersetzung mit Gershom Scholem über seinen »Verrat am Zionismus«. Erste Europareise zum Internationalen Kongreß für Philosophie in Brüssel. Abstecher nach München und Wiederbegegnung mit Gertrud Fischer. Ablehnung eines Rufes an die Universität Kiel.

1954 *Gnosis und spätantiker Geist. Teil II, 1: Von der Mythologie zur mystischen Philosophie.*

1955 Geburt der Tochter Gabrielle. Berufung als Professor an die New School for Social Research in New York (wo Jonas bis 1976 lehrt; in diese Zeit fallen Gastprofessuren u. a. an der Princeton University, der Columbia University und der University of Chicago). Niederlassung in New Rochelle, Freundschaft mit Kurt und Nelly Friedrichs und mit Wilhelm und Trude Magnus. In New York Zugehörigkeit zum Freundeskreis um Hannah Arendt und Heinrich Blücher, u. a. mit Adolph Lowe, Aron Gurwitsch und Paul Tillich.

1958 *The Gnostic Religion: The Message of the Alien God and the Beginnings of Christianity.* Akademischer Festvortrag an der New School über »The Practical Uses of Theory«. Beginn der Auseinandersetzung mit der modernen Technik.

1959/60 Jonas verbringt sein Sabbatical in München. Vortragsreisen in Deutschland.

1961 Ingersoll Lecture an der School of Divinity der Harvard University über »Immortality and the Modern Temper«.

1963 Zerwürfnis mit Hannah Arendt wegen ihres Buches über den Eichmann-Prozeß in Jerusalem – bis zur Versöhnung vergehen beinahe zwei Jahre.

1964 Jonas' Vortrag über »Heidegger and Theology« an der Drew University in New Jersey macht Furore. Vortragsreise nach Deutschland. Erst 1969 kommt es zu einer kurzen persönlichen Begegnung mit Heidegger in Zürich.

1966 *The Phenomenon of Life. Toward a Philosophical Biology.*

1967 »Philosophische Reflexionen über Experimente mit menschlichen Subjekten« vor der American Academy of Arts and Sciences in Boston. Übergang zu konkreten bio- und medizinethischen Themen wie Hirntod und Organtransplantation.

1969 Founding Fellow am interdisziplinären Hastings Center-on-Hudson.

1973 *Organismus und Freiheit. Ansätze zu einer philosophischen Biologie.*

1974 *Philosophical Essays. From Ancient Creed to Technical Man.*

1976 Rede auf der Gedenkfeier für Rudolf Bultmann in Marburg. Emeritierung.

1978 *On Faith, Reason and Responsibility: Six Essays.*

1979 *Das Prinzip Verantwortung. Versuch einer Ethik für die technologische Zivilisation* wird zu einem überwältigenden Erfolg in Deutschland.

1982/83 Eric-Voegelin-Gastprofessur an der Ludwig-Maximilans-Universität München.

1984 Verleihung des Leopold-Lukas-Preises der Evangelisch-Theologischen Fakultät der Eberhard-Karls-Universität Tübingen. Preisrede über *Der Gottesbegriff nach Auschwitz. Eine jüdische Stimme.*

1985 *Technik, Medizin und Ethik. Zur Praxis des Prinzips Verantwortung.*

1987 Verleihung des Friedenspreis des Deutschen Buchhandels, Rede über »Technik, Freiheit und Pflicht«. Empfang des Großen Bundesverdienstkreuzes der Bundesrepublik Deutschland und der Ehrenbürgerwürde der Stadt Mönchengladbach.

1988 *Materie, Geist und Schöpfung. Kosmologischer Befund und kosmogonische Vermutung.*

1991 Ehrendoktorwürde der Universität Konstanz

1992 Ehrendoktorwürde der Freien Universität Berlin.

1992 *Philosophische Untersuchungen und metaphysische Vermutungen.*

1993 *Philosophie. Rückschau und Vorschau am Ende des Jahrhunderts.* Am 30. Januar Entgegennahme des Premio Nonino in Urbino, Italien. Am 5. Februar stirbt Hans Jonas in New Rochelle bei New York. Er ist im jüdischen Teil des ökumenischen Friedhofs von Hastings im Staate New York begraben.

Bibliographie

Die Bibliographie der Werke von Hans Jonas beruht auf den Angaben aus folgenden Bibliographien: Stuart F. Spicker (Hg.), *Organism, Medicine, and Metaphysics. Essays in Honor of Hans Jonas on his 75th Birthday, May 10, 1978,* Dordrecht/Boston 1978, S. 317-324; Barbara Aland (Hg.), *Gnosis. Festschrift für Hans Jonas,* Göttingen 1978, S. 508-514; Dietrich Böhler, *Ethik für die Zukunft. Im Diskurs mit Hans Jonas,* München 1994, S. 460-466 (für eine Liste der Interviews von Hans Jonas, die hier nicht aufgenommen wurden, sei auf S. 465 f. verwiesen). Da Jonas' Schriften in so zahlreiche Sprachen übersetzt wurden, daß eine vollständige Aufführung zu umfangreich würde, konzentrieren sich die Angaben auf deutsch- und englischsprachige Titel. Aus der bei D. Böhler aufgeführten Literatur zu Hans Jonas (S. 467-476) wurde lediglich eine Auswahl der umfangreicheren Titel (Monographien, Sammelbände und größere Aufsätze) getroffen – für kürzere Beiträge, Rezensionen zu Jonas' Werk und Zeitungsartikel sei ebenfalls auf die Bibliographie bei D. Böhler verwiesen. Neuerscheinungen seit 1994 wurden – ohne Anspruch auf Vollständigkeit – nachgetragen (C. W.).

Werke und Schriften von Hans Jonas

Bücher

– *Der Begriff der Gnosis. Inaugural-Dissertation zur Erlangung der Doktorwürde der Hohen Philosophischen Fakultät der Philipps-Universität zu Marburg,* Göttingen 1930 (Teildruck).
– *Augustin und das paulinische Freiheitsproblem. Ein philosophischer Beitrag zur Genesis der christlich-abendländischen Freiheitsidee,* Göttingen 1930 [2., neubearbeitete. u. erweiterte Auflage mit einer Einleitung von James M. Robinson unter dem Titel *Augustin und das paulinische Freiheitsproblem. Eine philosophische Studie zum pelagianischen Streit,* Göttingen 1965].
– *Gnosis und spätantiker Geist. Erster Teil. Die mythologische Gnosis.* Mit einer Einleitung »Zur Geschichte und Methodologie der Forschung«, Göttingen 1934 [2., unveränderte Auflage, 1954; 3. verbesserte und vermehrte Auflage, 1964. »Ergänzungsheft zur ersten und zweiten Auflage«, S. 377-456, 1964].

- *Gnosis und spätantiker Geist. Teil II, 1. Von der Mythologie zur mystischen Philosophie,* Göttingen 1954 [2., durchgesehene Auflage, Göttingen 1966].
- *The Gnostic Religion: The Message of the Alien God and the Beginnings of Christianity,* Boston 1958 [2., erweiterte und überarbeitete Auflage, Boston 1963].
- *Zwischen Nichts und Ewigkeit. Zur Lehre vom Menschen* (Kleine Vandenhoeck-Reihe 165), Göttingen 1963 [2. Auflage 1987].
- *The Phenomenon of Life. Toward a Philosophical Biology,* New York 1966 [2. Auflage Chicago 1982; Neuauflagen New York 1968; Westport 1979; Chicago/London 1982].
- *Wandel und Bestand. Vom Grunde der Verstehbarkeit des Geschichtlichen* (Wissenschaft und Gegenwart. Geisteswissenschaftliche Reihe 46) Frankfurt am Main 1970 [gleichzeitig erschienen in: Vittorio Klostermann (Hg.), *Durchblicke. Martin Heidegger zum 80. Geburtstag,* Frankfurt am Main 1970, S. 1-26; wiederabgedruckt in: *Philosophische Untersuchungen,* 1992, S. 50-80; engl. Übersetzung in: *Social Research* 38 (1971), S. 498-528.
- *Organismus und Freiheit. Ansätze zu einer philosophischen Biologie,* Göttingen 1973.
- *Philosophical Essays. From Ancient Creed to Technological Man,* Englewood Cliffs 1974 [Neuauflage Chicago/London 1980].
- *On Faith, Reason and Responsibility: Six Essays,* San Francisco 1978 [Neuauflage des Institute for Antiquity and Christianity, Claremont Graduate School 1981].
- *Das Prinzip Verantwortung. Versuch einer Ethik für die technologische Zivilisation,* Frankfurt am Main 1979 [Taschenbuch, Frankfurt am Main 1984].
- *Macht oder Ohnmacht der Subjektivität? Das Leib-Seele-Problem im Vorfeld des Prinzips Verantwortung,* Frankfurt am Main 1981 [die englische Originalfassung erschien unter dem Titel »On the Power or Impotence of Subjectivity«, in: Stuart F. Spicker/H. Tristam Engelhard (Hg.), *Philosophical Dimensions of the Neuro-Medical Sciences,* Boston 1976, S. 143-161].
- *The Imperative of Responsibility: In Search of an Ethics for the Technological Age,* Chicago 1984.
- *Technik, Medizin und Ethik. Zur Praxis des Prinzips Verantwortung,* Frankfurt am Main 1985 [2. Auflage 1987].

– *Der Gottesbegriff nach Auschwitz. Eine jüdische Stimme,* Frankfurt am Main 1987 [zuerst erschienen in: *Reflexionen in finsterer Zeit. Zwei Vorträge von Fritz Stern und Hans Jonas,* hrsg. v. Otfried Hofius, Tübingen 1984; erste Fassung des zunächst in englischer Sprache entworfenen Essays in: *Harvard Theological Review* 55 (1962), S. 1-20; wiederaufgenommen als Abschluß von *The Phenomenon of Life,* 1966].

– *Was für morgen lebenswichtig ist. Unentdeckte Zukunftswerte,* Freiburg/Basel/Wien 1987 (mit Dietmar Mieth) [wiederabgedruckt in: *Technik, Medizin und Ethik,* 1985, S. 53-75].

– *Wissenschaft als persönliches Erlebnis. Drei Reden,* Göttingen 1987.

– *Materie, Geist und Schöpfung. Kosmologischer Befund und kosmogonische Vermutung,* Frankfurt am Main 1988 (wiederabgedruckt in: *Philosophische Untersuchungen und metaphysische Vermutungen,* 1992).

– *Philosophische Untersuchungen und metaphysische Vermutungen,* Frankfurt am Main 1992.

– *Dem bösen Ende näher. Gespräche über das Verhältnis des Menschen zur Natur,* hrsg. v. Wolfgang Schneider, Frankfurt am Main 1993.

– *Gedanken über Gott. Drei Versuche,* Frankfurt am Main 1994.

– *Philosophie. Rückschau und Vorschau am Ende des Jahrhunderts,* Frankfurt am Main 1993.

– *Das Prinzip Leben. Ansätze zu einer philosophischen Biologie* [Neuausgabe von *Organismus und Freiheit*], Frankfurt am Main 1994.

– *Mortality and Morality. A Search for the Good after Auschwitz,* hrsg. v. Lawrence Vogel, Evanston/Illinois 1996.

– *Die gnostische Religion. Die Botschaft des fremden Gottes,* hrsg. und mit einem Nachwort vers. v. Christian Wiese, Frankfurt am Main 1999.

Publikationen in Zeitschriften, Zeitungen und Anthologien

– Die Idee der Zerstreuung und Wiedersammlung bei den Propheten, in: *Der Jüdische Student* 4 (1922), S. 30-43.

– Karl Mannheims Soziologie des Geistes, in: *Schriften der Deutschen Gesellschaft für Soziologie* 1 (1929), S. 111-114.

– Husserl und das Problem der Ontologie [hebr.], in: *Mosnajim* 7 (1938), S. 581-589.

– In Memoriam Edmund Husserl [hebr.], in: *Turim* (1938).

– Rezension: *Karl Barth, Eine Schweizer Stimme*, Yedioth, Tel Aviv, Nr. 38, S. 5 f.

– Origenes' Peri Archon – ein System patristischer Gnosis, in: *Theologische Zeitschrift* 5 (1949), S. 101-119.

– Die origenistische Spekulation und die Mystik, in: *Theologische Zeitschrift* 5 (1949), S. 24-45.

– Problems of ›Knowing God‹ in Philo Judaeus, in: *Sefer Jochanan Lewy*, Jerusalem 1949, S. 65-84.

– Causality and Perception, in: *The Journal of Philosophy* 47 (1950), S. 319-324 [erweiterte Fassung in: *The Phenomenon of Life*, 1966; dt. in: *Organismus und Freiheit*, 1973].

– Yiscor: To the Memory of Franz Joseph Weiner, in: *The Chicago Jewish Forum* 9/1 (1950), S. 1-8.

– Materialism and the Theory of Organism, in: *University of Toronto Quarterly* 21 (1951), S. 39-52.

– Is God a Mathematician?, in: *Measure* 2 (1951), S. 404-426 [endgültige Fassung in: *The Phenomenon of Life*, 1966; dt. in: *Organismus und Freiheit*, 1973].

– Comment on Bertalanffy's General System Theory, in: *Human Biology* 23 (1951), S. 404-426.

– Gnosticism and Modern Nihilism, in: *Social Research* 19 (1952), S. 430-452 [dt. Gnosis und moderner Nihilismus, in: *Kerygma und Dogma* 6 (1960), S. 155-171].

– A Critique of Cybernetics, in: *Social Research* 20 (1953), S. 172-192 [endgültige Fassung in: *The Phenomenon of Life*, 1966; dt. in: *Organismus und Freiheit*, 1973].

– Motility and Emotion. An Essay on Philosophical Biology, in: *Proceedings of the XIth International Congress of Philosophy*, Bd. 5, Amsterdam/Louvain 1953, S. 117-122 [endgültige Fassung in: *The Phenomenon of Life*, 1966; dt. in: *Organismus und Freiheit*, 1973].

– The Nobility of Sight. A Study in the Phenomenology of the Senses, in: *Philosophy and Phenomenologic Research* 14 (1953/54), S. 507-519 [endgültige Fassung in: *The Phenomenon of Life*, 1966; dt.: in: *Organismus und Freiheit*, 1973].

– Rezension: Leon Roth, Jewish Thought as a Factor in Civilization, in: *Review. UNESCO Publications Committee (Canada)* 3 (1954), S. 6 f.

– Bemerkungen zum Systembegriff und seiner Anwendung auf Lebendiges, in: *Studium Generale* 10 (1957), S. 8-94 [dt. Fassung eingegangen in: *Organismus und Freiheit*, 1973].

– Artikel: Gnosticism, in: *A Handbook of Christian Theology*, New York 1958, S. 144-147.

– The Practical Uses of Theory, in: *Social Research* 26 (1959), S. 127-166 [endgültige Fassung in: *The Phenomenon of Life*, 1966; dt. in: *Organismus und Freiheit*, 1973].

– In Memoriam: Alfred Schutz, 1899-1959, in: *Social Research* 26 (1959), S. 471-474.

– Kurt Goldstein and Philosophy, in: *American Journal of Psychoanalysis* 19 (1959), S. 161-164 [wiederabgedruckt in: *Social Research* 32 (1965), S. 351-356].

– Gnosis und moderner Nihilismus, in: *Kerygma und Dogma* 6 (1960), S. 155-171 [endgültige Fassung in: *Zwischen Nichts und Ewigkeit*, 1963 und *Organismus und Freiheit*, 1973].

– Rezension: Michel Malinine/Henri-Charles Puech/Gilles Quispel (Hg.), Evangelium Veritatis, in: *Gnomon* 32 (1960), S. 327-336.

– Homo pictor und die differentia des Menschen, in: *Zeitschrift für Philosophische Forschung* 15 (1961), S. 161-176 [endgültige Fassung in: *Zwischen Nichts und Ewigkeit*, 1963 und *Organismus und Freiheit*, 1973; engl. in: *Social Research* 29 (1962), S. 201-220; endgültige Fassung in: *The Phenomenon of Life*, 1966].

– Immortality and the Modern Temper (The Ingersoll Lecture 1961), in: *Harvard Theological Review* 55 (1962), S. 1-20 [endgültige Fassung in: *The Phenomenon of Life*, 1966; dt. in: *Zwischen Nichts und Ewigkeit*, 1963 und *Organismus und Freiheit*, 1973].

– Evangelium Veritatis and the Valentinian Speculation, in: Frank L. Cross (Hg.), *Studia Patristica VI (= Texte und Untersuchungen zur Geschichte der altchristlichen Literatur 81)*, Berlin 1962, S. 96-111.

– Plotin über Zeit und Ewigkeit, in: Alois Dempf et al. (Hg.), *Politische Ordnung und menschliche Existenz. Festgabe für Eric Voegelin*, München 1962, S. 295-319.

– Plotins Tugendlehre. Analyse und Kritik, in: Frank Wiedmann (Hg.), *Epimeleia. Die Sorge der Philosophie um den Menschen. Festschrift für Helmut Kuhn*, München 1964, S. 143-173.

– Philosophische Meditation über Paulus, Römerbrief, Kapitel 7, in: Erich Dinkler (Hg.), *Zeit und Geschichte. Dankesgabe an Rudolf Bultmann zum 80. Geburtstag*, Tübingen 1964, S. 557-570.

– The Anthropological Foundation of the Experience of Truth, in: *Memorias del XIII Congreso Internacional de Filosofia*, Bd. V, Mexico 1964,

S. 507-517 [erweiterte Fassung in: *The Phenomenon of Life*, 1966; dt. in: *Organismus und Freiheit*, 1973].

– Heidegger and Theology, in: *The Review of Metaphysics* 18 (1964), S. 207-233 [dt. Heidegger und die Theologie, in: *Evangelische Theologie* 24 (1964), S. 621-642; auch in: Gerhard Noller (Hg.), *Heidegger und die Theologie. Beginn und Fortgang der Diskussion*, München 1967, S. 316-340].

– Spinoza and the Theory of Organism, in: *Journal of the History of Philosophy* 3 (1965), S. 43-57 [auch in: Stuart F. Spicker (Hg.), *The Philosophy of the Body*, Chicago 1970, S. 50-69; und in: Marjorie Grene (Hg.), *Spinoza. A Collection of Critical Essays*, Garden City, New York 1973, S. 259-278].

– Life, Death and the Body in the Theory of Being, in: *The Review of Metaphysics* 19 (1965), S. 1-23 [endgültige Fassung in: *The Phenomenon of Life*, 1966; dt. Das Problem des Lebens und des Leibes in der Lehre vom Sein. Prolegomena zu einer Philosophie des Organischen, in: *Zeitschrift für philosophische Forschung* 19 (1965), S. 185-200; endgültige Fassung in: *Organismus und Freiheit*, 1973].

– Response to G. Quispel's »Gnosticism and the New Testament«: 1. The Hymn of the Pearl. 2. Jewish Origins of Gnosticism?, in: J. Philip Hyatt (Hg.), *The Bible in Modern Scholarship*, Nashville 1965, S. 279-293 [endgültige Fassung in: *Philosophical Essays*, 1974].

– Delimination of the Gnostic Phenomenon. Typological and Historical, in: Ugo Bianchi (Hg.), *Le Origini dello Gnosticismo*, Leiden 1967, S. 90-108 [dt. in: *Gnosis und Gnostizismus*, Darmstadt 1975, S. 626-645].

– Jewish and Christian Elements in the Western Philosophical Tradition, in: *Commentary* 44 (Nov. 1944), S. 61-68 [dt. in: *Evangelische Theologie* 28 (1968), S. 27-39; erweiterte endgültige Fassung in: *Philosophical Essays*, 1974].

– Contemporary Problems in Ethics from a Jewish Perspective, in: *Central Conference of American Rabbis Journal* (Januar 1968), S. 27-39 [überarbeitete Fassung in: *CCAR Journal Anthology on Judaism and Ethics*, 1969; endgültige Fassung in: *Philosophical Essays*, 1974].

– The Concept of God after Auschwitz, in: Albert H. Friedlander (Hg.), *Out of the Whirlwind*, New York 1968, S. 465-476 [auch in: *On Faith, Reason and Responsibility*, 1978].

– Biological Foundation of Individuality, in: *International Philosophical Quarterly* 8 (1968), S. 231-251.

- Philosophical Reflections on Experiments with Human Subjects, in: *Daedalus* 98 (1969), S. 219-247 [überarbeitete Fassung in: Paul Freund (Hg.), *Experimentation with Human Subjects*, New York 1970, S. 1-31; endgültige Fassung in: *Philosophical Essays*, 1974].
- Economic Knowledge and the Critique of Goals, in: Robert L. Heilbroner (Hg.), *Economic Means and Social Ends*, New York 1969, S. 67-88 [endgültige Fassung in: *Philosophical Essays*, 1974].
- Myth and Mysticism. A Study of Objectification and Interiorization in Religious Thought, in: *The Journal of Religion* 49 (1969), S. 315-329 [eingegangen in: *Philosophical Essays*, 1974].
- On the Meaning of the Scientific and Technological Revolution, in: *Philosophy Today* 15 (1971), S. 76-101.
- Origen's Metaphysics of Free Will, Fall and Redemption. A ›Divine Comedy‹ of the Universe, in: *Journal of the Universalist Historical Society* 8 (1969/70), S. 3-24 [eingegangen in: *Philosophical Essays*, 1974].
- Change and Permanence. On the Possibility of Understanding History, in: *Social Research* 38 (1971), S. 498-528 [s. *Wandel und Bestand*, 1970].
- Philosophical Meditation on the Seventh Chapter of Paul's Epistle to the Romans, in: James M. Robinson (Hg.), *The Future of our Religious Past. Essays in Honor of Rudolf Bultmann*, New York et al. 1971, S. 45-53 [eingegangen in: *Philosophical Essays*, 1974].
- The Soul in Gnosticism and Plotinus, in: *Le Néoplatonisme*, Paris 1971, S. 45-53 [eingegangen in: *Philosophical Essays*, 1974].
- Technology and Responsibility. Reflections on the New Tasks of Ethics, in: *Social Research* 40 (1973), S. 31-54 [eingegangen in: *Philosophical Essays*, 1974; dt. in: *Evangelische Kommentare* 6 (1973), Heft 2, S. 73-77].
- Aron Gurwitsch, in: *Social Research* 40 (1973), S. 567-569.
- Hannah Arendt, 1906-1975, in: *Social Research* 43 (1976), S. 3-5 [dt. in: *Deutsche Akademie für Sprache und Dichtung Darmstadt. Jahrbuch 1975*, Heidelberg 1976, S. 169-171].
- Responsibility Today. The Ethics of an Endangered Future, in: *Social Research* 43 (1976), S. 77-97.
- On the Power of Impotence of Subjectivity, in: Stuart F. Spicker/H. Tristam Engelhardt (Hg.), *Philosophical Dimensions of the Neuro-Medical Sciences*, Dordrecht/Boston 1976, S. 143-161 [erweiterte Fassung in: *On Faith, Reason and Responsibility*, 1978].
- Freedom of Scientific Inquiry and the Public Interest. The Accountabi-

lity of Science as an Agent of Social Action, in: *The Hastings Center Report* 6 (1976), S. 15-17 [auch in: *Biomedical Research and the Public. Prepared for the Subcommittee on Health and Scientific Research of the Committee on Human Resources*, Washington (U. S. Senate: U. S. Government Printing Office), May 1977, S. 33-38; dt.: Freiheit der Forschung und öffentliches Wohl, in: *Scheidewege* 11 (1981), S. 253-269; wiederabgedruckt in: Oskar Schatz (Hg.), *Brauchen wir eine andere Wissenschaft? X. Salzburger Humanismusgespräch*, Graz/Wien/Köln 1981, S. 101-116].

- Hannah Arendt in memoriam. Handeln, Erkennen, Denken: Aus Hannah Arendts philosophischem Werk, in: *Merkur. Deutsche Zeitschrift für europäisches Denken* 30, Nr. 10 (1976), S. 921-935 [engl.: Acting, Knowing, Thinking: Gleanings from Hannah Arendt's Philosophical Work, in: *Social Research* 44 (1977), S. 24-43].

- Im Kampf um die Möglichkeit des Glaubens. Erinnerungen an Rudolf Bultmann und Betrachtungen zum philosophischen Aspekt seines Werkes, in: *Gedenken an Rudolf Bultmann*, hrsg. v. Otto Kaiser, Tübingen 1977, S. 41-77 [engl.: Is Faith Still Possible? Memories of Rudolf Bultmann and Reflections on the Philosophical Aspects of His Work, in: *Harvard Theological Review* 75 (1982), S. 1-23].

- The Concept of Responsibility. An Inquiry into the Foundations of an Ethics for our Age, in: H. Tristam Engelhardt/Daniel Callahan (Hg.), *Knowledge, Value, and Belief*, Hastings-on-Hudson 1977, S. 1-15 [wiederabgedruckt in: *On Faith, Reason and Responsibility*, 1978].

- A Retrospective View, in: Geo Widengren (Hg.), *Proceedings of the International Colloquium on Gnosticism (Stockholm, August 1973)*, Stockholm/Leiden 1977, S. 1-15 [wiederabgedruckt in: *On Faith, Reason, and Responsibility*, 1978].

- The Right to Die, in: *Hastings Center Report* 8 (1978), Nr. 4, S. 31-36 [dt. Das Recht zu sterben, in: *Scheidewege* 14 (1984/85), S. 242-268; wiederabgedruckt in: *Technik, Medizin und Ethik*, 1985, S. 242-268].

- Straddling the Boundaries of Theory and Practice. Recombinant DNA Research as a Case of Action in the Process of Inquiry, in: John Richards (Hg.), *Recombinant DNA. Science, Ethics and Politics*, New York/San Francisco/London 1978, S. 253-271 [dt. Freiheit der Forschung und öffentliches Wohl, in: *Scheidewege* 11 (1982), Heft 2 und in: *Technik, Medizin und Ethik*, 1985, S. 90-108].

- Toward a Philosophy of Technology, in: *Hastings Center Report* 9 (1979),

S. 34-43 [dt.: Philosophisches zur modernen Technologie, in: Reinhard Löw/Peter Koslowski/Philipp Kreuzer (Hg.), *Fortschritt ohne Maß? Eine Ortsbestimmung der wissenschaftlich-technischen Zivilisation*, München 1981, S. 73-95; *Technik, Medizin und Ethik*, 1985, S. 15-41].

– Parallelism and Complementarity. The Psycho-Physical Problem in Spinoza and in the Succession of Niels Bohr, in: Richard Kennington (Hg.), *The Philosophy of Baruch de Spinoza*, Washington 1980, S. 121-130 (dt.: in: *Macht oder Ohnmacht der Subjektivität*, 1981, S. 101-116).

– The Heuristics of Fear, in: Melvin Kranzberg (Hg.), *Ethics in an Age of Pervasive Technology*, Boulder 1980, S. 213-221.

– Response to James N. Gustavson, in: H. Tristam Engelhardt/Daniel Callahan (Hg.), *Knowing and Valuing: The Search for Common Roots*, Hastings-on-Hudson 1980, S. 203-217.

– Reflections on Technology, Progress and Utopia, in: *Social Research* 48 (1981), S. 411-455.

– Im Zweifel für die Freiheit?, in: *Nachrichten aus Chemie, Technik und Laboratorium* 29 (1981) [wiederabgedruckt in: *Technik, Medizin und Ethik*, 1985, S. 90-108].

– Technology as a Subject for Ethics, in: *Social Research* 49 (1982), S. 891-898 [dt. in: *Technik, Medizin und Ethik*, 1985, S. 42-52].

– Laßt uns einen Menschen klonieren: Betrachtungen zur Aussicht genetischer Versuche mit uns selbst, in: *Scheidewege* 12 (1982) [wiederabgedruckt in: *Technik, Medizin und Ethik*, 1985, S. 162-203].

– Ärztliche Kunst und menschliche Verantwortung, in: *Renovatio* 39 (1983) [wiederabgedruckt in: *Technik, Medizin und Ethik*, 1985, S. 146-161].

– Forschung und Verantwortung (Aulavorträge, XXI, Hochschule St. Gallen), St. Gallen 1983 [wiederabgedruckt in: *Technik, Medizin und Ethik*, 1985, S. 146-161].

– Evolution und Freiheit, in: *Scheidewege* 13 (1983/84), S. 85-102 [wiederabgedruckt in: *Philosophische Untersuchungen*, 1992, S. 11-33].

– Ontological Grounding of a Political Ethics: On the Metaphysics of Commitment to the Future of Man, in: *Graduate Faculty Philosophical Journal* 10 (1984), S. 47-62.

– Warum wir heute eine Ethik der Selbstbeschränkung brauchen, in: Elisabeth Ströker (Hg.), *Ethik der Wissenschaften? Philosophische Fragen*, München 1984, S. 75-86.

– Ethics and Biogenetic Arts, in: *Social Research* 52 (1985), S. 491-504.

- Technik, Ethik und biogenetische Kunst. Betrachtungen zur neuen Schöpferrolle des Menschen, in: *Communio* XII, Nr. 6/84 (1984), S. 501-517 [wiederabgedruckt in: Rainer Flöhl (Hg.), *Genforschung – Fluch oder Segen? Interdisziplinäre Stellungnahmen*, Frankfurt am Main/ München 1985, S. 1-15; und in: *Technik, Medizin und Ethik*, 1985, S. 204-218].

- Werkzeug, Bild und Grab. Vom Transanimalischen im Menschen, in: *Scheidewege* 15 (1985/86), S. 47-58 [wiederabgedruckt in: *Philosophische Untersuchungen*, 1992, S. 34-49].

- Prinzip Verantwortung. Zur Grundlegung einer Zukunftsethik, in: Thomas Meyer/Susanne Miller (Hg.), *Zukunftsethik und Industriegesellschaft*, Frankfurt am Main/München 1986, S. 3-14.

- The Concept of God After Auschwitz: A Jewish Voice, in: *The Journal of Religion* 67 (1987), S. 1-13.

- Warum unsere Technik ein vordringliches Thema für die Ethik geworden ist, in: Horst Krautkrämer (Hg.), *Ethische Fragen an die modernen Naturwissenschaften* (Zukunftsethik 3) Frankfurt am Main 1987, S. 16-21.

- Technik, Freiheit und Pflicht, in: *Frankfurter Rundschau*, Nr. 236, 12.10.1987 und in *Frankfurter Allgemeine Zeitung*, 12.10.1987 [wiederabgedruckt in: *Wissenschaft als persönliches Erlebnis*, 1987, S. 32-46].

- Heideggers Entschlossenheit und Entschluß, in: Günther Neske/Emil Kettering (Hg.), *Antwort. Martin Heidegger im Gespräch*, Pfullingen 1988, S. 221-229.

- Geist, Natur und Schöpfung: Kosmologischer Befund und kosmologische Vermutung, in: *Scheidewege* 18 1988/89), S. 17-33 [Erweiterte Fassung in: *Philosophische Untersuchungen*, 1992, S. 209-259; s. *Materie, Geist und Schöpfung*, 1988].

- Warum die Technik ein Gegenstand für die Ethik ist. Fünf Gründe, in: Hans Lenk (Hg.), *Technik und Ethik*, Stuttgart 1989, S. 81-91.

- Vergangenheit und Wahrheit. Ein später Nachtrag zu den sogenannten Gottesbeweisen, in: *Scheidewege* 20 (1990/91), S. 1-13 [wiederabgedruckt in: *Philosophische Untersuchungen*, 1992, S. 173-189].

- Fatalismus wäre Todsünde, in: *Freie Universität – Info* (Berlin), Nr. 7/ 1992, S. 2-3 [wiederabgedruckt in: Dietrich Böhler/Rudi Neuberth (Hg.), *Herausforderung Zukunftsverantwortung. Hans Jonas zu Ehren*, Münster/Hamburg 2. erweiterte Auflage 1993, S. 49-51].

- Last und Segen der Sterblichkeit, in: *Scheidewege* 21 (1991/92), S. 26-40 [wiederabgedruckt in: Philosophische Untersuchungen, 1992, S. 81-100; engl.: The Burden and Blessing of Mortality, in: *Hastings Center Report* 22 (Januar 1992), S. 34-40].

- The Consumer's Responsibility, in: Audun Øfsti (Hg.), *Ecology and Ethics. A Report from the Melbu Conference, 18-23 July 1990*, Trondheim 1992, S. 215-218.

- Interview: Der ethischen Perspektive muß eine neue Dimension hinzugefügt werden, in: *Deutsche Zeitschrift für Philosophie*, 41 (1993), S. 91-99.

- Philosophy at the End of the Century: A Survey of Its Past and Future, in: *Social Research* 61 (1994), S. 812-832.

- Rassismus im Lichte der Menschheitsbedrohung, in: Dietrich Böhler (Hg.), *Ethik für die Zukunft. Im Diskurs mit Hans Jonas*, München 1994, S. 19-29.

- Aktuelle ethische Probleme aus jüdischer Sicht, in: *Scheidewege* 24 (1994/95), S. 3-15.

- No Compassion Alone: On Euthanasia and Ethics, in: *Hastings Center Report* 25 (1995) (Sonderausgabe zum Erbe von Hans Jonas), S. 44-50.

- Interview, in: Herlinde Koelbl (Hg.), *Jüdische Portraits. Fotografien und Interviews*, Frankfurt am Main 1998, S. 168-171.

- Unsere Teilnahme an diesem Kriege. Ein Wort an jüdische Männer (September 1939), in: *Jüdischer Almanach 2001*, Frankfurt am Main 2000, S. 79-91.

Sekundärliteratur zu Hans Jonas (Auswahl)

- Aland, Barbara (Hg.), *Gnosis. Festschrift für Hans Jonas*, Göttingen 1978 [Bibliographie S. 508-514].

- Albert, Claudia, »Jonas, Hans«, in: Bernd Lutz (Hg.), *Metzler-Philosophen-Lexikon*, Stuttgart 1989, S. 399-403.

- Apel, Karl-Otto, »Verantwortung heute – nur noch ein Prinzip der Bewahrung und Selbstbeschränkung oder immer noch der Befreiung und Verwirklichung von Humanität?«, in: Thomas Meyer/Susanne Miller (Hg.), *Zukunftsethik und Industriegesellschaft*, Frankfurt am Main/ München 1986, S. 15-40.

- Ders., »The Problem of Macroethics of Responsibility to the Future in the Crisis of Technological Civilization. An Attempt to Come to Terms with Hans Jonas' ›Principle of Responsibility‹«, in: *Man and World* 20 (1987), S. 3-40.

- Baum, Wolfgang, *Gnostische Elemente im Denken Martin Heideggers? Eine Studie auf der Grundlage der Religionsphilosophie von Hans Jonas,* Neuried 1997.

- Bernstein, Richard J., *Radical Evil. A Philosophical Interrogation,* Cambridge/Oxford 2002 (darin zu Jonas S. 184-204).

- Betz, Walter, »Hans Jonas, der Religionswissenschaftler«, in: *Zeitschrift für Religions- und Geistesgeschichte* 47 (1995), S. 68-80.

- Böhler, Dietrich (Hg.), *Ethik für die Zukunft. Im Diskurs mit Hans Jonas,* München 1994 [Bibliographie S. 460-478].

- Ders./Rudi Neuberth (Hg.), *Herausforderung Zukunftsverantwortung. Hans Jonas zu Ehren,* Münster/Hamburg ²1993.

- Ders./Frewer, Andreas (Hg.), *Verantwortung für das Menschliche. Hans Jonas und die Ethik in der Medizin,* Erlangen/Jena 1998.

- Culianu, Ion Petru, *Gnosticismo e pensiero moderno. Hans Jonas,* Rom 1985.

- Depré, Olivier, »Philosophie de la nature et écologie. A propos de Hans Jonas«, in: *Etudes Phénoménologiques* 10 (1994), S. 85-108.

- Dewitte, Jacques, »Préservation de l'humanité et image de l'homme«, in: *Etudes Phénoménologiques* 4 (1988), S. 33-68.

- Donneley, Strachan, »Whitehead and Hans Jonas. Organism, Causality, and Perspective«, in: *International Philosophical Quarterly* 19 (1979), S. 301-315.

- Ders., »Hans Jonas, la philosophie de la nature et l'éthique de la responsabilité«, in: *Etudes Phénomenologiques* 4 (1988), S. 69-90.

- Fleischer, Margot, »Verantwortung und Sinnbewahrung: Zur Zukunftsethik von Hans Jonas«, in: Carl F. Gethmann/Peter L. Oestreich (Hg.), *Person und Sinnerfahrung. Philosophische Grundlagen und interdisziplinäre Perspektiven. Festschrift für Georg Scherer zum 65. Geburtstag,* Darmstadt 1993, S. 149-169.

- Foppa, Carlo, »L'analyse philosophique jonassiene de la théorie de l'évolution. Aspects problématiques«, in: *Laval Théologique et Philosophique* 50 (1994), S. 575-593.

- Frogneux, Nathalie, *Hans Jonas ou la vie dans le monde,* Brüssel 2000.

- Gethmann-Siefert, Annemarie, »Ethos und metaphysisches Erbe. Zu den Grundlagen von Hans Jonas' Ethik«, in: Herbert Schnädelbach/

Geert Keil (Hg.), *Philosophie der Gegenwart – Gegenwart der Philosophie*, Hamburg 1993, S. 171-215.

– Goldberg, Arnold, »Ist Gott allmächtig? Was die Rabbiner Hans Jonas entgegnen würden«, in: *Judaica* 47 (1991), S. 51-58.

– *Hans Jonas: Ansprachen aus Anlaß der Verleihung* (Friedenspreis des deutschen Buchhandels, 1987), Frankfurt am Main 1987.

– *Hans Jonas zu Ehren: Reden aus Anlaß seiner Ehrenpromotion durch die Philosophische Fakultät der Universität Konstanz am 2. Juli 1991* (Konstanzer Universitätsreden 183), Konstanz 1992.

– Henrix, Hans Hermann, »Machtentsagung Gottes? Ein Gespräch mit Hans Jonas im Kontext der Theodizeefrage«, in: Johann Baptist Metz (Hg.), *Landschaft aus Schreien. Zur Dramatik der Theodizeefrage*, Mainz 1996, S. 118-143.

– Hermann, Ingo (Hg.), *Hans Jonas. Erkenntnis und Verantwortung* (Gespräch mit Ingo Hermann in der Reihe »Zeugen des Jahrhunderts«), Göttingen 1991.

– Hirsch Hadorn, Gertrude, *Umwelt, Natur und Moral. Eine Kritik an Hans Jonas, Vittorio Hösle und Georg Picht*, Freiburg/München 2000.

– Hösle, Vittorio, *Die Krise der Gegenwart und die Verantwortung der Philosophie*, München 1990.

– Ders., *Philosophie der ökologischen Krise*, München 1991.

– Hottois, Gilbert, *Aux fondements d'une éthique contemporaine. H. Jonas et H. T. Engelhardt en perspective*, Paris 1993.

– Ders./Marie-Geneviève Pinsart (Hg.), *Hans Jonas. Nature et responsabilité*, Paris 1993.

– Jakob, Eric, *Martin Heidegger und Hans Jonas. Die Metaphysik der Subjektivität und die Krise der technologischen Zivilisation*, Tübingen/Basel 1996.

– Jüngel, Eberhard, »Gottes ursprüngliches Anfangen als schöpferische Selbstbegrenzung. Ein Beitrag zum Gespräch mit Hans Jonas über den ›Gottesbegriff nach Auschwitz‹«, in: Hermann Deuser (Hg.), *Gottes Zukunft – Zukunft der Welt. Festschrift für Jürgen Moltmann zum 60. Geburtstag*, München 1986, S. 265-275.

– Kajon, Irene, »Hans Jonas and Jewish post-Auschwitz Thought«, in: *Journal of Jewish Thought & Philosophy* 8 (1998), S. 67-80.

– Kettner, Matthias, »Verantwortung als Moralprinzip? Eine kritische Betrachtung der Verantwortungsethik von Hans Jonas«, in: *Bijtragen* 51 (1990), S. 418-439.

- Lesch, Walter, »Ethische Argumentation in jüdischem Kontext. Zum Verständnis von Ethik bei Emmanuel Levinas und Hans Jonas«, in: *Freiburger Zeitschrift für Theologie und Philosophie* 38 (1991), S. 443-469.
- Levy, David J., »Politics, Nature and Freedom: On the Natural Foundation of the Political Condition«, in: *Journal of the British Society for Phenomenology,* 15 (1984), S. 286-300.
- Ders., *Hans Jonas. The Integrity of Thinking,* Columbia/London 2002.
- Löw, Reinhard, »Jonas, Hans«, in: Walter Killy (Hg.), *Literaturlexikon. Autoren und Werke deutscher Sprache,* Bd. 6, Gütersloh 1990, S. 128-142.
- Marzahn, Christian (Hg.), *Wissenschaft und Verantwortung. Hans Jonas im Gespräch mit Rainer Hegselmann u. a.,* Bremen 1991.
- Matheis, Alfons, *Diskurs als Grundlage der politischen Gestaltung. Das politisch-verantwortungsethische Modell der Diskursethik als Erbe der moralischen Implikationen der kritischen Theorie Max Horkheimers im Vergleich mit dem Prinzip Verantwortung von Hans Jonas,* St. Ingbert 1996.
- Monaldi, Marcello, *Tecnica, vita, responsabilità. Qualche riflessione su Hans Jonas,* Neapel 2000.
- Mucci, Giandomenico, »Dopo Auschwitz. Il Dio impotente di Hans Jonas«, in: *Viviltà Cattolica* 3587 (1999), S. 425-438.
- Müller, Dennis/Baertschi, Bernard (Hg.), *Nature et Descendence. Hans Jonas et le principe »Responsabilité«,* Genf 1993.
- Müller, Wolfgang E., *Der Begriff der Verantwortung bei Hans Jonas,* Frankfurt am Main 1988.
- Ders., »Zur Problematik des Verantwortungsbegriffs bei Hans Jonas«, in: *Zeitschrift für evangelische Ethik* 33 (1989), S. 204-216.
- Ders., »Weltverantwortung und Schöpfungsglaube. Zur theologischen Auseinandersetzung mit Hans Jonas«, in: *Evangelische Kommentare* 23 (1990), S. 396-399.
- Ders. (Hg.), *Hans Jonas. Von der Gnosisforschung zur Verantwortungsethik,* Stuttgart 2003.
- Niggemeier, Frank, *Pflicht zur Behutsamkeit? Hans Jonas' naturphilosophische Ethik für die technologische Zivilisation,* Würzburg 2002.
- Oelmüller, Willi, »Hans Jonas. Mythos – Gnosis – Prinzip Verantwortung«, in: *Stimmen der Zeit* 206 (1988), S. 343-351.
- Poliwoda, Sebastian, *Versorgung von Sein. Die philosophischen Grundlagen der Bioethik bei Hans Jonas,* Diss. Phil. München 1993.

– Prieri, Alberto, *Hans Jonas*, Florenz 1998.

– Rath, Matthias, *Intuition und Modell: Hans Jonas' ›Prinzip Verantwortung‹ und die Frage nach einer Ethik für das wissenschaftliche Zeitalter* (Europäische Hochschulschriften, Reihe 20: Philosophie, 231), Frankfurt am Main/Bern/New York 1988.

– Redeker, Robert, »Dieu après Auschwitz. La théodicée faible de Hans Jonas«, in: *Les Temps Modernes* 582 (1995), S. 134-150.

– Richardson, William J., »Heidegger and God – and Professor Jonas«, in: *Thought* 40 (1965), S. 13-40.

– Ricot, Jacques, »Vulnérabilité du monde, vulnérabilité de Dieu selon Hans Jonas«, in: Sens 50 (1998), S. 163-178.

– Ricoeur, Paul, »La responsabilité et la fragilité de la vie. Ethique et philosophie de la biologie chez Hans Jonas«, in: *Le messager européen* 5 (1992), S. 203-218.

– Roser, Andreas, »›Das Prinzip Verantwortung‹ und seine Probleme. Kritische Anmerkungen zum Entwurf einer Zukunftsethik«, in: *Prima Philosophia*, Sonderheft 1 (1990), S. 25-52.

– Rubinoff, Leon, »Perception, Self-making and Transcendence«, in: *Philosophical Quarterly* 7 (1967), S. 511-527.

– Schieder, Thomas, *Weltabenteuer Gottes. Die Gottesfrage bei Hans Jonas*, Paderborn et al. ²1998.

– Schubert, Jörg, *Das »Prinzip Verantwortung« als verfassungsrechtliches Rechtsprinzip. Rechtsphilosophische und verfassungsrechtliche Betrachtungen zur Verantwortungsethik von Hans Jonas*, Baden-Baden 1998.

– Scott, Charles E., »Heidegger Reconsidered. A Response to Professor Jonas«, in: *The Harvard Theological Review* 59 (1966), S. 175-185.

– Sève, Bernard, »Hans Jonas et l'éthique de la résponsabilité«, in: *Esprit* 10 (1990), S. 72-87.

– Sikora, Jürgen, *Hans Jonas, Vittorio Hösle und die Grundlagen normativer Pädagogik*, Eitorf 1999.

– Simon, René, *Ethique de la responsabilité*, Paris 1993.

– Song, Ahn-Jung, *Organismustheorie im ethischen Diskurs. Eine Untersuchung zur Philosophie des Lebens bei Hans Jonas*, München 2000.

– Spicker, Stewart F. (Hg.), *Organism, Medicine and Metaphysics: Essays in Honor of Hans Jonas*, Dordrecht/Boston 1978.

– Szostak, Walter, *Teleologie des Lebendigen. Zu Karl Poppers und Hans Jonas' Philosophie des Lebendigen*, Frankfurt am Main 1995.

– Theis, Robert, »Dieu éclaté: Hans Jonas et les dimensions dune théologie philosophique après Auschwitz«, in: *Revue Philosophique de Louvain* 98 (2000), S. 341-357.

– Tönnies, Sabine, »Hans Jonas zwischen Sein und Sollen«, in: *Rechtstheorie* 22 (1991), S. 370-381.

– Vogel, Lawrence, »Hans Jonas' Exodus: From German Existentialism to Post-Holocaust-Theology«, in: Hans Jonas, *Mortality and Morality. A Search for the Good after Auschwitz*, Evanston/Illinois 1996, S. 30-36.

– Wendnagel, Johannes, *Ethische Neubesinnung als Ausweg aus der Weltkrise? Ein Gespräch mit dem »Prinzip Verantwortung« von Hans Jonas*, Würzburg 1990.

– Wetz, Franz Josef, *Hans Jonas zur Einführung*, Hamburg 1994.

– Ders., »Hans Jonas (1903-1993)«, in: Hans Erler/Ernst Ludwig Ehrlich/Ludger Heid (Hg.), *»Meinetwegen ist die Welt erschaffen«. Das intellektuelle Vermächtnis des deutschsprachigen Judentums*, Frankfurt am Main S. 78-83.

– Weyemberg, Maurice, »La critique de l'utopie technique chez J. Ellul et H. Jonas«, in: *Tijdschrift voor de Studie van de Verlichting en van Het Verije denken* 17 (1989), S. 63-136.

– Wiese, Christian, »Revolte wider die Weltflucht«, in: *Die gnostische Religion. Die Botschaft des fremden Gottes*, Frankfurt am Main 1999, S. 401-429.

– Ders., »›Daß man zusammen Philosoph und Jude ist ...‹ Zur Dimension des Jüdischen in Hans Jonas' philosophischer Ethik der Bewahrung der ›Schöpfung‹«, in: Joachim Valentin/Saskia Wendel (Hg.), *Jüdische Traditionen in der Philosophie des 20. Jahrhunderts*, Darmstadt 2000, S. 131-147.

– Ders., »Ein ›Bellum Judaicum‹ in des Wortes tiefster Bedeutung – Hans Jonas' Kriegsaufruf 1939 im Kontext seiner Biographie und seines philosophischen Denkens«, in: *LBI-Almanach* 2001, Frankfurt am Main 2000, S. 92-107.

– Ders. (Hg.), *Hans Jonas: Revolte wider die Weltflucht. Reden und Gespräche*, München 2000 (Hörbuch-Edition).

– Ders., Hans Jonas – »Zusammen Philosoph und Jude«, Frankfurt am Main 2003.

– Ders./Jacobson, Eric (Hg.), *Weiterwohnlichkeit der Welt. Neue Perspektiven zu Hans Jonas*, Berlin 2003.

– Wille, *Ontologie und Ethik bei Hans Jonas*, Dettelbach 1996.
– Wolf, Jean-Claude, »Hans Jonas. Eine naturphilosophische Begründung der Ethik«, in: Anton Hügli/Paul Lübcke (Hg.), *Philosophie im 20. Jahrhundert*, Bd. 1, Reinbek 1992, S. 214-236.
– Wolin, Richard, *Heidegger's Children. Hannah Arendt, Karl Löwith, Hans Jonas, and Herbert Marcuse*, Princeton 2001.

Personenregister

als Gottes liebevoller Gedanke geboren bin. Da gründet der Wert meiner Person. Ich bin ins Dasein geliebt, und diese Liebe ist von Ewigkeit. Dieses Ins-Dasein-geliebt-Werden geschieht jeden Augenblick aufs neue. Auch in meinem Versagen und in meiner Schuld bleibt diese Liebe mir unverkürzt zugewandt. Das zeigt mir das Kreuz. Das kann ich lernen vor dem Kruzifix.

Die zweite Richtung ist die, daß nicht nur ich kostbar bin, sondern auch der Mitmensch. „Der Schwache geht an deiner ‚Erkenntnis' zugrunde, er, dein Bruder, für den Christus gestorben ist" (1 Korinther 8,11). Das ist wohl das Wichtigste, was ich von meinem Bruder und meiner Schwester sagen kann: daß Christus für ihn oder für sie gestorben ist. Ob er sportlich ist oder gut aussieht, ob er jung oder alt ist, ob er Abitur oder einen Doktor gemacht oder nur die Volksschule absolviert hat, ob er gut reden kann oder zuviel redet, zu wenig oder dumm, ob er eine Leitungsfunktion hat oder ziemlich unten auf der Leiter steht: All das verblaßt ins Bedeutungslose, verglichen mit der Tatsache, daß Jesus diesen Menschen bis zum äußersten liebt und für ihn am Kreuz gestorben ist.

In meiner Sicht auf diesen Menschen sollte ich das nie vergessen oder ausklammern. Nur wenn diese Grundwahrheit sich auswirkt in unseren Beziehungen, sind sie wahrhaft christlich. Der Tod Jesu am Kreuz hat unter uns allen eine Verbundenheit bewirkt, die tiefer greift als die vielen Unterschiede, die wir zu machen gewohnt sind. Jesus ist ja gestorben, „um die versprengten Kinder Gottes wieder zu sammeln" (Johannes 11,52). Die Würde eines Mitmenschen gilt es zu messen am Tod Jesu. Dementsprechend müssen wir miteinander umgehen. In der Taufe wird dies noch einmal vertieft. „Wißt ihr denn nicht, daß wir alle, die wir auf Christus Jesus getauft wurden, auf seinen Tod getauft worden sind?" erinnert Paulus seine Mitchristen (Römer 6,3). Mit diesem Siegel sind wir gezeichnet. „Ihr alle, die ihr auf Christus getauft seid, habt Christus (als Gewand) angelegt. Es gibt nicht mehr Juden und Griechen, nicht Sklaven und Freie, nicht Mann

und Frau; denn ihr alle seid einer in Christus Jesus"
(Galater 3,27 f). Der Tod Jesu am Kreuz lehrt mich, den
Mitmenschen anzunehmen, wie er ist, aus einer tiefen, in
Gott begründeten Verbundenheit heraus. Der Tod Jesu
am Kreuz lehrt mich ferner die schwierigste aller Künste:
vergeben.

Nachdem das Johannesevangelium in seinem 19. Kapitel vom Tod Jesu und von der Durchbohrung seiner Seite
gesprochen hat, zitiert es den Propheten Sacharja: „Sie
werden auf den blicken, den sie durchbohrt haben." Der
Halbvers davor lautet beim Propheten: „Über das Haus
David und über die Einwohner Jerusalems werde ich den
Geist des Mitleids und des Gebetes ausgießen" (12,10).
Wenn wir auf den blicken, den sie durchbohrt haben,
wird uns unendlich viel geschenkt. Er gibt uns seinen
Geist, den Geist der Ehrfurcht und der Liebe, den Geist, in
dem er gelebt hat. Der heilige Pfarrer von Ars hat immer
wieder davon gesprochen: Das Kreuz ist das lehrreichste
Buch, das man lesen kann. Aus diesem Buch hat er seine
Weisheit, seine Liebe und seine Hingabe geschöpft.

Das Kreuz enthüllt seine wahre Tiefe jedoch erst, wenn
man es nicht isoliert, sondern in Verbindung sieht mit
dem ganzen Leben Jesu und mit der Auferstehung. Stärker noch: Die Fixierung auf das Kreuz, getrennt von dem,
was vor- und nachher kommt, bedeutet eine Verkürzung
des Evangeliums und kann zu Glaubenskrisen führen.

Der Kreuzestod Jesu kommt nicht aus heiterem (oder
dunklem) Himmel, sondern folgt mit einer gewissen
inneren Konsequenz aus seinem öffentlichen Leben, seinen Worten und Taten. Er selber gebraucht mehrmals das
Wort „müssen", wenn er von seinem Leiden spricht. Es
war ihm wohl klar, daß es so kommen mußte. „Er begann,
sie (d.h. seine Jünger) darüber zu belehren, der Men-
schensohn müsse vieles erleiden und von den Ältesten,
den Hohenpriestern und den Schriftgelehrten verworfen
werden; er werde getötet, aber nach drei Tagen werde er
auferstehen" (Markus 8,31). Auch im Nachhinein belehrt

er die Emmausjünger über diese Notwendigkeit und gebraucht dabei wiederum das Wort „müssen": „Mußte
nicht der Messias all das erleiden, um so in seine Herrlichkeit zu gelangen?" (Lukas 24,26). Dieses „Müssen"
sieht Jesus schon vorhergesagt durch die Propheten. Noch
klarer ist es enthalten in den vier Liedern vom Gottesknecht in Deutero-Jesaja, in denen Jesus wohl ein Porträt
seiner Person und seiner Sendung gesehen hat. Bei der
Taufe im Jordan schlägt vor allem Matthäus eine Brücke
zu diesen vier Liedern, weil der letzte Vers dieser Tauf-
perikope ein Zitat ist vom ersten Vers des ersten Liedes
vom Gottesknecht: „Das ist mein geliebter Sohn, an dem
ich Gefallen gefunden habe" (Matthäus 4,17; Jesaja 42,1;
vgl. Matthäus 12,17–21).

Der Gottesknecht wird von Gott gesandt zum Heil der
Menschen; dabei wird er viel leiden (vgl. vor allem das
vierte Lied: Jesaja 53), aber eben dadurch auch weit über
Israel hinaus fruchtbar sein.

In seiner Taufe hat Jesus sich solidarisch gemacht mit
uns Menschen in unserer Sündigkeit. Denn die Taufe des
Johannes war eine Taufe zur Bekehrung. Als Jesus sich
entschloß, diese Taufe zu empfangen, hat er bewußt und
frei die Schicksalsgemeinschaft mit bekehrungsbedürfti-
gen Menschen gewählt und sich von der menschlichen
Schuld anstecken lassen. Die Inkubationszeit dieser Krankheit dauerte knapp drei Jahre. In dieser Zeit ist der, der
keine Sünde kannte, für uns zur Sünde geworden, damit
wir in ihm Gerechtigkeit Gottes würden (vgl. 2 Korinther
5,21). In ihm hat sich die Sünde der Menschen ganz
ausgetobt und damit ihren Stachel verloren. Das war das
Leiden Jesu.

In einer Antwort an Pilatus faßt Jesus mit viel Nach-
druck seine ganze Sendung zusammen: „Ich bin dazu
geboren und dazu in die Welt gekommen, daß ich für die
Wahrheit Zeugnis ablege" (Johannes 18,37). Das war sein
ganzes Leben: Zeuge der Wahrheit sein! Auch hier ist
Wahrheit zu verstehen im Sinne von Zuverlässigkeit und
Treue, von der Bedingungslosigkeit der göttlichen Liebe

(vgl. Kapitel 3). In unserer Welt, wie sie halt ist, hat Jesus den Auftrag und die Sendung, diese Wahrheit der Liebe Gottes zu vermitteln und vorzuleben. Das ist es, was der Vater will: die Menschen überzeugen von dieser Liebe.

Im fünften Jahrhundert vor Christus hat Sophokles in seinem Drama „Antigone" deutlich gemacht, was jemand zu erwarten hat, der ohne Ausnahme lieben will. Kreon sagt zu seiner Nichte Antigone: „Nie wird ein Feind ein Freund, auch nicht nach seinem Tod." Antigone antwortet: „Doch! Denn nicht um zu hassen, lebe ich, sondern um zu lieben." Darauf Kreon: „Dann geh in die Unterwelt, wenn du lieben willst; da kannst du lieben" (Vers 522 ff). Weniger als ein Jahrhundert später beschreibt Platon die gleiche unausweichliche Wahrheit in einem knappen Satz: „Ein Mensch, der ganz gerecht und gut ist, wird denjenigen, die sich nicht für das Gute entscheiden wollen, unerträglich: Sie müssen ihn tödlich hassen."

Der Vater „wollte" den Kreuzestod seines Sohnes nicht; der Vater wollte die Liebe seines Sohnes. Er wollte, daß sein Sohn die Wahrhaftigkeit der göttlichen Liebe verkörpere, und zwar in dieser unseren Welt. Jesus ist das Wort des Vaters, das Fleisch geworden ist und uns das Geheimnis Gottes aussagt: „Gott ist Liebe." Aber: „die Welt erkannte ihn nicht", und „die Seinen nahmen ihn nicht auf" (Johannes 1,10 f). Das „mußte" auch wohl so kommen in dieser Welt, wie wir Menschen sie gestalten. Als die Ablehnung sich verhärtete in dem Leiden und Kreuzestod Jesu, sind Vater und Sohn treu geblieben, hat sich ihre Treue bewahrheitet. Dadurch aber sind dann vielen die Augen aufgegangen, angefangen beim römischen Hauptmann, der sagte: „Wahrhaftig, dieser Mensch war Gottes Sohn" (Markus 15,39), und fortgesetzt in den vielen, die mit Johannes sagen können: „Wir haben die Liebe, die Gott zu uns hat, erkannt und gläubig angenommen" (1 Johannes 4,16).

Der Tod Jesu hängt nicht nur wesentlich mit dem Leben Jesu zusammen; er ist auch unverbrüchlich verbunden mit seiner Auferstehung. Wir können Jesu Tod nur gläubig betrachten im Lichte der Auferstehung. Das ist es, was die Evangelien tun, von der ersten Seite an. Genau das ist es, was wir Inspiration nennen. Umgekehrt, wenn wir den Tod Jesu von seiner Auferstehung trennen, bricht der christliche Glaube zusammen; dann „ist unser Glaube nutzlos und sind wir noch in unsren Sünden" (1 Korinther 15,17). Die Auferstehung ist die göttliche Bestätigung des ganzen Lebensweges Jesu. Darin zeigt sich, wie unendlich treu der Vater zu seinem Sohn steht und zu der Botschaft, die sein Sohn uns vermittelt hat. Darin erst tut sich die Tiefendimension des Kreuzes auf und offenbart es sein eigentliches Geheimnis.

Ewiger Gott, du hast einen Menschen, Jesus von Nazaret, unseren Bruder, bekleidet mit deinem eigenen Namen und deiner Macht. Er aber war machtlos in dieser Welt. Du hast ihm Recht gegeben zu sprechen. Dein Wort ist er. Er aber fand kein Gehör. Wir bitten dich, laß uns in ihm, in diesem Mann der Schmerzen, unseren einzigen Retter erkennen, Gott mit uns, heute und alle Tage. Amen.

12

Der Auferstandene

Die erste Erscheinung des auferstandenen Herrn, die die Evangelien erwähnen, ist die vor Maria von Magdala, einer Frau, die ihn leidenschaftlich und überaus treu gesucht hat und ihn als erste finden durfte.

Suchen und finden ist ein Thema, das sich wie ein roter Faden durch die ganze Schrift zieht. Oder vielleicht besser gesagt: gesucht und gefunden werden. Denn das Entscheidende ist nicht, daß wir Gott suchen, sondern viel mehr, daß wir uns von ihm finden lassen und uns seiner Gegenwart öffnen.

Für die ganze Bibel seien zwei Texte zitiert, einer aus dem Alten und einer aus dem Neuen Testament. „Sucht ihr mich, so findet ihr mich. Wenn ihr von ganzem Herzen nach mir fragt, lasse ich mich von euch finden – Spruch des Herrn" (Jeremia 19,13 f). Gott übernimmt die Garantie für dieses Versprechen! In der Bergpredigt spricht Jesus diese Seligpreisung: „Selig, die ein reines Herz haben; denn sie werden Gott schauen" (Matthäus 5,8).

Im Johannesevangelium spielt das Thema vom Suchen und Finden eine besonders ausgeprägte Rolle. Das erste Wort, das Jesus in diesem vierten Evangelium spricht, ist keine Verkündigung und auch keine Herausforderung, sondern eine Frage, in der der Mensch in seinem Suchen im Mittelpunkt steht: „Was wollt ihr?" (1,38). Das erste Wort des auferstandenen Jesus nach dem Johannesevangelium ist, leicht verwandelt, die gleiche Frage: „Wen suchst du?" (20,15). Eine entscheidende Frage, die der johanneische Jesus uns stellt. Sie ist gar nicht so leicht zu beantworten.

In der Person der Maria von Magdala erreicht dieses Thema des Suchens und Findens eine außerordentliche Dichte und Prägnanz. Sie gleicht der Braut im Hohenlied, aus dem auch die Lesung an ihrem Fest genommen wird: „Des Nachts auf meinem Lager suchte ich ihn, den meine Seele liebt. Ich suchte ihn und fand ihn nicht. Aufstehen will ich, die Stadt durchstreifen, die Gassen und Plätze, ihn suchen, den meine Seele liebt. Ich suchte ihn und fand ihn nicht" (3,1 f). Sie hat ihn gesucht mit Hingabe und Leidenschaft und ungebrochener Treue. Zugleich muß aber, mit aller Ehrfurcht vor dieser liebenden Frau, gesagt werden, daß Maria ihn unterschätzt hat, daß der, den sie sucht, unendlich viel größer, ganz anders ist, als sie gedacht hat. Sie hat buchstäblich den Lebenden bei den Toten gesucht – den Leichnam, während Christus schon auferstanden war. Ihr brennendes Suchen mußte geläutert, korrigiert und vor allem erweitert werden. Das soll kein Vorwurf sein. Denn wir denken alle naturnotwendig zu klein über Jesus Christus. Er ist immer größer, als wir denken. Die verkürzte Sicht ist für uns Menschen unvermeidbar. Doch hilft es, uns dessen bewußt zu sein.

Auch in unserem Leben ist das Suchen und Finden Gottes zentral. Es nimmt nie ein Ende. Denn Gott finden heißt nicht, daß man ihn nicht weiter suchen muß. Wenn ich den Kugelschreiber oder den Schlüsselbund verloren habe und ihn dann wiederfinde, muß ich nicht weitersuchen. Freilich: eine Binsenwahrheit. Aber ebenso selbstverständlich ist es, daß das Suchen Gottes nie ein Ende nimmt, weil er immer noch größer, umfassender, überraschender ist, als wir ahnen können. „Damit er auch als Gefundener immer weiter gesucht werde, ist er unendlich" (Augustinus). „Laßt uns den Herrn so suchen, daß wir ihn ständig suchen, ohne aufzuhören" (Bernhard von Clairvaux). Gott will ein von uns erfahrener und erlebter Gott sein. So lockt er uns. Damit wir ihn suchen, um ihn zu finden, läßt er es geschehen, daß wir ihn im Finden verlieren und bleibt doch als Gefundener immer der Gesuchte. Daß Gott sich mitteilt, ohne sich fassen zu lassen, ist das große Leid und der ständige Ansporn der Mystiker. Wenn man aufhört, ihn mit ganzem, ungeteiltem Herzen zu suchen, stirbt die lebendige, innige Beziehung mit ihm ab. Die Offenbarung des Johannes, das letzte Buch des Neuen Testaments, spricht davon im 2. und 3. Kapitel: von der Gefahr, daß wir unsere erste Liebe verlieren, daß wir lau werden. Das ist nicht eine konkrete, große Versuchung zu etwas furchtbar Bösem, sondern eine schleichende, unterschwellige, aber auch fatale Entwicklung. Das fühlt sich so normal an, daß man es kaum merkt, bis es zu spät ist. Aber das Letzte stimmt nicht: Es ist niemals zu spät, weil die Treue unseres Gottes ohne Ende ist.

So kommt es, daß in dem Suchen Gottes auch ein ständiger Schmerz liegt. Augustinus erklärt dies in einer Predigt über den ersten Johannesbrief (4,6) sehr volkstümlich: „Wenn du einen Behälter füllen willst und weißt, wie groß die erwartete Gabe ist, vergrößerst du die Wandung des Sackes oder des Schlauches oder was auch immer für ein Gefäß es ist. Du weißt, wieviel du hineintun mußt, und siehst, daß der Hohlraum eng ist. Du weitest ihn, damit er mehr faßt. So weitet Gott das Verlangen, indem er die Erfüllung aufschiebt. Durch das Verlangen weitet er die Seele, und indem er sie weitet, macht er sie aufnahmefähiger."

Papst Gregor der Große bezieht sich in einer ähnlichen Erklärung ausdrücklich auf Maria von Magdala: „Hierbei ist zu beachten, welche Kraft der Liebe das Herz dieser Frau entzündet hatte, da sie das Grab des Herrn nicht verließ, als selbst die Jünger weggingen. Sie suchte den, den sie nicht gefunden hatte, und weinte beim Suchen. ... So kam es, daß sie allein ihn dort sah, weil sie geblieben war, um ihn zu suchen. Beharrlichkeit ist die Kraft guter Tat, und die Stimme der Wahrheit spricht: ‚Wer bis zum Ende standhaft bleibt, der wird gerettet' (Matthäus 10,22). Sie begann zu suchen und konnte nicht finden. Sie suchte beharrlich weiter, und sie fand. Durch den Aufschub wuchs die Sehnsucht, und im Wachsen ergriff sie, was sie gefunden hatte: Heilige Sehnsucht wächst durch den Aufschub. Nimmt sie durch den Aufschub ab, so war es keine Sehnsucht."

Das einzigartige Verhältnis vom Suchen und Finden in der Gottessehnsucht birgt aber nicht nur Schmerz, sondern auch Trost in sich. Denn es bedeutet, daß wir Gott nicht suchen könnten, wenn wir ihn nicht schon gefunden hätten, und wenn tief in unserem Herzen nicht schon die Gewißheit lebte, daß Gott schon längst auf uns wartet. Daraus schöpfen wir die Kraft zur Ausdauer.

Wenn wir uns jetzt der Perikope Johannes 20,11–18 zuwenden, dann tun wir es mit der Bitte, daß wir den Herrn mit ganzem Herzen und beharrlicher Treue suchen und ihn immer mehr finden mögen. Hilfreich ist auch der Rat des Ignatius von Loyola, zu bitten um die Gnade, uns intensiv zu freuen über die große Herrlichkeit und Freude Christi. Wir wollen darum inständig und unablässig beten, wie der bittende Freund (Lukas 11) und die unbequeme Witwe (Lukas 18). Wir können darum wirklich beten in Jesu Namen, denn er hat uns dreimal hintereinander die Fülle der vollkommenen Freude versprochen (vgl. Johannes 15,11; 16,24; 17,13). Worum wir bitten, ist Gnade. Wir können sie uns selber nicht geben: eine intensive Freude, die uns sehr tief erfüllt; das heißt aber nicht eine plötzliche oder abrupte Freude. Es kann sehr gut sein, daß sie langsam in uns wächst. Und vor allem: Wir beten um eine Freude *über seine Freude,* um eine selbstlose Freude der reinen Liebe. Wir beten damit dann auch um eine Freude, die bleibt. Wir beten, wie Mutter Teresa es ausdrückte, daß niemals irgend etwas unser Herz so sehr mit Trauer erfüllt, daß wir die Freude des auferstandenen Herrn vergessen würden. Wir wollen auch beten, daß diese Freude apostolisch sei, daß wir sie anderen vermitteln können in authentischer und ungekünstelter Weise.

Dem Vers 11 bei Johannes geht voraus, daß die beiden Männer – Petrus und der andere Jünger (20,3.10) – wieder nach Hause zurückgekehrt sind, Maria von Magdala aber beim leeren Grab geblieben ist. Ich bewundere die Treue und Liebe der Jüngerin, die nicht rechnet, wie die Braut im Hohenlied nicht gerechnet hat. In ihrem Herzen ist eine große Sehnsucht. Sie sucht ihren Herrn mit ungeteiltem Herzen. Sie weint, weil sie Jesus verloren hat. Habe ich schon mal darum geweint?

Es folgen dann drei Dialoge, oder zwei, je nachdem, wie man zählt. Der erste ist eindeutig, und zwar mit den Engeln. Auf deren Frage antwortet sie kurz und bündig: „Man hat meinen Herrn weggenommen, und ich weiß nicht, wohin man ihn gelegt hat." Tatsächlich, er ist ihr Herr, dem sie alles verdankt und dem sie sich ungeteilt hingibt. Nach dieser Antwort wendet sie sich um. Sie sucht ja keine Engel, sondern den Herrn der Engel.

Der zweite Dialog geschieht mit dem vermeintlichen Gärtner. „Sie wußte nicht, daß es Jesus war." Das kommt immer wieder vor bei den Erscheinungen des Auferstandenen. Die Apostel, die Emmausjünger, sogar Maria von Magdala, die ihn doch glühend liebte, sie haben den Auferstandenen nicht gleich erkannt. Darin liegt eine theologische Botschaft: Es ist zwar derselbe Jesus, aber er ist ganz anders. „Der Tod hat keine Macht mehr über ihn" (Römer 6,9). Er lebt ein Leben, in dem der Tod keine Rolle mehr spielt. Er lebt, ganz anders, als wir leben, und ganz anders, als er vorher lebte.

Der Gärtner redet sie an mit dem Wort „Frau". Maria ist namenlos geworden. Sie hat den verloren, der ihr ihren Namen und ihre Identität gegeben hat. Der Gärtner stellt ihr dann zwei Fragen und schlüpft damit unbemerkt in die Rolle Gottes, der ja auch immer Fragen stellt. „Adam, wo bist du?" „Kain, wo ist dein Bruder?" bis zu „Simon, Sohn des Johannes, liebst du mich?" Die erste Frage bricht ihren Schmerz auf: „Frau, warum weinst du?" Diese Frage geht tief, berührt Maria in ihrem Innersten und heilt. Der Frager läßt sich auf sie ein. Er gibt ihr die Gelegenheit, über ihren Schmerz zu reden, ihn zu artikulieren, ihn zu teilen.

Die zweite Frage „Wen suchst du?" geht noch tiefer. Es ist *die* Frage des Johannesevangeliums. Es geht um ihr und unser tiefstes Anliegen, um ihre und unsere tiefste Beziehung. Die Hoffnung des Johannesevangeliums ist, daß die ehrliche Antwort auf diese Frage sein wird: „Jesus". Das ganze Evangelium ist geschrieben worden, „damit ihr glaubt, daß Jesus der Messias ist, der Sohn Gottes, und damit ihr durch den Glauben das Leben habt in seinem Namen" (20,31). In Maria wird diese Hoffnung erfüllt. Sie sucht Jesus mit ungeteiltem, leidenschaftlichem Herzen, allerdings mit einem Verständnis, das noch geläutert und erweitert werden muß. Das zeigt ihre Antwort, in der ihre ganze Seele zum Ausdruck kommt: „Herr, wenn du ihn weggenommen hast, sag mir, wohin du ihn gelegt hast. Dann will ich ihn holen" (20,15b).

Dann kommt die Begegnung. Der Auferstandene ruft sie heraus aus ihrer Namenlosigkeit, ihrer Begrenztheit, ihrem Schattendasein. Er ruft sie hinein in die neue Wirklichkeit, die die Auferstehung von den Toten eröffnet hat. Er ruft sie bei ihrem Namen, und er tut es von jenseits der Todesgrenze. Er ruft sie, wie einst sein Vater Israel gerufen hatte: „Fürchte dich nicht, denn ich habe dich ausgelöst; ich habe dich beim Namen gerufen, du gehörst mir" (Jesaja 43,1). Er ruft sie als der gute Hirt, der die Seinen einzeln beim Namen kennt und sie hinausführt (Johannes 10,3). Er ruft sie mit ihrem alten, unverwechselbaren Namen, der aber mit ihm durch Tod und Auferstehung gegangen, neu geworden ist und im Glanz des todbefreiten ewigen Lebens strahlt. Er ruft sie bei ihrem Namen: „Maria!" – und besiegelt damit eine Intimität, die einmalig ist. „Ich werde ihm einen weißen Stein geben, und auf dem Stein steht ein neuer Namen, den nur der kennt, der ihn empfängt" (Offenbarung 2,17; vgl. Jesaja 62,2).

Jesus weiß, wen er ruft. Er kennt ihre Geschichte und ihre Vergangenheit. Er weiß um ihre Schuld und ihre

Ängste, um ihre Liebe und ihre Hoffnung. Er kennt sie ganz, viel besser noch, als sie sich selbst kennt. Wenn Jesus ihren Namen ausspricht, dann liegt eine Fülle darin, die nichts ausläßt, sondern alles umschließt. In dieser Ganzheit ist sie geliebt. In dieser Liebe ist alles aufgehoben, findet alles seinen Platz. Sie muß nichts zurückhalten, nichts verbergen, nichts verdrängen. Die Liebe des Auferstandenen kennt keine Grenzen und stellt keine Bedingungen. „Er, dein Gott, ist drinnen bei dir, ein Held, der befreit. Er entzückt sich an dir in der Freude. Er schafft dich neu in seiner Liebe. Er springt auf deinetwegen in Jauchzen wie an den Tagen der Feste" (Zefanja 3,17).

Wenn Maria von Magdala sich so von Jesus bei ihrem Namen gerufen hört, findet in ihr eine ungeahnte Befreiung und Verwandlung statt. Ihre Trauer schwindet hin wie Schnee vor der Sonne, ja noch schneller und radikaler. Sie kann sich öffnen, kann sich hingeben, wird erfüllt von einer Fülle der Freude. In dem einen Wort „Rabbuni" drückt sie das alles aus. Sie erlebt eine völlige und radikale Umkehr zum neuen Leben, das in Jesus vor ihr steht und ihr von ihm geschenkt wird. Sie empfängt ihren Namen und sich selbst ganz neu.

Die Begegnung Jesu und Marias von Magdala ist einzigartig und unaussprechlich. Zugleich aber geschieht hier etwas, was für jeden von uns gemeint ist. Wir werden alle so angesprochen vom auferstandenen Herrn und zu einem neuen Leben geführt. Francois Varillon SJ hat es in einem Sorites zusammengefaßt:

Christus ist auferstanden
also lebend
also gegenwärtig
also wirksam
also verwandelnd
also vergöttlichend.

Das gilt für einen jeden von uns. In seiner Auferstehung befähigt uns der Herr, an seinem Wesen und seiner Gestalt teilzuhaben (vgl. Römer 8,29). Jetzt gilt in einer neuen Intensität: „Wir heißen Kinder Gottes, und wir sind es" (1 Johannes 3,1).

Die Erscheinungen des Auferstandenen münden alle in eine Sendung. Wer ihm wahrhaft begegnet ist, muß von ihm Zeugnis ablegen und den Samen der Auferstehung ausstreuen. Eine solche Erfahrung kann man nicht für sich behalten. Maria von Magdala ist da keine Ausnahme. In ihrer großen Liebe will sie den, den sie mit soviel Schmerz und Treue gesucht hat, nicht mehr verlieren. Sie muß aber lernen, daß die wahre Vereinigung mit Jesus nicht darin besteht, ihn festzuhalten, sondern darin, daß man sich in seinem Namen zu den Brüdern und Schwestern gesandt weiß. Das Sich-fest-Klammern ist die große Gefahr in der Liebe. Auch die reinste Liebe muß das mit viel Schmerz lernen: „Halte mich nicht fest ... Geh aber zu meinen Brüdern und Schwestern uns sage ihnen ..." (Johannes 20,17).

Jesus, der Maria bei ihrem Namen ruft und damit zu einem neuen Leben weckt, vertraut ihr nun auch seine Sendung an. Jesus gibt ihr die Botschaft mit: „Ich gehe hinauf zu meinem Vater und zu eurem Vater ..." (20,17b). In diesen Worten wird die Erfüllung Jesu eigener Sendung zusammengefaßt. Er ist zu uns gekommen, um uns in das Geheimnis einzuführen, in dem er selbst zu Hause ist: sein Einssein mit dem Vater im Heiligen Geist. Es ist das Intimste und Kostbarste, das er mit uns teilen kann. Dieses Geheimnis ist der Ursprung aller Liebe, allen Lebens und aller Fruchtbarkeit. In diesem *Geheimnis* dürfen wir *beheimatet* sein. „Bleibt in meiner Liebe" (Johannes 15,9). Wir sind keine Sklaven mehr, so daß wir uns immer noch fürchten müßten, sondern wir haben den Geist empfangen, der uns zu Kindern macht und in dem wir rufen: „Abba, Vater" (vgl. Römer 8,15).

Wenn Jesu Vater auch unser Vater ist, dann sind wir alle Brüder und Schwestern. „Es gibt nicht mehr Juden und Griechen, nicht Sklaven und Freie, nicht Mann und Frau; denn ihr alle seid ‚einer' in Christus Jesus" (Galater 3,28). In unsere Zeit hinein gesagt – mit all den vielen Flüchtlingen und Asylanten, mit Fremdenhaß und gnadenloser Gewalt –, ist das eine sehr aktuelle Botschaft und Herausforderung.

„Maria von Magdala ging zu den Jüngern und verkündete ihnen …" (20,18). Augustinus, Bernhard von Clairvaux und andere Kirchenlehrer nennen Maria mit Freude „apostola apostolorum", die Apostolin der Apostel. Sie hat ihnen den Kern der Frohbotschaft gebracht, die Vollendung und die letzte Bestätigung.

Die „Legenda aurea" (um 1252/60) – eine vom Dominikaner Jacobus de Voragine veranstaltete Sammlung von Heiligenlegenden – beschreibt mit viel Phantasie und Herzlichkeit, wie Maria mit ihrer ganzen Person diese Botschaft Jesu ausgestrahlt hat. Bevor ihr Mund Worte sprechen konnte, hat ihr ganzes Wesen die Freude der Auferstehung vermittelt. Diese „Legenda aurea" war im Mittelalter ungemein populär und eines der zwei Bücher, die es auf der Burg von Loyola gab, als Inigo, wie Ignatius in seiner Heimat hieß, dort 1521 monatelang auf dem Krankenbett lag. Sie hat einen tiefen Eindruck in ihm hinterlassen. Seine Anregung, um die Gnade zu beten, uns intensiv zu freuen über die große Herrlichkeit und Freude Christi, könnte hier ihren Sitz im Leben haben.

In der Verkündigung an die Jünger wird Maria wohl eine bedeutsame Erfahrung gemacht haben: ihr inniges Einssein mit Jesus. Was sie aus eigener Kraft, im Festhalten an ihm, erreichen wollte, wurde ihr in ihrer Sendung als lauteres Geschenk zuteil. Von Jesus gesandt, ist er ihr nahe, ganz nahe, viel näher als beim Grab. In ihrer Sendung hat sie wohl auch erfahren, was Paulus später von sich sagt: „Nicht mehr ich lebe, sondern Christus lebt in mir" (Galater 2,20). Im Gesandtsein findet wahre Hingabe statt, nicht nur in Gefühlen oder in Worten, sondern draußen bei den Menschen, in der Realität des Alltags.

Teresa von Avila beschreibt in ihrem Buch „Seelen-Burg" die Entfaltung des Gebetslebens. Sie unterscheidet dabei sieben Phasen oder Etappen, die sie als Wohnungen darstellt, welche immer tiefer und intimer in der Seelen-Burg gelegen sind. Im Bild dieser sieben Wohnungen der Seele behandelt sie dann ausführlich die Erfahrungen des Gebetes und der Mystik. Die siebte Wohnung bezeichnet die höchste mystische Vereinigung. Auch diese wird sehr eindrucksvoll beschrieben. Dann kommt aber plötzlich und äußerst überraschend die Wendung, daß, wer in der siebten Wohnung angelangt ist, sich wieder auf der Straße befindet.

Ähnliches findet man bei der flämischen Mystikerin Hadewych (in der ersten Hälfte des 13. Jahrhunderts), die in ihrer fünften Vision das höchste Genießen der Gottesvereinigung zu beschreiben versucht, „ein Staunen jenseits aller ‚ratio', das dann abrupt endet mit dem göttlichen Befehl: ‚Geh zurück an deine Arbeit'".

Daß Jesus uns seine Sendung anvertraut, besiegelt unsere Vereinigung mit ihm. „Wie mich der Vater gesandt hat, so sende ich euch. Nachdem er das gesagt hatte, hauchte er sie an und sprach zu ihnen: Empfangt den Heiligen Geist!" (Johannes 20,21 f). Wir dürfen wissen und uns freuen: In unserer Sendung lebt und wirkt der auferstandene Jesus in uns, so wie der Vater in ihm lebte und wirkte in seiner irdischen Sendung.

Wir beten dich an, getreuer Gott,
und bewundern dich,
weil du deine Kraft gezeigt hast
in Jesus Christus.
Du hast ihn von den Toten auferweckt
und zu deiner Rechten erhoben;
hoch über alle Mächte

wurde er erhöht
und über jeden irdischen Namen.
Wir bitten dich,
erfülle uns, die an ihn glauben,
nun auch mit seiner Gesinnung;
daß wir Zeichen sein
mögen seines Lebens,
Licht und Frieden allen, die dich suchen,
heute und alle Tage.
Amen.